平远年鉴

PINGYUAN YEARBOOK

2017

（总第26卷）

平远年鉴编纂委员会 编

方志出版社

图书在版编目（CIP）数据

平远年鉴. 2017 / 平远年鉴编纂委员会编. —北京：方志出版社，2017.11

ISBM 978-7-5144-2748-6

Ⅰ. ①平… Ⅱ. ①平… Ⅲ. ①平远县—2017—年鉴 Ⅳ. ①Z526.54

中国版本图书馆CIP数据核字（2017）第296465号

平远年鉴（2017）

编　　者：平远年鉴编纂委员会
责任编辑：罗　滔

出 版 人：冀祥德
出 版 者：方志出版社
　　　　　地址　北京市朝阳区潘家园东里9号（国家方志馆4层）
　　　　　邮编　100021
　　　　　网址　http://www.fzph.org
发　　行：方志出版社图书经销中心
　　　　　电话（010）67110500
经　　销：各地新华书店
印　　刷：梅州市强鑫印务有限公司

开　　本：889×1194　　1/16
印　　张：27.5
字　　数：541千字
版　　次：2017年11月第1版　2017年11月第1次印刷
印　　数：0001～1500册

ISBN　978-7-5144-2748-6　　　　　定价：200.00元

平远县地图

平远县人民政府地方志办公室　广东省地图院　合编

审图号：粤S(2017)08-020号

致读者

《平远年鉴》是综合记载平远县自然、经济、政治、社会各方面资料的年度性工具书，具有很强的实用性。一方面，它为各方人士了解和研究平远县历史，为平远县招商引资、对外文化交流等提供丰富的信息资料；另一方面，为各级领导进行科学决策、发展经济提供翔实的资料依据。由于年鉴纸质本印数较少，传播渠道相对狭窄，信息利用率偏低，有悖于年鉴编写出版的初衷，故平远县人民政府地方志办公室从2007年起，与清华大学中国学术期刊（光盘版）电子杂志社合作，将《平远年鉴》各年版本均编入电子期刊《中国知识资源总库》的《中国年鉴全文数据库》（China Yearbook FuII-text Database简称CYFD）中，以互联网的形式传播，并与《中国知识资源总库》中其他数据内容关联整合，向公众提供全文搜索、浏览、下载服务。这将为《平远年鉴》信息传播打开广阔的空间，充分发挥其“存史、资治、教化”的功能。

CYFD网站：http://www.cnki.net

编辑说明

一、《平远年鉴(2017)》为总第26卷，以马克思列宁主义、毛泽东思想、邓小平理论、“三个代表”重要思想和科学发展观为指导，贯彻落实习近平总书记系列重要讲话精神和治国理政新理念新思想新战略，坚持辩证唯物主义和历史唯物主义的立场、观点和方法，主要记载2016年平远县社会经济发展和精神文明建设等方面的情况，供有关单位和各界人士了解和研究平远时参考使用，既是为平远经济建设和社会各项事业发展服务，亦为下届编修县志积累资料。

二、该年鉴采用述、记、录、图、表等体裁，图文结合，以文为主。该年鉴正文采用分类编辑法，以类目、分目、条目组成主体，条目为基本形式，其标题以黑体字加“【 】”表示。不同层次的标题，以不同的字体、字号和版式加以区别。正文设特载、2016年平远大事记、概况、中共平远县委员会、平远县人民代表大会常务委员会、平远县人民政府、政协平远县委员会、中共平远县纪律检查委员会、人民团体和工商联、平远县人民武装部、政法、农业·农村工作、工业、信息产业、公路与汽车运输、商业·贸易、旅游开发、财税·金融·保险、城建·市政管理、综合经济管理、行政管理、教育·科技、社会科学、文化·传媒、卫生·计划生育·体育、各镇概况、光荣榜、文献法规选编、附录等类目。全书约54万字，彩页42版。

三、该年鉴资料来源，由各镇、县直各单位（部门）及省、市属驻平远单位提供年度工作总结、有关资料及年鉴专稿（凡提供专稿的单位，均在稿末注明撰稿人姓名），由年鉴编辑部人员分工编纂，主编负责总纂，修改后形成征求意见稿，反馈给各单位修改、补充，年鉴编辑部汇总修改后，打印成本，进行集中评议后，形成第二次征求意见稿，交由年鉴编纂委员会委员修改和补充，最后由年鉴编纂委员会主要负责人审查定稿。

四、数字、标点运用等，一律按国家的有关规定执行。计量单位，除个别便于表述和为世人所理解使用市制(如“亩”)外，其余均使用法定计量单位。所用统计数据来自平远县统计局和有关单位确定上报的数字。所用照片除署名者外，均为该编辑部或各有关单位提供。

五、为促进各部门工作及保存人事资料的需要，该年鉴继续收录局级以上单位正、副职及副局级单位正职负责人名录和各镇党委、人大、政府领导名录。具体名单由县直各单位及各镇上报。

六、该年鉴特设有“重要任职”“领导关怀”“大事剪影”等系列彩页。为反映全县重大活动和各行各业新貌，部分彩页照片年限可延至2017年。

平远年鉴编纂委员会

顾　问　宋才华

主　任　刘许川

副主任　刘兰娇

委　员　（以姓氏笔画为序）

王志平　刘　胜　刘梅峰　陈东英　肖洪海

肖维江　杨旭辉　林志红　林敦清　姚　涌

姚爱军　黄新生　温义军　韩园德　黎志勇

平远年鉴编辑部

主　　编　韩园德

副 主 编　林绪远

责任编辑　林绪远　刘莹子　刘　岳　赖荣烽

特约编辑　张文坚

编　　务　赖荣烽

宋才华同志任中共平远县委书记

2017年3月23日，中共广东省委组织部发出《关于宋才华等同志职务任免的通知》（粤组〔2017〕429号），省委批准：宋才华同志任平远县委书记。

宋才华同志简历

宋才华，男，广东梅县人，1965年7月出生，1987年1月参加工作，1989年7月加入中国共产党，大学学历（广东省委党校经济管理专业）。现任中共平远县委书记，中共梅州市第七届委员会委员。

1984年10月，在梅州市农业学校农学专业学习；1987年1月，任梅县白渡镇统计助理；1991年6月，任梅县白渡镇办公室副主任；1993年3月，当选为镇纪委委员；1993年8月，任梅县白渡镇党委委员、办公室主任（其间：1992年9月至1995年8月，广东省委党校党政管理专业大专毕业）；1997年11月，任梅县白渡镇党委副书记；1998年6月，任梅县白渡镇党委副书记、镇长；1998年12月，任梅县水车镇党委书记（其间：1998年9月至2000年12月，广东省委党校经济管理专业大学毕业）；2001年9月，任梅县畲江镇党委书记、人大主席；2003年3月，任中共梅县县委常委；2003年4月，任中共梅县县委常委、县委办公室主任；2007年7月，任梅州市外事侨务局（港澳事务局）局长、党组书记；2012年2月，任中共梅州市委组织部副部长，市人力资源和社会保障局局长、党组书记（2016年11月当选为中共梅州市第七届委员会委员）；2017年3月，任中共平远县委书记，中共梅州市委组织部副部长，市人力资源和社会保障局局长、党组书记；2017年4月至今，任中共平远县委书记。

领导关怀

2016年6月30日，省人大常委会副主任刘悦伦（前排左二）率省人大调研组到上举客家相思谷等地调研 （朱双玲 摄）

2016年6月15日，副省长许瑞生（左一）率省直有关部门负责人到平远调研农村人居环境整治、古驿道保护开发等工作。图为在仁居红军纪念公园调研

（朱双玲 摄）

2016年6月22日，省政协副主席温兰子（前排左二）率队到平远调研林业生态工程建设情况 （赖强 摄）

2016年4月22日，省军区副司令员周河（右二）一行到平远调研基层人武工作 （县武装部 供）

2016年4月14日，梅州市委书记黄强（中）率队到平远检查林业重点生态工程建设情况，先后到上举客家相思谷、差干五指石生态区等地实地检查（朱双玲 摄）

2016年2月18日，梅州市委副书记、市长谭君铁（前排左三）在平远县主要领导的陪同下到泗水普滩大桥调研（朱双玲 摄）

2016年8月18日，市委副书记、代市长方利旭（中）到平远调研。图为在城东医疗养生保健中心调研场景 （朱双玲 摄）

2016年8月3日，团省委书记池志雄（前排中）到平远调研共青团工作。图为在大柘镇调研场景 （大柘镇 供）

大事剪影

2016年3月27日，广东省平远商会会员大会暨平远招商交流会在广州召开

（赖强 摄）

2016年4月30日，平远县首届千人禅茶会在平远大佛寺举行　（朱双玲 摄）

2016年5月2日凌晨3时，上举八社虎踞村发生一起山体滑坡的严重地质灾害事故。图为县委书记曾尚忠（左一）率队赶赴现场进行善后处理 （朱双玲 摄）

2016年5月20日，平远县召开"创建'广东省卫生县城'工作会议"。12月28日，平远县创建省卫生县城工作正式通过省级考核 （朱双玲 摄）

2016年6月17日，省体育局在平远县仁居镇举行全国2016年“发展体育运动，增强人民体质，同心共筑中国梦”全民健身活动启动仪式　（朱双玲 摄）

2016年10月29日，平远中学举行建校110周年校庆活动　（赖强 摄）

2016年11月26日，绿地•中信银行杯第七届北京国际山地徒步大会梅州•平远站在上举客家相思谷景区举行，5000多人参加启动仪式。图为开幕式场景

（朱双玲 摄）

2016年11月26日，平远县第十二届慈橙文化旅游节暨大宗商品交易与电子商务发展论坛在平远县国际富港酒店举行。图为参加活动的领导嘉宾为广东华泰农兴商品交易中心农产品现货业务上线推动启动杆 （朱双玲 摄）

攻坚路上

真抓实干 打好新时期精准扶贫精准脱贫攻坚战

文/图：凌平征 供

2016年9月21日，广州市协作办党委书记、主任刘磊（前排左三），县委书记曾尚忠（前排左二）到石正坪湖村调研精准扶贫工作

近几年来，平远县扶贫办主动服务，充分发挥职能作用，协调广州市等帮扶单位，认真执行党中央、省、市、县关于新时期精准扶贫精准脱贫攻坚的重要部署，通过落实精准识别、产业扶贫、智力扶贫、住房改造等帮扶措施，农村贫困人口大幅减少，基础设施明显改善，基本公共服务保障水平持续提高。

一、抓好扶贫对象识别，夯实基础工作。2016年，平远县扶贫办把扶贫对象识别建档立卡作为谋划新时期精准扶贫的首要任务、基础环节，严把扶贫对象精准关和信息数据质量关；及时与公安、民政、人社、住建、教育等有关部门进行人口数据信息比对，确保相对贫困人口精细化识别数据精确；建立县、镇、村三级贫困户纸质档案和统一的电子档案，对扶贫对象进行动态管理。

二、落实有效帮扶措施，增强贫困户的造血功能。2016年，平远县出台新时期精准扶贫精准脱贫三年攻坚实施方案及县直15个行业单位相关配套政策等操作文件23个，明确脱贫攻坚路线图，全面落实好各级帮扶责任；突出引导抓好就业帮扶、产业帮扶和“三保障”政策落实。2016年平远县相对贫困户有863户1613人得到脱贫，脱贫率35.9%。在2016年省扶贫开发工作成效考核中，平远县党委、政府以及12个镇级党委、政府及20个相对贫困村帮扶单位均为优秀等次。

三、加强组织协调，统筹用好扶贫开发资金。2016年，平远县扶贫办认真落实各级财政配套扶贫资金的筹集工作，完成筹资额度；主动对接，借力广州对口帮扶，争取广州市帮扶单位重视自筹资金1800万元；利用“广东扶贫济困日”和全国“扶贫日”的社会影响力，广泛动员社会力量参与扶贫开发；依法依规依程序分配下拨扶贫开发资金，实行全程跟踪管理，确保精准使用到户到项目，确保扶贫资金使用安全。

四、完善工作机制，提高扶贫工作管理服务水平。2016年，平远县扶贫办围绕新时期精准扶贫工作，建立健全一系列相关制度，严格落实制度；高度重视队伍建设，加强新时期精准扶贫精准脱贫政策学习，不断提高新形势下扶贫工作管理服务水平；进一步加强业务指导，发挥牵头抓总作用，协调各部门资源，为驻村工作队办实事、解难题。

2016年9月8日，广州南沙区珠江街道办主任徐燎原（右一）一行到上举镇八社村调研并开展中秋慰问活动

2016年11月8日，平远县落实行业扶贫政策对接工作会议在县迎宾馆召开

2016年12月15日，平远县召开2016年度扶贫开发工作考核培训会

平远县成功创建“广东省卫生县城”

文/图：县卫计局 供

2014年11月25日，县长刘许川（正面中）主持召开创卫工作研讨会

平远县创建“广东省卫生县城”工作于2014年9月启动，2016年12月初接受省爱卫会考核验收，12月28日被正式授予“广东省卫生县城”荣誉称号。

在创卫工作中，成立了由县长任组长的工作领导小组，县委书记曾尚忠、县长刘许川多次调研、研究创卫工作，分管县领导深入各类场所调研，人大、政协多次组织视察调研，各相关单位齐心协力，有力推动了创卫各项工作的深入开展。**一是爱国卫生组织管理工作得到加强**。县、镇两级和各机关单位均成立了爱卫组织机构，落实了人员、经费和任务，“三个一”环境卫生制度得到有效落实。**二是健康教育与健康促进工作深入开展**。完善各级“健康教育与健康促进工作领导小组”，发放各类宣传资料5万余份。健康教育课开课率100%。创建无烟单位16家，加强公共场所控烟宣传。**三是市容环境焕然一新**。完善垃圾卫生填埋场、公厕、垃圾中转站等市政基础设施。城区垃圾收运实行市场化运作。修复破损路面8000多平方米，改造路灯5116盏，城区绿化覆盖率为38.02%，人均公园绿地面积达27.83平方米。加大城乡环境综合整治力度，乱摆乱卖、占道经营、出店经营等现象得到有效遏制。**四是环境保护工作成效显著**。推进污水处理厂和垃圾卫生填埋场建设，日处理污水能力达2万吨。严把项目审批关，三年来否决不符合产业政策或不符合入园条件项目16个。组织开展打击环境违法犯罪专项行动，查处违法排污企业19家。环境空气质量优良天数达标率100%，县城集中式饮用水水源水质常年保持国家Ⅱ类标准以上。**五是进一步做好病媒生物防制工作**。广泛加强病媒生物防制基本知识宣传，在县城重点场所开展病媒生物防制工作，安装灭鼠屋3000多个、防蚊闸1000多个，改造县城下水道进水口雨水箅607座。**六是食品安全、公共场所和饮用水卫生水平不断提高**。加强肉及肉制品质量和集体食堂食品安全监管，完成124家小餐饮独立厨房改造。县城468家餐饮服务经营单位，430家完成量化分级评审工作。每月对出厂水、末梢水进行监测，合格率均为100%。**七是传染病防治工作更加规范。**三年来全县无甲类传染病报告，医疗废弃物按规定处理。每年入册率及安全接种率达100%，群众预防接种知晓率达95%以上。**八是单位、居民区和镇辖村卫生明显改善。**各村主干道硬底化率98%，亮化率95%，村道路面平整，下水道排水通畅。全镇开展环境整治50多场次，清运垃圾600多吨。县城建成区村（居）共聘请36个卫生保洁员，完善上门收集垃圾长效机制。

接下来，平远县将紧锣密鼓地开展创建“国家卫生县城”工作。

青年志愿者组织大扫除活动

2016年8月26日，县委常委肖桂华（左三）带领创卫办工作人员到县交警大队督办创卫工作

开展城区病媒生物防制

干净、整洁、有序的县城道路

省卫生县城考核组在平远检查考核场景

2016年12月28日，广东省爱卫会授予平远县城“广东省卫生县城”称号

留住乡村文明印记 延续平远历史文脉

文/图：县普查办 供

2016年5月6日，平远县自然村落历史人文普查工作动员会在县政府四楼会议室召开

2016年5月，根据省委、省政府关于加强地方志工作的要求，按照省方志办的统一部署，平远县成立县普查工作领导小组及其办公室（设在县方志办），全面启动自然村落历史人文普查工作。这次普查以全县所有自然村落为普查对象，以地理环境、历史沿革、姓氏源流、人口、方言、民居、宗祠、风俗习惯、家规族规、民间故事、传说、历史事件、人物等为普查内容。这次普查实行“各级党委政府领导、地方志工作机构牵头、有关部门配合、以乡镇（街道）为单位组织实施”的工作机制。县委、县政府高度重视普查工作。2016年和2017年，将自然村落历史人文普查工作写入县政府工作报告，列入县政府年度重点工作任务之一；与各镇政府签订工作责任书；县镇普查工作经费列入县财政年度预算。平远县方志办作为牵头单位，在县委、县政府的领导下，精心组织，做了大量细致、卓有成效的工作，推动普查工作顺利开展。

截至2017年10月，平远县已全面完成调查和普查表填报工作，撰写的《全粤村情》文稿，已有3个镇的送市终审，有3个镇的正在复审，有2个镇的正在总纂，其余4个镇的正在初审中。

一、广征人才，组建普查队伍。按照熟悉本地地情、文字功底好、业余时间充足等条件挑选人才，组建总纂、复审、审读人员队伍；同时指导各镇成立普查工作领导小组、普查办，组建3～5人组成的镇级普查资料搜集和文稿的撰写、初审及电脑录入人员队伍，开展普查工作。

二、联动各方，搜集共享资料。在县普查工作领导小组成员单位的支持配合下，搜集、整理大量县内人物、文物、自然资源、历史事件等各类地情专项资料，通过多种方式将这些数据资料共享给各镇普查办。

三、强化指导，开展学习培训。从全面启动普查至2017年10月，县普查工作领导小组或普查办先后召开9场全县性自然村落历史人文普查的工作会、现场会、推进会或培训会，印发、转发指导性工作文件14份，开展现场面对面、手把手辅导教学100多人次。

四、反复修改，提高材料质量。普查人员深入挖掘自然村落历史人文资料，在保证普查材料真实、准确的基础上，坚持以简洁精炼、通俗易懂为目标不断打磨材料，材料报县普查办后每篇文稿至少审核修改五次，累计修改文字量一百万字左右。

2016年5月13日，平远县自然村落历史人文普查业务培训班开班场景

2016年10月20日，平远县自然村落历史人文普查初审人员培训班开班场景

2016年11月17日，副县长姚小玲（中）带队到大柘镇梅东村调研

2016年12月20日，平远县自然村落历史人文普查工作会议场景

2017年5月3日，副县长刘兰娇（中）主持召开平远县自然村落历史人文普查工作推进会

2017年5月5日，县普查办人员到石正南台村调研

2017年6月22日，平远县自然村落历史人文普查文稿编撰培训会场景

2017年7月12日，县志办主任、县普查办主任韩园德（前排中）一行到八尺镇调研

2017年9月20日，《全粤村情》上举镇文稿复审工作汇报会场景

全景平远 全域旅游 全民幸福
努力把“绿水青山”变成“金山银山”

文/图：平远县旅游局 供

2016年11月6日，平远县在北京举办的“第二届全国生态文明建设高峰论坛暨城市与景区成果论坛发布会”上，荣获2016年“全国十佳生态休闲旅游城市”称号

平远县按照“全域旅游”发展理念，以打造“全景平远、全域旅游、全民幸福”为目标，着力推动旅游产业与促进新型城镇化紧密结合、与带动农民增收致富紧密结合、与做强县域经济紧密结合，努力把“绿水青山”变成“金山银山”。2016年接待游客402.7万人次，比增21.6%；旅游综合收入20.14亿元，比增18.9%。全域旅游释放绿色发展新动能。

一、平远旅游品牌影响力越来越大。一是尽全力塑造品牌。通过整合资源、招商引资，大力推进旅游景区提档升级，曼佗山庄被评为国家AAA级景区。平远县获评“全国十佳生态休闲旅游城市”“中国候鸟旅居县”称号。积极培育“旅游+”，打造“旅游+体育”的“南粤古道”徒步品牌；初步构建了“旅游+农业”的“一镇一庄园”乡村旅游品牌。二是用巧力搞好营销。积极利用新媒体平台，累计推送微信1532条；近三年先后组织、参加了60多场国内外宣传推介会，进一步打响了平远旅游品牌。

二、平远的城乡环境越来越美。通过实施县城“引水入城、绿满平远”工程，大力推进城镇扩容提质、乡村环境卫生、村容村貌治理工作，如今的平远，处处亲水显绿、自然雅致。

三、平远百姓收入越来越高。一是增加就业机会。研究表明，旅游业每增加1个直接就业，能带动全社会增加5～7个就业机会。据统计，五指石景区的发展为差干当地百姓提供直接就业岗位130余个，景区周边从事旅游及相关产业的农户有近1000人。二是催生农村休闲经济。五指石景区周边农家餐馆由最初的5家，发展到30家；农家旅馆从原来的2家发展到22家；商业店铺数量从13家发展到63家。旅游发展增强了农产品与游客的关联度，在城里人带走了“山货”

的同时，农民们收获了财富。平远慈橙、三华李、西瓜、番薯干等农产品实现了就地销售，扩大了农业的经营范围与服务领域，农副产品成为旅游纪念品，平远慈橙价格已涨至4元/公斤。

接下来，平远县将集中力量利用两年时间，紧紧抓住列入全域旅游示范区创建名单的契机，瞄准薄弱环节和关键领域，创新工作方法，加大工作力度，统筹推进全域旅游示范县建设。

2016年6月15日，广东省副省长许瑞生（左二）到平远县相思河景区考察松溪桥和松溪古道

2016年9月21日，县长刘许川（正面中）到县旅游局召开全域旅游推进会

2016年11月26—27日，举办第十二届慈橙文化旅游节

2016年12月15日，梅州市旅游景区质量等级评定委员会到曼佗山庄进行国家AAA级旅游景区评定性检查

2016年11月26—27日，第十二届慈橙文化旅游节暨第七届北京国际山地徒步大会梅州·平远站在平远举办

平远电商蓬勃发展

文/图：平远县经济和信息化局 供

2016年8月9日下午，县委书记曾尚忠（右四）在县委相关人员的陪同下，到平远县电商运营服务中心进行农电商示范项目工作调研，并听取了平远邮政负责人关于平远县电子商务进农村综合示范项目的调研汇报

近年来，平远积极抢抓“互联网+”发展机遇，将电子商务作为推动产业转型升级、培育新的经济增长点、促进农村快速发展的重要抓手，坚持政府引导、产业主导、全面发展的思路，加大投入、优化服务，推动电子商务加快发展，经济实力稳步提升。

2015年8月，平远县被商务部确定为全国第二批“电子商务进农村综合示范县”，并获得中央专项财政扶持资金2000万元，截至2017年8月31日，项目累计投资4705万元，其中中央财政专项资金1850万元。

一、抢抓机遇，迅速布局农村电商。按照《平远县电子商务进农村综合示范项目实施方案》要求，确立了在一年内建设1个县级电商公共服务中心，8个镇级电商综合服务中心，建设运营50个村级电商驿站，发展100个农村网商网店，培育10个知名电商品牌，培训500名网店店主、驿站业主等各类电商人才，服务群众10万人，实现购物、销售、生活、金额、创业、寄递、医疗、教育“八个不出村”的建设内容和目标。

二、强化引导，搭建电商发展平台。一是高标准建设电商公共服务中心。建成集创业孵化、人才培训、企业办公、产品展示、功能示范等为一体的县级电商公共服务中心1个和镇级电商公共服务中心8个，免费为电商创客提供基础设施、平台服务和技术支撑。在邮乐、淘宝、京东电商平台搭建线上“平远客都第一村”特色馆，聚集了23家公司260种平远优质特色产品；累计开展各类电子商务培训26期3361人次，带动创业就业14556人，发展农村网商网店130个。二是夯实村级电商驿站建设。建成90个集线上购物、产品代销、助农取款、邮件投递、生活费用代收代缴等综合服务为一体的村级电商驿站（其中20个设点在建档立卡贫困村）。村级驿站累计实现代购2.1万件计150万元、农产品代销1.5万件计65万元、代缴费11983笔、助农取款9113笔、销售农资25万元，电商惠民服务受到群众一致好评。

三、夯实基础，构建电商物流体系。制订《中国邮政集团公司广东省平远县分公司农村邮运网络优化升级方案》和《平远县电子商务进农村综合示范项目农村物流“最后一公里”试行方案》，扩建县级物流配送中心，有效整合社会物流，依托邮政网点、镇电商服务中心和村级电商驿站，配套6部邮运车辆和21部电瓶快递车为项目提供物流支撑，打通农村电子商务“最后一公里”。

四、集聚电商要素，创新扶贫模式。积极探索电商扶贫的新路径，大力实施“互联网+消费扶贫”精准扶贫试点项目，通过引进专业团队，对当地农特产品进行质量认证、品牌包装、营销推广和交易服务，有效拓宽贫困户增收渠道；省农村电商协会为首批论证的七家企业发放了2.8万多枚“广东省消费扶贫产品”认证标签，同时，树立了东石镇蕉留村电商驿站精准扶贫典型。

据不完全统计，2016年全县快递出口69.5万件，进口157.8万件，电子商务交易额11.1亿元，分别比上年增长101%、107%和120%；2017年1—7月，全县快递出口38.92万件，进口106.59万件，电子商务交易额7.85亿元。项目探索出梅州市可其山电子商务公司“电商+合作社+农户”、广东新大地公司“电商+旅游”电商发展新路径，带动扶贫产业帮扶，示范效应逐步显现。

2017年8月24日，省商务厅副厅长任少（左一）一行到平远县电商公共服务中心实地调研

2017年10月25日，省农业厅副厅长程萍（左三）一行在县委常委林忠云（左二）的陪同下，调研平远县电商运营服务中心运营情况

2017年9月6日上午，为推进平远县电子商务进农村综合示范项目进程，推进新时期精准扶贫精准脱贫工作，进一步使平远县建档立卡贫困户接受电子商务知识培训，实现脱贫致富，平远县电商创业扶贫培训班在平远县电商公共服务中心举行，来自平远县各镇村的贫困帮扶对象参加了培训

创新政务服务模式 提升服务效能

文/图：县政管办 供

县政务服务中心正门

平远县政务服务中心于2013年12月建成运行，是梅州市继梅县区后第二个建成运行的县级政务服务中心。中心位于环境优美、交通便利的县城南新区文体中心副馆一楼，面积3000多平方米。现进驻行政事业单位39个，另有2家企业进驻，进驻行政许可、公共服务事项463项，共90多人在中心办公。网上办事大厅进驻行政许可、公共服务事项587项。

平远县政务服务中心按省、市、县工作部署，积极推行“一门式、一网式”政府服务模式改革，完成县级行政审批和公共服务事项的梳理标准化，调配了综合窗口人员，全力进行系统的升级改造，建立“前台综合受理、后台分类审批、统一窗口出件”的服务模式，整合资源、配强人员、完善制度、提升效能。设立了一门式综合服务窗口和公安、工商、税务、社保、不动产、住建、林业7个“小一门”窗口。一门式综合服务窗口纳入33个单位共计381项行政许可和公共服务事项。

几年来，平远县政务服务中心管理办深入贯彻落实国务院“放管服”要求，加快“互联网+政务服务”改革，认真履行职责，规范内部管理，强化部门协作，大力推进行政审批和公共服务标准化，不断完善政务服务体系建设，努力实现县、镇、村三级业务流转，让群众办事少交材料、少跑路、少花时间，为企业和群众提供规范便捷、优质高效的政务服务，为平远加快振兴发展提供了良好的政务环境。

纪教月学习培训场景

窗口日常开展业务场景

出入境证件和居民身份证24小时自助办证区

“一门式一网式”政府服务改革工作动员暨行政审批标准化培训会

大型活动

苏区橙乡·平步致远

—绿地·中信银行杯第七届北京国际山地徒步大会梅州·平远站活动纪实

文/图：县徒步办 供

参加活动的部分嘉宾合影

2016年11月26日至27日，由北京市门头沟区人民政府、北京市民间组织国际交流协会主办，北京市门头沟区体育局、平远县人民政府、北京奥健国际山地运动发展中心承办的主题为“苏区橙乡·平步致远”的绿地·中信银行杯第七届北京国际山地徒步大会梅州·平远站在上举客家相思谷景区顺利举行。

该次活动得到了国际徒步联盟官员、印尼徒步协会秘书长若卡娅女士携罗马尼亚和波兰等五国代表；国防科技大学政治部副主任徐子怀，中国兵器装备集团公司总经理助理、县政府高级顾问丁强，民进北京市委专职副主委李昕，北京市门头沟区人大常委会副主任谭杰等北京市相关单位代表；梅州市人民政府副市长陈丽霞及相关单位代表；嘉应学院代表；山西省阳城县、江西省寻乌县、福建省武平县等地区及平远县各相关单位代表共万名徒步爱好者的热情参与，是平远县参与人数最多、规模最大的体育盛会。

该次活动经过历时3年的沟通准备，于2016年3月确定3分站赛。为筹备该次盛会，2016年7月成立了平远县徒步大会筹备委员会，并下设办公室，抽调了相关单位工作人员专门参与筹备工作。按照县委、县政府统一要求，筹委会协调县委宣传部、县体育局、上举镇、团县委、县旅游局、县文广新局、县广电台、县公安局、县卫计局、县公安交警大队、县水务局、县公路局、县交通局、县食品药品监管局等相关成员单位在路线设计、沿线基础设施建设、报名、会务、宣传、后勤、安保等各方面做了大量的工作，确保了活动的顺利进行。

该次活动，中央电视台、中国国际广播电台、央视网、新华网、中国体育报、体坛周报、中国旅游报、北京电视台、南方卫视、广东体育频道等来自国内外37家主流媒体、约万名自媒体参与了该次活动的宣传报道，活动相关报道点击率达亿次以上。活动的成功举办得到了包括国际徒步联盟官员在内的社会各界的高度好评，对平远县产生深远影响，一是宣传推介平远，提高平远的知名度和影响力。二是有利于促进产业融合，助推平远县全域旅游发展。三是积累举办大型赛事经验，提升平远县举办大型体育赛事的能力。四是引领运动新时尚，掀起全民健身热潮。

2016年11月26日，县委书记曾尚忠在出发式上致辞

2016年11月26日，县委副书记、县长刘许川在出发式上致辞

2016年9月27日，北京市门头沟区体育局副局长吴志勇（左一）到上举实地考察

风雨兼程，志愿者们依然享受工作

徒步活动进行中

参加活动的少年

平远县河头镇

生态胜地　水源重镇

文：韩琴　图：牛牛、小月海心

圩镇公园

河头镇位于平远县中部，是县城饮用水水源地，界域面积82.42平方公里，辖9个村民委员会、80个村民小组，2016年有户籍人口11073人。

河头是“生态胜地、水源重镇”，属于有“粤东明珠，物种宝库”之美誉的龙文—黄田省级自然保护区核心区，人居环境优美。济广高速河头连接线直达圩镇，河仁公路连通上举等旅游镇，镇域主要路网日趋发达，交通区位显著改善。2016年，河头镇又以环境综合整治为抓手，以打造圩镇休闲公园为基点，以村民自治力量为引领，以点带面进行美丽乡村建设，实施了黄田大元头湿地公园、竹子坝公园、田心将军公园等11个沿河景观节点建设，实现生态精致景观与民生实惠工程同步发展。

近年来，河头镇大力发展三华李、蜂蜜、山苍子、森林蔬菜等特色农业产业。全镇种植有三华李6000多亩，年销售总额4000多万元。现有蜂农86户，养蜂约3000箱，年产蜂蜜约45吨，每年可为蜂农创收260多万元。山苍籽年产精油20吨，产值400多万元。2016年，实现生产总值1.65亿元，比增8.4%；农业总产值1.06亿元，比增2.9%；工业总产值7606万元，比增2.9%；镇级财政收入190万元，比增8%；农村人均可支配收入13223元，比增11.8%。

同时，河头镇始终把民生事业发展放在重要位置，以“顺民意、解民忧、惠民生”为目标，全心全意为群众办实事、解难题、谋利益，使社会各项事业得到协调发展。探索开展“村合作社+基地+农户+分红”的产业帮扶形式，实现贫困村和贫困户稳定脱贫。成功创建梅州市“基本医疗和基本公共卫生服务示范镇”，顺利通过教育强镇复评工作，教育质量得到不断提高。

社会主义核心价值观公园

黄田大元头湿地公园全景

向阳村

田心村

李花盛开

龙湖红枫

龙湖全景图

平远县中行镇

旅游胜地 文明重镇

文：陈玲 图：镇党政办 供

中行镇中行村全景图

中行镇位于平远县西部，距县城14公里，国道206线贯穿其间。东邻河头镇，西接江西省寻乌县丹溪乡，北靠八尺镇，南连大柘镇，界域面积74平方公里，辖良畲、仲石、儒地、中行、官坑、快湖6个村民委员会，51个村民小组。2016年年末全镇总户数2743户，9105人，其中农业人口6674人。

中行是“旅游胜地、文明重镇”，境内有丹霞地貌风景区大河背（别具洞天景区）、山清水秀的横水水库、四季常绿的友谊百年桂花等旅游景点，人居环境优美。2016年，中行镇又以环境综合整治为抓手，以“人水和谐”为理念，以村民自治力量为引领，以点带面进行美丽乡村建设，打造中心坝重要休闲节点，建设亲水步道、环形绿道等，实现生态精致景观与民生实惠工程同步发展。

近年来，中行镇大力发展旅游业，积极抓好耕山致富示范点金穗有机生态园工程建设，大力开发有机种植园、科普示范园、亲情体验园等园区，营造“休闲到梅州，享受慢生活”品牌效应。大力发展油茶、黑米、无籽西瓜等特色农业产业。2016年，实现生产总值16567万元，比增6.6%；农业总产值7947万元，比增2.8%；工业总产值16363万元，比增2.9%；镇级财政收入99.96万元，比增2%；农村人均可支配收入16301元，比增10.5%。

同时，中行镇始终把民生事业发展放在重要位置，以“顺民意、解民忧、惠民生”为目标，全心全意为群众办实事、解难题、谋利益，使社会各项事业得到快速协调发展。探索开展“企业+基地+农户”的产业帮扶形式，鼓励农户种植黑糯2500亩，实现贫困村和贫困户稳定脱贫。

2016年8月3日，团省委书记池志雄（前排左二）在县委书记曾尚忠（前排左三）的陪同下到位于中行镇的梅州市八乡情酒业有限公司调研

2016年3月2日，县委书记曾尚忠（前排右三）率队到威大地公司调研

2016年3月16日，县委常委陈琼宏（左二）率队到中行镇金穗公司调研

金穗山庄的生态园中心区

治理后的中心坝

平远县铁民中学

百年老校百年荣耀

文/图：铁民中学 供

2015年6月9日，县委书记曾尚忠（前排右二）一行到学校调研

铁民中学始建于1908年，是由著名乡贤林菊秋等人于辛亥革命前夜创办，校门口悬挂的对联“铁血世界、民族精神”，蕴其办学理念，意为用钢铁般的意志，不怕流血牺牲的精神，为中华民族的振兴勇往直前地奋斗。原校址位于东石凤髻山下，现迁至东石墟侧，是平远县办学历史最悠久的学校之一。

铁民中学坚持“科研兴校、质量立校”理念，以教育科研为先导，鼓励教师积极参与课题实验。2016年，在市第八届教育科研立项课题评奖中，铁民中学有1个课题获二等奖、3个课题获三等奖。学校紧密结合师资状况、学生水平，不断寻求发展的新思路，2016年中考，铁中取得乡镇中学第一、全县第三的优异成绩，连续第十个年度被评为县教学质量优胜单位。如今，铁民中学已成为平远县农村基层中学的窗口示范学校。

铁民中学秉承“铁血世界、民族精神”的校训，倡导“学会负责、学会感恩”的育人观，大力推行素质教育。2016年，学校在师生中开展校训育人活动，旨在用光荣的校史、杰出的校友和校训背后的故事，用文化标识、文化活动等载体，让师生铭记校训、践行校训。扎实开展“传承铁民精神、争当铁中少年君子”主题德育活动，引导学生在家做个好孩子，在校做个好学生，在社会做个好公民。2016年，学校被评为“广东省依法治校示范校”。

铁民中学精心打造校园文化特色。广泛开展形式多样、富有成效的主题教育活动，注重进行集体观念教育，努力培养学生综合素质。学校还结合校训精神开展“创建山区中学大课间体育活动特色学校”的省级课题研究。大课间活动，已成为学校一道亮丽的风景线，深受师生的喜爱和社会的好评。2016年，学校在县运会中获团体总分第三名，学校体育教研组工会小组被评为“广东省模范职工小家”。

百年精魂砺心志，携手同心展宏图。铁民中学将直面农村基层教育，努力构建特色校园文化，打造良好育人环境，为“学生的全面发展和发展全面的学生”做出更大的贡献。

校际交流

香港慈善机构探访学校

德育主题活动

阳光课间

缅怀先烈

校园雕塑

平远县实验小学

一所高标准 高起点的现代化学校

文/图：县实验小学 供

美丽校园

平远县实验小学坐落于平城西区，东临平城花园，西依南台卧佛，门前紫滨河水川流不息，远处石龙寨群峰连绵，依山傍水，环境优美。学校是平远县建设“三个一”教育民心工程项目之一，是投资近亿元精心打造的一所高标准、高起点的现代化学校，学校于2012年12月动工，2015年9月如期开学。学校占地4万多平方米，建筑面积17288平方米，设计科学，气势恢宏，布局新颖，主体为回字形结构，将办公楼、科技楼、教室用连廊连接起来，方便师生出入。学校教学设备先进、功能齐全。体育场地共13000平方米，设置1个200米环形跑道田径运动场、2个篮球场、4个羽毛球场；图书室藏书4万余册；拥有阅览室、学术报告厅、录播大厅、计算机房、音乐大厅、校园网等现代化教学设施，每间教室都装配有交互教学智能电子白板，引领教育信息化。

2016年，学校有30个班，学生1693人。教师80人，学历100%达到规定要求，其中具有本科学历26人，占33%；大专学历52人，占65%；高级教师2人，一级教师68人，并有特级教师1人。

为打造品牌特色学校，学校高位定制发展方向和办学特色。学校全体师生积极践行“开启智慧，放飞梦想”的办学理念，努力实现“教学质量一流，琴棋书画百花齐放”的工作目标。近两年来，学校办学实绩突出，得到了上级和社会各界的高度肯定。在全县教学质量监测中，两年均获六年级第一名、抽检年级第一名和教学质量优胜单位第一名。连续两年获评县教育管理工作先进单位。2016年，获评县文明学校、首批广东省青少年校园足球推广学校。学校有2项第八届梅州市教育科研课题顺利结题，启动了2项广东省教育技术研究课题和4项第九届梅州市教育科研课题的研究。教师在优秀论文、教案、课堂教学评比中，19人获国家级或省级奖励。

今后，学校将以崭新的姿态，以踏石留印、抓铁有痕的劲头，凝心聚力，求真务实，坚定地走特色办学之路，继续提升教育教学质量，打造学校品牌，真正把学校建成“市里有名气、县里排头兵”的现代化窗口学校。

2015年教师节前夕，县委书记曾尚忠（中）到学校慰问教师

教师庆元旦唱校歌

庆祝“六一”儿童节文艺汇演

校园足球队

千人现场作文大赛

学校紫林文学社社员到五指石采风

梅州市八珍娘酒业有限公司

文/图：梅州市八珍娘酒业有限公司 供

公司门楼

梅州市八珍娘酒业有限公司（原平远县红豆娘实业有限公司）由非物质文化遗产“平远八尺娘酒酿造技艺”项目代表性传承人韩垂财创立。公司成立于2010年，设址于平远县八尺镇。

公司传承客家传统酿酒技艺，依托梅州独特的自然地理环境和客家文化资源，采用现代制酒生产设备，成为梅州市客家娘酒生产基地。

公司签约酿酒原料种植基地70多公顷（1000余亩），地处粤闽赣三省边界，紧邻古驿道，周边群山翠拥、土地肥沃、山村秀美、花果飘香、民风淳朴，自然条件优越，是禾米稻、黑米稻、糯米稻等酿酒原料的优质产区。

公司坚持以科学发展观为指导，秉承“精工细作、品质领先；宾至如归，服务至上”的经营理念，在传承上下功夫，在创新上求发展，在品质上求信誉，在服务上赢市场。

公司自成立至今已荣获“广东省守合同重信用企业”“平远县农业龙头企业”“平远县先进私营企业”等多项荣誉称号。

2017年7月11日，中共中央政治局委员、广东省委书记胡春华亲临公司视察。

2016年4月19日，梅州市八珍娘酒业有限公司在深圳前海股权交易中心挂牌

梅州市非物质文化遗产证牌

目　录

平远县地图　★
致读者　★
编辑说明　★
平远年鉴编纂委员会　★
平远年鉴编辑部　★
彩图专辑　★
·重要任职 ………………………… 图 1
·领导关怀 ………………………… 图 2
·大事剪影 ………………………… 图 6
·攻坚路上 ………………………… 图 10
·大型活动 ………………………… 图 24
·平远县河头镇 …………………… 图 26
·平远县中行镇 …………………… 图 28
·平远县铁民中学 ………………… 图 30
·平远县实验小学 ………………… 图 32
·企业风采 ………………………… 图 34

特　载

立足新起点开启新征程谱写新篇章为全面建成小康社会而努力奋斗……… 曾尚忠 （1）
在县委经济工作会议上的讲话 ……………………………… 曾尚忠 （16）
政府工作报告
——在平远县第十五届人民代表大会第一次会议上 ……………………… 刘许川 （25）
政府工作报告
——在平远县第十五届人民代表大会第二次会议上 ……………………… 刘许川 （38）

2016年平远大事记

1月 ……………………………………… （49）
2月 ……………………………………… （49）
3月 ……………………………………… （50）
4月 ……………………………………… （50）
5月 ……………………………………… （51）
6月 ……………………………………… （52）
7月 ……………………………………… （53）
8月 ……………………………………… （53）
9月 ……………………………………… （54）
10月 ……………………………………… （55）
11月 ……………………………………… （57）
12月 ……………………………………… （59）

概　况

县情概貌 ………………………………… （61）
地理位置 ………………………………… （61）
地形地貌 ………………………………… （61）
建置沿革 ………………………………… （61）
行政区划 ………………………………… （62）
常年气候特点 …………………………… （62）
2016年气候情况 ………………………… （62）
河流 ……………………………………… （63）
土地资源 ………………………………… （63）
水力资源 ………………………………… （63）
矿物资源 ………………………………… （63）
森林资源 ………………………………… （63）
野生动物资源 …………………………… （63）

旅游资源 …………………………………… (63)
民族 ………………………………………… (64)
人口 ………………………………………… (64)
语言 ………………………………………… (64)
平远精神 …………………………………… (64)
平远县花 …………………………………… (64)
平远人文 …………………………………… (64)
平远名片 …………………………………… (64)
平远土特产 ………………………………… (64)
2016年经济社会发展概况………………… (64)
经济发展概况 ……………………………… (64)
农业产业化发展 …………………………… (65)
工业产业结构调整 ………………………… (65)
水利基础设施建设 ………………………… (65)
交通基础设施建设 ………………………… (66)
电力、信息基础设施建设 ………………… (66)
全域旅游示范县建设 ……………………… (66)
城乡环境规划建设 ………………………… (66)
民生事业 …………………………………… (67)
教育文化事业 ……………………………… (67)
卫生体育事业 ……………………………… (67)
服务型政府建设 …………………………… (67)
精神文明建设 ……………………………… (67)
绿地·中信银行杯第七届北京国际山地徒步大会梅州·平远站活动成功举办 ……………………………………… (68)
存在的困难和不足 ………………………… (68)
2016年平远县国民经济和社会发展统计公报 ………………………………………… (69)
2016年平远县国民经济主要统计指标一览表 ………………………………………… (72)

中共平远县委员会

主要会议和活动 …………………………… (74)
中国共产党平远县第十二届委员会第六次全体会议 ………………………… (74)
平远县2016年社会各界人士迎春座谈会 ………………………………………… (74)
省、市领导到平远调研 …………………… (74)
陈开枝率队到平远考察…………………… (74)
黄强率队到平远检查 ……………………… (74)
许瑞生率队到平远调研…………………… (74)
温兰子率队到平远调研…………………… (74)
刘悦伦率队到平远调研…………………… (75)
方利旭到平远调研 ………………………… (75)
陈开枝率队到平远调研…………………… (75)
中国共产党平远县委员会第十三次代表大会 ……………………………… (75)
县委十三届一次全体会议 ………………… (77)
中国共产党平远县第十三届纪律检查委员会第一次全体会议……………… (77)
平远中学110周年校庆庆典活动 …… (77)
绿地·中信银行杯第七届北京国际山地徒步大会梅州·平远站……… (77)
县委办公室工作 …………………………… (79)
调研信息工作 ……………………………… (79)
办文办会工作 ……………………………… (79)
后勤接待工作 ……………………………… (79)
督查工作 …………………………………… (80)
组织工作 …………………………………… (80)
“两学一做”学习教育 …………………… (80)
基层党建工作 ……………………………… (80)
干部人事工作 ……………………………… (81)
干部培训和人才工作 ……………………… (82)
组织部门自身建设 ………………………… (82)
社会工作 …………………………………… (82)
概况 ………………………………………… (82)
村民理事会建设 …………………………… (82)
民情志愿服务 ……………………………… (83)
社会组织建设 ……………………………… (83)
信访工作 …………………………………… (83)
概况 ………………………………………… (83)
强化责任意识 ……………………………… (83)
强化督查督办 ……………………………… (84)

强化业务水平 …………………………（84）
强化防控结合 …………………………（84）
存在问题 ………………………………（84）
编制工作 ………………………………（84）
概况 ……………………………………（84）
政府职能转变 …………………………（84）
机构编制管理 …………………………（85）
事业单位管理 …………………………（85）
宣传工作 ………………………………（85）
概况 ……………………………………（85）
理论教育 ………………………………（85）
宣传平远 ………………………………（86）
文化平远建设 …………………………（86）
精神文明建设 …………………………（87）
统战工作 ………………………………（87）
概况 ……………………………………（87）
政策宣传工作 …………………………（87）
党外干部工作 …………………………（87）
政协换届人事安排工作 ………………（88）
港澳联络工作 …………………………（88）
台湾事务工作 …………………………（88）
概况 ……………………………………（88）
两岸经贸文化交流 ……………………（88）
台湾新生代认祖归宗 …………………（89）
在台乡贤捐资助学联络工作 …………（89）
服务台资企业、台胞工作 ……………（89）
协助台商在平远投资兴业 ……………（89）
宣传教育工作 …………………………（89）
精神文明建设 …………………………（90）
核心价值观宣传 ………………………（90）
公民道德建设 …………………………（91）
精神文明创建活动 ……………………（92）
未成年人思想道德建设 ………………（93）
学雷锋志愿服务 ………………………（93）
老干部工作 ……………………………（94）
概况 ……………………………………（94）
老干部政治待遇 ………………………（94）
老干部生活待遇 ………………………（95）
服务水平提升 …………………………（95）
机要工作 ………………………………（95）
概况 ……………………………………（95）
保密工作 ………………………………（96）
概况 ……………………………………（96）
保密精神贯彻落实 ……………………（96）
保密“三大管理” ……………………（96）
保密工作法制建设 ……………………（96）
保密服务与监督 ………………………（97）
保密工作责任强化 ……………………（97）
党校工作 ………………………………（97）
培训工作 ………………………………（97）
远程开放教育工作 ……………………（98）
党建工作 ………………………………（98）
教学科研、调研工作 …………………（98）
行政后勤与管理工作 …………………（98）
县直属机关工作委员会工作 …………（99）
概况 ……………………………………（99）
机关党建工作 …………………………（99）
机关作风建设 …………………………（100）
机关武装工作 …………………………（100）
“活力团队·和谐机关”活动 ………（100）
党员志愿者卫生联合行动 ……………（100）
“扶贫济困日”捐款活动 ……………（101）
县直系统党委工作 ……………………（101）
党群系统党委 …………………………（101）
宣教卫系统党委 ………………………（101）
政法系统党委 …………………………（103）
政府系统党委 …………………………（104）
农口系统党委 …………………………（105）
经贸系统党委 …………………………（106）
县非公有制经济组织和社会组织工作
委员会工作 ……………………………（108）
概况 ……………………………………（108）
“两学一做”学习教育活动 …………（109）
党建重点任务落实 ……………………（109）
“两新”组织基础性工作 ……………（109）
组织的战斗堡垒筑牢 …………………（110）

县非公系统和社会组织系统党委工作 …………………………………………（110）
非公有制经济组织系统党委 ………（110）
社会组织系统党委 …………………（111）

平远县人民代表大会常务委员会

主要会议和活动 …………………………（113）
县第十四届人民代表大会第七次会议 …………………………………………（113）
县第十五届人民代表大会第一次会议 …………………………………………（113）
县人大常委会会议 …………………（115）
监督工作 ……………………………（115）
经济监督 ……………………………（115）
工作监督 ……………………………（115）
人事监督 ……………………………（116）
司法监督 ……………………………（116）
依法行使重大事项决定权 ……………（116）
概况 …………………………………（116）
人事任免 ……………………………（117）
概况 …………………………………（117）
依法治县工作 …………………………（117）
概况 …………………………………（117）
代表工作 ……………………………（117）
闭会期间的代表活动 ………………（117）
对代表议案建议办理的督办工作 …（117）
代表补选工作 ………………………（117）
代表联系工作 ………………………（117）
代表履职学习培训工作 ……………（117）
县镇人大换届选举工作 ………………（118）
概况 …………………………………（118）
指导镇人大工作 ………………………（118）
概况 …………………………………（118）
人大制度宣传工作 ……………………（118）
概况 …………………………………（118）
机关建设 ……………………………（118）
概况 …………………………………（118）
工作机构设置调整 ……………………（119）
概况 …………………………………（119）

平远县人民政府

主要会议和经济社会发展情况 ………（120）
县政府常务会议 ……………………（120）
县长办公会议 ………………………（120）
经济社会发展情况 …………………（120）
县政府办公室工作 ……………………（124）
综合协调工作 ………………………（124）
文秘工作 ……………………………（124）
督办工作 ……………………………（124）
信息工作 ……………………………（124）
后勤保障工作 ………………………（125）
其他工作 ……………………………（125）
综合政务服务管理 ……………………（125）
概况 …………………………………（125）
“互联网+政务服务”改革…………（126）
服务管理工作 ………………………（126）
“12345”政府服务热线建设………（126）
服务队伍建设 ………………………（126）
存在困难和问题 ……………………（127）
招商引资 ……………………………（127）
概况 …………………………………（127）
主要工作成效 ………………………（127）
主要工作措施 ………………………（127）
存在的困难和问题 …………………（128）
民族宗教和外事侨务 …………………（128）
概况 …………………………………（128）
民族宗教工作 ………………………（128）

重点宗教活动场所建设 …………… (129)
慈善公益活动 ……………………… (129)
活动交流 …………………………… (129)
侨政工作 …………………………… (129)
因公出国（境）管理 ……………… (129)
调研工作 …………………………… (129)

政协平远县委员会

概况 ………………………………… (130)
主要会议 …………………………… (130)
九届六次会议 ……………………… (130)
十届一次会议 ……………………… (130)
主席会议 …………………………… (131)
常委会议 …………………………… (132)
协商议政 …………………………… (133)
专题议政 …………………………… (133)
会议协商 …………………………… (133)
专题协商 …………………………… (133)
界别协商 …………………………… (133)
调研视察 …………………………… (134)
专题调研 …………………………… (134)
专题视察 …………………………… (134)
项目视察 …………………………… (134)
民主监督 …………………………… (134)
民主评议 …………………………… (134)
监督司法 …………………………… (134)
社情民意 …………………………… (135)
提案工作 …………………………… (135)
提案征集和办理 …………………… (135)
提案督办 …………………………… (135)
文史宣传 …………………………… (135)
文史编纂 …………………………… (135)
宣传工作 …………………………… (135)
团结联谊 …………………………… (135)
凝聚合力 …………………………… (135)
联谊交往 …………………………… (135)
情系民生 …………………………… (135)
履职能力建设 ……………………… (135)
委员活动日活动 …………………… (136)
机关工作 …………………………… (136)
“两学一做”学习教育 …………… (136)
廉政建设 …………………………… (136)
效能建设 …………………………… (136)

中共平远县纪律检查委员会

主要会议 …………………………… (137)
县纪委十二届六次全会 …………… (137)
科级正职述责述德述廉评议大会
…………………………………… (138)
纪律教育学习大会 ………………… (138)
县纪委十三届一次全会 …………… (138)
纪律检查工作 ……………………… (139)
执纪审查工作 ……………………… (139)
正风肃纪 …………………………… (139)
落实“两个责任”………………… (140)
体制机制改革 ……………………… (140)
宣传教育…………………………… (140)
干部队伍建设 ……………………… (140)

社会团体和工商联

平远县总工会 ……………………… (142)
概况 ………………………………… (142)
劳模宣传 …………………………… (142)
帮扶工作 …………………………… (142)
维权工作 …………………………… (142)
经费审查 …………………………… (143)
组织建设 …………………………… (143)
业务培训 …………………………… (143)

文体活动 …………………………… (143)
自身建设 …………………………… (143)
共青团平远县委员会 ……………… (144)
概况 ………………………………… (144)
青少年思想道德教育 ……………… (144)
服务青年创业 ……………………… (144)
青少年关爱工作 …………………… (144)
青年交流交友 ……………………… (145)
青年志愿者服务 …………………… (145)
团组织自身建设 …………………… (145)
平远县妇女联合会 ………………… (146)
概况 ………………………………… (146)
“三八”节系列活动 ……………… (146)
公益活动举办 ……………………… (146)
“四援助”民生服务 ……………… (146)
推动“两个规划”建设 …………… (147)
妇女干部队伍建设 ………………… (147)
做好妇女创业就业工作 …………… (147)
妇女儿童合法权益维护 …………… (147)
平远县科学技术协会 ……………… (147)
概况 ………………………………… (147)
科普工作 …………………………… (147)
科普示范项目培育 ………………… (148)
内联外引工作 ……………………… (148)
平远县归国华侨联合会 …………… (149)
概况 ………………………………… (149)
服务经济发展 ……………………… (149)
归侨扶助维权 ……………………… (149)
海内外联谊 ………………………… (149)
参加第十七届世界华人学生作文大赛 ………………………………… (149)
平远县文学艺术界联合会 ………… (149)
概况 ………………………………… (149)
文艺作品创作 ……………………… (149)
文艺活动 …………………………… (150)
文艺人才培训 ……………………… (150)
文艺家风采 ………………………… (150)
交流活动 …………………………… (151)
服务平台建设 ……………………… (151)
平远县残疾人联合会 ……………… (151)
概况 ………………………………… (151)
社会保障工作 ……………………… (151)
残疾人康复服务 …………………… (151)
完善信息数据 ……………………… (152)
残疾人信访维权和办证 …………… (152)
存在问题 …………………………… (152)
平远县红十字会 …………………… (152)
概况 ………………………………… (152)
救灾救助工作 ……………………… (152)
基层组织建设 ……………………… (153)
援建工作 …………………………… (153)
宣传活动 …………………………… (153)
平远县工商联 ……………………… (153)
概况 ………………………………… (153)
组织建设 …………………………… (153)
服务民企 …………………………… (154)
非公有制经济人士履行社会责任 … (154)
非公有制企业党建 ………………… (155)
招商引资 …………………………… (155)

法　　治

政法委及综治 ……………………… (156)
概况 ………………………………… (156)
维稳工作 …………………………… (156)
平安创建工作 ……………………… (157)
严打整治工作 ……………………… (158)
创新乡镇综治工作 ………………… (158)
政法队伍建设 ……………………… (158)
法治政府建设 ……………………… (160)
概况 ………………………………… (160)
法治平远建设 ……………………… (160)
依法行政考评工作 ………………… (161)
行政执法监督 ……………………… (161)
规范性文件审查、备案 …………… (161)

推进依法民主决策 …………………… (162)
强化法制机构职能 …………………… (162)
公安 ………………………………………… (162)
概况 ………………………………………… (162)
维稳工作 ………………………………… (162)
治安工作 ………………………………… (162)
防控工作 ………………………………… (163)
执法工作 ………………………………… (164)
队伍建设 ………………………………… (164)
检察 ………………………………………… (164)
概况 ………………………………………… (164)
刑事检察 ………………………………… (165)
职务犯罪侦防 …………………………… (165)
控告申诉检察 …………………………… (165)
监所检察 ………………………………… (165)
民事行政检察 …………………………… (165)
司法体制改革 …………………………… (165)
检务公开 ………………………………… (166)
存在问题 ………………………………… (166)
法院………………………………………… (166)
概况 ………………………………………… (166)
刑事审判 ………………………………… (166)
民事审判 ………………………………… (167)
行政审判 ………………………………… (167)
执行工作 ………………………………… (167)
司法改革 ………………………………… (167)
司法服务 ………………………………… (167)
队伍建设 ………………………………… (169)
存在问题 ………………………………… (169)
司法行政 ………………………………… (169)
概况 ………………………………………… (169)
法治宣传教育工作 …………………… (169)
法律服务工作 …………………………… (170)
人民调解和社矫安帮工作 ………… (171)
队伍建设 ………………………………… (171)

平远县人民武装部

指导思想 ………………………………… (172)
概况 ………………………………………… (172)
政治工作 ………………………………… (172)
概况 ………………………………………… (172)
军事工作 ………………………………… (172)
战备工作 ………………………………… (172)
国防动员准备 …………………………… (173)
安全管理 ………………………………… (173)
征兵工作 ………………………………… (174)
后勤工作 ………………………………… (174)
基础设施建设 …………………………… (174)
党管武装工作 …………………………… (175)
组织建设 ………………………………… (175)
退役士兵安置 …………………………… (175)
救灾救济 ………………………………… (175)

农业·农村工作

农业·农村工作 ………………………… (176)
概况………………………………………… (176)
特色产业 ………………………………… (176)
农业科技推广 …………………………… (176)
品牌建设 ………………………………… (176)
依法行政 ………………………………… (177)
农业面源污染治理 …………………… (177)
黄龙病防控 ……………………………… (177)
农旅融合 ………………………………… (177)
茶叶和慈橙节会 ……………………… (178)
农村土地确权登记 …………………… (178)
种植业 ……………………………………… (178)
粮食生产 ………………………………… (178)
水产养殖 ………………………………… (179)
概况 ………………………………………… (179)
畜牧兽医 ………………………………… (179)

概况 …………………………………… (179)
养殖管理 ………………………………… (179)
防疫检疫管理 …………………………… (180)
屠宰管理 ………………………………… (180)
动物产品监管 …………………………… (180)
执法监督 ………………………………… (180)
惠农政策落实和养殖技术推广 …… (181)
执法队伍建设 …………………………… (181)
农业机械管理 …………………………… (181)
概况…………………………………… (181)
农机购置补贴落实 ……………………… (182)
服务体系完善 …………………………… (182)
林业 ……………………………………… (182)
概况 …………………………………… (182)
造林绿化 ………………………………… (182)
资源管护 ………………………………… (183)
林业产业发展 …………………………… (183)
林业发展创新 …………………………… (183)
广东平远龙文—黄田省级自然保护区
…………………………………… (184)
概况 …………………………………… (184)
资源管护 ………………………………… (184)
项目建设 ………………………………… (184)
科普宣教 ………………………………… (184)
其他工作 ………………………………… (185)
水务 ……………………………………… (185)
概况 …………………………………… (185)
水利建设 ………………………………… (185)
“三防”工作 …………………………… (186)
水利管理 ………………………………… (187)
省属水库移民管理 ……………………… (188)
概况 …………………………………… (188)
水库移民后期扶持政策落实 ……… (188)
库区移民医保投保 ……………………… (188)
移民维稳 ………………………………… (188)
中小企业管理 …………………………… (189)
中小企业、创业协会发展概况 …… (189)
企业人才培训 …………………………… (189)
创新创业比赛 …………………………… (189)
助企融资 ………………………………… (189)
服务平台建设 …………………………… (189)
招商引资工作 …………………………… (190)
扶贫开发 ………………………………… (190)
概况 …………………………………… (190)
扶贫成效 ………………………………… (190)
扶贫措施 ………………………………… (190)
存在问题 ………………………………… (192)
气象 ……………………………………… (192)
气候评价 ………………………………… (192)
气象服务 ………………………………… (193)
气象业务与气象现代化 ……………… (193)
深化气象改革 …………………………… (194)

工　　业

工业综述 ………………………………… (195)
概况 …………………………………… (195)
主导企业培育 …………………………… (195)
优质服务 ………………………………… (195)
节能降耗 ………………………………… (195)
成品油管理和电力宏观调控 ……… (195)
存在问题 ………………………………… (196)
广州南沙（平远）产业转移工业园
…………………………………… (196)
概况 …………………………………… (196)
基础设施建设 …………………………… (196)
园区企业生产发展 ……………………… (196)
工业园党委挂牌成立 ………………… (197)
存在问题 ………………………………… (197)
电力工业 ………………………………… (197)
概况 …………………………………… (197)
安全生产 ………………………………… (197)
电网建设 ………………………………… (198)
优质服务 ………………………………… (198)
存在问题 ………………………………… (198)

二轻工业 …………………………… (199)
概况 …………………………… (199)

信息产业

政务信息化建设 …………………… (200)
概况 …………………………… (200)
平远邮政 …………………………… (200)
概况 …………………………… (200)
业务发展 …………………………… (200)
教育培训 …………………………… (200)
企业管理 …………………………… (201)
服务理念 …………………………… (202)
中国电信 …………………………… (202)
概况 …………………………… (202)
基础设施建设 …………………… (202)
业务发展 …………………………… (202)
社会责任 …………………………… (202)
中国移动 …………………………… (203)
概况 …………………………… (203)
网络建设 …………………………… (203)
网络安全保障 …………………… (203)
业务发展 …………………………… (203)
企业管理 …………………………… (204)
中国联通 …………………………… (204)
概况 …………………………… (204)

公路与汽车运输

概况 …………………………… (205)
公路建设 …………………………… (205)
公路行政等级提升和公路路网加密 …………………………… (205)
高速公路建设 …………………… (205)
国、省道建设 …………………… (206)
县乡公路建设 …………………… (207)
公路养护管理 …………………… (207)
国、省道养护 …………………… (207)
县乡公路养护管理 ……………… (207)
综合执法与管理 ………………… (208)
综合执法 …………………………… (208)
运政管理 …………………………… (208)
安全监管 …………………………… (208)
路政管理 …………………………… (209)
平安建设 …………………………… (209)
存在问题 …………………………… (210)
汽车运输 …………………………… (210)
概况 …………………………… (210)
生产指标任务及经营效益 ……… (210)
运输“互联网+” ………………… (210)
安全管理 …………………………… (210)
存在问题 …………………………… (211)

商业·贸易

商业 …………………………… (212)
概况 …………………………… (212)
公司管理 …………………………… (212)
电站管理 …………………………… (212)
其他工作 …………………………… (213)
贸易市场 …………………………… (213)
概况 …………………………… (213)
电子商务进农村 ………………… (213)
商贸流通市场建设 ……………… (213)
涉外经济 …………………………… (213)
概况 …………………………… (213)
服务外向型企业 ………………… (213)
存在问题 …………………………… (214)
供销 …………………………… (214)
概况 …………………………… (214)
农民合作社发展 ………………… (214)
农资流通服务体系建设 ………… (214)
经营服务领域拓展 ……………… (214)

现代农业服务项目建设 ……………（215）
社有资产管理 ……………（215）
存在问题 ……………（215）
粮食管理 ……………（215）
概况 ……………（215）
粮食安全责任制落实 ……………（215）
储备粮油管理 ……………（216）
粮食收购 ……………（216）
依法治粮 ……………（216）
军粮供应 ……………（216）
粮食经济管理 ……………（216）
粮食仓储设施建设 ……………（216）
物资经营 ……………（217）
概况 ……………（217）
主要工作情况 ……………（217）
烟草专卖 ……………（218）
概况 ……………（218）
主要工作指标 ……………（218）
主要措施 ……………（218）
石油经营 ……………（220）
主要业绩 ……………（220）
安全工作 ……………（220）

旅游开发

平远县旅游局 ……………（221）
概况 ……………（221）
项目建设……………（221）
品牌打造……………（221）
行业管理……………（221）
平远县五指石省级风景名胜区管理处 ……………（222）
概况 ……………（222）
规范管理 ……………（222）
项目建设 ……………（223）
存在问题 ……………（223）

财税·金融·保险

财政 ……………（224）
概况 ……………（224）
财政收支情况 ……………（224）
财源培植 ……………（224）
服务地方经济 ……………（225）
财政改革发展 ……………（225）
存在问题 ……………（225）
国税 ……………（226）
概况 ……………（226）
组织收入 ……………（226）
税收征管 ……………（226）
依法治税 ……………（227）
税收改革 ……………（227）
纳税服务 ……………（228）
存在问题 ……………（229）
地税 ……………（229）
概况 ……………（229）
组织收入 ……………（229）
税费征管 ……………（230）
税政建设 ……………（230）
纳税服务 ……………（231）
中国人民银行平远县支行 ……………（232）
金融服务 ……………（232）
金融管理 ……………（232）
金融发展 ……………（233）
中国工商银行股份有限公司平远支行 ……………（233）
业务数据 ……………（233）
工作措施 ……………（234）
内控案防 ……………（234）
反洗钱和反假货币 ……………（234）
服务管理工作 ……………（234）
存在问题 ……………（235）
中国建设银行股份有限公司平远县支行 ……………（235）

主要指标 …………………………………（235）
工作措施 …………………………………（235）
中国邮政储蓄银行平远县支行 ………（236）
概况 ……………………………………（236）
做好上市配套工作 ……………………（236）
业务宣传 ………………………………（236）
服务“三农”……………………………（237）
商业、企业项目支持 …………………（237）
创业帮扶 ………………………………（238）
中国农业银行股份有限公司平远县支行 ………………………………………（238）
资产业务 ………………………………（238）
负债业务 ………………………………（238）
中间业务 ………………………………（238）
国际业务 ………………………………（238）
财务经营指标 …………………………（238）
内部控制 ………………………………（238）
工作措施 ………………………………（238）
服务“三农”……………………………（238）
广东平远农村商业银行股份有限公司 ………………………………………（239）
概况……………………………………（239）
服务“三农”与实体经济 ……………（239）
业务发展………………………………（239）
队伍建设 ………………………………（240）
内控案防 ………………………………（240）
财险 ……………………………………（240）
经营情况 ………………………………（240）
工作措施 ………………………………（240）
寿险 ……………………………………（241）
经营情况 ………………………………（241）
工作措施 ………………………………（241）

城建·市政管理

城乡规划建设 …………………………（242）
城乡规划 ………………………………（242）
重点民生工程 …………………………（242）
行业管理 ………………………………（242）
美丽城乡建设 …………………………（243）
依法行政和法制建设 …………………（244）
市政公用事业管理 ……………………（244）
概况 ……………………………………（244）
市政建设 ………………………………（244）
环境卫生 ………………………………（245）
综合管理 ………………………………（245）
路灯亮化 ………………………………（245）
园林绿化 ………………………………（245）
市场管理 ………………………………（246）
存在问题 ………………………………（246）

综合经济管理

工商和质量技术监督 …………………（247）
概况 ……………………………………（247）
商事制度改革 …………………………（247）
服务实体经济 …………………………（247）
规范市场经济秩序 ……………………（248）
服务地方发展 …………………………（249）
存在问题 ………………………………（250）
发展和改革工作 ………………………（250）
发展规划 ………………………………（250）
投资体制改革 …………………………（250）
重点项目推进 …………………………（250）
项目资金争取 …………………………（251）
物价工作 ………………………………（251）
其他工作 ………………………………（252）
审计 ……………………………………（252）
概况 ……………………………………（252）
重大政策跟踪审计 ……………………（252）
预算执行审计 …………………………（252）
经济责任审计 …………………………（252）
民生资金审计 …………………………（253）

统计工作 …………………………… (253)
概况 …………………………… (253)
统计基础建设 …………………… (253)
统计法制建设 …………………… (253)
统计业务调查和统计服务 ……… (254)
统计改革 ………………………… (255)
统计数据质量管理 ……………… (255)
国家重点调查普查 ……………… (255)
统计服务 ………………………… (255)
存在问题 ………………………… (255)
食品药品监管 …………………… (256)
概况 …………………………… (256)
食品药品宣传 …………………… (256)
食品药品安全监管 ……………… (257)
稽查执法专项工作 ……………… (258)
食品药品安全示范创建 ………… (258)

行政管理

人力资源管理 …………………… (260)
公共就业服务 …………………… (260)
职业技能培训 …………………… (260)
社会保险 ………………………… (261)
劳动维权 ………………………… (261)
公共人事管理 …………………… (262)
存在问题 ………………………… (262)
民政工作 ………………………… (263)
概况 …………………………… (263)
社会救助 ………………………… (263)
双拥、优抚安置 ………………… (264)
救灾救济 ………………………… (264)
基层政权和社区建设 …………… (265)
社会事务和社会福利 …………… (266)
其他工作 ………………………… (267)
国土资源管理 …………………… (268)
土地总体规划调整 ……………… (268)
土地利用管理 …………………… (268)
耕地资源保护 …………………… (268)
矿产资源开发监管 ……………… (268)
国土资源执法监察 ……………… (269)
群众权益维护 …………………… (269)
基础业务 ………………………… (269)
土地矿业权市场 ………………… (269)
地质灾害环境治理 ……………… (270)
存在问题 ………………………… (270)
安全生产监督 …………………… (270)
概况 …………………………… (270)
安全生产氛围 …………………… (270)
专职监管队伍建设 ……………… (270)
安全生产许可 …………………… (271)
事故隐患排查治理 ……………… (271)
安全执法监察 …………………… (271)
安全生产保障 …………………… (271)
存在问题 ………………………… (272)
环境保护 ………………………… (272)
概况 …………………………… (272)
环境保护 ………………………… (272)
环境执法 ………………………… (273)
污染减排 ………………………… (273)
环境项目管理 …………………… (274)
环境监测 ………………………… (274)
环境信访 ………………………… (274)
环保宣传 ………………………… (274)
存在问题 ………………………… (275)

教育·科技

教育 ……………………………… (276)
概况 …………………………… (276)
教育教学工作 …………………… (276)
教师队伍建设 …………………… (276)
教育督导工作 …………………… (277)
办学条件完善 …………………… (277)
安全工作 ………………………… (277)

科学技术 …………………………… （277）
概况 …………………………… （277）
科技管理 …………………………… （278）
科技创新 …………………………… （278）
科技合作 …………………………… （278）
专业镇建设 …………………………… （278）
科技服务 …………………………… （279）
知识产权工作 …………………………… （279）
防震减灾 …………………………… （279）

社会科学

平远县社会科学界联合会 ……………… （280）
概况 …………………………… （280）
理论研究与宣传教育 ……………… （280）
规划课题申报与研究 ……………… （281）
社科知识普及工作 ……………… （281）
行业服务与管理 ……………… （281）
党史研究 …………………………… （282）
概况 …………………………… （282）
党史资料的征集、编辑出版和研讨 …………………………… （282）
党史宣传教育 …………………………… （282）
党史遗址保护 …………………………… （282）
党史纪念活动 …………………………… （283）
地方志工作 …………………………… （283）
概况 …………………………… （283）
《平远年鉴（2016）》编纂出版 …………………………… （283）
自然村落普查工作启动 ……………… （283）
地方志资料年报 ……………… （284）
地方志资源开发利用 ……………… （284）
方志室建成 …………………………… （284）
地方志理论研究和地情调研 ……… （284）
其他工作 …………………………… （284）
档案工作 …………………………… （285）
概况 …………………………… （285）
档案馆室建设 …………………………… （285）
档案业务监督指导 ……………… （285）
档案信息化建设 ……………… （285）
档案“三个体系”建设 ……………… （285）
档案宣传工作 …………………………… （286）
档案业务培训 …………………………… （286）
存在问题 …………………………… （286）

文化·传媒

文化 …………………………… （287）
概况 …………………………… （287）
公共文化服务均等化 ……………… （287）
群众文化活动开展 ……………… （287）
群众文艺创作 …………………………… （288）
文化惠民工程完善提升 ……………… （288）
文物保护 …………………………… （289）
非物质文化遗产保护和传承 ……… （289）
文化市场监管 …………………………… （290）
文化产业 …………………………… （290）
存在问题 …………………………… （290）
广播电视 …………………………… （291）
中心、重点工作宣传报道 ……………… （291）
体育赛事报道 …………………………… （291）
传播设备强化 …………………………… （291）
部门增设 …………………………… （291）
人才引进 …………………………… （291）
新闻报道 …………………………… （292）
概况 …………………………… （292）
常规宣传 …………………………… （292）
年度重点工作宣传 ……………… （292）
主题活动宣传 …………………………… （292）
核心价值观弘扬 ……………… （292）

卫生·计划生育·体育

卫生和计划生育 …………………… (293)
概况 …………………… (293)
公立医院改革 …………………… (293)
医联体建设 …………………… (293)
医政管理 …………………… (294)
中医药服务 …………………… (294)
公共卫生 …………………… (294)
计划生育管理 …………………… (295)
计划生育优质服务 …………………… (295)
计划生育扶助奖励 …………………… (295)
省级卫生县城创建成功 …………………… (295)
卫生强县建设 …………………… (296)
无偿献血 …………………… (296)
健康宣教 …………………… (296)
平安医院创建 …………………… (296)
卫生计生监督执法 …………………… (296)
医疗队伍建设 …………………… (297)
体育 …………………… (297)
概况 …………………… (297)
体育基础设施建设 …………………… (297)
群众体育 …………………… (298)
体育类协会 …………………… (298)
竞技体育 …………………… (298)
振兴足球工作 …………………… (298)
体育产业 …………………… (299)

各镇概况

差干镇 …………………… (300)
概况 …………………… (300)
旅游发展 …………………… (300)
农业 …………………… (301)
交通设施 …………………… (301)
水利设施 …………………… (301)
镇村建设 …………………… (301)
精准扶贫 …………………… (301)
强农惠农工作 …………………… (301)
教科文卫体工作 …………………… (301)
平安建设 …………………… (302)
党建工作 …………………… (302)
仁居镇 …………………… (303)
概况 …………………… (303)
农业 …………………… (303)
交通设施 …………………… (303)
水利设施 …………………… (303)
镇村建设 …………………… (303)
生态环境建设 …………………… (304)
强农惠农工作 …………………… (304)
精准扶贫 …………………… (304)
教科文卫体工作 …………………… (304)
平安建设 …………………… (304)
党建工作 …………………… (305)
八尺镇 …………………… (305)
概况 …………………… (305)
酒业 …………………… (306)
农业 …………………… (306)
交通设施 …………………… (306)
水利设施 …………………… (306)
镇村建设 …………………… (306)
生态环境建设 …………………… (306)
强农惠农工作 …………………… (307)
精准扶贫 …………………… (307)
教科文工作 …………………… (307)
党建工作 …………………… (307)
河头镇 …………………… (308)
概况 …………………… (308)
生态经济 …………………… (308)
水利设施 …………………… (308)
镇村建设 …………………… (308)
生态环境建设 …………………… (308)
强农惠农工作 …………………… (308)
精准扶贫 …………………… (309)

教科文卫体工作 ……………………（309）
平安建设 ……………………（309）
党建工作 ……………………（309）
中行镇 ……………………（310）
概况 ……………………（310）
农业 ……………………（310）
工业 ……………………（310）
生态旅游 ……………………（311）
交通设施 ……………………（311）
水利设施 ……………………（311）
镇村建设 ……………………（311）
强农惠农工作 ……………………（311）
精准扶贫 ……………………（311）
教科文卫体工作 ……………………（311）
平安建设 ……………………（312）
党建工作 ……………………（312）
上举镇 ……………………（312）
概况 ……………………（312）
生态旅游 ……………………（313）
农业 ……………………（313）
交通设施 ……………………（313）
水利设施 ……………………（313）
镇村建设 ……………………（314）
强农惠农工作 ……………………（314）
卫生、计生、体育 ……………………（314）
精准扶贫 ……………………（314）
平安建设 ……………………（314）
“7·22”灾后重建工作……………………（315）
党建工作 ……………………（315）
泗水镇 ……………………（316）
概况 ……………………（316）
交通设施 ……………………（316）
水利设施 ……………………（316）
镇村建设 ……………………（316）
生态环境建设 ……………………（316）
精准扶贫 ……………………（316）
计划生育 ……………………（317）
平安建设 ……………………（317）
党建工作 ……………………（317）
东石镇 ……………………（318）
概况 ……………………（318）
工业 ……………………（318）
农业 ……………………（318）
镇村建设 ……………………（319）
生态环境建设 ……………………（319）
交通设施 ……………………（319）
水利设施 ……………………（319）
强农惠农工作 ……………………（319）
教科文卫工作 ……………………（319）
精准扶贫 ……………………（320）
平安建设 ……………………（320）
党建工作 ……………………（320）
大柘镇 ……………………（321）
概况 ……………………（321）
重点项目 ……………………（321）
农业 ……………………（321）
基础设施 ……………………（321）
生态环境建设 ……………………（322）
强农惠农工作 ……………………（322）
精准扶贫 ……………………（322）
教科文卫体工作 ……………………（322）
平安建设 ……………………（323）
党建工作 ……………………（323）
石正镇 ……………………（324）
概况 ……………………（324）
重点项目 ……………………（324）
生态环境建设 ……………………（325）
精准扶贫 ……………………（326）
卫生、计生工作 ……………………（326）
平安建设 ……………………（326）
党建工作 ……………………（326）
长田镇 ……………………（327）
概况 ……………………（327）
农业 ……………………（327）
基础设施 ……………………（327）
镇村建设 ……………………（327）

精准扶贫 ……………………………（328）
教科文卫体工作 ……………………（328）
平安建设 ……………………………（328）
党建工作 ……………………………（328）
热柘镇 ………………………………（329）
概况 …………………………………（329）
农业 …………………………………（329）
重点项目 ……………………………（329）
生态环境建设 ………………………（329）
强农惠农工作 ………………………（329）
镇村建设 ……………………………（330）
社会事业 ……………………………（330）
平安建设 ……………………………（330）
党建工作 ……………………………（330）

光 荣 榜

先进集体 先进个人名录 ……………（331）
平远县荣获2016年度副厅级及以上单位表彰的先进集体一览表 ……（331）
平远县荣获2016年度副厅级及以上单位表彰的先进个人一览表 ……（334）
表彰通报 ……………………………（338）
中共平远县委员会 平远县人民政府关于2016年度落实科学发展观考评情况的通报 ……………………（338）
中共平远县委 平远县人民政府关于表彰2016年度社会治安综合治理工作（平安建设）先进单位和先进个人的通报 ……………………（339）
关于2015-2016学年度优秀教师、优秀教育工作者及尊师重教先进单位的通报 ……………………（340）
关于颁发2014—2015年度平远县科学技术奖的通报 ……………………（342）
政协平远县委员会关于表彰2016年度优秀政协委员和优秀提案及承办提案先进单位的决定 ………………（344）
中共平远县委办公室 平远县人民政府办公室关于2015年度全县重点项目建设考核情况的通报 ……………（346）
中共平远县委办公室 平远县人民政府办公室关于2016年度全县重点项目建设考核情况的通报 ……………（347）

文献法规选编

关于公布第六批平远县文物保护单位的通知 ……………………………（348）
关于批准并公布平远县第五批县级非物质文化遗产名录的通知 ……（348）

附 录

平远县2017年中考、高考前十名学生名表 ……………………………………（350）
2016年平远县百岁老人一览表 ……（353）
平远县境内现有旅行社及门市部一览表 ………………………………（354）
平远县文联各协会负责人一览表 …（355）
平远县文联各协会省级以上文艺家协会会员情况一览表 ……………（356）
■主题索引 …………………………（367）

特　　载

立足新起点开启新征程谱写新篇章 为全面建成小康社会而努力奋斗

——在中国共产党平远县第十三次代表大会上的报告

（2016年10月17日）

曾尚忠

一、县第十二次党代会以来的工作回顾

过去的五年，我们认真贯彻落实党的十八大和十八届三中、四中、五中全会精神，深入学习贯彻习近平总书记系列重要讲话精神和中央、省、市决策部署，在市委、市政府的正确领导下，县委团结带领全县各级党组织和广大党员干部群众，紧扣全面深化改革、加快振兴发展的主题主线，以建设富实休闲幸福平远为目标，抢抓原中央苏区和粤东西北振兴发展政策机遇，按照市“一区两带”总体布局，狠抓“三大抓手”，主攻“一城两区”，在肩负重托、爬坡越坎中探索前进，在攻坚克难、奋力争先中拼搏前行，全力加快平远振兴发展步伐，较好地完成县第十二次党代会确定的各项目标任务。

五年来，我们在相对薄弱的基础上谋划振兴发展，县域综合实力不断增强。我们在基础差、底子薄，经济总量和财政收入小，经济结构单一的条件下，主动作为、开拓进取，通过筑平台攻项目、抓产业促转型，积极应对稀土、铁矿、水泥等传统产业由高位增长转向低迷徘徊的下行压力，扎实推进产业转型升级，大力扶持家具建材、机械铸造、电子信息和生态旅游产业发展，把经济稳住、把底筑牢，县域经济的发展质量和效益不断提高。五年间，全县GDP总量、城乡居民收入实现翻番，财政预算收入、固定资产投资翻了两番，对外贸易总额、社会消费水平再创历史新高。在2015年度全市振兴发展评估考核中，排名全市第四。今年1—9月,预计全县实现GDP52.5亿元、规上工业增加值7.1亿元、固定资产投资27.7亿元、县级公共财政预算收入5.53亿元、出口总额1.85亿美元，县域经济呈现稳步发展态势。

五年来，我们深入探索“一城两区”主体功能区划，振兴发展实践路径更为清晰。我们承继历届班子的发展思路和有效举措，坚定生态经济科学发展之路，将县域划分为精致休闲山水城镇、生态工业园区、生态休闲文化旅游区三大主体功能区，统筹好城镇扩容提质、园区扩能增效、旅游景区提档升级，探索了加快振兴发展的实践路径。实践证明，我们的发展思路、发展路径，符合中央和省振兴发展“两大政策”及市“一区两带”总体布局，符合平远加快振兴发展的实际需要。

（一）坚持“城向山拓、向山要地”模式，组团建设精致休闲山水城镇。结合县城空间狭小、山多地少实际，有效盘活山地资源，把城区向山拓展，四面环山建公园，山腰山脚建商住区，在林中造城、城中造景，县城扩容框架全面拉宽。县城规划区、建成区面积分别由2010年的38平方公里和7.85平方公里扩展至67.12平方公里和12.8平方公里。结合“三旧”改造，规划建设了碧桂园、平城花园、金色华府、翠拥华庭、凯旋商业中心等一批宜居社区和城市综合体项目，群众生活居住环境得到明显改善。整合优质教学资源，优化学校布局，按省级示范学校标准建成实验中学、小学、幼儿园；改造县城两河四岸景观公园，建设县医疗养生保健中心、图书馆、文化馆、博物馆、老干大学等一批公共服务项目；建成佛光大道、环北路、平城花园至大佛寺等外联通道；全力推进了县城污水处理厂、污水管网、管道燃气、垃圾填埋场等市政工程。今年以来，以创建省级卫生县城为契机，全面整合南区市场周边地块，引资建设商住综合体项目，着力打造平远新地标。有序推进了河岭嶂片区1000亩、梅东片区300亩土地征地拆迁，储备了一批扩容提质用地。同时，坚持建管并举，扎实开展治理农村生活垃圾、规范农村建房、整治城乡“六乱”、保护水源水质大行动，大力实施乡镇“三个一”工程，打造了一批省宜居示范城镇和美丽乡村。

（二）坚持以省级产业园区为集聚平台，发展壮大实体经济。积极应对国内外经济增速回落、需求放缓影响，扎实抓好园区拓园增效、工业转型升级。2013年，我们及早启动申报省级园区并获验收通过，成为全市第三个省级园。园区连续两年获评省优秀园区，累计获省基础设施、节能循环、招商选资等扶持资金2.3亿元和1050亩用地指标奖励，取得“大满贯”。至目前，园区基础设施累计投入8.3亿元，建成区面积6500亩，入园企业76家，其中投产39家、在建19家、协议18家。今年1—9月，园区预计实现工业增加值3.93亿元，税收0.86亿元。加大政策扶企力度，出台股权投资、信贷补偿基金、贴息贷款、专项扶持资金等系列扶持政策。自2011年以来，全县共落实各项政策资金2.49亿元，有力促进了民营企业技改挖潜、增资扩产，招商企业落地见效。全县规上工业企业总量和规模不断扩大，2015年全县实现工业总产值76.6亿元，是“十一五”期末的1.54倍。鼓励中小微企业利用多层次资本市场融资，全县现有3家企业签订新三板挂牌协议，6家企业成功在区域性股权交易中心挂牌。同时，深入实施乡贤回归工程，县领导挂钩各地平远商会、乡贤企业，扎实开展领导招商、商会招商和以商招商等活动，大力发展总部经济，夯实了稳增长基础。

（三）坚持以农促旅、以旅强农，生态旅游发展势头强劲。平远旅游从五指石开始，起步于20世纪90年代，曾经作为梅州的旅游名片，但由于受经济发展水平、交通不便、设施不配套等因素制约，发展一直停滞不前，可以说是：起了个大早，赶了个晚集！2012年，我们启动了五指石天道建设，2013年国庆建成对外开放即引爆平远旅游，成为广东生态旅游新亮点。目前，总投资3.99亿元的五指石景区建设项目全面推进，今年以来景区收入达3800多万元，接待游客42万人次。在五指石的带动下，我们以创建国家全域旅游示范县为抓手，全力推进龙头景区提档升级，长布半岛、客家相思谷、南台卧佛山、热柘温泉等旅游项目均落实了投资主体，吸引开发资金20多亿元，景区开发从景点旅游向全域旅游模式转变。同时，坚持农旅融合，以农业基地为依托，把发展乡村旅游与精准扶贫结合起来，在国省道、旅游干线沿线打造了曼佗山庄、金穗山庄等一批旅游景点，探索了“山顶种树、山腰种果、山坳办庄园、立体搞旅游”的耕山致富模式，促进了农业增效、农民增收。随着龙头景区项目的深入推进，农旅项目的深度融合，全县生态产业和旅游配套进入大开发、大发展阶段，景区环境、配套设施、交通条件持续改善，旅游市场规模不断拓展，生态旅游经济效益持续提升。

五年来，我们坚持共建共享，全力加快基础设施建设和民生福祉改善，群众幸福指数不断提高。我们坚持民生优先的发展理念，按照“强基础、补短板、兜底线”思路，不断加大基础设施、民生领域的政策资金争取和项目推进力度，持续扩大有效供给，使城乡生产生活条件进一步改善，城乡公共服务差距进一步缩小。

（一）抢抓机遇，系统谋划，全力加快交通水利基础设施建设。我们抢抓国家和省“微刺激”以及“两大振兴政策”机遇，争取并谋划“四高一铁”粤闽赣边快速交通体系，实现“一个通车、一个在建、三个规划”。目前，平兴高速已建成通车，打通了粤赣省际“断头路”；梅平高速动工建设，2018年底建成通车，将助推平远融入梅城半小时生活圈；连平武、平蕉大高速已列入市“十三五”路网规划，正积极对接列入国家和省网规划；瑞梅铁路已列入国家中长期铁路网发展规划，项目前期工作有序开展，力争2017年开工建设。随着“四高一铁”交通项目的落地，平远正从一个区域经济的边缘地带，一跃成为珠三角、潮汕揭连接海西区、长三角等地的重要交通节点。为畅通地方交通路网，对接高速分流，我们着力完善以国省道为主线、县乡道为支线、农村公路为基础的交通网络，全县公路通车里程增加到1660公里。完成G206线、S225线等主干线改造，环北路、南台山至大河背、普滩至湍溪等公路全线贯通，G358线八尺至差干段改造升级有序推进，县域互通回环能力大幅加强。同时，围绕“治水、兴水、亲水”主题，扎实推进生态水利工程建设，完成第二批小农水重点县、农业水价综合改革试点县等项目，实施石正河、黄田河等堤防堤围工程，全力推进中小河流治理工程，凤池水库项目建议书获省批复。城乡水利设施在防洪减灾、堤路共建、生态休闲等方面发挥了较好的生态、经济和社会效益。

（二）强化保障，做实民生，不断提升公共服务供给水平。我们坚持公共财政支出向民生倾斜，连续五年县级新增财力70%以上用于民生事业。每年办好“十件民生实事”，统筹推进医疗教育、社会保障、平安建设等重点民生。全面提高低保、“五保”、优抚标准，底线民生得到保障。劳动力培训转移就业取得实效，社会保险覆盖面不断扩大。全面实行机关事业单位人员津贴补贴财政统发，干部职工待遇大幅改善。加大教育投入，“三个一”实验学校全面建成，县特殊教育学校、教育现代化试点县项目进展顺利，获评“全国义务教育发展基本均衡县”。普通高考本科入围率逐年提升，今年排全市第二。率先完成县镇医疗卫生一体化改革试点，卫生强县创建有序推进，县医疗养生保健中心、卫生两基示范镇等项目加快建设。人口计生工作均衡发展。大力推进简政放权，行政效能不断提高。工商质监和食品药品监管体制改革到位。文体广电事业不断发展，城乡文体设施日益完善。两轮扶贫“双到”任务圆满完成，均获省考核优秀等次。新时期精准扶贫精准脱贫工作有序推进。广州南沙·平远对口帮扶工作取得实效。积极创新社会管理机制，社会治安综合治理和“平安平远”建设务实有效，安全生产形势持续稳定，信访总量持续保持全市排位靠后水平，群众安全感和政法工作满意度连续5年位居省市前列。

五年来，我们下大力气抓紧抓牢基层党建工作，把全面从严治党要求落到实处。我们扎实开展了创先争优、群众路线、三严三实、两学一做等专题学习教育活动，贯彻落实中央八项规定精神，着力整治“四风”问题和群众反映强烈的突出问题，总体上取得了干部受教育、问题得解决、作风大改善、人民更满意的效果。扎实开展干部教育培训工作，为振兴发展提供了强有力的智力支持。坚持正确用人导向，加强干部队伍建设，选拔了一批干事创业的优秀干部。加大乡镇干部本土化配备力度，稳定乡镇干部队伍。严格执行县直、镇级领导班子科学发展观评价办法及《镇村干部管理规定》《村“两委”干部绩效考核实施意见》，推动工作落实。建立基层党建经费稳增长机制，全县村（社区）干部补贴人均每月达2200元以上，村级办公经费每年6万元以上。全县建有镇、村（社区）文体广场104个，有效拓展延伸了党建工作阵地。“两新”组织党建工作特色明显，扩大了覆盖面。设立县党员互助基金，创新开展党员创业信誉贷款和“大爱平远”活动，建立完善党内关怀激励和帮扶机制。深入推进农村基层治理工作，对侵害涉农利益问题进行分类整顿。从严从实整顿软弱涣散基层党组织，转化率达100%。扎实开展镇（街）领导干部驻点联系工作，切实解决群众反映的问题。坚持从严治党,突出抓好党风廉政建设责任制落实、惩防腐败体系建设、领导干部作风转变三大重点，切实把党风廉政建设和反腐败工作贯穿于推动振兴发展的各个环节。加强干部监督工作，从严执行领导干部重要事项报告和“三责联审”等制度。深化纪检体制改革，落实“三转”要求。深入开展“廉洁镇村”创建活动，加强“三资”管理。狠抓正风肃纪，严肃查处各种违法违纪行为，着力解决群众身边的不正之风和腐败问题，营造了风清气正的政务环境。

同时，县人大、县政协围绕县委中心工作，积极履行职能，在推进“一城两区”项目建设、保护饮用水水源水质、巩固城乡环境整治成效、促进和谐征地拆迁等工作中发挥了重要作用，推动了各项工作的落实。重视党管武装工作，“双拥”工作巩固提升。全面推进依法行政和依法治县进程，坚持公正司法和严格执法。工青妇、工商联等人民团体的桥梁纽带作用有效发挥，宗教、台侨和老干部等政策有效落实，爱国统一战线工作扎实开展。党委、政府各部门和驻平各单位工作卓有成效。

回顾过去的五年，我们紧紧围绕中央“四个全面”战略布局这条主线，按照省“三个定位、两个率先”总体目标，扭紧“三大抓手”，积极融入市“一区两带”发展新格局。县委团结和带领全县各级党组织和广大党员干部群众，在传承中创新、在创新中发展，不折腾、不懈怠，探索了一条山区科学发展的路子，贯彻落实了上级的决策和工作部署，开创了全县改革发展稳定的新局面，为率先全面建成小康社会迈出了坚实的步伐。在此，我代表中共平远县第十二届委员会，向所有为平远经济社会发展做出积极贡献的同志们、朋友们，表示衷心的感谢和崇高的敬意！

回顾过去的五年，尽管我们抓经济、谋发展的愿望非常强烈，也扑下身子做了大量的工作，集中精力推项目、攻难关，但由于受历史和现实等因素制约，仍然有许多困难和问题，有待我们全力以赴加以解决。立足实际看面临的挑战，主要有四个方面：一是加快振兴发展的时间紧迫、内生动力不足。“十二五”期间，全县GDP年均增长12.5%，与预期目标相差2.5个百分点。我们过去是在30亿元的小块头上增长，今年预期将突破75亿元，要在经济总量绝对值不断增大、国内经济增速放缓的基础上，实现更好发展，一定程度上增加了难度。特别是省粤东西北地区和国家原中央苏区振兴发展的政策期、规划期都是以2020年为期限，现在还剩下四年的时间，时间紧迫。同时，产业结构不够合理，工业园区处于起步阶段，形成产业集聚仍需一段时期。现有企业以资源型、粗放型为主，效益和产品附加值低，要实现转型升级，形成创新驱动能力困难还很多。旅游业尚处于培育发展阶段，要素配套还不完善，综合效益的释放仍需时日。二是推进重点项目、破解要素制约的力度有待加强。近年来，我县谋划的重点项目数量不断增多，盘子越来越大，拉动固定资产投资占比逐年攀升，成为稳增长的有力抓手。但一些项目存在进度欠账，由于规划、用地、立项、环评等主客观因素，未能如期开工；项目质量有差距，大项目偏少，上规模、上档次的产业类项目较少；部分项目前期工作准备不到位，受规划滞后、征地拆迁、融资困难、信访矛盾等制约，影响项目快速推进。三是财政收支矛盾突出，公共服务能力不足。预计今年县级财政收入7.35亿元，而各项社会事业、民生保障等刚性支出不断加大，总支出超过25亿元，支出是收入的 3.4 倍。文化教育、医疗卫生等基本公共服务还存在总量不足、质量不高、城乡不均等问题。四是干部队伍的思想意识与深化改革的要求不相适应。一些干部对改革发展存在观望态度，小富即安、小步渐进，市场观念比较淡薄，竞争意识有待加强。干部队伍的年龄、知识结构，能力水平和敢担当、善作为的精神，与全面深化改革、加快振兴发展的要求还存在一定差距。

二、今后五年的形势与任务

今后五年，是全面建成小康社会的决胜阶段。我们要科学研判加快振兴发展的客观形势，准确把握经济发展新常态这个大逻辑，保持定力、精准发力，切实增强工作的主动性、科学性和创造性。从国家战略层面看，国内经济发展将进入新常态发展轨道，经济结构从增量扩能为主转向调整存量、做优增量并举的深度调整，发展方式从规模速度的粗放增长转向质量效率的集约增长。国家把供给侧结构性改革作为统领经济工作的主线，着力抓好去产能、去库存、去杠杆、降成本、补短板五大任务，改革步伐加大、动力转换力度加强，改革红利进一步释放，将为欠发达地区后发崛起带来新的空间和机遇。从省、市决策部署看，省委将以“两个率先”为目标，以创新驱动发展为核心战略，着力加强供给侧结构性改革，加快新旧发展动能接续转换。将更加注重发展的质量和效益，突出抓好交通基础设施、产业园区、城区扩容提质为重点的“三大抓手”项目建设，深入推进对口帮扶共建，着力补齐粤东西北发展、民生社会事业和扶贫开发三个短板，促进区域协调、同等水平发展，提升粤东西北地区经济实力和整体竞争力。市委“一区两带”发展战略将全面实施，加快振兴发展的思路和路径进一步明晰，产业和项目建设高度聚集，“两大振兴政策”红利有效转化，在突出产业支撑、强化投资拉动、创新发展动力、保障改善民生、用好金融资金等方面将产生出不少新供给，政策的叠加效应明显。只要我们充分对接好、利用好，努力把这些政策项目化、产业化，就一定能把政策优势转变为发展优势。从我县发展基础看，我县生态资源优越，人口基数小，交通区位和投资环境日益改善，后发优势突出。在供给侧结构性改革中，“去产能”“去库存”“去杠杆”不是当前平远的主要矛盾，我们应当更多从基础相对薄弱、短板较多的实际出发，校准坐标、扭住关键，加快补齐内生动力不足、经济结构不合理、公共服务供给水平低等短板，提高供给体系的质量和效率。注重要素融合、突出实践创新，大力发展新型工业、绿色农业、生态旅游和现代服务业等新业态，创造更好的产品供给、生态供给和服务供给，全面夯实振兴发展根基。

今后五年的指导思想是：坚持“创新、协调、绿色、开放、共享”五大发展理念，积极对接原中央苏区和粤东西北两大振兴政策，按照市“一区两带”总体布局，紧紧扭住“三大抓手”，坚持主攻“一城两区”，全面深化改革，优化经济结构，巩固生态优势，提升综合实力，融合城乡发展，增进民生福祉，维护社会稳定，全面从严治党，大幅度提升经济社会发展的质量和效益，确保实现与全省同步率先全面建成小康社会。

今后五年的奋斗目标是：经济保持中高速增长，到2020年全县生产总值达121亿元，年均增长11%以上，人均生产总值达5.1万元，年均增长 10.6 %以上；县级一般公共预算收入达11.6亿元，年均增长12%以上，收入结构和质量持续优化；全社会固定资产投资年均增长30%以上，基础设施支撑能力显著增强；三次产业结构比例调整为12.2：43.1：44.7，产业结构进一步优化；力争五年内，县域经济发展水平与全省率先全面建成小康社会相适应，基本公共服务均等化和社会保障城乡一体化水平，达到全省率先全面建成小康社会的要求。

这些目标是县委主动适应经济发展新常态，综合考虑经济发展大环境，深入分析我县发展基础、产业特征、增长潜力、面临挑战等各种条件，反复权衡后确定的。这些目标，既是积极进取的，需要跳起来才能摘到的“桃子”；又是稳妥适当的，有其发展的基础和支撑；同时，也是全面建成小康社会的基本目标和政治任务，是必须不折不扣完成的起码要求。确定的指标，兼顾了需要与可能、当前与长远。完成这些任务，我们必须付出艰苦努力。

三、今后五年的工作重点

今后五年，是我县经济社会发展全面发力、加速赶超的关键时期。做好今后五年的工作，我们要认真学习贯彻习近平总书记系列重要讲话精神，全面贯彻落实中央和省、市决策部署，把五大发展理念贯彻到县域振兴发展实践中，转化为实实在在的工作举措。要在过去几年成功探索实践的基础上，脚踏实地、不忘初心、砥砺前行。要强化“重实体、兴实业”理念，准确把握我县供给侧结构性改革面临的困难和问题，通过落实“三去一降一补”措施，优化资源配置，扩大有效供给，不断形成拉动经济增长的新动力，促进经济总量、质量同步提升，为率先全面建成小康社会奠定坚实基础。重点要抓好如下“七项工作”：

（一）以产业升级为关键，壮大工业经济总量。俗话说：“无工不富，无商不活”。县域的振兴发展很大程度上取决于工业的支撑。平远作为生态发展区，发展工业必须坚持生态优先，绿色发展。要围绕传统工业转型升级形成主导力量，大力实施工业提速行动计划，做大存量、培育增量、壮大总量，以工业平稳增长支撑实体经济稳健发展。

1.打造万亩省级示范园区。按照“生态园区、工业新城”定位，产城联动、产城融合，把园区纳入到县城的规划管理体系。创新投融资方式，积极争取各级扶持资金，激发民间资本投资活力，撬动园区基础设施建设。重点抓好园区水电路讯等公用工程管廊建设，推进仓储物流、研发中心、创业孵化基地、服务中心等公共平台项目。创新园区管理运行机制，系统梳理土地、税费、管理方面的政策和制度障碍，提升园区集聚吸引力。严格规范园区功能分区，完善项目分期供地机制，确保重大项目用地优先供应。到2020年申报增加10000亩产业集聚用地，园区建成区面积达10000亩；工业招商总额占全县招商总额的60%以上；入园企业达到120家，基础设施建设累计完成18亿元；规上工业增加值达13.5亿元，税收收入达3.5亿元，成为全县重要的经济增长极。

2.*发展壮大优势特色产业*。结合推进供给侧结构性改革，通过服务模式创新、财税资金引导、金融信贷支持、项目用地保障等措施，着力打造“稀土新材料、机械制造、家居建材”园中园。落实鼓励民营经济发展的政策措施，引导重点企业增资扩产、设备更新，做大做强。正确研判稀土产业周期“换挡”规律，在行业低谷时期逆势布局，加强与大型国企、上市公司的战略合作，激活矿产、研发、制造、应用等多方优势，大力开发永磁材料、复合材料、电子元器件等产品，形成稀土应用的产业集聚。引导家具企业通过兼并重组、股份制改造、与品牌企业联盟等方式增强实力，优化产品系列，降低经营成本。鼓励创建自主品牌，开展个性化家居定制服务。对接广东梅州综合保税区，谋划平远进境木材监管区（内陆口岸），扩大进出口规模。加快建艺石材等板材企业发展，做大装饰建材业。落实《中国制造2025》和省市《实施意见》，支持铸造企业技改升级，淘汰落后产能，推动企业上规模、强质量、创品牌，加快发展汽车轮毂、车桥车轴、船用柴油机壳、园林机械、数控机床等中高端装备产业。同时，大力扶持电子信息、酒水果汁、生物医药等具有一定基础的新兴产业。加快推进茅坪风电场、利天新能源光伏发电等项目建设，优化产业结构。力争到2020年培植8家产值超5亿元、3家产值超10亿元的骨干企业，主导产业产值超百亿元。

3.*深度激活民营经济*。进一步优化经济发展环境，主动作为、靠前服务，深入开展暖企行动，构建清清爽爽的政商关系。大力推进“大众创业、万众创新”工程，提升企业创业孵化能力。全方位落实降低企业成本的各项政策措施，为企业再投资、再创业和全面加强技术、产品、管理等方面的创新提供便利。高度重视本土民营企业发展，拓宽领域、提升发展质量。强化共享共赢意识，引导本土民营企业加快建立现代企业制度，提高经济外向度。按照“个转企、小升规、规改股、股上市”思路，以搭建平台、助推项目、帮扶企业为着力点，力争每年新增10家规模以上企业，每年培育1家以上企业在“新三板”挂牌，争取两年内实现县内企业上市零的突破。

4.*全力抓好招商引资*。顺应供给侧结构性改革的要求，通过政策资金扶持、产业基金撬动、行业企业兼并、与品牌企业联姻等举措，深入实施商会招商、以企引商和“乡贤回归投资兴业工程”，重点引进稀土新材料、家居建材、机械制造，以及文旅体、健康养生等带动型、税源型项目，以招商引资实效带动产业转型升级。充分发挥南沙·平远国际经贸合作中心窗口作用，深化产业共建共享帮扶，分享自贸区制度和政策红利，积极承接跨境电商、保税仓储、现代物流、科技孵化等业务，致力将中心打造成为平远与珠三角、“一带一路”沿线地区经贸合作的双向招商平台和产业孵化基地。

（二）*以扩容提质为抓手，推进城乡统筹发展*。坚持以城带乡、南北联动，强化以县城为中心，石正、东石、仁居为主要节点的城镇发展主轴线，形成“节点—轴线—区域”的城乡扩容提质格局，提升新型城镇化发展水平。

1.组团建设，打造精致休闲山水县城。贯彻实施县城“南拓、北延、东扩、西联、中优”的总体空间发展战略，优化县城发展空间，完善公共基础配套，形成新老城区融合、产城联动、组团发展格局，着力提升城区综合承载能力，推动县城建设管理上层次提水平。南拓：城南作为连接老城综合区与生态工业园区的县城次中心，要分期分批开发城南片区土地。加快完善城南路网、管廊、市场等市政功能配套。通过市政配套，吸引人口集聚，进一步盘活县文体中心、电威水泥厂、燃料加油站地段周边地块，提高土地利用价值。全面完成碧桂园、优山美地、城南商业城等一批商住项目建设，优化人居环境。北延：科学储备河岭嶂文化商贸区用地，分期分批完成3000亩征地拆迁任务。抓住土地利用总体规划中期调规契机，提前谋划调规工作，为重点项目建设实施精准用地保障。积极争取海绵城市建设试点项目，统筹推进城北地下综合管廊建设。启动G206线县城绕城段、河岭嶂森林公园、城北农贸市场等市政配套项目建设。东扩：抓好汇胜木业至车上大桥段用地控制，分步推进梅东片区征地工作。完成县医疗养生保健中心、翠拥华庭、鸿禧中心城、特殊教育学校等项目建设。结合瑞梅铁路平远站场规划选址，规划建设粤赣物流商贸集散区。西联：依托南台山国家森林公园，全力推进佛文化旅游产业园、飞龙脐橙产业基地和凤池水库项目建设。管控盘活城西片区用地，引资建设休闲养生、养老保健等项目，打造县城后花园。中优：结合创建省级卫生县城，重点解决老城区建设的历史遗留欠账，修缮改造破损市政道路、内街小巷，打通“断头路”，优化提升城区路网；加快推进污水管网、管道燃气等市政工程，加大公园、市场、停车场等公共服务设施建设和改造力度。稳妥推进老汽车站至大柘老粮所一带的老城改造工程，完成南区市场及周边地块整体开发，打造新商业地标。抓好国道县城段、新岭路、环城路、环北路沿街建筑立面改造，合理调整业态，逐步形成特色街区。加大城区环境综合整治力度，疏堵结合遏制占道经营、乱搭乱建、乱停乱放等行为。强化县城控制区详控规划的严肃性，建立市政建设综合施工制度，提升市容市貌、市政设施、园林绿化等精细化管理水平。

2.建管并举，推进美丽乡村建设。坚持规划先行，强化农村规划监管，推动村庄规划全覆盖。加强规划执法、土地报批、建设审批衔接，从严查处农村建房“两违”现象，严厉打击占用基本农田的不法行为。加大农村建筑工匠培训力度，提升村居建设品位。注重发挥以点带面的推动作用，加快国省道、旅游公路沿线及景区周边民居外立面改造。编制《美丽乡村建设专项规划》，以旅游景点集聚、村镇休闲功能集聚为导向，建设“以净为底、以美为形”的美丽乡村。狠抓创新驱动，推进专业镇建设，提升乡镇产业集聚功能。加快推进石正、热柘、东石、长田、差干等镇扩容提质工程，打造新型城镇化示范区。推动中心镇、建制镇的污水处理及配套管网建设，推进城乡生活垃圾处理设施PPP项目实施。深入开展新一轮“绿满平远”大行动，巩固和发展林业生态建设成果。

3.繁荣发展城乡商贸物流。围绕城镇发展和居民需求，进一步完善商业网点规划，积极发展连锁经营超市、大型综合超市及仓储式超市。积极引导城市连锁超市向农村延伸，大力实施电子商务进农村工程，健全农村流通网络，优化农村消费环境。着力推进现代物流与工业、农业及批发零售业的有机融合和互动发展。配合济广高速、梅平高速、瑞梅铁路等区域性重大交通基础设施和省级产业转移园区建设，着力引进一批服务本县、辐射周边的现代物流企业，规划建设大型物流园区、物流中心和配送中心，积极发展仓储、配送等现代物流，力争将平远建设成为粤闽赣边现代物流链中的重要节点，创立区域性物流品牌。

（三）以全域旅游为引领，提升生态旅游发展水平。立足县域生态资源优势，主动融入梅江韩江绿色健康文化旅游产业带建设。按照“城市景区化、乡村园林化、基础设施景观化”要求，从供给侧发力，加强顶层设计，以点带面，梯次推进，形成景点、景线、景域相结合的旅游发展格局，全力创建国家全域旅游示范县。

1.实施全域环境综合整治。按照“逐村整片，全域推进”的思路，以镇为责任主体，以村为基本单元，制订村庄环境整治三年行动计划，将城乡环境综合治理向基层、村庄、盲点延伸，每年推进30%左右的村庄环境整治，力争到2018年实现全域覆盖。落实县领导挂镇、县直单位挂村、镇村包点的责任制，做到一线发现问题、一线解决问题，切实把全域环境整治推向深入、抓出成效，助推全域旅游发展。统筹整合新农村建设以及交通、水利、农业、林业等项目资源，增加休闲步道、绿道、湿地公园等景观节点，实现项目效益最大化，促进美丽乡村建设与乡村旅游融合发展。通过“造点、连线、扩块、成面”，强化互联互通，大力提升国、省道沿线旅游驿站、风情客栈和示范景点，推动果园变公园、林区变景区、乡村田园变休闲旅游区，营造处处是景，处处见景的乡村休闲旅游绿带，推进“全景平远、全域旅游”建设。

2.提档升级精品龙头景区。坚持抓招商、抓规划、抓进度，加快龙头景区从门票经济向产业经济转变步伐。加大协调力度，强化服务意识，全力推进五指石、长布半岛、客家相思谷、南台卧佛山和热柘温泉项目建设，力求引进一个、精品一个、联动一片，全力打造休闲度假龙头景区。引导开发一批农业旅游、工业旅游主题园区，重点建设曼佗山庄、金穗山庄、南台酒厂、红豆休闲山庄等项目，丰富特色农业旅游、工业旅游产品形态。注重培育徒步骑行、户外营地、攀岩探险等体育旅游业态，逐步建立与平远资源禀赋相当、体现平远特色的户外运动网点体系，引客入平拓展旅游消费市场。实施全域旅游“创A”行动，鼓励现有A级景区上规模、上档次，扶持条件成熟的乡村景点创A级，形成梯次旅游景区，以精品旅游展现“大美平远”。同时，要加强旅游基础设施和公共服务体系建设，优化旅游接待体系，力争到2020年全县建成四星标准以上酒店5家，发展一批特色客家民宿，满足不同层级消费需求。建设县级游客服务中心，积极发展“互联网+旅游”，完善信息咨询、产品营销、综合服务等功能。

3.全力建设广东平远国家公园。根据《建立国家公园体制试点方案》，坚持政府主导，强化公益性质，全面整合县域森林公园、自然保护区、风景名胜区、地质公园的生态和地质资源，科学编制《广东平远国家公园总体规划》，明确保护体系、展示体系、游憩功能体系和服务体系建设。力争到2018年列入国家层面的国家公园试点建设单位，2020年全面完成国家公园试点建设，成为展示“亚热带常绿阔叶林—丹霞地质遗迹景观—客家风情”资源、体现“国家之美”的一张响亮名片，努力争当全省生态文明建设排头兵，积极探索保护与利用双重发展的“广东经验”。

（四）以精致高效为导向，大力发展现代农业。围绕提高农村劳动生产率、土地产出率和资源利用率，加快转变农业发展方式，通过特色化布局、标准化生产、产业化经营，不断拓展现代农业的深度和广度，促进农业增效、农民增收。

1.加快农业示范基地建设。充分依托资源禀赋和产业优势，大力发展脐橙、油茶、南药、优质稻、梅片树、有机茶等特色优势产业，抓好现有基地管理，适度扩大种植规模，增加产业产能；在政策、资金、人才、科技和项目等方面，重点扶持现有连片500亩以上的农业示范基地发展；鼓励发展家庭农场、专业大户、专业合作社、农业龙头企业等新型经营主体，引导农民规模化种养、产业化经营，提高农村土地利用率和产出率，解决“谁来种地”的问题；注重培育一批专业合作社上档次、上规模，切实提高农业生产的组织化程度和市场竞争能力，带动主导农业产业发展。

2.做长农业发展链条。大力抓好农业深加工项目建设，重点培育发展规模以上农产品精深加工企业，打造具有平远特色的绿色食品工业，提升农产品加工转化率和产品附加值；大力扶持农业龙头企业，引进大企业、商业集团推进农科对接、农金对接、农电对接、农超对接，将农耕文化与旅游资源巧妙嫁接，逐步将农特产品优势、生态庄园优势向商品经济优势转化，促进传统农业转型升级；坚持把发展现代农业与完善镇域功能、与促进生态景区互补紧密结合，重点推进国省道沿线旅游驿站、农业庄园建设，打造一批农旅融合的现代农业示范基地和品牌农业示范公园。

3.健全农业服务体系。推进农村土地承包经营权的确权登记颁证工作，引导农村土地规范流转；深化集体林权制度改革，推进林业碳汇交易，释放林业生产力。狠抓耕地抛荒治理和高产示范创建，提升耕种收综合机械化水平。建立完善农业政策性保险制度，强化金融机构服务“三农”职责，延伸和扩展乡镇服务网络。大力推广“专业服务公司+合作社+农户”等服务模式，为农户提供代耕代收、农资供应、农业科技等服务，着力解决新形势下农村劳动力不足、农产品流通销售不畅、农业科技推广应用滞后等问题。加快华泰农兴农产品交易中心项目建设。抓好电子商务进农村综合示范县创建，建设县镇村三级电商运营服务平台，培育电商创业带头人。完善电商物流体系，拓宽农产品网销渠道，带动农业生产向规模集约、品牌标准转变。

（五）以重点项目为牵引，着力扩大有效投资。投资产生新的供给，是供给侧与需求侧两端发力的最佳结合点。现在的投资决定着加快振兴发展的基础与条件。我们要强化攻坚意识，努力在争项目、引项目、上项目方面下功夫，提升投资增量。

1.狠抓基础设施建设。交通方面，进一步完善城乡交通网络，确保梅平高速平远段2018年建成通车，助推平远融入梅城半小时生活圈。全力争取平蕉大、连平武高速公路立项建设。主动对接瑞梅铁路平远段线、站调整方案，争取尽快动工建设。按时间节点，分步推进G358线湍溪至八尺段、G206线县城绕城段、S332线等国省道升级改造，畅通地方交通路网。加快推进X967线大柘至徐溪段、X039线长田至坝头段等县乡公路升省道工程，大力实施新农村公路建设，提升交通通达能力。水利方面，加大城乡治水力度，按照生态理念全面推进河道治理、中型灌区和防洪堤围建设改造工程。实施中央财政第六批小农水重点县建设，建成一批高效节水示范区。推动凤池水库、大坑头水库建设。规划实施黄田水库饮用水直供到户密封管网工程。推进工业园供水管网和村村通自来水工程建设，保障城乡各类用水需求。信息化方面，积极推进智慧城乡建设，抓好原中央苏区县农村超高速无线局域网试点，构建覆盖县镇村三级光纤网络体系。大力实施“互联网+”行动计划，推动互联网与文化教育、社会保障、医疗卫生等领域深度融合。规划新建城南输变电、产业园输变电等电网工程。

2.狠抓重点项目落地。紧盯国省专项建设基金和重点投资方向，在基础设施、产业发展、城乡建设、社会民生、生态环保等领域加强项目储备。创新投融资机制，对接国开行、农发行等政策性银行，拓宽融资渠道。大力推广PPP模式，拿出一批市政建设、基础设施等公共资源开发领域项目，引导社会资本公平有序进入。进一步完善融资担保机制，破解中小微企业融资难、融资贵问题。积极有效供地，推进解决征地拆迁、项目审批、环境保护方面的问题，全力保障重点项目用地。围绕项目落地、建成、投产，完善协力推进工作机制，努力为项目建设提速度、清障碍、破难题。

（六）以改善民生为根本，坚决落实共享理念。坚持民生改善与经济发展同步，大力推进基本公共服务均等化，每年办好“十件民生实事”，切实改善和保障重点民生，提升群众获得感。

1.全面落实“三就一保”，完善社会保障体系。大力实施创业带动就业工程，重点扶持乡村旅游、农特产品、农村电商等特色创业群体，鼓励发展众筹、互联网金融等创业金融服务，拓宽创新与创业相结合的众创空间。充分发挥县镇村三级就业服务功能，突出困难群体就业帮扶，多渠道、全方位促进各类群体就业。认真抓好社保扩面征缴工作，稳妥推进城乡社会保障体系统筹并轨，完善社会保障服务体系。坚持走素质教育特色发展之路，推动各类教育均衡发展。全力创建广东省推进教育现代化先进县，提升各中小学基础设施建设和信息化水平。高标准规划新建县第四小学，让更多优质学位满足民众需求。巩固县镇医疗卫生一体化改革试点成果，加快县医疗养生保健中心、县人民医院内儿科住院大楼改造、卫生两基示范镇等项目建设，全力创建卫生强县。深化人口与计划生育综合改革。深化社会主义核心价值观宣传教育，着力加强思想道德建设。深入推进群众性精神文明创建活动，促进城乡文明协调发展。加快实施文体设施全覆盖工程，积极开展群众性文体活动和全民健身活动，引导群众主动接受先进文化教育熏陶，增强群众的道德自觉性，形成健康向上、文明和谐的社会氛围。

2.全面实施精准扶贫，打赢脱贫攻坚战。注重因地制宜、分类指导，切实做到“六个精准”、实施“五个一批”和推进“八项工程”，稳定实现农村贫困人口“两不愁、三保障、一相当”目标。依托广州南沙对口帮扶契机，积极争取各级财政扶贫资金，充分发挥政府投入在脱贫攻坚中的主体和主导作用，持续加大财政扶贫和金融扶贫力度，重点在产业发展、基础设施建设、医疗、教育、金融、农村治理等方面进行帮扶。落实领导挂村、单位挂钩帮扶机制，建立健全脱贫攻坚工作考核机制，严格执行脱贫攻坚“一把手”负责制，县镇村三级书记一起抓落实，在干群间形成脱贫攻坚共同体。加强脱贫政策举措宣传，动员全社会广泛参与扶贫，积极提高贫困村、贫困人口主观能动性，形成打好打赢脱贫攻坚战的强大合力，确保到2018年现行标准下的相对贫困人口100%实现脱贫，相对贫困村全部出列。

3.全面加强社会管理，构建和谐平安平远。扎实抓好“七五”普法工作，强化一村（社区）一法律顾问工作，全面推进依法行政和司法公正，深入推进法治平远建设。强化基层公共服务平台建设，构建县镇村三级服务体系。积极探索社会治理新模式，规范优化社会治理综合服务平台，推进社会治理网格化、精细化管理。抓好信访积案化解和矛盾纠纷排查工作，大力化解社会矛盾。严格落实信访“双向规范”，依法打击非正常上访行为。推进实施“平安细胞”创建工程，完善社会治安防控体系，强化安全生产执法监督，进一步提高“平安平远”建设水平。

（七）以落实全面从严治党为要求，提升党建工作水平。加快平远振兴发展，关键在党，关键在人。全县各级党组织和党员干部要守土尽责，勇挑重担，充分发挥领导干部的主体作用、领导班子的带头作用和基层组织的堡垒作用，以过硬的本领、严实的作风投身振兴发展，整体提升抓落实的水平和实效。

1.强化党建责任，夯实基层基础。一是树立大抓基层导向。始终坚持把抓好党建作为最大的政绩，突出“书记抓、抓书记”，层层落实基层党建责任，不断夯实基层基础。坚持落实“一个书记一个项目”，推进“书记项目”工程。落实党委（党组）书记挂钩联系镇、村制度，定期研究指导基层党建工作。完善县镇村三级党组织书记述职评议考核制度。二是筑牢基层战斗堡垒。坚持标准不降，力度不减，全面落实基层党建“七项重点工作”。继续实施固本强基工程，深入开展村级组织运作示范镇创建活动，培育基层党组织带头人和基层党建示范典型。推进“两新”组织党建规范化建设，实施“扩面提质”工程，不断提高党建工作水平。以落实“四议两公开”和两联席会议制度为重点，不断创新和完善村级民主决策、管理、监督方式和参与机制。以班子队伍建设、村级阵地建设、党员教育管理等为着力点，用党建工作新成效促进精准扶贫，增强村级“造血”功能。三是提升基层治理水平。加大清理留用地、农村土地“三乱”、被征地农民养老保障等专项治理任务推进力度，理顺“三资”管理体制，纠正损害涉农利益行为。常态化整顿软弱涣散基层党组织，增强基层党组织整体功能。深入开展驻点联系工作，提升基层公共服务平台建设水平，完善县镇村三级解决群众问题协调机制，统筹解决群众反映的重点难点问题。

2. 强化实干精神，打造过硬队伍。一是严格选人用人标准。严格按照《党政领导干部选拔任用工作条例》，坚持“德才兼备、以德为先”用人标准，坚持公道正派选人用人，不让老实人吃亏，不让投机钻营者得逞，选好配强领导班子和干部队伍。紧紧抓住领导干部这个“关键少数”，强化领导干部“有为方有位”意识，深化“一线”用人机制，促使优秀干部到重点项目、重要岗位、基层一线去培养锻炼。优先提拔重用在“三大抓手”项目建设、招商引资、信访维稳等方面勇于担当、善谋善成的干部。注重抓好部门、镇党委“一把手”队伍建设，从严选配，从严监督，从严考评。二是健全严抓严管制度。制定《平远县整治领导干部“为官不为”试行办法》，加大对党员干部不作为、不担当的考核问责，推进干部能上能下制度的落实。加强对干部调整等重要节点和一把手、关键岗位干部的监督，及时掌握、解决苗头性倾向性问题。落实干部选拔任用工作全程纪实制度，制定《干部人事档案管理制度》，严格审查干部档案和核查个人有关事项报告。三是优化引才育才环境。建立人才创新创业平台和人才驿站，实施高素质人才引进计划，加快引进重点领域、重点产业发展急需的优秀人才。坚持从严管理干部教育培训，创新教育培训方式，不断提高干部教育培训工作水平。

3.强化严管严治，保证风清气正。一是全面落实党风廉政建设责任制。切实落实全面从严治党主体责任，把纪律和规矩挺在前面，贯彻执行党内三项法规，准确把握和深入实践监督执纪“四种形态”。坚持“三多一严”，落实党风廉政建设党委主体责任和纪委监督责任。抓好教育、制度、监督、惩处四项工作，推进党风廉政和反腐倡廉工作。二是深入推进作风建设。大兴实事求是之风，以干实事求实效为目标，把监督执行八项规定精神作为常态化工作，转变机关作风、干部作风，努力形成机关基层互动、领导带头干部自觉氛围，持之以恒纠正“四风”。坚持四管齐下，加大暗访、查处、追责、曝光力度，提高窗口单位、执法单位等重点岗位工作效率和服务质量。深入开展警示教育、党规党纪教育和科级正职述责述廉述德活动，抓早抓小，防患未然，努力建设良好政治生态。整合廉洁教育资源，拓宽覆盖面，增强实效性，推进廉洁文化、廉政教育、村务监督、廉洁城乡等特色工作，打造党风廉政建设品牌。三是加大执法执纪力度。深化派驻纪检机构体制改革，坚持有案必查、有腐必惩，严肃查办违纪违法案件，保持惩治腐败高压态势。深入推进廉洁城乡创建，加强农村集体“三资”平台和公共资源交易活动的监管。深化农村基层违纪违法线索排查，深入治理涉农政府专项资金管理使用等重点领域突出问题。贯彻落实“三个区分”原则，建立纠错容错机制，大力营造严惩失职渎职、鼓励改革创新、支持担当作为、宽容工作失误的良好氛围，争创深化改革新优势，开创振兴发展新局面。

同时，积极支持县人大及其常委会依法履行职能；支持县政府依法行政，加快转变职能，集中精力抓好经济社会各项事业发展；支持县政协不断提高政治协商、民主监督和参政议政水平；支持审判机关、检察机关依法履行职责。加强党管武装工作。进一步做好老干部工作。加强统战、民族宗教、台侨、外事工作，充分发挥工会、工商联、共青团、妇联等群团组织联系群众和非公有制经济人士的桥梁纽带作用，团结一切可以团结的力量，调动社会各方面的积极性，形成推动加快振兴发展的强大合力。

各位代表、同志们，站在新的起点上，我们肩负着推动平远振兴发展的崇高使命。让我们在市委、市政府的坚强领导下，弘扬中央苏区精神，坚定生态经济科学发展之路，以更加饱满的热情，更加高昂的斗志，更加务实的作风，更加振奋的精神，凝心聚力，开拓创新，为与全省同步全面建成小康社会而努力奋斗！

附件：

名词解释

1.四个全面：全面建成小康社会、全面深化改革、全面依法治国、全面从严治党。

2.供给侧结构性改革：从提高供给质量出发，用改革的办法推进结构调整，矫正要素配置扭曲，扩大有效供给，提高供给结构对需求变化的适应性和灵活性，提高全要素生产率，更好满足广大人民群众的需要，促进经济社会持续健康发展。

3.“三个定位、两个率先”：习近平总书记在2012年末视察广东时提出广东要努力成为发展中国特色社会主义的排头兵、深化改革开放的先行地、探索科学发展的实验区，为率先全面建成小康社会、率先基本实现社会主义现代化而奋斗。

4.三大抓手：交通基础设施建设、产业园区扩能增效、中心城区扩容提质。

5.两大振兴政策：《赣闽粤原中央苏区振兴发展规划》和《关于进一步促进粤东西北地区振兴发展的决定》

6.一区两带：嘉应新区、梅兴华丰产业集聚带、梅江韩江绿色健康文化旅游产业带。

7.一城两区：精致休闲山水城镇、生态工业园区、生态休闲文化旅游区。

8.“三旧”改造：是广东特有的旧城改造办法，三旧包括旧城镇、旧厂房、旧村居。

9.“三个一”工程：建好一个镇级文化广场，抓好一个耕山致富基地，创建一个美丽乡村示范点。

10.城乡“六乱”：乱搭乱建、乱摆乱卖、乱堆乱放、乱拉乱挂、乱贴乱画、乱停乱放。

11.四高一铁：济广高速平远段、梅平高速、平远经蕉岭至大埔大麻高速、平远至武平高速，瑞梅铁路平远段。

12.“三个一”学校：一间实验中学、一间实验小学、一间实验幼儿园。

13.扶贫“双到”：规划到户、责任到人。

14.纪委“三转”：转职能、转方式、转作风。

15.农村“三资”：农村集体资金、资产、资源。

16.双拥：拥军优属、拥政爱民。

17.PPP模式：即Public-Private-Partnership的字母缩写，是指政府与私人组织之间，为了合作建设城市基础设施项目,或是为了提供某种公共物品和服务，以特许权协议为基础，彼此之间形成一种伙伴式的合作关系，并通过签署合同来明确双方的权利和义务，以确保合作的顺利完成，最终使合作各方达到比预期单独行动更为有利的结果。

18.三就一保：就读、就医、就业，社会保障。

19.扶贫“六个精准”：扶贫对象精准、项目安排精准、资金使用精准、措施到户精准、因村派人精准、脱贫成效精准。

20.扶贫“五个一批”：发展生产脱贫一批、易地扶贫搬迁脱贫一批、生态补偿脱贫一批、发展教育脱贫一批、社会保障兜底一批。

21.扶贫“八项工程”：产业发展扶贫工程、劳动力就业扶贫工程、社会保障扶贫工程、教育文化扶贫工程、医疗保险和医疗救助保障扶贫工程、农村危房改造扶贫工程、基础设施建设扶贫工程、改善人居环境扶贫工程。

22.“两不愁、三保障、一相当”：农村贫困人口不愁吃、不愁穿，义务教育、基本医疗和住房安全有保障，基本公共服务主要指标相当于全省平均水平。

23.“平安细胞”工程：包括平安村、平安社区、平安物业管理小区（大厦）、平安工地、平安企业、平安市（商）场、平安校园、平安医院、平安银行、平安机关、平安旅游单位、平安文化娱乐场所、平安车站、平安大道（铁路）、平安家庭等15个方面。

24.基层党建“七项重点工作”：包括党员组织关系集中排查、党代表和党员违纪违法未给予相应处理排查清理、基层党组织按期换届专项检查、党费收缴使用管理工作专项检查、推进非公有制企业和社会组织党的组织覆盖和工作覆盖、抓党建促脱贫攻坚工作、机关党员干部学习教育等。

25.农村土地“三乱”：乱占、乱卖、乱租。

26.监督执纪“四种形态”：党内关系要正常化，批评和自我批评要经常开展，让咬耳扯袖、红脸出汗成为常态；党纪轻处分和组织处理要成为大多数；对严重违纪的重处分、作出重大职务调整应当是少数；严重违纪涉嫌违法立案审查的只能是极少数。

27.两个责任：落实党风廉政建设责任制，党委负主体责任，纪委负监督责任。

28.三多一严：多进行教育防范、多加强制度建设、多抓好督查纠正，严厉查处违纪违法行为。

平远县城一角　（李程　摄）

在县委经济工作会议上的讲话

(2017年2月14日)

平远县委书记 曾尚忠

今天我们在这里召开县委工作会议，主要任务是深入学习贯彻习近平总书记系列重要讲话精神，认真贯彻落实中央、省委和市委经济工作会议精神，省创新发展大会、全市创新驱动与加大有效投资工作会议精神，全面总结我县2016年经济工作，分析当前经济形势，安排部署2017年经济工作。这场会议，是我县过完年开春的第一场大会，是继年前县党代会、县两会召开之后，对今年工作的再细化分解、再部署安排，是一场收心会、动员会、落实会！希望全县上下深刻领会县委、县政府的意图，以更加振奋的精神、更加昂扬的斗志、更加务实的作风，齐心协力，乘势而上，全力加快振兴发展进程，为全面建成小康社会奠定坚实基础。

过去一年，我县认真贯彻中央和省、市决策部署，积极应对严峻的经济形势，努力克服经济下行压力，着力解决经济运行中存在的困难和问题，经济发展呈现稳中有进的良好态势，实现了“十三五”良好开局。一是经济发展预期目标基本实现。坚持一手抓换届、一手抓发展，经济实现平稳健康发展。2016年，全县实现生产总值76.04亿元，比增8.6%；固定资产投资43.63亿元，比增8.9%；县级一般公共预算收入7.38亿元，比增12.5%；出口总额2.53亿美元，比增18.3%。主要经济指标除固投以外，均高于省市公布的增速。二是产业转型步伐不断加快。大力发展实体经济，新型工业提质增效，规上工业增加值达12.53亿元，比增12.4%，高于全市7.8个百分点，排全市第三。以旅游、商贸和房地产为支撑的第三产业快速发展，全域旅游创建有序推进，2016年五指石景区收入达4500多万元，接待游客71多万人次；社会消费品零售总额25.16亿元、比增10.9%，排全市第三；房地产开发投资7.27亿元、比增46.6%，排全市第一，第三产业对经济增长的贡献率不断提高。传统农业种植业不断巩固，农产品精深加工、农村电商、农旅庄园等不断发展壮大，我县被评为“全国休闲农业与乡村旅游示范县”。三是城镇扩容提质扎实推进。坚持实施县城总体空间发展战略，县城各片区开发建设稳步推进，碧桂园、优山美地、平城花园等宜居社区日趋完善成熟，县城主干道全部实现沥青化，市场和道路微循环改造启动，全域环境综合整治深入推进，成功创建省级卫生县城。四是民生福祉持续改善。坚持民生优先发展的理念，不断加大基础设施和民生领域的政策资金争取和项目推进力度，交通水利、教育卫生、精准扶贫等重点项目有序推进，年度“十件惠民实事”顺利完成，社会大局保持和谐稳定。在经济下行压力加大、面临诸多困难的情况下，能取得这样的成绩，的确来之不易，值得肯定。在此，我代表县委、县政府向所有为全县经济社会发展付出辛勤汗水和心血的广大干部群众，致以崇高的敬意、并表示衷心的感谢！

在充分肯定成绩的同时，我们也要看到经济运行中还存在一些困难和问题：一是经济发展的内生动力不足，有效投资增长不足，市场主体特别是产业主体发展滞后，新兴产业培育力度不够，支撑经济发展的产业项目特别是科技含量高、质量效益好、发展潜力大的项目少；二是财政收支矛盾突出，财政增支额远大于增收额，财政收入质量不高，支撑财税增长的基础不牢，非税占比较高；三是政府提供公共产品和服务的能力有限，精准脱贫攻坚任务还较为艰巨，保障和改善民生任务仍然繁重；四是发展软环境还不尽人意，“中梗阻”现象仍然存在，个别机关干部懒散作风还需进一步整顿，干部的吃苦耐劳、敢想会干的意识以及推动重点工作、破难攻坚的能力有待加强，招商引资环境亟待改善。对此，全县各级各部门要以中央、省委和市委经济工作会议精神为指导，既要看到我们的优势所在，更要正视和妥善解决存在的困难和问题，保持定力，坚定信心，努力推动我县经济社会发展行稳致远。

下面，就做好今年工作，我再讲几点意见。

一、科学研判形势，牢牢把握经济工作的主动权

做好今年的经济工作，推动平远长远发展，首先必须深刻领会中央、省委和市委经济工作会议精神，以省创新发展大会、全市创新驱动与加大有效投资工作会议要求为指导，科学分析研判形势，把准方向、精准施策。

（一）*要看大势，把准新常态*。自2014年习近平总书记首次以新常态描述新周期的中国经济以来，连续三年的中央经济工作会议，都对如何认识、把握和引领新常态作出重要阐述，逐步形成以新发展理念为指导、以供给侧结构性改革为主线的经济政策框架，为我们在新的历史条件下做好经济工作、推进现代化建设提供了科学理论指导和行动指南。当前，我们要认识新常态、适应新常态、引领新常态，既要充分尊重客观现实，认识到平远与全市全省全国一样，高开高走、高速增长的发展阶段已难以持续，理性面对增速换挡，摆脱“速度情结”和“换挡焦虑”，增强适应经济增长“L”形走势的耐性，回归到稳中求进、质效并举的常态中。同时，不能把新常态当作一个避风港，面对经济下行压力无所适从、无所作为，要做到因势而谋、因势而动、因势而进，统筹兼顾稳增长与调结构、突出新动能培育和传统动能提升相结合，大力发展新型工业、绿色农业、生态旅游和现代服务业等新业态，促使传统工业转型升级形成主导力量，生态产业提质增效积蓄发展后劲，保持县域经济发展调速不减势、量增质更优。

（二）*要看大政，把握新要求*。今年的中央、省委和市委经济工作会议，提出了很多具体的工作要求，概括起来要把握“四个总”：*一是要把握稳中求进的总基调*。中央强调稳中求进工作总基调是我们治国理政的重要原则，也是做好经济工作的方法论。对于平远来说：稳，就是要保持经济较快速度的稳定发展，避免发展态势大起大落或者长期低位徘徊；进，更是要知难而进、奋发有为，以“进”促增长，以“进”优结构，以“进”保稳定，实现经济有质量、有效益的发展。*二是要把握供给侧结构性改革的总主线*。我们要深刻认识到供给侧结构性改革的最终目的是满足需求、主攻方向是提高供给质量、根本途径是深化改革、重点任务是“三去一降一补”。对于平远来说，我们应当更多从基础相对薄弱、短板较多的实际出发，校准坐标、扭住关键，加快补齐内生动力不足、经济结构不合理、公共服务供给水平低等短板，提高供给体系的质量和效率。注重要素融合、突出实践创新，大力发展新型工业、绿色农业、生态旅游和现代服务业等新业态，创造更好的产品供给、生态供给和服务供给，全面夯实振兴发展根基。*三是要把握发展实体经济的总抓手*。实体经济是强县之本、富民之基，发展实体经济也是推进供给侧结构性改革的主要任务。对于平远而言，面对当前经济下行的压力，我们更要牢固树立“重实体、兴实业”的发展理念，坚持工业强县不动摇，狠抓实体经济不放松，坚定不移兴产业、强实体、提品质、增实效，努力打造新的经济增长点，确保转型升级不减速，既为当前稳增长提供有力支撑，更为未来发展奠定基础、积蓄后劲。*四是把握创新驱动的总要求*。我们必须清醒地认识到，抓创新驱动发展是中央和省的重大战略部署，也是平远实现振兴发展的客观需要。目前，平远再单纯依靠资源密集型、劳动密集型产业，已难以实现跨越发展。因此，我们要进一步转变发展方式，逐步把经济发展的重心转到创新驱动发展上来，把资源和精力向创新驱动发展倾斜，构建以财政资金为引导、企业研发为主体、金融和其他社会资本参与的多元化创新投入机制，加快创业孵化基地的规划建设，推动传统企业加快转型升级，提升专业镇建设水平，实现新一轮发展。

（三）要看大局，抢抓新机遇。中央、省委和市委经济工作会议相继作出了一系列新决策新布局，为平远的发展带来了新使命新机遇。我们一定要善于从这些主要精神中，科学地把握前进方向和基本遵循，切实增强工作的预见性和主动性，特别是要敏锐地捕捉并抓住一切有利于平远发展的政策机遇。重点要抢抓中央深入推进供给侧结构性改革、省委推进珠三角与粤东西北一体化发展、市委推进“一区两带六组团”建设等机遇，进一步加大向上对接、立项争资力度，着力在传统产业升级、新兴产业培育、基础设施建设、生态环保治理、民生民本改善等方面争取到更大支持、更多资金，推动经济社会更好更快发展。

总之，深刻领会、贯彻落实好中央、省委和市委经济工作会议精神，关键是要与学习贯彻习近平总书记系列治国理政新理念新思想新战略高度融合，与广东的改革发展、梅州的振兴发展大局及平远的发展实际紧密联系起来，做到融会贯通、活学善用。在学习实践中自觉增强“四个意识”，把思想和行动统一到中央、省委和市委的决策部署上来，稳中求进、提质增效，不断开创我县振兴发展的新局面。

二、明确目标要求，全力抓好今年经济发展重点工作

今年是党的十九大和省第十二次党代会召开之年，也是贯彻落实市县党代会精神的第一年，做好今年的经济工作意义重大。*今年经济工作的指导思想是*：全面贯彻落实党的十八大和十八届历次全会以及中央、省委和市委经济工作会议精神，牢固树立和践行新发展理念，牢牢把握“稳中求进、提质增效”总基调，坚持以推进供给侧结构性改革为主线，围绕市“一区两带六组团”发展战略，坚持不懈推进“一城两区”建设，促进经济平稳发展和社会平安稳定，以优异成绩迎接党的十九大和省第十二次党代会的胜利召开。*主要预期目标是*：生产总值增长9%以上，一般公共预算收入增长10%以上，固定资产投资增长25%以上，居民人均可支配收入增速与经济增长基本同步。经济增长预期目标比全市平均水平略高，主要是考虑到我县经济仍欠发达、总量小，必须自加压力、攻坚克难，保持经济中高速的增长速度，才能实现振兴发展的预期目标，才能确保与全省如期同步全面建成小康社会。

实现上述目标任务，要把握好四个方面的要求：*一要坚持稳中求进抓发展*。就是要真正把稳中求进的总基调贯彻到经济社会发展的方方面面。所谓“稳”，保持经济平稳较快发展，保持社会大局稳定；所谓“进”，就是继续抓住和用好“两大振兴政策”等政策机遇，在转变经济发展方式上取得新进展，在深化改革上取得新突破，在改善民生上取得新成效。二要坚持质效优先抓发展。就是要把推动发展的立足点转到提高质量和效益上来，力求经济的结构更优、发展的质量更优、发展的环境更优，努力实现有质量、有效益、可持续的发展。三要坚持一以贯之抓发展。就是要按照县第十三次党代会部署，统一思想，保持定力，坚持不懈推进“一城两区”建设，一张蓝图干到底。四要坚持守住底线抓发展。就是要真正把底线思维和风险意识树好树牢，坚决守住社会和谐稳定和良好生态环境两条底线，坚决做到风险可控、底线不破、大局稳定。刚才，许川同志就今年经济工作作了具体部署，请大家务必认真抓好落实。在这里，我再强调五个方面的重点工作：

（一）突出项目带动，扩大有效投资。当前，平远经济发展内生动力总体还不强，投资仍然是拉动经济增长的主动力。要牢牢牵住项目建设“牛鼻子”，全力以赴抓项目、扩投资、强基础、稳增长。去年，列入全县重点工程正式计划项目有90个，累计完成投资55.1亿元，占年度投资计划的79%，为全县经济稳增长提供了有力的保障，在经济下行的形势下，有效拉动了GDP和固投的增长。成绩的取得，是县领导班子高度重视、齐抓共管的结果，是各镇各部门密切协作、大干苦干的结果，是业主单位和基层干部群众主动配合、全力支持的结果。尤其是园区、城建、旅游、招商、国土、市政、交通公路、农林水、财税等部门，以及大柘、东石、差干、长田、八尺等重点项目较多的镇，在项目建设中付出了艰辛的努力，做出了突出贡献！

同时，我们也要清醒地认识到，受项目规划、用地、立项报批、资金筹措等因素影响，部分项目进度偏慢，其中还有4个项目无年度投资，未能达到预期目标，投资拉动作用仍需加码。今天会上，印发了《平远县2017年重点建设项目计划表（讨论稿）》《平远县2017年重点建设前期预备项目计划表（讨论稿）》，拟安排的重点建设项目共有91个，其中正式计划项目77个，筹备项目14个；正式计划项目总投资249.6亿元，年度投资计划65.9亿元。这些项目是经过广泛征求意见、充分论证后筛选出来的，是推动平远振兴发展的根本所在，希望各级领导干部要主动谋项目、抓项目、促项目，确保完成年度投资计划。一是要解决“钱从哪里来”的问题。既要发挥财政资金“四两拨千斤”的撬动作用，更要发挥民间投资的主力军作用。各级各部门要加强政策研究和项目包装，积极向上加大争资、引资、融资工作力度，同时要积极引导社会资金投入重点项目尤其是产业和民生项目建设。二是要解决“钱往哪里投”的问题。既要分清轻重缓急，又要考虑投资效益，切实优化投资结构。基础设施项目方面，要重点推进梅平高速、G358线、风力发电、城镇污水处理等项目；产业项目方面，要重点推进园区扩容以及恒宝缘、建艺科技等项目；城镇扩容方面，要抓好各片区房地产项目，南区市场片区改造、地下综合管廊建设、市政道路改造等项目也要有新突破；农旅项目方面，要围绕全域旅游发展布局，重点推进景区提档升级、品牌酒店、农旅庄园、农产品种植及深加工等项目；民生项目方面，要重点抓好教育现代化、卫生强县等项目。三是要解决“怎样用好钱”的问题。要进一步创新项目推进机制，严防“马拉松”工程，落实好挂钩领导、责任单位的责任，制定推进“时间表”“作战图”，切实把项目资金转化成项目建设实物量；要强化项目服务，采取“一项一策”方式，及时解决项目建设中存在的困难和问题；要强化项目考核，完善重点项目建设推进考核机制和奖罚机制，强化考核结果运用，树立以项目建设评政绩、论英雄的鲜明导向，促进项目早开工、快建设、见成效。

（二）突出产业共建，发展实体经济。一是承接好产业共建。省委、省政府提出要把产业共建作为珠三角对口帮扶粤东西北的主要方式，要大力发挥政府的主导作用，在尊重市场规律的基础上大力推进产业共建，有组织、有计划推动珠三角骨干企业和上下游关联企业向粤东西北集聚，确保产业共建项目成为支撑粤东西北地区产业提速发展的主体力量。因此，我们要紧紧抓住这一战略机遇，把粤东西北振兴发展、精准扶贫、产业帮扶等政策有机结合起来，形成政策叠加效应。特别是招商、园区、经信、扶贫等部门要主动作为，加强与对口帮扶单位广州南沙区的沟通对接，制定科学合理的产业共建目标和实施方案，完善双方互利共赢的共建模式，出台支持产业合作共建的财政扶持政策、金融信贷支持政策及产业转移项目供地、免征或减征企业所得税等相关优惠政策，以增强双方共同推进产业共建的热情和动力。相关职能部门还要加强与省直对口业务部门的紧密联系，吃透用好省里面有关产业共建的一揽子政策，更好地推动我县开展产业共建。同时，要借助南沙自贸区优势，建设南沙·平远国际经贸合作中心和产业孵化基地，建立双向招商合作机制，探索产业帮扶新模式，提升产业园区竞争力。要充分挖掘南沙区与平远特色产业合作对接点，选准产业转移的承接点，在机械制造、汽车零部件等方面争取多引多投，梯次承接转移。二是抓好产业平台建设。推进园区管理机制创新，把园区纳入到县城的规划管理体系。创新投融资方式，探索“实体化管理、市场化运作”建园模式，积极争取各级扶持资金，激发民间资本投资活力，逐步形成多方投入、商业化开发的良性循环模式。抓好园区扩容建设，全面完成园区1000亩征地平整任务和4000亩土地调规，完善园区水电路讯等公用工程管廊，推进仓储物流、研发中心、创业孵化基地、服务中心等公共平台项目。加大项目跟踪服务力度，重点推进德明金属、建艺科技、新大地生物、佳之朋、雅玛西新能源等12个在建项目尽快建成投产，争取美耐新材料、恒宝缘、广东粤电、梅州恒盛宇、广东广新新材料、梅州元芯等13个签约项目尽快动工建设，确保园区年内实现12个项目落户、10个项目动工、10个项目投产。三是发展壮大优势特色产业。要围绕稀土新材料、家具制造、机械铸造、电子信息等优势产业，结合供给侧结构性改革，以打造全产业链产业体系为方向，加强战略投资者引进，推进优势产业向精加工、出成品延伸，实现产业链向上下游发展、价值链向高端攀升。要通过服务模式创新、财税资金引导、金融信贷支持、项目用地保障等措施，着力降低涉企税费、用工成本、融资成本和用地成本，引导重点企业增资扩产、技改升级、投产见效，扶持一批企业扩容上规上市，逐步形成产业集聚发展。今年要重点对源盛机电、桐子园、复兴木业等20家拟上规模企业进行重点培育，力争年度新增10家以上企业上规模，全县规上企业总量达70家以上，培育2家企业在“新三板”挂牌上市。同时，大力扶持酒水果汁、生物医药、新能源等具有一定基础的新兴产业。加快推进飞龙脐橙深加工、华清园冰片提取、茅坪—泗水风电场、利天新能源光伏发电等项目建设，优化产业结构。四是做好招商引资工作。进一步完善招商引资绩效管理办法，以招大引强作为突破口，强化分层分类、定向定点、精准招商，实现招商引资规模和质量双提升，确保完成全年引进合同投资总额超80亿元（其中，1亿元以上项目10个，含10亿元以上重大项目2个），实际投资额达20亿元以上，推动10个项目动工建设、10个项目竣工投产的目标任务。五是营造好崇商重企的营商环境。当前，我县的实体经济既存在发展不够的问题，更存在发展不优的问题，相当部分企业都面临“过冬”的考验。要进一步树牢引商、安商、富商意识，建立“亲”“清”新型政商关系，坦荡真诚、放胆放手与企业家接触交往，特别是在企业有困难和问题的情况下，更要积极作为、靠前服务，多与企业家交流、交情、交友，但不交易，真正形成崇商重企的氛围。要结合供给侧结构性改革，深入开展暖企行动，打好减税、降费、降低要素成本等组合拳，解决用工、用地、融资等方面的突出问题，促进企业发展得更好更顺更可持续。要加强政务环境建设，在深化“放管服”改革上下功夫，继续深化投融资体制、行政审批制度等改革，积极推行市场准入负面清单和部门权责清单，从严查处“为官不为”“为官乱为”行为，努力优化投资环境，进一步激发创业热情，引导本土人才大胆创业、务工人员返乡创业、成功人士回乡兴业，让平远的创业因子活起来、企业主体旺起来、实体经济强起来。

（三）突出协调发展，提质城乡建设。近年来，以县城扩容提质为重点的新型城镇化进程较快，成效较为明显，城镇化率提高到47.9%,县城建成区面积扩大近1倍。但仍然存在县城市政配套不完善，集聚功能不强，农村城镇化比较缓慢，基础设施薄弱，服务功能较差，城乡统筹发展水平不高等问题。因此，我们必须一以贯之抓好县城扩容提质，规划建设好中心镇和专业镇，全面推进农村人居环境综合整治，着力推动城乡协调发展。一是强力推进县城扩容提质。加快政区控制性详细规划编制，实现城区建成区控制性详规全覆盖，推动县城联动、统筹发展。以顺利创建省级卫生县城为契机，启动国家卫生县城、省级文明城市创建工作，推动县城宜居环境提档升级。全力抓好碧桂园、优山美地三期、平城花园三期等宜居社区建设；盘活河岭嶂周边存量土地3000亩，筹备文化商贸区用地；加快南区市场、街道路面改造等市政设施建设。二是强力推进美丽乡村建设。从推进乡镇基础设施建设入手，着力在完善一个规划、建设一批公共设施、解决一片建设用地和产业发展用地、建成一个住宅小区、建设一条商业街和一个政务中心等六个方面下功夫，加快石正、东石、仁居等中心镇、建制镇建设，全力打造新型城镇化示范区。按照“宜工则工、宜商则商、宜游则游、宜农则农”的理念，推进专业镇建设，提升乡镇产业集聚功能。牢固树立“村镇化”理念，全面完成县域全部村庄规划编制，统筹推进圩镇改造、规范农村建房和农村环境整治，建设“以净为底、以美为形”的美丽乡村。三是强力推进全域环境综合整治。推动污水处理及配套管网、生活垃圾处理设施和环境监测网络设施建设，进一步提升环境治理能力。以国家环保督查反馈的问题为导向，执行最严格的环境保护政策，严厉打击环境违法行为。以生活垃圾、水体污染和镇村“六乱”为突破口，整县全域推进农村人居环境综合整治，力争到2018年实现全域覆盖，不断优化提升镇村宜居环境。

（四）突出绿色引领，推进生态产业发展。平远是国家重点生态功能区，发展经济必须立足于这一定位，在经济发展中保持足够的定力，一手抓发展，一手抓生态保护和生态提升，促进县域经济和生态环境的协调发展。一是大力发展绿色高效农业。抓好农村土地“三权”改革，引导农村土地规范流转，引进新型农业经营主体和农业大户，促进农业产业集约化、规模化、品牌化发展。牢牢抓住农业供给侧结构性改革的契机，把增加绿色优质农产品供给摆在突出位置，把精细理念贯穿到农业提质量、创品牌、增效益各领域、全过程，不断优化产品结构，适应市场需求。以农业示范基地为依托，积极推进一、二、三产业融合发展，大力发展农产品加工业和休闲农业，积极构建一镇一庄园格局，促进农业增效、农民增收。加快华泰农兴农产品交易中心项目建设，完善县镇村三级电商物流体系，拓宽农产品网销渠道。二是加快全域旅游创建。坚持全域一体化发展思路，高起点编制全域旅游发展规划，制订创建国家全域旅游示范县指标体系，全力推进创建工作。抓好重点景区项目建设，大力推进五指石天道二期、客家相思谷游客服务中心、南台卧佛山游客服务中心、长布半岛度假区综合服务区、热柘温泉度假区住宿酒店等项目建设，提档升级一批精品旅游景区。积极完善星级酒店、旅游驿站、乡村客栈、旅游厕所等旅游接待配套，争取安麓集团、花间堂、天沐温泉等品牌酒店意向项目早日动工建设。坚持创新服务手段，健全旅游执法机制，加大执法监督力度，严厉打击欺诈旅游消费者的行为，全面提升旅游管理服务质量和水平。积极探索“旅游+”，注重培育体育旅游、森林旅游、农业旅游等新业态。结合城乡环境综合整治，打造旅游沿线绿色廊道、节点景观，推进“全景平远、全域旅游”建设。三是巩固林业生态优势。大力推进广东平远国家公园试点创建，加快发展涉林、涉农和养生保健产业，积极探索自然资源“保护与发展共赢”的广东经验。深入开展“绿满梅州”大行动，推进林业重点生态工程建设，严格森林资源管理和保护，厚植绿色生态优势。

（五）突出短板弥补，增进民生福祉。基础设施滞后是我们加快振兴发展的主要短板，公共服务能力不足是制约我们全面建成小康社会的主要因素。因此，要坚持发展经济与弥补短板同步，大力推进基础设施建设，切实改善和保障重点民生，不断提升人民群众的获得感、幸福感和安全感。一是加快交通水利建设。保障梅平高速平远段无障碍施工，力争2018年底建成通车；尽快开展平蕉大、连平武高速公路规划研究工作。主动对接瑞梅铁路平远段线路、站点调整方案，积极推动项目早日动工建设，切实做好沿线范围现状监管。分步推进G358线湍溪至八尺段、G206线县城绕城段、S332线等国省道升级改造。同时，以高速公路、国省道建设带动一批产业路、资源路、旅游路等县域路网的提升完善，重点推进X967线、X039线等140多公里县乡公路升省道工程以及Y261线、Y273线等390多公里乡村道路升县道工程，提高县域交通承载能力，激活道路建设支撑带动地方经济社会发展的作用。全面完成年度中小河流治理任务，推动凤池水库、大坑头水库建设，加快推进中型灌区、防洪堤围改造工程和农村小流域综合治理，确保县城和镇村防洪除涝能力全面提升。全力推进黄田水库饮用水密封管网、工业园供水管网和村村通自来水工程建设，保障城乡各类用水需求。同时，主动适应信息化发展形势，大力实施信息基础设施建设三年行动计划，积极推进智慧城乡建设。加快推进新一轮农村电网改造、超高速无线局域网等一批供电、信息重点项目建设，不断夯实信息化发展基础。二是着力改善重点民生。坚持公共财政支出向民生倾斜，统筹推进医疗教育、社会保障等重点民生。加快推进特殊教育学校建设，完成“广东省教育现代化先进县”创建工作。加快推进县医疗养生保健中心、县人民医院综合大楼建设，全力创建卫生强县。新增发放低收入住房保障家庭租赁补贴10户，按时完成保障性住房建设任务。各镇也要结合美丽乡村建设和精准扶贫等工作，认真谋划实施一批民生项目，不断提高广大群众的幸福生活指数，激发群众参与振兴发展的热情和内生动力。三是打好精准脱贫攻坚战。注重整合各类资源，在产业帮扶、发动社会力量帮扶、分散人口脱贫三个方面精准发力，确保到2017年年底全县相对贫困人口实现70%减贫目标。要落实好抓党建促脱贫攻坚工作的责任，推进强镇帮村，结合村级换届，建强村“两委”班子，打造党员致富带头人队伍，夯实贫困地区基层党组织的基础保障。要加强对专项扶贫资金、相关涉农资金和社会帮扶资金的监管，提高资金使用效率，确保资金使用安全。

三、全面推动落实，加强和改善党对经济工作的领导

做好经济工作，关键在党，关键在干部。要把全面从严治党的要求体现在加强党对经济工作的领导上，切实提高领导经济工作的能力和水平，为推动经济平稳健康发展提供坚强组织保证。

（一）切实增强抓发展的危机感和责任感。去年，我们立足抓早抓紧抓实，找准问题、因势利导，努力克服经济下行压力，经济运行企稳回升，主要经济指标呈缓中见稳、逐月提升态势，其中地区生产总值、规上工业增加值、社会消费品零售总额、出口总额等经济指标增速位居全市前列，但与年初确定的目标任务相比，有些指标增速未能达到预期，如GDP增速低2.4个百分点、固投低26.1个百分点。与此同时，近年来，我们虽然坚持“多条腿”走路发展特色工业，但经济发展依赖资源型工业支撑的局面短期仍难以改变，稀土、水泥、采矿选矿等传统支柱行业持续低迷，工业转型升级滞后，旅游等新增长点初露端倪，短时难以“补位”，经济发展动力不足。今年，总的来看，我县经济发展希望和困难并存，但希望大于困难。一方面，中央和省委释放了一系列政策利好，为我县加快振兴发展提供了新机遇和新动能；另一方面，在经济下行态势仍未扭转的背景下，经济发展的困难越来越大、不确定因素越来越多，容不得我们有半点乐观、丝毫松懈。因此，全县各级各部门要切实增强抓发展的责任感，增强忧患意识，把经济发展面临的困难估计得更充分一些，把事情考虑得更周全一些，力求精准施策、精准发力，全力推动经济稳步发展。

（二）构建完善的风险防控体系。要增强风险意识，完善决策风险评估机制，凡是有关经济社会发展和人民群众切身利益的重大决策、重大项目，都要进行社会稳定、环境、经济等方面的风险评估，做到科学决策、安全实施。要全面落实基层维稳的主体责任、“一岗双责”责任和专门监管责任，健全社会治安立体防控网格管理体系，全力防范治安、金融、环保以及重点项目建设、涉农资金管理、媒体舆情监管、安全生产等领域的各类风险，妥善化解矛盾纠纷，切实维护社会和谐稳定，为加快发展赢得稳定的时间和空间。

（三）凝聚加快振兴发展合力。做好经济工作，要发挥党委统揽全局、协调各方的作用，形成推动振兴发展的合力。一是强化担当意识狠抓落实。要完成今年各项目标任务，抓落实仍然是根本，必须做到落实、落实、再落实。全县各级各部门要自觉服从服务振兴发展大局，强化责任担当，以敢抓会干、尽职尽责、奋发有为为荣，克服事事求稳、不求有功但求无过的消极心态，将工作抓早、抓紧、抓实，特别是在面对困难和矛盾时要不绕、不等、不推、不退，以知难而进的闯劲、锲而不舍的韧劲和决战决胜的勇气，着力破解工作中的“中梗阻”。同时，要严格落实“三个区分”和容错减责机制，进一步健全激励机制，匡正用人导向，重用那些勇于担当、埋头苦干、狠抓落实的干部，真正让想干事、能干事、干成事的干部有舞台、有机会。二是强化党廉建设作纪律保障。要深化纪检体制改革，聚焦监督执纪问责，深入实践“四种形态”，保持惩治腐败高压态势，严肃查处各种违法违纪行为，着力解决群众身边的不正之风和腐败问题。要健全完善作风暗访、民主评议政风行风等机制，定期通报和曝光“庸懒散奢”典型案例，严肃追责问责“不作为”“慢作为”“乱作为”行为，着力推动作风建设常态化。三是强化组织建设夯实基层基础。党的基层组织是党全部工作和战斗力的基础，是落实党的路线方针政策和各项工作任务的堡垒。要加强新进领导班子成员分类分批进行培训，提高他们做好本职工作的水平。要及早谋划部署村级换届工作，全面排查宗族、房姓、特殊群体、黑恶势力等干扰换届选举的不稳定因素及倾向性问题，对问题较多、矛盾突出的重点村实行“一村一策”，确保顺利完成村级换届工作。要加强基层组织建设，有序推进基层党建七项重点任务，统筹好项目资金和资源，加大基层组织的阵地建设，常态整顿软弱涣散基层党组织。要选树一批先进典型，通过弘扬社会正能量促乡风民风的转变。要发挥退休老干部、复退军人、乡村教师等骨干作用，培育发展村民理事会。要加快基层公共服务综合平台建设，并结合开展直联制工作，推动驻村干部真正沉下去，在惠民政策落实、政策法规宣传、矛盾纠纷化解等方面精准发力。

同志们，好风凭借力，扬帆正当时。希望全县上下进一步统一思想，攻坚克难，狠抓落实，为加快建设“一城两区”，与全省同步全面建成小康社会而努力奋斗！

政府工作报告

——在平远县第十五届人民代表大会第一次会议上

（2016年12月6日）

平远县县长　刘许川

过去五年工作回顾

五年来，我们深入贯彻党的十八大、十八届历次全会和习近平总书记系列重要讲话精神，在市委、市政府和县委的正确领导下，在县人大、县政协的监督支持下，紧紧围绕振兴发展目标，主动适应新常态，抢抓发展新机遇，狠抓“三大抓手”，主攻“一城两区”，全力攻坚克难，较好完成了本届政府任期目标。

这是我们加速赶超发展，综合实力大幅提升的五年。我们牢牢把握平远发展的阶段性特征，抢抓原中央苏区和粤东西北振兴发展政策机遇，精准施策、多点发力，推动经济社会稳步发展。预计2016年全县可实现生产总值74亿元，是2011年的1.6倍，年均增长10.6%；固定资产投资46.1亿元，是2011年的4.1倍，年均增长32.8%，五年累计完成148.2亿元；县级一般公共预算收入7.35亿元，是2011年的3.2倍，年均增长25.8%；社会消费品零售总额25亿元，是2011年的1.8倍，年均增长12.4%；出口总额2.36亿美元，是2011年的4.1倍，年均增长25%。金融创新对实体经济促进作用不断显现，至目前全县金融机构各项存款余额76.86亿元，贷款余额34.9亿元，分别是2011年同期的1.9倍和2.5倍，为实体经济发展提供了强有力的金融支撑。民营经济快速发展，成为县域经济的主力军。

这是我们加快转型升级，工业经济发展壮大的五年。我们把产业转移工业园作为推动工业提速发展的主战场，推动政策向园区倾斜、要素向园区汇集、项目向园区集中。基础配套累计投入8.75亿元，建成区由2000亩扩展至6500亩，主要干道基本建成，电力设施更加完善，污水处理厂建成运行，生产、生活用水供水工程全面完成，并成功纳入省级循环化改造试点园区；现有入园企业77家，其中投产43家、在建15家、协议19家，预计2016年实现规上工业增加值4.59亿元，税收1.43亿元，分别是2011年的3.3倍和13倍。园区的快速发展，得到了省、市领导的充分肯定，2013年成功晋级省级园区，成为全市第三个省级园，并连续两年获评省优秀园区，累计获各项扶持资金2.5亿元和用地指标奖励1050亩。创新政策扶持措施，自2011年以来，共落实股权投资、专项扶持资金、鼓励工业企业做大做强、信贷风险补偿基金等各项政策资金2.49亿元，有力地促进了企业落户见效、技改挖潜和增资扩产。同时，深入实施挂钩联系工业企业制度和“暖企”行动，支持引导“个转企”“小升规”，全县规模以上工业企业总量和规模不断扩大，2015年度共有12家企业成功上规模，成为全市唯一获评“促进小微企业上规模工作示范县”的县级单位，目前规上企业达48家，预计2016年又有10家企业可新上规模。大力支持中小微企业利用多层次资本市场融资，2家企业签订了新三板挂牌协议，6家企业成功在区域性股权交易中心挂牌，获赛尔获批在新三板挂牌上市，成为我县第一家上市企业。

这是我们突破瓶颈制约，基础设施日益完善的五年。我们积极争取政策资金，全力加快项目推进。五年累计投入资金42.27亿元，加快构建以高速公路为主骨架、国省道干线为重要支撑、县乡公路为联络支线的交通网络，平兴高速建成通车，梅平高速动工建设，改写了平远没有高速公路的历史；连平武、平蕉大高速列入市“十三五”路网规划，正积极对接列入国家和省网规划；瑞梅铁路项目前期工作加快推进;一批群众高度关注的道路改造建设工程得到实施，G206线、S225线等主干线完成改造，环北路、佛光大道、南台山至大河背、平城花园至大佛寺、普滩至湍溪等公路全线贯通，S331线升格为G358线，并推进了八尺至差干段改造升级,五年共完成国省道改造117.96公里，县乡道改造107.7公里，新农村公路建设337.6公里，全县公路通车里程增加到1660公里，县域互通回环能力大幅加强。积极抢抓中央和省高度重视民生水利建设的历史机遇，统筹推进防洪抗旱减灾一体化、高效节水灌溉一体化、河堤道路景观一体化建设，五年累计投入资金8.34亿元，争取中央和省资金6.56亿元，完成了第二批小农水重点县、农业水价综合改革试点县、农田水利示范县等项目，实施了热柘河、河头河、仁居河等5宗全长25.15公里的堤防堤围工程，推进了总长185公里的中小河流治理，以及病险水库除险加固、农村饮水安全等一批水利重点工程建设，风池水库项目完成可研，城乡水利防灾减灾能力全面加强。电力、信息、文化基础设施全面提升，五年累计投入4.73亿元推进基础电网建设，供电可靠率从96.9%提高到99.97%；电子商务进农村综合示范县建设扎实推进，建成1个县级、8个镇级、50个村级电商综合服务中心；县城和镇区实现3G、4G网络全覆盖；新建了12个镇级文化广场、126个村级文体广场、143个农家书屋。

这是我们统筹城乡建设，彰显美丽平远魅力的五年。我们坚持城乡建设一体推进，精致规划、精心建设、精细管理，致力打造精致休闲山水城镇。完成了城市总体规划（2012—2020）、建制镇总体规划、生态控制线划定和北部四镇新型城镇化示范区规划编制，推进了行政村村庄规划、“十三五”城市近期建设规划和县城各片区控制性详细规划编制，规划体系不断完善，指导性明显增强，产城互动、城景融合发展的城乡布局不断优化。通过改老城建新区拉开城市架构，县城规划区、建成区面积分别由38平方公里和7.85平方公里扩展至67.12平方公里和12.8平方公里。全县城镇化率达53.8%，比2011年提高7.21个百分点。五年来，结合“三旧”改造政策，盘活整合和改造提升存量建设用地8870亩，新增建设用地1.03万亩。规划建设了碧桂园、平城花园、优山美地、百川商业中心、凯旋商业中心、城南商业城等商住项目，群众生活居住环境明显改善。改造县城两河四岸景观公园，推进图书馆、文化馆、博物馆等一批公共服务项目，县城公共服务水平明显提升。完成县城污水处理厂、污水管网、管道燃气、垃圾填埋场等市政工程，城市配套功能日趋完善。启动了南区市场周边地块开发，河岭嶂片区1000亩、梅东片区300亩土地征拆，储备了一批城镇扩容提质用地。同时，坚持建管并举，成立城市管理委员会，建立市政网格化管理制度，通过微信公众平台创新市政监管和快速反应机制，县城综合管理执法和保洁水平明显提升，成功创建省级卫生县城。扎实开展整治城乡“六乱”、治理农村生活垃圾、规范农村建房、保护水源水质大行动，大力实施农村环境连片整治、幸福村居、乡镇“三个一”工程，打造了河头、石正等省宜居示范城镇和棉二、官仁等省级美丽乡村；镇级垃圾分类回收站、村级环卫队伍实现全覆盖，垃圾分类率达45%，生活垃圾无害化处理率达100%；饮用水源地水质达标率保持在100%；城乡空气质量优良天数比例达100%。深入实施“绿满平远”大行动，五年绿化造林16万亩，森林覆盖率达78.25%，获评“全国绿化模范县”；广东平远龙文—黄田省级自然保护区获评“广东十大最美森林”。

这是我们推动产业融合，生态旅游发展势头强劲的五年。我们坚持旅游、文化、农业、林业、体育多位一体的绿色发展理念。积极探索旅游“资源资产化、资产资本化、资本效益化”道路，构建政企民合作开发旅游新模式，五指石、长布半岛、相思河、客家相思谷、南台卧佛山、热柘温泉等旅游项目均落实了投资主体，吸引开发资金20多亿元。特别是总投资3.99亿元的五指石景区建设项目全面推进，成为广东生态旅游的新亮点，今年以来景区收入达4100万元，接待游客45万人次，分别是2011年同期的40倍和16倍。五指石获评国家AAAA级景区，客家相思谷、相思河、金穗山庄获评国家AAA级景区。通过办好“平远旅游”“平远发布”等新媒体，举办推介会、名博游等举措，持续加大宣传推介力度，平远旅游的知名度和美誉度进一步提升，生态优势进一步转化为经济发展优势。先后获评“中国百佳深呼吸小城”“中国最美生态休闲旅游名县”和“全国十佳生态旅游城市”。同时，以农业基地为依托，把美丽乡村建设、精准扶贫工作与发展乡村旅游有机结合,支持鼓励传统农业向观光休闲农业转型，被国家农业部评为“全国休闲农业与乡村旅游示范县”。大力推进森林旅游，主动争取了广东首个国家公园创建试点，被国家林业局评为“全国森林旅游示范县”。与北京市门头沟区、国际徒步联盟合作，成功举办第七届北京国际山地徒步大会平远分站赛，逐步打响平远徒步运动品牌。认真贯彻落实国家和省市推进足球振兴发展的系列部署，在全省率先探索举办了政府引导、协会承办、市场化运作的县级足球联赛和校园足球联赛。

这是我们创新发展特色农业，农民有效增收致富的五年。脐橙、油茶、南药、优质稻、梅片树、有机茶等特色农产品的品质和价值均得到较大幅度的提升。目前，全县共培育连片种植500亩以上的农业生产基地36个，县级以上农业龙头企业54家，专业合作经济组织362个。石正云雾茶、辰曲香米等5个产品被确定为省级名牌产品。积极推进“三品一标”认证，共认定42个无公害农产品、9个绿色食品和7个有机食品。“平远慈橙”成为全市首个地理标志证明商标，并被人民网评为“最受网民喜爱奖”，成为全省唯一入选该奖项的品牌。大力推进“互联网+农业”，广东华泰农兴农产品交易中心上线交易。粮食生产保持稳定。五年共争取上级农口专项资金13.4亿元，县财政对农口的投入逐年增加，农业生产条件进一步改善，全县农业增加值年均增长4.0%，农民人均可支配收入由7423元提高到13892元。

这是我们全面深化改革开放，发展活力迸发的五年。我们坚持以改革增动力、以开放增活力,加快推进政府职能转变和简政放权，取消和调整行政审批事项273项，对比原审批事项取消40%以上，审批时限压缩达50%。认真落实市制定的实施供给侧结构性改革总体方案及五个行动计划，“三去一降一补”取得阶段性成效。深化商事制度改革，全面实行注册资本认缴登记、先照后证登记、“五证合一”等制度，降低市场准入门槛，五年新增各类市场主体7190户。“营改增”税制改革全面落实。农村综合改革全面完成；成立不动产登记中心，有序推进农村土地、房屋等确权登记颁证工作。全面落实农村土地承包经营权抵押贷款改革、户籍制度改革等举措。完成县镇两级公务用车制度改革。同时，深入实施“乡贤回归投资兴业工程”，扎实开展领导招商、商会招商、以商引商、产业链招商等各类招商活动，连续五年超额完成市下达任务，共引进合同项目146个，合同投资498.4亿元，实际完成投资203.6亿元，竣工项目90个。

这是我们致力补齐短板，民生福祉持续改善的五年。我们按照“强基础、补短板、兜底线”思路，坚持公共财政支出向民生倾斜，连续五年县级新增财力70%以上用于民生事业，民生支出累计达50.1亿元。新增城镇就业1.2万人/次，转移就业4.46万人/次，城镇登记失业率控制在3%以内。低保、五保、优抚标准逐步调整提高，底线民生得到保障。城乡居民养老保险和医疗保险保持全覆盖，获评“全国城乡居民社会养老保险工作先进单位”。成立平远县“留守儿童之家”，让每一位留守儿童监护有人、安全有保、亲情有护、留守不孤单。五年累计投入5.98亿元改善办学条件，“三个一”学校全面建成，县特殊教育学校、教育现代化试点县项目进展顺利，创建“省教育强县”成果持续巩固，获评“全国义务教育发展基本均衡县”，是粤东西北地区首个“全国中小学校责任督学挂牌督导创新县”。率先完成县镇医疗卫生一体化改革试点，卫生强县创建有序推进，县医疗养生保健中心、卫生“两基”示范镇等项目加快建设，八尺卫生院被国家卫计委评为“群众满意的乡镇卫生院”。人口计生工作均衡发展。食品药品监管体制改革有序推进。累计投入帮扶项目资金5亿元，圆满完成两轮扶贫“双到”任务，71个贫困村、3384户贫困户实现稳定脱贫，考核均获评省级优秀等次；新时期精准扶贫、精准脱贫工作有序推进；广州南沙对平远的帮扶支持力度加大。社会管理综合治理和平安建设有序推进，信访总量持续保持全市靠后水平，县民情志愿服务队建设项目升格为“省社会创新试点项目”，县公安局两次被授予“全国公安机关执法示范单位”，群众安全感和政法工作群众满意度连续5年位居省市前列，被誉为“广东最具安全感山区县”。严格落实安全生产“一岗双责”制度，安全生产形势持续稳定。坚持公正司法和严格执法，深入开展普法教育，获评“全国法治县创建活动先进单位”。大力开展全民国防教育，县人武部获评“广东省军区先进人武部”“广东省军区标兵人武部”。同时，审计、烟草、残联、方志、气象、应急、人防、档案、打私打假、民宗外侨、工青妇等各项工作取得新成绩。

这是我们加强依法行政，政务服务水平不断提高的五年。我们坚决贯彻落实中央、省市决策部署，扎实开展党的群众路线教育实践活动、“三严三实”专题教育和“两学一做”学习教育，党员干部的政治意识、大局意识、核心意识、看齐意识不断增强，全县干事创业氛围更加浓厚，政府服务水平进一步提升。深入推进依法行政，建立法律顾问制度和县政府常务会议领导干部学法制度，坚持科学民主依法决策，依法依规解决复杂疑难问题。自觉接受人大法律监督、工作监督和政协民主监督，共办理人大代表建议172件、政协委员提案284件，办结率达100%。坚决贯彻落实中央“八项规定”精神，执行廉洁从政各项要求，深入查处发生在群众身边的“四风”和腐败问题，着力解决联系服务群众“最后一公里”问题，较好地提升了人民群众的获得感。

各位代表，五年的奋斗历程充满艰辛，五年的奋斗成果来之不易。这些成绩的取得，离不开市委、市政府和县委的正确领导，得益于历届班子打下的良好基础，归功于全县干部群众的艰苦奋斗，凝聚着港澳台同胞、海外侨胞、驻平单位、部队和武警官兵、各民主党派、工商联和社会各界人士的关心支持。在此，我代表平远县人民政府，向为平远振兴发展做出贡献的同志们、朋友们，表示衷心的感谢并致以崇高的敬意！

各位代表，五年的发展实践，我们深深地体会到，要加快平远振兴发展，必须自觉同以习近平同志为核心的党中央保持高度一致，坚决贯彻落实中央和省市的各项决策部署，始终坚定正确的政治方向；必须坚持发展思路的延续性，承继历届班子的发展思路和有效举措，一任接着一任干，一锤接着一锤敲，在传承中创新、在创新中发展；必须汇聚发展合力，提高执行效力，围绕既定目标，心往一处想，劲往一处使，一件一件抓落实，平远的事、平远人民期盼的事就能够办成办好；必须把增进人民福祉作为最大责任，倾注真情实感，投入真金白银，办好惠民实事，提升保障水平，努力让群众过上更加美好幸福生活。

总结成绩和经验的同时，我们也清醒地认识到，经济社会发展中长期积累的一些深层次矛盾和问题尚未根本解决，今后五年我们依然面临很多困难和挑战，主要体现在：经济规模不大，总体实力不强，要与全省同步全面建成小康社会，任务还很艰巨；支柱产业多为传统产业，创新发展不足，市场竞争力不强,战略性新兴产业还在培育之中，尚不足以对冲经济下行压力，推动经济从中高速向中高端转变压力巨大；社会事业短板较多，基本公共服务均等化差距明显，保障和改善民生任务仍然繁重；面对发展新常态，部分公务人员能力不适应，庸政怠政懒政问题在一些部门和单位仍有不同程度存在。对这些问题，我们将高度重视，采取有力措施，认真加以解决。

今后五年的主要任务和工作举措

今后五年，是我县加快振兴发展的关键时期，也是全面建成小康社会的决胜时期。新的五年，机遇大于挑战的发展大势没有变，区域之间激烈的竞争态势没有变，转变经济发展方式的政策走势没有变，既要“赶”又要“转”的双重任务没有变。党的十八届六中全会，明确了习近平总书记在党中央和全党的核心地位，我们一定要紧密团结在以习近平同志为核心的党中央周围，切实增强“四个意识”特别是核心意识和看齐意识，坚定不移服从核心、维护核心，做到思想上高度统一，政治上清醒坚定，行动上坚决有力，做到党中央提倡的坚决响应、党中央决定的坚决执行、党中央禁止的坚决不做，决不在执行中央决策部署上打折扣、做选择、讲特殊、搞变通。同时，要准确把握经济发展新常态这个大逻辑，充分认识我县供给侧结构性改革面临的困难和问题，强化“重实体、兴实业”的理念，从生产端入手、从供给侧发力，优化要素配置，努力将资源优势转化为发展优势，推动平远加快振兴发展。

今后五年政府工作的总体思路是：高举中国特色社会主义伟大旗帜，坚持以马克思列宁主义、毛泽东思想、邓小平理论、“三个代表”重要思想、科学发展观为指导，深入贯彻习近平总书记系列重要讲话精神和治国理政新理念新思想新战略，遵循“五位一体”总体布局和“四个全面”战略布局，以五大发展理念为统领，紧紧围绕省“三个定位、两个率先”总体目标，按照市第七次党代会提出的构建“一区两带六组团”发展新格局，以及县第十三次党代会的安排部署，以推进供给侧结构性改革为主线，坚定不移推进“一城两区”建设，全面深化改革，优化经济结构，巩固生态优势，提升综合实力，融合城乡发展，增进民生福祉，维护社会稳定，着力提升经济社会发展的质量和效益，确保与全省同步全面建成小康社会。

今后五年的奋斗目标是：经济保持中高速增长，全县生产总值达121亿元，年均增长11%以上，人均生产总值达5.1万元，年均增长10.6%以上；县级一般公共预算收入达11.6亿元，年均增长12%以上，收入结构和质量持续优化；全社会固定资产投资年均增长30%以上，基础设施支撑能力显著增强；产业结构进一步优化，确保与全省同步全面建成小康社会。

围绕上述目标，今后五年将着重做好如下工作：

一、坚持创新发展，大力推动产业转型升级，全面提升平远经济发展的质量和效益

——深入实施创新驱动发展战略，扎实推进科技创新。按照中央和省市要求，把创新驱动发展作为核心战略和总抓手落到实处，提升企业竞争力、提高要素效率。全面实施大数据战略，提高信息资源掌控和利用能力，规划建设大数据中心，强化大数据应用，推动创新创业、带动大数据产业。强化企业创新主体地位，引导人才、资本、技术等创新要素向企业聚集，支持企业与高校、科研院所组建产业创新联盟，构建产学研用协同创新体系，促进创新链、产业链、资金链精准对接。完善创新平台，组织实施好高新技术企业倍增计划和科技型中小微企业培育工程，鼓励骨干企业和规上企业建立研发机构，到2020年，高新技术企业达到10家以上，建立研发机构的规上企业超过15%。实施质量强县战略，加强知识产权保护和应用，让所有创业者都能“用其智、得其利、创其富”，营造大众创业、万众创新的良好环境。

——围绕建设21平方公里“生态园区、工业新城”目标，加快园区扩能增效。按照省提出的“产业园区工业增加值2017年要比2013年翻一番、2020年要翻两番”要求，加快园区扩能增效。积极争取各级扶持资金，灵活采取PPP等市场运作方式，引入社会资本参与园区建设，新投入基础设施建设资金10亿元以上，加大土地征收和储备力度，鼓励个人和集体以土地入股方式参与园区建设，加快完善水电路讯、仓储物流、研发中心、创业孵化基地、服务中心等基础配套设施、公共服务平台，到2020年，新增10000亩产业集聚地用地，园区建成区面积达10000亩。加快推进城镇公共设施和服务向园区延伸覆盖，优化园区配套功能，加速产城联动、产城融合，提升园区集聚吸引力，同步引进一批投资大、产出高、成长性好的项目落户。力争到2020年，园区工业总产值达100亿元以上，税收达5亿元以上，成为全县重要的经济增长极。

——突出稀土新材料、机械制造、家居建材三大主导产业，加快打造百亿元产业集群。按照“去产能、提品质、增效益”的思路，着力在“建链”“补链”“强链”上做文章，积极打造“稀土新材料、机械制造、家居建材”园中园。加快建设稀土新材料产业园。积极寻求与中核新能、国投高新等中央企业的战略合作，发挥新材料产业基金的引导作用，着力引进一批新材料研发、生产企业，有效整合广晟智威、中合科技等县内现有企业，及省稀土产品检验站、稀土产品交易中心等平台，加快稀土资源的科学开发、高效利用，形成完整的稀土开采、分离、冶炼、应用产业链，力争到2020年把稀土新材料产业打造成为产值超百亿元的产业集群。加快建设机械制造产业园。认真落实《中国制造2025》和省市《实施意见》，支持铸造企业以兼并、收购、租赁等形式，引进知名企业进行“联姻”，通过外来动力的注入推动企业上规模、强质量、创品牌，加快发展汽车轮毂、车桥车轴、船用柴油机壳、游乐设备、园林机械、数控机床等中高端装备产业。*加快建设家居建材产业园*。鼓励支持友邦、仕达、方鼎等家具企业改变传统的经营运作方式，开展个性化定制、柔性化生产，培育精益求精的“工匠精神”，增品种、提品质、创品牌，提高企业竞争力。主动对接广东梅州综合保税区，谋划平远进境木材监管区（内陆口岸），扩大进出口规模；加快建艺科技、佳之朋等企业发展，做大装饰建材业。积极参与实施“广东制造”“广东创造”行动，立足自身优势，扣紧产业链的关键环节、关键产品、关键技术，支持雅玛西、华清园、利天新能源等企业做大做强，培育电子信息、生物医药、新能源等具有一定基础的战略新兴产业。

——提升招商实效，吸纳发展要素集聚。准确把握新常态下产业发展方向和产业转移趋势，深入实施商会招商、以商引商和“乡贤回归投资兴业工程”，围绕完善稀土新材料、机械制造、家居建材、农林文旅和健康养生等产业链条，面向珠三角、长三角等地区精准招商，积极引进一批投资规模大、市场前景好、创税能力强的大项目，确保完成每年引进亿元以上项目10个，其中10亿元以上重大项目2个的任务。支持优秀企业靠大联强，加强与央企、大型民企、上市公司“联姻”“结盟”，推进产业共建共享。全面落实国家新一轮正税清费政策和我县股权投资、工业企业专项扶持资金、鼓励工业企业做大做强、信贷风险补偿基金、鼓励科技创新等政策，打出帮扶企业“组合拳”，减轻企业社保、税负等制度性交易成本，扶持企业挖潜增效、技术创新，每年新增10家以上规上企业，培育1家以上企业在新三板挂牌。

二、坚持协调发展，完善基础设施配套，积极探索具有山区特色的新型城镇化道路

——大力推进“城市景区化”，加速县城扩容提质。把海绵城市建设理念融入县城各片区的规划建设，实施“引水入城、绿满平城”工程，彻底改造城市污水沟、臭水湖，打造“清溪穿城过、绿树满城荫”的生态慢城。重点要加快“南拓、北延、东扩、西联、中优”进程，力争到2020年，县城建成区面积扩大到15平方公里以上，常住人口达到14万人以上，全县城镇化率达60%以上。*“南拓”即拓宽城南片区*，作为工业园区的综合服务区，要分批开发城南片区土地，进一步盘活县文体中心、电威水泥厂、燃料加油站地段周边地块，提高土地利用价值；同时，要加快完善路网、管廊、市场等市政功能配套，全面完成碧桂园、优山美地、城南商业城、金绿新城、山水华庭等商住项目建设，实现“城园互动、产城融合”，打造南部工业新城、宜居新区。*“北延”即延伸城北片区*，科学谋划筹备河岭嶂文化商贸区用地，尽快完成3000亩土地征收任务，有序推进程湖湿地公园、河岭嶂森林公园和滨水商业街的规划建设。同时，尽早启动地下综合管廊等相关市政配套项目建设，打造旅游休闲商业新区。*“东扩”即扩展城东片区*，抓好汇胜木业至车上大桥段用地控制，分步推进梅东地块征收工作。完成县医疗养生保健中心、翠拥华庭、鸿禧中心城等项目建设。结合瑞梅铁路平远站场规划选址，加大土地开发整理，推进周边商业物流配套，尽快启动城东商业综合体等项目建设，打造商贸物流宜居新区。*“西联”即联动开发城西片区*，依托平城花园、百川商业中心等重要节点，着力完善市政配套设施，加快平远大道人行步道改造提升工程和地下综合管廊建

设，打造街区景观化改造示范区。同时，盘活城西片区用地，加快南台山国家森林公园、佛文化旅游产业园、飞龙脐橙产业基地、凤池健康养生小镇规划建设，打造禅养主题旅游新区。“中优”即提质改造老城片区，充分利用国家棚户区改造政策，按照“留住老城记忆、注入活力元素”的理念，稳妥推进老汽车站至大柘老粮所一带的老城改造工程，完成南区市场片区地块整体开发，打造新商业地标；同步推进法谦公园、兴隆路、建设路西延线等基础设施建设，重点解决老城区建设的历史遗留欠账，逐步完善城市功能，提升城市品位，打造平远历史文化魅力街区。与此同时，加强对县城空间立体性、平面协调性、风貌整体性、文脉延续性等方面规划和管控，将G206线县城段、新岭路、环城路沿街建筑按照骑楼风格进行立面改造，合理调整业态，同步规划建设1个生态停车场和1个街心公园，逐步形成特色街区；对县城建成区范围内市政道路进行“黑底化”改造，全面改善群众出行条件；建设智能公共自行车服务系统，倡导全民绿色低碳出行。发挥城市管理委员会职能，推进城市综合执法体制改革。探索成立城市管理和综合执法部门，加强市容环境卫生网格化、常态化、精细化管理，突出整治县城“六乱”现象，提升城市管理水平，全力创建广东省文明县城和国家卫生县城。此外，大力发展石正、东石、仁居3个中心镇，加快县城与石正、东石同城化进程，扎实推进仁居古镇规划建设。

——大力推进“乡村园林化”，全面提升美丽乡村建设水平。围绕建设“看得见山、望得见水、记得住乡愁”的美丽乡村目标，坚持规划先行，以自然村为单位，尽快设计好规划红线图、建筑设计图、整体环境提升效果图“三张图”，实现规划建设管理和规划编制“两个全覆盖”。推广河头、石正经验，统筹整合新农村建设以及交通、水利、农业、林业等项目资源，加快推进县城、八尺、仁居、差干、上举回环道路沿线及景区周边美丽乡村示范点建设，发动家家户户种树养花、打造美丽庭院，对重点路段、重要节点实施绿化、彩化、美化工程，着力造就“山披彩、田如画、路成景”的生态美景；加强乡村文化建设，深入挖掘本地传统家风家规家训,形成村民认可、自觉遵守的《村规民约》，探索开展“乡村文化大讲堂”活动，普及和弘扬传统文化,传承优良习俗，让乡村成为天蓝山青水绿、花香果甜景美、留住乡愁和文化记忆的向往之地，成为农民群众幸福生活的家园、外来游客驻足休闲的公园。围绕建设新型城镇化示范区目标，以生态、旅游、智慧为导向，结合各镇的生态资源、人文风俗、特色产业，明确功能定位，宜工则工、宜农则农、宜商则商、宜游则游，突出抓好长田油茶、上举南药和差干旅游等省级专业镇建设，同时加快推进圩镇扩容提质，全面完成水质净化厂及配套管网建设，完善城乡生活垃圾处理设施，着力打造1~2个特色明显、环境优美、产业带动强的国家级旅游特色小镇。

——大力推进“基础设施景观化”，进一步提升城乡承载力。推动交通、水利等基础设施建设与打造特色景观节点相结合，探索建立多元化、可持续的基础设施建设投融资机制，努力建好“四网”，推动“基础设施景观化”。一是交通网。围绕建成互联互通的综合交通网络，统筹推进高速公路、铁路、国省道和县乡公路建设，通过在沿线种植观赏性作物，将每一条道路打造成亮丽风景线。高速公路方面，努力营造无障碍施工环境，确保梅平高速平远段2018年年底建成通车；与周边市、县加强沟通、形成合力，争取尽快开展平蕉大、连平武高速公路规划研究工作。铁路方面，主动对接瑞梅铁路平远段线路、站点调整方案，积极推动项目早日动工建设。国省道建设方面，按时间节点，分步推进G358线湍溪至八尺段、G206线县城绕城段、S332线等国省道升级改造，加快推进X967线大柘至徐溪段、X039线长田至坝头、X037线畲脑至湍溪、X036线东石至大畲坳等县乡公路升省道工程，大力实施新农村公路建设，稳步提高道路技术等级和通行能力。二是水利网。全面完成全长185公里的山区中小河流治理工程，通过在岸堤种植兼具观赏、经济的作物，把黄田河、柚树河、石正河、大柘河、中行河、下举河、泗水河沿岸打造成为美丽乡村的滨水景观带。加快推进中型灌区、防洪堤围改造工程和农村小流域综合治理，确保县城和镇村防洪除涝能力全部达标。大力实施中央财政第六批小型农田水利重点县建设，疏通田间“毛细血管”，解决好农田水利“最后一公里”问题，建成“旱能灌涝能排”的现代化农田灌排体系。积极推动凤池水库、大坑头水库建设。全力推进黄田水库饮用水直供密封管网、工业园供水管网和村村通自来水工程建设，保障城乡各类用水需求。三是能源网。重点做好国省道、旅游公路沿线及景区周边低压电管线走线迁移工作，将管线规整到地下管廊或屋后屋檐走线。编制城区配电网规划，推进电网智能化和输配协调发展，优化需求侧管理。加快完善城乡电网改造，重点推进富远、大柘、产业园等输变电工程和线路建设，支持利天新能源光伏、茅坪风电等新能源项目加快建设，满足经济快速发展对用电的需求。四是信息网。深入实施省信息基础设施建设三年行动计划，积极推进智慧城乡建设，抓好原中央苏区县农村超高速无线局域网应用试点，构建覆盖县镇村三级光纤网络体系。规划建设全面覆盖、互联互通、安全可控的电子政务网络，建立平远公共信息资源库，为全县各政务部门应用系统和政府决策作支撑。大力实施“互联网+”行动计划，推动互联网与教育、医疗、社会保障等领域深度融合。

三、坚持绿色发展，优化生态环境质量，扎实创建国家全域旅游示范县

——大力实施“旅游+”战略，全力推进旅游重点项目建设。以供给侧结构性改革思维推进全域旅游发展，主动融入梅江韩江绿色健康文化旅游产业带建设，按照《平远县推进全域旅游实施方案》，集中优势资源，加强旅游基础设施和公共服务体系建设，着力满足出行自主化、消费个性化、体验多样化、决策智能化的旅游新需求。到2020年，年接待游客数突破800万人次，旅游总收入80亿元以上，成为第三产业的龙头和国民经济的支柱产业。坚持规划先行。采取“1+N”模式，科学编制《平远县全域旅游发展总体规划》，明确全县旅游发展主题，在总体规划的统筹下，住建、交通、公路、林业、水利、农业等相关部门按照“城市景区化、乡村园林化、基础设施景观化”要求，编制细化规划，制定具体的实施方案。加快景区提档升级。加大协调力度，强化服务意识，全力推进五指石、相思河、长布半岛、客家相思谷、南台卧佛山、热柘温泉和别具洞天等项目建设，加大扶持服务力度，提档升级红军纪念园、曼佗山庄、金穗山庄、鸿泰农庄等红色、农业主题旅游景点。大力实施景区标准化、规范化管理,积极推进景区“创A”行动，展现“大美平远”。完善服务配套。加强旅游基础设施和公共服务体系建设，统筹县域旅游干线建设，推动景区道路升级改造，实现各大景区之间互联互通；大力开展“旅游厕所革命”，确保新建、改造的56个旅游厕所全部达到A级标准；优化旅游接待体系，建成一批主题酒店、星级酒店，发展一批特色民宿，满足不同层级消费需求；建设县级综合性游客服务中心，完善信息咨询、产品营销、综合服务等功能；实施“互联网+旅游”行动计划，通过信息化改造传统旅游服务模式，加快构建“智慧旅游”体系，为游客提供智能化、个性化服务。丰富旅游业态。大力实施“旅游+”战略，培育发展休闲养生、健康养老、乡村度假、户外体育、文化创意等高端、高附加值旅游业态。提档升级南台酒厂、红豆娘山庄等具有一定基础的工业旅游目的地，推动平远十大手信、十大传统小吃、十大特色菜肴向产业化发展。全面整合县域森林公园、自然保护区、风景名胜区、地质公园的生态和地质资源，完成国家公园试点建设，成为展示“亚热带常绿阔叶林—丹霞地质遗址景观—客家风情”资源、体现“国家之美”的一张名片，同步探索森林旅游与健身运动的结合点，积极开展徒步穿越、森林露营等运动，推进“林旅融合”“体旅融合”；合理利用民俗村寨、古镇古村，以及文化古迹等物质和非物质文化遗产资源，建设一批生态文化养生旅游综合体，推进“文旅融合”；通过跨界融合发展，推动旅游产品由观光型向度假休闲型、实践体验型转变。

——扎实推进全域环境整治，全面推动环境优化升级。按照“逐村整片，全域推进”的思路，制订《平远县村庄环境整治三年行动计划》，以镇为责任主体，以村为基本单元，围绕生活垃圾处理、水源水质保护、规范建房秩序等重点，对全域环境进行全面、彻底、持续的整治，不留盲区盲点，真正把环境整治的成效体现到全县每一条道路、每一座村庄、每一个庭院；同步加快污水收集处理、生活垃圾无害化处理、固体废物安全处置等环保基础设施建设。严格落实县领导挂镇、县直单位挂村、镇村包点的责任制，建立长效管理机制，推进全域环境综合整治工作常态化、制度化、规范化，以全域环境整治助推全域旅游发展，全面实现“天蓝、水清、气爽、山绿、路净、城美、村秀”的环境治理目标，真正让广大群众满意、让外来客人点赞。

——加快转变发展方式，着力提高特色农业综合效益。按照“优化布局、提质增效、创优品牌、拓宽市场”的思路，出台针对性、操作性更强的扶持农业发展政策，推进农业产业化、特色化、规模化、品牌化、多元化发展。突出示范基地带动。大力发展脐橙、油茶、南药、优质稻、梅片树、有机茶等传统大宗农产品，适度扩大种植规模，全面推广标准化种植，推进“三品一标”认证，着力培育一批具有平远特色的名牌产品。继续培育农民专业合作社、龙头企业、家庭农场、种养大户等各类新型农业经营主体，构建现代农业产业化联合体。到2020年，培育各类新型农业经营主体达到650家，建成现代农业产业化联合体10家。突出延长产业链条。支持飞龙果业、源丰农业、南领药业、金穗农业、广东华清园等龙头企业引进先进制造技术，推进农产品精深加工，提升农产品加工转化率和产品附加值；推动农业旅游融合发展，变农特产品为旅游商品，带动农民增收致富。突出创新营销方式。深化“农商对接”“农超对接”，拓宽农产品销售渠道。大力实施“互联网+农业”行动，依托广东华泰农兴农产品交易中心平台和农村电子商务示范工程，建成一批农村电子商务产业园和村级电商服务网点，实现农村电商服务站点全覆盖，推进线上线下联动、多维立体营销，让农产品搭上“网络快车”，卖得快、卖得多、卖出好价钱。

四、坚持开放发展，促进区域联动共赢，凝聚加快经济发展内外合力

——深化对外交流，多向拓展对外合作。加快南沙·平远国际经贸合作中心建设，深化产业共建共享帮扶，分享南沙自贸区制度和政策红利，将中心打造成为平远与珠三角地区经贸合作的双向招商平台；落实县领导、各镇各单位一把手挂钩联系各地平远商会制度，以商会为桥梁和纽带，全面拓展提升平远对外合作的空间和层次。利用我县地处三省交界的优势，主动对接赣闽粤原中央苏区县（市、区），深入开展交通、环境、产业等全方位、多层次、宽领域的合作。同时，加强与外出乡贤、港澳台同胞和海外侨胞的联系，推进我县与“一带一路”沿线国家特别是东南亚客属地区的交流合作。深化与国际徒步联盟、北京市民间组织国际交流协会、美国爱结婚尚杂志等国际平台合作，深化对外交流，提升开放水平，扩大平远知名度。

——全面对接“一区两带六组团”，促进区域联动发展。主动融入梅州城区建设，加快建成梅平高速，加速县城景区化进程，加紧规划建设休闲酒店、美食街区、特色农庄、健康养生小镇等一批休闲旅游项目，让平远成为梅州城区市民休闲生活首选地。加强与梅江韩江绿色健康文化旅游产业带沿线县（市、区）的合作，推进大健康产业和体育休闲、文化旅游重点项目建设。打造以生态资源和客家文化为特色，以养生健康休闲为重点，以文化旅游产业为载体的现代旅游产业集群，争创梅江韩江绿色健康文化旅游产业带先行区。同时，加强与其他五个组团在道路、产业等方面的共建共享，实现与其他组团的错位、联动发展、互利共赢。

五、坚持共享发展，精准全面补齐短板，让改革发展成果更大程度惠及群众

——全面实施精准扶贫精准脱贫，坚决打赢脱贫攻坚战。按照省“三年脱贫攻坚，两年巩固提升，五年稳定脱贫”的总体思路，强化精准施策，根据中央“六个精准”和省“八大工程”的部署，整合扶贫、民政、社保、残联、教育、住建等资源，深入实施“五个一批”脱贫工程，稳定实现农村贫困人口“两不愁、三保障、一相当”目标。紧抓广州南沙对口帮扶契机，积极争取产业发展、基础设施建设、医疗、教育、金融、农村治理等资金支持。引导各类企业、社会组织、个人参与脱贫攻坚，构建专业扶贫、行业扶贫、社会扶贫“三位一体”的工作格局，形成打好打赢脱贫攻坚战的强大合力，确保到2018年现行标准下的相对贫困人口100%实现脱贫，相对贫困村全部出列，决不剩下一个贫困村，落下一个贫困户。

——全面落实“三就一保”，完善社会保障体系。充分发挥县镇村三级就业服务功能，多形式、多渠道、多层次创造就业岗位，促进各类群体就业；加大社保扩面征缴力度，确保实现社会保险全覆盖，使群众有更稳定的收入和更可靠的保障。大力发展养老事业和养老产业，完善社会救助管理服务体系，发动慈善机构、义工组织共同建设流浪乞讨人员救助中心，积极探索解决“空巢老人”“留守儿童”等社会问题，确保社会弱势群体求助有门、受助及时。全力创建广东省推进教育现代化先进县，提升各中小学基础设施建设和信息化水平；高标准规划新建县第四小学，加快县特殊教育学校、实验中学教学楼等项目建设，努力解决城区学位不足、优质学位紧缺问题，使孩子们享受到更高水平的教育。巩固县镇医疗卫生一体化改革试点成果，加快县医疗养生保健中心、县人民医院综合大楼、卫生“两基”示范镇等项目建设，努力创建卫生强县。办好平远足球联赛、校园足球联赛，促进平远足球振兴发展。推动全民健身和基本公共体育服务均等化。完善食品药品安全监管体系，确保让人民群众吃上放心食品、用上放心药。

——全面加强社会管理，构建和谐平安平远。扎实抓好“七五”普法工作，强化全民法治观念，全面推进依法行政和司法公正，深入推进法治平远建设。强化基层公共服务平台建设，构建县镇村三级服务体系。总结推广大柘镇基层治理网格化管理模式，探索建立更加科学完善的社会管理体系，全县自然村（村民小组）实现村民理事会全覆盖。严格落实信访“双向规范”，抓好信访积案化解和矛盾纠纷排查工作，发挥人民调解作用，大力化解社会矛盾。推进实施“平安细胞”创建工程，完善社会治安防控体系，强化安全生产执法监督，全面提高“平安平远”建设水平。积极支持军队改革发展，推动军民融合深度发展，加快规划建设集军事训练、军事体验、国防教育为一体的国防军事教育基地，继续争创省双拥模范县。

此外，统筹推进工商联、工青妇、侨联、残联、人防、气象、防灾减灾、民宗外侨、对台、档案、方志等工作，促进社会各项事业全面协调发展。

各位代表，做好今后五年的工作，要求我们必须坚定对党忠诚的政治信仰，坚持推进依法行政，坚决落实各项改革部署，坚守个人干净的为官底线,坚持敢于担当的从政准则，不忘初心，继续前进，为实现各项发展目标提供坚强保障。

——锻造坚定信念，对党绝对忠诚。坚定维护以习近平同志为核心的党中央权威，坚定中国特色社会主义理想信念，坚定不移地贯彻党的基本路线。自觉树立政治意识、大局意识、核心意识、看齐意识，对组织真心实意、对群众真情实感、对工作真抓实干，真正放下架子、卷起袖子、扑下身子，走进田间地头、巷尾街头，倾听基层声音，了解群众诉求，解决好群众关注多、反映大的热点难点问题；加大绩效考核和行政问责力度，着力解决不担当、不负责，不作为、乱作为等突出问题，以实际成效兑现对党忠诚的神圣承诺。

——坚持依法行政，强化法制思维。全面推进依法行政，完善法律顾问制度，把政府决策、执行、监督全过程纳入法治化轨道。认真落实人大及其常委会的各项决议决定，坚持向人大及其常委会报告工作，自觉接受监督。主动加强与政协的联系并向其通报工作。更加重视人大代表议案、建议和政协提案的办理。深入推行行政执法责任制，做到严格执法、规范执法和文明执法。健全重大行政决策机制，严格落实公众参与、专家论证、风险评估、合法性审查、集体讨论决定的法定程序，提高决策透明度和公众参与度。继续办好“平远发布”“平远旅游”“掌赏平远”等新媒体服务平台，加大政务公开力度，做到信息及时公开、问题主动回应、沟通全面有效，让群众和企业更好地了解、监督和评价政府工作。

——全面深化改革，释放发展内生动力。坚决落实中央、省、市全面深化改革的部署要求，进一步理顺政府与市场的关系，以“亲”的态度为企业服好务，以“清”的原则规范权力行为，让政商关系更清爽、更纯粹、更简单。推进以“一门式、一网式”服务模式为主体的“互联网+政务服务”改革，加快实体政务大厅与网上服务融合，形成线上线下功能互补、相辅相成的政务服务新模式，让居民和企业少跑腿、好办事、不添堵。抓好投融资体制改革，引导金融资本更好地服务实体经济，切实解决企业融资难、融资贵、融资慢问题。深化商事制度改革，推进“多证合一、一照一码”登记制度。继续抓好农村综合改革，加大力度推进国有企业改革，进一步增强农村农业和国有企业发展活力。同时，加强改革督察，推动各项改革举措更好落到实处、见到实效。

——永葆廉洁本色，严守干净底线。坚决把纪律和规矩挺在前面，从严落实中央“八项规定”精神，深入实践监督执纪“四种形态”，严防“四风”反弹回潮，坚守底线、不越红线。认真落实全面从严治党的各项内容，建立健全工程建设、政府采购、资金使用等重点领域长效监管机制，织密法规制度网络和电子监管网络两张网，在制度的“刚性”上增加科技的“灵性”，以“制度加科技”来管人管钱管权管交易，形成科学有效的管控机制，筑牢制度堤坝，确保真管真严、敢管敢严、长管长严。

——锤炼过硬作风，切实担当为民。始终保持朝气蓬勃、干事创业的良好精神状态，培养勇于担当的自觉、练就善于担当的本领。加强新形势下新知识的培训学习，特别是要加强金融、旅游、城乡建设等与平远振兴发展密切相关的新知识的培训学习。在创新中抢抓机遇，在拼搏中闯出新路，以干事创业的积极成效取信于民、造福于民。各镇、各部门要紧紧围绕既定的重点工程、重点项目和重点目标任务，努力压实责任、扛起担当、传导压力，按照“事事有时间表，人人有任务书，步步有路线图”的要求，确保各项工作定一件、干一件、成一件。

各位代表，风正时济，自当破浪扬帆；任重道远，更需策马加鞭。让我们紧密团结在以习近平同志为核心的党中央周围，在市委、市政府和县委的正确领导下，紧紧依靠全县人民，真抓实干，攻坚克难，奋力拼搏，为加快平远振兴发展、全面建成小康社会而努力奋斗！

附件：

名词解释

1.“三品一标”：无公害农产品、绿色食品、有机农产品和农产品地理标志。

2.“三去一降一补”：去产能、去库存、去杠杆、降成本、补短板。

3.“五证合一”：营业执照、组织机构代码证、税务登记证、社会保险登记证、统计登记证。

4.卫生“两基”示范镇：基本医疗和基本公共卫生服务示范镇。

5.“三严三实”：严以修身、严以用权、严以律己；谋事要实、创业要实、做人要实。

6.“两学一做”：学习共产党党章党规、学习贯彻习近平总书记系列重要讲话精神、做合格党员。

7.“四风”：形式主义、官僚主义、享乐主义、奢靡之风。

8.“四个意识”：政治意识、大局意识、核心意识、看齐意识。

9.“三个代表”：代表中国先进生产力的发展要求、代表中国先进文化的前进方向、代表中国最广大人民的根本利益。

10.“五位一体”：经济建设、政治建设、文化建设、社会建设、生态文明建设。

11.“一区两带六组团”：嘉应新区起步区、梅兴华丰产业集聚带、梅江韩江绿色健康文化旅游产业带、兴宁组团、平远组团、蕉岭组团、大埔组团、丰顺组团、五华组团。

12.“一带一路”：丝绸之路经济带、21世纪海上丝绸之路。

13.信访“双向规范”：政府部门要依法处理信访问题，群众要依法提出信访事项。

政府工作报告

——在平远县第十五届人民代表大会第二次会议上

(2017年4月25日)

平远县县长　刘许川

2016年工作回顾

2016年，我们深入学习党的十八届历次全会和习近平总书记系列重要讲话精神，认真贯彻落实省委十一届六次、七次全会和市委六届六次、七次全会精神，在市委、市政府和县委的正确领导下，在县人大和县政协的监督支持下，紧紧围绕振兴发展目标和“一城两区”战略部署，扎实推进经济社会各项工作，实现了“十三五”的良好开局。全年实现生产总值76.04亿元，比增8.6%，增幅全市第三；固定资产投资43.63亿元，比增8.9%；县级一般公共预算收入7.38亿元，比增12.5%；规上工业增加值12.53亿元，比增12.4%；社会消费品零售总额25.16亿元，比增10.9%；进出口总额2.7亿美元，比增25%，增幅全市第一。

——工业产业结构调整初见成效。我们把园区作为创新驱动发展的主战场，加强领导、加大投入、加快建设，园区各类项目快速推进。全年新平整土地850亩，建成区扩展至6500亩，水电路讯等基础设施更加完善。加大支持服务企业力度，全年落实股权投资、信贷补偿、专项资金等各项政策资金7000多万元，有力促进了企业落户、技改挖潜和增资扩产。一年来，共有恒盛宇科技、广深新材料等16个企业落户园区，计划总投资达54亿元；共有雅玛西新能源科技、汇亿基科技等10个企业动工建设，宇时代电子、富莱利家居、洪裕汽配等11个企业建成投产，完成固定资产投资22.63亿元，比增42%，园区投产企业达47家，实现规上工业增加值5.24亿元，税收1.44亿元，分别比增31.5%和26.05%，增速在全市4个省级产业园区中排名前列。全县规上工业增加值增长12.4%，高于全市7.8个百分点。利天光伏发电、粤电茅坪风电、大唐风电等一批新能源项目顺利推进。同时，积极探索县内企业配套知名乡贤企业的“内外联姻”招商新模式，加大招商引资力度，完成签约项目30个，其中，合同项目20个，合同投资总额82.4亿元，当年实际投入9.4亿元。出台建筑安装类企业扶持办法，裕达建筑、方海建设升级为房屋建筑施工总承包二级企业，威华水利水电升级为水利水电工程施工总承包二级企业。加快企业智能化改造，投入技改资金近3亿元，对金科新业、北斗星航等10家规上工业企业实施技改，新增机器人应用7台，总数达18台，企业自动化程度有效提高。加大力度培育高新技术企业，新增获赛尔、华清园、洪裕汽配、亚力盛电子4家培育入库企业，元芯科技被认定为国家高新技术企业。获赛尔成功在新三板挂牌上市，成为我县第一家上市企业。

——城乡环境更加宜居宜业。我们坚持规划引领，完成了全县90%以上行政村村庄规划和县城建成区地下管线普查，启动了县城控制性详细规划编制。全年盘活存量用地1720亩，新增建设用地2053亩，储备了河岭嶂、梅东等周边1000多亩城镇建设用地。城北、城南、城西、城东、老城“五个片区”

21个城建项目，共完成年度投资近20亿元。碧桂园一期、优山美地二期、平城花园三期等宜居社区建设加快推进；凯旋商业中心、城南商业城等城市综合体投入运营；医疗养生保健中心、特殊教育学校、旅游公厕等一批公共服务项目顺利推进，市场、道路等市政设施启动改造，城区主干道全部实现“黑底化”，成功创建省级卫生县城。美丽乡村建设步伐加快，特别是以农村生活垃圾处理、水源水质保护、城乡“六乱”、规范农村建房等为重点的城乡环境整治成为新常态，在全市城乡环境综合整治前两次测评中分列第一名和第二名。同时，深入开展绿满平远大行动，完成造林3万多亩和60公里生态景观林带建设，新建仁居凤山1个县级森林公园、河头布心坪1个镇级森林公园，全县森林覆盖率达78.35%，补国家林业局评为“全国绿化模范县”。在国家住建部首批全国绿色村庄评选中，我县有79个村入选，占全市入选村庄的75%。以创建“广东省农村环境连片整治示范县”为契机，大力开展跨境河流水源水质保护和大气污染防治工作，主要河段交接断面及饮用水源地水质达标率保持100%，全年环境空气质量保持优良。

——全域旅游示范县建设扎实推进。我们充分发挥旅游产业的关联带动作用，有效带动农林文体等相关产业的持续发展。年度投入2亿多元推动龙头景区提档升级，五指石商业街、岭东大酒店基本建成，贵妃湖环湖景观带、天道二期启动征地拆迁；长布半岛、客家相思谷、南台卧佛山等景区规划和征地拆迁工作有序推进；曼佗山庄、金穗休闲旅游区、龙湖等景区成为平远旅游新亮点。积极完善旅游接待配套，全县新增各类民宿、乡村客栈20多家；完成新建15座、改建7座A级标准旅游厕所任务；全年举办20多场旅游推介活动，并通过举办“中华旅游名博平远行”主题活动，与全球婚尚资讯领袖品牌北京爱结公司合作摄影婚纱、摄制微电影等，进一步提升平远旅游知名度、美誉度。同时，旅游与农业、林业、文化、体育等产业融合步伐逐步加快，成功举办第七届北京国际山地徒步大会梅州·平远站活动，主动争取了广东首个国家公园试点创建，逐步形成了龙头引领、多元发展、全域覆盖的旅游发展格局，全县接待游客人次、旅游综合收入分别比增21.6%和18.9%，获评“全国十佳生态休闲旅游城市”“全国休闲农业与乡村旅游示范县”“全国森林旅游示范县”“2016百佳深呼吸小城”“中国候鸟旅居县”。

——交通水利重点基础设施建设加快推进。我们不断加大政策资金争取和项目推进力度，全年投入4.74亿元，全面完成梅平高速平远段征地工作；连平武、平蕉大高速列入市“十三五”路网规划；瑞梅铁路项目工可报告已编制完成，前期工作加快推进；国道206线八尺至大柘段、国道358线差干至八尺段、省道225线园区段等一批群众高度关注的国省道和县乡道路得到改造提升；967、039、037、036四条县道升格为省道，并争取列入了省“十三五”路网改造计划；完成新农村公路改造38公里、国省道绿化97.22公里、国道示范工程建设14.6公里，国道206线平远段成为全省国道改造示范工程，道路技术等级和通行能力进一步提高。全面推动了中央财政小型农田水利重点县、山区中小河流治理、村村通自来水等7项14宗水利重点工程建设，风池水库前期工作有序推进，正在争取立项审批，城乡水利防灾减灾能力全面加强。电力、信息基础设施全面提升，投入5400多万元推进基础电网建设，供电可靠率提高至99.98%；投入3000多万元建成1个县级、8个镇级、50个村级电商综合服务中心，电子商务进农村综合示范县建设扎实推进。

——*农业产业化发展基础更加牢固*。我们始终把扩大基地规模,提高产品质量,增加经济效益作为农业产业化发展的重要措施，扎实推进农村土地承包经营权确权登记颁证工作，引导农村土地规范流转，促进规模化种植、产业化经营。脐橙、油茶、南药、优质稻、梅片树、有机茶等特色优势产业得到巩固提升，华清园、飞龙、新大地等农业深加工项目加快建设，农产品加工转化率和产品附加值不断提升，其中华清园被认定为省林下经济示范基地。积极培育壮大新型农业经营主体，全年新增2家省级龙头企业、3家市级龙头企业、28家农民专业合作社和18家家庭农场。大力推进"互联网+农业"，广东华泰农兴农产品交易中心现货业务上线交易，农产品销售渠道进一步拓宽。全年实现农业总产值19.92亿元，农村居民人均可支配收入13915元，分别比增3.8%和10.2%。同时，投入2000多万元，完成东石、大柘等5个镇共13870亩的高标准基本农田建设。全面落实各项惠农政策，推行农业"三项补贴"，全年发放2000多万元补贴资金，真正让种粮农户得到实惠。加快完善县镇农产品安全监管体系，成功列入国家级农产品质量安全检验检测体系建设项目县。

——*群众获得感不断增强*。我们坚持公共财政支出向民生倾斜，全年落实各类民生资金18.1亿元，较去年增支1.63亿元，增幅达9.9%，统筹推进了教育医疗、社会保障、扶贫开发等重点民生建设。完成年度"十件民生实事"。全面启动精准扶贫精准脱贫三年攻坚工作，全县共精准识别相对贫困户1700户4511人，筹集扶贫开发资金6000多万元，深入实施政策、产业、就业帮扶，全年实现脱贫人口1613人，脱贫率达35.8%。广州南沙对平远的帮扶支持力度加大，成立南沙·平远国际经贸合作中心，推动双向招商模式，深化产业共建共享帮扶。完善创业扶持政策，以创业带动就业，年度发放小额担保贷款892万元，贴息152万元，带动1532人实现就业。全年新增城镇就业2042人次，转移就业2899人次，城镇登记失业率控制在2.4%以内。低保、"五保"、优抚标准逐步调整提高，底线民生得到保障。城乡居民养老保险和医疗保险保持全覆盖。完成66套保障房建设和30套棚户区改造。投入3800多万元推动教育信息现代化建设，在全省山区县中率先实现中小学教学触摸式一体机全覆盖；高考成绩稳步提高，平远中学高考本科入围率达80%；教育强镇复评工作实现全覆盖；被国家教育部评为"全国中小学校责任督学挂牌督导创新县"。新增1个省级非物质文化遗产项目传承基地和5处市级文物保护单位，新建3个镇级文化广场、17个村级文体广场和9个农村文化俱乐部。投入2800多万元，购置了核磁共振等一批医疗设施设备，医疗服务水平不断提升；卫生"两基"示范镇等项目加快建设；卫生强县创建有序推进，率先在全市完成县镇医疗卫生一体化改革试点。人口计生工作均衡发展。认真贯彻落实国家和省市推进足球振兴发展的系列部署，新建6块足球场地。依法规范信访秩序，强化安全生产、食品药品安全监管，社会保持和谐稳定。县人武部获评"广东省先进人武部"。统计、工会、共青团、妇女儿童、"双拥"共建、残联、应急、人防、档案、方志、对台、烟草、打私打假、防灾减灾、民族宗教、外事侨务等各项工作都取得新成绩。

——*服务型政府建设有效推进*。我们坚决贯彻落实中央、省市决策部署，进一步优化投资发展环境，创新创业氛围日益浓厚。认真落实市制定的实施供给侧结构性改革总体方案及五个行动计划，"三去一降一补"取得阶段性成效。深入推进“放管服”改革，加快政府职能转变，新取消行政审批事项31项。“一门式、一网式”政务服务模式改革全面推开，全县审批事项网上全流程办理率超过87%。深化商事制度改革，优化营商环境，推动“大众创业、万众创新”，全年新增市场主体1857户，比增16%。认真执行县人大及其常委会各项决议、决定并向其报告工作，坚持向人民政协通报情况，全年共办理人大建议13件，政协提案59件。广泛听取党外代表人士、工商联和工青妇等人民团体意见。加强法治政府建设，完善县政府工作规程和法律顾问制度，行政复议案件受理率、结案率均达100%。深入开展“两学一做”学习教育，严格落实中央“八项规定”精神和廉洁从政各项规定，切实加强行政监察和审计监督，促进了权力公开透明运行。

各位代表，2016年，我们在攻坚克难中前行，在压力挑战中奋进，成绩来之不易。这是市委、市政府和县委正确领导的结果，是县人大和县政协监督支持的结果，是全县人民团结拼搏的结果。在此，我代表平远县人民政府，向全县人民、驻平远部队官兵和社会各界人士，致以崇高的敬意！向长期关心和支持我县建设与发展的省市属驻平远单位、港澳台同胞、海外侨胞及外出乡贤，表示衷心的感谢！

各位代表，在看到成绩的同时，我们也清醒地看到发展中存在的困难和不足：一是经济发展的内生动力不足，有效投资增长不够，支撑经济发展的产业项目特别是科技含量高、质量效益好、发展潜力大的项目还不多；二是创新发展意识与先进地区相比还存在较大差距，综合利用金融手段推动经济社会发展的办法还不够多；三是交通、土地、资金、人才和环境容量等制约因素仍然存在；四是城乡规划建设管理水平有待提高，“六乱”问题仍然突出，城乡违章无序建房仍时有发生；五是政府提供公共产品和服务的能力有限，保障和改善民生任务仍然繁重，等等。对这些问题，我们将高度重视，认真解决。

2017年工作安排

2017年，是党的十九大和省第十二次党代会召开之年，也是全面建成小康社会的攻坚之年，做好今年工作意义重大。今年政府工作的总体要求是：全面贯彻落实党的十八大和十八届历次全会精神，深入学习贯彻习近平总书记系列重要讲话精神，统筹推进“五位一体”总体布局和协调推进“四个全面”战略布局，坚持稳中求进工作总基调，以五大发展理念为统领，紧紧围绕习近平总书记对广东提出的“四个坚持、三个支撑、两个走在前列”总体要求，按照市第七次党代会提出的构建“一区两带六组团”发展新格局，以及县第十三次党代会的安排部署，以推进供给侧结构性改革为主线，坚定不移推进“一城两区”建设，全面做好稳增长、促改革、调结构、惠民生、防风险各项工作，突出有效投资，强化创新驱动，振兴实体经济，保持经济平稳健康发展和社会和谐稳定，以优异成绩迎接党的十九大和省第十二次党代会的胜利召开。

今年全县经济社会发展的主要预期目标是：生产总值增长9%以上，一般公共预算收入增长10%以上，固定资产投资增长25%以上，居民人均可支配收入增速与经济增长基本同步。

实现上述目标，今年要重点抓好以下五个方面工作：

一、强化创新驱动，发展壮大以工业为核心的实体经济

——全力加快园区建设。积极抢抓省推进产业共建、产业梯度转移和广州南沙对口帮扶机遇，全面加强与省、市相关部门的对接，争取更多的政策、资金和项目支持。加紧做好用地规划调整申报工作，确保今年新增调整2000亩以上建设用地，完成新征土地1000亩、平整土地1000亩任务，保障园区企业用地需求。加大园区闲置厂房的清理清查和整治力度，提高土地利用率和产出效益。加大力度、加快进度，继续完善园区水电路讯等管沟工程；加快推进研发中心、创业孵化基地等公共平台建设；下半年动工建设园区综合服务区、员工公寓和标准厂房，实现包括商业、办公、住宅等在内的多业态搭配，谋划推进城市新区建设向园区方向延伸，促进“产城联动”。加大项目跟踪服务力度，确保广东粤电、恒盛宇科技、广深新材料、元芯科技等13个签约项目上半年动工建设，德明金属、建艺科技、佳之朋、雅玛西新能源等12个在建项目年内建成投产，确保今年实现12个项目落户、10个项目动工、10个项目投产，固定资产投资达20亿元以上。

——突出培育优势特色产业。继续完善股权投资、信贷补偿、专项资金等扶持政策，通过财税资金引导、金融信贷支持、项目用地保障、服务模式创新等措施，着力降低涉企税费、用工成本、融资成本和用地成本，引导重点企业增资扩产、技改升级，加速产业集聚发展，加快“稀土新材料、机械制造、家居建材”园中园建设。对源盛机电、广益游乐设备、复兴木业等20家拟上规模企业进行重点培育，确保今年新增10家以上规上企业，规上企业工业增加值增幅达15%以上。大力扶持新能源、电子信息、生物医药、酒水果汁等具有一定基础的新兴产业，加快推进华清园冰片提取、茅坪—泗水风电场、利天新能源光伏发电、飞龙脐橙深加工等项目建设。全力支持荻赛尔等重点企业加快主板上市融资。

——积极培植发展新动能。紧紧围绕创新发展“八大抓手”，结合实际找准发力点和突破口，增强内生动力活力，催生新经济增长点。积极推行“互联网+创新创业”模式，完成众创空间建设，设立2000万元创客投资基金，推进“大众创业、万众创新”，加快科技成果转化、科技企业孵化。认真落实企业研发机构覆盖行动，支持汇胜木业、华清园等重点企业建设省级工程研发中心。大力培育高新技术企业，确保今年新培育入库2家，首次认定2家，高新技术企业总数达到5家以上。落实技术改造股权投资、事后奖补等政策，建立企业技术改造重点项目库，加快企业智能化改造，今年要确保完成工业技改投资5亿元以上、实施技改规上企业15家以上、培育智能化技改示范企业1家以上、新增机器人应用15台以上。充分利用平远绿水青山、蓝天白云等稀缺资源优势，吸引北上广深等发达地区的科研机构、院校到平远设立分支机构和研发中心。

——创新开展招商引资。坚持招商项目数量与质量并重，加快南沙□平远国际经贸合作中心建设，深化产业共建，突出产业招商，打造平远依托南沙自贸区面向全世界的重要招商合作平台。认真研究珠三角、汕潮揭等地区的产业发展动向、产业转移规律，积极开展产业链招商、商会招商、以商引商。深入实施“乡贤回归投资兴业工程”，完善外出乡贤信息库，争取更多乡贤回乡投资发展。同时，创新招商引资方式，启动战略新兴产业基金和绿色产业发展基金运作，以基金带动项目落户，力争完成全年引进合同投资总额超80亿元，实际投资额达20亿元以上的目标任务。继续完善总部企业落户激励措施，大力扶持培育建筑企业上等级、扩市场。

二、突出有效投资，加快城乡基础设施建设

——加快城镇扩容提质。围绕“规划一步到位、建设分步实施”的思路，坚持“多规合一”，完成县城控制性详细规划编制，实现县城规划范围内控规全覆盖。积极探索和推进政府、企业、农民多方共赢的征地模式，突出重点、突破难点，全力加快城建重点项目用地征拆速度。创新投融资机制，大力推广PPP、政府购买服务、政府债券等融资方式，提高重大项目股权、债权直接融资比重，扎实推进县城“五个片区”年度计划投资近20亿元的20多个城建项目建设。启动“引水入城”工程，有序推进程湖湿地公园、河岭嶂森林公园和滨水商业街的规划建设，同步做好城区地下综合管网专项规划，启动实施总投资3亿多元总长约5公里的地下综合管廊建设；融合生态停车场、街心公园、绿道和景观休闲节点等布局，加快平远大道特色街区改造项目规划建设，完善县城慢行系统，构建城区绿道网络；加紧启动国道206线绕城段改线规划设计工作，争取尽快纳入国家路网规划，拉开城市发展架构；逐步打通城区现有“断头路”，兴隆路6月底前要建成通车；继续完善碧桂园、平城花园、优山美地、金绿新城等商住项目，提升县城商业综合服务功能和群众宜居水平。巩固提升省级卫生县城创建成果，充分发挥城市管理委员会职能，推进城市综合执法体制改革,成立城市综合管理局，加强市容环境卫生网格化、常态化、精细化管理；扎实推进县、镇、村三级文明联创，提升公共文化服务水平，推进国家卫生县城、省级文明城市“两城同创”。同时，围绕建设新型城镇化示范区目标，加快推进大柘、石正、仁居、东石“六个一”工程建设，结合各镇的生态资源、人文风俗、特色产业，明确功能定位，通过产业导入，促进要素聚集化、产业集群化，引导农民向镇中心转移，促进农民就近城镇化。

——加快梅平高速等重大交通项目建设。按照“动工一批、启动一批、规划一批”的思路，有计划、分步骤推进交通项目建设。保障梅平高速平远段建设进度，确保完成年度投资计划；积极加强与省发改、交通等部门的沟通对接，尽快完成国道358线湍溪至八尺段改建项目立项等前期工作，力争项目6月底前开始实施路面工程建设；10月底前完成省道225线大柘至徐溪段（原县道967线）路面改造项目主体工程；年底前完成国道206线平远段30公里示范工程建设。主动对接瑞梅铁路平远段线路、站点调整方案，切实做好沿线范围现状监管，积极推动项目年内立项；加强与福建省武平县的沟通对接，力促连平武高速尽快立项建设；积极做好平蕉大高速建设前期工作，争取尽快列入国家和省路网规划。同时，超前谋划，科学规划，做好省道239线、334线平远段（原县道039线、037线、036线）等一批新规划省道和60公里旅游公路建设前期工作，尽快启动项目建设。

——加快山区中小河流治理等水利能源重点工程建设。按照“一堤、一路、一景”要求，重点抓好全长28公里总投资4800万元的差干河中小河流治理工程，把沿岸打造成为美丽乡村的滨水景观带。加快推进镇村污水处理设施建设，年底前全面完成各镇污水处理设施及配套管网、111个行政村污水处理设施建设任务，有效改善农村人居环境。力争凤池水库年内完成项目立项和规划设计编制，全面推进征地拆迁、“三通一平”等施工前期准备工作。加快县城自来水扩容提质工程和村村通自来水工程建设，着力保障城乡各类用水需求。重点推进富远、大柘等输变电工程和线路建设，满足经济快速发展对用电的需求。深入实施省信息基础设施建设三年行动计划，抓好原中央苏区农村超高速无线局域网建设和应用，全面提高城乡宽带覆盖范围。

——强化项目保障。集中资源、集聚力量，奋力解决项目建设中的资金、用地、环评等问题，全力推动年度投资61.6亿元的77个重点项目尽快动工、加快建设、早日建成。深化对原中央苏区县等政策的研究对接，瞄准国家和省产业战略和投资方向，重点抓好7大类70多个中央预算内投资计划项目的筛选、论证和申报等前期工作，争取国家红利在平远落地开花；同时，加强项目库建设，储备一批打基础、利长远的项目。积极优化投资结构，鼓励引导民间资本参与市政、社会事业等重点项目建设。

三、狠抓重点项目，扎实创建国家全域旅游示范县

——加快景区景点打造。围绕“城市景区化、乡村园林化、基础设施景观化、创意全域化”要求，抓好“点、线、面”的统筹布局、协调推进。在“点”的层面，要围绕形成全县12个乡镇都至少有一个旅游景区、每隔10公里就有一个景点的全域旅游大格局，加快景区景点的打造。五指石景区要加快天道二期、贵妃湖环湖带建设，确保岭东大酒店住宿项目上半年建成运营；客家相思谷景区上半年要完成游客中心、生态停车场、酒店项目征地拆迁，下半年启动建设；长布半岛休闲度假区要加快综合服务区、码头、游步道等项目建设；南台卧佛山旅游度假区要启动游客中心、生态停车场、游步道等项目建设。同时，加大扶持服务力度，支持热柘温泉、曼佗山庄、金穗休闲旅游区、别具洞天、龙湖、普滩、红军纪念园等旅游项目加快建设步伐；运用PPP等模式，引入社会资本，高质量抓好仁居古镇、八尺酒香小镇、风池养生小镇、东石河西岸风情小镇的规划建设，打造休闲平远新亮点。在“线”的层面，要加快五指石至塔子里、差干罗车至上举双门石、仁居麻楼至河头黄田水库、大佛寺至石正4条旅游公路的规划建设，逐步完善外部交通、县内路网、旅游专线、风景道等“快旅慢游”的交通无障碍网络体系，发挥“线”本身的“连接”功能，做到点与点之间顺畅通达，并在此基础上设计不同主题精品旅游线路，满足游客需求；同时，结合道路绿化工程，通过在沿线种植观赏性作物，将每一条道路打造成景观路、观赏路、可以拍照的路。在“面”的层面，要在点线结合的基础上，通过景区间的互动，形成“休闲度假、观光体验、健康养生、历史人文”等各具特色的旅游板块，让平远在山与水之间、城与乡之间、村与村之间，便捷顺畅地相连接。

——着力完善服务配套。按照《平远县推进全域旅游实施方案》，加强旅游基础设施和公共服务体系建设。有效整合档案馆、博物馆、规划馆、非遗馆、文史中心等资源，动工建设县城游客服务中心，完善信息咨询、产品营销、综合服务等功能。完成旅游公路沿线4个旅游驿站、2个民宿示范点建设，不断完善星级酒店、旅游驿站、民宿等旅游接待配套，优化旅游接待体系，满足不同层级消费需求。大力开展“旅游厕所革命”，完成新建15座、改建6座A级旅游厕所建设任务。同时，大力实施“旅游+互联网”发展战略，整合交通、通信、气象等部门公共信息资源，加快推动旅游大数据中心和五指石智慧景区试点建设，努力实现数据分析精准、信息服务全面、应急处置及时。

——强化旅游宣传营销。深入推动旅游产业六要素之间的有机组合、相互整合、全面融合，强化活动营销和创意营销，在进一步放大茶花节、红叶节、慈橙文化旅游节、徒步大会等节会效应的基础上，强化创新思维，坚持创意引领，充分发挥行业协会作用，通过将采茶、制酒、榨油等工艺流程艺术化、节日化，精心策划“三月三”采茶节、“六月六”民俗节、“九月九”酒香节、上举古法榨油节等特色节会，真正把这些活动办出特色、办出影响、办出效益，做到“四季有节会、年年更精彩”，达到游客景区游览与活动参与的紧密结合。继续完善“平远旅游”“平远发布”“掌赏平远”等微信平台和手机客户端，举办好旅游推介会，打响“相思平远、爱情之城”品牌，真正让广大游客记住平远、想来平远、走进平远、留宿平远，真正把旅游作为“无边界产业”的效应发挥到最大。

四、增强“三农”发展新动能，积极探索精准扶贫长效机制

——努力提高农业综合效益。认真贯彻落实中央一号文件精神，深入推进农业供给侧结构性改革。落实农村土地所有权、承包权、经营权“三权分置”办法，进一步集约土地资源，推广石正、东石经验，鼓励采用土地流转、股份合作等多种方式，引进新型农业经营主体和农业大户，实行连片开发、整村开发，构建“产业、企业、产品”一体化发展格局，提高农村土地利用率和产出率，打造“一村一品”“一镇一业”。坚持示范基地带动，在确保粮食安全的前提下，大力发展梅片树种植，适度扩大脐橙、油茶、南药、优质稻、有机茶等特色产业种植规模。创新培育一批农民专业合作社、龙头企业、家庭农场、种养大户等各类新型农业经营主体，新增2家省级龙头企业、3家市级龙头企业、4家市级示范社、10家以上示范家庭农场。支持飞龙果业、源丰农业、金穗农业、华清园等龙头企业引进先进制造技术，推进农产品精深加工，提升农产品加工转化率和产品附加值。认真落实《国务院办公厅关于支持返乡下乡人员创业创新促进农村一二三产业融合发展的意见》，重点推进国省道、旅游公路沿线农业庄园建设，打造一批农旅融合的现代农业示范基地，积极创建“广东农业公园”。大力实施“互联网+农业”行动，依托广东华泰农兴农产品交易中心平台和农村电子商务示范工程，实现农村电商服务站点全覆盖，推进线上线下联动、多维立体营销，让平远的特色农产品搭上“网络快车”，走向全国，走向世界。

——加快推进美丽乡村建设。围绕建设“看得见山、望得见水、记得住乡愁”的美丽乡村目标，严格按照村庄规划“三张图”，有效整合交通、水利、农业、林业等项目资源，全面加快美丽乡村建设。今年重点要推进全县20个贫困村新农村示范村建设，确保年底前完成快湖、排下、黄沙、飞龙、三达5个相对贫困村建设任务。同时，扎实推进村庄环境整治三年行动计划，确保到2018年全面完成村庄环境整治任务。严格落实城乡环境综合整治测评办法，实行县政府挂牌督办重点环境问题制度，加大问责力度，扎实开展“脏乱差”“两违”和大气、水、土壤污染等综合整治，让乡村成为幸福生活的家园、游客驻足休闲的公园。

——扎实开展精准扶贫、精准脱贫。大力实施“互联网+消费扶贫”试点项目，引进专业团队，开展质量认证、品牌包装、营销推广和交易服务，提升农民、特别是贫困户就业创业水平，提高农产品的质量和效益。积极争取广州市南沙区、梅州市经信局等省、市帮扶单位的支持，广泛发动社会各界参与，探索产业扶贫、智力扶贫、旅游扶贫、电商扶贫、金融扶贫等长效帮扶模式，拓宽贫困户增收渠道，完善贫困村基础设施，确保今年全县70%以上相对贫困人口实现脱贫。

五、坚持共享发展，不断改善民生福祉

——办好“十件民生实事”。一是提高底线民生保障水平。城乡居民基本养老保险基础养老金标准从每人每月110元提高到120元；城镇、农村低保人均补差水平分别从每月419元、191元提高到457元、206元；农村特困人员救助供养平均标准提高到每年8088元以上，不低于本县上年度农村居民人均可支配收入的60%；孤儿基本生活最低养育标准集中供养从每月1340元提高到1450元，分散供养水平从每月820元提高到880元；城乡医疗救助人均补助平均标准从每年2178元提高到2828元，城乡低保对象基本医疗救助比例达到80%以上。二是加大扶贫济困力度。建档立卡贫困户子女每人每学期生活费补助标准提高到小学和初中3000元，高中和中职（含技工）5000元（含国家助学金），高等专科10000元（含国家助学金），免学费补助标准提高到高中2500元、中职（含技工）3500元、高等专科5000元；新增发放租赁补贴10户；完成农村危房改造1455户。三是关爱特殊人群。困难残疾人生活津贴从每年1200元提高到1800元，重残护理补贴从每年1800元提高到2400元；新建11个和规范运行2个镇级社区残疾人康园中心；新建4间艾滋病检测实验室、12个监测点；完成平远县社区矫正中心建设。四是提升医疗卫生保障水平。城乡居民基本医疗保险补助从每人每年420元提高至不低于450元；职工医疗保险基金年度累计最高支付限额从8万元提高至9万元，城乡居民基本医疗保险基金年度累计最高支付限额从45万元提高至50万元；职工医疗保险门诊特定病种报销比例统一调整为75%，城乡居民医疗保险门诊特定病种报销比例从60%提高到70%，门诊特定病种年度支付限额按病种在原限额基础上提高1000元至6.5万元不等；城乡居民医疗保险普通门诊每人每日每次最高支付限额从30元提高到100元，年度累计最高支付限额从150元提高到500元；报销比例从50%提高到60%；城乡居民大病保险起付标准从1.2万元降为1万元，报销比例统一调整为70%，年度最高支付限额从15万元提高到16万元；城乡五保供养对象、建档立卡贫困人员的大病保险起付标准下调至2000元，报销比例提高到80%，不设年度最高支付限额；出台平远县部分计划生育家庭重特大疾病医疗救助实施办法。五是促进城乡义务教育一体化发展。义务教育寄宿制公办学校公用经费补助从农村扩大到城市，补助标准从每生每年200元提高到250元；对城乡义务教育家庭经济困难寄宿生，按小学每生每年1000元、初中每生每年1250元标准给予生活费补助；将农村边远地区学校教师生活补助标准提高到每人每月不低于900元。六是完善城区公共服务设施。升级改造平远县全民健身广场户外篮球场；建设6200亩生态工程林和1个森林公园。七是促进就业和创业。扶持创业250人、城镇就业2000人、失业人员再就业1600人；补贴参加技能晋升培训劳动者1000人。八是改善群众生产生活条件。完成30公里新农村公路硬底化改造；城镇独生子女父母计划生育奖励标准由每人每月80元提高到120元；在农贸市场开展食用农产品快速检测工作；完成综合服务窗口设置工作和网上统一申办受理平台建设。九是加强环境治理。农村生活垃圾清运处理率达到90%，县城生活垃圾无害化处理率达到100%。十是提高防灾减灾能力。实施64公里县乡公路安全生命防护工程；在山洪地质灾害易发区新建2个、升级改造4个自动气象站。

——着力提高文教卫体等社会事业发展水平。广泛发动企业家、义工组织等社会各界力量，支持发展慈善事业，加大对贫困病残人员、流浪乞讨人员、空巢老人和孤儿、留守儿童等特殊困难群体的救助力度。积极应对“全面二孩”政策，及早谋划、科学选址，启动新建一所小学和一所幼儿园；加快平远中学、实验中学、东石小学等一批教学基础设施建设；确保特殊教育学校实现秋季招生；完成“广东省教育现代化先进县”督导验收。以创建“全国中医先进县”为契机，加快县医疗养生保健中心、县人民医院综合大楼、危重孕产妇和新生儿救治中心、规范化村卫生站等医疗基础设施建设；扎实推进仁居、泗水、大柘、长田、热柘5个卫生“两基”示范镇创建工作，努力打造广东卫生强县。继续办好平远足球联赛、第八届北京国际山地徒步大会梅州□平远站等各类体育赛事，提高全民健身水平。完成图书馆和老干部大学综合楼主体工程建设。做好自然村落历史人文普查和第三次全国农业普查工作。深入推进质量强县建设。积极创建广东省食品安全示范县，保障食品安全。推动军民融合深度发展，加快规划建设集军事训练、军事体验、国防教育为一体的国防军事教育基地，继续争创省双拥模范县。统筹推进工商联、工会、共青团、妇女儿童、侨联、残联、人防、气象、防灾减灾、外事侨务、对台、档案等工作，促进社会各项事业全面协调发展。

——创新社会治理。推进“七五”普法，强化全民法治观念，扎实开展一村（社区）一法律顾问工作，深入推进法治平远建设。推进基层治理“中心+网格化+信息化”管理模式，以村级换届为契机，大力推动成立村民理事会,引导宗族、宗教组织在农村治理中发挥积极作用，提高预测预警预防化解各类风险能力。严格落实信访“双向规范”，抓好信访积案化解和矛盾纠纷排查工作。健全安全生产监管责任体系，加大安全生产监督执法力度，对重大隐患、安全风险实施分级挂牌督办、跟踪监管，全面落实“企业主体责任、部门监管责任、党委和政府领导责任”。推进实施“平安细胞”创建工程，完善社会治安防控体系，全面提高“平安平远”建设水平，确保社会和谐稳定。

各位代表！全面完成今年各项目标任务，必须牢固树立和切实增强政治意识、大局意识、核心意识、看齐意识，坚决维护以习近平同志为核心的党中央权威，紧紧围绕习近平总书记对广东提出的“四个坚持、三个支撑、两个走在前列”总体要求，全面贯彻市委、市政府和县委的各项决策部署，切实以全面从严治党的实际成效促进政府治理能力现代化，努力开创政府工作新局面。一是坚持依法行政。坚持重大事项、重大决策向人大报告、向政协通报，自觉接受县人大及其常委会的监督，支持县政协履行政治协商、民主监督、参政议政职能。认真办好人大代表议案、建议和政协委员提案。积极创建全国政务公开标准化规范化试点县，加大政务公开力度，自觉接受群众监督。加强行政复议和行政应诉工作，完善行政争议协调化解机制。二是提高服务水平。深化“放管服”改革，落实权责清单制度，确保简政放权、“去降补”措施落到实处。积极探索建立以信用为核心的新型市场监管新机制。大力推进以“一门式、一网式”服务模式为主体的“互联网+政务服务”改革，发挥基层公共服务平台作用，构建县镇村（居）三级互联互通的政务服务新模式，最大限度方便群众办事。三是强化责任担当。各级政府“一把手”在推动重大决策、重大项目中，要主动靠前一步，当好表率。对群众关心、关注的事情要“马上办”，对事关平远振兴发展的工作要“马上干”，“少争论、多干事”。大力推行一线工作法和现场办公制，对重点项目、民生实事等重点工作，要一抓到底，抓出成效。四是加强廉政建设。严格遵守党内政治生活准则和监督条例，加强和规范公务员政治生活。深入实践监督执纪“四种形态”，落实谈话提醒，构建抓早抓小工作机制，扎实推进惩治和预防腐败体系建设。切实加大对项目建设、土地管理、公共资源交易等重点领域的监管力度，强化审计监督，推动公共资金、国有资产、国有资源和领导干部经济责任履行情况审计全覆盖，严厉查处发生在基层群众身边的腐败现象和行为，努力形成风清气正、干事创业的良好氛围。

各位代表！实干创造未来，奋斗成就梦想！让我们更加紧密地团结在以习近平同志为核心的党中央周围，在中央、省、市和县委的正确领导下，凝心聚力、团结奋进，全面加快“一城两区”建设，以优异成绩迎接党的十九大和省第十二次党代会的胜利召开！

附件：

名词解释

1.农业“三项补贴”：农作物良种补贴、种粮农民直接补贴、农资综合补贴。

2.“一门式、一网式”政务服务模式：群众进一扇门就能办理所有的审批事项,上一个网站就能够找到所需要的政务服务。

3.“四个坚持、三个支撑、两个走在前列”：坚持党的领导、坚持中国特色社会主义、坚持新发展理念、坚持改革开放，为全国推进供给侧结构性改革、实施创新驱动发展战略、构建开放型经济新体制提供支撑，努力在全面建成小康社会、加快建设社会主义现代化新征程上走在前列。

4.创新发展“八大抓手”：高新技术企业培育发展、新型研发机构建设、企业技术改造、孵化育成体系建设、高水平大学建设、自主核心技术攻关、创新人才队伍建设、科技金融结合。

5.中心镇“六个一”工程：完善一个合实际、能落地的规划；建设完善一批市政工程和学校、医院、文化、环保及公园等公共设施；整理或征用一片建设用地和产业用地；建成一个有品质、能聚人的住宅小区；改造提升一条有特色、聚人气的商业街；建设一个便民利商的政务中心。

6.村庄规划“三张图”：规划红线图、建筑设计图、整体环境提升效果图。

平远县城一角　（刘国浩　摄）

2016年平远大事记

1月

14日　北京市门头沟区体育局局长刘树军率领调研组到平远县调研徒步活动，市体育局局长陈建新，县领导姚小玲、陈远航参加座谈或陪同调研。

15日　平远县召开第二次全国地名普查工作动员暨培训会，副县长林忠云出席会议并作动员讲话。

16日　广东叶剑英研究会、中国（华南）复转军人扶创联合会及深圳市前海军渠集团一行30人组成的慰问组深入平远县，走访慰问平远县部分红军军烈属和抗战老兵代表，县领导陈颖明、林忠云陪同慰问。

18日　省政法委专职副书记、省综治办主任杨日华率队到平远县考核2015年度创建平安广东暨综治工作，副市长、市公安局局长史明锋，县领导刘许川、姚永波、黄钧震等陪同考核。

24日　省民政厅副厅长骆招群到平远县检查防寒保暖工作并深入一线慰问困难群众，县领导刘许川、林忠云等陪同参加慰问。

26日　广东产品质量监督检验研究院党委书记黄健率领省“两建”第六考核组到平远县检查“两建”工作，县领导马劲轲陪同检查。

27日　中国共产党平远县第十二届委员会第六次全体会议在县迎宾馆大会堂召开。

27—29日　中国人民政治协商会议第九届平远县委员会第六次全体会议在县迎宾馆召开。

29日　市委常委、纪委书记胡钛率队到平远县大柘镇梅东村委会慰问困难党员、贫困户，随后前往梅州市汇胜木制品有限公司、广东富远稀土新材料股份有限公司等地调研。县领导陈德志、陈琼宏，县纪委副书记梁裕彝等陪同调研。

29—30日　平远县第十四届人民代表大会第七次会议在县迎宾馆大会堂召开。

是月　首个省立国家公园正式敲定落户平远县，试点范围跨9个镇，涉及4个保护地，试点面积15248公顷。

2月

3日　平远县2016年老干部新春座谈会在县迎宾馆二楼平远厅召开。

是日　平远县2016年社会各界人士春节茶话会在县迎宾馆二楼大会议厅召开。

是日上午　在平远县迎宾馆大会堂召开中共平远县第十二届纪律检查委员会第六次全体会议。下午，在平远县迎宾馆大会堂举行平远县科级正职述责述德述廉评议大会。县纪委委员、县党代表、人大代表、政协委员、特邀监察员及10名科级正职等参加会议。

4日　平远县县长刘许川主持召开申报2016年海绵城市建设试点城市汇报会，县领导赖家琳、林忠云、刘志刚，广东平远龙文-黄田省级自然保护区管理处主任罗益新等出席会议。

18日　市委副书记、市长谭君铁率队到平远县调研，市政府秘书长、办公室主任朱国城，县领导曾尚忠、刘许川、胡新文、陈琼宏、李远林等陪同调研。

3月

3日　平远县招商引资暨推进“一城两区”项目建设工作会议在县迎宾馆大会堂召开。

是日　省国土资源厅党组成员、副厅长黄奕锋到平远县调研基层地质矿产工作，县领导陈远航陪同调研。

是日　国道206线平远县八尺至大柘段路面改造工程正式动工。该项目起点位于广东省与江西省交界处，途径牛埃石、肥田、八尺镇、合盛店、快湖、盐布潭、良畲坳、田螺纽，终于大柘岭下，全长29.8公里，总投资9964万元。

9日　平远县2016年义务植树活动在县生态工业园三期园区举行。

20日　省老促会会长陈开枝率考察组到平远县考察革命遗址建设和保护工作。县领导胡新文、县老促会会长谢平等陪同考察。

23日　平远县召开创建省级卫生县城推进会。县领导刘许川、肖桂华、陈远航等参加会议。

23—28日　县领导曾尚忠率队到广州、中山、佛山等地开展招商考察活动。

24日　平远县被省委、省政府授予“广东省人口与计划生育工作先进单位”荣誉称号。

26日　香港梅州社团访问交流团到平远县考察。县领导肖桂华陪同考察。

27日　广东省平远商会会员大会暨平远招商交流会在广州召开，县委常委、政法委书记姚永波，县政协副主席凌健出席会议。

28日　平远县召开凤池水库工程建设筹备会议。县领导胡新文、林忠云等参加会议。

29日　平远县在东石镇毓秀书院举行“梅州市爱国主义教育基地”挂牌揭幕仪式，县委常委、宣传部部长陈颖明为市爱国主义教育基地揭幕。

是月　全国绿化委员会公布2016年全国绿化模范县名单，平远县被授予“全国绿化模范县”称号，成为全省4个县之一、全市唯一获此殊荣的单位。

4月

1日　平远县各界人士在县革命烈士陵园和革命烈士南山纪念园举行祭奠革命先烈大会。副县长林忠云，县老战士联谊会代表和部分县离退休老干部代表，县军烈属等群众代表参加祭奠活动。

5日　广州市协作办考察团到平远县考察调研精准扶贫工作。县领导胡新文等陪同考察调研并参加座谈会。

6日　平远县委政法工作会议在县迎宾馆二楼会议室召开。

8日　省委召开全省市、县、镇领导班子换届工作电视电话会议，县领导曾尚忠、凌声宏、凌志达、胡新文、陈德志、陈颖明、姚永波、肖桂华、温助民、陈琼宏、黄钧震等在平远分会场收听收看电视电话会议。

14日　市委书记黄强率队到平远县上举相思谷、差干五指石生态区、河头黄田水库、黄田—龙文省级自然保护区等地检查林业重点生态工程建设情况。

19日　梅州市八珍娘股份有限公司在深圳前海股权交易中心挂牌上市，股权代码为667508，成为平远县首家在“新四板”挂牌上市的中小微企业。

21日　省商务厅副巡视员周建平率督查组到平远县开展电商进农村综合示范工作督查，市商务局局长刘冲，县领导温助民、马劲轲陪同督查。

22日 省军区副司令员周河一行到平远县调研基层人武工作。梅州军分区司令员武启龙，县领导曾尚忠、周玉奎、陈琼宏，县人武部部长王士刚等陪同调研。

30日 平远县召开客家炒绿发展研讨会，副县长林忠云，县政协副主席凌健出席研讨会。

是日 由平远县茶叶协会、平远县旅游协会共同举办的平远县首届千人禅茶会在大佛寺举行。广东省供销合作总社副主任陈栋，广东省农业科学院茶叶研究所所长操君喜，福建省农业科学院茶叶研究所所长尤志明，华南农业大学茶叶研究所所长曹潘荣，市农业局局长刘玉涛，市农科院院长谢岳昌，县领导凌声宏、肖桂华、林忠云、凌健，广东平远商会会长刘忠平等领导和嘉宾出席活动。

5月

1日 平远县国税部门向“营改增”纳税人开出一张增值税专用发票，标志着营业税改征增值税在该县全面推开，房地产、建筑、生活服务、金融四大行业正式纳入“营改增”试点范围，涉及全县纳税人700多户。

2日 凌晨3时30分，上举镇八社村虎踞村民小组发生一起山体滑坡地质灾害事故，造成一栋两层8间土木结构房屋倒塌，房主人陈某茂（男，48岁）、邱某招（女，42岁）夫妇在熟睡中被塌下来的山泥掩埋，不幸遇难。接报后，县委书记曾尚忠等县领导和相关部门负责人立即赶赴现场，看望慰问遇难者家属，疏散周边受威胁的群众。并要求做好死者善后处理和家属安抚工作，确保受灾户安全，同时做好地质灾害隐患排查，杜绝类似事件再次发生。至2日下午18时止，遇难者父母和小女已转移至亲戚家暂住，周边受威胁的6户16人也全部转移安置到八社小学教学点。全镇排查后，八社村虎踞村民小组26户群众，除两户经评定可以继续居住外，其余24户群众均得到妥善转移安置。遇难者家属和群众情绪稳定。

3日 省民政厅救灾处处长李进民一行到上举镇八社村指导抗灾复产工作，并看望慰问遇难者家属，副县长林忠云及市、县民政部门负责人陪同。

6日 平远县召开自然村落历史人文普查工作动员会，全面启动自然村落历史人文普查工作。

10日 市中级人民法院院长刘思彬到平远县人民法院调研，县领导曾尚忠、姚永波等陪同调研。

11日 平远县召开全县镇级领导班子换届工作会议。县领导曾尚忠、凌声宏、凌志达、胡新文、陈德志、陈颖明、姚永波、肖桂华、温助民、陈琼宏、黄钧震等出席会议。

13日 市委副书记叶胜坤率队到平远县调研。县领导曾尚忠、胡新文、陈琼宏等陪同调研和参加座谈会。

19日 全国双拥办副主任马飞雄率队到平远县调研复退军人服务和拥军优属工作，省民政厅副厅长陈奇，市政府副秘书长张映辉，市民政局局长何小卫、副局长陈卫东，县领导林忠云、涂其标等陪同调研。

是日 省政协党组成员、秘书长吴伟鹏率队到平远县开展扶贫工作调研，市政协副主席张光明，秘书长曾祥海，县领导曾尚忠、凌声宏、陈琼宏等陪同调研。

是日 市委常委、市纪委书记胡钛，副市长陈丽霞率队到平远县开展经济发展工作专项督查，县领导曾尚忠、凌声宏、胡新文等陪同督查。

是日 市政协副主席邹浩元、肖平率市政协调研组到平远县开展“推进梅江韩江绿色健康文化旅游产业带建设”专题调研。县领导凌声宏、陈远航、林忠云、涂其标等陪同调研。

25日　省委政研室副主任吴茂芹率省委政研室调研组到平远县调研经济社会发展情况。县领导林忠云陪同调研。

是日　市政协副主席张光明率市政协调研组到平远县调研全市专业镇科技服务平台建设情况，县领导凌声宏、陈远航、刘志刚等陪同调研。

是日　大埔县委书记、县人大常委会主任林健雄率党政考察团到平远县参观考察。县领导曾尚忠、陈琼宏等陪同考察。

是月　平远县被省财政厅、环保厅评为“广东省农村环境连片整治示范县”。

6月

6日　2016年中共平远县委保密委员会全体会议暨全县保密工作会议在县迎宾馆二楼大会议厅召开。

7日　省高考巡视组到平远县高考考点进行巡视，市教育局局长袁远山、副县长姚小玲及相关单位负责人陪同巡视。

9—10日　苏州赛菲集团有限公司考察团一行到平远县考察，县委副书记、县长刘许川，县委常委、常务副县长温助民陪同考察或参加座谈会。

13日　平远县召开梅平高速平远段征地拆迁工作动员大会。副县长李远林，广东平远龙文—黄田省级自然保护区管理处主任罗益新等近50人参加会议。

15日　副省长许瑞生率省政府办公厅、省体育局、省住房城乡建设厅、省方志办、省文物局等省直部门负责人到平远县调研考察农村人居环境整治、古驿道保护开发等工作。副市长李远青，县领导曾尚忠、温助民、陈琼宏、姚小玲、陈远航等参加相关活动。

17日　省体育局在平远县仁居镇红军纪念公园举行全国2016年“发展体育运动、增强人民体质，同心共筑中国梦”全民健身活动启动仪式。副市长陈丽霞，省体育局副局长招少鸣及奥运冠军冼东妹、曾国强、陈伟强、孙淑伟、杨景辉、罗玉通、张雁全和来自市、县、镇等相关单位的机关干部、学生上千人参加启动仪式，重走当年红军路。

是日　泗水、差干两镇顺利通过省教育强镇督导验收组教育强镇的复评督导验收，标志着全县各镇均顺利通过教育强镇复评督导验收，平远成为全市率先完成全部教育强镇复评督导验收的县。副县长姚小玲出席复评督导验收反馈会。

22日　省政协副主席温兰子率政协常委、人资环委副主任、调研组组长张育文，省政协常委、省委副秘书长魏建飞，省林业厅党组成员、巡视员陈俊勤等到平远县调研督办省政协“关于提高林业四大重点生态工程建设质量”的提案。市政协副主席李忠良，市政府副秘书长张映辉，县领导曾尚忠、凌声宏、陈琼宏，龙文—黄田省级自然保护区管理处主任罗益新等陪同调研。

27日　省老促会常务副会长林华景、副会长谭世勋率队到平远县调研老区建设等工作。县领导胡新文、县老促会会长谢平陪同调研。

28—29日　市爱卫办专家组一行到平远县考核评审平远县省级卫生县城创建工作。县委副书记胡新文，县委常委、统战部部长肖桂华陪同检查或参加反馈会。

29日　平远县2016年广东扶贫济困日募捐活动启动仪式在县委大楼门口举行。

30日　省人大常委会副主任刘悦伦率省人大调研组到平远县调研。刘悦伦一行先后到五指石生态区、龙文—黄田省级自然保护区、上举相思谷等地调研。市人大常委会副主任张映平，县领导曾尚忠、凌志达、陈琼宏、林忠云，龙文—黄田省级自然保护区管理处主任罗益新等陪同。

7月

1日　广东省平远商会深圳分会在深圳市南山区绮云轩文化艺术交流中心挂牌成立。县政协副主席涂其标，广东省平远商会会长刘忠平，广东绮云轩拍卖行有限公司董事长姚志平，以及县工商联、经信、招商、旅游等单位负责人和会员企业代表出席挂牌仪式。

是日　市委常委、市纪委书记胡钛到平远县慰问老党员和困难党员并接访基层党代表。市纪委副书记谢志云，县领导曾尚忠、陈德志、陈琼宏等参加活动或陪同慰问。

是日　广州对口帮扶梅州指挥部慰问支教教师座谈会在县迎宾馆举行。广州市政府副秘书长，梅州市委常委、副市长谈志向，市政府副秘书长、广州对口帮扶梅州指挥部办公室主任张雁方，副县长姚小玲参加座谈会。

8日　省财政厅副巡视员丁跃文率省检查督导组到平远县专项督导检查严重精神障碍患者救治救助工作。县委常委、县委办主任陈琼宏陪同督导。

是日　县中医医院举行三个传统中医特色科室挂牌揭幕仪式暨省名中医义诊活动，县委副书记、县长刘许川，广州市花都区卫计局党委书记、局长曹扬，广州市中西医结合医院院长刘瑞华，广州市中西医结合医院副院长黄华，市卫计局副局长刘水，县委常委、统战部部长肖桂华参加挂牌揭幕仪式。

11日　中国共产党平远县第十二届委员会第七次全体会议在县迎宾馆大会堂召开。

是日，市考察组到平远县考察县级领导班子换届工作，县领导曾尚忠、刘许川、凌声宏、凌志达、胡新文等参加会议。

13日　县政府分别与苏州赛菲集团、中核新能环保有限公司、中核高光基金管理有限公司和中农高科（北京）科技产业投资管理有限公司举行签约仪式。县领导刘许川、姚永波、温助民等参加仪式。

22日　省政府夏季消防安全工作检查督导组深入仁居镇对平远县夏季消防检查工作进行督导检查，副县长、公安局局长黄钧震陪同检查。

27日　县领导曾尚忠率队到梅州军分区及96169部队开展“八一”慰问活动。

28日　平远县在县迎宾馆举办2016年度首期学习论坛，由副县长李远林主持。凌声宏、姚永波等县委、县人大常委会、县政府、县政协、县纪委领导班子成员，县法检“两长”，龙文—黄田省级自然保护区管理处主任，各镇党委书记、镇长，县直正局以上单位负责人共400多人参加培训。

28—29日　平远12个镇相继召开镇党代会，选举产生新一届镇党委班子、纪委班子和出席中共平远县第十三次党代会代表。

8月

3日　团省委书记池志雄率队到平远县调研共青团工作，团市委书记陈远洋，县委书记曾尚忠，副县长陈远航等陪同。

4日　县人大常委会党组书记、常务副主任凌志达带队对《中华人民共和国城乡规划法》的贯彻实施情况进行执法检查，副县长陈远航陪同视察。

5日　市委考察组到平远县召开领导班子换届考察民主推荐会，会议在县迎宾馆大会堂召开。

17日　市委“两学一做”学习教育党课宣讲团莅平宣讲，凌声宏、凌志达、胡新文、肖桂华、温助民、黄钧震等县委、县人大常委会、县政府、县政协、县纪委领导到场聆听宣讲报告。

18日　市委副书记、代市长方利旭到平远县调研，了解平远重点项目、园区建设有关情况，随后召开并主持座谈会，听取平远经济社会发展等情况汇报。市政府秘书长、办公室主任朱国城，县领导曾尚忠、刘许川、凌声宏、凌志达、胡新文等陪同调研或参加座谈会。

18—19日　由北京市门头沟区体育局副局长吴志勇率领的调研指导组到平远县调研指导徒步活动，副县长姚小玲陪同调研。

21日　梅州客家炒绿技术研究与品牌建设启动签约及揭牌仪式在平远园山湖农业开发有限公司举行。华南农业大学园艺学院副院长曹潘荣，县政协主席凌声宏，县人大常委会党组书记、常务副主任凌志达，南方茶叶商会秘书长肖勇晖，市农科院院长谢岳昌，县委常委、县委办主任陈琼宏，副县长林忠云、李远林，县政协常务副主席凌小宏，县政协副主席、县茶叶协会会长凌健，龙文—黄田省级自然保护区管理处主任、林业局局长罗益新等领导和嘉宾出席签约仪式。

25日　广州市南沙区管委会常务副主任、区长曾进泽率领南沙区党政代表团到平远县开展对口帮扶及精准扶贫精准脱贫调研，县领导胡新文、姚永波、林忠云等陪同调研。

26日　平远县关心下一代工作会议在县迎宾馆二楼大会议厅召开。

是月　平远县人大常委会工作机构撤销经济社会事业发展工作委员会，新设立财政经济工作委员会、农村农业工作委员会、科教文卫华侨宗教工作委员会和城乡建设环境资源保护工作委员会。调整后县人大常委会工作机构为“一办六委”即：办公室（内设2个职能科）、法制工作委员会（内设1个职能科）、选举联络任免工作委员会、财政经济工作委员会、农村农业工作委员会、科教文卫华侨宗教工作委员会和城乡建设环境资源保护工作委员会。原县人大常委会办公室、经济社会事业发展工作委员会、法制工作委员会、选举联络任免任免工作委员会均为正科级设置，调整后的工作机构按原“一办三委”的机构级别执行。

9月

1日　平远县召开“一门式一网式”政府服务改革工作动员暨行政审批标准化培训会，全面启动“一门式一网式”政府服务模式改革，副县长李远林出席会议并讲话。

2日　平远县2016年纪律教育学习会在县迎宾馆大会堂召开。县委书记曾尚忠出席大会并作纪律教育专题报告。会上，与会人员观看省纪委警示教育片和梅州市作风暗访片，县纪委书记徐万宝传达《中共广东省委办公厅、广东省人民政府办公厅印发〈关于2016年上半年贯彻执行中央八项规定情况的报告〉的通知》精神和全市纪律教育专题学习会精神。

5日　平远县召开2016年“阳光征兵”现场会，采用电脑随机派号的方式，确定并公开公示“双合格”兵员的入伍去向。梅州军分区党委常委卢杏忠，县委常委、县人武部政委周玉奎，县人武部部长王士刚，副县长林忠云出席现场会。

13日　县工商联召开第十三次会员代表大会，市工商联党组书记、专职副主席杨祥锐，县领导曾尚忠、凌声宏、温助民、黄钧震、徐万宝、马文生、凌健等参加会议。会议选举凌健为工商联主席、张惠兰等23人为副主席，并听取和审议县工商联第十二届执行委员会所作的工作报告。

20日 市人大常委会组织部分市人大代表到平远县视察特色高效农业发展情况，市人大常委会副主任曾小华，县人大常委会副主任朱天英，副县长林忠云、马劲轲参加视察活动。

21日 广州市协作办主任刘磊率队到平远县调研精准扶贫工作。县领导曾尚忠、陈琼宏等陪同调研。

是日 华西证券高层一行到平远县参观考察，并召开座谈会，就如何整合平远县旅游资源，促进企业新三板上市举行洽谈，县委常委、常务副县长温助民，副县长陈远航等陪同参加活动。

24—26日 在吉林长白山举办的“2016年中国森林旅游节”上，平远县被中国林业产业联合会授予“全国森林旅游示范县”荣誉称号，成为广东省唯一获此殊荣的县。

25日 该日是平远县人大常委会确定的县镇两级人大代表换届选举日，全县210296名选民在100个县人大代表选区和414个镇人大代表选区，投票选举产生各镇人大代表659名、县人大代表178名。

28日 省林业厅党组书记、厅长陈俊光率队到平远县调研造林绿化工作，市林业局局长朱少辉，副县长林忠云，龙文—黄田省级自然保护区管理处主任、县林业局局长罗益新等陪同调研。

是日 平远法院公开开庭审理2016年发生的某宗工伤认定行政应诉案，平远县政府副县长姚小玲及平远县人社局局长韩世敬出庭应诉。这是平远法院在新《中华人民共和国行政诉讼法》实施后审理的首例行政首长出庭应诉的行政案件，尊重行政相对人的诉求，保障行政相对人的合法权益，有利于促进法治政府建设。

28—29日 省老促会会长陈开枝率队到平远县调研老区建设等工作，并在县迎宾馆二楼平远厅召开座谈会。县领导陈琼宏等陪同调研。

30日 平远县烈士公祭大会在县革命烈士陵园举行。随后，在南山革命烈士纪念园继续开展平远县烈士公祭活动。

10月

1日 平远县企业登记“五证合一”等商事制度改革与全市同步实行。按照统一部署，涉及该县要实施的商事制度改革有企业登记“五证合一、一照一码”、个体工商户“两证合一”、推行电子营业执照和工商登记注册全过程电子化等四项商事制度改革工作。其中，“五证合一”实现办理工商营业执照、组织机构代码、税务登记证、社保登记证、统计登记证只需填写“一张表”，向“一个窗口”提交“一套材料”即可办理，发放一张唯一性登记代码的营业执照，可大幅简化企业登记程序，降低准入成本，方便企业办事，提高市场主题活跃度。

10日下午 县纪委监察局召开会议，正式成立平远县纪检监察机关内务监督委员会，第一任主任由县人大常委会副主任陈永和担任。首次聘请的11名委员包括人大代表、政协委员、专家学者、新闻媒体记者以及纪检监察系统内干部等。县委常委、县纪委书记徐万宝向内务监督委员会全体委员颁发聘书，县纪委副书记梁裕彝主持会议。

12日 副市长、市公安局长陈俊钦到平远县调研公安工作，县领导曾尚忠、胡新文、陈琼宏、张善波等陪同调研或参加座谈会。

14日　中国共产党平远县第十三次代表大会筹备工作会议在县迎宾馆二楼平远厅召开。

是日　市关工委主任何正拔率市关工委调研组到平远县调研“爱心之家”建设工作和农业开发项目。县领导胡新文、刘兰娇陪同调研。

是日　由县应急办、县教育局等单位组织实施的梅州市首届“百人百场”应急安全教育系列活动之平远专场第一场活动在县第二幼儿园举行。副县长李远林到现场观摩活动。

13—14日　全县各镇召开新一届人民代表大会第一次会议，选举产生新一届镇人大、镇政府领导班子，标志着全县镇级人大、政府换届选举工作圆满完成。

16日　由县委、县政府主办的纪念红军长征胜利80周年文艺晚会在县城人民广场上演。曾尚忠、刘许川、凌声宏、凌志达、胡新文等县委、县人大常委会、县政府、县政协、县纪委领导与广大市民一起观看演出。

是日　中国共产党平远县第十三次代表大会组织全体党员代表在县迎宾馆观看电教片《回眸——县十二届委员会工作纪实》，并签订换届纪律承诺书。县领导曾尚忠、刘许川、凌声宏、凌志达、胡新文、姚永波、肖桂华、温助民、周玉奎、陈琼宏、黄钧震等参加活动。

17—18日　中国共产党平远县第十三次代表大会在县迎宾馆隆重开幕。大会通过民主选举，产生中国共产党平远县第十三届委员会委员、候补委员、县委常委、县委书记、县委副书记和中国共产党平远县第十三届纪律检查委员会委员、纪委常委、纪委书记、纪委副书记以及出席中共梅州市第七次代表大会代表。

19日　市人民检察院党组书记吴少荣到平远县调研检察工作，县领导曾尚忠、姚永波、陈琼宏，县检察院代检察长李培军等陪同调研。

是日　县教育局和团县委联合在县实验小学召开2016年“叶剑英基金模范少先队辅导员”评审会，县政协副主席刘兰娇，县教育局、团蕉岭县委、团平远县委相关负责人参加活动。最终来自县一小的陈育平和县三小的黄莹入选。

20日　市交通运输局局长谢胜扬一行到平远县X967线平远段、南台山到大河背旅游公路等地实地调研交通运输工作，县领导曾尚忠、李远林以及相关部门负责人陪同调研。

21日　受第22号台风“海马”影响，平远县发布台风黄色预警信号，全县所有托儿所、幼儿园、中小学校、中等职业学校首次实施停课，所有旅游景区实施紧急关停。

21日　县委在县迎宾馆举办《中国共产党地方委员会工作条例》和《中国共产党党组工作条例（试行）》培训，凌声宏、凌志达、胡新文等县委、县人大常委会、县政府、县政协、县纪委领导，以及县十三届县委委员、候补委员，各镇党委书记，县各系统党委书记，县直各单位党组书记等参加培训。

是日　副市长陈丽霞带队到平远县黄田水库、上举镇相思谷景区和山洪地质灾害区等地检查防御台风“海马”工作，县领导曾尚忠、温助民、陈琼宏、林忠云等陪同检查。

是日　省委书记胡春华召开电视电话会议，检查部署台风“海马”防御工作，强调要始终把人员安全放在第一位。县委书记曾尚忠等县领导在分会场收听收看会议。

22日　县委书记曾尚忠到县“三防”指挥部督查平远县对台风“海马”的各项防御工作，首先听取防御强台风“海马”的相关工作汇报，并详细了解平远县各镇的受灾情况，随后收听收看市委、市政府在市“三防”指挥部召开的防御强台风“海马”视频会商会议。县委常委、县委办主任陈琼宏，县委常委、副县长林忠云，县人武部部长王士刚以及县“三防”成员单位负责人参加会议。曾尚忠要求要全力以赴做好灾后清理、复产和地质灾害排查等工作。该次台风给全县造成直接经济损失2500万元。全县12个镇不同程度受灾，倒塌杂房1户4间，转移安置38户122人，15个村供电中断，通信基站损毁16处。受浸农田1200多亩，水稻倒伏约5000亩，道路塌方27处3600米，冲毁小桥1座，山体滑坡16处，圳道冲毁1145米，陂头损毁8座，水利设施直接经济损失380万元。

25日 省农业厅副厅长程萍到平远县调研农业工作，县委常委、县政府副县长林忠云和市、县相关单位负责人陪同调研。

是日 县委、县政府召开绿地·中信银行杯第七届北京国际山地徒步大会梅州·平远站动员大会，县委书记曾尚忠，县委常委、常务副县长温助民，县委常委、县委办主任陈琼宏，副县长姚小玲等参加会议。

26日 由省农业厅总畜牧兽医师蔡树淦率领的省质量工作考核组一行到平远县对质量工作进行考核，副市长陈丽霞，副县长李远林陪同考核。

27日 青海省人大常委会副主任曹宏到平远县考察。广东省委接待办副处长黎伟军，梅州市人大常委会副主任黎健平，县领导马文生、陈远航等陪同考察。

27—28日 市人大常委会副主任、法制委主任委员钟勇生率领市人大调研组到平远县开展《梅州市森林火源管理条例（草案修改稿二稿征求意见稿）》的立法调研，县人大常委会党组书记、常务副主任凌志达，县委常委、副县长林忠云，县人大常委会副主任陈永和，县政协副主席韩垂辉陪同调研或参加座谈会。

28日 市政府副市长陈丽霞率队到平远县进行经济工作专项督导。陈丽霞一行先后深入到梅平高速（超竹段）建设现场、平远县广益高级游乐设备制造项目、石正中小河流治理项目、梅州亚力盛电子有限公司、广东广晟智威稀土新材料有限公司、梅州汇胜木制品有限公司以及广东富远稀土新材料股份有限公司等地督查。县领导曾尚忠、温助民、陈琼宏、姚小玲、李远林等陪同督查或参加座谈会。

29日 平远中学举行110周年校庆庆典活动。中国伟人蜡像馆馆长章默雷、中国伟人蜡像馆常务副馆长黎维军、广州工商职业技术学院副董事长姚卿达、市统计局局长凌松宏、市林业局局长朱少辉、市政府对外联络中心主任姚永东、市粮食局局长王忠、市文联主席肖伟承及陈汉生、刘忠平等嘉宾校友，县领导曾尚忠、陈琼宏、林忠云、李远林、韩垂辉、刘兰娇等出席庆典活动。庆典活动由副县长姚小玲主持，陈汉生、刘忠平等嘉宾校友代表作了发言，对扎根平中30年以上的7名功勋教师进行表彰奖励，同时还举行捐赠仪式。平远中学共接受新老校友及社会热心人士捐款1100多万元。

是日 平远中学在校史展览馆举行姚德胜先生蜡像揭幕仪式，中国伟人蜡像馆馆长章默雷、中国伟人蜡像馆常务副馆长黎维军和县教育局负责人为蜡像揭幕。

11月

6日 在北京举办的“第二届全国生态文明建设高峰论坛暨城市与景区成果论坛发布会”上，平远县获评2016年“全国十佳生态休闲旅游城市”。这是自2015年首届评选活动举办以来，梅州市首个获得该称号的县（市、区）。

7日　市政府督查组到平远县督查创建国家环保模范城市工作，县委常委、副县长林忠云陪同督查。

8日　市委常委、组织部部长杜敏琪率市离退休老干部一行到平远县参观考察经济社会发展情况，先后深入到翠拥华庭宜居社区、县实验幼儿园、县实验小学、黄田水库、五指石生态区等地参观考察。县领导曾尚忠、陈琼宏、黄钧震等陪同考察。

是日　平远县召开全县落实行业扶贫政策对接工作会议，平远县新时期精准扶贫精准脱贫贫困村三年帮扶规划项目（初定）出台，20个帮扶单位对接扶贫20个相对贫困村，共实施项目283个。县委常委、副县长林忠云出席会议。

9日　平远县在县公安消防大队举办以“消除火灾隐患，共建平安社区”为主题的消防安全宣传月活动启动暨平远县“119”消防主题公园揭幕仪式，副县长姚小玲出席仪式并为“119”消防主题公园揭幕。

15日　农业部发布《关于公布2016年全国休闲农业和乡村旅游示范县（市、区）的通知》，认定74个县（市、区）为全国休闲农业和乡村旅游示范县，平远县入选。

17日　副市长陈建青率队到平远县调研梅平高速公路平远段建设项目工作进展情况。市交通运输局局长谢胜扬、副县长李远林以及市县相关单位负责人陪同调研。

21日　平远县召开全面推行农业“三项补贴”改革工作会议，县委常委、副县长林忠云出席会议并讲话。

是日　平远县举办乡村规划设计“三张图”培训班，全县近百名县镇村相关干部接受培训，副县长陈远航出席培训会并讲话。

22日　平远县召开南区市场片区改造项目规划与初步设计方案专家评审会，听取专家意见，完善设计方案，县长刘许川、县委副书记胡新文、县人大常委会副主任朱天英、副县长陈远航、县政协副主席刘志刚参加会议。

23日　北京市门头沟区政府一行到平远县指导“绿地·中信银行杯第七届北京国际山地徒步大会梅州·平远站”徒步活动筹备工作，副县长姚小玲陪同。

24日　市委常委、市纪委书记黄建固到平远县调研经济社会发展情况，市纪委副书记谢志云，县委书记曾尚忠，县委常委、县委办主任陈琼宏，县纪委副书记梁裕彝等参加或陪同调研。

26日　绿地·中信银行杯第七届北京国际山地徒步大会梅州·平远站在上举客家相思谷景区举行。国防科技大学政治部副主任徐子怀，中国兵器装备集团公司总经理助理、县政府高级顾问丁强，国际徒步联盟官员、印尼徒步协会秘书长若卡娅，国际徒步联盟官员、印尼徒步协会达丽娅，民进北京市委专职副主委李昕，北京市门头沟区人大常委会副主任谭杰，梅州市副市长陈丽霞，县领导曾尚忠、刘许川等，以及北京市、梅州市相关单位代表，山西省阳城县、江西省寻乌县、福建省武平县等县代表，媒体记者、社会各界人士、参赛运动员等共5000多人参加启动仪式。

是日　平远县第十二届慈橙文化旅游节暨大宗商品交易与电子商务发展论坛在富港酒店举行。中国市场学会理事长、商务部国内贸易专家、国家粮食局原局长高铁生，县委书记曾尚忠，市县相关部门负责人，以及来自全国各地的近百家企业和电商代表参加活动。

是日　平远县在县迎宾馆大礼堂举办第十二届慈橙文化旅游节暨绿地·中信银行杯

第七届北京国际山地徒步大会文艺晚会。中国市场学会理事长、国家粮食局原局长高铁生，民进北京市委专职副主委李昕，北京市门头沟区人大常委会副主任谭杰，北京市门头沟区体育局长刘树军，中国市场学会理事长秘书孙琛玮，县委副书记、县长刘许川，县委副书记胡新文，县委常委、政法委书记姚永波，县委常委、副县长林忠云等领导和嘉宾观看文艺晚会。其间，胡新文为平远县获得“第六届五星道德模范”荣誉称号的十大道德楷模颁奖并赠送慈橙。

28日 省纪委副书记曾超鹏一行到平远县调研。曾超鹏一行先到平远县廉洁文化公园调研，随后在县纪委会议室召开座谈会。县领导凌声宏、陈琼宏、徐万宝，县纪委副书记梁裕彝等陪同调研或参加座谈会。

28日 平远县召开第三次全国农业普查动员暨业务培训会议，全面动员和部署全县第三次农业普查工作，对全县700多名普查员、普查指导员进行培训，县委常委、统战部部长、县政府副县长林忠云出席会议并讲话。

30日—12月1日 省检查组对平远县创建“广东省卫生县城”工作进行考核并反馈，县委书记曾尚忠，县委常委、宣传部部长肖桂华，县委常委、县委办主任陈琼宏，副县长陈远航参加反馈会或陪同检查。检查组最终宣布平远县创建省卫生县城工作通过省级考核。

12月

1日 平远县环境保护督查工作督促会在县委五楼会议室召开。

2日 平远县在县委五楼会议室举行县城各片区概念规划及河岭嶂片区城市设计初步方案汇报会。曾尚忠、刘许川、凌声宏、凌志达、胡新文、陈琼宏、陈远航、刘志刚、罗益新等出席会议。规划编制单位广东省城乡规划设计研究院、上海华东建筑设计研究院、浙江城建园林设计院代表，县城乡规划委员会全体成员单位负责人等参加会议。

4—7日 中国人民政治协商会议第十届平远县委员会第一次会议在平远县城召开。九届县政协主席、副主席以及秘书长出席会议。中共平远县委、县人大常委会、县政府、县纪委的领导，县政协五、六、七、八届主席，县人民武装部、县人民法院、县人民检察院等单位领导应邀出席会议。县委书记、县人大常委会主任曾尚忠和十届县政协主席凌声宏分别在闭幕大会上讲话。会议审议通过凌声宏代表九届县政协常务委员会所作的工作报告、刘志刚代表九届县政协常务委员会所作的提案工作情况报告。会议选举凌声宏为政协第十届平远县委员会主席，姚小玲、韩垂辉、刘志刚、涂其标、罗益新、卢斌为政协第十届平远县委员会副主席，林敦清为政协第十届平远县委员会秘书长。

6—9日 县十五届人大一次会议在县城召开。该次大会的执行主席是曾尚忠、刘许川、凌声宏、凌志达、赖家琳、马文生、朱天英、廖文香、陈永和、凌小宏。大会由县人大常委会党组书记、常务副主任凌志达主持。其间，县十五届人大一次会议举行选举大会，选举产生新一届县人大常委会、县人民政府领导班子和县人民法院院长、县人民检察院检察长，以及梅州市第七届人大代表。9日，县十五届人大一次会议闭幕。会议公布选举结果，表决通过关于加快建设县城自来水制水水源密封管道的决议（草案），并举行当选证书颁发仪式。新当选的县人大常委会主任、副主任、委员，县政府县长、副县长，县法院院长参加宪法宣誓仪式。新当选的人大常委会主任凌志达和县人民政府县长刘许川发表就职讲话。

9—10日　水利部稽查组一行到平远县开展中央水利投资项目稽查督导。县委常委、统战部部长林忠云等陪同。

14—15日　由广东省森林公园协会组织的“广东省森林公园质量等级评定”专家组，对平远县南台山森林公园申报“四星级森林公园”质量等级评定进行评审验收。通过现场考察和评定，专家组一致同意南台山森林公园获评四星级森林公园，并同意申报上级部门给予确认。县政协副主席韩垂辉参加评定会。

15—16日　省农业厅副厅长牛宝俊到平远县调研农业工作，县委常委、统战部部长林忠云陪同调研。

16日　市委宣讲团在县迎宾馆大会堂举行中共十八届六中全会精神宣讲报告会。

20日　市委常委、市纪委书记黄建固率队到平远县开展安全生产大检查。市纪委副书记谢志云，县领导曾尚忠、温助民、陈琼宏等陪同检查。

是日　广东省军区副政委储茂华率领省军区联合工作组到平远县人武部检查。梅州军分区司令员武启龙，县领导曾尚忠、温助民、周玉奎、陈琼宏，县人武部部长王士刚等陪同检查。

22日　县领导曾尚忠、刘许川率平远党政考察团到阳江市学习考察。阳江市委书记陈小山，市委常委、秘书长林锐熙，副市长李日芳等参加会见或陪同考察。考察团一行先后前往阳江高新区、阳江港及港口工业园、广东广青金属科技有限公司、维达纸业阳江项目、阳江滨海新区、鸳鸯湖公园等地考察，学习阳江在经济社会发展、重点项目建设、临港工业发展、中心城区扩容提质、滨海旅游产业发展等方面的先进经验。

23日　省食品药品监管局巡视员陈德伟率省考核组到平远县开展食品安全工作现场考核。副市长陈丽霞，县领导林忠云等陪同。

29日　县委书记曾尚忠主持召开2016年度县委、县政府党员领导干部民主生活会前征求意见座谈会。肖桂华、陈琼宏、黄钧震、徐万宝、李远林等县领导以及各党委书记、部分县直单位代表、“两代表一委员”代表和基层党组织代表出席会议。

30日　国道206线平远县八尺至大柘段路面改造主体工程全面完工。

是日　省委组织部副部长、老干部局局长郭跃文率队到平远县督导老干部工作。县领导胡新文、黄钧震等陪同。

是月　位于平远县长田镇的曼佗山庄景区被梅州市旅游景区质量等级评定委员会批准命名为国家AAA级旅游景区。

是年　平远县工矿商贸企业发生生产安全责任事故4起，死亡3人，受伤4人。

概 况

县情概貌

【地理位置】 平远县地处广东省东北部，梅州市西北部，位于北纬24° 23'38"~24° 56'01"，东经115° 23'41"~116° 07'01"之间。东邻蕉岭县，南接梅县、兴宁，西、北分别与江西省、福建省交界。全县总面积1381平方公里。

【地形地貌】 平远县属丘陵山区，山地、丘陵占总面积的80.8%，其余为河谷盆地。地形平面呈四指并拢向上的巴掌状。因有闽赣边境的武夷山脉南伸所致，西北部高于东南部，形成北高南低的地势。海拔高度大多为200米~800米。县境内海拔1000米以上的山峰有4座；北部与江西省交界的项山甑，海拔1529.8米，为平远县最高峰；西部八尺的角山嶂，海拔1030米；中部东石的尖山，海拔1007米；东部与蕉岭县交界的铁山嶂，海拔1164米。差干的五指石和石正的南台山，属丹霞地貌，形成南北对峙的姐妹山，为古今游人向往的风景山，海拔分别为460米、645米。

平远县山脉以北部最高峰的项山甑为主，分为两支，一支从项山向东折南，较高的山峰有鸡笼嶂、五指石、鹅石（又名凤山）、梯云岭、尖笔山、大和峰、尖山；另一支从项山向西南方向延伸，高山有帽子山、珠宝峰、七娘峰、屏风峰、角山嶂、黄坑嶂、河岭峰、石龙寨等。

【建置沿革】 平远县治始设于明嘉靖四十一年（1562）。当时以广东程乡县的豪居都（今仁居镇）为中心，并析福建的武平、上杭，江西的安远，广东惠州府的兴宁四县边地，以原设在豪居都林子营通判府馆址为基础，扩大筑城，罢馆置县。因其界于武平、安远之间，故名“平远”。初隶江西赣州府。明嘉靖四十三年（1564），调整县域，归还闽赣两省武平、上杭，安远三县原析之地，增析程乡的义化、长田、石窟三都及兴宁原析之大信一里，仍组成平远县，改隶广东潮州府，县治仍设在豪居都。明崇祯七年（1634），析平远的石窟一图、二图，及程乡部分地域，增置镇平县（即今蕉岭）。清雍正十一年（1733），程乡县升格为嘉应州，平远改隶嘉应州，与程乡、兴宁、长乐，镇平4县并称嘉应五属。

民国成立后，废除原有建制，省县之间另设道。民国3年（1914），设潮循道，平远为下属之一县。民国9年（1920），裁道，平远直属于省。民国25年（1936）8月，两广还政中央，广东取消绥靖区，改设9个行政督察区，平远属第六区。民国38年（1949），调整改属第九行政督察区。

1949年5月22日，平远宣告和平解放。是年10月，中华人民共和国成立后，省县之间仍沿袭民国时期的专员公署制，作为省派出机构以领导县，平远隶属兴梅专员公署。1952年，兴梅专署撤销，改隶粤东行政公署。1956年,粤东行政公署被撤销，分设惠阳、汕头两个专区，平远隶属汕头专区。1965年，兴梅与潮汕分设专区，平远隶属梅县地区行政专员公署。1988年，梅县行署改为市一级政权机构，称梅州市，平远隶属梅州市。

1951年5月，大信乡划归兴宁县辖。

1956年1月，梅县石扇乡黄竹坪村划入平远热柘乡。至此，县属地域均为原程乡县地。县治所在地，从1562年建县至1952年的390年，一直在仁居镇（明朝称“豪居都”）。1952年6月，平远与蕉岭合署办公，领导土地改革。8月，广东省人民政府行文:“平远并入蕉岭县”“保留平远县名”。县治设在蕉城镇。1954年3月，平远与蕉岭分县而治，平远县治迁往大柘镇。1958年11月，为适应当时人民公社化运协和“大跃进”的需要，平远并入兴宁县，县治设在兴城镇。1961年1月，兴平分县。此后，平远县治一直设在大柘镇。

【行政区划】　平远明朝建县后，设4都2图，即义田都、义化都、长田都、石窟都，石窟一图、二图。明崇祯年间割石窟一图二图与镇平，仍有四都，后改划为15乡。民国26年（1937）调整为13乡，全县划为160保，1758甲。民国30年（1941），实行新县制，按《县各级组织纲要》规定，全县调整为142保、1676甲。

中华人民共和国成立初期，全县设7个区、3个市、56个行政村。1950年调整为4个区、2个镇、13个乡。1954年，划为4个区、71个小乡、2个镇。1956年撤区并乡，成立13个乡、1个镇、71个村。1958年“政社合一”，全县成立4个人民公社、1个镇。1961年与兴宁分县后，平远县调整为14个公社、3个农场、1个镇。70年代中期，划为16个公社、1个镇。1983年11月，恢复区、乡建制，取消政社合一的队制。全县设14个区（差干、仁居、黄畲、八尺、中行、河头、上举、泗水、东石、坝头、大柘、石正、长田、热柘）、1个区级镇（大柘镇）、95个乡、3个城镇管理区、4个县属国营农林场。

1986年11月撤区建乡设镇。全县设立5个镇（大柘、仁居、东石、石正、八尺），11个乡（差干、黄畲、河头、中行、上举、泗水、坝头、茅坪、超竹、长田、热柘），149个村，7个城镇居委会。1994年，11个乡改镇建制，全县设16个镇。2003年9月，撤销超竹镇、黄畲镇和茅坪镇的镇级行政区划建制。原超竹镇并入大柘镇，原黄畲镇并入仁居镇，原茅坪镇并入东石镇。2004年11月，撤销坝头镇的镇级行政区划将其并入大柘镇行政区划。行政区划调整后，全县设12个镇（差干、仁居、八尺、河头、中行、上举、泗水、东石、大柘、石正、长田、热柘）。2014年，全县辖12个镇、136个村委会、7个居委会。县城设在大柘镇。

【常年气候特点】　平远县地处南亚热带与中亚热带过渡的气候区，气候温和，四季分明，夏冬长，秋春短，雨热同季，热量丰富，雨量充足，风力小，霜期短。年平均气温20.7℃，历年变化范围在20.1℃~21.7℃之间，变幅1.6℃；年平均日照时数1859.8小时，日照百分率为42%；年平均降水量为1683.6毫米。

【2016年气候情况】　2016年，受超强厄尔尼诺现象影响，平远天气异常，极端天气事件频发，出现历史罕见的雨雪冰冻天气、冬季洪水和汛后台风等特殊天气。全年总雨量破自1961年有气象资料以来的历史同期最多纪录，年平均气温为历史次高。2016年总体气候特征是：雨量偏多、气温偏高，开汛早、暴雨多，台风生成迟、强度强，气候年景偏差。2016年全县降雨偏多，全年有雨日177天，暴雨日（日降水量≥50毫米）14天，1月5日县城出现92.6毫米的冬季暴雨降水，为历史同期罕见。县城年平均气温21.6℃，比历年平均值高0.8℃，打破2015年（21.4℃）的历史次高纪录，仅次于1998年的21.7℃。年极端最高温度38.4℃，出现在7月28日；年极端最低温度为-1.6℃，出现在1月25日。全年高温日（日最高温度≥35℃）有46天，低温日（日最低温度≤5℃）12天，有霜日5天，结冰日4天，无霜期326

天。另，1月25日在仁居镇大畲坳和东石镇锅叾录得全县极端最低气温-7.2℃。年日照时数1525.5小时，比历年均值偏少19%。2016年台风生成迟，强度偏强。第1号热带气旋“尼伯特”（超强台风级）生成于7月3日，最后一个热带气旋“洛坦”（超强台风级）生成于12月22日。其中，第22号超强台风“海马”给平远县带来明显风雨影响。年内有雷暴日58天。6月4日长田镇出现23.0米/秒（9级）的全县最大的极大风速，其次为差干镇5月6日出现的22.7米/秒（9级）和仁居镇7月5日出现的22.2米/秒（9级）。

【河流】 平远境内主要河流有3条，即北部的差干河、中部的柚树河和南部的石正河，均属韩江水系。全县集雨面积100平方公里以上的河流6条，10平方公里的小溪18条。这些河流，除差干河自西向东流外，其他河流均由西北流向东南。此外，八尺境的排下溪，向西北经江西省寻乌县到广东省龙川县汇入东江，是县境内唯一不属韩江水系支流。

【土地资源】 平远县土地资源丰富，且土地肥沃。地带性的自然土壤为红壤，有利于发展立体生态农业和多种商品生产基地。全县土地面积138100公顷。其中，农用地127247.3公顷；建设用地7753.3公顷；未利用地3099.4公顷。人均土地面积0.57公顷。

【水力资源】 水力资源丰富，水力资源理论蕴藏量为5.93万千瓦，可开发量为4.26万千瓦，发电量1.7亿千瓦时。是全国首批100个电气化县之一。

【矿物资源】 平远县地质构造复杂，矿物资源丰富。现有的资源中，计有矿种29个，矿床、矿（化）点159个，其中中型规模的矿床7个：铁矿、铌钽铷矿、高岭土矿、石灰岩、珍珠岩各1个，离子吸附型稀土矿2个。按矿种分类，黑色金属矿物有铁矿和锰矿；有色金属和贵金属有钨、钼、钴、铜、锡、铅、锌、铋、金；稀有金属矿有钽、铌、铷、稀土；建筑材料和非金属矿物有石灰岩、高岭土、萤石、脉石英、珍珠岩、沸石、钾长石、建筑石等；燃料矿物有无烟煤；其他矿物有铀矿、矿泉水、温泉等。铁矿蕴藏量7800余万吨，稀土8万吨，石灰石藏量2亿吨以上，花岗岩100万立方米；经国家地质部门勘查，境内稀土矿属品位较高、开采条件较好的中型矿藏。

【森林资源】 森林资源丰富，是全国造林绿化先进县、中国绿色名县、省林业生态县、省用材林基地县。2016年，全县林业用地面积10.88万公顷，森林覆盖率78.35%，活立木蓄积824万立方米，是粤东动植物资源保护得最好的县之一。县内龙文—黄田自然保护区为省级自然保护区。根据调查，全县有野生维管植物188科、642属、1300种，由乔木、灌木、藤木、草本组成种类树种。有珍稀濒危植物25种。其中，属国家一、二级保护植物21种；省级保护植物4种。

【野生动物资源】 平远的野生脊椎动物有78科206属287种。主要分布在山高林密的北部山区，主要有：野猪、黄猄、长尾鹊、猫头鹰、画眉、黑斑蛙、蛇类、松鼠、黄鼠狼、果子狸、刺猬、穿山甲、白头翁、白鹇、鸢、鹧鸪、燕隼、翠鸟、雉鸡等。

【旅游资源】 平远是中国最佳文化休闲旅游县、全国森林旅游示范县。旅游资源按国家旅游分类系统标准，主要涉及有自然旅游资源、人文旅游资源和服务资源3大景系，共有7个景类、37个景型。主要景区有五指石景区、相思河景区、南台山景区、客家相思谷景区（龙文景区）、别具洞天景区（大河背）和仁居古镇等。广东省地质公园、国家AAAA级景区、省级风景名胜区五指石以“中国丹霞地貌盆景”著称，其中的广东第一高空栈道——五指天道是广东旅游的新亮点；

相思河景区是国家AAA级旅游景区，原始生态的迤逦山水风光被大家称为“小桂林”，景区内有清道光年间建造的保存得特别完好的石拱桥——松溪桥，是通往下坝村的必经之桥，还有革命战争年代红四军走过的红军路；粤东名胜、广东南台山国家森林公园的南台卧佛山号称“世界第一天然大佛”；客家相思谷景区（龙文景区）也是国家AAA级旅游景区；别具洞天景区内，群峰突兀，岩崖峻峭，呈现独特的“奇峰丛立，沟壑纵横，赤壁悬崖”的丹霞地貌景观，山势雄浑，自然风光秀丽。长田AAA级景区曼佗山庄，一片花海；中行AAA级景区金穗休闲旅游区，生意盎然。

【民族】 到2010年第六次人口普查，全县除汉族外，少数民族有148人，占全县总人口的0.64‰。少数民族有壮族、苗族、瑶族、满族、黎族、土家族、蒙古族等16个，全县姓氏共有157个。

【人口】 2016年年底，全县户籍人口26.62万人，常住人口23.46万人。

【语言】 语言以本土的客家话为主，随着外来人员的增多，普通话交流亦较为普遍。

【平远精神】 1997年，平远县把“团结、务实、创新、自强”确定为“平远精神”。

【平远县花】 1998年1月，县十届人大常务委员会第三十一次会议确定“宝巾花”（又名为簕杜鹃）为平远县花。

【平远人文】 平远人文资源厚重，客家文化特点鲜明，是粤东客家先民的始兴地，客家先贤程旼的故乡，享有“世界客都文化始祖地”“世界客都第一村”美誉。境内有保存完好的客家围龙建筑，有客家传统民间艺术船灯舞、落地金钱等，是中国民间文化艺术之乡（船灯舞）。曾涌现世界客属名贤首贤程旼，明监察御史韩元勋，辛亥革命时期广东北伐军总司令姚雨平，民国时期的爱国侨领姚德胜、文学博士吴康、京都宦显曾养甫和抗日英烈黄梅兴、姚子青、姚中英等著名人物。中华人民共和国成立后，为新中国建设事业做出贡献的有外交大使吕志先（原名姚琬卿），北京航空学院一级教授林士谔，老红军林钦才，著名教授吴三立等。

平远是原中央苏区县，历史上，太平军4次进入平远，红四军3次到过平远，抗日战争后期，广东省政府曾播迁到平远办公。

【平远名片】 平远县是原“中央苏区县”“世界客都文化始祖地”“世界客都第一村”“中国最佳文化休闲旅游县”“中国最佳文化生态旅游目的地”“全国十佳生态休闲旅游城市”“全国休闲农业与乡村旅游示范县”“中国仙草之乡”“中国油茶之乡”“广东橙乡”“中国绿色名县”“全国农产品加工创业基地”“全国绿色食品原材料标准化生产基地”“全国粮食生产先进县”“全国造林绿化先进县”“全国森林旅游示范县”“广东省中医药文化养生旅游示范基地”“中国民间文化艺术之乡（船灯舞）”“2016百佳深呼吸小城”“中国‘候鸟’旅居县”。

【平远土特产】 平远土特产有平远脐橙、金柚、八乡情系列酒、八珍娘系列酒、黄粄、平远梅菜、锅子茶、石正云雾茶、南台茶、香菇、木耳、水柿、蒜头、浸姜、蜂蜜、牛肉干、高山茶油等。

2016年经济社会发展概况

【经济发展概况】 2016年，平远县围绕振兴发展目标和“一城两区”战略部署，扎实推进经济社会各项工作，实现了“十三五”的良好开局。全年实现生产总值76.23亿元，比增8.6%，增幅居全市第三；固定资产投资43.63亿元，比增8.9%；地方一般公共预算收入7.38亿元，比增12.5%；规模以上工业增加值13.18亿元，比增12.4%，增幅居全市第三；社会消费品零售总额25.14亿元，比增9.9%，增幅居全市第三；进出口总额2.7亿美元，比增25%，增幅居全市第一。

【农业产业化发展】 2016年，平远县始终把扩大基地规模、提高产品质量、增加经济效益作为农业产业化发展的重要措施，扎实推进农村土地承包经营权确权登记颁证工作，引导农村土地规范流转，促进规模化种植、产业化经营。脐橙、油茶、南药、优质稻、梅片树、有机茶等特色优势产业得到巩固提升，华清园、飞龙、新大地等农业深加工项目加快建设，农产品加工转化率和产品附加值不断提升，其中华清园被认定为省林下经济示范基地。积极培育壮大新型农业经营主体，全年新增2家省级农业龙头企业、3家市级农业龙头企业、28家农民专业合作社和18家家庭农场。大力推进“互联网+农业”，广东华泰农兴农产品交易中心上线交易，电子商务进农村综合示范县建设扎实推进，农产品销售渠道进一步拓宽。全年实现农业总产值19.92亿元，农村居民人均可支配收入13915元，分别比增3.8%和10.2%。同时，投入2000多万元，完成东石、大柘等5个镇共13870亩（924.67公顷）的高标准基本农田建设。全面落实各项惠农政策，推行农业“三项补贴”，全年发放2000多万元补贴资金，真正让种粮农户得到实惠。加快完善县镇农产品安全监管体系，成功列入国家级农产品质量安全检验检测体系建设项目县。

【工业产业结构调整】 2016年，平远县把省级产业园区作为推动工业提速发展的主战场，加强领导、加大投入、加快建设，园区各类项目高效快速推进。年度投入2.1亿元，新征土地近百亩、平整土地850亩（56.67公顷），建成区扩展至6500亩（433.33公顷），水电路信等基础设施更加完善。加大支持服务企业力度，全年落实股权投资、信贷补偿、专项资金等各项政策资金7000多万元，有力促进企业落户、技改挖潜和增资扩产。全年有恒盛宇科技、广深新材料等16个企业落户园区，计划总投资54亿元；有佰利友实业、雅玛西新能源科技等10个企业动工建设，富莱利家居、洪裕汽配等11个企业建成投产，完成固定资产投资22.63亿元，比增42%，园区投产企业47家，实现规模以上工业增加值5.24亿元，税收1.44亿元，分别比增31.5%、26.05%，在全市4个省级产业园区中排名前列。特别是在稀土、水泥、铁矿等传统优势产业全年产值减少5.19亿元的情况下，坚持“多条腿”走路，家居建材、机械制造、电子信息等产业规模不断扩大，新增鑫荣达挂车、新光明家具等10家规模以上企业，实现新增产值8.65亿元，弥补资源型产业不景气带来的影响，保障全县规模以上工业增加值实现增长12.4%的目标，高于全市7.8个百分点。同时，积极探索县内企业配套知名乡贤企业的“内外联姻”招商新模式，加大招商引资力度，完成签约项目30个，其中，合同项目20个，合同投资总额82.4亿元，当年实际投入9.4亿元。出台建筑安装类企业扶持办法，裕达建筑升级为房屋建筑工程施工总承包二级资质企业。加快企业智能化改造，投入技改资金近3亿元，实施技改规模以上工业企业10家，新增机器人应用7台，总数达18台，自动化程度大幅提高。加大力度培育高新技术企业，新增获赛尔、华清园、洪裕汽配、亚力盛电子4家培育入库企业，元芯科技被认定为国家高新技术企业。获赛尔成功在新三板挂牌上市，成为平远县第一家上市企业。

【水利基础设施建设】 2016年，平远县投入2.23亿元，全面推动中央财政小型农田水利重点县、山区中小河流治理、村村通自来水等7项14宗水利重点工程建设，凤池水库正在争取立项审批，征地拆迁、施工道路建设等前期工作已经启动，城乡水利防灾减灾能力全面加强。

【交通基础设施建设】 2016年，平远县不断加大政策资金争取和项目推进力度，全年投入4.74亿元，全面完成梅平高速公路平远段征地工作；连平武高速公路列入省“十三五”路网规划；平蕉大高速公路列入市“十三五”路网规划；瑞梅铁路项目施工许可报告已编制完成，前期工作加快推进；206国道八尺至大柘段、358国道差干至八尺段、225省道园区段等一批群众高度关注的国省道和县乡道路得到改造提升；967、039、037、036线4条县道和10多条乡道升格为省道，并争取列入了省“十三五”路网改造计划；完成新农村公路路面改造38公里、国省道绿化97.22公里、示范工程建设14.6公里，206国道平远段成为全省国道改造的示范工程，道路技术等级和通行能力稳步提高。

【电力、信息基础设施建设】 2016年，平远县电力、信息基础设施全面提升，投入5473万元推进基础电网建设，供电可靠率提高至99.98%；投入3000多万元建成1个县级、8个镇级、50个村级电商综合服务中心，电子商务进农村综合示范县建设扎实推进。

【全域旅游示范县建设】 2016年，平远县坚持多位一体的绿色发展理念，充分发挥旅游产业的关联带动效应，有效带动农林文体等相关产业的持续发展。年度投入2亿多元推动龙头景区提档升级，五指石商业街、岭东大酒店基本建成，贵妃湖环湖景观带、天道二期启动征地拆迁；长布半岛、客家相思谷、南台卧佛山、热柘温泉等景区规划和征地拆迁工作有序推进；曼佗山庄、金穗休闲旅游区、龙湖等景区成为平远旅游新亮点，其中曼佗山庄新评为国家AAA级旅游景区。积极完善旅游接待配套，与安麓、花间堂、维也纳等品牌酒店达成合作意向，全县新增各类民宿、乡村客栈20多家；完成新建15座、改建7座A级标准旅游厕所任务；全年举办20多场旅游推介活动，并通过举办“中华旅游名博平远行”主题活动，与全球婚尚资讯领袖品牌—北京爱结公司合作摄影婚纱、摄制微电影等，进一步提升平远旅游知名度、美誉度。同时，旅游与农业、林业、文化、体育等产业融合步伐逐步加快，成功举办第七届北京国际山地徒步大会梅州·平远站活动，主动争取广东首个国家公园试点创建，逐步形成龙头引领、多元发展、全域覆盖的旅游发展格局，全县接待游客人次、旅游总收入分别比增21.6%和18.9%，获评“全国十佳生态休闲旅游城市”“全国休闲农业与乡村旅游示范县”“全国森林旅游示范县”“2016百佳深呼吸小城”“中国‘候鸟’旅居县”。

【城乡环境规划建设】 2016年，平远县坚持规划引领，完成全县90%以上行政村村庄规划和县城建成区地下管线普查，启动各镇圩镇及县城控制性详细规划编制。全年盘活存量用地1720亩（114.67公顷），新增建设用地2053亩（136.87公顷），储备河岭嶂、梅东等周边1000多亩（66.67公顷）城镇建设用地。城北、城南、城西、城东、老城“五个片区”21个城建项目，共完成年度投资近20亿元。碧桂园一期、优山美地二期、平城花园三期等宜居社区建设加快推进；凯旋商业中心、城南商业城等城市综合体投入运营；医疗养生保健中心、特殊教育学校、旅游公厕等一批公共服务项目顺利推进，县城市场、道路微循环等改造启动，主干道全部实现“黑底化”，成功创建省级卫生县城。美丽乡村建设步伐加快，特别是以农村生活垃圾处理、水源水质保护、城乡“六乱”、规范农村建房等为重点的城乡环境整治成为新常态，在全市城乡环境综合整治前两次测评中分列第一名和第二名。同时，深入开展绿满平远大行动，完成造林3万多亩（2000多公顷）和60公里生态景观林带建设，新建仁居凤山县级森林公园1个、河头布心坪镇级森林公园1个，全县森林覆盖率达78.35%，获评“全国绿化模范县”。在全国首批绿色村庄评选中，共有79个村入选，占全市入选村庄的75%。大力开展跨境河流水源水质保护和大气污染防治工作，主要河段交接断面及饮用水源地水质达标率保持在100%，全年环境空气质量保持优良，获评“广东省农村环境连片整治示范县”。

【民生事业】　2016年，平远县坚持公共财政支出向民生倾斜，全年落实各类民生资金18.1亿元，较上年增支1.63亿元，增幅9.9%，统筹推进了教育医疗、社会保障、扶贫开发、平安建设等重点民生建设。完成年度“十件民生实事”。全面启动精准扶贫精准脱贫三年攻坚工作，精准识别贫困对象，全县共核定贫困户1700户4511人，筹集扶贫开发资金6000多万元，深入实施政策、产业、就业帮扶，全年实现脱贫人口1613人，脱贫率35.8%。广州南沙对平远的帮扶支持力度加大，成立南沙·平远国际经贸合作中心，深化产业共建共享帮扶。完善创业扶持政策，以创业带动就业，年度发放小额担保贷款892万元，贴息152万元，带动1532人实现就业。全年新增城镇就业2042人次，转移就业2899人次，城镇登记失业率控制在2.4%以内。低保、“五保”、优抚标准逐步调整提高，底线民生得到保障。城乡居民养老保险和医疗保险保持全覆盖。

【教育文化事业】　2016年，平远县投入3800多万元推动教育信息现代化建设，全县中小学教学触摸式一体机实现全覆盖，走在全省山区县的前列，完成县第二幼儿园活动用房建设，教育强镇复评工作实现全覆盖，获评粤东西北地区首个“全国中小学校责任督学挂牌督导创新县”。新增省级非物质文化遗产项目1个和市级文物保护单位5处，新建镇级文化广场3个、村级文体广场17个和农村文化俱乐部10个。

【卫生体育事业】　2016年，平远县率先在全市完成县镇医疗卫生一体化改革试点，投入2800多万元，购置核磁共振等一批医疗设施设备，医疗服务水平不断提升，卫生“两基”示范镇等项目加快建设，卫生强县创建有序推进。食品药品安全监管常抓不懈。人口计生工作均衡发展。认真贯彻落实国家和省、市推进足球振兴发展的系列部署，新建足球场地6块。

【服务型政府建设】　2016年，平远县坚决贯彻落实中央、省、市决策部署，进一步优化投资发展环境，创新创业氛围日益浓厚。认真落实市制定的实施供给侧结构性改革总体方案及五个行动计划，“三去一降一补”取得阶段性成效。深入推进放管服改革，加快政府职能转变，新取消行政审批事项31项。“一门式、一网式”政府服务模式改革全面推开，全县审批事项网上全流程办理率超过87%。深化商事制度改革，优化营商环境，推动大众创业、万众创新，全年新增市场主体1857户，比增16%。认真执行县人大及其常委会各项决议并向其报告工作，坚持向人民政协通报情况，全年共承办人大建议13件，政协提案59件。广泛听取党外代表人士、工商联和工青妇等人民团体意见。加强法治政府建设，完善县政府工作规程和法律顾问制度，行政复议案件受理率、结案率均达100%。深入开展“两学一做”学习教育，严格落实中央“八项”规定和廉洁从政各项规定，切实加强行政监察和审计监督，促进权力公开透明运行。

【精神文明建设】　2016年，平远县深入贯彻落实中共十八大、十八届历次全会精神和习近平总书记系列重要讲话精神，以培育和践行社会主义核心价值观为工作主线，大力抓好精神文明建设，为平远县坚定发展生态之路，主攻“一城两区”，全面加快振兴发展步伐，提供强大精神动力和坚实道德支撑。（1）深化社会主义核心价值观宣传教育。推进社会主义核心价值观主题公园建设，县地税局、田家炳中学和长田镇长安村入选市级践行和培育社会主义核心价值观示范点。推进核心价值观进学校、进社区、进企业、进乡村、进机关等“五进”活动，大力宣传“我们的价值观”“中国梦”等为主题的公益广告，社会主义核心价值观深入人心。（2）进一步加强公民道德建设。开展道德教育主题活动，组织“童心向党”歌咏比赛等活动。加强典型选树和推广工作，做好平远县五星道德模范评选表彰工作。在全县中小学校开展“日行一善”活动，推进乡风民风建设。积极开展专项执法活动，做好“守合同重信用”公示工作，推进企业信用体系建设。（3）深入开展群众性精神文明创建活动。组织开展文明单位、文明镇村、文明社区和先进工作者评选推荐，推进农村文化祠堂建设，全县12个镇均建立县级“示范文化祠堂”，大柘、上举获市“示范文化祠堂”示范点称号。（4）不断加强未成年人思想道德建设。抓好“我们的节日”品牌，在未成年人中广泛开展“美德少年”“向国旗敬礼”“扣好人生第一粒扣子”等教育实践活动。持续开展优秀童谣征集和传唱活动，做好乡村学校少年宫建设已建成4所乡村学校少年宫。深化“争做合格家长，培养合格人才”家庭教育实践活动，开展净化视频、声频行动，加强网吧管理，为青少年健康成长创造良好的社会文化环境。（5）做好志愿服务和扶困助贫活动。深入开展志愿活动，全年参加活动的志愿者近3万人次。扎实开展扶困助贫活动，筹资60.2万元资助157名特困学子圆大学梦。举办大学生就业创业培训活动，组织开展“展翅计划”。

【绿地·中信银行杯第七届北京国际山地徒步大会梅州·平远站活动成功举办】　2016年11月26—27日，由北京市门头沟区人民政府、北京市民间组织国际交流协会主办，北京市门头沟区体育局、平远县人民政府、北京奥健国际山地运动发展中心承办的绿地·中信银行杯第七届北京国际山地徒步大会梅州·平远站在上举客家相思谷景区成功举办，有自国内外的1万名徒步爱好者参加活动，见证了平远县乃至粤东地区规模最大的国际性山地徒步体育盛会。以“苏区橙乡·平步致远”为主题的梅州平远站徒步大会历经3年时间的沟通准备，引进国际徒步联盟会员单位北京国际山地徒步大会这一国际性体育品牌合作，高起点打造“体育＋旅游＋文化”的“南粤古道”徒步品牌。绿地·中信银行杯第七届北京国际山地徒步大会梅州·平远站分站活动的成功举办，展示平远县优美的自然风光、深厚的历史人文底蕴和区域发展的崭新形象，全面宣传平远县独特的客家山地旅游文化。

【存在的困难和不足】　2016年，平远县存在如下的困难和不足：一是经济发展的内生动力不足，有效投资增长不够，支撑经济发展的产业项目特别是科技含量高、质量效益好、发展潜力大的项目少；二是创新发展意识与先进地区相比还存在较大差距，综合利用金融手段推动经济社会发展的办法还不够多；三是交通、土地、资金、人才和环境容量等制约因素仍然存在；四是城乡规划建设管理水平有待提高，城市“六乱”问题仍然突出，城乡违章无序建房仍时有发生；五是政府提供公共产品和服务的能力有限，精准脱贫攻坚任务还较为艰巨，保障和改善民生任务仍然繁重。

2016年平远县国民经济和社会发展统计公报

2016年，平远县紧紧围绕粤东西北振兴发展战略目标，坚持兴工强农、文旅带动、城乡统筹，继续推进“一城两区”建设，“围绕一个目标、扭紧三大抓手、守住两条底线”推进振兴发展，努力克服经济运行中遇到的各种困难和问题，致力发展地方经济，着力抓好民生工程建设，推动全县经济社会稳步向前发展，国民经济和社会发展取得新的成就。

一、综合

初步核实，2016年全县实现生产总值（GDP）762255万元，按可比价计算，比上年增长8.6%，增速居全市第三位，增速比全国、全省、全市平均水平分别高1.9个、1.1个和1.1个百分点。其中，第一产业121386万元，增长3.0%；第二产业271032万元，增长10.4%，其中工业247060万元，增长10.1%；第三产业369837万元，增长9.1%。经济结构调整取得新进展，三次产业结构比重15.92 : 35.56 : 48.52，对比“十二五”时期的2011年,第一产业比重下降3.8个百分点，第二产业比重下降8.52个百分点,第三产业比重上升12.32个百分点。全县人均生产总值达到32540元，比上年增长8.2%。

全年全县财税收入实现两位数增长。全县税收收入（全口径）119715万元，比上年增长17.9%。其中，国税收入49101万元，增长31.9%；地税收入70614万元，增长9.8%。地方一般公共预算收入73804万元，比上年增长12.5%，增速居全市第五位，增速比全国、全省、全市平均水平分别高5.1个、2.2个和10.7个百分点。地方一般公共预算支出230951万元，比上年下降1.0%。

全市市场物价基本稳定。商品零售价格总指数为100.2%，上升0.2%；居民消费价格总指数为102.3%，上升2.3%；工业品出厂价格指数99.5%，下降0.5%。

劳动就业形势保持稳定。年末全县从业人员12.24万人。据劳动部门统计，全年新增转移就业人数2813人。全县城镇登记失业人员实现再就业2041人；年末城镇登记失业人数769人，登记失业率2.40%，与上年持平。

虽然当前全县经济社会发展总体态势良好，但仍然存在一些比较突出的问题：一是经济总量较小、人均GDP水平较低、结构不够合理；二是经济增长方式比较粗放，农业集约化生产困难，产业化程度不高；三是资源型经济比重过大，对资源型工业依赖偏重；四是人均收入水平偏低，消费需求不高；五是社会劳动就业和保障压力较重；六是财政收支矛盾突出，经济对财税贡献率有待进一步提高。

二、农业

全年全县农、林、牧、渔业增加值121386万元，比上年增长3.0%。其中，农业增加值89844万元，增长2.7%；林业增加值7893万元，增长12.8%；畜牧业增加值17534万元，增长0.9%；渔业增加值6115万元，增长1.9%。

年末全县实有林地面积（林业口径）108849.4公顷，当年造林面积2017公顷，活立木蓄积量824万立方米，森林覆盖率78.35%，木材采伐量26888立方米，木材收购量6273立方米。森林资源继续走可持续发展道路，保持年生长量大于年消耗量。

三、工业和建筑业

全年全县工业增加值247060万元，按可比价计算，比上年增长10.1%，其中规模以上工业增加值131821万元，增长12.4%。全年全社会用电量33806万千瓦时，比上年下降8.3%；全年全县工业用电量18181万千瓦时，比上年下降21.1%。

2016年平远县主要工业产品产量统计表

表1

产品名称	单位	当年实绩	对比上年增减（%）
铁矿石	万吨	8.3	-61.6
发电量	万千瓦时	39499	91.0
稀土分离产品	吨	2674.6	19.2
水泥	万吨	110.6	-22.0
家具	万件	132.8	21.3
人造板	立方米	31736	-49.5

全年全县建筑业增加值23972万元，比上年增长13.1%。商品房屋建筑施工面积582728平方米，比上年增长28.2%；商品房屋竣工面积111745平方米，比上年下降32.5%；商品房屋销售面积221512平方米，比上年增长0.2%。

四、固定资产投资

全年全县固定资产投资436289万元，比上年增长8.9%，其中房地产开发投资72748万元，增长46.6%。

五、交通、邮电

全年全县交通运输、仓储和邮政业增加值13262万元，比上年增长10.2%。完成旅客周转量18318万人公里，比上年增长2.6%；完成货物周转量18772万吨公里，比上年增长3.8%。2016年年末，全县机动车辆共66725辆，比上年末增长4.4%。机动车辆中，民用汽车6548辆、拖拉机1511辆、摩托车58676辆。年末全县公路通车里程达1316.7公里，每百平方公里公路密度达95.8公里。

年末电话用户拥有量19.64万户，比上年末下降2.2%。其中，年末本地电话用户2.62万户，下降16.0%；年末移动电话用户17.02万户，增长0.38%。每百户家庭拥有本地电话33部、移动电话212部。

六、国内贸易

全年全县社会消费品零售总额251356.7万元，比上年增长10.7%。按行业分，批发零售贸易业231413.5万元，增长9.9%；住宿和餐饮业零售额19943.2万元，增长21.7%。按销售单位所在地分，城镇消费品零售额175949.7万元，增长9.9%；乡村消费品零售额75407万元，增长12.9%。

七、对外经济和招商引资

全年全县贸易进出口总额（海关口径）27047万美元，比上年增长25.0%，增速比全国、全省、全市平均水平分别高25.9个、25.8个和29.3个百分点。其中，进口总额398万美元，增长73.5%；出口总额26649万美元，增长24.4%，全部为“民营和三资”企业出口。

全年合同协议投资项目20宗，比上年下降31.0%；合同协议投资金额82.4亿元，比上年下降14.3%；当年实际利用外资（验资口径）为零。

八、金融和保险业

年末全县金融机构各项存款余额782947万元，比上年末增长18.0%，其中住户存款余额529018万元，比上年末增长7.3%。年末全县金融机构各项贷款余额为355134万元，比上年末增长15.1%。

全年财险、寿险保费收入合计9431万元，比上年增长10.3%。全年财险、寿险赔付支出合计4501万元，比上年增长28.3%。

九、科学、教育、文化、卫生和体育

年末全县共有科研机构2个。年末国有企事业单位拥有自然和社会科学专业技术人员8634人。全年全县获市级科技成果奖4项。全年全县专利申请量141件（其中，发明7件、实用新型94件、外观设计40件），比上年增长62.1%；专利授权量62件（其中，发明4

件、实用新型28件、外观设计30件），比上年下降8.8%。

年末全县共有各类学校73所。其中，普通高中3所，招生1262人，在校学生4497人，毕业生1611人，参加高考1299人，考入大专及以上1201人，其中考入本科636人、专科565人，高中专本升学率72.8%；中职学校1所，招生224人，在校学生754人，毕业生319人；普通初中14所，招生2032人，在校学生5740人，毕业生1910人，初中毕业升学率98.2%；普通小学19所，招生2866人，在校学生14365人，毕业生2066人；幼儿园35所，招生4789人，在园幼儿7836人。全县各类学校教职工人数2803人，其中专任教师人数2543人。专任教师人数中，任教高中477人、任教职中67人、任教初中677人、任教小学894人、任教幼儿园422人。

年末全县共有文化馆1个、公共图书馆1个、博物馆1个、广播电台1座、电视台1座，公共图书馆藏书13.0万册。

医疗卫生条件得到改善。年末全县卫生机构19个，其中县级医院2个、专科防治站1个。医疗卫生机构共有病床642张，比上年增长22.1%。每万人拥有病床24.1张，每万人拥有病床比上年增加4.2张。卫生从业人员1348人，其中专业卫生技术人员1036人；每万人拥有卫生专业技术人员38.9人，比上年增加6.2人。

2016年举办的梅州市青少年羽毛球调赛中，平远县代表队获得06—07年龄组女子单打第一名；梅州市“体彩杯”跆拳道比赛，平远县代表队获得4块金牌、3块银牌、6块铜牌，团体总分位列全市第三名；梅州市第二届跆拳道锦标赛中获得6块金牌、1块银牌、4块铜牌。

足球场地建设取得新进展。2016年新建1块11人制、4块7人制、1块5人制足球场地，其中1块11人制和1块7人制足球场正在进一步的建设中；升级改造1块11人制、2块7人制足球场地，目前全县共有3块11人制、22块7人制、5块5人制足球场。

十、人口、能源、环境与人民生活

据公安年报统计，年末全县户籍人口266207人，其中农业人口180408人。据计生年报，全县人口出生3429人，出生率为12.314‰，死亡率为5.516‰，人口自然增长率为6.8‰；政策生育率97.52%，比上年提高4.16个百分点。

全年能源消耗大幅下降。单位地区生产总值能耗0.5483吨标准煤/万元，比上年下降15.97%；单位工业增加值能耗0.4454吨标准煤/万元，比上年下降41.57%；单位地区生产总值电耗489.083千瓦时/万元，比上年下降15.07%。

年末全县共有环境监测站1个，生活污水处理厂1座，污水处理能力达到2.0万吨/日。当年全县空气质量达到一级标准，全年平均气温为21.6℃，全年灰霾天气日数6天。

人民生活水平不断提高。据定点抽样调查，全年城镇居民人均可支配收入20308元，比上年增长7.7%，扣除价格因素，实际增长5.3%；全年农村居民人均可支配收入13915元，比上年增长10.2%，扣除价格因素，实际增长7.7%。

年末全县参加基本养老保险38547人，其中机关事业单位个人参加基本养老保险5566人；城乡居民参加社会养老保险107400人，参加工伤保险14785人，参加失业保险17897人，城镇职工参加基本医疗保险24005人，城乡居民参加基本医疗保险214181人。全年各项社会保险费收入39969万元,比上年增长73.6%。

2016年1月起，养老、医保、工伤保障水平进一步提高。一是继续提高城乡居民养老保险基础养老金标准，将基础养老金从100元/月提高到110元/月；二是提高企业退休人员基本养老金水平，企业退休人员基本养老金人均调增106元，增幅超6.5%；三是提高城乡居民医保待遇水平，城乡居民医保每人年各级财政的补助标准从380元提高到420元，最高支付限额（不含大病保险）从20万元提高至45万元，3月起，市内一级、二级、三级和市外医院的住院报销比例从90%、70%、55%和50%提高至95%、85%、65%和60%，同时，城乡居民大病保险起付标准从1.5万元调整为1.2万元，年度累计6万元以下部分，报销比例从50%提高到60%，年度累计超过6万元（含）以上部分，报销比例从60%提高到70%，年度累计最高支付限额从12万元提高到15万元；四是按规定提高工伤保险待遇，将职工工伤伤残津贴提高至277元，人平调增127元，增幅达84.7%。

年末全县敬老院12个，床位数358张，入院人数154人、外保人数441人；年末全县各类社会福利单位收养人数615人。全县城乡社会保障网络体系不断完善，各类社会保险覆盖面逐年扩大。

附注：

1.本公报中资料数据均为初步核实数。

2.公报中全县生产总值、各产业增加值总量按现价计算，增长速度按可比价计算。

3.部门统计数据来源于县直相关部门。

4.2016年，能源消耗情况、社会消费品零售总额增速为调整口径。

5.该公报由平远县统计局于2017年10月10日提供。

2016年平远县国民经济主要统计指标一览表

表2

序号	指　标	单　位	2016 年
1	行政区域土地面积	平方公里	1373.979
2	地区生产总值	万元	762255
3	第一产业	万元	121386
4	第二产业	万元	271032
5	工业	万元	247060
6	第三产业	万元	369837
7	人均地区生产总值	元	32540
8	地区生产总值指数	%	108.6
9	第一产业	%	103.0
10	第二产业	%	110.4
11	工业	%	110.1
12	第三产业	%	109.1
13	人均地区生产总值指数	%	108.2
14	年末总人口	人	266207
15	乡村人口	人	180408
16	城镇人口	人	85799
17	就业人员	人	122420
18	城镇单位在岗职工平均人数	人	14208
19	城镇单位在岗职工工资总额	万元	77169

续表2

序号	指　标	单　位	2016 年
20	城镇单位在岗职工平均工资	元	54313
21	全社会固定资产投资	万元	436289
22	房地产开发投资	万元	72748
23	地方一般公共预算收入	万元	73804
24	地方一般公共预算支出	万元	230951
25	城镇居民人均可支配收入	元	20308
26	农村居民人均可支配收入	元	13915
27	乡村就业人员	人	94134
28	农林牧渔业总产值	万元	192102
29	农林牧渔业总产值指数	%	102.8
30	总播种面积	公顷	26692.3
31	粮食产量	吨	89724
32	油料产量	吨	3981
33	肉类总产量	吨	14308
34	猪牛羊肉产量	吨	12141
35	水果产量	吨	93104
36	茶叶产量	吨	760
37	工业总产值	万元	861996
38	工业总产值指数	%	105.9
39	公路里程	公里	1316.7
40	民用汽车拥有量	辆	6538
41	邮电业务总量	万元	12712
42	本地电话用户	户	26193
43	#乡村电话用户	户	13068
44	移动电话用户	部	170171
45	社会消费品零售总额	万元	251357
46	出口总额（海关口径）	万美元	26649
47	实际利用外资	万美元	0
48	住户存款余额	万元	529018
49	幼儿园学校数	所	35
50	幼儿园在校学生数	人	7836
51	小学学校数	所	19
52	小学在校学生数	人	14365
53	普通中学学校数	所	17
54	普通中学在校学生数	人	10237
55	中职学校	所	1
56	中职学校在校学生数	人	754
57	卫生技术人员	人	1036

说明：该指标由平远县统计局于2017年10月10日提供

中共平远县委员会

主要会议和活动

【中国共产党平远县第十二届委员会第六次全体会议】 2016年1月27日，中国共产党平远县第十二届委员会第六次全体会议在县迎宾馆大会堂召开。县委书记曾尚忠主持召开第一次全体会议并代表县委常委会作工作报告。县委副书记、县长刘许川就《中共平远县委关于制订国民经济和社会发展第十三个五年规划的建议》作起草说明，并部署2016年经济工作。县委副书记凌声宏通报2015年度各镇和县直单位落实科学发展观考评情况。县委常委陈德志、陈颖明、胡新文、姚永波、肖桂华、温助民、陈琼宏及县委委员、候补委员参加会议。

【平远县2016年社会各界人士迎春座谈会】 2016年2月3日，平远县2016年社会各界人士春节茶话会在县迎宾馆二楼大会议厅召开。曾尚忠、刘许川、凌声宏、凌志达、胡新文等县领导，“两代表一委员”、企业界代表，劳动模范、先进工作者、特级教师代表，驻平远部队官兵、政法公安干警代表，环卫工人代表，优秀外来工、企业员工代表，新闻工作者代表及其他社会各界人士代表参加会议。

【省、市领导到平远调研】 2016年，到平远县调研的省、市主要领导有陈开枝、黄强、许瑞生、温兰子、刘悦伦、方利旭等。

陈开枝率队到平远考察 2016年3月20日，广东省老促会会长陈开枝率省老促会考察组到平远县考察革命遗址建设和保护工作。省老促会一行先后到仁居镇红军纪念园和红四军司令部旧址，实地考察平远县革命遗址建设和保护工作。县领导胡新文、县老促会会长谢平等陪同。

黄强率队到平远检查 2016年4月14日，市委书记黄强率队到平远县检查林业重点生态工程建设情况，黄强一行先后到上举客家相思谷、差干五指石、河头黄田水库、黄田—龙文省级自然保护区等地进行实地检查。市委常委、政法委书记、市政府党组副书记黄伟闻，市委常委、秘书长彭耀新，县领导曾尚忠、温助民、陈琼宏、陈远航、林忠云以及罗益新等陪同检查。

许瑞生率队到平远调研 2016年6月15日，副省长许瑞生率省政府办公厅、省体育局、省住房城乡建设厅、省方志办、省文物局等省直部门负责人到平远县调研考察农村人居环境整治、古驿道保护开发等工作。许瑞生一行先后深入到石正镇农村垃圾处理中转站，2016全民健身系列活动广东省分会场仁居红军公园启动仪式现场，差干镇松溪桥和松溪古道保护开发等现场调研。副市长李远青，县领导曾尚忠、温助民、陈琼宏、姚小玲、陈远航等陪同调研。

温兰子率队到平远调研 2016年6月22日，省政协副主席温兰子率省政协常委、人资环委副主任、调研组组长张育文，省政协常委、省委副秘书长魏建飞，省林业厅党组成员、巡视员陈俊勤到平远调研督办省政协“关于提高林业四大重点生态工程建设质量”的提案。温兰子一行先后深入到五指石生态区、龙文—黄田省级自然保护区、上举相思谷，详细了解平远县创建国家公园进展、自然保护区建设和林业建设情况，市政协副主席李忠良，县领导曾尚忠、凌声宏、陈琼宏以及罗益新等陪同调研。

刘悦伦率队到平远调研 2016年6月30日，省人大常委会副主任刘悦伦率省人大调研组到平远县调研。市人大常委会副主任张映平，县领导曾尚忠、凌志达、陈琼宏、林忠云以及罗益新等陪同。刘悦伦一行先后到五指石生态区、龙文—黄田省级自然保护区、上举相思谷等地调研。

方利旭到平远调研 2016年8月18日，市委副书记、代市长方利旭深入平远县调研。方利旭一行先后到南部新城碧桂园，城东医疗卫生中心，汇胜木业、富远稀土、亚力盛电子、获赛尔机械铸造和工业园三期等重点项目建设现场、生产车间一线实地考察，详细了解平远重点项目、园区建设有关情况，并分析存在问题及原因，提出解决问题的办法和措施。随后主持并召开座谈会，听取平远经济社会发展等情况汇报。市政府秘书长、办公室主任朱国城参加调研活动，县领导曾尚忠、刘许川、凌声宏、凌志达、胡新文等陪同调研或参加座谈会。

陈开枝率队到平远调研 2016年9月28—29日，省老促会会长陈开枝率队到平远县调研老区建设等工作，县领导陈琼宏等陪同调研。陈开枝一行先后到平远碧桂园、县实验中学、广东广益游乐设备制造有限公司、石正中小河流治理项目现场、县养生医疗服务中心建设现场等地参观考察，并在县迎宾馆二楼平远厅召开座谈会。

【中国共产党平远县委员会第十三次代表大会】 2016年10月17—18日，中国共产党平远县委员会第十三次代表大会在县迎宾馆召开。曾尚忠代表中共平远县十二届委员会向大会作题为《立足新起点，开启新征程，谱写新篇章，为全面建成小康社会而努力奋斗》的报告，对县第十二次党代会以来的工作进行总结，提出今后五年的奋斗目标和主要任务。大会还通过充分的酝酿和民主选举，产生中国共产党平远县第十三届委员会委员、候补委员和中国共产党平远县第十三届纪律检查委员会委员，以及出席中共梅州市第七次代表大会代表。

附：

1.中国共产党平远县第十三次代表大会代表名录（289人）

第一代表团（差干、仁居共26人）

曾尚忠　李　胜　谢沐雄　王永光　罗　曦
谢传伟　谢坤扬　潘玉珍（女）　谢伟华
姚文顺　王　敏　曾繁寿　陈俊平
林晓玉（女）卓文峰　杨小霞（女）卓玉香（女）
姚　畅　凌瑞洪　丘志明　张亮平　黄华胜
潘其初　卓明添　杨　勉　朱依依（女）

第二代表团（八尺、中行、河头共29人）

刘许川　林　松　卓　巩　吴雨华　钟佛招（女）
陈　毅　王永丰　刘菊秀（女）　沈科院
沈远章　曾桂玉（女）　韩芳永　黎崇永
韩洵轩　杨炳伟　陈运广　陈华南　王高鹏
张文运　张丽萍（女）　凌利欢（女）　姚　蓝
陈瑞平　凌宏文　李冬利（女）　王汉联
凌远东　陈伟冬（女）　林友华

第三代表团（上举、泗水共19人）

凌声宏　徐万宝　张教东　钟伟锋　张小明
吴稀诺　张　全　廖新权　丘仁中　杨玉华（女）
林岳胜　蔡　平　陈连祺　涂鹏峰　谢远新
谢　琳（女）　陈　梅（女）　陈森伟　龙云祥

第四代表团（东石共23人）

胡新文　何维耀　赖家洪　王运奇　姚志广
邝文兵　刘维蓉（女）　李礼寿　马　芳（女）
刘俊鹏　吴先让　林海防　凌杞凤（女）
黄　晶　赖雪英（女）　王运丰　刘献隆

李文英　林珍华(女)　林战强　黄政清
赖济帮　赖桂英(女)

第五代表团(大柘共26人)

凌志达　赖光亮　颜德华　肖爱兰(女)
何志宏　王波旋　杨玉平(女)　谢中伟　王兴健
林金云　丘春燕(女)　丘锦霖　朱淑华(女)
张丽红(女)　林　燕(女)　林伟平(女)　姚永才
姚凯霖　刘志雄　刘昌隆　肖　榆(女)　钟建新
姚良远　姚良标　姚剑平　傅秀玲(女)

第六代表团(石正共21人)

姚永波　吴远平　黄小芬(女)　冯概福
张秋兰(女)王友华　张彩洪　姚志强　王亮友
王健梅(女)　姚秋雁(女)　凌福宏　曾雄伟
谢岳任　马云洪　王志坚　王接华　王雄华
姚兴荣　涂仁亮　黎红华(女)

第七代表团(长田、热柘共18人)

黄钧震　李文锋　王平梅(女)　钟浩平
林依娜(女)　黄利均　丘均平　凌宏文
谢卫华　林　欣　谢石海　陈国忠
林　琳(女)　黄金碧　黄普元　张　远
张佳均　张燕香(女)

第八代表团(党群系统共25人)

陈琼宏　赖家琳　马文生　朱天英　陈永和
凌小宏　刘志刚　涂其标　梁裕彝　温义军
林敦清　张　燕(女)　沈登桂　刘岸青
吴文胜　李琼珍(女)　姚爱军　黄　文
陈东英　杨旭辉　张文浩　林菊莲(女)
官碧红(女)　张伟英(女)　张仕珍(女)

第九代表团(政府系统、社会组织系统共23人)

温助民　陈远航　王志平　陈旋光　韩　旭
冯　浪　韩世敬　凌坤珍　姚春尹　姚　涌
张锡洪　刘冬梅(女)　肖维江　张益均
丘慧娟(女)　刘冬芳(女)　谢燕霞(女)
林　丽(女)　何美梅(女)　黄梅英(女)
刘立新　张永平　胡春扬(女)

第十代表团(宣教卫系统共21人)

肖桂华(女)　肖洪海　凌征新　林清贤
王斌豪　林志红　谢志平　陈超光　杨　平
黄志东　凌育双　刘　安　洪树湘(女)
姚冬萍(女)　陈金星　钟美华(女)　黄剑军
陈汉奕　林　莉(女)　俞源秀(女)　刘　兰(女)

第十一代表团(政法系统、驻军单位共18人)

周玉奎　张善波　刘鹏飞　李培军　谢婷章
马　洪　黎崇阳　林达宏　申利英(女)
黄碧玉(女)　黄春英(女)　罗建辉　沈俊达
段传林　华　勇　吴嘉文　张常伟　胡晓辉

第十二代表团(经贸系统、非公组织系统共25人)

李远林　黎志勇　王云飞　黄新生　刘森祥
徐国平　王秋香(女)　赖钦宏　黄庆明
卓　广　姚若园　凌来泉　陈平南　姚　雄
钟小明　韩梅招(女)　姚　瑛(女)　刘　艳(女)
姚丹敏(女)　刘丽芳(女)　张惠兰(女)　谢建生
赖政红　姚圣梅(女)　肖权华

第十三代表团(农口系统共15人)

林忠云　林　波　罗益新　林志鹏　刘　胜
刘永安　吴荣浩　韩小荣　王小智　吴伟标
丘廷汝(女)　刘栢盛　姚素珍(女)　姚兰尹
谢春霞(女)

2.中国共产党平远县第十三届委员会委员名录(59人，按姓氏笔画为序)

马文生　王云飞　王志平　冯　浪　朱天英
刘　胜　刘立新　刘许川　刘志刚　刘森祥
刘鹏飞　李　胜　李文锋　李远林　李培军
李琼珍(女)　肖洪海　肖桂华(女)　吴远平
何维耀　沈登桂　张　燕(女)　张教东
张惠兰(女)　张善波　陈永和　陈远航
陈琼宏　林　松　林　欣　林　波　林志鹏
林忠云　林岳胜　罗益新　周玉奎　胡新文
姚　蓝　姚文顺　姚永波　姚春尹　徐万宝
凌小宏　凌志达　凌声宏　凌坤珍　凌征新
涂其标　黄钧震　黄新生　梁裕彝　韩　旭
韩世敬　韩洵轩　曾尚忠　温助民　赖光亮
赖家琳　黎志勇

3.中国共产党平远县第十三届委员会候补委员名录(11人，按得票多少为序)

张锡洪　林敦清　姚　涌　徐国平　肖维江

吴文胜　刘岸青　温义军　刘冬梅　谢婷章　黄利均

4.中国共产党平远县纪律检查委员会委员名录（21人，按姓氏笔画为序）

冯　浪　杨　柳　杨旭辉　杨志强　吴乃荣　邱　岳　张学远　陈运桢　林　岳　林苑婷（女）　姚爱军　徐万宝　郭大忠　郭频辉　梁裕彛　韩世广　韩德云　韩德志　谢　强　谢杰俊　谢秋华（女）

5.平远县选出出席梅州市第七次党代会代表名录（33人）

①市（2人）：胡　钛　谢志云

②县（31人，按姓氏笔画为序）：

王平梅（女）　王志平　龙仲达　刘　胜　刘冬梅（女）　刘许川　刘雪芳（女）　刘新运　李侃权　吴远平　何沐骏　何维耀　张　燕（女）　张教东　林　松　林　欣　林远征　林庭佳（女）　胡春扬（女）　胡新文　洪树湘（女）　徐万宝　黄钧震　黄碧玉（女）　韩　宏　韩洵轩　韩梅招（女）　曾尚忠　谢石泉　谢志强　赖光亮

【县委十三届一次全体会议】　2016年10月18日下午，中共平远县第十三届委员会召开第一次全体会议，会议选举产生新一届县委常委，县委书记、副书记。曾尚忠、刘许川、胡新文、姚永波、肖桂华（女）、温助民、周玉奎、陈琼宏、黄钧震、徐万宝、林忠云等当选为县委常委。曾尚忠当选为县委书记，刘许川、胡新文当选为县委副书记。

附：

1.中国共产党平远县委员会第十三届委员会常务委员名录（12人）

曾尚忠　刘许川　胡新文　姚永波　肖桂华（女）　温助民　周玉奎　陈琼宏　黄钧震　徐万宝　林忠云　贺建平（挂职）

2.中国共产党平远县第十三届委员会书记、副书记名录

书　记：曾尚忠

副书记：刘许川　胡新文

【中国共产党平远县第十三届纪律检查委员会第一次全体会议】　2016年10月18日，中国共产党平远县第十三届纪律检查委员会在县迎宾馆召开第一次全体会议。会议选举产生新一届县纪委常委、书记和副书记。徐万宝、梁裕彛、冯浪、杨旭辉、张学远、林苑婷（女）、韩德志等当选为县纪委常委，徐万宝当选为县纪委书记，梁裕彛、冯浪当选为县纪委副书记。

【平远中学110周年校庆庆典活动】　2016年10月29日，平远中学举行110周年校庆庆典活动。众多新老校友、领导嘉宾和平中师生共3000多人云集该校，共同为学校110周岁生日祝福。中国伟人蜡像馆馆长章默雷、中国伟人蜡像馆常务副馆长黎维军、广州工商职业技术学院副董事长姚卿达、市统计局局长凌松宏、市林业局局长朱少辉、市政府对外联络中心主任姚永东、市粮食局局长王忠、市文联主席肖伟承，县领导曾尚忠、陈琼宏、林忠云、李远林、韩垂辉、刘兰娇等出席庆典活动。庆典活动由副县长姚小玲主持，陈汉生、刘忠平等嘉宾校友代表作发言，扎根平中30年以上的7名功勋教师获得表彰奖励。同时举行捐赠仪式，平远中学共接受新老校友及社会热心人士捐款1100多万元。其中，80届高中校友捐资300万元；83、84届高中校友捐资114万元；92届高中校友、陈汉生先生、张学政先生各捐资110万元，刘雄先生捐资100万元。庆祝大会后，参加校庆的嘉宾观看文艺演出，参观学校的校史展览、书画摄影展和校容校貌。

【绿地·中信银行杯第七届北京国际山地徒步大会梅州·平远站】　2016年11月26日，绿地·中信银行杯第七届北京国际山地徒步大会梅州·平远站在上举客家相思谷景区顺利启动。国防科技大学政治部副主任徐子怀，中国兵器装备集团公司总经理助理、县政府高级顾问丁强，国际徒步联盟官员、印尼徒步协会秘书长若卡娅，国际徒步联盟官员、印尼徒步协会达丽娅，民进北京市委专职副主委李昕，北京市门头沟区人大常委会副主任谭杰，副市长陈丽霞，曾尚忠、刘许川等县领导，以及北京市、梅州市相关单位代表，山西省阳城县、江西省寻乌县、福建省武平县等兄弟县代表，媒体记者朋友、社会各界人士、参赛运动员等共5000多人参加启动仪式。启动仪式后，选手们冒雨行走在全程13公里的红豆林峡谷路线上，父女相伴、母子相随、恋人同行，徒步爱好者们一边前行一边尽情领略仓子下客家古村落的旖旎风光、观赏华南地区最大的连片阔叶林、酒瓮石、龙文古村吊脚楼群和云雾梯田等特色美景。

2016年6月2日，县委书记曾尚忠（正面左二）深入大柘镇调研基层治理工作

2016年度中共平远县委领导名录

书　记：曾尚忠

副书记：刘许川

　　　　凌声宏（任至1月）

　　　　胡新文（1月起任）

常　委：曾尚忠

　　　　刘许川

　　　　凌声宏（任至1月）

　　　　胡新文

　　　　陈德志（任至8月）

　　　　陈颖明（任至8月）

　　　　姚永波

　　　　肖桂华（女）

　　　　温助民

　　　　周玉奎

　　　　陈琼宏

　　　　黄钧震（1月起任）

　　　　徐万宝（8月起任）

　　　　林忠云（10月起任）

　　　　贺建平（挂职）

县委办公室工作

【调研信息工作】 2016年，平远县委办公室认真做好调研信息工作。（1）认真做好材料撰写工作。在2016年度的县第十三次党代会、城乡环境整治、政法工作、计划生育、安全生产、工业和招商、农业农村等数十个县级重要会议和系列座谈、调研活动中，高质高效地做好材料撰写工作。全年完成文字材料150多万字，印发《工作通报》3期、《情况反映》31期。（2）紧扣中心开展调研。政研室先后围绕建设“三大基地”、落实“三大抓手”、发展生态旅游和绿色农业等进行系列调查研究，认真分析存在问题和产生原因，确定调研课题，深入基层、机关和外地开展考察调研，高质量完成关于全域旅游、县城建设、美丽乡村、城乡环境综合整治、工业发展等调研报告20篇。在《客都论坛》上发表《凝心聚力谋振兴，砥砺奋进再跨越，奋力开启平远“十三五”发展新征程》《践行“两学一做”，助推振兴发展》《激发供给侧活力，全力加快振兴发展》等论文三篇，对促进平远县经济社会发展特别是三大抓手项目建设、旅游产业发展、提升干部队伍执行力等方面做出应有贡献。（3）围绕中心讲述“平远故事”。认真贯彻落实中央、省、市、县宣传思想工作会议精神，紧紧围绕“三大抓手”，加强与各级媒体记者的沟通联系，利用宣传工具、调动积极因素，积极策划，深入挖掘，开展形式多样的宣传活动，为全县经济发展建设“鼓”与“呼”，对外树立形象，聚集人气，提升平远县的知名度和美誉度。在《梅州日报》、《南方日报》、广东卫视、新华网、人民网等20多家市级以上主流媒体上刊播1300多条反映平远县经济社会发展的新闻作品。其中在《梅州日报》完成24期半个版面的平远县域新闻。在《梅州日报》《南方日报梅州观察》刊登“经济驶入快车道城乡面貌大变样”“主攻一城两区打造最美山城”“传承红色基因助力平远崛起”“对接一带一路加快振兴发展”“平远船灯”等11个专版。

【办文办会工作】 2016年，平远县委办公室认真做好办文办会工作。（1）严格规范办文。严格执行中央“八项规定”，从精简文件简报、会议印发材料、改进机关作风入手，高效准确处理上级和各单位来文来电，认真做好县委、县委办的文件、请示、批复、报告等各类文件的拟办、送审、打印、校对、装订、分发等工作。全年办理上级和各单位来文来电1825件；制发文件160件，包括县委文件8件、县委办文件25件、常委会议纪要27件、报告18件、批复13件，便笺通知55件，电文14件；向市委办提交文件报备3份。厉行节约，减少发放纸质文件，尽量采用政务办公协同平台（OA系统）进行文件发送，并积极配合移动公司做好OA系统升级改造调试工作。打字室、收发室较好地完成全年的各项工作任务。（2）务实高效办会。会务组按照中央“八项规定”要求，严格遵守县领导同志参加会议活动和调研考察的迎送、接见合影、乘车标准。会务组自创多想、多看、多试、多查“四多工作法”，以严的要求、实的作风完成县委第十二届六至八次全会、县第十三次党代会、县十三届一次全会、平远中学110周年校庆、第十二届慈橙文化旅游节暨大宗商品交易与电子商务发展论坛、第七届北京国际山地徒步大会梅州·平远站系列活动等全县性大型会议活动20多场次会务工作，办理大小会议活动100多场次。

【后勤接待工作】 2016年，平远县委办公室认真做好后勤接待工作。（1）加强协调服务。积极发挥联系上下、沟通左右、协调各方的作用，安排服务好县委领导公务活动、日常事务等，做好协调县直部门和乡镇工作。热情接待来人来访，树立县委“窗口”的良好形象。（2）加强车辆管理。严格贯彻落实中央“八项规定”和反对“四风”的要求，进一步完善《财务制度》《小车管理制度》和《岗位责任制》等相关制度，科学安排公务用车，严格执行公车用油、修理等制度，全年未发生安全事故和公车私用现象，有效降低车辆费用支出。（3）加强财务管理。建立健全财务管理制度，规范财务行为，严格审批权限，合理、节约、有效地使用资金；严格执行政府采购制度，对大宗物品实行政府集中采购；实行车辆专人管理、定点维修，有效地堵塞各种漏洞，杜绝跑、冒、滴、漏现象发生。（4）抓好后勤管理。认真做好县委大院及办公大楼的保洁、保绿等工作，营造舒适的工作环境。

【督查工作】 2016年，平远县委办公室督查组围绕县委决策部署、重点工作、重要事项、重大项目及领导关注的热点难点问题，采取实地督查、联合督查、电话跟踪等方式，有针对性地开展决策督查和专项督查。认真做好领导批示件和交办事项的承办工作。针对市委督查室下达的督查任务，做好督查上报，认真完成上级督查任务，推动各项决策部署和工作事项落实到位。2016年，下发督查通知28份，形成督查专报（通报）10份，办理领导批示155件，转（承）办率100%。全年上报督查落实情况10余份，实现批办件无延误、无积压、无遗留问题。（县委办）

2016年度中共平远县委办公室负责人名录

主　任：陈琼宏

副主任：张永煌　陈奕东　饶良栋　林招军

组织工作

【“两学一做”学习教育】 2016年，平远县委组织部把“两学一做”学习教育作为基层党建龙头任务。通过精心组织“两学一做”学习教育，党员干部学习贯彻习近平总书记系列重要讲话精神的政治自觉达到新的高度，“四个意识”显著增强。严肃党内政治生活，加强党内监督工作，严格规范党的组织生活，解决一批基层党建突出问题。在学习过程中，充分发挥领导干部示范带头作用、基层党组织战斗堡垒作用和党员先锋模范作用。（1）在“学”方面。采取印发工作方案、工作指引和学习计划等一系列文件方式，印制《“两学一做”辅导书》；开展讲党课、巡讲课堂、手抄“党员必知”、征集“我学、我思、我为”微体会、组织网上考试等活动，引领广大党员增强理想信念。（2）在“做”方面。开展县直系统党员志愿者服务、镇机关党员“送学上门”、农村党员设岗定责、“两新”党员“党员先锋岗”等活动，引导广大党员把合格标尺立起来、把先锋形象树起来。（3）在宣传引导方面，注重利用平远党建网、广播电台、专题简报、党建画报、“平远发布”微信等平台，总结宣传各级党组织经验做法，营造浓厚学习氛围。

【基层党建工作】 2016年，平远县委组织部统筹推进各领域党建，不断提升党建工作水平。（1）全面落实基层党建七项重点任务。开展党员组织关系集中排查，找出失联党员38名，全面掌握全县在册党员基本信息，摸清2844名流动党员基本情况。抓好党代会代表和党员违纪违法未给予相应处理情况排查清理，对违法违纪情况属实且未处置的6名党员，及时依规依法作出相应的处置。全面排查562个基层党组织换届情况，对排查出没有按期换届5个支部建立台账清单。开展党费收缴工作专项检查，100%完成平远县521个党支部党费补缴工作。率全市之先组建园区党委，进一步理顺园区党组织的管理关系。做好应建必建，上年新组建“两新”党组织5个。抓好党建促扶贫攻坚工作,从县直单位选派10名副科级以上干部，全脱产到广州市对口帮扶的贫困村驻村担任第一书记。将精准扶贫成效特别是年度精准脱贫情况，作为县镇两级党委书记抓基层党建述职评议考核的重要内容。落实基层组织工作保障经费，2016年村（社区）办公经费达到6万元。开展机关党员干部学习教育，完善《加强和改进党员管理工作暂行办法》等8项制度，规范党员教育管理工作。（2）扎实开展驻点联系群众工作。完善县镇村和县直单位四级研判制度，注重强化县挂点领导责任，发挥挂钩单位作用，形成县委常委会研究、县领导牵头、部门协同、专案专责的协调机制，切实解决群众反映问题。全县驻点团队入户率100%，收集群众反映问题6199件，办结率92.6%。（3）全面整顿软弱涣散基层党组织。坚持县镇书记挂点，选派工作组、第一书记、党建指导员“四个全覆盖”，挂点领导到点指导2次以上。全县投入210万元，其中县财政下拨每村2万元整顿经费，已全面完成整顿任务。（4）解决基层治理源头性问题。运用货币折算、物业置换等方式解决留用地补偿问题，查处8宗农村土地“三乱”案件。全面完成征地养老保障金分配任务和136个村集体资产清理核实。完成农村土地确权实测面积13.3万亩（8866.67公顷），实测率89%。投入1600多万元，完成155个镇村公共服务平台建设。（5）“书记项目”工程亮点突出。统一谋划全县“书记项目”的选题，加强日常的跟踪，确保全县20个“书记项目”有序推进，切实打造好党建工作的精品。其中县委书记曾尚忠的“党建立体服务助推精准扶贫”、非公系统党委的“以点带面强化支部管理规范，分区设点促进整体水平提升”被市委组织部列为省级“书记项目”。（6）稳步推进发展党员工作。推广发展党员全程记录制度，严格入党程序，把好准入关口，确保全年新发展的180名党员素质好、品行正；同时实行发展党员季报制度，确保发展党员数量可控，结构合理。（7）党内关爱工程成效明显。实施党内关爱工程，全年使用党员互助基金51.8万元，帮扶慰问890人次。其中，帮扶大病党员96人23.2万元；慰问80周岁以上老党员644人19.63万元；慰问困难党员150人次。

【干部人事工作】 2016年，平远县委组织部扎实做好干部人事工作。（1）圆满完成县镇两级领导班子换届。成立换届工作领导小组、换届风气督查组，制订实施方案和《换届工作安排日程表》，掌握镇级领导班子和领导干部研判情况、“三类人员”情况、干部档案和个人信息审核情况、镇级领导干部的核查情况等四项情况，并组织27期业务培训，推动换届顺利进行。把好比例构成关、谈心谈话关、选举程序关、人选审查关等“四关”，确保圆满完成换届工作任务。全县12个镇选举产生新一届党委、人大、政府班子成员167名，其中从“三类人员”中选拔12人，班子结构进一步优化，队伍活力进一步增强。县第十三次党代会选举出33名市党代会代表和新一届县委班子和县纪委班子。同时，密切配合市委考察组做好县领导班子人选考察工作，做好有关市县代表、委员人选考察工作，保障县级换届工作顺利完成。组织学习“一片一书一须知”，开展换届纪律集中宣传教育“八个一”活动，开通“12380”综合举报平台，调查核实处理涉及换届举报的4宗信件，用铁的纪律保证换届全程风清气正。（2）加强干部监督工作。强化对干部选拔任用严格监督，防止干部“带病提拔”。2016年召开县委常委会讨论干部会议8次，讨论干部237人次。严格干部任前档案审核，对全县县直部门正科职84名、镇党政正职24名和镇党政副职130名的干部档案进行复审。建立干部选拔任用工作的全程纪实制度，健全领导干部离任审计、“三责联审”、受理群众举报和信访等有关制度。2016年审计领导干部25人，受理干部群众信访15宗。审批因私出国（境）44人次。（3）有序开展干部日常工作。整改完善县级层面党组（党委）；新招录乡镇公务员14名，乡镇事业编制人员53名；对全县67名2015年新录用公务员选派至村（居）一线进行挂职锻炼，选派5名科级及以上干部挂职锻炼；完成2015年度考核审核工作，对县直单位和镇级领导班子部分指标体系作了修改。

【干部培训和人才工作】　2016年，平远县委组织部有力推进干部培训工作和人才工作。强化干部教育培训工作，全年举办2期专题班、12期常规班，培训干部人才9312人次。实施重点人才工程项目，完成好“平远县汽车零部件人才孵化工程”项目结题验收，并获得80万元的继续扶持资金。继续做好“扬帆计划”的项目申报工作，上报《平远县创建国家全域旅游示范县人才培育工程》项目。修订《平远县拔尖人才选拔管理使用暂行办法》，做好县第十批拔尖人才选拔工作。落实《平远县引进和培养激励优秀人才暂行办法》，对全县9位新获得副高级以上职称的在职人员实行1000元的一次性奖励。加强“千人计划”引进的高素质人才的管理，对试用期满一年的高素质人才进行转正定级考核。

【组织部门自身建设】　2016年，平远县委组织部深入开展组织系统“学党章党规、学系列讲话，做优秀组工干部”学习教育，擦亮组织部门招牌，让“讲政治、重公道、业务精、作风好”成为全体组工干部的思想自觉和行动自觉。强化业务学习，抓好全县130多位组工干部的全员培训，选派组工干部跟班市县各类培训班，组织组工干部到市县党建示范点开展观摩学习活动，进一步提升组工干部的业务工作水平。坚持“每周一学”，推行组工干部“一镇一机关”挂钩联系制度，使组工干部对政治理论学习深入、领会透彻，对基层和干部情况了解熟悉、知根知底。认真落实组工干部“两核查”和请示报告制度，严格落实部机关管理制度，规范完善日常工作程序，推动组工干部走正道、守底线、敢担当、善作为。注重党建宣传，县委组织部被人民网评为2016年度“基层党建宣传示范单位”。　（姚雁明）

2016年3月14日，平远县召开全县组织工作会议

2016年度中共平远县委组织部负责人名录

部　长：黄钧震

副部长：李　程　张　燕（女）　姚爱军

林德志　韩世敬　刘岸青（7月起任）

社会工作

【概况】　2016年，平远县社会工作委员会（以下简称“平远县社工委”）根据省、市社工委的工作安排和市委、市政府的决策部署，在突出抓好村民理事会建设、民情志愿服务、骨干型社会组织培育、重点社会组织专项治理等4项主要工作的基础上，同步推进其他相关工作，努力构建具有平远特色的“4+N”社会工作格局。

【村民理事会建设】　2016年，平远县社工委全面贯彻落实市社工委和县委、县政府关于加强农村基层社会治理的工作部署，积极借鉴2015年试点经验，统筹指导、协调推进全县具备条件成立村民理事会的133个自然村（村民小组）开展村民理事会建设工作。各点按照《平远县培育发展村民理事会的意见》和《平远县2016年村民理事会建设工作推进表》要求，镇村联动，科学安排，稳步推进，顺利完成121个各具特色的村民理事会组建任务，成效明显。

【民情志愿服务】 2016年，平远县社工委树立“民情无小事，事事关民心”工作理念，全面实施《平远县民情志愿服务队管理办法》，从抓好镇社情民意信息中心常态化管理入手，克服困难，认真执行社情民意的收集、研办、运用机制，全方位收集反映社情民意，高质高效编写《平远民情内参》，每月完成《平远民情内参》1期，全年收集各类民情信息140条，经整理采用75条，编发《平远民情内参》12期，信息内容涉及经济社会民生等各类事件，接“地气”多，为领导了解民情、纾解民困及参谋决策提供服务，夯实政民互动的平台，擦亮“省社会创新实验基地”品牌。

【社会组织建设】 2016年，平远县社工委认真做好社会组织建设工作。（1）骨干型社会组织培育。以《平远县骨干型社会组织示范建设合作共建协议书》为指导，平远县小水电行业协会、平远县八尺镇酒业协会、平远县公益义工协会、平远县足球协会等4个社会组织充分发挥示范引领作用，不断完善日常管理、资金运作、活动开展等相关制度，进一步发挥行业协会沟通会员与政府、社会的联系作用，不断强化行业自律，取得一定成效。（2）重点社会组织专项治理。根据《关于印发开展重点社会组织专项治理工作方案的通知》要求，在全县开展社会组织排查摸底，逐步完善分类管理制度，建立重点社会组织台账，做到教育引导、制度规范、依法取缔并举，净化社会组织发展环境。经各单位的深入细致摸查，平远县登记类社会组织254个，备案类社会组织62个，未登记（备案）类社会组织26个。按社会影响划分，平远未有社会组织列入重点整治社会组织范围，未登记（备案）类将积极引导进行登记和备案，确保平远县社会组织监管到位，促进社会组织持续健康发展。 （李娜平）

2016年度平远县社会工作委员会负责人名录

主　　任：胡新文
副 主 任：姚永波　林忠云
　　　　　张善波（2月起任）
专职副主任：谢烈原（正科职）
　　　　　朱其悦（副科职）

信访工作

【概况】 2016年，平远县信访工作继续推进“法治信访、阳光信访、责任信访”建设，狠抓信访工作责任制的落实，切实解决群众信访的合理诉求，全县信访态势平稳，实现越级信访总量全市排位持续靠后和重要敏感时段“零上访”的工作目标，全年未出现群体性事件和恶性事件。全县全年受理群众来信来访1277件次1915人次（含网上信访），批次和人次同比上升30.31%和41.02%，其中来信6件，同比下降14.29 %；接待群众来访206 批711人次，同比分别上升45.07 %和36.69 %；网上信访975 件，同比上升25.81 %。党政内网依期办结率，“梅州民声”网上信访回复率均达100%。

【强化责任意识】 2016年，平远县各级各部门重视信访工作，把信访工作和经济社会发展同谋划、同部署、同落实。书记、县长带头落实接访约访群众制度和批阅群众来信来电制度，县党政领导班子自觉落实定期研判、领导包案等制度。全年县领导接访群众165批506人次，解决问题148宗，批阅群众来信112件次。各镇、各单位坚持把信访工作放在重要位置，主要负责同志亲自抓、分管同志具体抓，全年镇级党政主要负责同志解决问题179宗、县直单位主要负责同志解决问题52宗，做到问题解决在当地、在基层，形成领导带头、部门协调、上下联动的大信访工作格局。

【强化督查督办】　2016年，平远县信访局强化督查督办工作。把及时就地解决问题作为信访工作的关键点，推动各级领导干部深入基层、服务群众，认真解决群众合理诉求，有效化解各类社会问题。聚焦涉农、环保、房地产、劳资纠纷等重点领域，深入开展化解信访积案集中攻坚活动，通过实行领导包案、挂案督办、政策推动、经济救助、教育疏导等办法，解决一批历史遗留问题和沉年积案。2016年，省市交办平远县的3宗积案，已办结2宗；省督办的2宗案件，全部办结；全县排查出的17宗信访积案化解办结14宗，办结率82.35%。

【强化业务水平】　2016年，平远县信访局坚持规范有序，不断提高基础业务水平。严格按照《信访条例》和《信访工作责任制实施办法》要求，规范信访秩序，畅通信访渠道，积极推进依法治访，进一步压实信访责任。认真落实国家和省、市关于信息系统“三覆盖”和“三化”的工作要求，全面推进建成县镇两级网上信访系统。2016年网上信访1046件，同比上升27.87%，群众信访渠道不断拓宽。全面梳理信访工作行政职权，梳理细化九项职权五十九条责任事项，制定《平远县信访局行政职权清单》，压实各级信访工作责任。

【强化防控结合】　2016年，平远县各级在全国“两会”、中共十八届六中全会、G20杭州峰会和市县镇三级换届选举等重要敏感时期，深入开展矛盾纠纷排查，强化信访风险预警防控，综合施策处置各类突发事件，措施有力有效。部门间纵横配合、协同作战，全县工作大局得到有力支撑。2016年，平远县实现在敏感时期到省到市“零”集体上访的工作目标。

【存在问题】　2016年，平远县信访工作虽然取得一定的成绩，但仍存在一定的问题。（1）信访总量激增，信访压力持续增大。2016年平远县受理群众来信来访比2015年上升30.31 %，接待来访群众上升45.07 %。（2）经济社会不断发展，越来越多领域的突出问题通过信访渠道反映出来，特别在涉农、环保、城建、劳资纠纷等重点领域，涉及人数多，极易引发集体上访、缠访、闹访的突发事件。（3）2016年度中央和省的重要会议、重大活动较多，同时也是平远县村级“两委”换届之年，信访维稳工作压力大。　（林福云）

2016 年度平远县信访局负责人名录

局　长：吴文胜

副局长：吴可兴　刘连昌

编制工作

【概况】　2016年，平远县机构编制委员会办公室（以下简称“平远县编办”）围绕县委、县政府的中心工作，紧扣2016年梅州市机构编制工作要点，持续深化行政体制改革，加快推进政府职能转变，规范机构编制管理和事业单位管理，积极推进机构编制各项工作的有效开展。

【政府职能转变】　2016年，平远县编办认真做好政府职能转变工作。（1）推进行政审批制度改革。8月，印发《平远县机构编制委员会办公室关于公布〈平远县人民政府行政许可事项目录（2016年版）〉的函》，取消行政审批事项20项，保留行政许可事项295项；11月，印发《关于取消和调整一批行政审批事项的通知》，再次取消11项行政审批事项；同月，印发《平远县人民政府关于清理规范行政审批中介服务事项（第一批）的决定》，目录共涉及6个县直单位，18个中介服务事项。（2）推进政府部门权责清单制度工作。公布县政府工作部门、承担行政职能事业单位和各镇政府共55个单位的权责清单。（3）推进“一门式、一网式”政府服务模式改革工作。配合县综合政务服务管理办公室，不断推进行政许可和公共服务事项标准编制工作，简化优化审批流程。（4）推进网上名称管理。完成全县342个机关事业单位中文域名的注册工作，注册单位覆盖率100%。抓好网站标识管理，及时督促并服务新开办网站单位做好“挂标”工作，按时完成两个“全覆盖”工作目标。（5）开展事业单位法人证书“三证合一”和机关群团统一社会信用代码赋码工作。完成全县190个事业单位法人换领新法人证书，占应换领新证的100%。完成50多个机关群团统一社会信用代码证书的发放。

【机构编制管理】 2016年，平远县编办认真做好机构编制管理工作。调整县纪检监察机关内设机构设置，加强党内监督体制建设；调整政法机构管理体制，重新组建县委政法委机关，将原县社会工作委员会、原县依法治县工作领导小组办公室职责整合划入县委政法委机关，并实行一体化运作。优化职能，重新调整县委政法委内设机构和领导职数。

【事业单位管理】 2016年，平远县编办认真做好事业单位管理工作。理顺政府与事业单位的关系，强化事业单位公益服务职能，对全县300多个事业单位进行分类，完成190多个事业单位机构编制“三定”方案的重新制定工作。督促各法人单位按时报送年度报告，共报送189个，报送率99%。规范法人设立、变更、注销登记各项工作流程，2016年办理事业单位法人设立登记7宗、变更登记68宗、注销登记8宗。（赖杏媚）

2016年度平远县机构编制委员会办公室负责人名录

主　任：刘岸青

副主任：韩德云　陈国栋

平远县事业单位登记管理局局长： 谢鉴芬

宣传工作

【概况】 2016年，平远县宣传思想文化工作紧紧围绕宣传贯彻落实中共十八大、十八届历次全会以及习近平总书记系列重要讲话精神这条主线，结合梅州市“一区两带六组团”和平远县主攻“一城两区”战略部署，巩固壮大主流思想舆论阵地，抓好理念创新、手段创新，推进社会主义核心价值观宣传教育，完善现代公共文化服务体系，开创宣传思想文化工作新局面，为加快平远振兴发展提供有力的思想保证、精神动力、舆论支持和文化条件。

【理论教育】 2016年，平远县委宣传部认真做好理论教育工作。（1）抓好意识形态工作责任制的落实。认真落实省《党委（党组）意识形态工作责任制实施细则》和市《实施方案》，要求各党委（党组）把意识形态工作作为党的建设和政权建设的重要内容，纳入党建工作年责任制，纳入领导班子、领导干部目标管理，以问责机制推动各项工作全面落实，确保全县意识形态安全。（2）抓好党委（党组）中心组理论学习，扎实推进学习型党组织建设。做好党委(党组)中心组理论学习服务保障工作，加强对基层党委(党组)中心组学习的指导，发挥党委中心组在建设学习型党组织中的龙头作用。抓好“两学一做”氛围营造工作推动经常化教育深入开展。牵头承办4期“平远学习论坛”，邀请人民大学、市委宣讲团、市委党校等专家学者到平远县讲学，提高各级党员干部的战略思维。（3）积极开展宣讲教育活动，凝聚发展共识。以学习贯彻中共十八届五中、六中全会精神，党内“两项法规”，“五大发展理念”，习总书记治国理政新观念新思想新战略为重点，牵头成立县委宣讲团，以送课下乡、巡回宣讲等形式，广泛开展面向基层和广大群众的宣讲活动，全年送课下基层48场次，直接受众1.2万人次。（4）抓好社科理论研究和知识普及工作，为振兴发展提供思想保障。开展学术研究与交流，宣传人文社科知识，组织“社科普及周”系列活动，抓好基层人文社科示范基地建设，龙文—省级黄田自然保护区被评为“梅州市人文社科示范基地”。积极开展各类征文活动和梅州市文化名片评选活动，向市申报优秀社科研究成果，平远县有3个人的作品列入梅州市第十一次哲学社会科学课题研究。

【宣传平远】　2016年，平远县委宣传部切实做好宣传平远工作。（1）围绕大局唱响主旋律。围绕县委、县政府中心工作，大力宣传平远县经济社会发展的重大决策部署和主要成效，为加快振兴发展步伐营造良好的舆论氛围。在创建省级卫生县城工作中以形式多样、手段灵活、覆盖全面的创卫工作宣传，提升广大市民对创卫的认识，得到省市考核组的高度评价，省考核组以“铺天盖地”来形容平远县创卫工作宣传氛围。准确把握舆情态势，做好2016“创新年”网络宣传工作，抓好舆情监控，加强对群众普遍关心的热点、难点问题的引导，达到奏强音、降噪音、促和谐的效果。（2）打造宣传主阵地，塑造平远好形象。坚持新闻宣传“三贴近”原则，依托广播电视新闻、平远宣传网、《平远宣传》双月刊、“掌赏平远”手机客户端和“平远发布”微信平台,聚焦“三大抓手”和“一城两区”等主战场，扎实做好县党代会、足球联赛、慈橙文化旅游节、北京国际山地徒步大会等重大活动宣传报道，不断提升平远知名度和美誉度。

2016年3月6日，平远县宣传思想文化工作会议在平远迎宾馆召开

【文化平远建设】　2016年，平远县委宣传部认真做好文化平远建设工作。（1）抓好文化惠民政策落实。启动总投资840万元的县图书馆改建工程，全面完成镇级公共电子阅览室建设，投入12.2万元为20个农家书屋补充图书，投入66万元完善全县农村文化基础设施建设，下拨总价值230万元的基层公共文化基础设施设备。加大镇村文化广场和农村文化俱乐部建设力度，实现公益性文化设施无障碍、零门槛、全覆盖。县图、文、博等文化场馆，乡镇综合文化站，村（社区）文化室、农家书屋全部免费开放。组织农村公益电影放映1632场，开展“送欢乐，下基层”服务活动60多场，保障广大群众的基层文化权益。（2）开展丰富多彩的群众性文化活动。组织开展春节系列群众文体活动，举办中秋、国庆、纪念红军长

征胜利80周年、慈橙文化旅游节等重大节庆、重大主题文艺晚会，为群众送上精彩纷呈的文化盛宴。对10个文艺家协会进行分期分批培训，组织文艺工作者到基层举办山歌、曲艺、“非遗”传承、美术书法等辅导培训班。组织梅州市书法作品巡展等书画展示活动，出版《客家（平远）家训》《广东民间故事全书·梅州平远卷》等文艺作品。不断扩大品牌文化企业影响力，积极组织本土文化创意企业参加第十二届深圳文博会和第四届客家文化产品博览交易会，参展作品《吉祥如意，白头到老》获得“中国工艺美术文化创意奖”铜奖，平远县获第四届客家文博会优秀展示奖和优秀组织奖。县文联迁入新址，办公及展览场所条件得到大幅改善。（3）积极做好文保单位和“非遗”项目申报工作。全年申报市级文保单位5个、“非遗”项目1个，平远船灯入选省文化厅2015—2017年度“广东省民间文化艺术之乡”项目名单，成功申报平远船灯为广东省非物质文化遗产传承基地项目。

【精神文明建设】 参见“精神文明建设”分目。

2016年度中共平远县委宣传部负责人名录

部　长：陈颖明（任至10月）

　　　　肖桂华（女，10月起任）

副部长：林志红　谢　旭（女）　杨　柳

统战工作

【概况】 2016年，平远县委统战部紧紧围绕全县发展大局，充分发挥统一战线独特优势，在服务振兴发展、维护稳定、促进社会和谐方面做出应有的贡献，圆满完成各项工作任务。

【政策宣传工作】 2016年，平远县委统战部认真做好《中国共产党统一战线工作条例（试行）》（以下简称《条例》）的贯彻落实。（1）认真落实统战工作“四个纳入”（纳入重要议事日程，纳入党政领导班子工作考核内容、纳入室传工作计划、纳入党校的重要教学内容）。平远县委统战部积极与县人大、县政协和组织、宣传、党校等部门就落实会议精神和《条例》相关内容进行沟通协调。将会议和《条例》精神纳入县镇宣传工作计划和各级党委中心组学习计划，纳入县委党校干部培训的重要教学内容。（2）扎实抓好《条例》的贯彻落实。组织广大统战干部对《条例》和省《实施方案》、市《实施意见》深入学习研究，广泛征求意见建议，经汇总梳理，形成3类5项建议。县委统战部召开部务会专题学习研讨，逐条对照《条例》和省《实施方案》、市《实施意见》，系统研究加强平远县统战工作的方式方法，细化各项目标任务和具体举措。同时，县委依据省《实施方案》、市《实施意见》，出台平远县《实施意见》，确保各项工作贯彻落实到位，开创统战工作新局面。（3）召开县委统战工作会议。4月13日，县委召开由县四套班子领导和各相关单位负责人参加的统战工作会议，该次会议是以县委名义召开的统战工作会议，会议传达市委统战工作会议精神，总结中共十八大以来平远县统战工作，并对下一阶段统战工作做部署。

【党外干部工作】 2016年，平远县委统战部认真做好党外干部管理工作。（1）抓好党外干部发现储备工作。在继续完善党外干部信息库的基础上，4月，与县委组织部联合开展副科级党外后备干部推荐工作，建立一支由19名年龄在45周岁以下、大专以上学历的副科级党外后备干部队伍。（2）抓好党外干部的教育培训工作。9月19—23日，平远县统战理论培训班在广东省社会主义学院开班。县委统战部组织全县各镇的统战委员、副科级党外后备干部及部分副科级党外干部共

45人参加为期5天的培训。（3）抓好党外干部的选拔任用工作。2016年，县委统战部以落实《中国共产党统一战线工作条例》和县级人大、政协换届为契机，做好党外干部的选拔任用工作。县委统战部向县委推荐4名党外干部任职。平远县有副科级以上党外干部26人（副处5人、正科1人、副科20人），其中政府工作部门领导班子配备8名党外干部。

【政协换届人事安排工作】　2016年，平远县委统战部认真做好政协换届人事安排工作。（1）做好县级人大、政协换届党外代表人士政治安排工作。2016年是县级换届年，县委统战部按照上级有关规定，加强与县人大、县政协、县委组织部的联系，认真落实联席会议制度、考察制度，按政策、按程序，做好党外代表人士的提名推荐工作。县政协十届委员会有党外政协副主席3名，占50%；党外委员106人，占委员176人的60%；党外常委23人，占常委35人的65.7%。县人大十五届人大代表176人，党外代表 52 人，占29.5 %；常委31人，党外常委 8 人，占25.8 %。（2）开展非公有制经济人士综合评价工作。结合换届契机，对平远县拟担任县工商执委以上职务、市县人大代表、政协委员中的非公有制经济人士72人进行综合评价工作，有45 位非公有制经济人士进入县人大代表、政协委员，为非公有制经济人士参政议政打下坚实基础。

【港澳联络工作】　2016年，平远县委统战部认真做好港澳联络工作。（1）加强联络沟通。8月，邀请港澳考察团到平考察活动，进一步增进平港澳之间的相互了解，让香港、澳门的平远乡亲特别是年轻一代增强对祖国、对家乡的认同感，更好地促进平港澳社会、经济、文化等方面的合作发展。9月，组团拜访澳门嘉应同乡会，促进平港澳联谊交流。（2）扎实做好摘星计划工作。2016年，香港摘星计划平远县有5个名额，平远县委统战部作为协办单位，认真按资助方要求，对经村（居）、镇上报的申请人进行严格审定，保证受资助学生符合受助条件。　（吴　萍）

2016年4月13日，中共平远县委统战工作会议在县迎宾馆召开

2016 年度中共平远县委统一战线工作部负责人名录

部　长：肖桂华（女，任至10月）
　　　　林忠云（10月起任）
副部长：林钢平　吴晓希　张惠兰（女）

台湾事务工作

【概况】　2016年，中共平远县委台湾工作办公室（以下简称“县台办”）在县委、县政府的领导下，持续推进“一城两区”建设，狠抓“三大抓手”、民生建设和党的建设，全力推动平远振兴发展，确保“十三五”开好局起好步。在发展平台两地经济文化交流和对台联络工作、对台宣传、服务台资企业等方面取得一定的成绩。

【两岸经贸文化交流】　2016年，县台办认真做好两岸经贸文化交流工作。5月18日，台北平远同乡会原理事长姚清华先生一行到平远中学、超竹卫生院参访交流；8月28日，台湾云嘉南地区乡镇长、乡民、农会代表林瑞玲女士带领的参访团到大佛寺参访交流；

12月1日，台湾中南部客家媒体新闻交流参访团一行15人、中央驻梅州和梅州市媒体一行11人到大佛寺参访交流。交流活动得到县委、县政府的高度重视，并召开座谈会，座谈会上，县台办主任凌育苑介绍平远县的社会经济发展情况和投资环境。

【台湾新生代认祖归宗】 2016年，县台办通过发挥同乡会、宗亲会作用，组织年轻一代进行慎终追远、追根溯源的回乡祭祖活动，联结两岸情谊。县台办向台北平远同乡会会长朱伟岳先生了解台北市平远同乡会的有关情况；编制部分台湾平远同乡通讯录；11月19—20日，由韩莹焕先生率领的台湾新竹县横山乡韩氏宗亲一行140人回到平远县八尺镇金谷坑溯源祭祖。平远台办领导到会作讲话，平远韩氏理事长和台湾宗亲代表分别致辞。

【在台乡贤捐资助学联络工作】 2016年，县台办继续联络并协助台北平远同乡会乡贤为贫困学子开展助学活动。8月30日下午，平远台办与林乾祐教育基金会管理负责人林小环先生和学校部分师生，在东石铁民中学举行林乾祐教育基金第8届的助学金发放仪式。该教育基金由为完成先父林乾祐遗愿的旅台乡贤台湾喜康生物医药有限公司总经理林穗虹女士捐资创办并设立于2009年，资助对象是铁民中学毕业考上高中或大学品学兼优家境贫困的学生，历时8届的资助活动，共资助高中、大学学生40人，资助金额累计20.5万元。

【服务台资企业、台胞工作】 2016年，县台办共接待台胞参访团9个300多人次。11月27日，台湾苗栗义民庙第三届文化交流团主任委员吕文松等一行30多人到“海峡两岸交流基地”梅州大佛寺和平远相思谷参观，目的是促进平台两地宗教文化交流，加强台湾对客家文化和中华文化的认识，增强对中华民族的认同。该次交流活动是2016年国台办重点交流项目，丰富梅州市海峡两岸交流基地的内涵。通过参观考察和文化交流，增进两岸佛教文化和客家文化方面的了解，增进两岸人民的友谊。

2016年5月18日，台北平远同乡会原理事长姚清华先生（右三）一行到超竹卫生院参访交流

【协助台商在平远投资兴业】 2016年，县台办加强对台资企业的调研，了解企业状况，及时帮助解决一些实际困难和问题。对有些能力范围内无法解决的，及时向有关领导反映，争取圆满解决。切实协助做好台湾农民创业园工作。10月27日上午，“梅州市台湾农民创业园示范基地”在长田镇长江村甲背村民小组挂牌成立，标志着梅州和信达农牧有限公司正式成为全市第四批“梅州市台湾农民创业园示范基地”。随着创业园的成立，企业将根据发展方向，加强与台湾农业的协作，引进农业技术和项目，把创业园打造成农业观光园。2016年，平远县大佛寺被国台办批准设立为“海峡两岸交流基地交流示范点”，成为全市首批8个海峡两岸交流基地交流示范点之一。县政协主席凌声宏，县委常委、统战部部长肖桂华为该示范点揭幕。

【宣传教育工作】 2016年，县台办利用广播、电视、互联网等宣传媒体，宣传平远县的台务工作情况；利用清明节、中秋佳节、脐橙节台胞回乡或寻根祭祖的机会，开展面对面的宣传；同时发挥台务干部业余通信的作用，积极向广东省《粤台视窗》、市台办、县委办、县府办、统战部报送信息，向新闻单位投送涉台稿件，累计投稿25篇，其中向《粤台视窗》投稿4篇，采用2篇。

（王子良）

2016年度中共平远县委台湾工作办公室负责人名录

主　任：凌育苑

副主任：谢玉山

精神文明建设

【核心价值观宣传】　2016年，平远县做好核心价值观宣传工作。（1）突出示范引领。投入10多万元建设核心价值观主题公园，切实把社会主义核心价值体系建设融入贯穿到精神文明建设的各方面和全过程，坚定广大干部群众走中国特色社会主义道路。建立县地税局、田家炳中学和长田镇长安村为市级践行和培育社会主义核心价值观示范点。确定中国移动平远分公司、平远县人民医院、大柘镇城西城南社区为县级践行和培育社会主义核心价值观示范点。组织县直单位、各中小学校开展100多场次核心价值观宣讲活动。（2）注重规范养成。结合精神文明创建活动，在县直单位中开展行为规范养成活动，重点抓好中共十八届五中、六中全会以及习近平总书记系列重要讲话精神、"两大"政策、"两学一做"、社会主义核心价值观等内容的学习，强化党性、注重思想建设，突出政治性、实效性。全年举办专题班2期、常规班12期，培训干部人才9312人次。（3）开展主题活动。突出文明、和谐、公正、法治的内容，在各行业开展以敬岗爱业为主要内容的主题活动；县直单位围绕"转变作风、提高效率、服务基层、推动发展"主题，落实从严治党、从严管理干部的要求，以干部群众满意为标准，以治庸治懒、提能增效、狠抓落实为重点，深入解决机关作风方面存在的突出问题，树立机关干部"为民务实清廉"的良好形象。各窗口行业开展"青年文明号""巾帼文明岗"等主题实践活动。在企业开展以诚信守法为主要内容的主题活动，在社区开展以友善和谐为主要内容的主题活动，推动核心价值观深入人心。（4）实施行动计划。①深入开展文明餐桌、文明交通、文明旅游、文明网络、文明公厕五大文明引导行动，向全县各中小学校、镇机关、行政机关食堂及全县宾馆、酒店、农家乐发放社会主义核心价值观和"文明餐桌"宣传画、宣传牌。②各文明单位、窗口单位，如国家税务局等单位在其所负责的室内外电子显示屏连续播放"文明餐桌"等各类公益视频。③扎实开展文明交通违法专项整治行动，严查严处醉驾毒驾、超速超载、无牌无证等重点交通违法行为，努力营造安全、畅通、文明有序的交通环境。至11月，全县发生交通事故231起，死亡8人，受伤74人；发生火灾21起，死亡2人，受伤4人，直接财产损失约 39万元。④推动文明公厕创建活动，在县城和五指石旅游景区开展文明公厕示范建设，县城完成18座公厕的改造和新建4座公厕。⑤开展文明旅游工作。不定期组织景区、旅行社、星级酒店（饭店）等涉及企业，集中学习《中华人民共和国旅游法》《游客不文明行为记录管理暂行办法》等文件，做好文明宣传，引导游客文明出行。邀请嘉应大学、东山书院等专家学者，对旅游从业人员进行文明礼仪行业培训。利用微信、微博、官方网站等大众媒体平台，广泛宣传《中国公民国内旅游文明行为公约》，并推出"文明出行，从我做起"的微信营销活动，指导游客文明出行；印发600份《中国公民国内旅游文明行为公约》《文明旅游倡议书》宣传资料，在广场宣传活动、旅行社、星级饭店、旅游景区内发放。同时，要求旅行社、星级饭店、旅游景区等涉旅企业做好宣传引导，悬挂横幅、宣传小标语等。按照广东省旅游局《关于建设广东省文明旅游信息服务平台的通知》要求，全县申请文明旅游宣传终端机22个、文明旅游标识牌180个。（5）狠抓融入转化。在重要节庆日，开展融入转化，把核心价值观融入百姓生活，努力营造欢度节日、人人践行核心价值观的浓厚氛围。春节期间开展灯笼亮价值观灯谜竞猜活动，在县城平远大道、新岭路等县城主要街道悬挂以社会主义核心价值观为主要内容的大红灯笼50多杆。春节前夕组织全县书法家到基层为群众书写核心价值观、道德春联2000多幅。依托县城南台山森林公园，建成南台清风园。以平远县历史名人和古今传颂的24孝传统文化“仁、义、礼、智、信”相结合，发扬中华传统文化，集中体现社会主义核心价值观主题。（6）加大公益宣传。县广播电视台组织人员制作公益广告，在平远电视台时政综合频道栏目中滚动播放，2016年共计制作播放公益广告12条，制作张贴宣传栏4期。在206国道长田段，县城城南中学圆盘和济广高速平远县城出口制作三块大型户外宣传牌。利用县城环城路人口集中的商业电子显示屏，从早上7时到晚上10时连续播放公益广告，每天播出量1000次以上。全县12个镇均建设有一块以上社会主义核心价值观大型户外宣传牌。2016年，在建筑围墙、公共场所等地方张贴“我们的价值观”“中国梦”为主题的公益广告。

【公民道德建设】 2016年，平远县认真做好公民道德建设工作。（1）开展道德教育主题活动。推动道德讲堂进社区、学校、乡村和企业。开展道德讲堂主讲人培训和义务宣讲活动，提高道德讲堂的水平。开展文明校园创建活动，2016年度表彰5间文明学校。注重道德讲堂内容建设，充分利用农家书屋，在136个行政村建起道德讲堂，讲中国故事、扬中华美德，丰富道德讲堂内涵，增强道德引领作用。在中小学校中组织开展“童心向党”歌咏活动和“加强美德教育，建设和谐美丽家园”活动。（2）加强典型选树和推广工作。开展第六届平远县“五星道德模范”评选活动，林冬芳等10人荣获平远县“五星道德模范”荣誉称号，刘军芬等10人获得平远县“五星道德模范”提名奖，并在第十二届慈橙文化旅游节暨第七届北京国际山地徒步大会文艺晚会上为道德模范举行颁奖仪式。同时，扎实做好梅州市道德模范评选表彰推荐参评工作，组织开展寻找“最美家庭”“孝老敬亲好媳妇”“自强不息好少年”等特色活动。县总工会丘顺英入选“梅州市道德模范孝老爱亲”提名奖，热柘镇丘碧香被梅州市评为“孝老敬亲好媳妇”，姚雪军、李馥、林康华被评为“梅州市最美志愿者”，平远县公益义工协会、团县委被评为“梅州市最佳志愿服务项目”，农口系统、人民医院、东石蒲公英志愿者服务队被评为“梅州市最佳志愿服务组织”。（3）有效推动实践养成。深入开展公民道德教育主题实践活动，在全县中小学校开展“日行一善”活动，从细小的事情做起，教育广大中小学生从身边的事情做起；从日常生活做起，将“日行一善”落实在中小学生的日常衣食住行。各镇结合实际，建立善行义举榜，表扬好人好事，批评不道德行为，通过让身边好人好事上榜，唱响善行好声音，推进乡风民风建设。（4）推进社会诚信建设。积极开展各项专项执法活动。全县出动执法人员524人次，检查公司、个体工商户122家次，立案查处案件40宗，查获涉案货值8.26万元，结案33宗，罚没入库11.62万元，未出现行政复议、行政诉讼和错案责任追究案件。做好“守重”公示活动工作，推动企业信用体系建设。2015年度，有72家企业公示为“守合同重信用”企业。（5）开展“书香客都”读书活动。结合“4·23”世界读书日，重点开展“廉洁读书月”“最是书香能致远”“经典阅读——弘扬优秀传统文化”和“文学历程讲座”等主题读书活动。开展“传递书香，见证成长”活动，组织文化志愿者参与图书导读、读者咨询、阅读讲座等活动。举办中小学生阅读故事会,以县城小学生为主，广泛征集读书心得，发放亲子阅读卡和书签。开展电子图书借阅机宣传活动，通过借阅机带来全新的图书借阅理念，离线阅读，免费将图书馆搬回家。全年进馆189500人次，阅览书籍198000册次，开展少儿诵读活动12场次。

【精神文明创建活动】 2016年，平远县认真开展精神文明创建活动。（1）以评选表彰为手段，全面推进群众性文明创建工作。2016年是市、县精神文明建设评比年，结合评比活动，扎实组织开展文明单位、文明镇村、文明社区和先进工作者的评选推荐工作，以此推动各镇、各单位在优化服务、造福民生、履行社会责任、参与公益事业、发挥示范作用等方面提升层次，扩大影响。（2）强力推动文明城市创建工作。为切实做好文明城市创建，狠抓“六乱”整治工作。县政府成立“六乱”专项整治工作领导小组，从各单位抽调177人组成联合执法队伍，采取以自拆、助拆为主，强制为辅的原则，城区“六乱”整治工作顺利推进，初见成效。基本完成县城整治提升工程，改善“脏、乱、差”的局面,环境面貌得到较大改观。县城区对2321户发出涉及须整改的违章行为4525宗，拆除违法违章建筑2宗190平方米；拆除铁皮屋2宗390.2平方米；自拆铁皮瓦8宗209.6平方米，助拆铁皮瓦32宗309.6平方米；管理流动摊点2219余起；拆除违规灯箱广告招牌268个，店外悬挂条幅118条，拆除违规搭建伸缩棚480个，清理违规堆放杂物废品435车次。对整治区域内所有店铺，一律进店经营，对违规在店前堆放货物和废旧物签发整改通知书责令整改。在环卫方面，组建260人的环卫队伍，有垃圾中转站5座、垃圾桶650只、环卫车辆17辆。路灯管理方面，新增亮化工程162盏，亮化率达到98.6%。绿化方面，县城绿化覆盖率33.93%，绿地率28.13%，人均公园绿地面积17.12平方米。市政基础设施方面，结合创卫工作，市政中心全力推进县城区道路升级改造、南区市场片区改造、城南国省道连接线和兴隆路连接环北路道路工程等市政项目建设。确保县城区净化、绿化、亮化、美化，营造良好的县城环境和秩序。同时，组织县直机关单位每周五开展定期上街清扫垃圾创建文明活动。（3）开展美丽乡村建设。加快美丽城乡建设步伐，加快农村生活垃圾治理，组织相关部门，每月进行不定期明查暗访，全县农村生活垃圾收运处理工作取得良好效果，全县12个镇垃圾做到日产日清。做好房屋立面装饰改造，按客家民居特色风格进行外立面改造，有望实现一年见“点”，两年见“线”，三年见“面”的效果。加快保障性住房建设，保障房新增开工任务（含租赁补贴）完成率达104.8%，居全市之首。加快农村危房户改造，全县农村低收入住房困难住户危房改造任务为1250户，已全面动工兴建，至年底能够全面完成并通过验收。贯彻落实《关于在全省开展文化祠堂建设工作的意见》，推进农村文化祠堂建设，在文化特色鲜明、人口相对集中、经济社会发展基础较好的12个镇的中心村各建立一间县级“示范文化祠堂”。大柘、上举两镇分获市“示范文化祠堂”示范点称号。（4）以行业和窗口为重点，深化文明单位创建活动。抓好济广高速平远段公路服务区文明示范的创建工作，加强县汽车运输公司车站、出租车和五指石旅游景区等窗口行业的文明创建。培育和促进文明健康生活，满足群众提升生活品质的需求，在市、县精神文明建设先进集体单位中开展培育文明示范点，扩大示范工作覆盖面。

【未成年人思想道德建设】 2016年，平远县认真做好未成年人思想道德建设工作。（1）开展主题实践活动。扎实抓好“我们的节日”品牌，在未成年人中广泛开展“美德少年”“童心向党”“向国旗敬礼”“扣好人生第一粒扣子”等教育实践活动。仁居镇杨乐如、长田镇丘敬奕、热柘镇卓佛英被市评为“自强不息好少年”。国庆节期间，组织全县中小学校开展“向国旗敬礼”网上签名活动。组织全县中小学校校长和德育辅导员在县城田家炳中学开展“扣好人生第一粒扣子”主题教育实践活动。在全县各中小学校师生中开展社会主义核心价值观主题文化作品征集宣传活动。（2）开展优秀童谣征集传唱活动。持续开展优秀童谣征集活动，联合县文联、文化馆等文艺团体，开展客家童谣作品征集活动。经向全县各单位及社会各界人士广泛征集，征集作品85篇。田家炳中学学生沈文汇的作品《山歌悠悠唱家乡》获评市客家童谣节“十佳童谣”，龙均英老师的《客家礼仪要牢记》及洪树湘的《劝孝顺》获评市客家童谣节优秀作品。在首届客家童谣节展演活动中，平远县选送展演的《劝孝顺》荣获“十佳童谣奖”。并在县城小学组织开展优秀童谣传唱活动，发挥优秀童谣的教育和引导作用。（3）抓好“三个学校”建设。继续做好乡村学校少年宫建设，对已建3所乡村学校少年宫开展项目建设情况督查，指导各地建好用好乡村学校少年宫，提高使用效率。2016年，八尺中心小学列入乡村学校少年宫，全县已建设4所乡村学校少年宫。深化“争做合格家长，培养合格人才”家庭教育宣传实践活动，联合妇联和教育部门抓好家长学校建设，扎实开展家庭教育工作。依托家长学校组织多种形式的家庭教育讲座。全县办起中小学家长学校38所，其中婚育学校148所，建立起县级示范学校3所。（4）净化社会环境。开展净化视频、声屏行动，加强网吧管理，开展校园及周边文化市场环境整治，对网吧场所实行高压监管，切实执行实名制上网，加大检查力度，做到每星期有检查，采取不定期、不定时、不定点巡查，对中小学生下课期间、中午、晚上、节假日等时间实行高频率检查。2016年，出动检查人员486人次，检查网吧318家次、音像制品店76家次、书报刊经营点241家次、娱乐场所206家次。行政处罚网吧违规经营案件1宗，音像店销售盗版光碟2宗。无证经营网络游戏案1宗，为孩子们健康成长创造良好社会文化环境。

【学雷锋志愿服务】 2016年，平远县认真做好学雷锋志愿服务工作。（1）深入开展志愿活动。结合“3·5”“解放军青年林”“南粤幸福活动周”“国际禁毒日”“暖阳行动，关爱退伍老兵”“平安平远”“创建广东省卫生县城”“廉洁青春”“普惠金融知识”“北京国际山地徒步大会梅州平远站”等工作，开展一系列志愿者活动，全年出动志愿者近3万人次。同时，在全县范围内招募组织50多名优秀青年志愿者，为共青团参与青少年社区矫正试点工作提供优质服务。继续推进乡镇实体化大团委工作，加强团的基层组织建设，不断提高广大团员青年的思想政治素质。（2）扎实开展扶困助贫活动。积极争取社会各界人士的支持，共筹资60.2万多元，资助157名特困学子圆梦大学，资助2016年考取大学、家庭确实贫困仍需继续资助的学子10名。争取叶剑英基金会7万元援助70名特困中小学生。举办大学生就业创业培训活动，为正在创业或有创业意向的应、往届和在读大学生提供培训。开展“展翅计划”，加强企业与青年的就业交流。加大与县农业银行、信用社等金融机构的沟通合作，为农村青年创业争取小额贷款的优惠。

（郭玉峰）

2016 年度平远县精神文明建设委员会办公室负责人名录

主　任：林志红

副主任：郭玉峰

老干部工作

【概况】 2016年，平远县有离休干部64人。其中，县（处）级2人；享受县（处）级14人；科级48人。担任过县（处）级实际领导职务的退休干部35人，未驻会县人大常委会副主任、政协副主席9人。

【老干部政治待遇】 2016年，平远县委老干部局做好老干部政治待遇落实工作，保证老干部老有所学、老有所为、老有所乐。（1）老有所学。组织离退休干部开展“两学一做”学习教育活动，为每个离退休干部党支部赠送《离退休干部党支部学习参考》和《2016年广东老干部政治理论读本》；为每位离休干部和原县处级退休老同志赠订人手一册《秋光》杂志；为“老干部流动图书馆”和老干部阅览室订阅《人民日报》《南方日报》《南方》《长安》等党报党刊。举办全县离退休干部党支部书记培训班，邀请县委党校作题为《决战平远“十三五”，提前奔康看城乡》的主题报告。召开新春、国庆座谈会，向老干部通报全县经济社会发展情况，并就南区市场改造工作和老干部大学选址与建设等问题向老干部征求意见和建议。推广省委权威新闻客户端“南方+”的安装方式，引导老党员、老干部逐步拓展新型网学模式，在主流媒体和移动平台上积极发声。（2）老有所为。组织引导老干部在平远党建网“老干之窗”专栏和移动网络平台上开展以“展示阳光心态，体验美好生活，畅谈发展变化”为主题的“为党和人民的事业增添正能量”活动。其中，离休干部张坚的《述怀》、曾俊英的《醉大平·不忘初心继续前进》、老体协的《把晚年的光和热献给老年体育事业——记平远县老体协理事李永利》《积极开展健身活动，努力构建和谐家园——平远县石正镇老年人广场舞协会》、纪实平远七旬民间收藏家王荣才的《红色书籍四大橱》等文章陆续刊登在“老干之窗”专栏。协助县老战联组织老游击战士祭拜革命烈士活动。支持韩世任、刘福良、张日光、冯锡煌等老同志参与《平远中学校史》编写、古村落调查、《平远楹联集》编撰以及对客家民俗的整理研究等，为平远经济文化社会发展服务。（3）老有所乐。以纪念中国共产党成立95周年、红军长征胜利80周年为契机，举办“我爱家乡美”系列活动。①开展老年书画摄影展。联合县老干部大学、老年摄影协会举办专题摄影展览；组织老干部参观“生态平远·翰墨飘香——梅州市书法作品巡展”平远站书法展览，参观张绍炎、林沧海、王少希、陈干谋等退休干部的“艺韵·初心”四人书画艺术作品联展；支持92岁的长寿画家谢广海在梅州市举办“从艺75周年画展”并出版中国画专著画册；选送优秀作品参加梅州市举办的“纪念建党95周年、红军长征胜利80周年书画作品展览”，林铭升等10名作者的作品入选市专题画册。②支持老年文艺汇演展。支持县老年人学校与县红歌队在中秋节、国庆节举办专场文艺演出；积极选送老干部参加梅州“筑梦中华魂，我心永青春”歌唱比赛，平远县选手温慧秀以歌曲《金梭和银梭》荣获梅州赛区二等奖。③举办老年体育风采展。元旦期间，县老年体育协会联合市体协、太极拳协会的100名老年朋友举行健身交流联谊会；重阳节期间，组织乒乓球、桌球、麻将、中国象棋等老年体育竞技活动，喜迎广东省第28届老人节。④积极挖掘平远好家风。广东省刊《秋光》杂志社在全省范围内开展寻找“十大好家庭好家风”活动，平远县积极在离退休干部家庭中寻找好家庭好家风，并以曾庆昌同志家庭作为代表逐级推荐，获评省“十大好家庭好家风”称号。

【老干部生活待遇】 2016年，平远县委老干部局做好老干部生活待遇落实工作，继续完善和落实离休干部离休费、医药费保障机制和财政支持机制。（1）开展对全县离休干部和县处级离退休干部的春节慰问与对住院治疗的老干部的探望慰问，实时掌握老干部健康、生活信息。（2）贯彻落实《关于对建国初期参加革命工作的部分退休干部在生活上给予适当照顾的通知》文件精神，经报梅州市委老干部局审批，平远县符合“适当照顾”的退休干部22人，2016年度医疗费全部发放到位；应增发生活补贴的老干部10人，10月起按月发放，并补发1—9月的生活补贴；发放护理费方面，全县还没有符合条件的对象申报。

【服务水平提升】 2016年，平远县委老干部局致力提升为老干部服务的工作水平。（1）真情接访老干部，化解矛盾，解决需求。（2）老干部局主要领导带头调研，积极参加梅州市老干部工作会议、广东省开展正能量活动推进会，学习发达地区开展正能量活动的先进经验，并代表县级在全市老干部工作会议上作正能量活动发言，将平远县“搭建活动平台，展现老干风采”工作经验推向全市。（3）坚持做好县老干部活动中心的管理与服务工作，发挥“活动中心”阵地优势，开展有益于老干部身心健康的文体活动。顺应老龄化要求，积极推动老干部大学建设，向省委老干部局争取到专项建设资金，立项筹建，与县图书馆大楼合并兴建，六至七层为县老干部大学使用，合计1030平方米。（4）加强总结宣传，提升老干工作水平。以党报、党刊和党建网站为阵地，继续在“平远党建”网站办好“老干之窗”专栏，大力宣传老干部工作，及时报道老干工作动态。收集老干部的文艺作品，向有关报纸杂志投递稿件，并通过内部专栏进行宣传报道。全年先后通过上述平台刊登的稿件43篇次（含图片），其中在“老干之窗”上刊登的《熟记传播正能量微语100句》，点击率达四千多人次，扩大正能量文化辐射范围。依托“平远发布”“平远脐橙文化”等本地微信公众号，推出老干部人生观的文章专号，如《秋光中起舞》《见证九十年前的那场战斗》《养老观是人生观的续篇》《好家风培育七博士》等。（姚柳娟）

2016年12月30日，中共广东省委组织部副部长、省委老干部局局长郭跃文（左三）率队到平远县考察 （李程 摄）

2016年度中共平远县委老干部局负责人名录

局　长：李　程

副局长：张仕珍（女） 余义兴

机要工作

【概况】 2016年，中共平远县委机要局（平远县密码管理局）紧紧围绕省市党政机要工作要点的要求，以服务全县工作大局为目的，在确保通信安全畅通的基础上，不断完善机要管理规范化建设，不断推进电子政务内网建设，进一步落实党委系统信息化建设工作，全面加强干部队伍建设。主要做好如下工作：（1）加强领导。统筹协调全县机要工作，为平远县机要工作指明方向，提供人力、财力支持。（2）建章立制，严格各项纪律。首先是严格执行运维规范。从网络的接入到终端的使用，以及收发文件操作流程均按规范化进行。其次是严格执行对通信设备进行备案登记，进行专人管理，确保安全。最后是严格执行值班纪律，一直坚持执行24小时轮值班制度，为保证机要通信的安全畅通提供重要支撑。（3）继续推进党委信息系统的建设。党政内网建设实现稳步推进，确保内网平台的畅通，保证上级重要文电的及时传达。（4）规范电报的管理。在电报的办理、归档、销毁方面均能按照省市规定的流程进行管理。（5）加强设备的管理。（谢潭翼）

2016年度中共平远县委机要局负责人名录

局　长：林胜玉

副局长：叶子丁

保密工作

【概况】 2016年，平远县国家保密局做好保密“三大管理”、保密工作法制建设、保密服务与监督、保密工作责任落实等工作，确保国家秘密安全。

【保密精神贯彻落实】 2016年，平远县保密局把学习贯彻习近平总书记关于保密工作的重要讲话精神及《中共中央关于加强和改进保密工作的意见》（以下简称中央《意见》）作为当前做好保密工作的首要政治任务。把学习贯彻习近平总书记重要讲话、中央《意见》和学习贯彻胡春华书记在省委常委会上对全省保密工作的有关要求结合起来，结合实际，制订加强和改进保密工作的具体措施，进一步提升全县保密工作水平。

2016年6月3日，在平远县迎宾馆二楼大会议厅召开2016年县委保密委员会全体会议暨全县保密工作会议

【保密“三大管理”】 2016年，平远县国家保密局做好定密管理、网络保密管理、涉密人员管理工作。（1）做好定密管理工作。贯彻落实《国家秘密定密管理暂行规定》和《广东省国家秘密定密管理实施细则》，全面落实定密责任人和定密授权制度要求，规范定密授权和严格定密责任人确定工作。（2）做好网络保密管理工作。严格执行《党政机关和涉密单位网络保密管理规定》和《广东省党政机关和涉密单位网络保密管理规定》，强化涉密网络全过程管理。（3）做好涉密人员管理工作。为进一步加强涉密人员的保密管理，印发《关于开展机关单位涉密岗位、涉密人员确定和管理工作的通知》，要求各单位认真抓好落实。

【保密工作法制建设】 2016年，平远县国家保密局加强保密工作法制建设工作。（1）建立完善保密制度。认真制定2016年县委保密委员会工作要点，要求各单位认真贯彻落实。做好保密自查自评和督查工作，切实提高保密安全防护意识，采取措施，消除隐患。修订完善《保密工作手册》。（2）加强保密宣传教育。4月，举办组工干部保密知识培训班，县国家保密局局长为组工干部作《掌握保密知识，筑牢保密防线》的辅导发言，增强组工干部保密意识。6月，召开2016年县委保密委员会全体会议暨全县保密工作会议。印发有关失泄密案例情况通报。做好海云手机配发使用管理和保密法纪宣传教育工作。做好省委《关于加强和改进保密工作的实施意见》的传达学习工作。组织有关人员参加重走中央秘密红色交通线（青溪中站）活动暨“广东省保密教育示范基地”挂牌仪式。做好2017年度《保密工作》杂志等征订工作。

【保密服务与监督】 2016年，平远县国家保密局认真做好保密服务与监督工作。做好领导干部及重要岗位人员公务用车安全保密管理工作；加强机关和单位互联网门户网站、涉密人员因私出国(境)登记备案、涉密载体销毁管理等保密检查工作；做好平远县2016年普通高考考试、粤东西北地区乡镇事业单位专项公开招聘考试和县“三类人员”考试保密安全工作，做好《平远县政协志(1982—2015)》的保密审查工作。配合省保密局、省委组织部做好组织部门大组工网的保密安全检查工作。

【保密工作责任强化】 2016年，平远县国家保密局做好中央《意见》和党政领导干部保密工作责任制落实工作，提高党政领导干部履行维护国家秘密安全的政治责任意识。（1）贯彻落实中央《意见》《党政领导干部保密工作责任制规定》和《广东省党政领导干部保密工作责任制实施办法》。坚持党管保密，加强对保密工作的政治领导、思想领导和组织领导，及时研究解决保密工作重大问题。（2）推进保密工作责任制考核。县委保密办及时转发省委保密委员会、省纪律检查委员会、省委组织部联合印发的《广东省党政领导干部保密工作责任制实施细则》，要求各单位遵照执行。加强督促检查，强化党政领导干部履行保密工作的领导责任。

（谢新兰）

平远县国家保密局负责人名录

局　长：韩方颂

副局长：曾祥定

党校工作

【培训工作】 2016年，平远县委党校、县广播电视大学（以下简称“县委党校、电大”）充分发挥主阵地作用，认真做好培训工作，完成全年培训任务。（1）办好党校主体班。全年举办科级干部进修班2期，培训干部161人；举办村（社区）干部培训班2期，培训村（社区）干部159人；举办全县新录用和调任公务员初任培训班1期，人数有119人。培训采取讲授式、情景模拟式、案例式及现场教学、异地培训等形式，增强培训效果。（2）办好专题培训班。积极支持部门举办业务培训班，采取联办或提供场地等方式协助县委组织部、人社局、林业局、财政局、统战部、水务局、中小企业局、安监局、方志办到校举办各类培训班，共培训各类人员2000多人。在培训内容、培训方式、培训时间、联系教师等方面，给予大力支持、协作和帮助。（3）继续开展对外宣讲活动。重视对外宣讲工作，校领导一直把对外宣讲作为展示学校形象的窗口工作，在制度、人才、培训、资金多方面予以大力支持。2016年，学校骨干教师累计在全县各镇、机关事业单位、农村、学校等宣讲30多场次。在对外宣讲中紧扣时事政治，紧密结合县情，发挥宣讲主力军作用。此外，与团县委、组织部合作举办“笃行青春志，共筑振兴梦”主题演讲比赛和学习县委十三届党代会精神座谈会，参加人数150多人。

【远程开放教育工作】　2016年，县委党校、电大认真做好远程开放教育工作。（1）加大招生力度。学校认真探索新形势下电大招生工作新途径，规范招生宣传，不断提高招生工作业务水平。在办学竞争激烈、报读学生分流严重、生源素质下降的情况下，学校班子领导以身作则，率先垂范；每个教职工积极行动，深入基层和单位，广泛宣传，周到服务。电大春秋两季和奥鹏学习中心全年招生776人，招生人数比上年有较大的增长，取得较好的成绩。（2）加强教学教务管理。①在教学管理方面，坚持班主任、授课教师签到制度；继续做好形成性考核册收缴验收工作；圆满完成电大本、专科毕业论文答辩工作；考试考核工作全年无事故；继续做好书库教材资料核查、清理工作。按照“从严要求、热情服务”的办学思想，在招生录取、学员面授出勤、考风考纪等关键环节上加强管理，提高办学声誉和办学效益，维护学校工作的严肃性。2016年，共输送本、专科毕业生425人。②在教务管理方面。重视教学教务细节管理，严格要求，工作中领导重视、部门负责，做到早计划、早安排、工作有条不紊，扎实有序，制定教务工作学期流程表，对学期的教务工作进行详细安排。学校充分利用开学典礼时机对学生进行学前教育，不仅加强对学员网上学习的指导和监控，还认真选聘面授辅导老师进行面授教学，同时强化班主任对学员开展远程教育学生的指导。2016年，有2人被评为市电大系统优秀教务工作者，有1人被评为全省电大系统先进教育工作者，有1人被评为市电大系统优秀教师，有1人被评为市电大系统科研积极分子，有1人被评为县级优秀教师。学校获省开放大学基层电大系统绩效考核良好等次，被评为广东电大系统教材管理工作先进集体。

【党建工作】　2016年，县委党校、电大深入学习贯彻中共十八大和十八届四中、五中、六中全会精神，按照中央关于党建精神的要求，围绕县委、县政府的中心工作，以“两学一做”学习教育活动、精神文明创建活动、纪律教育学习月活动为抓手，巩固学习型服务型党组织创建成果，扎实推进党员队伍的思想建设、组织建设和作风建设，提高队伍的战斗力，增强支部的战斗堡垒作用。为学校各项事业的发展，为培养造就各类人才，为全面完成各项工作任务，提供强有力的思想政治保证。

【教学科研、调研工作】　2016年，县委党校、电大认真做好教学科研、调研工作。（1）继续办好《平远学刊》。在2015年成功创办《平远学刊》的基础上，继续办好两期《平远学刊》。学刊创办为党校电大教师提供一个展示自己教学和科研能力的宽广平台，集中展现出学校的教学水平和科研水平。同时，建立全县党员干部学习的交流平台，方便党员干部开展理论学习和交流，研究工作中遇到的新情况和新问题，探讨经济社会发展中遇到的热点和难点问题。（2）2016年，大部分教师能按照学校的要求完成调研文章和学术论文撰写任务。有1篇论文上送“建设‘一区两带’，加快振兴发展”征文活动荣获一等奖，还有多篇论文上送《梅州市现代远程教学学会》专刊《梅州远程教育》和《梅州学习与研究》发表。

【行政后勤与管理工作】　2016年，县委党校、电大认真做好行政后勤与管理工作。（1）投入39.7万多元用于学校停车场扩容工程的建设；投入12.5万元用于教学楼多媒体演播厅投影设备及音响改造工程；投入约2万元用于维护学校办公设备；投入约1万元用于学校自来水工程维护改造；投入4万多元用于校园绿化和美化工程。（2）充分利用自身条件，服务上级领导和学员，全年接待上级来人、学员和来宾500多人次。（3）认真贯彻“创卫”工作要求，加强创卫宣传，努力营造人人讲卫生、爱护环境的良好氛围。建立定期消杀蚊虫制度。加强对卫生保洁责任制的落实，聘请专门的保洁员，确保学习工作生活环境整洁优美；强化校内治安的综合治理，完善学校的治安管理制度,做好法制宣传教育工作，定期检查治安防范措施的落实，确保校园安全稳定；加强公用设施的管理和维护，确保设施使用正常；加强学校固定资产的管理，实行办公财产登记制度，确保校有资产无流失现象；加强水电使用管理，杜绝浪费，厉行节约。

（刘新平）

2016年度中共平远县委党校、平远县广播电视大学负责人名录

校　长：张文浩

副校长：李忠明　黄慧玲（女）　韩启城

县直属机关工作委员会工作

【概况】 2016年，县直有6个系统党委，共有党总支20个，党支部227个，共有党员4573人，其中2016年新发展党员29名。2016年，县直机关工委以落实从严治党要求为主线，以“两学一做”学习教育为契机，坚持“服务中心，建设队伍”，重点突出，扎实推进，切实加强县直机关党的思想建设，不断夯实基层党组织基础，促进机关作风持续好转，为平远县加快振兴发展提供强有力的组织保障。

【机关党建工作】 2016年，中共平远县直属机关工作委员会切实加强机关党组织建设，不断提升党建工作水平。（1）抓服务型党组织建设。按照县委对机关党建工作提出的要求，深入推进服务型党组织建设，积极打造服务型党组织示范点。11月22—23日，县直机关工委组织开展县直机关党建工作“互学互比”活动，组织各系统党委副书记、党办负责同志，县委组织部有关领导、县直机关工委全体人员先后到县公路局、县农业局、县总工会等21个服务型党组织示范点进行学习观摩并交流机关党建工作经验。（2）抓“五好”基层党组织和“书记项目”建设。2016年，有12个党组织申报“五好”创建，至年底，全县79个县直机关党组织达到“五好”创建标准。县直机关工委督促各级党组织书记切实履行第一责任人职责，按照“一书记一品牌、一组织一项目”的要求，把实施党建精品“书记项目”工程作为落实党建工作目标责任制的主抓手，有效解决一批基层党建工作中的重点难点问题。（3）抓党员发展对象学习培训。6月23日，县直机关工委、县委组织部联合举办一期全县性的党员发展对象培训班，对全县180多名党员发展对象进行集中培训。（4）抓志愿服务队建设。以系统党委为单位，建立青年志愿者服务队。全县有党员志愿者300多名。志愿服务队积极开展“服务三农、应急救援、敬老助残、技能培训”等志愿服务活动。2016年，县直各系统开展服务活动10多场次。（5）抓“关爱党员·增强党性”活动。由各系统党委调查摸底系统内困难党员情况，并安排帮扶方案，采取一个党组织至少结对帮扶一名困难党员的方式，开展以“安老、帮残、助学、济困、救灾、扶智”为主要内容的帮扶活动。（6）抓党费补缴工作。

按要求清查每位党员交纳党费的情况，计算党员需补交党费数据，落实补交党费工作。全年收取补交党费1497元，按上级要求基本完成党费补缴工作。同时，督促各党委依时完成党费补缴工作。

2016年11月22—23日，县直机关工委组织开展县直机关党建工作“互学互比”活动

【机关作风建设】　2016年，中共平远县直属机关工作委员会大力加强机关作风建设。（1）强化机关作风日常监督，加大明查暗访力度。与纪检监察、新闻媒体等部门紧密协作，加大机关作风的明查暗访力度，从违反会议纪律、上班工作纪律、公车私用等问题入手，全年开展3次会议督查和5次暗访活动。对全县各镇、各单位的干部工作纪律、精神状态、服务态度和群众来电、来信举报投诉案件等进行暗访，曝光一批上班迟到、值班缺位、开会无故缺席、公车私用等现象。对暗访发现的问题，及时向有关单位反馈，责成抓好整改。（2）开展群众评议活动，推进机关作风转变。根据《关于进一步加强机关作风建设，全面提升行政效能的实施意见》的要求，7月中下旬，对105个县直机关及省、市属驻平远单位开展机关作风公众满意度平时评议活动，并按测评得分的高低顺序对各类参评单位按类别进行排名并发出情况通报，让各参评单位对照查找自身在服务态度、办事效率、廉洁勤政等方面存在的问题与不足，并抓好整改落实，进一步改进机关作风，增强机关干部的服务意识和效能意识，树立政府机关的良好形象。（3）完善考核评价办法，做好年终考核工作。不断完善《平远县县直单位领导班子和领导干部落实科学发展观评价指标体系及考核评价办法》，并牵头组织对县直105个单位进行2016年度的工作进行全面考核。

【机关武装工作】　2016年，平远县直属机关人民武装部按上级武装部门要求扎实抓好机关武装工作。（1）充分落实民兵整组工作。按照指定的民兵编组任务,重点组建平远县后勤保障分队。（2）扎实开展兵役登记工作。通过多种宣传载体进行宣传，发动全县适龄青年进行兵役登记，成功登记率为100%。（3）认真做好征兵工作。输送合格青年到部队服役，圆满完成年度征兵任务。

【“活力团队·和谐机关”活动】　2016年，中共平远县直属机关工作委员会扎实开展“活力团队·和谐机关”活动。（1）6月12–22日，县直机关工委组织一场迎“七一”机关篮球赛。县直六大系统党委共6个代表队参加比赛，通过10多天的比赛角逐，党群系统党委代表队夺得冠军，宣教卫系统党委代表队夺得亚军。（2）县直各级党组织积极开展丰富多样的团队活动。如县妇联联合国税局开展“大手牵小手·你我共成长”关爱儿童公益活动；县科协组织全县小学生举办青少年科技创新活动；县水务局组织水务系统党员干部举办“两学一做”学习教育知识竞赛活动等。

【党员志愿者卫生联合行动】　2016年8月12日，中共平远县直属机关工作委员会组织开展“发挥党员示范作用，助推县城创卫行动”为主题的党员志愿者清洁卫生联合行动。来自县直六大系统党委300多名党员志愿者参加该次行动，对羊子甸河两岸的生活垃圾、杂草进行清扫。

【“扶贫济困日”捐款活动】　2016年6月30日，中共平远县直属机关工作委员会组织举行广东扶贫济困日募捐活动启动仪式，县五套班子领导出席启动仪式并带头捐款，县委、县政府大院内办公的全体机关干部参加启动仪式并踊跃捐款。（谢志宏）

2016年度中共平远县直属机关工作委员会负责人名录

书　记：沈登桂
副书记：张丽丽（女）
副书记、纪工委书记：钟金红

2016年度平远县直属机关人民武装部负责人名录

部　长：何文耀

县直系统党委工作

【党群系统党委】　2016年，中共平远县党群系统委员会共有3个党总支、35个党支部，443名党员。2016年党群系统党委坚持“围绕发展抓党建，抓好党建促发展”和“围绕中心、服务大局”，有力推动党委各项工作开展。（1）深化党内教育。把“两学一做”学习教育列入党委年度重点工作，成立学习教育工作领导小组，制定具体工作方案，落实工作责任，明确学习计划、学习内容、学习方式等，抓严抓实“两学一做”学习教育。全面加强业务指导，召开专题会议动员部署，严格把关各党支部工作计划，指定专人全程督促实施情况。不断丰富学习教育载体，精心组织“两学一做”专题党课，引导各党支部开展手抄党章党规、撰写微体会和考学活动，组织党员干部到红色教育基地参观学习，积极调动党员干部学习热情，实现学习教育工作覆盖全系统党员干部。（2）推动组织建设。制定《2016年党群系统党建工作要点》，认真做好党员组织关系集中排查和党代会代表违纪违法未处理情况排查工作，党群系统流动党员3名，无失联、空挂及不合格党员，5名市党代表、32名县党代表均不存在违纪违法未处理的行为；按期完成9个党支部班子换届、补选、改选工作；全面完成3个党总支、35个党支部党费补缴工作；大力开展“扶贫济困日”和慰问老党员、困难党员活动，深入推进抓党建促脱贫攻坚工作。（3）创建“五好”和“服务型”党组织。2016年有县信访局党支部、县残联机关党支部、县总工会机关党支部3个支部申报并完成“五好”党组织和“服务型”党组织的创建验收。到年底，共有14个党支部完成“五好”党组织创建，4个党支部完成“服务型”党组织创建。（4）丰富党日活动。组织参加县“唱响中国梦·永远跟党走”“七一”合唱大赛、“笃行青春志·共筑振兴梦”演讲比赛、“廉洁火炬杯”党规党纪知识竞赛等各类比赛，联合县妇联到茅坪村省级儿童友好社区开展“大手牵小手·你我共成长”志愿活动，举办“三八”妇女节趣味运动会，每周开展创卫环境卫生大清洁行动，以及参与植树活动和献血活动等，让党员干部的组织生活过得既丰富又有意义，进一步增强系统党员干部的凝聚力、向心力。（5）做好“两代表一委员”换届选举。2016年，平远举行县第十三次党代会、县第十五届人代会、县第十届政协委员会，根据工作安排，党委通过选举产生32名参加县第十三次党代会代表，并对党代会候选人、人大代表候选人、政协委员候选人进行考察，为会议的顺利召开提供保障。（党群系统党委办公室）

【宣教卫系统党委】　2016年，宣教卫系统党委下辖宣传文化系统、教育系统、卫生系统、体育局等30个单位，设有6个党总支、

54个支部，2016年年末有党员1175人。2016年，宣教卫系统党委主要抓好五大块工作。（1）抓“两学一做”学习教育，提升党员思想理论素养。一是依托党支部集中学，受教育党员干部1000多人次。二是加强分类指导深入学。根据不同行业党员的特点，分别提出具体要求，加强督促检查指导，促进“两学一做”学习教育顺利开展。城南中学党总支作为市级“两学一做”学习教育示范单位，把学习教育与创建服务型党组织工作融入教育教学等日常工作中，通过开展“服务教师、服务学生、服务家长、服务群众”创建服务型党组织活动，教育教学取得明显成效。三是党员领导干部带头学。党员领导干部以普通党员身份参加组织生活会，带头讲党课，带头学习讨论，带头开展批评和自我批评，带头解决自身问题。四是强化问题导向贯彻学。开展“我学、我思、我为”微征活动、手抄“党员必知”活动、“两学一做”知识竞赛等活动。组织该系统副股级以上干部300多人参加“两学一做”和两项法规学习教育党课巡回宣讲报告会。组织10多人参加县直机关工委举办的入党积极分子、发展对象等培训班。在“两学一做”学习教育中，全体党员共撰写心得体会文章1000多篇。（2）抓好党建五项重点工作，促党建健康优质发展。一是党员组织关系集中排查工作。对系统1175位党员进行登记、归档、清理、补齐党员档案，完善党组织党员管理台账。二是党代表和党员违纪违法未给予相应处理排查清理工作。对本系统39名“两代表一委员”进行重点排查，逐人考察,没有“两代表一委员”和党员违纪违法未给予相应处理的现象。三是基层党组织按期换届专项检查工作。共有14个党支部进行换届或补选，新成立2个党支部。四是党费收缴使用管理专项检查工作。系统党员全部完成党费补缴和缴交任务，其中补缴2008年到2015年的党费25万多元，缴交2016年的党费50万多元。五是结合扶贫“双到”工作，抓好建立机关党员干部直接联系群众制度。全系统投入资金约127万元，为群众办好事实事53件。（3）创新活动载体，增强党组织的凝聚力和战斗力。①抓好服务型党组织建设。党委以广电台党支部、文广新局机关党支部、城南中学党总支、县一小党支部、卫计局机关党支部、人民医院党总支为“服务型”党组织示范点，高度重视，精心组织、认真审定实施方案、从严要求做好督促检查指导工作，以“六有”为目标，以服务发展为主题，建立上下连贯的服务体系，扎实推进创建活动顺利开展。②抓好“五好”基层党组织创建活动。一是抓机制，促党建工作落实。党委全年召开6次党委会，研究部署党建工作，完善党委委员挂钩联系点制度，8位委员共挂钩30个支部。二是抓“五好”基层党组织示范点建设。以县职校党总支、县实验小学党支部为“五好”基层党组织创建示范点，严格按照“五好”标准进行重点创建，充分发挥示范带动和辐射激励作用。本年度评选出党委“七一”表彰先进党支部8个、书记项目先进单位8个、优秀党员48名，优秀党务干部10名。三是抓好发展党员工作。培养入党积极分子10人、确立发展对象10人、吸收预备党员7人、预备党员依期转正10人。四是抓好党支部“三会一课”制度建设。五是抓好基层党建创新“书记项目”。各支部都确立一个书记项目，全面加强服务型党组织建设。六是抓好支部书记述职工作。组织6位党总支、支部书记进行现场述职，其他支部书记进行书面述职，增强党建“主业”意识。七是抓好机关作风建设，不断提高窗口服务行业的水平，杜绝不作为，乱作为现象。③抓好“活力团队·和谐机关”活动。党委结合纪念建党95周年，开展“活力团队·和谐机关”活动，组织党支部书记、优秀党员、入党积极分子共40多人到遵义红色革命根据地参观学习，重走红军路、重温入党誓词。各单位都开展活力团队活动1次以上，共30场次、1435人次参加。组织党员干部参加县委组织的纪念建党95周年“七一”合唱大赛，组织篮球队参加县直工委组织的篮球比赛。④积极开展青年志愿者活动。党委成立由30人组建的青年志愿者服务队，全年开展3次义诊活动。2016年党委青年志愿者服务队荣获梅州市最佳志愿服务组织光荣称号。（4）加强党风廉政建设，增强拒腐防变能力。修订《宣教卫系统党委委员党风廉政建设岗位职责》，各主管局相应制定党风廉政建设岗位职责，加强对下属单位党廉工作的督促检查。深入学习贯彻《中国共产党党员领导干部廉洁从政若干准则》和《中国共产党党员纪律处分条例》，抓好党风廉政建设责任制的落实，推进党务公开、政务公开和完善各项规章制度。开展“学党章强党性、讲规矩守纪律”为主题的“纪律教育月”学习实践活动，进一步改进机关作风。（5）做好“两代表一委员”换届选举工作。按照县委部署，党委做好选举“两代表一委员”工作，召开党员代表会推荐出席县第十三次党代会代表20名，出席县第十五届人大代表3名、大柘镇第十六届人大代表3名，推荐出席县政协第十届委员13名。（李东立）

【政法系统党委】 政法系统党委下辖党组织所在单位有县委政法委（县委防范办、县综治办、县委维稳办）、县公安局、县人民检察院、县人民法院、县司法局、县社工委（镇党委管理的除外）。全系统下设公安局党委，系统内有2个党总支、21个党支部，年底在册党员430名。2016年，政法系统党委主要抓好三个方面工作：（1）加强党员干部的学习教育和管理，提高队伍素质。①“两学一做”学习教育有序开展。一是党委选树“两学一做”学习教育示范点。加强对示范点的指导、督促和检查，开展抓党建、强服务、促业务的服务型党组织建设取得成效。示范点县司法局在司法行政服务工作取得新亮点，示范点县公安局“110”指挥中心在快速接处警情、服务群众上有新提高。二是发动党员参加各类征文活动。发动党员参与“我学、我思、我为”微体会征文活动，全系统共收到微体会征文89篇，择优向县选送26篇参评；参与“如何做合格党员”主题征文，共收到征文36篇，择优向上推荐7篇。三是指导开展手抄“党员必知”活动。四是组织参与各项比赛活动。组队参加全县“廉洁火炬杯”党规党纪知识竞赛、全县“两学一做”演讲比赛。五是组织“七一”讲党课和市委党课巡回宣讲活动。六是志愿者开展“送法服务”活动。选定20名熟悉法律知识的骨干组成党员志愿者服务队，开展“送法进校园、送法进村居、送法进企业、送法进工地”活动，“12·4”法制宣传日，配合县普法办、县司法局开设现场咨询、赠送法律资料图书、政策解释答复等形式的宣传活动，大力宣传宪法和法律，为全县经济社会发展营造良好的法治环境。七是重视督促党支部抓好支部生活基本制度。②从严做好党员日常管理，排查落实“七项党建重点任务”工作。严格认真做好党员组织关系排查工作。全系统共有党员435人，经过排查，该系统内单位清楚、党组织设置清楚、党员人数清楚，没有“口袋”党员，也没有“失联”党员；完成1名党员补办党员档案手续。紧密有序开展党员党费补缴工作，收取并上交补缴党费7.9115万元。严格按标准程序做好发展党员工作。全年共批准吸收预备党员4名，预备党员转正5名，确定发展对象4名，培养入党积极分子5名。及时调整了因工作调动的政法系统党委委员；做好检察院党总支和支部的换届工作。（2）利用党建活动有效载体，充分发挥党组织战斗堡垒和党员先锋模范作用。一是重视开展党建创新“书记项目”活动，提高政法服务水平。继续实施《政法服务窗口党员争先锋》“书记项目”，组织本系统的县党代表、省市劳动模范视察政法服务窗口，通过看现场、查资料、问情况、听汇报、座谈交流等视察调研活动，帮助服务窗口查找存在问题，针对存在问题认真进行改进提高，不断提高服务窗口干警的服务意识和服务水平。二是抓“五好”基层党组织创建，突出支部战斗堡垒作用。三是以“六有”为目标，建设服务型基层党组织。以基层服务型党组织的“六有”（领导班子、骨干队伍、服务场所、服务载体、制度机制、服务业绩）为目标，党委指导县司法局党支部打造“有得看、有得听、有得学”的服务型党组织示范点，积极动员党员干部参与、打造服务平台、夯实服务基础、建立健全长效机制等措施，取得成效。四是推荐宣传先进典型，开展党内关怀。表彰一批先进单位和先进个人，在此基础上，对特别优秀的，一方面积极向上级推荐，另一方面在系统内广泛宣传，用身边的先进典型让广大党员学有榜样，推荐宣传县公安局看守拘留党支部、县公安局优秀共产党员黄碧玉、敬业奉献之星县司法局公证处主任王云发等；对生活困难的党员开展结对帮扶，落实责任单位和责任人，开展慰问困难党员工作，慰问困难党员36人，慰问80周岁以上老党员6人。五是继续开展“活力团队·和谐机关”活动，促进党员干部学习交流。全年全系统累计组织团队活动9场次。六是统筹城乡党建，助推脱贫攻坚。（3）完成县委、县政府及相关职能部门布置的事务性工作。按县委、县人大、县政协的部署，做好系统13名县党代表、3名县镇人大代表、4名政协委员的选举工作。及时做好县委、县政府各场次会议的通知，准时上报参会人员名单；协助做好党报党刊征订工作，100%完成重点党报党刊征订任务；按县相关部门要求，及时完成各类型先进典型的推荐工作；完成系统全年26名献血任务；组织系统干部职工参加国民体质测试工作。（4）抓党建促业务，确保维护全县社会和谐稳定。通过抓党建，充分调动政法系统广大党员干部的工作积极性，党支部的战斗堡垒和党员先锋模范作用得到发挥，政法职能部门定期对全县社会稳定形势进行研判，提高防控各类风险的能力，提出有针对性工作措施和意见，为县委、县政府和上级部门统筹、决策维稳工作，化解案件提供全面准确、及时有效的信息服务。政法工作满意度群众安全感全市排名连续多年靠前。　（马　洪）

【政府系统党委】　2016年年末，县政府系统党委设3个党总支、52个党支部，党员1111人。政府系统党委围绕县委组织部2016年度党建工作要点，结合实际，主要做了四方面的工作：（1）抓学习教育。各党支部结合工作实际，制订学习培训计划，首先组织全系统认真做好“两学一做”活动、学习中共十八届五中、六中全会精神，认真学习习近平总书记的系列讲话精神，认真贯彻落实《中国共产党廉洁自律准则》《中国共产党纪律处分条例》等规章制度；二是深入开展“作风建设永远在路上”排头兵实践活动，收到一定效果；三是组织开展党的群众路线教育实践活动，各基层党组织还按县委实践办的要求结合实际进行学习贯彻；四是通过“创建服务型党组织”活动，夯实基础，创新党建；五是结合“两学一做”活动、积极组织开展纪律学习教育月活动、扎实开展

“社会主义核心价值观”为主题的精神文明建设活动，各单位已按要求结合实际，对宣传工作进行部署；六是积极做好中国共产党第十九届代表、中国共产党广东省十二届代表的推荐工作和县党代表，县、镇人大代表、县政协委员的选举工作任务。（2）抓主题实践。积极组织开展机关活力团队活动，除党委配合工委组织的篮球比赛、象棋比赛、足球比赛等团队活动外，各单位都根据实际，组织开展活力团队活动，效果明显。7月上旬，党委组织党代表、党务干部到革命传统教育基地广西百色红色教育基地进行传统教育活动，收到较好效果。引导党员干部“激情工作，快乐生活”，经常组织开展系统内单位与单位之间的相关文娱体育活动，基层党组织之间的横向联系更加密切。开展扶贫济困日的捐款活动，各单位都按县的要求完成任务，全系统共筹集资金80多万元。开展城乡基层党组织共建活动，扶贫“双到”工作扎实推进。（3）抓常规党建。党委由14个委员组成，党委书记王志平，副书记陈旋光。按照“基层组织建设年”的要求，党建工作覆盖率达到100%。“五好”基层党组织创建扎实推进，创建工作成效明显，县住建局、县环保局、县城监大队党支部为达标单位，年底有21个支部达标。党员示范岗的管理进一步规范，考核办法不断修订和完善。对困难党员调查摸底，33名困难党员全部落实挂钩帮扶单位，全年慰问贫困、80周岁以上老党员2次以上。党组织负责人“一岗双责”制度进一步得到落实，强化支部书记述职评议考核制度，“书记项目”实现全覆盖。基层民主政治建设不断推进。党组织生活形式不断创新。“三会一课”制度进一步规范和健全。党费收缴和管理进一步得到加强，按要求对党费收缴标准进行全面清理规范，到12月底，收缴和上划党费578539元，比上年增收394984元；清理补缴2008初年到2015年底党费245221元。发展党员工作扎实推进，吸收预备党员7人，讨论转正 9人。共有13个基层党支部进行改选或补选。党务公开工作逐渐规范健全，党风廉政建设和机关作风建设不断加强，通过督促检查，有效地促进各单位贯彻执行中央“八项规定”的落实，反腐倡廉工作取得实效。配合县纪委对违反中央“八项规定”的行为进行查处，查处违纪党员2人，其中1人受到开除党籍的处分。在党员组织关系清理排查过程中，发现党员档案缺失9名，并全部按程序补办档案手续。有效促进“五好”党支部“服务型党组织”党支部的创建和其他党建工作的开展。党建带团建、工建、妇建工作健康发展，各项工作有序开展。针对上年党建检查中存在的问题，党委重新制定对基层党组织的评比考核办法，对52个党支部的换届选举情况重新进行调查统计，建立时序表，成立县土地房屋征收安置中心党支部。（4）抓督促检查。认真做好督促检查工作，采取参加相关会议，听取工作汇报，书面或电话沟通督办，专门或陪同县政府领导工作检查、调研等各种形式，对基层党组织落实党建工作情况进行督促检查。全年共召开党委会议6次，组织召开党务政工会议2次，参加基层相关会议20多人次，各种形式到基层单位19人次，通过督促检查，有效地促进“服务型”党支部的创建和其他党建各项工作的开展。（林 平）

【农口系统党委】 2016年末，农口系统党委有2个党总支，30个党支部，723名党员。2016年主要抓好七项工作。（1）抓重点工作，提升党建工作水平。①党员组织关系集中排查。以支部为单位，以基层企事业党支部为重点，对系统内全体党员进行彻底的清理清查。②党组织按期换届。健全按期换届相关制度，规范党组织换届选举工作，对即将任期届满的党组织事前提醒。年内对12个党支部进行换届调整。③规范党费收缴。对2008年—2015年本系统内全体党员的党费收缴情况进行全面彻底的清查，严格党员交纳党费计算基数标准，完成党费正常收缴和补交工作。（2）抓学习教育，加强党的思想建设。①坚持党内组织生活制度。通过“两学一做”学习教育，推动“三会一课”等制度落实，促进党员参与党内政治生活、接受党内教育。②坚持经常性学习制度。每周集中学习一次，做好学习笔记；手抄《中国共产党党章》《条例》《准则》等。③坚持典型引路。通过推荐、选树先进典型，该系统1名基层一线党员评为省“优秀共产党员”。引导广大党员干部学习先进、崇尚模范，发挥先进典型的榜样作用。（3）抓细化分工，落实党建责任制。制定工作目标，将责任、目标分解落实到各支部。形成党委书记负总责，专职副书记具体抓，各支部密切配合、齐抓共管的党建工作格局。完善党委委员挂钩联系点制度，9位党委委员分别挂钩联系2个党总支、30个党支部。（4）抓领导班子，发挥核心作用。①强化党委班子建设。切实履行党委主体责任，党委书记以身作则，抓方向、管全局。重大时政理论集体学习；坚持党委中心组理论学习，按规定召开民主生活会、班子成员述职述廉；协调党建工作与机关业务工作的关系；规范党委工作程序，完善和落实党内制度。②强化基层支部建设。创建4个服务型党组织示范单位，以服务型党组织建设为抓手，引领基层党建工作，不断增强基层支部班子队伍创造力、凝聚力、战斗力，充分发挥基层党组织战斗堡垒作用和党员先锋模范作用。优化党员队伍结构，年内培养入党积极分子8人，确定发展对象5人，吸收预备党员5人，党员转正8人。（5）抓活动载体，促进党建工作上台阶。①开展“关爱党员·增强党性”活动。将困难党员分解到系统10个副局以上单位党组织进行结对帮扶。通过走访基层支部、慰问离退休老党员老干部、到挂钩村看望慰问困难党员及贫困户，做好党内关怀工作。②开展志愿服务活动。年内开展农科技术培训、清洁饮用水源、森林防火宣传、节会服务、地质灾害巡查、扶老济困等志愿服务活动20场（次）。农口系统青年志愿者服务队被市文明办、团市委、市志愿者联合会授予“最佳志愿服务组织”荣誉称号。③开展“书记项目”活动。结合自身工作实际，开展“转变机关作风，打造服务型党组织‘书记项目’”活动，把“书记项目”活动与中心工作紧密结合，并指导9个机关支部开展活动。④开展竞赛活动。积极组织党员参加县“唱响中国梦·永远跟党走”合唱大赛、“廉洁火炬杯”党规党纪知识竞赛；组织系统内党员开展“两学一做”学习教育考学、参加各级各类的征文、宣讲活动；举办羽毛球友谊赛；指导做好“两学一做”廉洁水务杯知识竞赛等活动。（6）抓党廉责任制，促进廉洁自律。建立健全领导干部个人重大事项报告制度，完善党务、政务公开，单位收支情况、重大决定、人事任免、吸收新党员等及时按要求公开或公示。（7）抓关键环节，推进作风建设。强化政治纪律、组织纪律，建立和完善制度，用制度管事管人，加强督促检查。树立依法行政意识、责任意识和效率意识。强化领导干部带头作用。（姚河凤）

【经贸系统党委】 2016年，经贸党委所属副科以上单位15个，下设4个党总支，36个党支部，党员688人。2016年,经贸党委主要抓好七方面工作。（1）抓“两学一做”学习教育，提高思想政治素质。制订学习计划，明确学习教育主题，扎实开展学习教育。发挥党委学习的龙头作用。全年党委中心组集中学习8次，班子成员撰写理论调研文章12篇，为全体党员上党课9次。抓好支部和党员学习教育。各单位党支部充分利用“三会一课”进行学习教育的一系列活动。邀请专家教授为党员上课，受教育党员干部650人次；组织党员参加党章知识测试、“两学一做”网络知识考学以及手抄“党员必知”和《中国共产党章程》等活动；组织党员参与“建设‘一区两带’、加快振兴发展”征文和“我学、我思、我为”微体会征文比赛活动；开展“讲担当、比奉献”专题组织生活会；组织党员参与共产党员微信、订阅号等网上阅读和干部在线学习并观看大型纪录片“永远在路上”；13个正科以上单位党组织组织党员到广西福建等红色教育基地开展理想信念教育等。全体党员在学习中撰写心得体会文章636篇。（2）抓党建重点，完成各项工作任务。一是开展党员组织关系集中排查工作，发现“空挂”党员1名。对1名不按期缴交党费，不能参加组织生活的党员作了退党处理。二是开展党代表和党员违纪违法未给予相应处理排查清理工作，对23名“两代表一委员”进行了重点排查。通过审查，没有“两代表一委员”和党员违纪违法未给予相应处理的现象。三是开展基层党组织按期换届专项检查工作，系统4个党总支36个基层党组织及时换届。四是开展党费收缴使用管理专项检查工作，对各单位党组织和党员党费收缴情况进行核查，确保党费收缴查漏补缺、应缴尽缴和按时足额上缴。36个支部688位党员已经完成党费补缴任务，补缴党费18.2万元。五是抓好党建促脱贫攻坚工作，加强农村基层基础保障，充分发挥村党组织战斗堡垒作用和党员先锋模范作用，为精准扶贫、精准脱贫提供坚强有力的组织保障。（3）抓党建品牌，增强服务能力。一是开展“书记项目”活动。按照“一书记一品牌，一组织一项目”的要求，把“书记项目”活动覆盖至13个正科级单位的基层党支部。二是开展“五好”基层党组织和服务型党组织创建活动。在巩固原有11个达标的“五好”基层党组织基础上，金叶发展公司党支部、供销社党支部严格按照“五好”创建标准，积极完善硬件建设，规范相关制度等软件建设，通过了上级党组织的验收。公路局机关党支部、药品监督管理局机关党支部在实现“五好”创建达标的平台上，认真做好服务型党组织创建示范点的软硬件建设，打造一个“有得看、有得听、有得学”服务型党组织示范点。三是开展党代表工作室接访调研活动。安排24位市县党代表轮流做好接待党员群众，听取意见建议。全年开展12次接待日活动。四是开展“优秀共产党员示范岗”活动。完善《优秀共产党员示范岗考核办法》等相关制度和管理措施，各单位党组织加强党员在讲党性、顾大局、岗位履职、组织纪律、廉洁从政、服务发展方面的考核，通过亮身份、亮工作动态信息等党员发挥先锋模范作用的渠道，大力弘扬“讲担当、比奉献”的精神，激励广大党员干部在服务“项目攻坚年”活动中敢为人先、争当一流，争创佳绩。五是开展志愿者服务活动。青年志愿者服务队积极参与扶贫济困献爱心、“创卫”工作、“食品安全宣传周”、“安全生产咨询服务宣传月”、“国庆黄金周”清洁卫生、“关爱困难党员”及参与服务县委、县政府大型活动等丰富的志愿服务项目8次。六是开展日常性党务事务工作。对到期换届的12个党总支（支部）及时改选，吸收预备党员4人，批准转正党员6人，批准发展对象5人，收缴党费22万元。（4）抓党内关怀，提升工作效率。开展“关爱党员·

增强党性”活动。19位困难党员被分解到各党组织进行结对帮扶。全年慰问特困老党员4名，困难党员32名，发放慰问金6600元。各党组织到结对帮扶挂点村帮扶困难党员和困难群众206户，送上慰问金6.2万元。帮助2名大灾大病党员申请党员扶助金1万元。开展“活力团队·和谐机关”活动。举办“五一”乒乓球比赛，参加“七一”篮球比赛活动，组织参与“唱响中国梦·永远跟党走”合唱活动和 “笃行青春志·振兴中国梦”演讲比赛，组织参加国民身体体测、广东省全民健身运动平远县启动仪式，组织党委委员、支部书记、党务干部、组工干部到广西百色红色教育基地参观学习，表彰“讲担当·比奉献”先进基层党组织10个，“讲担当·比奉献”优秀共产党员34名。（5）抓廉政建设，转变工作作风。认真落实党风廉政建设责任制，深入开展党性宗旨教育、党规党纪教育、优良作风教育。全年召开纪律教育动员会13场，组织各类专题会辅导会报告会32场，参加学习580人次。（6）抓队伍建设，打牢党建工作基础。加强各单位党组织班子建设，认真落实党建第一责任人的责任。同时关心党务干部的成长进步。全年专题研究党建工作6次，保证党建工作责任落实，从根本上确保了制度有落实、工作有人管、活动有经费。（7）抓好“两代表一委员”换届选举工作。共选举出席县第十三次党代表19名，出席县第十五届人大代表3名、大柘镇第十六届人大代表4名，推荐出席县政协第十届委员8名。　（蔡俊华）

2016年度中共平远县党群系统委员会负责人名录

书　记：陈琼宏

副书记、纪委书记：黄　文

2016年度中共平远县宣教卫系统委员会负责人名录

书　记：陈颖明（任至10月）

　　　　肖桂华（女，10月起任）

副书记、纪委书记：林清贤

2016年度中共政法系统委员会负责人名录

书　记：姚永波

副书记、纪委书记：马　洪

2016年度中共平远县政府系统委员会负责人名录

书　记：张远忠（任至4月）

　　　　王志平（4月起任）

副书记、纪委书记：陈旋光

2016年度中共平远县农口系统委员会负责人名录

书　记：林　波

副书记、纪委书记：王小智

2016年度中共平远县经贸系统委员会负责人名录

书　记：黎志勇

副书记、纪委书记：王秋香（女）

县非公有制经济组织和社会组织工作委员会工作

【概况】　2016年，平远县非公有制经济组织和社会组织工作委员会（以下简称“‘两新’组织党工委”）以落实全面从严治党要求为主线，以延展深化作风建设、筑实筑牢“两新”党组织为目标，以开展“两学一做”学习教育为契机，统筹抓好党建工作重点任务落实，夯实党组织的根基，为平远社会经济发展提供坚强的组织保证。

【“两学一做”学习教育活动】 2016年，平远县“两新”组织党工委把“学党章党规、学系列讲话，做合格党员”学习教育作为龙头任务，以组织生活为基本形式，组织全体党员开展“两学一做”学习教育。（1）扎实开展学习活动。通过成立工作领导机构，制订学习教育实施方案和工作计划，充分利用“三会一课”、开展上党课等方式，扎实有效地开展学习教育，努力增强“两新”党员党性观念。非公系统党委通过创建“平远非公党建”微信群，把“两学一做”学习教育相关文件、通知的电子文档发送到党委公共邮箱，把《党员应知应会》等文章链接粘贴到微信群、党委工作网站，让各支部负责人随时可查阅随处可学习，提高党员素质。（2）立足岗位做贡献。积极在党员中开展“亮身份、亮职责、亮承诺”活动和“党员先锋岗”活动，展示党员新面貌，树立新形象。非公系统党委的广东新大地生物科技股份有限公司党支部依托公司油茶种植技术优势，扎实开展“讲担当·比奉献”等系列主题活动，引领党员发挥作用，帮扶农户种植油茶，带领农户致富。社会组织民办非公有制企业联合支部积极组织党员参与社会志愿服务，引导党员亮身份、献爱心，主动上门服务，定期到福利院护理老人，提升党员先锋形象。

【党建重点任务落实】 2016年，平远县“两新”组织党工委根据县委有关抓好党建重点任务落实工作要求，突出重点，挂图作战，逐个突破，进一步提升党建工作水平。（1）有序开展党员组织关系集中排查。以查找失联党员为切入点，采取主动查、协助查、联合查、部门查等方式，扎实开展党员组织关系排查，“两新”党委共查出失联党员6名，其中5名已纳入组织管理，对多方查找仍无法取得联系的1名党员，依规作出停止党籍处置；以规范党员档案为重点，注重党员档案管理，全年共补办和完善100多名党员党籍资料。（2）推进党代会代表和党员违法违纪未给予相应处理情况排查清理。认真组织“两新”党委以支部为单位，对违法违纪党代会代表和党员进行排查清理，对排查中发现的5名违法违纪党员作出相应的处理，确保党员队伍纯洁性和先进性。（3）完成基层党组织按期换届检查工作。组织“两新”党委全面排查79个“两新”党组织换届的情况，对4个非公系统党组织因党员外流或党员人数不足3人没有按期换届的支部，采取撤销合并方式，实现全部党组织按期换届。（4）稳妥开展党费收缴工作专项检查。严格按照市、县规范党费收缴的工作要求，抓好党员补交2008年至2015年党费工作，并进一步规范“两新”党员党费收缴工作。（5）深入推进“两个覆盖”。认真落实市“两新”党建工作会议精神和扎实推进“两个覆盖”的文件精神，采取“一企（社）一策”等方式，对符合单独组建条件的联合党组织，加强指导，做好分设，提升单独组建率；对没有党员的“两新”组织，通过选派党建指导员、联络员，建立群团组织等途径，做好联系职工群众、培养推荐入党对象等工作，抓好应建尽建，努力实现党的工作全领域覆盖。全年“两新”党委共新组建党支部7个，其中非公系统党委组建5个，社会组织党委组建2个。

【“两新”组织基础性工作】 2016年，平远县“两新”组织党工委抓好基础性工作。（1）贯彻落实中央《关于加强社会组织党的建设工作的意见（试行）》。加强与工商、供销、农业、民政等部门的沟通联系，在摸清全县69家社会组织情况的基础上，做好义工和摄影协会组建工作，进一步加强社会组织党建工作。至年底，社会组织系统党委共有17个党支部，116名党员。（2）推进重点领域非公有制经济组织党建工作。积极推进园区非公有制企业党建工作，根据省市文件关于市级以上工业园区需成立党委的要求，加强园区管委会、中小企业局、工商局等部门的沟通联系，做好园区党委前期组织准备工作，全面摸清广州南沙平远工业园区非公有制企业党建工作底数。12月26日，正式成立园区党委，党委书记由园区办主任兼任，设有党支部10个，党员人数54名。同时，加强调研工作，进一步加强镇街、村社区对“两新”组织党组织的兜底管理，加强小微企业、个体工商户和专业市场的党建工作，探索建立“小个专”领域党建工作台账和联系点工作制度，推进党的组织和工作覆盖。

【组织的战斗堡垒筑牢】　2016年，平远县“两新”组织党工委筑牢组织的战斗堡垒。（1）扎实开展党建主题活动。结合纪念建党95周年的活动，开展多形式的主题活动，提升党组织活力。如非公系统党委在“七一”之际，召开纪念建党95周年大会，紧扣“纪念建党95周年”主题，结合“两学一做”学习教育，以听党课、唱红歌、立誓言、考党章、看样板、树标杆等多种形式，喜迎建党95周年。社会组织系统党委组队参加“廉洁火炬杯”党规党纪知识竞赛活动和“唱响中国梦·永远跟党走”“七一”合唱大赛活动，展现社会组织党员积极、健康、向上的精神风貌。（2）加强党务工作者队伍建设。拓宽选人用人渠道，通过从出资人（负责人）、管理层选拔中选派，真正把党组织书记选优配强。如非公系统党委针对大多数非公有制企业党支部成立后一直未如期进行换届的实际问题，通过加强支部换届选举工作的督促检查和现场指导，选拔政治上要强，热爱党的工作，有一定群众工作能力的党组织书记，提升党建工作水平。同时，注重开展分类教育培训，以党组织书记、党建指导员、出资人（负责人）为重点开展培训工作，提升“两新”党组织党务干部推进党建工作上新的水平。全年“两新”党委举办不同类型的培训班6次，参加人数250多人次。

（姚雁明）

2016年度中共平远县非公有制经济组织和社会组织工作委员会负责人名录

书　记：张　燕（女）

副书记：姚卫华（女）

县非公系统和社会组织系统党委工作

【非公有制经济组织系统党委】　中共平远县非公有制经济组织系统委员会挂靠在县工商联，隶属于县“两新”组织党工委管理。县非公系统党委成员单位由县工商联、工商局、国税局、地税局、人社局、经信局、招商局、中小企业局等8个非有制公经济管理部门组成，党委班子成员共9名，设书记1名、专职副书记1名，其他党委委员7名（由党委成员单位负责人兼任）。2016年年底，该党委下辖非公党组织共67个。其中，两级党委1个；非公有制企业党支部66个。非公党组织覆盖全县各镇、工业园区和228家企业，管理非公有制经济组织的党员438名。2016年，县非公系统党委主要抓好如下五项工作：（1）党员组织关系排查。从3月底开始，对64个非公有制企业党支部、427名非公有制企业党员的组织关系进行排查，通过认真细致排查和多种渠道联系查找，与5名失联党员取得联系；同时，先后为30多名党员办理组织关系转接手续和30多名党员档案移交工作，查找出党员档案100多份。对因所在企业“关停并转”或因党员流出、队伍涣散等原因造成的“空壳”“瘫痪”党组织，年底前完成撤销4个非公有制企业党支部和15名相关党员的安置工作。（2）“两学一做”学习教育活动。党委根据非公有制企业党组织和党员特点，制订和印发“两学一做”学习教育《实施方案》《工作指引》和《学习计划》并创建“平远非公党建”微信群，加强非公党组织负责人之间的学习交流，及时传递出相关工作信息，帮促指导各支部做好规定动作，按要求完成“两学一做”学习教育任务。（3）扩大党的组织和党的工作覆盖面。园区非公企业党建工作进一步加强，广州南沙（平远）产业转移工业园党委、县工业园党群服务中心于12月26日在县工业园管委会正式挂牌成立，施行在县非公系统党委领导下由县工业园党委直接管理园区内党组织的管理办法，开创全市园区非公有制企业党建工作管理新模式。至年底，新组建非公有制企业党组织5个（超凡装饰、世纪华裕、南台酒业、创丰建设、二轻建筑）。（4）纪念建党95周年活动。6月29日上午，在该县飞龙公司生态产业园围龙屋召开纪念建党95周年大会，会议紧扣“纪念建党95周年”这个主题，紧密结合“两学一做”学习教育，以听党课、唱红歌、立誓言、考党章、看样板、树标杆等多种形式，喜迎建党95周年，提升全县非公有制经济组织党组织的凝聚力、影响力。县人大常委会副主任、工会主席马文生和县委组织部副部长、“两新”组织党工委书记张燕分别为大家上了“两学一做”专题党课；8个先进党支部、30名先进个人在会上受到表彰；会议还穿插安排新党员入党宣誓、有奖知识抢答、文艺表演、现场观摩等内容。（5）加强和规范党的各项建设。结合“两学一做”学习教育，多数基层党组织已按要求完成支部换届选举工作。发展党员全面规范，2016年，共确立发展对象7名，吸收预备党员22名，批准预备党员按期转正12名。各支部按要求自行对党员交纳党费标准进行重新核定，部分党员自觉补交党费。至10月底，各支部共计缴交党费1.9万元，有10个支部37个党员补缴2008—2016年的党费2973.4元。非公有制经济组织党员代表积极履职，9月底，选举产生5名县党代表，1名专业技术人员当选为市党代表。党内关怀慰问力度不断加强，全年共慰问帮扶各类对象26名，总计投入帮扶慰问资金17300元。把“以点带面强化支部管理规范，分区设点促进整体水平提升”作为“书记”项目的主要内容，通过看现场、查资料、召开座谈会等方式，分头组织县工业园、县城和部分乡镇以及新组建支部22个党支部负责人到2个观摩点开展现场观摩活动，收到较好效果。该基层党建“书记项目”被推荐为广东省2016年度重点实施“书记项目”，市委组织部发文进行通报表扬。（谢建生）

【社会组织系统党委】 2016年，中共平远县社会组织系统委员会有17个党支部，共有党员116人。2016年，社会组织系统党委进一步健全完善社会组织党建工作体系，夯实党建工作基础，真抓实干，主要做好五方面工作。（1）扎实开展“两学一做”学习教育活动。制订学习方案，组织举办“专题党课”及党员培训活动、微体会征文活动、手抄“党员必知”活动和党章党纪知识竞赛及考学活动等，提高学习效果。（2）扎实开展党员组织关系集中排查，对17个支部党员进行党员名册核查、日常管理情况核查、组织关系接转核查和党员档案核查“四核查”。完善党员管理台账，完成党费补交工作。在做好党员组织关系集中排查的基础上，严格党员发展标准和程序，全年确定入党积极分子19名，确定发展对象11名，吸收预备党员4名，预备党员转正3名。（3）深入实施“抓巩固促提高”行动。①扩大党的组织和党的工作有效覆盖。一是结合社会组织党建工作的特点，集中力量抓组建、扩覆盖、提质量。二是加强与工商、供销、农业、民政等部门的沟通联系，在摸清全县509家社会组织情况的基础上，及时了解掌握社团组织数量每月的增减变化情况。三是批准有正式党员3名以上、党员人数较为稳定的社会组织单独建立党支部。平远县摄影家协会和平远县公益义工协会单独组建了党支部，扩大社会组织党组织覆盖面，增强社会组织党组织影响力。四是要求党员人数不足3名的社会组织，按照“行业相近、地域相邻、工作方便”的原则，共同联合建立党支部。五是对暂不具备组建条件的社会组织，则实行党建指导员制度，为以后组建工作创造条件。社会组织系统党委共有党支部17个，其中单独组建支部8个，联合组建支部9个，选派党建工作指导员、工作联络员18名，党组织覆盖社会组织数量363家，党的工作覆盖率71.3%。②整顿软弱涣散党支部。对八尺酒业等个别软弱涣散党支部，党委明确党委专职副书记为第一责任人，采取党委委员挂点联系、镇党建指导员参与等方式加大整顿力度，调整了支部书记。并结合“两学一做”学习教育，在党员中积极组织开展各类教育培训活动，完善党务公开制度、民主评议党员制度、管理监督制度、联系服务群众制度等，增强支部的凝聚力和战斗力。同时，对一些党员人数少，党员分散，无固定党员办公室、活动室，工作处于瘫痪状态，属空壳支部的给予撤销。撤销长田镇长庆特色种养合作社和中行镇新兴产业合作社2个党支部。（4）不断加强党务工作者队伍建设。选好配强支部书记，全年共有5个支部进行了换届选举，更换配强2个支部书记。开展形式多样的教育培训，不断提升党务干部的政治素质和业务水平。全年组织支部书记参加不同类型的培训班6次，参加人数115人次。（5）加强党委自身建设。抓好党建工作责任落实，不断健全完善党建领导责任制度、目标管理制度、党建指导员、联络员等各项制度，健全党委班子成员挂钩联系支部工作机制并深入社团一线抓党建、解难题。推进“书记项目”建设，党委把实施“扩面提质”，推进支部党建规范作为“书记项目”的主要抓手，严格按照“五好”（领导班子好、党员队伍好、发展业绩好、工作保障好、展示平台好）的目标要求，制订具体实施方案，抓好落实。开展党建工作述职评议制度，促进支部建设。（张永平）

2016年6月，社会组织系统党委举办党员培训班场景

2016 年度中共平远县非公有制经济组织系统委员会负责人名录

书　记：张惠兰（女）

专职副书记、纪委书记：谢建生

2016 年度中共平远县社会组织系统委员会负责人名录

书　记：肖洪海（任至5 月）

　　　　刘立新（5月起任）

专职副书记、纪委书记：张永平

平远县人民代表大会常务委员会

主要会议和活动

【县第十四届人民代表大会第七次会议】 2016年1月28—30日，平远县第十四届人民代表大会第七次会议在县迎宾馆大会堂举行。应到会代表177人，出席大会代表166人。在平远居住和工作的省、市人大代表，不是本届县人大代表的县四套班子领导和县纪委副书记，不是本届县人大代表的县人民政府组成人员，部分县直机构和省市驻平远有关单位负责人，不是本届县人大代表的县人民法院副院长和县人民检察院副检察长，县人民武装部部长，县公安局党委书记、政委，不是本届县人大代表的镇长、镇人大副主席及负责镇人大日常工作的负责人以及县政协九届委员会委员共77人列席会议。会议听取和审议通过县人大常委会、县人民政府、县人民法院、县人民检察院工作报告；审查通过县发展和改革局关于2015年国民经济和社会发展计划执行情况与2016年计划草案的报告；县财政局关于2015年财政预算执行情况与2016年财政预算草案的报告；批准2016年国民经济和社会发展计划及财政预算。会议期间共收到代表议案13件，经议案审查委员会审议，全部作建议处理，转交县政府及有关部门办理（答复）落实，县人大常委会重点督办其中5件。

【县第十五届人民代表大会第一次会议】 2016年12月5—9日，平远县第十五届人民代表大会第一次会议在平远县迎宾馆举行。听取和审议五年来平远县人民政府工作报告；听取和审议五年来平远县人民代表大会常务委员会工作报告；听取和审议五年来平远县人民法院工作报告；听取和审议五年来平远县人民检察院工作报告。选举产生平远县第十五届人大常委会委员、主任、副主任；选举产生平远县人民政府正、副县长；选举产生平远县人民法院院长；选举产生平远县人民检察院检察长；选举产生平远县出席梅州市第七届人民代表大会代表。举行宪法宣誓仪式。

附：

1.平远县第十五届人民代表大会代表名录（176名）

①差干镇（8人）

温助民　凌小宏　李　胜　姚志坚　谢国浩
谢星红　谢婉梅（女）　谢庆森

②仁居镇（16人）

曾尚忠　张维城　姚爱军　陈丽芳（女）
姚文顺　王　敏　李超贤　黎传礼
韩金华（女）　刘文明　潘桂春（女）　王达平
韩小玉（女）　陈怀浪　杨添书　韩世坚

③八尺镇（12人）

刘许川　周玉奎　刘宗礼　林冬平（女）
林　松　卓　巩　沈燎原　韩垂湘
张苑梅（女）　肖惠娟（女）　周益珍（女）　黎　海

④河头镇（10人）

马文生　韩启城　张彩云（女）　姚　蓝
杨健书　林招财　张曲凤（女）　黄玉芬（女）
胡香梅（女）　黄志坚

⑤中行镇（9人）

陈琼宏　陈永和　陈云飞　韩洵轩　杨　志

张云教 张碧凤(女) 张丽萍(女) 刘 斌

⑥上举镇(8人)

凌声宏 张桂凤(女)张教东 王云峰

谢招红(女) 谢传颂 谢招英(女) 丘召东

⑦泗水镇(10人)

廖文香 李培军 李 杏(女) 林岳胜

洪淦桂 王满秀(女) 林森平 龙仲达

沈春兰(女) 刘迎国

⑧东石镇(20人)

林忠云 朱天英 温义军 韩 旭

李琼珍(女) 沈登桂 何维耀 赖家洪

李新兰(女) 黄广生 赖芳桂(女) 林昭卫

林清祥 李连光 林利英(女) 林小清(女)

林小洪 李春兰(女) 李绍芳 林利娟(女)

⑨大柘镇(44人)

凌志达 肖桂华(女) 刘鹏飞 王永联

李 程 余 军 廖觉泉 刘玉远 凌轩宏

王志平 肖洪海 林志鹏 林 波 凌坤珍

凌征新 姚 涌 黎志勇 赖光亮 颜德华

李菲丹 郑旭峰 林俊杰 罗 缘(女)

刘映红(女) 李红梅(女) 姚仕新 姚添尹

姚 辉 姚良胜 韩梅清(女) 姚治清(女)

姚富华 凌满平(女) 钟建辉 姚良军

余冬梅(女) 刘冬美(女) 刘绪隆 黄玉玲(女)

姚玉珍(女) 阮 丽(女) 朱运华(女)

姚 莉(女) 钟佳鸣

⑩石正镇(20人)

姚永波 赖家琳 汤小英(女) 刘梅峰

王云飞 吴远平 黄小芬(女) 王兴连

谢平山 凌尧发 沈俊远 谢小香(女)

王超祥 黎勤华(女) 凌小松 凌学庆

陈 辉 何小宝 何雪梅(女) 陈月园(女)

⑪长田镇(9人)

黄钧震 徐万宝 张俊妮(女) 李文锋

王平梅(女) 谢冠生 黄志平 黄康明

丘家云

⑫热柘镇(10人)

胡新文 曾 平 蓝秋红(女) 林 欣

黎崇赞 谢志平 刘益青 李 岸

黄春兰(女) 刘雪霞(女)

2.平远县第十五届人民代表大会第一次会议选出第十五届人大常委会主任、副主任、委员名录

县人大常委会主任：凌志达

县人大常委会副主任：赖家琳 马文生

朱天英 廖文香 陈永和 凌小宏

县人大常委会委员：温义军 刘宗礼

汤小英(女) 李 杏(女) 王永联 李 程

曾 平 张维城 韩启城 李琼珍(女)

张彩云(女) 姚爱军 刘玉远 刘梅峰

张俊妮(女) 张桂凤(女) 陈云飞 陈丽芳(女)

林冬平(女) 罗 缘(女) 姚 莉(女) 凌轩宏

蓝秋红(女) 廖觉泉

3.平远县第十五届人民代表大会第一次会议选出平远县人民政府正、副县长名录

县 长：刘许川

副县长：温助民 陈远航 李远林 张善波

刘兰娇(女) 韩 旭

4.平远县第十五届人民代表大会第一次会议选出平远县人民法院院长名录

院 长：刘鹏飞

5.平远县第十五届人民代表大会第一次会议选出平远县人民检察院检察长名录

检察长：李培军

6.平远县选出出席梅州市第七届人民代表大会代表名录(30人)

黎健平 刘思彬 张 硕 张 晨(女)

洪国华 李国华 曾志军 庞 博(女)

曾尚忠 刘许川 凌志达 张 剑

王 旋(女) 陈玉李 张菊珍(女) 陈俊平

何海燕 王满秀(女) 韩小静(女) 韩新万

刘剑辉 赖玉萍(女) 黄小玲(女) 刘映红(女)

谢石扬 陈玉远 杨燕玉(女) 林绪远

姚勇祥 刘 芬(女)

【县人大常委会会议】 县十四届人大常委会第35次会议于1月22日在县人大常委会会议室举行。讨论拟提交县十四届人大七次会议审议的各项工作报告；审议决定县十四届人大七次会议有关事项；接受个别县人大代表辞职请求；听取县人大常委会代表资格审查委员会关于补选代表的资格审查报告。

县十四届人大常委会第36次会议于3月10日在县人大常委会会议室举行。学习《中共广东省委关于加强新形势下人大工作的决定》；审议县人大常委会2016年工作要点；讨论2016年人大代表和人大干部学习培训计划；决定人事任免。

县十四届人大常委会第37次会议于5月13日在县人大常委会会议室举行。听取和审议3位局长的履职情况报告，书面评议6位局长的履职报告；决定人事任免；审议3人辞去县人大代表职务的请求；审议主任会议提请的关于调整常委会代表资格审查委员会组成人员的议案；审议县检察院提请的许可报告书。

县十四届人大常委会第38次会议于7月20日在县人大常委会会议室举行。听取和审议县政府依法行政工作情况的报告；听取和审议县城城镇规划建设执行情况的报告；听取和审议2015年度平远县本级预算执行和其他财政收支情况的审计工作报告；审议主任会议提请的关于调整县人大常委会工作机构设置的议案。

县十四届人大常委会第39次会议于8月18日在县人大常委会会议室举行。听取和审议2016年上半年平远县国民经济和社会发展计划执行情况的报告；听取和审议2016年上半年平远县财政预算执行情况的报告；听取和审议2016年上半年平远县社会保险基金预算执行情况和2015年度决算的报告；听取和审议平远县法院关于加大执行工作力度，提高执行工作质效的报告；听取和审议平远县检察院关于查办和预防涉农领域职务犯罪的报告；审议县政府提请审议的平远县医疗养生保健中心——医疗卫生区购买服务资金列入政府年度预算的议案；审议主任会议有关县镇人大换届选举工作的议案。

县十四届人大常委会第40次会议于10月10日在县人大常委会会议室举行。听取和审议县十四届人大七次会议代表建议办理落实情况报告；审议2016年上半年财政预算调整方案的议案；听取平远县人大常委会代表资格审查委员会关于县第十五届人民代表大会代表的资格审查报告；审议关于加强镇级人大代表联络室建设的议案；决定人事任免。

县十四届人大常委会第41次会议于11月17日在县人大常委会会议室举行。听取和审议县政府关于美丽乡村建设情况的报告；审议拟提交县十五届人大一次会议审议的各项工作报告；决定县十五届人大一次会议的有关事项；决定人事任免。

监督工作

【经济监督】 2016年，平远县人大常委会听取和审议上半年全县国民经济和社会发展运行情况、县级财政预算执行情况、县社保基金管理运行情况、对县级财政预算和其他财政收支的2015年度审计报告等，及时指出经济运行过程中存在的问题，提出相应的意见建议，以确保平远县经济社会持续、稳定、健康发展。全年两次听审县政府关于调整2016年县级财政预算收支方案的议案，督促财政部门合理安排预算，保障财政资金用在刀刃上。对年度预决算收支情况审计发现的问题提出审议意见，要求县政府及相关部门要引起足够重视，并认真整改落实,县人大常委会将继续跟踪监督。

【工作监督】 2016年，平远县人大常委会围绕“一城两区”发展项目、深化改革和依法治县、民生改善和生态建设等重点，听取和审议水源水质保护情况、《中华人民共和国城乡规划法》执行情况、县城城镇规划建设执行情况、交通公路改造和梅平高速公路建设情况、十四届人大七次会议代表建议办理落实情况、生态休闲旅游项目建设情况、“社会办养老机构运营机制与政策支持创新”情况、美丽乡村建设情况、十件民生实事实施情况等专项工作报告，提出工作意见建议，推动政府及其部门积极履职，积极为民众谋福祉，为全县经济社会平稳发展做出积极努力。

2016年6月12日，县人大常委会党组书记、常务副主任凌志达（右六）率队到石正镇华清园调研

【人事监督】　2016年，平远县人大常委会坚持把贯彻党的领导、充分发扬民主和依法办事有机结合起来，依法行使人事任免权。严格按照人事任免办法，落实任前法律知识考试、任前发言、审议表决、任后述职报告等制度。2016年听取和审议县文广新局、县林业局、县食品药品监督管理局3位局长履职情况报告，促进其带好头，履好职，遵纪守法，廉洁从政，自觉接受人大及其常委会的监督。书面审议县安监局、县民族宗教和外事侨务局、县发改局、县农业局、县审计局、县司法局6位局长的履职报告。

【司法监督】　2016年，平远县人大常委会听取和审议县人民法院《关于加大执行工作力度、提高工作质效》专项报告和县人民检察院《关于查办和预防涉农领域职务犯罪》专项报告，切实维护人民群众合法权益，维护社会公平正义。坚持依法受理，及时交办、督办和转办县人大常委会信访案件，全年受理信访29件，转办、交办、督办案件29宗，办结率100%。确保群众的正当信访权，维护社会稳定。2016年接收县政府报备的规范性文件 5件，主动审查 5件，为保障人民群众合法权益，推动平远县法治进程做出努力。

依法行使重大事项决定权

【概况】　2016年，平远县人大常委会围绕科学发展的重大事项、民生社会保障、民主法治建设、群众关注热点难点等，坚持谋大事、议要事、集体决策原则，采取会前调研、征求意见、充分审议等方式，科学议决，对全县政治、经济、社会发展中的重大问题作出14项决议决定。

人事任免

【概况】 2016年，平远县人大常委会坚持党管干部与依法任免相结合，充分发扬民主，严格依法办事，规范任免程序。2016年，任免国家机关工作人员25人。其中，任职10人；免职10人；接受辞职5人。从组织上保证国家机关的正常运转。积极探索人事任免工作新方法，坚持实行任前法律知识学习和考试制度、见面发言制度、颁发任命书制度和举行宪法宣誓制度等，强化被任命干部的法律知识、依法办事和自觉接受人大及其常委会监督的意识。

依法治县工作

【概况】 2016年，平远县人大常委会重视抓好法治建设规划实施意见的制定与贯彻，运用法治思维和法治方式维护稳定、推动发展。检查法治广东（2011—2015）实施方案的落实情况和法治文化建设情况，并向县委提交平远县贯彻《法治广东建设第二个五年规划（2016—2020）实施方案》。采取有力措施，全面推进法治社会建设，积极实施“七五”普法规划，进一步健全法治宣传教育机制。加强法治考评监督，听审县政府2016年依法行政工作情况报告，促进法治平远的扎实开展建设。

代表工作

【闭会期间的代表活动】 2016年，平远县人大常委会将177名县人大代表分成13个小组，在小组召集人的召集下开展小组活动。组织在平远的省、市人大代表第一小组视察平远县农综项目建设情况，在平远的省、市人大代表第二小组视察县城扩容提质工作情况，在平远的省、市人大代表视察平远县工业提速“四个计划”落实情况。组织省、市、县代表参加各类座谈会8次，参加评议活动3次，各类视察调研、检查等活动10次。

【对代表议案建议办理的督办工作】 2016年，平远县十四届人大七次会议期间，收到10人以上代表联名提出的议案13件。县人大常委会主任会议专题讨论确定5件重点督办建议，由县人大常委会副主任及分管工委对口督办。2016年，13件代表建议已全部办理答复完毕。其中，已经解决或基本解决的7件，占总建议数的53.8%；列入规划逐步解决的6件，占总建议数的46.2%。平远县十五届人大一次会议期间，收到10人以上代表联名提出的议案建议25件。

【代表补选工作】 2016年1月，因部分代表工作变动、调离本行政区域或已辞去县人大代表职务等原因，根据代表法和选举法的有关规定，其代表资格终止。根据工作需要，县人大常委会做好代表的补选工作，依法补选4名县十四届人大代表。

【代表联系工作】 2016年，平远县人大常委会主任会议组成人员加强与县人大代表的联系，采取召开座谈会、个别走访等形式，召开6次座谈会，走访代表60人次，收集代表意见建议12条。全县建12个人大代表联络室，各级人大代表反映群众意见或诉求196件，通过群众提出的代表建议135件，有效地化解基层矛盾185件。

【代表履职学习培训工作】 2016年，平远县人大常委会通过多层次、多角度加强代表学习培训工作，不断提升代表履职的能力和水平。4月，组织部分县人大代表到深圳市全国人大培训基地参加新预算法培训；5月，组织县人大常委会组成人员到全国人大会议中心参加培训；10月，组织6个培训组，分赴各镇对新一届县镇人大代表进行履职培训。全年组织835名县、镇人大代表参加履职学习活动。

县镇人大换届选举工作

【概况】　2016年，平远县人大常委会对县、镇人大换届选举工作高度重视，多次召开主任会议、机关干部职工会议，在全面调研的基础上，精心组织，认真部署，制订方案，加强指导，确保依法依规做好换届选举工作。按县十四届人大常委会第39次会议《关于县镇两级人民代表大会换届选举的决定》，平远县第十五届人民代表大会代表的选举工作，从2016年8月开始，至2016年10月8日结束。全县共选出平远县第十五届人民代表大会代表176名，镇新一届人大代表659名。

县第十四届人民代表大会常务委员会代表资格审查委员会于2016年10月8日下午召开代表资格审查会议，对全县各选区的选举工作和当选代表的代表资格进行审查，形成《平远县人大常委会代表资格审查委员会关于县第十五届人民代表大会代表的资格审查报告》，提交县十四届人大常委会第40次会议审议并通过。10月13日、14日召开各镇新一届人大一次会议，依法选举产生各镇人大主席、副主席和各镇人民政府镇长、副镇长。

平远县第十五届人大一次会议共有11项议程。会议期间组织好代表认真审议政府、法院、检察院等各项工作报告。同时，依法依规做好大会选举工作，会议以无记名投票的方式，选举产生县人民代表大会常务委员会委员24人，常委会选举产生主任1人、副主任6人；人民代表大会选举县人民政府县长1人、副县长6人；县人民法院院长1人；县人民检察院检察长1人；出席梅州市第七届人民代表大会代表30人，其中市提名8人、本县提名22人。票决通过平远县人民政府工作报告等各项决议。顺利完成县十五届人大一次会议各项议程。

指导镇人大工作

【概况】　2016年，平远县人大常委会坚持领导分片联系镇人大工作的制度，加强对镇人大工作的指导，支持各镇人大依法行使职权；组织镇人大主席学习培训，加强对镇人大干部的法律知识和业务知识培训，提高镇人大干部综合素质和工作水平；进一步完善规范镇人大工作的考评制度，积极推动镇级人大之间的联系与沟通，促进镇人大工作扎实开展和平衡发展。

人大制度宣传工作

【概况】　2016年，平远县人大常委会以省、市人大刊物和县电视台为阵地，加强人大制度、法律法规贯彻情况、常委会会议、代表履职等方面的宣传，全年在市以上新闻媒体发表报道文章32篇。

机关建设

【概况】　2016年，平远县人大常委会面对新形势、新任务和“两学一做”要求，不断加强作风和制度建设，敢于担当，推动人大工作新发展。（1）开展“两学一做”专题学习。按照省委、市委、县委“两学一做”学习教育活动工作部署，认真做好县人大机关学习教育活动，制订学习方案，加强党章党规、习近平系列讲话精神学习，争做合格党员。（2）加强作风和制度建设。常委会全面加强机关作风建设，特别是常委会领导班子成员，以普通党员身份参加组织生活会，带头查找和剖析问题，带头自我批评，带头整改，提升领导班子干事创业、讲责任、讲担当的劲头。按照中央“八项规定”精神要求，严格遵守政治纪律和政治规矩，落实主体责任，巩固群众路线教育实践活动和“三严三实”专题教育成果，改进工作作风。

工作机构设置调整

【概况】 根据《中华人民共和国地方各级人民代表大会和地方各级人民政府组织法》和平远县机构编制委员会文件《关于明确平远县人大常委会机关工作机构级别人员编制和领导职数的批复》文件精神，2016年8月,平远县人大常委会工作机构撤销经济社会事业发展工作委员会，新设立财政经济工作委员会、农村农业工作委员会、科教文卫华侨宗教工作委员会和城乡建设环境资源保护工作委员会。调整后县人大常委会工作机构为“一办六委”即办公室（内设2个职能科）、法制工作委员会（内设1个职能科）、选举联络任免工作委员会、财政经济工作委员会、农村农业工作委员会、科教文卫华侨宗教工作委员会和城乡建设环境资源保护工作委员会。原县人大常委会办公室、经济社会事业发展工作委员会、法制工作委员会、选举联络任免工作委员会均为正科级设置，调整后的工作机构按原“一办三委”的机构级别执行。

（刘玉远　吴均祥）

2016 年度平远县人大常委会领导名录

县十四届人大常委会（至12月届满）

主　任：曾尚忠
副主任：凌志达（常务副主任）
　　　　张荣忠（常务副主任，任至1月辞职退休）
　　　　刘金宏（兼任至1月辞职退休）
　　　　赖家琳
　　　　马文生
　　　　朱天英
　　　　廖文香（1月起任）
　　　　陈永和（1月起任）

县十五届人大常委会（12月起任）

主　任：凌志达
副主任：赖家琳（常务）
　　　　凌小宏（常务）
　　　　马文生
　　　　朱天英
　　　　廖文香
　　　　陈永和

2016 年度平远县人大常委会机关各室（委）负责人名录：

办公室

主　任：温义军
副主任：刘玉远
　　　　涂兰青（女）

选举联络任免工作委员会

主　任：刘宗礼
副主任：张彩云（女）

法制工作委员会

主　任：李　杏（女）
副主任：廖觉泉

经济社会事业发展工作委员会

主　任：汤小英（女）
副主任：徐强基
　　　　黎崇赞（任至7月）
　　　　丘菊兰（女）

县委全面依法治县工作领导小组办公室

主　任：林敦伟
副主任：刘正军

平远县人民政府

主要会议和经济社会发展情况

【县政府常务会议】 2016年，平远县共召开县政府常务会议12次，会议由县长主持。与会人员：正、副县长，县政府党组成员，县政府办公室主任。根据会议要求，县政府办公室副主任及有关部门负责人列席会议。会议内容包括：传达贯彻上级党政机关及县委指示、决议、决定和有关会议精神，分析形势，总结工作，讨论决定有关事项；根据全县经济社会发展的需要，重点研究园区建设、文化旅游、重点工程、城镇建设、招商引资、民生事业、财税金融等全局性的工作；听取政府各部门重要情况汇报，研究解决政府工作中遇到的问题。

【县长办公会议】 2016年，平远县共召开县长办公会议8次，会议由县长主持。与会人员：正、副县长，县政府办公室主任。会议内容包括：传达贯彻上级党政机关及县委指示、决议、决定，研究重点工作，讨论决定有关事项。

【经济社会发展情况】 2016年，全县实现生产总值76.23亿元，比增8.6%，增幅全市第三；固定资产投资43.63亿元，比增8.9%；地方一般公共预算收入7.38亿元，比增12.5%；规模以上工业增加值13.18亿元，比增12.4%；社会消费品零售总额25.14亿元，比增9.9%；进出口总额2.7亿美元，比增25%，增幅全市第一。

（1）工业产业结构调整初见成效。平远县把园区作为创新驱动发展的主战场，加强领导、加大投入、加快建设，园区各类项目快速推进。全年新平整土地56.67公顷，建成区扩展至433.33公顷，水电路信等基础设施更加完善。加大支持服务企业力度，全年落实股权投资、信贷补偿、专项资金等各项政策资金7000多万元，有力促进企业落户、技改挖潜和增资扩产。2016年，有恒盛宇科技、广深新材料等16个企业落户园区，计划总投资54亿元；有雅玛西新能源科技、汇亿基科技等10个企业动工建设，宇时代电子、富莱利家居、洪裕汽配等11个企业建成投产，完成固定资产投资22.63亿元，比增42%，园区投产企业47家，实现规模以上工业增加值5.24亿元，税收1.44亿元，分别比增31.5%和26.05%，增速在全市4个省级产业园区中排名前列。全县规模以上工业增加值增长12.4%，高于全市7.8个百分点。利天光伏发电、粤电茅坪风电、大唐风电等一批新能源项目顺利推进。同时，积极探索县内企业配套知名乡贤企业的“内外联姻”招商新模式，加大招商引资力度，完成签约项目30个，其中合同项目20个，合同投资总额82.4亿元，当年实际投入9.4亿元。出台建筑安装类企业扶持办法，裕达建筑、方海建设升级为房屋建筑施工总承包二级企业，威华水利水电升级为水利水电工程施工总承包二级企业。加快企业智能化改造，投入技改资金近3亿元，对金科新业、北斗星航等10家规模以上工业企业实施技改，新增机器人应用7台，总数达18台，企业自动化程度有效提高。加大力度培育高新技术企业，新增获赛尔、华清园、洪裕汽配、亚力盛电子4家培育入库企业，元芯科技被认定为国家高新技术企业。获赛尔成功在新三板挂牌上市，成为平远县第一家上市企业。

2016年7月13日，平远县政府分别与广东恒宝缘新材料有限公司、中核新能环保有限公司、中核高光基金管理有限公司和中农高科（北京）科技产业投资管理有限公司举行签约仪式

（2）城乡环境更加宜居宜业。坚持规划引领，完成全县90%以上行政村村庄规划和县城建成区地下管线普查，启动县城控制性详细规划编制。全年盘活存量用地114.67公顷，新增建设用地136.87公顷，储备河岭嶂、梅东等周边66.67公顷城镇建设用地。城北、城南、城西、城东、老城“五个片区”21个城建项目，完成年度投资近20亿元。碧桂园一期、优山美地二期、平城花园三期等宜居社区建设加快推进；凯旋商业中心、城南商业城等城市综合体投入运营；医疗养生保健中心、特殊教育学校、旅游公厕等一批公共服务项目顺利推进，市场、道路等市政设施启动改造，城区主干道全部实现“黑底化”，成功创建省级卫生县城。美丽乡村建设步伐加快，特别是以农村生活垃圾处理、水源水质保护、城乡“六乱”、规范农村建房等为重点的城乡环境整治成为新常态，在全市城乡环境综合整治前两次测评中分列第一名和第二名。同时，深入开展绿满平远大行动，完成造林2000多公顷和60公里生态景观林带建设，新建仁居凤山1个县级森林公园、河头布心坪1个镇级森林公园，全县森林覆盖率达78.35%，被国家林业局评为“全国绿化模范县”。在住建部首批全国绿色村庄评选中，平远县有79个村入选，占全市入选村庄的75%。以创建“广东省农村环境连片整治示范县”为契机，大力开展跨境河流水源水质保护和大气污染防治工作，主要河段交界断面及饮用水源地水质达标率保持100%，全年环境空气质量保持优良。

（3）全域旅游示范县建设扎实推进。充分发挥旅游产业的关联带动作用，有效带动农林文体等相关产业的持续发展。年度投入2亿多元推动龙头景区提档升级，五指石商业街、岭东大酒店基本建成，贵妃湖环湖景观带、天道二期启动征地拆迁；长布半岛、客家相思谷、南台卧佛山等景区规划和征地拆迁工作有序推进；曼佗山庄、金穗休闲旅游区、龙湖等景区成为平远旅游新亮点。积极完善旅游接待配套，全县新增各类民宿、乡村客栈20多家；新建15座、改建7座A级标准旅游厕所；全年举办20多场旅游推介活动，并通过举办“中华旅游名博平远行”主题活动，与全球婚尚资讯领袖品牌北京爱结公司合作摄影婚纱、摄制微电影等，进一步提升平远旅游知名度、美誉度。同时，旅游与农业、林业、文化、体育等产业融合步伐逐步加快，成功举办第七届北京国际山地徒步大会梅州·平远站活动，主动争取广东首个国家公园试点创建，逐步形成龙头引领、多元发展、全域覆盖的旅游发展格局，全县接待游客人次、旅游综合收入分别比增21.6%和18.9%，获评“全国十佳生态休闲旅游城市”“全国休闲农业与乡村旅游示范县”“全国森林旅游示范县”“2016百佳深呼吸小城”“中国‘候鸟’旅居县”。

（4）交通水利重点基础设施建设加快推

进。不断加大政策资金争取和项目推进力度，全年投入4.74亿元，全面完成梅平高速公路平远段征地工作；连平武、平蕉大高速列入市“十三五”路网规划；瑞梅铁路项目工可报告已编制完成，前期工作加快推进；国道206线八尺至大柘段、国道358线差干至八尺段、省道225线园区段等一批群众高度关注的国省道和县乡道路得到改造提升；967、039、037、036线4条县道升格为省道，并争取列入省“十三五”路网改造计划；完成新农村公路改造38公里、国省道绿化97.22公里、国道示范工程建设14.6公里，国道206线平远段成为全省国道改造示范工程，道路技术等级和通行能力进一步提高。全面推动中央财政小型农田水利重点县、山区中小河流治理、村村通自来水等7项14宗水利重点工程建设，凤池水库前期工作有序推进，正在争取立项审批，城乡水利防灾减灾能力全面加强。电力、信息基础设施全面提升，投入5400多万元推进基础电网建设，供电可靠率提高至99.98%；投入3000多万元建成1个县级、8个镇级、50个村级电商综合服务中心，电子商务进农村综合示范县建设扎实推进。

（5）农业产业化发展基础更加牢固。始终把扩大基地规模,提高产品质量,增加经济效益作为农业产业化发展的重要措施，扎实推进农村土地承包经营权确权登记颁证工作，引导农村土地规范流转，促进规模化种植、产业化经营。脐橙、油茶、南药、优质稻、梅片树、有机茶等特色优势产业得到巩固提升，华清园、飞龙、新大地等农业深加工项目加快建设，农产品加工转化率和产品附加值不断提升，其中华清园被认定为省林下经济示范基地。积极培育壮大新型农业经营主体，全年新增2家省级龙头企业、3家市级龙头企业、28家农民专业合作社和18家家庭农场。大力推进“互联网+农业”，广东华泰农兴农产品交易中心现货业务上线交易，农产品销售渠道进一步拓宽。全年实现农业总产值19.92亿元，农村居民人均可支配收入13915元，分别比增3.8%和10.2%。同时，投入2000多万元，完成东石、大柘等5个镇共9246.67公顷的高标准基本农田建设。全面落实各项惠农政策，推行农业“三项补贴”，全年发放2000多万元补贴资金，真正让种粮农户得到实惠。加快完善县镇农产品安全监管体系，成功列入国家级农产品质量安全检验检测体系建设项目县。

（6）群众获得感不断增强。坚持公共财政支出向民生倾斜，全年落实各类民生资金18.1亿元，较上年增支1.63亿元，增幅达9.9%，统筹推进教育医疗、社会保障、扶贫开发等重点民生建设。完成年度“十件民生实事”。全面启动精准扶贫精准脱贫三年攻坚工作，全县共精准识别相对贫困户1700户4511人，筹集扶贫开发资金6000多万元，深入实施政策、产业、就业帮扶，全年实现脱贫人口1613人，脱贫率35.8%。广州南沙对平远的帮扶支持力度加大，成立南沙·平远国际经贸合作中心，推动双向招商模式，深化产业共建共享帮扶。完善创业扶持政策，以创业带动就业，年度发放小额担保贷款892万元，贴息152万元，带动1532人实现就业。全年新增城镇就业2042人次，转移就业2899人次，城镇登记失业率控制在2.4%以内。低保、“五保”、优抚标准逐步调整提高，底线民生得到保障。城乡居民养老保险和医疗保险保持全覆盖。完成66套保障房建设和30套棚户区改造。投入3800多万元推动教育信息现代化建设，在全省山区县中率先实现中小学教学触摸式一体机全覆盖；高考成绩稳步提高，平远中学高考本科入围率达80%；教育强镇复评工作实现全覆盖；被国家教育部评为“全国中小学校责任督学挂牌督导创新县”。新增1个省级非物质文化遗产项目传承基地和5处市级文物保护单位，新建3个镇级文化广场、17个村级文体广场和9个农村文化俱乐部。投入2800多万元，购置核磁共振等一批医疗设施设备，医疗服务水平不断提升；卫生“两基”示范镇等项目加快建设；卫生强县创建有序推进，率先在全市完成县镇医疗卫生一体化改革试点。人口计生工作均衡发展。认真贯彻落实国家和省市推进足球振兴发展的系列部署，新建6块足球场地。依法规范信访秩序，强化安全生产、食品药品安全监管，社会保持和谐稳定。县人武部获评“广东省先进人武部”。统计、工会、共青团、妇女儿童、“双拥”共建、残联、应急、人防、档案、方志、对台、烟草、打私打假、防灾减灾、民族宗教、外事侨务等各项工作取得新成绩。

（7）服务型政府建设有效推进。坚决贯彻落实中央、省、市决策部署，进一步优化投资发展环境，创新创业氛围日益浓厚。认真落实市制订的实施供给侧结构性改革总体方案及五个行动计划，“三去一降一补”取得阶段性成效。深入推进“放管服”改革，加快政府职能转变，新取消行政审批事项31项。“一门式、一网式”政务服务模式改革全面推开，全县审批事项网上全流程办理率超过87%。深化商事制度改革，优化营商环境，推动“大众创业、万众创新”，全年新增市场主体1857户，比增16%。认真执行县人大及其常委会各项决议、决定并向其报告工作，坚持向人民政协通报情况，全年办理人大建议13件，政协提案59件。广泛听取党外代表人士、工商联和工青妇等人民团体意见。加强法治政府建设，完善县政府工作规程和法律顾问制度，行政复议案件受理率、结案率均达100%。深入开展“两学一做”学习教育，严格落实中央“八项规定”精神和廉洁从政各项规定，切实加强行政监察和审计监督，促进权力公开透明运行。

（县政府办）

2017年2月15日，县委副书记、县长刘许川（前排右二）到大柘镇深入调研重点项目拟选址建设用地

2016 年平远县人民政府领导名录

县　长：刘许川
副县长：温助民（县委常委、常务副县长）
　　　　黄钧震（任至1月）
　　　　林忠云（任至12月）
　　　　贺建平（县委常委、副县长）
　　　　陈远航
　　　　李远林
　　　　张善波（1月起任）
　　　　姚小玲（女，任至12月）
　　　　马劲轲（挂任至11月）
　　　　刘兰娇（女，12月起任）
　　　　韩　旭（12月起任）

县政府办公室工作

【综合协调工作】　2016年，平远县人民政府办公室坚持在高效、严谨、规范上下功夫，正确处理“内与外”“上与下”“大与小”“急与缓”等各方面的关系，构建上下关联、左右衔接、协调有序的工作格局，形成互相配合、齐心协力、推动工作的强大合力。全年共组织协调各类矛盾纠纷20多件，处理信、访100多宗，为重点工作有序推进打下坚实基础。

【文秘工作】　2016年，平远县人民政府办公室认真做好文秘工作。（1）认真执行办公室工作规程。严格履行收文登记、传阅、交办及发文审核、签发、印刷等公文处理程序。同时，加强发文复核校对，帮助提请发文单位部门认真把关，保证公文质量。全年共办理上级文件3500份、上级密件96份；以县政府名义发文112件，县政府办公室名义发文93件，编发会议纪要22期、工作动态12期、平府信息15期。（2）坚持周全缜密承办会务。认真做好会务统筹协调，提高会议质量。全年共承办上级领导考察调研、各类督查、慰问等重大活动130多场次；承办县政府常务会议及县政府、县相关部门有关会议、活动签约100多场次；协调、通知省市会议，县委、县人大、县政协会议250多场次；承办县政府会议室召开的一般工作会议320多场次。（3）精益求精撰写材料。坚持把完成文字材料的撰写作为办公室一项重要工作抓好抓实。平时注重知识积累，在文稿起草中，认真讨论、研究，力求使综合文字材料真正体现对基层工作的针对性、指导性和可操作性。全年共起草整理领导在大型会议上的讲话材料约80篇，县人大专项工作报告12份，整理县政府向市级（及市级以上）报告200多篇。

【督办工作】　2016年，平远县人民政府办公室认真做好督办工作。通过完善督办工作机制、加强与各单位和部门沟通协调，有效提高督办工作效率。全年共受理工作类请示350件，经费类请示475件；发出电话催办1207件次，对领导批示件进行催办182件，发出督办通知36份，印发督办通报13期。办理县政协提案1件；督促办理县人大建议13件，县政协提案59件；办理市政协提案5件，其中主办1件，分办3件，会办1件。

【信息工作】　2016年，平远县人民政府办公室切实做好信息工作。（1）注重调查研究。以社会关注的热点焦点问题和群众反映的重点难点问题为工作着力点，围绕园区建设、深化改革、招商引资、社会管理、惠民实事等问题，进行深入的调查研究，收集新动态、新论断、新举措、新成效的信息，为领导决策提供积极合理的意见和建议。全年撰写10篇针对性较强的调研文章。（2）注重信息公开。以公开为常态、不公开为例外，扎实推进行政决策公开、执行公开、管理公开、服务公开和结果公开“五公开”，通过以公开促落实、促规范、促服务、促效能，政务公开规范化、标准化水平不断提升，被国务院列为全国100个开展基层政务公开标准化规范化试点地区之一。围绕全县经济社会运行情况和重点工作进展情况等，发布各类政府信息2600多条。同时，进一步畅通和规范公众参与渠道，及时受理、认真办理网站留言，回复网民留言1600多件，回复率为100%。

【后勤保障工作】 2016年，平远县人民政府办公室认真做好后勤保障工作。严格规范日常财务收支，认真遵守财经纪律，从严控制和压缩“三公”等经费支出；加大车辆管理力度，加强对机关驾驶员的教育和管理，做好单位车辆的日常管理和维修、油料管理、临时用车调度工作；认真落实值班岗位责任制，由办公室领导带班，保证政令畅通；加强安全保卫和环境卫生管理工作，实行24小时门卫值班制度和大院巡逻制度；健全和完善后勤保障制度，实行规范化、制度化、科学化管理，为政府工作高效运转提供有力的后勤服务保障。

【其他工作】 2016年，平远县人民政府办公室在人民防空、打私、金融、应急管理工作均取得新成效。（1）人民防空工作方面。加大人民防空宣传教育力度，全年发放县政府试鸣通告1800份，发送手机短信8万多条；加强人防工程建设和管理，全年共依法依规征收防空地下室易地建设费1814.27万元，办理人防“结建”工程报建审批56宗，组织检查人防工程32次；提高人防指挥通信和信息化水平，全年新购置防空警报电视机2台，更换电动警报器和指挥中心控制系统8台，实现县城电声防空警报一体化，防空警报鸣响覆盖率达100%。（2）打击走私工作方面。组织相关部门开展联合行动及专项整治行动，全年共出动执法人员1621人次，立案查处走私案件4宗，案值18.5万元，有力规范平远县的市场经济秩序，净化市场环境。（3）金融管理方面。全面推进普惠金融“村村通”建设，完善县级综合征信中心、乡村金融（保险）服务站、助农取款点建设，推进信用村创建，积极探索普惠金融新路径；大力推动企业上市，广东荻赛尔机械铸造股份有限公司成功在新三板上市；不断助推有条件的企业在区域性股权交易中心挂牌；扎实推进普惠型小额保险，做好老人险、农村小额人身保险、水稻种植保险和其他政策性保险工作；着力优化金融生态，加强小额贷款公司的监管，开展防范打击非法集资系列活动。（4）应急管理工作方面。高效报送突发事件信息，全年县政府总值班室共接报各类突发公共事件和前兆信息100多条，其中向市政府报送一般以上突发事件信息84条，向县直相关单位和各乡镇传达领导批示50条；及时发布自然灾害应急信息。全年共接报气象灾害预警50份、编发短信50多条。 （县政府办）

2016年度平远县人民政府办公室负责人名录

主　任：张远忠（任至5月）
　　　　王志平（5月起任）
副主任：凌育彬　姚日升
　　　　李菲丹（任至9月）　钟国平
　　　　雷　革（挂职）

综合政务服务管理

【概况】 2016年，平远县深入贯彻落实中央和省、市关于“互联网+政务服务”改革的相关要求，积极探索推进“一门式一网式”政府服务模式改革，完善县、镇、村三级政务服务平台，提升服务效能。平远县政务服务中心全年受理办件9.8万件，办结率为99.98%。

【“互联网+政务服务”改革】　2016年，平远县正式启动“互联网+政务服务”改革工作。成立改革工作专责工作组，召开全县“一门式一网式”政务服务改革工作动员暨行政审批标准化培训会，明确“互联网+政务服务”改革的目标任务并全力抓好落实。（1）行政审批标准化工作。完成全县34个行政许可单位432项（子项）事项的标准编制、审核以及模块录入工作，配合市中心完成统一申办受理平台建设，为一网式政务服务夯实基础。（2）全面精简公共服务事项。清理、规范县级部门的公共服务事项目录，全面梳理镇村级公共服务事项，按照“能减则减、能转则转”的要求，没有明确的法律法规和规章依据的，一律予以取消，积极稳妥地向社会组织转移部分适合由其承担的公共服务职能，激发市场和社会活力。全县保留县级公共服务事项236项，下放镇村服务平台86项。（3）网上办事大厅建设。按省、市统一要求，组织各单位对照平远县出台的权责清单，规范网厅进驻事项；继续推进网上办事大厅三级网上办事深度事项，加强效能监督。2016年行政审批事项网上全流程办理率为87.36%，上网办理率为98.09%，网上办结率为83.46%。

【服务管理工作】　2016年，平远县综合政务服务管理办公室认真做好服务管理工作。（1）切实加强日常管理。对原有规章制度进行全面梳理，着重对绩效考核、请休假、上下班考勤、窗口事项网上受理监督等方面进行修订，强化制度落实，提高执行力，严格执行巡查监督，严抓作风建设，施行工作通报制度，绩效考核突出奖勤罚懒，使窗口工作有章可循，窗口人员的服务意识和业务水平不断提高。（2）切实加强事项进驻。完成县卫计、住建、烟草部门未进驻事项的进驻，所有进驻单位基本实现应进必进目标；住建、国土、公安、房管、公路交通和农业等具收费项目部门全部实现在中心窗口一个窗口缴费。（3）加强专属窗口的改革建设。完善公安专属窗口的服务功能，将出入境、治安、交警和消防窗口整合进南门专区，增加服务事项，同时争取县财政投入10多万元，建成出入境和身份证24小时自助办证区，方便办事群众。

【“12345”政府服务热线建设】　2016年，平远县完善“12345”热线工单流转办理制度，强化工单责任主体认定和工单督办工作，成员单位权责更加清晰，协调配合更加顺畅。（1）组织各成员单位进行一次集中的热线知识库更新，增强各单位主体意识。（2）加大疑难问题协调处理力度，全年与相关工单承办单位召开15场专题碰头会，协调研处群众反映情况。（3）加大热线宣传力度，充分引导群众正确反映诉求，充分发挥便民服务功能。2016年，平远县“12345”热线管理中心审核转报群众诉求140件，及时答复率100%，群众回访满意率维持在较高水平。

【服务队伍建设】　2016年，平远县综合政务服务管理办公室做好服务队伍建设工作。（1）打造党建服务品牌。开展“两学一做”学习教育和各类主题教育活动，加强服务型党支部建设，增强党员的党性意识，凸显党员的先模示范作用，带动全体窗口工作人员队伍建设。（2）推进机关作风建设。贯彻落实中央“八项规定”精神，严肃整治“四风”，管理办和窗口人员的思想作风明显改善，廉洁自律意识明显增强，营造团结和谐、勤奋敬业、勇于担当、服务大局的良好氛围。（3）开展学习培训和精神文明建设。建立完善学习培训体系，强化对政务服务管理人员和窗口业务人员的学习培训；组织优秀窗口人员到梅县区、佛山市和花都区等地学习，开阔视野、拓宽思路；开展“学习身边榜样”及书法沙龙、活力团队、文体比赛等活动，增强中心服务队伍的凝聚力和战斗力。

【存在困难和问题】 2016年，平远县综合政务服务管理工作存在的一些困难和问题：（1）个别部门对深化行政审批制度改革认识不到位，工作不主动，全县“一门式一网式”政府服务模式改革工作进展与经济社会发展的要求还有较大差距。（2）政务服务管理队伍和基础设施建设面临新的压力，政务中心日常管理和改革工作任务日益繁重，在理顺管理体制和配套硬件设施等方面，需要更多的顶层设计和政策支持。

（平远县综合政务服务管理办公室）

2016 年度平远县综合政务服务管理办公室负责人名录

主　任：赖国华

副主任：李　强　李晓文

招商引资

【概况】 2016年，平远县招商局积极实施“创新招商工作行动计划”。按照打基础、强队伍、建平台、优服务的思路，依托广州南沙（平远）产业转移工业园发展平台，坚持“产业优先，项目为王”的基调，扎实推进招商引资和经济协作工作，招商引资取得成效。

【主要工作成效】 2016年平远县招商引资工作取得一定的成绩。全县完成签约项目30个，占全年任务的100%，其中合同项目20个，合同投资额82.4亿元，分别占全年任务的100%和137.3%。当年实际投入9.4亿元。2015—2016年项目年度实际投入资金16.9亿元。完成合同项目20个，其中工业项目16个（含增资扩产项目3个），占合同项目的80%，合同投资48.7亿元，占引进项目合同投资额的60%。入园项目13个，占引进项目的69%，项目主要涉及稀土新材料、家具建材、电子信息和机械制造产业。完成投产项目11个，占全年任务的110%。完成开工项目11个，占全年任务的110%；

【主要工作措施】 2016年，平远县招商引资工作主要采取如下四项工作措施。（1）完善招商政策，做好政策优势招商。出台《中小微企业信贷补偿基金》《工业企业专项扶持资金》《股权投资管理办法》《小额担保贴息贷款》等系列扶持政策，保持招商引资政策的连续性和持久性，处理好政府与市场的关系。（2）宣传招商优惠政策。平远县认真做好相关政策的宣传，让洽谈对象全面详细的了解平远优惠政策，将政策优势转化成招商优势，吸引更多企业到平远投资。通过编制平远县招商手册、制作宣传片，充分利用报纸、广播、电视、网络等多种媒体和驻广州、深圳招商机构以及广东省平远商会、广州博览会等平台，广泛宣传，积极推介平远县投资环境和合作项目。2016年，县委、县政府主要领导和分管领导分别带领县经信、招商、旅游、中小企业、管委会等部门，多次到北京和珠三角等地开展招商推介活动、项目对接和洽谈工作。（3）创新招商引资方式。①成立区域招商队。2016年2月，经平远县人民政府同意成立平远县广州区域招商队和平远县深圳区域招商队。平远县广州区域招商队以广州市为中心，重点围绕佛山、东莞、中山等区域开展产业招商工作；平远县深圳区域招商队以深圳市为中心，重点围绕珠海、港澳台等区域开展产业招商工作。②开展商会招商活动。依托广东省平远商会为平台，扎实开展招商推介活动，共谋平远发展。大力实施“乡贤回归投资兴业工程”，团结凝聚在外乡贤，吸引会员企业和外籍企业间的优势资源，共谋平远家乡发展。③建立创业孵化基地。为鼓励大众创新创业，加大项目孵化工作力度，在工业园建立创业孵化基地，创新招商工作平台。④抓好产业共建活动。以广州南沙·平远对口帮扶为契机，建立南沙·平远国际经贸合作中心，致力将中心打造成为平远与珠三角、“一带一路”沿线地区经贸合作的双向招商平台和产业孵化基地。⑤做好以商引商活动。通过已成功落户平远的外地投资商及其关系密切的企业，采取企业联姻、项目合作等方式实现并购嫁接，引进上下游产业链企业落户平远，如鑫荣达挂车、天路磁性材料、和鑫源高端数据线等项目。⑥做好企业用地需求工作。加强闲置厂房和土地清理，对永达矿业等园区闲置厂房进行评估、回收，并通过引进天鸿伟业高端饰品、兴盛伟业化妆用具等项目，采取租赁厂房的方式先行落户园区，盘活园区闲置厂房资源；对金庄科技等占而不建、挂空地块依法回收，优先满足恒盛宇高端数据线、元芯电子等项目的用地需求。⑦做大产业链招商。结合平远县家具行业基础扎实等有利条件，鼓励帮助当地企业与大企业、大集团合作，如欧派集团与友邦木业合作建立梅州富莱利家居制造有限公司木门生产项目、佳之朋建材和汇亿基科技合作建立石英石板材生产项目，通过做大规模，做优配套，谋求共同发展，形成倍增效应，不断增强平远县优势产业竞争力。

【存在的困难和问题】 2016年，平远县招商引资工作虽取得一定成效，但仍存在一些困难和问题：（1）用地供需矛盾突出，已评估待供地项目较多，需要抓紧用地调规，平整土地，及时供地。（2）引进项目成长型、税源型、带动型的产业项目数量少、规模小、质量不高，缺乏龙头带动作用。（3）县内的交通、区位优势还未根本改善，物流成本较高，增加招商的难度。

（平远县招商局办公室）

2016 年度平远县招商局负责人名录

局　长：张益均

副局长：吴易平　韩　立　谢辉斌

民族宗教和外事侨务

【概况】 2016年，平远县民族宗教和外事侨务局坚持依法管理宗教事务，保证民族宗教领域的安全稳定；积极扩展深化外事、侨务和港澳事务领域，服务“一城两区”建设，为平远振兴发展创造良好的社会环境。

【民族宗教工作】 2016年，平远县民族宗教和外事侨务局依法加强对民族宗教事务的管理。（1）组织培训。开展宗教政策法规月活动。6月30日，组织宗教团体、宗教活动场所负责人等70多人参加培训班，传达2016年全国宗教工作会议精神，解读宗教政策法律法规；组织宗教团体负责人参加省、市宗教工作培训班。（2）安全工作。开展“平安宗教活动场所”“和谐寺观教堂”创建活动，对各宗教场所建筑安全、食品安全、消防安全、治安秩序、环境卫生等进行常年检查并落实整改；举办消防知识讲座，进行现场演练；全县27个宗教活动场所达到“平安宗教活动场所”的创建标准，占100%，17个达到“和谐寺观教堂创建”标准，占63%。（3）规范宗教活动。将佛道教的法会，基督教和天主教的平安夜、圣诞节等活动纳入大型活动的管理范围，规范报批或备案程序。（4）规范人员和财务管理。推动全县3个宗教团体和较大的宗教活动场所开立单位银行结算账户，做好宗教教职人员资格认定备案管理工作。（5）抓好抵制境外宗教渗透工作。联合有关部门，开展对藏传佛教非法传教活动、境外宗教渗透活动排查，打击违法宗教活动。（6）做好在平远少数民族的服务管理工作。加强对在平远经商的少数民族人员排查，做好管理和服务工作。

【重点宗教活动场所建设】 2016年，平远县民族宗教和外事侨务局协助做好重点宗教活动场所建设。（1）大佛寺筹措资金700多万元，完成寺内场地建设，动工建设藏经阁、方丈楼、开山纪念楼等工程。（2）石林寺投入资金210万元，完成养心殿、钟楼、斋堂、架空步道等项目建设。

2016年12月21日，县委常委、统战部部长林忠云（中）到大佛寺调研

【慈善公益活动】 2016年，平远县民族宗教和外事侨务局引导宗教界积极参与广东扶贫济困日、宗教慈善周、扶贫助学等公益慈善活动。2016年，平远县宗教界为公益慈善事业捐款14.56万元。大佛寺发挥“海峡两岸交流基地”的作用，加强海峡两岸的宗教文化交流，促进两岸关系的和谐发展。

【活动交流】 2016年，平远县民族宗教和外事侨务局积极开展与港澳台同胞及海外侨胞的交流。2016年，接待华侨华人、港澳同胞和海外友人18批553人次。（1）举办香港·平远英语教师培训班。7月18—22日，由何冬青基金会出资，中国烛光教育基金与平远县联合举办的第二届英语教师培训班，由香港的英文教师为平远县68位中小学英语教师传道授业。（2）组织香港青少年寻根之旅交流活动。8月16—20日，香港青少年寻根之旅交流团34人到平远进行交流活动，了解客家文化，增进两地青少年的文化交流。（3）做好外事联络、接待工作。11月，做好第七届北京国际山地徒步大会梅州·平远站活动的外事联络、翻译及对外国友人的接待工作。（4）做好境外交流。组织参加香港嘉应商会100周年会庆暨第61届会董会就职典礼，拜访香港平远同乡会和澳门平远同乡会。

【侨政工作】 2016年，平远县民族宗教和外事侨务局扎实开展侨政工作。（1）进行贫困归侨慰问。2016年，为贫困归侨110人次发放救助资金10.45万元。（2）发动华侨华人、港澳同胞建设家乡。何冬青先生发动港澳梅州乡贤、社团和平远同乡捐建的上举镇“乡心桥”投入使用。平远中学110周年校庆获得海外侨胞捐资助学269万元。（3）加强对侨捐项目的监管。2016年，对2010年以来未确认的9宗侨捐项目进行确认，加强对全县侨捐项目的监管。

【因公出国（境）管理】 2016年，平远县民族宗教和外事侨务局严格执行国家和省关于进一步加强因公出国（境）管理的政策规定，加强对出国出境人员的外事纪律教育。全年办理因公出国（境）证件16批41人次。

【调研工作】 8月16日，梅州市民族宗教事务局局长管雅到平远县开展民间信仰工作调研，了解平远县民间信仰文化历史、管理情况、活动特点、影响及规模等情况，为民间信仰纳入管理夯实基础。（陈小强）

2016年度平远县民族宗教和外事侨务局负责人名录

局　长：林菊莲（女）

副局长：张桂康　谢　刚　姚婷丹（女）

政协平远县委员会

【概况】 2016年，平远县政协履行政治协商、民主监督、参政议政职能，发挥服务大局、协调关系、汇聚力量、建言献策作用，全年开展1项专题议政、2次民主评议、4次专题协商、3次专题调研和3次专题视察，提案立案59件，反映重点社情民意70条，发动委员为各项公益事业捐款捐物1000多万元。

主要会议

【九届六次会议】 2016年1月27—29日，中国人民政治协商会议第九届平远县委员会（以下简称“九届县政协”）第六次会议在平远县城召开。该次会议应到委员191人，实到会158人，邀请出席人员30人，列席人员59人。九届县政协主席候选人凌声宏，常务副主席凌小宏，副主席廖文香、韩垂辉、凌健、刘志刚、涂其标，副主席候选人刘兰娇，秘书长林敦清等出席会议；中共平远县委、县人大、县政府、县纪委的领导，县人民武装部、县人民法院、县人民检察院、龙文—黄田省级自然保护区管理处等单位领导应邀出席会议并在主席台就座。县委书记、县人大常委会主任曾尚忠在开幕大会上致辞，九届县政协主席凌声宏在闭幕大会上讲话。会议审议通过凌小宏代表九届县政协常务委员会所作的工作报告、刘志刚代表九届县政协常务委员会所作的提案工作情况报告。9名委员代表在开幕大会上作大会发言。会议表彰2015年度40名优秀政协委员、10件优秀提案和6个承办提案先进单位。委员们列席县第十四届人民代表大会第七次会议，听取并讨论政府工作报告及法院、检察院等有关报告。会议表决通过廖文香因工作变动原因，辞去政协第九届平远县委员会副主席职务和委员资格。会议选举凌声宏为政协第九届平远县委员会主席、刘兰娇为政协第九届平远县委员会副主席。

【十届一次会议】 2016年12月4—7日，中国人民政治协商会议第十届平远县委员会（以下简称“十届县政协”）第一次会议在平远县城召开。该次会议应到会委员176人，实到会165人，邀请出席人员33人，列席人员92人。十届县政协主席候选人凌声宏，副主席候选人姚小玲、韩垂辉、刘志刚、涂其标、罗益新、卢斌，秘书长候选人林敦清等出席会议。中共平远县委、县人大常委会、县政府、县纪委的领导，县政协五、六、七、八届主席，县人民武装部、县人民法院、县人民检察院等单位领导应邀出席会议并在主席台就座。政协梅州市委员会对平远县政协十届一次会议的召开发来贺信，县委书记、县人大常委会主任曾尚忠和十届县政协主席凌声宏分别在闭幕大会上讲话。会议审议通过凌声宏代表九届县政协常务委员会所作的工作报告、刘志刚代表九届县政协常务委员会所作的提案工作情况报告。会议表彰2016年度41名优秀政协委员、10件优秀提案和6个承办提案先进单位。委员们列席县第十五届人民代表大会第一次会议，听取并讨论政府工作报告及法院、检察院等有关工作报告，视察部分县重点项目建设现场。

附：

1.政协第十届平远县委员会主席：凌声宏

2.政协第十届平远县委员会副主席：姚小玲 韩垂辉 刘志刚 涂其标 罗益新 卢斌

3.政协第十届平远县委员会秘书长：林敦清

4.政协第十届平远县委员会常务委员（27人）：丘胜安 刘永东 刘忠平 杨柳芬 肖红阳 吴远扬 吴秉浪 陈利红 陈斌扬 林永升 林向东 林康华 林淦东 姚日升 姚志平 姚若园 姚宝华 姚映仿 凌坚征 黄平 黄文光 黄文通 黄仕坤 曹斌 释弘化 温伟珍 谢裕荣

5.政协平远县第十届委员会委员名录（176人）

十届县政协设置5个委员会，176名委员编入相应的委员会（按姓氏笔画为序）。县政协主席凌声宏未编入委员会，根据工作需要参加各委员会的相关活动。

（1）提案委员会（23人）

刘琳（女） 刘志刚 李剑文 杨柳芬（女） 肖红阳 肖维江 邱召云 张小英（女） 陈任先 陈利红（女） 陈焕新 陈碧兰（女） 林立全 林向东 林金辉 林德志 卓勋 凌征贤 黄平 谢锐 谢传生 鲍缨贵 蔡振宇

（2）文史和学习委员会（22人）

丘胜安 刘贵贤 杜永灵 李梅 李征兵 杨旭辉 吴伟华 吴秉浪 陈斌扬 陈瑞金 陈碧英（女） 林庄 林志坚 周钰（女） 姚文瑾（女） 姚伟文 涂其标 韩浩文 谢旭（女） 谢集标 黎华 黎文通

（3）教科文卫体和社会法制委员会（24人）

马胜能 王元增 丘秋荣（女） 刘利玲（女） 刘苑桂 张燕（女） 张学良 陈祺 林雪波 林康华 林淦东 姚娜（女） 姚小玲（女） 姚天保 姚若园 姚映兰（女） 凌宏斌 凌征善 郭频辉 黄文光 黄志鹏 谢县奎 谢建忠 谢烈辉

（4）经济和人口资源环境委员会（74人）

①第一组（农业经济）（22人）

龙春玉（女） 朱文雄 刘永东 许珍（女） 李远平 余苑隆 张力中 张锡洪 林志强 姚东良 姚永辉 姚志彝 凌鸿 凌来泉 凌坚征 凌海波 黄文通 黄益斌 曹斌 韩炜 韩垂文 韩垂辉

②第二组（工业经济）（23人）

王足华 华伟生 曾清洪 刘庆云 刘建均 刘秋莲（女） 刘桂华（女） 杜生元 张永锋 张惠兰（女） 陈平南 林真 林文生 罗建民 罗益新 姚日升 姚建国 凌旺珍 韩辉平 韩德化 谢伟锋 谢裕荣 黎崇发

③第三组（县外工商）（29人）

王科君 丘明 刘雄 刘忠平 刘振基 李军帆 吴森 吴永辉 吴远扬 吴志雄 沈剑锋 张光辉 林丽君（女） 林敦清 洪宣 姚志平 姚志向 姚良胜 姚宝华 姚映仿 姚思尼 姚福良 凌云 凌征东 黄仕坤 韩伟军 韩远森 曾祥东 颜亮兴

（5）民族宗教和港澳台侨外事委员会（32人）

王水生 卢斌 丘文婷（女） 朱文岳 刘良基 刘俊佑 刘鹏举 何少平 何华东 余奕伦 张小凤（女） 陈銮（女） 陈洪德 陈敏平 林浩 林永升 林钢平 林菊莲（女） 钟浩明 钟鹏英 姚金祥 姚婷丹（女） 姚嘉荣 凌育苑 黄伟康 黄军兴 曹艳山 释弘化 释唯觉 温伟珍 蓝洁（女） 黎永红

【主席会议】 2016年，平远县政协共召开12次主席（扩大）会议：

1月15日，召开九届第43次主席（扩大）会议。主要内容：研究县政协九届六次会议筹备工作，通报委员履职情况。

2月26日，召开九届第44次主席（扩大）会议。主要内容：研究通过《县政协领导工作分工方案》《政协第九届平远县委员会常务委员会2016年工作要点》《关于在县政协委员中开展“五个一”活动的方案》。

3月18日，召开九届第45次主席（扩大）会议。主要内容：研究通过《县政协九届六次会议重点提案》《县政协九届六次会议重点提案督办分工安排方案》《开展县政协领导“走访委员、走入群众、走进基层”活动月活动方案》。

4月7日，召开九届第46次主席（扩大）会议。主要内容：研究通过《县政协委员开展交通公路建设情况视察活动方案》《农村饮水工程建后管理情况专题调研方案》，通报走访香港和县外委员情况。

5月11日，召开九届第47次主席（扩大）会议。主要内容：研究通过《县政协委员视察我县创建“广东省卫生县城”工作的活动方案》《县政协委员开展交通公路建设情况视察报告》《平远县政协机关“两学一做”学习教育实施方案》。

6月7日，召开九届第48次主席（扩大）会议。主要内容：研究通过《2016年政协提案承办专项资金补助方案》《县政协关于山区中小河流治理工作专题协商活动方案》《县政协常委调研“一城两区”重点项目建设情况方案》《县政协九届二十八次常委会议方案》《2016上半年“委员活动日”活动方案》《成立政协平远县委员会机关工会方案》。

7月4日，召开九届第49次主席（扩大）会议。主要内容：研究通过《政协平远县委员会机关工作机构调整方案（草案）》《县政协九届二十九次常委（扩大）会议方案》《中共政协平远县委员会党组工作规则》《中共政协平远县委员会党组议事目录》《上举村贫困户帮扶计划》。

8月8日，召开九届第50次主席（扩大）会议。主要内容：研究通过《2016年县政协九届六次会议重点提案办理协商督办方案》《民主评议县国土资源局方案》《特殊教育学校建设专题协商方案》，通报县编委《关于明确政协平远县委员会机关工作机构级别人员编制和领导职数的批复》。

9月12日，召开九届第51次主席（扩大）会议。主要内容：各重点提案督办领导汇报重点提案办理协商督办情况，研究通过《2016年县政协重点提案办理专项资金补助下拨分配意见》《县政协九届第三十次常委（扩大）会议方案》《十届县政协参加单位、委员名额和界别设置安排意见》《政协第十届平远县委员会第一次会议筹备领导小组秘书处领导成员名单及职责分工》。

10月31日，召开九届第52次主席（扩大）会议。主要内容：研究县政协十届一次会议筹备工作，研究通过《2016年度优秀政协委员和优秀提案及承办提案先进单位名单》《县政协九届三十一次常委会议方案》

11月3日，召开九届第53次主席（扩大）会议。主要内容：协商政协第十届平远县委员会常务委员组成人员人选建议名单，专题学习换届纪律。

12月26日，召开十届第1次主席（扩大）会议。主要内容：研究通过《十届县政协委员会设置和委员编组方案》《十届县政协领导工作分工方案》《民主评议县民政局工作方案》。

【常委会议】　2016年，平远县政协共召开7次常委（扩大）会议：

1月19日，召开九届第25次常委（扩大）会议。主要内容：讨论《政府工作报告》，听取县政府《关于县政协九届五次会议以来委员提案办理情况通报》，审议通过增补委员和辞退委员名单、县政协常委会工作报告（草案）和提案工作情况报告（草案），协商决定召开县政协九届六次会议议程日程安排、出席列席人员名单。

1月27日，召开九届第26次常委（扩大）会议。主要内容：审议通过补选主席、副主席候选人名单（草案），九届六次会议选举办法（草案），九届六次会议选举大会监票人、总监票人名单（草案），提交县政协九届六次会议全体委员讨论酝酿。通报九届六次会议筹备工作情况。

1月29日，召开九届第27次常委（扩大）会议。主要内容：审议通过补选主席、副主席候选人名单（草案），提交选举大会全体委员表决通过后，进行投票选举。审议通过九届六次会议选举办法（草案），九届六次会议选举大会监票人、总监票人名单（草案），提交选举大会全体委员进行表决。审议通过廖文香因工作变动原因，辞去政协第九届平远县委员会副主席职务和委员资格，提交选举大会全体委员进行表决。审议通过中国人民政治协商会议第九届平远县委员会第六次会议决议（草案），提交大会表决。

6月29日，召开九届第28次常委（扩大）会议。主要内容：听取县政府2016年重点项目建设情况通报，通报县政协机关开展“两学一做”活动情况。

7月6日，召开九届第29次常委（扩大）会议。主要内容：审议通过《政协平远县委员会机关工作机构调整方案》，决定政协平远县委员会机关不再设联络科和文史资料科，调整为：办公室、提案委员会、文史和学习委员会、经济和人口资源环境委员会、教科文卫体和社会法制委员会、民族宗教和港澳台侨外事委员会等6个工作机构。

9月29日，召开九届第30次常委（扩大）会议。主要内容：围绕开展“项目攻坚年”活动，对“十三五”规划重点项目前期工作进行专题议政。表决通过《十届县政协参加单位、委员名额及界别设置安排意见》，政协第十届平远县委员会主要参加单位24个、委员名额176名、界别22个。

11月10日，召开九届第31次常委（扩大）会议。主要内容：讨论《政府工作报告》，听取县政府《关于县政协九届六次会议以来委员提案办理情况通报》。表决通过《政协第十届平远县委员会委员建议人选名单》，协商《政协第十届平远县委员会常委会组成人员人选建议名单》；审议通过县政协常委会工作报告（草案）和提案工作情况报告（草案），协商决定召开县政协十届一次会议议程日程安排、出席列席人员名单。

协商议政

【专题议政】 2016年，平远县政协围绕深入开展“项目攻坚年”活动，对“十三五”规划重点项目前期工作进行专题议政，向县委、县政府报送《关于“十三五”规划重点项目前期工作专题议政报告》。

【会议协商】 2016年，政协九届六次大会和十届一次大会期间对县政府工作报告等“三重一大”决策进行协商，向县委、县政府报送《县政协九届六次会议委员讨论建言》《县政协十届一次会议委员讨论建言》，为平远县推进供给侧结构性改革、加快振兴发展，提出意见建议。政协常委会议对重点项目建设进行协商，为主攻“一城两区”提出意见建议。

【专题协商】 2016年，平远县政协围绕山区中小河流治理、特殊教育学校建设、广东平远国家公园试点建设等课题，组织委员开展专题协商活动，提出意见建议供县委、县政府决策参考。

【界别协商】 2016年，平远县政协依托

“委员之家”网络互动平台，围绕“加强软硬件建设，深入推进县、镇医疗卫生一体化改革试点工作”，开展医卫体界别委员为主参加的网络议政活动，加强与社会公众的网络互动，收集整理网民意见建议，并向县委、县政府报告。

调研视察

【专题调研】　2016年，平远县政协围绕“一城两区”重点项目建设、工业园区基础设施规划建设、旅游接待配套民宿发展等课题，组织委员开展调研活动，为全县经济社会发展“咨政建言”。

【专题视察】　2016年，平远县政协围绕国省道升级改造、创建省级卫生县城、旅游业深度开发等课题开展视察活动，推动委员意见建议转化为县委、县政府的决策部署。

2016年4月7日，县政协主席凌声宏（中）到上举相思谷调研推进客家相思谷景区项目建设，人大常委会副主任马文生及县府办、旅游、国土、上举镇等相关负责人陪同调研

【项目视察】　2016年，平远县政协主席、副主席分别担任部分县重点项目建设工作领导小组组长或副组长，每季度带队视察督办挂钩联系的重点项目，协调解决遇到的困难和问题，推进挂钩重点项目建设。

民主监督

【民主评议】　2016年，平远县政协开展对县国土资源局和县民政局的民主评议活动，搭建政府职能部门与各界群众沟通的平台，促进政府职能部门转变作风、改进工作。

【监督司法】　2016年，平远县政协组织部分政协委员观摩县人民法院庭审、参加县人民检察院“检察开放日”活动，督促司法机关开展依法治县工作，依法保障非公经济健康发展。

【社情民意】 2016年，平远县政协通过开展“走访委员、走入群众、走进基层”活动月活动，落实领导联系委员、委员联系群众、专委会对口联系等制度，多渠道搜集社情民意，反映民生热点问题，切实维护群众利益。全年向县委、县政府报送《政协委员重要建议专报》7期，反映重点社情民意70条，委员联系群众822人次。

提案工作

【提案征集和办理】 2016年，平远县政协出台《政协平远县委员会提案征集暂行办法》，引导委员围绕市政建设管理、环境污染治理、农村饮用水安全等重点民生问题撰写提案。创新提案办理工作机制，向“一事一议”提案承办单位下拨提案项目实施补助资金100万元。在省政协提案工作重点联系点座谈会上，平远县作《突出“三抓”，提高提案办理协商水平》的经验介绍。全年收到提案60件，立案59件，全部办理答复，答复（办复）率100%，满意率100%。

【提案督办】 2016年，县党政主要领导和县政协主席会议督办8件重点提案，建立提案人、提案委、提案承办单位常态化协商沟通渠道，追踪提案办理实效，推动提案办理从“高办复率”向“高办成率”转变。

文史宣传

【文史编纂】 2016年，平远县政协编辑出版《平远县政协志（1982—2015）》，征集、整理平远县中华人民共和国成立后的文史资料，做好文史资料的交流工作，发挥文史工作“团结资政育人”的独特作用。

【宣传工作】 2016年，平远县政协与县电视台合作，办好“委员风采”专题节目，《人民政协报》和省、市报刊多次报道平远政协的履职情况。丰富“平远政协网站”内容，发挥“委员之家”网络互动平台作用，展示政协履职实效，不断扩大政协社会影响力。

团结联谊

【凝聚合力】 2016年，平远县政协由县政协主要领导带队，到广州、深圳、东莞、中山和香港等地联系走访县外委员，加强与广东省平远商会的联络沟通，宣传县委、县政府的发展思路、发展理念，鼓励在外乡贤参与平远县实体经济发展和“一城两区”建设。县政协领导参加“暖企服务行动”，调研委员企业基本情况和生产经营状况，为企业发展排忧解难。

【联谊交往】 2016年，平远县政协加强与县工商联、无党派、宗教界和新社会阶层人士的沟通联系，听取和反映他们的意见建议，为他们参政议政创造条件。与统战、外事侨务等部门配合，加强与港澳台侨人士的联系，促进对外交流和联谊。发挥政协历届委员联谊会的平台作用，加强县政协新老委员之间的联系，发挥历届老委员余热，支持平远县各项事业发展。

【情系民生】 2016年，平远县政协以开展搞一次调查、献一个良策、写一份提案、反映一件社情民意、办一件实事（或引进一个项目）的“五个一”活动为抓手，引导广大政协委员发扬热心公益、乐善好施的优良传统，积极开展扶贫济困活动。全年发动委员为民办好事实事1156件，为各项公益事业捐款捐物1000多万元，评选出41位优秀政协委员。

【履职能力建设】 2016年，平远县政协按照政协章程规定，完成换届工作，换届后委员的年龄结构、知识结构得到改善，妇女委员、非公有制经济代表人士、新社会组织代表人士比例提高，委员的代表性增强。平远县政协调整设立5个委员会，配备专职主任和副主任。十届一次大会期间围绕“懂政协、会协商、善议政，争当一名合格的政协委员”，组织全体委员进行专门培训。

【委员活动日活动】 2016年，平远县政协分别开展“我为项目攻坚献一策”“我为‘重实体、兴实业’献一策”为主题的“委员活动日”活动，引导全体政协委员为平远加快振兴发展献计出力。

机关工作

【“两学一做”学习教育】 2016年，平远县政协开展“两学一做”学习教育活动，增强全体机关干部的政治意识、大局意识、核心意识、看齐意识，把思想和行动统一到以习近平同志为核心的党中央决策部署上来。

【廉政建设】 2016年，平远县政协学习贯彻《关于新形势下党内政治生活的若干准则》《中国共产党党内监督条例》和《中国共产党问责条例》，落实党风廉政建设责任制，开展“纪教月”活动，树立宗旨观念和廉政意识，保持廉洁从政、奋发有为的精神状态。

【效能建设】 2016年，平远县政协组织机关干部参加业务培训，提升机关内务工作水平，打造“学习型、服务型、廉洁型、和谐型、活力型”机关。

2016年度九届政协平远县委员会领导名录

主　席：凌声宏（1月起任，任至12月）
副主席：凌小宏（常务，任至12月）
　　　　刘志刚（任至12月）
　　　　廖文香（任至1月）
　　　　韩垂辉（兼，任至12月）
　　　　凌　健（兼，任至12月）
　　　　涂其标（任至12月）
　　　　刘兰娇（女，1月起任，任至12月）
秘书长：林敦清（任至12月）

2016年度十届政协平远县委员会领导名录

主　席：凌声宏（12月起任）
副主席：刘志刚（常务，12月起任）
　　　　姚小玲（女，12月起任）
　　　　韩垂辉（兼，12月起任）
　　　　涂其标（12月起任）
　　　　罗益新（兼，12月起任）
　　　　卢　斌（兼，12月起任）
秘书长：林敦清（12月起任）

2016年度县政协机关各室（科）负责人名录

办公室主任：林敦清
副　主　任：黄文通
文史资料科科长：吴秉浪
副　科　长：官碧红（女）
联络科科长：肖红阳
副　科　长：韩辉平

中共平远县纪律检查委员会

主要会议

【县纪委十二届六次全会】 2016年2月3日上午，在平远县迎宾馆大会堂召开中共平远县第十二届纪律检查委员会第六次全体会议。曾尚忠、刘许川、凌声宏、凌志达、胡新文、陈颖明、姚永波、肖桂华、温助民、陈琼宏、黄钧震等县委、县人大常委会、县政府、县政协、县纪委全体领导，县人武部部长，法检两长，龙文—黄田省级自然保护区管理处主任，县纪委委员，各镇、县直各副局以上单位和省、市属驻平远各单位主要负责人等参加会议。县委副书记、县长刘许川传达中央、省、市纪委全会主要精神，县委书记曾尚忠作重要讲话，会议由县委常委、县纪委书记陈德志主持并代表县纪委常委会作题为《坚持全面从严治党，强化监督执纪问责，深入推进党风廉政建设和反腐败工作》的工作报告。

县委副书记、县长刘许川传达习近平总书记在十八届中央纪委六次全会上的重要讲话以及中央纪委十八届六次全会、省纪委十一届五次全会、市纪委六届六次全会主要精神。陈德志在报告中指出，过去的一年，全县各级纪检监察组织按照中央、省、市纪委和县委工作部署，落实“三转”要求，强化监督执纪问责，全力抓好作风建设、正风肃纪、信访举报管理、基层线索排查、安全文明办案等重点，扎实推进党风廉政建设和反腐败工作，取得一定的成效。同时分析当前该县党风廉政建设和反腐败工作面临的新形势，提出2016年重点抓好八方面工作：一要深入学习贯彻习近平总书记重要讲话精神，保持坚强政治定力。二要严明党的纪律，坚持依规治党。三要深化体制机制改革，夯实管党治党责任。四要弛而不息正风肃纪，持续落实中央“八项规定”精神。五要加大执纪审查力度，持续保持遏制腐败高压态势。六要巩固线索排查成果，切实加强基层党风廉政建设。七要深化标本兼治，打造风清气正的政治生态。八要严格教育监督管理，建设忠诚干净担当的纪检监察队伍。

县委书记曾尚忠在会上充分肯定全县纪检监察组织在2015年所取得的成绩，指出2016年是“十三五”规划的开局之年，也是推动平远加快振兴发展的关键之年。全县各级党组织、纪检监察组织和广大党员领导干部，要做到“三点”：一要深入学习贯彻习近平总书记重要讲话精神，把思想和行动统一到中央和省市的部署上来，充分认识当前党风廉政建设的新形势，深刻领会当前党风廉政建设的新内涵，准确把握当前党风廉政建设的新要求。二要突出重点，多措并举，坚定不移推进党风廉政建设和反腐败工作。从严从实，持续转作风树新风；严明纪律，确保执纪严政令通；惩防并举，坚决反腐败促清廉。三要强化领导，落实责任，不断凝聚反腐倡廉工作合力。明确职责，严格落实党风廉政建设责任制；改革创新，认真贯彻落实纪律检查体制机制改革要求；通力合作，营造齐抓共管的浓厚氛围；从严从实，建设忠诚干净担当队伍。

会议审议通过县纪委工作报告和决议。

【科级正职述责述德述廉评议大会】 2016年2月3日下午，在平远县迎宾馆大会堂举行平远县科级正职述责述德述廉评议大会。县纪委委员、县党代表、人大代表、政协委员、特邀监察员及10名科级正职等参加会议。会议由县委常委、纪委书记陈德志主持。会上，林松等10位科级正职就落实“一岗双责”、党风廉政建设主体责任、中央“八项规定”精神和治理“四风”、加强品德修养、保持廉洁自律五个方面的情况向县纪委全会作报告，由县纪委委员及县党代表、人大代表、政协委员、特邀监察员组成的评议团对10位科级正职在“责”“德”“廉”三个方面的情况进行综合评议。

【纪律教育学习大会】 2016年9月2日，在县迎宾馆大会堂召开2016年纪律教育学习大会。县委、县人大常委会、县政府、县政协、县纪委全体领导，县人武部、县法院、县检察院主要负责人，省级龙文—黄田自然保护区管理处主任，各镇党委书记、镇长、纪委书记、组织委员、宣传委员，县直各系统纪委正、副书记，县直各局以上单位主要负责人及分管党风廉政建设工作的负责人；省、市属驻平远各单位主要负责人及分管党风廉政建设工作的负责人；县直各副局单位主要负责人；县纪委监察局机关、派驻组全体干部等350多人参加会议。会议由县委常委、县纪委书记徐万宝主持。会上，与会人员集中观看警示教育片《陨落的“新星”——茂名市高新区党工委原书记谭国锋案件警示录》和梅州市作风暗访片。县委常委、县纪委书记徐万宝传达《中共广东省委办公厅、广东省人民政府办公厅印发〈关于2016年上半年贯彻执行中央八项规定情况的报告〉的通知》精神和梅州市纪律教育专题学习会精神。

县委书记曾尚忠作专题辅导。他围绕“学党章、强党性，讲规矩、守纪律”这个主题，要求各级各部门做到以下四个方面：一要认清形势，进一步提高党性修养、增强纪律意识。各级党组织和广大党员干部要深化认识，增强遵规守纪的自觉性和责任感；各级纪检监察机关要负起监督责任，指导和督促检查各级党组织认真抓好纪律作风教育，确保取得实效。二要切实把“学党章、强党性”作为“两学”的重要内容。深入学习党章党规，做到内化于心、外化于行。坚持把党章作为加强党性修养的根本标准，作为开展党的工作、参加党内活动的根本依据。深入学习领会习近平总书记系列重要讲话精神，做到入脑入心、真学真用。三要切实把“讲规矩、守纪律”作为“一做”的重要方式，各级党员领导干部必须对照“讲政治、有信念，讲规矩、有纪律，讲道德、有品行，讲奉献、有作为”这个合格党员的标准，以身作则，做出表率。四要精心组织，确保纪教月活动取得实实在在的成效。全县各级党组织要根据方案要求认真研究部署，细化工作措施，确保纪教月活动顺利开展，不能搞形式、走过场；要注重学习效果，拓展学习领域、重视选取学习内容、不断创新学习载体；要注重领导带头，各级领导干部要以身作则，带头执行廉洁从政各项规定，严格自律，带动全县党员干部纪律作风转变。

【县纪委十三届一次全会】 2016年10月18日下午，中国共产党平远县第十三届纪律检查委员会召开第一次全体会议。受中共平远县第十三次代表大会主席团的委托，徐万宝主持会议。会议应到委员21名，实到委员20名。会议以无记名投票的形式，选举产生新一届县纪委常委，分别为徐万宝、梁裕彝、冯浪、杨旭辉、张学远、林苑婷、韩德志。徐万宝当选为县纪委书记，梁裕彝、冯浪当选为县纪委副书记。

当选的县纪委书记徐万宝在会上讲话：一要真抓实干、履职尽责。新一届纪委班子要紧紧围绕县第十三次党代会提出的目标任务和县委、县政府重大决策部署的贯彻落实，加强监督检查，确保政令畅通。二要对党忠诚、敢于担当。纪检监察干部要凝心聚气，始终保持政治上的清醒与定力，把严守政治纪律和政治规矩永远摆在首要位置，坚守理想信念不动摇，明辨大是大非不糊涂，自觉做到讲政治、顾大局、守规矩，为全县党风廉政建设和反腐败工作尽职尽责。三要以身作则、始终干净。纪检监察干部要自觉接受监督，带头遵守国家法律法规和党纪政纪，以更高的标准、更严的要求、更好的作风，严格监督管理，强化自身约束，做到思想过硬不缺钙、作风过硬不失德、能力过硬不缺才、清正过硬不缺廉、实绩过硬不缺位，为加快平远振兴发展提供坚强有力的纪律保障。

纪律检查工作

【执纪审查工作】 2016年，中共平远县纪委积极实践监督执纪“四种形态”，贯彻落实“全面”和“从严”两个方面的要求，始终保持惩治腐败高压态势。2016年，平远县纪检监察组织受理信访举报79件，应核信访举报61件，已核信访举报61件（谈话函询6件，初步核实55件），核查率100%。全年处置线索61条，立案44件44人，审结46件46人（其中属于上年立案3件3人），给予党纪政纪处分46人，其中轻处分22人，重处分24人（严重违纪涉嫌违法立案审查2人）。严格落实执纪审查有关规定，对于反映党员干部的不实问题及时澄清事实，还干部清白，全年澄清保护干部6人。2016年，争取县级财政投入53万元，率先在全市实现镇级高标准谈话室全覆盖，加强执纪审查安全工作。借助互联网平台提升网上信访服务能力，拓展升级“二维码”信访举报受理督办系统功能。注重加强和完善反腐败协调机制建设，全年召开4场反腐败协调工作专题会议，全面加强问题线索、案件材料、涉案款物等方面的沟通协调，积极推进线索排查工作。压实各镇党委落实好线索排查工作主体责任，重点突出“七类问题”的排查，全年开展多轮扶贫政策资金、种粮直补、征地拆迁等涉农政策资金落实情况的专项入户排查工作，推动县政府建设涉农资金信息公开查询平台。2016年，全县排查农村基层党员、干部违纪违法线索229条，初核223条，谈话函询6条，其中七类问题线索192 条，占82%。

【正风肃纪】 2016年，中共平远县纪委坚持暗访、查处、追责、曝光“四管”齐下，坚决查处违反中央“八项规定”精神和“四风”问题，严防“四风”问题反弹回潮。在县政府网、县纪检监察网等公开机关作风、违反中央“八项规定”精神和“四风”问题举报投诉电话，全年组织15次暗访，受理违反中央“八项规定”精神和“四风”问题方面线索62条，立案8宗，对 8人作出严肃处理。同时对县直单位节假日期间公车使用情况进行检查，责成4个单位对公务车辆没有归库情况作出说明；以问题为导向，督促相关职能部门提高服务质量和工作效能。加强党员干部个人重大事项监管。对副科级以上领导干部个人操办婚丧喜庆事宜、购房、购车等个人重大事项报告项目进行重点监管。全年收到68份副科级以上领导干部操办婚丧喜庆事宜及购房、购车等报告，核实调查1起群众反映违规操办婚庆事宜的当事人。加强党员干部“八小时以外”活动监督管理。建立抓早抓小制度，把“八小时以外”活动监督管理情况列入科级正职“三述”专项评议范围和领导干部廉政谈话内容。

【落实“两个责任”】 2016年，中共平远县纪委采取调研督查、约谈提醒、责任倒查、责任制检查等形式推动党风廉政建设主体责任和监督责任的落实，督促各镇各单位细化责任清单，层层传导压力，督促领导干部履行好“一岗双责”。2016年，县纪委对49名党政一把手进行约谈提醒，压实主体责任。严格落实“一案双查”，倒逼责任落实，对党风廉政建设责任制落实不到位的班子和个人实行一票否决。深入推进党内法规法纪的学习教育，强化党员干部纪律意识。组建“学习贯彻党内法规”宣讲团，深入到全县12个镇和6大系统党委开展巡回宣讲；统一征订14000多本新修订的党内法规单行本分发到全县党员手中；组织开展全县“廉洁火炬杯”党规党纪知识竞赛活动，开展以“学党章强党性、讲规矩守纪律”为主题的纪律教育学习月活动，教育引导广大党员学习领会《中国共产党章程》《中国共产党廉洁自律准则》《中国共产党党纪处分条例》《中国共产党问责条例》《关于新形势下党内政治生活的若干准则》《中国共产党党内监督条例》等“1+5”党内法规。

【体制机制改革】 2016年，中共平远县纪委严格落实“两为主”制度和“两报告”制度，制定印发《关于调整镇纪委线索处置和案件查办“两报告”工作的通知》，就报告范围、报告时间、报告程序、督促办理作调整。按照镇纪委正副书记提名考察办法，换届期间，对36名镇纪委书记、副书记人选进行提名考察。积极实践监督执纪“四种形态”，健全完善抓早抓小工作机制。制定印发《关于开展谈话提醒构建抓早抓小工作机制的意见》，加强对干部的日常教育和监督管理。县委、县政府、县纪委主要领导带头，坚持开展谈话提醒工作，把抓早抓小、动辄则咎、全面从严治党的要求落到实处。2016年，全县约谈提醒党员干部473人次，信访函询6人。

【宣传教育】 2016年，中共平远县纪委重视家庭、家教、家风建设，会同县文联收集整理平远廉洁家训，出版《客家平远家训》。重视用好用活反面教材，采取通报、剖析违纪违法案例和在县党风廉政教育基地图文展示等方式强化警示教育。充分利用网站、微信、手机报等新媒体做好党风廉政宣传，拍摄制作廉政公益广告在县电视台常态化播放。加强反腐倡廉网络舆情的收集、研判、处置和舆论引导工作。2016年，平远县被市级以上媒体采用的纪检监察宣传稿件68篇，其中被《中国纪检监察报》《党风廉政建设》“南粤清风网”等省级以上媒体采用28篇。以县水务局、县国土资源局为试点，积极开展“以案治本，加强廉政风险防控”工作，督促指导发案单位查找根源、完善制度。

2016年5月26日，县纪委监察局组织开展“廉洁火炬杯”党规党纪知识竞赛（决赛）活动

【干部队伍建设】 2016年，平远县、镇两级纪委班子圆满完成换届任务。打造学习型机关，在县委党校举办为期2天的全县纪

检监察干部业务培训班，组织新进镇纪委的正、副书记到省纪委培训中心参加培训，选派基层纪检干部到市、县纪委跟班学习。成立县纪检监察机关内务监督委员会，加强对全县纪检监察干部在政治纪律、办案纪律、保密纪律和廉政纪律等方面的监督管理。严格执行层级管理制度，突出抓好内部监督制约，加强机关工作管理制度建设，严格教育监督管理。新一届纪委常委会按打铁还需自身硬的要求，严格加强队伍监督管理，同时又注重人文关怀，积极倡导“健康生活，快乐工作，尽心履职”的良好干事氛围。

（杨旭辉　秦秋霖）

2016年10月10日下午，县纪委监察局召开会议，正式成立平远县纪检监察机关内务监督委员会

2016年度中共平远县纪律检查委员会领导名录

书　记：陈德志（任至8月）
　　　　徐万宝（8月起任）
副书记：陈永和（任至5月）
　　　　梁裕彝
　　　　张远忠（5月起任，8月因病去世）
　　　　冯　浪（10月起任）
常　委：陈德志（任至8月）
　　　　徐万宝（8月起任）
　　　　陈永和（任至5月）　梁裕彝
　　　　张远忠（5月起任，8月因病去世）
　　　　冯　浪（10月起任）杨旭辉　张学远
　　　　林苑婷（女）　韩德志

2016年度平远县监察局负责人名录

局　长：陈永和（任至5月）
　　　　张远忠（5月起任，8月因病去世）
　　　　冯　浪（11月起任）
副局长：谢秋华（女）　吴乃荣

2016年度中共平远县纪律检查委员会办公室负责人名录

主　任：杨旭辉

社会团体和工商联

平远县总工会

【概况】　2016年，平远县总工会加强自身建设，凝聚职工正能量，服务大局、服务基层、服务职工，发挥党联系职工群众的桥梁和纽带作用。做好劳模的管理工作，开展职代会以及厂务公开等民主管理和民主监督工作，建立平等协商和集体合同制度，履行维护职能作用；扎实开展“春送岗位”“夏送清凉”“金秋助学”“冬送温暖”“职工互助保障”等帮扶工作。

【劳模宣传】　2016年，平远县总工会以做好全国、省劳动模范和先进工作者评选推荐为契机，开展宣传劳动模范风采活动。在“五一”前后，与县广播电视台合作开设专题宣传栏目宣传各级劳模和先进集体事迹。全县获省五一劳动奖章1人、省先进集体2个；组织劳模休养4次8人，为劳模体检和办理二次医保，形成崇尚劳模、关爱劳模、学习劳模、争当劳模的良好氛围。开展创建“劳模创新工作室”“女职工创新工作室”活动，增强全县职工建功立业意识。

【帮扶工作】　2016年，平远县总工会发挥职工服务中心作用，积极为职工办好事实事。（1）组织开展“元旦、春节送温暖”活动。“两节”期间，开展慰问困难企业、困难职工活动，发放帮扶资金39.4万元，帮扶困难职工437人。（2）组织开展“夏送清凉”活动。在夏季时节为重点工程建设的1000多名一线职工购买价值近万元的防暑降温用品，并附上安全生产、法律法规宣传小册子，带去各级组织对职工的关爱。（3）组织开展“金秋助学”活动。重点帮扶全日制二本以上高等院校的家庭困难职工子女，全县发放资助金7.4万元，资助困难职工子女和困难农民工子女37人，解决就学难的问题。（4）组织开展困难劳模慰问活动。慰问省部级以上困难劳模26人，发放慰问金25.2万元，解决困难劳模的生产生活问题。（5）组织开展职工医疗救助活动。为职工办理二次医保3018人次，女职工安康保险702份，二次医保报销128人次共198094元。（6）组织开展关爱女职工活动。在县汽车客运站设立一间“爱心妈妈小屋”，方便旅途哺育期妇女；邀请广东省工人医院医技人员到广州南沙（平远）工业园区，为企业400多名女职工免费检查乳腺癌、宫颈癌。逐步形成具有工会特色的帮扶机制，对稳定社会以及稳定职工队伍起到工会应有的作用。

【维权工作】　2016年，平远县总工会积极推进创建和谐劳动关系,把维护企业整体利益和职工合法权益有机结合起来，发挥全县工会组织服务阵地作用，维权工作取得新成绩。（1）从源头上维权。开展工资集体协商工作，完成800多家企业签订集体合同；2016年新签集体合同企业145家，职工7008人，确保职工权益的维护。（2）建立企业工会法律顾问制度。聘请县司法局律师3名，分别为9个企业签订企业法律顾问合同。法律顾问与企业工会建立常态化的联系，举办法制讲座为企业工会和职工提供法律咨询服务；听取和收集职工意见，排查企业劳动关系隐患，引导职工依法理性解决劳资纠纷，指导企业工会依法维护职工合法权益，加强企业生产经营和职工稳定。（3）推进厂务公开制度。积极开展企业厂务公开民主管理工作，全县现有建制企业工会526家，从业人员26274人，实行厂务公开的企业436家，占建工会企业总数的82%，职代会民主管理工作的建制率85%。（4）妥善处置职工群体性事件，维护职工队伍和企业稳定。成功调处3起职工劳资纠纷。

【经费审查】 2016年，平远县总工会把经审工作列入年度工作计划，经费审查委员会召集2次委员会议，对全县工会经费预算和决算进行审计，出具审计报告；对10个自收自支部分事业单位、基层工会经费收支使用情况进行审计，下达整改通知书5份，整改各类违规问题8项，加强工会经费收管用工作。

【组织建设】 2016年，平远县总工会做好工会组织建设工作，把非公企业工会组建和吸收职工（含农民工）入会作为工作重点。（1）推进农民工入会集中行动，完成市总下达的组建任务和农民工入会任务。（2）加强民主建会工作。将全县企业民主建会和民主换届目标任务落实到基层。完成民主换届单位11家，正常换届33家。（3）建立县总工会全员联系基层和服务基层制度，增强县总工会机关和基层的联系，完善基层工会干部激励保障制度，每季度按月给职工人数300人以上非公有制企业亚力盛和汇胜木业工会主席发放工作津贴。为全县12个镇和工业园区工委下拨工作经费各10000元，两项经费计20.2万元。（4）以申报省、市模范职工之家及先进单位和优秀个人作为载体，提高基层规范水平。全县组建县直局（系统、园区）工委14个（含产业工会），镇工委12个，基层工会585个，会员人数29880人，其中农民工1.7万人，形成县总工会—局（系统、园区）、镇工委—基层工会三级组织网络。新建工会组织17个，会员1413人，其中农民工1110人。

【业务培训】 2016年，平远县总工会组织基层工会干部学业务、学法律、学经济、学管理等学习活动，重点学习《中华人民共和国劳动法》《中华人民共和国工会法》《广东省企业工资集体协商条例》以及《中华人民共和国劳动合同法》《中华人民共和国劳动争议调解仲裁法》等相关劳动法律法规；组织工会业务培训，邀请省总工会专家为全县260多名工会干部作工会财务、经审理论与实务专题讲座；选送各级工会干部参加省、市各级工会干部业务培训班，选派工会干部100多人次参加工会宣传、工会组建、劳动保护、劳资纠纷调处、职工互助保障、女职工素质提升、经费审查等业务培训，提高全县基层工会干部的理论水平和业务素质，提高工会干部运用法律武器依法治会的能力。

【文体活动】 2016年，平远县总工会积极争取省、市总工会和县委、县政府的重视，投入360多万元建成有乒乓球、羽毛球、健身等活动设施近2000平方米的职工活动中心。发挥县总工会文体活动阵地作用，以基层工会为主体，积极组织开展形式多样的文体活动。举办1场全县“中国梦·劳动美”职工书画摄影作品联展活动，展出180多幅质量较高的职工书、画、摄影作品；举办各系统、各行业工会乒乓球比赛4场；全天开放县总工会职工活动室，吸引职工参加文体活动，全年参加人数7200人次。

【自身建设】 2016年，平远县总工会按照省委党的群团工作会议精神，围绕省总关于工会自身改革要求，抓好服务型党组织和“五好”党支部创建工作，推动工会力克行政化、机关化、贵族化、娱乐化，转变工作方式，突出服务。平远县总工会被梅州市文明委

授予“梅州市文明单位”称号。　（肖丁城）

2016年2月1日，县委书记曾尚忠（左二），梅州市总工会党组书记李钢（左三），梅州市文联主席肖伟承（右三）到县总工会指导工作　（肖丁城　摄）

2016年度平远县总工会负责人名录

主　席：马文生

副主席：陈耀东　张伟英（女）　王元增

共青团平远县委员会

【概况】　2016年，共青团平远县委员会围绕党政中心工作，把握共青团改革机遇，找准党政关心、社会关注、青年关切、共青团能为的结合点，推进青少年思想教育，搭建服务青年平台，擦亮志愿服务品牌，推动全县共青团工作科学发展。平远县共有12个镇团委、5个县直系统团委、18个中学团委（团总支）和20个小学少先队大队组织。“律动青春·绿满苏区”项目被评为“梅州市最佳志愿服务项目”，共青团平远县委员会被评为“广东省卫生县城”表扬单位。

【青少年思想道德教育】　2016年，共青团平远县委员会以加强青少年思想道德建设为首要任务，把握“五四”“六一”“七一”“建队日”“成人礼”等重要时间节点，开展“与信仰对话”“红领巾相约中国梦”“奋斗的青春最美丽”等主题教育活动30多场次。通过邀请法律专家、法制副校长到学校讲课，举办青年夜校，组织全县广大青少年学习中共十八大、十八届历次全会精神等形式，坚定广大青少年永远跟党走的信念。通过选送省、市优秀团员和优秀少先队员、“最美南粤少年”“五星道德模范”评选等活动，发挥青年典型的示范效应，以榜样育人、先进引路，营造全县青少年健康成长的良好氛围。

【服务青年创业】　2016年，共青团平远县委员会开展“展翅计划”广东大学生就业创业能力提升行动，为大学生开发100个见习实习岗位，引导和帮助大学生在社会实践以及职场体验中提升就业创业和职业转换能力。深化银团合作，加大青年创业小额贷款力度，在东石镇建立农村青年创业金融服务站，发挥共青团的组织优势和金融机构的专业优势，构建金融服务农村青年和送金融知识下乡工作长效机制，为农村青年提供资金帮助、信息咨询等服务，促进农村青年创业就业。推荐平远县客家上品农业发展有限公司、平远威大地有限公司和广东南台酒业股份有限公司等6家企业的青年企业家加入梅州市青年发展现代农业促进会，帮助青年提高生产经营技能，增强就业创业能力，拓宽市场渠道，实现持续增收致富。推荐和鼓励平远县创业青年参加梅州市首届创新创业大赛，释放创新创业主体活力，营造全社会关注支持参与大众创业万众创新的浓厚氛围，助推平远县实体经济发展。

【青少年关爱工作】　2016年，共青团平远县委员会认真做好青少年关爱工作。（1）开展扶贫助学活动。秉承“不让一名优秀贫困学子因家贫而失学”的理念，将扶贫助学活动当作改善青少年民生，服务青少年成长的良心事业来开展。全年筹集善款61.2万元；开辟线上申请和线下申请相结合的O2O申请模式，按照2000元~6000元的标准，资助170名特困学子圆大学梦，助学金总额突破60万元。（2）做好希望工程和留守儿童关爱工作。为69名特困学子争取到希望工程资助金1.58万元。开展留守儿童关爱活动5场，为300余名农村留守儿童发放爱心物品累计折价4.7万元。在县公益义工协会建立全市县级留守儿童之家；在坝头学校新建希望家园1所、冬青实验学校新建幸福厨房1间，为山区青少年成长成才创造条件。（3）举办“笃行青春志·共筑振兴梦”主题演讲比赛，推荐6篇优秀稿件至《平远学刊》登载。组织40多名学生到梅州市戒毒所参观学习，增强青少年识毒、防毒和拒毒的意识和能力。开展“薪火芊芊”公益行动，为35名普通高中特困学子发放营养费3.5万元。

【青年交流交友】 2016年，共青团平远县委员会举办“携手青春缘来是你”单身青年联谊活动，为全县各行业的80余名青年搭建交友平台，解决婚恋需求。召开共青团系统暨社会各界青年学习贯彻县党代会精神座谈会，组织全县各镇和县直各系统团委书记、选调生代表、“千人计划”高素质人才代表、新录用乡镇公务员、青年企业家、农村致富带头人、社会组织骨干共60余人进行交流学习。先后与深圳市罗湖区团委、广州市南沙区团委、梅江区团委开展交流学习，促进团队干部和青年间的交流。

【青年志愿者服务】 2016年，共青团平远县委员会积极组织青年志愿者参与社会各项活动。（1）整合对接资源，以大柘镇为示范点，探索建立1+1+1+N+N为模式的“农村青年人才生态圈”，引领“领头雁”农村致富带头人、优秀农村青年人才和青年志愿者助力精准脱贫，得到上级团委的充分肯定并被写入2016年团省委全会工作报告。（2）招募和培训100多名青年志愿者，做好“绿地·中信银行杯第七届北京国际山地徒步大会梅州·平远站”志愿服务活动。招募30名旅游志愿者成立平远县旅游志愿者服务队，服务平远旅游发展，助力“国家全域旅游示范县”创建。（3）加强宣传引导，组织青少年参与签名宣誓、洁净家园、卫生劝阻等活动，带动更多的市民参与“广东省卫生县城”创建，共建美丽平远。（4）围绕县党代会提出的“全面加强社会管理，构建和谐平安平远”要求，建立金融知识宣传志愿者服务队、社区矫正志愿者服务队等3支队伍。组织开展关爱留守儿童和空巢老人、关爱抗战老兵、关爱返乡农民工、金融知识进校园（社区）等系列志愿服务活动17场，累计受众对象2.5万人，弘扬“奉献、友爱、互助、进步”的志愿服务精神，为推动振兴发展聚合正能量、传播好声音。

【团组织自身建设】 2016年，共青团平远县委员会坚持党建带团建，不断探索团组织建设新路子。结合“两学一做”学习教育活动，通过学习培养、青年夜校等方式，筑牢团队干部理想根基,增强党性修养,强化宗旨意识。贯彻好县党代会精神，牢牢把握改革机遇，围绕县党代会提出的各项任务和目标，在正本清源、强“三性”去“四化”方面出真招见实效，加强团组织自身建设，保证共青团工作与党的中心大局始终保持高度一致、行动一致、目标一致。落实好“1+100”（每名专职团干部经常性联系100名左右青少年）、“4+1”（县团委机关干部每周4天在机关办公、1天到服务对象中工作）等团干部直接联系青年制度。全面落实“大团委”工作经费，全县12个镇团委2万元工作经费有效落实。同时，涌现出平远中学等一批省、市“五四红旗团委”等先进组织和个人。

（李　馥）

2016年8月3日，团省委书记池志雄（左二）到平远调研期间，与平远县青年代表面对面交谈，听取他们的意见和建议

2016年3月8日，平远县妇联组织部分妇女干部到丰顺马山茶场参观学习

2016年度共青团平远县委员会负责人名录

书　记：郭　亿（任至7月）

副书记：余　军　陈　祺

平远县妇女联合会

【概况】 2016年，平远县妇女联合会（以下简称“平远县妇联”）团结动员广大妇女紧紧围绕加快振兴发展的目标任务，凝心聚智，奋发进取，完成各项目标任务，为平远振兴发展发挥妇女“半边天”作用。

【“三八”节系列活动】 2016年，平远县妇联创新活动形式，开展“三八”节系列活动。（1）举办“创建二孩幸福家庭”专题讲座，落实全面放开二孩生育政策，帮助生育二孩家庭以积极的心态面对孕育过程中的各类问题。（2）组织全县妇联干部到全国巾帼科技示范基地、红色苏区梅州市丰顺县马图村参观学习并接受革命传统教育。（3）开展“三八”维权服务周活动。（4）开展慰问困境妇女儿童活动。

【公益活动举办】 2016年，平远县妇联加大关爱力度，举办系列公益活动。（1）举办“大手牵小手·你我共成长”志愿者公益活动。（2）开展“六一”节慰问困境儿童活动。（3）在全县9个镇巡回举办11场女童性安全教育公益讲座。（4）争取公益项目资金，打造仁居镇飞龙村留守“儿童快乐家园”和差干镇差干村留守“儿童之家”，让农村留守儿童共享“家”的温暖。

【“四援助”民生服务】 2016年，平远县妇联围绕关注妇女儿童民生重点，把帮助解决困境妇女儿童实际问题作为妇联承接政府部分社会管理职能来抓，积极搭建爱心平台，为困境妇女儿童办好事办实事。2016年，筹集善款27.02万元，帮扶164名困境儿童和单亲特困母亲家庭子女就学、治病和援建安居房。依托梅州市举办的“五星道德”楷模评选活动平台，推荐平远县杨乐如、丘敬奕、卓佛英获评“自强不息好少年”、丘碧香获评“孝老敬亲好媳妇”，各获得1万元奖励。落实市、县民生工程，筹资24.7万元为全县1085名城乡35~64岁贫困妇女开展“两癌”免费检查工作。

【推动“两个规划”建设】 2016年，省、市妇儿工委办公室有关“两个规划”中期评估工作的通知要求，国务院妇儿工委将于6—7月对平远县“两个规划”实施情况进行中期评估。平远县妇联顺利通过迎接国检准备工作，查缺补漏，把实施规划的存在问题落实完善,推动“两个规划”目标实现。同时争取组织部门和编办的支持，落实妇儿工委办编制和人员问题，实现专人专岗。

【妇女干部队伍建设】 2016年，平远县妇联推进143个村（社区）“妇女之家”建设工作，提升第一、二批省、市级“妇女之家”示范点功能。在做好第一批示范点以点带面工作的同时，争取6.9万元完善长田镇长安村、平远县第一小学等5个省级第二批妇女之家示范点，提升全县妇女之家的管理和服务功能。新建县级“儿童之家”12个，打造儿童快乐家园、留守儿童之家各1个。

【做好妇女创业就业工作】 2016年，平远县妇联利用上级妇联出台的利好政策，扶助现有“妇”字号各类企业更快更好发展。向市妇联、市农业局申报平远县东石三叶锅舌茶种植合作社为2016年度重点培育提升的巾帼新型农业经营主体；为飞龙果业、木英栋家庭农场争取5万元扶持发展资金；推荐梅州市金穗有机农业开发有限公司获评 “广东省巾帼创业示范基地”并获得4万元项目发展奖励金。11月16—20日，在县电商运营中心举办妇女创业电商知识培训班，40多名有电商创业意向的妇女参加为期5天的培训，推动平远县妇女创业就业。推进妇女增收致富支持行动，争取资金18.7万元为62户妇女小额担保财政贷款进行贴息，帮助解决发展资金瓶颈问题。

【妇女儿童合法权益维护】 2016年，平远县妇联按照建设法治中国要求，利用“三八”节、“六一”节、“12・4”法制宣传日等时机做好《中华人民共和国反家庭暴力法》《中华人民共和国未成年人保护法》等法律知识的宣传普及工作；做好妇女信访维稳工作，2016年受理群众来信来访案件27宗涉及43人次，调处率100%，实现维权与维稳的有机结合，为“平安平远”建设发挥作用。 （徐　琼）

2016 年度平远县妇女联合会负责人名录

主　席：李琼珍（女）

副主席：姚映兰（女）　余春莲（女）

平远县科学技术协会

【概况】 2016年，平远县科学技术协会（以下简称“平远县科协”）紧扣县委、县政府的中心工作，围绕“节约能源资源、保护生态环境、保障安全健康、促进创新创造”的工作主题，积极开展各项科普活动，普及科学知识，传播科学思想，推广先进技术。

【科普工作】 2016年，平远县科协认真做好科普工作。平远县科协深入实施《全民科学素质行动计划纲要》，促进平远县全民科学文化素质的提高；以“全国科技活动周”“广东省科技进步活动月”“防灾减灾日”“食品安全宣传周”和“全国科普日”活动为抓手，开展科普宣传进校园、进社区、进农村、进机关活动。3月，联合县教育局、县关工委发动全县中小学生参加梅州市“播撒科技种子，实现创新梦想”青少年主题征文比赛，取得良好效果；平远县科协被评为该次活动的“优秀组织单位”。5月，与县第三小学联合举办以“亲近科技，大胆实践”为主题的“第三小学第一届科技节”，掀起全校学生爱科学、学科学、用科学的热潮。6月，联合县科技局、县知识产权局举办“知识产权进校园”宣传教育活动，邀请梅州市科学技术局（市知识产权局）副局长、专利代理人李昌栋到省中小学知识产权教育试点学校——平远县冬青实验学校为师生作知识产权专题讲座。是月，联合县科技局、县卫生局、县农业局等相关单位到仁居镇、中行镇开展文化、科技、卫生“三下乡”活动，现场发放应急避震、食品安全、水产养殖、果树种养、健康生活等科普宣传资料，让科技成果惠及民众，促进农民增收。7月，组织平远中学优秀学生10人赴中山大学参加“青少年高校科学营广东分营”活动。9月，联合县教育局发动全县各中小学生参加梅州市第32届青少年科技创新大赛，其中县科协杜永灵被评为第32届广东省青少年科技创新大赛“优秀组织工作者”。9—10月在“全国科普日”活动期间，开展科普图展进校园活动。通过展出29名梅州籍国家级院士的科技成果、成长故事，丰富校园的科普文化氛围。同时，在新田花园、政府宿舍小区、河滨公园等人口比较密集的社区和五指石、金穗、新大地等科普示范基地，通过更新宣传栏、图展进社区、发放宣传单、植物标识等方式向广大群众宣传节约能源资源、保护生态环境、保障安全健康等知识，倡导健康的生活方式。

2016年6月23日，县科协在仁居镇开展送科技下乡活动　（李琴　摄）

【科普示范项目培育】　2016年，平远县科协积极培育科普示范项目。平远县科协争取多方支持，实施科普惠农兴村计划，积极培育扶持农村科普示范基地、农村专业技术协会以及科普带头人，充分发挥辐射示范带动作用，协助普及推广农业新品种、新技术、新成果。7月，平远县黑米专业协会被中国科协、财政部评为“国家基层科普行动计划”先进农村专业技术协会。

【内联外引工作】　2016年，平远县科协认真做好内联外引工作。（1）做好内联工作。发挥“大合作大联动”精神，针对平远县经济发展中的热点、难点问题，加强与学协会和科技工作者的沟通交流，积极服务经济发展，并联合食品药品、粮食、环保等相关部门，整合科普资源，以“全国科普日”“广东省科技进步活动月”“全国科技活动周”“全国防灾减灾日”等活动为抓手，开展科普宣传活动。通过发挥各学协会和各部门的优势，共同做好科普工作。平远县科协组织优秀科技教师到五华、珠海等地学习了解各地在举办科普活动方面的经验做法。（2）加强外引工作。充分利用科协的优势，通过广东省科协的专家库聘请业内比较权威的专家教授为平远县的高效精致特色农业出谋献策。2016年，邀请广东省农科院专家到仁居镇推广慈橙黄龙病防控技术，到河头镇推广三华李冬园管理先进技术，促进平远县慈橙黄龙病的防控和三华李产量的提高。

（李　琴）

2016年度平远县科学技术协会负责人名录

主　　席：杜永灵

副 主 席：谢燕霞（女）

兼职副主席：叶振华

平远县归国华侨联合会

【概况】 2016年，平远县归国华侨联合会（以下简称“平远县侨联”）坚持“以人为本、为侨服务”的宗旨，充分发挥侨联优势，在服务经济发展、依法维护侨益、拓展海外联谊、宣传发动工作、参与社会建设等方面有新的突破。4月,被梅州市侨联授予“侨联工作先进集体”荣誉称号。

【服务经济发展】 2016年，平远县侨联做好服务经济发展工作。（1）开展“暖企行动”。加强对侨商投资问题的调查和政策研究，为侨资企业在平远发展提供服务，重点加强香港太平绅士、平远县侨联永远名誉主席何冬青龙腾盛世系列工程的服务工作。（2）利用节会、出访向华侨华人宣传平远县的投资环境和发展现状，向政府相关部门推荐有投资意向的华商信息。

【归侨扶助维权】 2016年，平远县侨联积极做好扶助归侨侨眷、维护侨胞权益的工作。（1）开展“侨界助学行动”，助贫困生圆求学梦。①自2012年牵线搭桥与浙江省新华爱心教育基金会在平远中学设立广东省第一家“珍珠班”，在平远中学连续五年设立“珍珠班”。2016年第五期“珍珠生”50名，共扶助37.5万元。②筹集22000元助学款，资助11名侨眷子女圆大学梦。③选送一名平远中学应届毕业生（低保户子女）到马来西亚拉曼大学留学。通过梅州市归国华侨联合会（以下简称“梅州市侨联”）的牵线搭桥和马来西亚侨胞丹斯里丘思东、丹斯里李爱贤的支持，马来西亚拉曼大学每年向梅州市提供5个奖学金名额，招录应届高中毕业生留学。录取学生学费全免，住宿免费，并由学校提供每个月500马币（约830元人民币）生活费。（2）开展“送温暖·献爱心”活动。看望慰问特困归侨、侨眷和群众90人次，慰问金和慰问物品计6.5万元。

【海内外联谊】 2016年，平远县侨联积极做好海内外联谊工作。（1）12月22–29日，平远县侨联主席林永升参加由梅州市侨联组织的侨务交流访问团。为加强与海外客属侨团、侨胞乡贤的交流交往和经贸合作，梅州市侨联组织访问团首访越南、老挝，宣传推介梅州和了解当地侨情。（2）11月2日、3日，中国人民政治协商会议第七届惠州市惠城区委员会副主席、惠城区归国华侨联合会主席胡爱华率团到平远县侨联开展学习交流活动。平远县委常委、统战部部长林忠云会见惠城区客人，并向客人介绍平远县概况和近年的经济社会发展情况。（3）积极主动拜访到平的华侨华人和回乡港澳台同胞。

【参加第十七届世界华人学生作文大赛】 2016年，平远县侨联积极组织动员学生参加第十七届世界华人学生作文大赛。平远县有13名学生分别获二、三等奖，11名教师获得辅导奖。（吴运兰）

2016年平远县归国华侨联合会负责人名录

主　席：林永升

副主席：林桂凤（女）

平远县文学艺术界联合会

【概况】 2016年，平远县文学艺术界联合会（以下简称“平远县文联”）扎实推进优秀作品创作、人才素质培养、文艺活动开展、学术风采交流及服务平台完善方面工作，积极打造文学艺术品牌，致力于将最好的精神食粮奉献给社会和人民。

【文艺作品创作】 2016年，平远县文联认真进行文艺作品的创作。（1）联手县纪委加强廉政文化建设，挖掘和保护民间文化资源，打造以家风家训为题材的文艺精品工程，集中展示平远客家人的祖训家训，传承优秀传统文化，弘扬客家精神。2015年10月开始，整理82个姓氏族谱中记载的族规、家训，编辑《客家（平远）家训》，并于2016年9月由中国文联出版社正式出版。11月3日，还在平远县文学艺术中心举行“读家训、扬正气、传家风”——《客家（平远）家训》新书首发仪式和赠书活动。（2）编辑以民间故事为题材的广东民间故事全书《梅州平远卷》，并于2016年5月由岭南美术出版社出版。（3）平远县作家有20多篇小说、散文在《人民日报》《时代文学》等全国多家知名文学刊物和报纸副刊推出，其中陈耀宗的小说《牌子问题》在山东省作家协会主办的《时代文学》第9期首发，被国家级名刊——中国作家协会主管的《小说选刊》第10期选载，并入选《2016武陵“德孝廉”杯中国微小说精品集》。另外，陈耀宗的小说《枪手》《变味》在《百花园》《小小说时代》等刊物入选漓江出版社出版的《2016中国年度微型小说》、现代出版社出版的年度小小说精华本。平远县青年诗人吴伟华的组诗《从这里开始成长》获《诗探索》编辑部和山东高密市人民政府等单位联合举办的中国“红高粱诗歌奖”。

【文艺活动】　2016年，平远县文联做好文艺活动，丰富人民群众文化生活。（1）围绕主题，突出特色，重点抓好三次大型展览。①与县总工会共同举办“中国梦·劳动美”平远县2016年迎新春职工书画摄影作品联展活动。②举办“生态平远·翰墨飘香”——2016年梅州市书法作品巡展。③举办庆祝中华人民共和国成立67周年为主题的以“艺韵初心”——张绍炎、林沧海、王少希、陈干谋四人书画作品联展。（2）通过文艺活动，增强文联和各文艺家协会的活力。①6月26日，在县迎宾馆举行“舞韵飞扬”——平远县舞协会员暨梅州市青少年艺术团平远分团学员成果展演。②9月28日晚上，在县人民广场首次举办“光影盛宴——平远县摄影家协会会员作品（电影）赏析会”。③9月3日晚上，在县迎宾馆与社会力量联合举办全县首场个人钢琴演奏会，“琴梦初心”梁泽天、潘玲钢琴演奏会。④组织3场书画名家笔会活动。⑤做好梅州市“首届客家童谣节”的作品征集、组稿等工作。

【文艺人才培训】　2016年，平远县文联邀请全国、省、市专家、学者到平远县以专题培训、讲座的形式，对10个文艺家协会进行分期分批轮训，共举行6场专题讲座。（1）4月22日，由梅州文联、中国客家文学院、市作家协会、中共平远县委宣传部、平远县文联、平远县国税局联合在平远举办广东省“百家千场艺术讲座下基层”活动，由广东省作协《作品》杂志副编审艾云老师授课。（2）6月1日，国家一级作家、天津市作协副主席肖克凡老师在平远县文学艺术中心为本土作家和文学爱好者20多人讲授《从阅读到创作》为主题的公开课。（3）邀请全国诗教工作先进个人曹杜荣，梅州市知名作家陈嘉良、朱红娜、唐梦等在文艺讲堂和县城3间中学开展4场文学与诗歌创作等专题讲座。

【文艺家风采】　2016年，平远县文艺家加入国家、省、市协会和获得各类称号的人数为历年新高。1月，县书画院院长姚伟文加入省美术家协会，9月获广东省委宣传部颁授“首届广东省基层宣传文化能人”称号；3月，县作协凌贵荣、吴小燕、张秋兰、刘梅兰等4人加入梅州市作家协会；5月，县文联主席李梅加入省民间文艺家协会，同时在市民协理事大会上当选梅州市民间文艺家协会副主席；7月，广东省作家协会会员、平远县作家协会主席陈耀宗当选广东省小小说学会常务理事；11月，县作协李程加入广东省作协；12月，县摄协钟安源加入中国摄影家协会。

【交流活动】 2016年，平远县文联积极参加交流活动。（1）2月24日上午，在广东省文联七届四次全会上，平远县文联主席李梅代表县级文联以《坚守与创新并举，品牌与形象齐树》为题目向全省介绍文联工作经验。（2）闽粤赣边三县（福建省武平县、广东省平远县、江西省寻乌县）文联、作协、诗联协会组织闽粤赣边三县作家和诗词作者开展“客风·春韵”文学联合采风活动，并编辑出版《闽粤赣边三县文学联合采风作品集》。（3）做好广东文学院签约作家到平远采风创作和交流工作。本土作家与省文学院签约作家共同参加文学采风活动。9月1—3日，由广东省作家协会组织，广东省文学院副院长李科权率领的广东文学院签约作家一行20多人到平远县进行为期3天的采风交流活动。

【服务平台建设】 2016年，平远县文联加强服务平台建设。（1）基础设施建设。积极争取县委、县政府的关心重视和支持，着力改善文联和各个文艺家协会的工作环境。建立功能齐全、设施完善的平远县文学艺术中心。1月6日，县文联（含书画院）从县城平远大道高新二巷1号搬迁至县文体中心东门三楼。（2）交流平台建设。发挥“互联网+文艺”的效应，注册开办“平远文艺网”微信公众号和“平远县文联工作群”“平远县文艺家交流群”，充分发挥网络传媒速度快、传播广的作用，有利于广大文艺工作者相互交流和社会各界对平远文艺事业的关注。

（县文联）

2016年度平远县文学艺术界联合会负责人名录

主　　　　席：李　梅
副主席兼秘书长：朱文清

平远县残疾人联合会

【概况】 2016年，平远县残疾人联合会（以下简称“平远县残联”）关注残疾人的民生和保障等热点问题，开展康复、就业培训等工作，提高残疾人服务水平，顺利完成全年的各项工作任务。2016年平远县残联党支部通过“服务型党组织”验收,被平远县委党群系统评为“五好党支部”；平远县残联被县委、县政府评为“文明单位”。

【社会保障工作】 2016年，平远县残联认真做好残疾人社会保障工作。（1）完善社保。将镇残疾人专职委员纳入公益岗位，按要求落实镇级残疾人专职委员的社保及工资待遇；为1979名60周岁以上重度残疾人、智力和精神残疾人等3种残疾人缴交社保。（2）完成残疾人“两项补贴”发放。用社会化发放方式将重度残疾人护理补贴和低保户残疾人生活津贴直接发放残疾人手中。其中发放重度残疾人3013人，每人每年1800元，低保残疾人2244人，每人每年1200元，合计8116200元。（3）扶持残疾人创业就业。制订实施方案（即每个村1户、居2户共150户），逐户检查落实，发放扶持金额37.5万元；帮助残疾人就业38人，培训5场次，就业年审169家，征收就业保障金130万元。

【残疾人康复服务】 2016年，平远县残联积极做好残疾人康复服务工作。（1）加强智障儿童康复服务。平远县智障儿童康复训练中心对110人次0~7岁的智障儿童进行免费抢救性康复训练。训练中心设有教室、感统、单训等，备有专业老师4人，2016年在训儿童有12名。（2）推进残疾人康复中心改造建设工作。6月，邀请市康复教育就业科和康复中心的负责人到梅东小学现场指导，完成功能规划布局，描绘平面图，做好概算，上报省残联确定，正在做立项前的各项准备工作。

（3）康复服务日常化。组织开展咨询康复义诊活动，免费为贫困白内障患者进行复明手术180例，发放低视力和儿童辅具一批，适配（轮椅）50部，坐便椅、洗浴椅、助行器各5张，助视器、盲人电饭煲、电茶煲各40件，居家康复15例，居家无障碍改造10户，假肢安装8例。（4）完善残疾人社区康园中心。全县建立康园中心3个，正常运行的有2个（大柘镇、长田镇）。大柘康园中心设在墩背村原径背小学，总活动面积500多平方米，会员有20人；长田镇社区康园中心设在官仁村址内，总活动面积300平方米，会员20人。两个社区康园中心均建有庇护工场、职业咨询、书报阅览、社交活动、办公室、居家训练、康复心理咨询和治疗、文体活动室、计算机训练室等活动室，各配有管理人员4人。

【完善信息数据】　2016年，平远县残联完善残疾人信息数据更新工作。（1）残疾人基本信息数据更新常态化。①人员落实。组织镇、村干部，下乡工作组，残疾人专职委员和统计等部门力量，做好入户调查、下乡复查、电脑录入等工作。②经费落实。根据上级残联精神，把专项调查经费由财政负担，列入同级预算予以保障。③人员培训。全员培训调查人员，全县组织为期3天的集中培训，使调查人员掌握调查方法，提高调查质量。完成入户调查对象5818人，入户调查率95%以上，全面完成各项数据动态更新任务。（2）做好残疾人脱贫数据对接。与扶贫部门对接，将贫困残疾家庭列入建档立卡对象397户；与住建部门对接，将住房困难的贫困残疾人家庭列入危房建造对象575户584人，其中贫困残疾人238户242人。

【残疾人信访维权和办证】　2016年，平远县残联聘请常年法律顾问；受理残疾人来访来电30人次，答复信访案件4宗，未出现残疾人非正常上访现象。全年办理“残疾人证”622份。

【存在问题】　2016年，平远县残疾人服务管理工作存在的问题是：（1）康复中心运行及建成后管理方面存在资金不足、无人员编制等问题。（2）残疾人辅助器具需求量大，有些辅器服务跟不上需求。　（卓　强）

2016年度平远县残疾人联合会负责人名录

理 事 长：王永联

副理事长：丘秋荣（女）

平远县红十字会

【概况】　2016年，平远县红十字会围绕县委、县政府中心工作，突出红十字会的职能，扎实做好救灾救助、基层组织建设、援建、宣传等工作。

【救灾救助工作】　2016年，平远县红十字会认真做好救灾救助工作。（1）全面做好救灾工作。1月22日，平远县受寒潮影响，北部地区均不同程度出现冰冻灾情，特别是仁居往大畲坳道路出现路面冰冻现象。灾情发生后，平远县红十字会迅速开展救灾工作，深入到贫困人员、老弱病残家中,发放66袋大米帮助灾民。（2）开展疾病救助工作。全年发放救助金3万元，帮助困难群众18人次。（3）开展助学助困行动。为帮助特困学生顺利完成学业，培养社会有用之才，帮助特困家庭化解难题，平远县红十字会积极争取广东省一心公益基金会第一服务队的支持。11月20—21日，在平远县开展2016年梅州（平远）助学金发放活动，全县25名贫困学生每人得到资助现金1200元，助学金发放以集中发放并由学生本人签收的方式进行。

【基层组织建设】 2016年，平远县红十字会为健全壮大基层组织和加强会员、志愿工作者队伍的建设管理，根据有关文件精神，着力于组织推动机关、企事业单位、学校和社会团体等100多个单位成为团体会员单位；成立学校红十字基层组织，发展团体会员、会员和志愿者，大力开展红十字青少年工作，促进广大青少年健康成长，为红十字事业良性发展奠定坚实基础。全县有红十字会基层组织45个，有会员31401人。其中，全县18间医疗卫生单位为红十字团体会员单位，有会员843人；中、小学校红十字会青少年组织27人，青少年会员30558人。红十字志愿工作者57人。

【援建工作】 2016年，为进一步推进人道救助工作的深入开展，平远县红十字会积极争取省红十字会援建项目，扎实做好红十字博爱卫生站的援建工作，改善农村医疗健康服务条件。大柘镇田兴村卫生站申请援建博爱卫生站已获省红十字会批准，同意援助20万元支持卫生站的建设。年底，大柘镇田兴村博爱卫生站投入使用。

【宣传活动】 2016年，平远县红十字会认真做好宣传活动。（1）结合“5·8”世界红十字日开展宣传活动，围绕红十字会的宗旨和任务，传播国际人道主义，宣传《中华人民共和国红十字会法》，在广大干部群众中形成学习、宣传、普及“红十字会法”的浓厚氛围，为红十字会依法开展工作和维护自身的合法权益营造良好的社会氛围。（2）结合“红十字博爱周”活动，积极开展防灾减灾日有关活动。（3）开展大型艾滋病主题签名宣传活动，动员社会各界共同参与艾滋病防治各项工作，进一步宣传普及艾滋病防治知识，提高大众艾滋病防治知识水平。 （钟丽莲）

2015年度平远县红十字会负责人名录

会　　长：姚小玲（女）

常务副会长：林　强

副 会 长：刘兰娇（女） 姚玉红（女）

平远县工商联

【概况】 2016年，平远县工商联围绕创建全国“五好”县级工商联活动为载体，充分发挥工商联独特优势和职能作用，全力促进“两个健康”发展，为加快平远振兴发展做出新贡献，被全国工商联评为“五好”县级工商联。

【组织建设】 2016年，平远县工商联做好组织建设工作。（1）加强班子建设。9月13日，顺利召开平远县工商联（商会）第十三次会员代表大会，选举产生新一届执行委员会委员82人，比上届增加10多人。充实工商联（商会）领导班子，增强工商联组织的战斗力、凝聚力和影响力。（2）壮大会员队伍。2016年，发展会员76名，会员总数658名。同时，建立完善工商联会员信息数据库，对会员进行动态管理，会员队伍覆盖全县民营经济各个领域。（3）推进基层组织建设。分别召开推进镇级商会建设工作和镇级商会换届工作会议，理顺乡镇商会的隶属关系，明确乡镇党委对当地商会的领导关系。全县12个镇商会相继召开换届大会，重新选举产生新一届商会领导班子,调整乡镇商会长2名，进一步加强工商联基层组织建设。同时，县小水电行业协会、八尺酒业协会、旅游协会等行业协会在行业自律、活跃会务、服务会员等方面发挥行业协会的独特作用。

2016年9月13日下午，平远县工商联在县迎宾馆召开第十三次会员代表大会。县委书记曾尚忠等市、县领导和正式代表109人及嘉宾31人共140人参加会议

【服务民企】　2016年，平远县工商联做好服务民企工作。（1）开展专题调研。围绕制造业民营企业发展状况、非公有制经济人士弘扬企业家精神，落实各级统战工作会议精神和《中国共产党统一战线工作条例（试行）》等开展四项专题调研，并形成调研报告上报市工商联、县委统战部，为县委、县政府决策提供参考。（2）积极推动会员企业上市。平远县获赛尔机械获批“新三板”挂牌上市，成为平远县第一家上市企业；八乡情酒业、新大地生物科技等2家企业相继签订“新三板”挂牌协议；梅州八珍娘酒业、五指石科技、茗丰茶叶、飞龙果业、绿鹰机械、鑫盛建材等6家企业成功在“新四板”挂牌。（3）开展企业交流活动。3月2日，组织人员到金穗生态园参观并召开座谈会，县委书记曾尚忠等县领导与企业家进行座谈交流，共同分析探讨当前经济形势下，企业发展面临的问题和困难，为今后非公有制经济发展指明方向和树立信心。9月28日，组织70多名执委企业家到广东华清园生物科技有限公司参观考察，探讨交流企业经营管理经验，寻找合作切入点，形成合力，实现互利共赢，同心协力推进平远县非公有制企业发展。（4）搭建信息交流平台。加强工商联网站建设，充实网站栏目，丰富网站内容。建立平远民企微信群，积极宣传会员企业发展动态、非公有制经济人士先进典型事迹以及相关政策信息，为非有制公经济人士搭建一个交流学习的平台。（5）拓宽对外交流与合作。5月中下旬，结合2016年开展的以“守法诚信，坚定信心”为主题的非公有制经济人士理想信念教育活动，组织民营企业家到上海、浙江等地参观考察。先后参观考察乡贤张学政企业闻泰通讯上海研发中心和嘉兴生产基地，中法集团及嘉兴广东商会，学习桐庐在市政建设和生态旅游开发方面、义乌在发展中小微企业方面的先进做法和经验。通过参观考察和学习先进的企业管理理念，增长民营企业家见识，拓宽视野，增强做强做大自身企业的信心。6月初，河源市工商联组织各县区工商联驻会干部，丰顺县工商联组织驻会干部和民营企业家分别到平远县工商联开展工作交流，就服务民企、会务管理、机关建设、作用发挥等方面进行探讨，通过座谈交流，增进两地商会的联谊，推动两地工商联工作。（6）扩展教育培训工作。依托省市工商联和各级组织部门以及县内各有关部门的培训资源，加大对非公有制经济人士的教育培训力度。通过召开座谈会、研讨会、专题培训、专题讲座等形式，开展电子商务、知识产权、法律知识、创新创业等方面的培训学习，培训非公有制经济人士700多人次。组织8名民营企业家参加梅州市第7期（2016）清华大学企业创新驱动高级研修班为期一年的学习培训。

【非公有制经济人士履行社会责任】　2016年，平远县工商联引导非公有制经济人士履行好社会责任。（1）引导会员参政议政。组织引导工商联界别的人大代表、政协委员围绕经济建设建言献策。2016年提出的

14份议案、提案被县政府和有关部门采纳，为政府决策提供可靠的依据。配合省、市、人大、政协开展有关非公有制经济发展等专题调研，并写出调查报告1份，报送上级和有关单位参考。结合换届，推荐50位非公有制经济人士进入县人大代表、政协委员。（2）开展非公有制经济人士综合评价工作。配合县委统战部、组织部、人大、政协做好对非公有制经济人士换届考察综合评价工作。对拟担任县工商执委以上职务、市县人大代表、政协委员中的非公有制经济人士72人进行9项综合评价工作，对非公有制经济人士政治思想、守法经营、奉献社会等方面起到很好的鞭策作用。（3）开展扶贫济困活动。6月27日，召开2016年扶贫济困日活动企业家代表座谈会，号召全县非公有制经济人士积极参与扶贫济困日活动。发展壮大工商联（商会）扶助金，利用扶助金开展助学活动。8月24日，为全县12个乡镇和执委企业员工中的26名困难家庭优秀大学生发放每人3000元助学金，计7.8万元。（4）培育树立先进典型。2016年，会员企业梅州市绿鹰机械设备有限公司所持有的绿鹰品牌被认定为2016年广东省著名商标。在全市的“正版正货”承诺推进工作，平远县5家企业被认定为梅州市“正版正货”承诺单位，其中，会员企业金穗生态农业、老八尺酒厂、飞龙商场和南台果业等4家企业获得“正版正货”殊荣。执委张力中被评为平远县第六届五星道德模范。

【非公有制企业党建】 2016年，平远县工商联认真做好非公有制党建工作。（1）做好组织关系排查工作。按照县委组织部统一部署，做好64个非公有制企业党支部、427名非公党员的组织关系排查工作,先后为30多名党员办理组织关系转接手续和党员档案移交工作，查找出党员档案150多份。同时，督促指导34个逾期未换届的支部统一在7月底前完成换届；做好党代表违纪违法未处理排查和3名受处分党员的回访工作。（2）做好先进评选推荐表彰工作。2016年，先后向上级党组织推荐各类先进集体、先进个人32个。结合“七一”纪念活动，党委评选表彰基层先进集体、个人38名。（3）做好发展党员工作。在全县非公有制企业党组织中培养确立发展对象7名，吸收预备党员22名，批准预备党员按期转正11名。至2016年年底，正式党员共466名。（4）规范党组织管理。根据非公有制企业党组织和企业形势变化，做好4个非公有制企业党组织撤并和5间企业新组建党组织工作。按照上级组织部门的要求，广州南沙（平远）产业转移工业园党委于12月26日正式挂牌成立并挂靠到工业园管委会，在全市开创园区非公有制企业党建工作管理新模式。围绕“以点带面强化支部管理规范 分区设点促进整体水平提升”抓基层党建“书记”项目，12月下旬分别组织县工业园内10个支部的负责人到五指石科技党支部，县城及部分乡镇12个支部的负责人到县飞龙公司党支部现场观摩，通过现场观摩与座谈交流，推进党支部规范化建设，促进区域内支部之间的工作学习交流。

【招商引资】 2016年，平远县工商联成功引进南台灵溟（梅州）矿泉水有限公司、梅州市润达沥青混凝土有限公司、广东天鲜配粮油实业发展有限公司3个项目，计划投资5亿元。 （平远县工商联）

2016 年度平远县工商联负责人名录

主　　席：凌　健

常务副主席：张惠兰（女）

副 主 席：肖兰森　李平秀（女）

法　　治

政法委及综治

【概况】　2016来，平远县政法各部门（平远县公安局、平远县人民检察院、平远县人民法院、平远县司法局）抓好各项工作措施落实。平安平远、法治平远和政法队伍建设取得新成效。全年未发生各类群体性事件，未发生危害国家安全和社会稳定的重大事件和案件。

【维稳工作】　2016年，平远县抓好维稳工作。（1）强化领导责任。县委把维稳作为加快振兴平远发展，创建生态文明示范区的基础性、前提性工作；作为主攻该县“一城两区”和推进 “三大抓手”项目建设的有力举措，与经济社会发展同谋划、同部署、同推进、同考核。县委书记曾尚忠、县长刘许川对维稳工作抓落实,并在不同的大型会议上强调维稳工作；胡新文、姚永波、张善波等县领导主持召开维稳专题会议，研究部署不同时期的维稳工作，召开案件研判会,制订调处方案。全年组织召开各类研判会15场，处置一批难点重点案件。平远县信访维稳领导协调小组定期对全县社会稳定形势进行研判，为各级各部门的决策提供服务。全县12个镇配备一位分管信访维稳的专职副书记，确保维稳工作县、镇两级领导责任制的落实和组织领导。完善县、镇两级党委领导包案制度和领导干部“一岗双责”制度，明确部门和单位维稳工作责任。（2）维护国家安全。①各级联动，分工合作。完善国家安全人民防线建设，加强县政法、综治、维稳及县公安国保部门等部门的联动整合，发挥专门工作与群众防线相结合、专门机关与有关部门相结合的制度优势，努力掌握对敌斗争的主动权。②抓防邪反邪工作。县委防范办坚持“教育、控制、打击”并举的工作方针，加强对重点人员的严密管控和教育转化工作，营造深厚的反邪教宣传氛围，探索反邪教长效工作机制，开展“无邪教创建”示范工程活动，抓好全县5个示范村的创建工作。2016年，平远县防范和处理邪教各项工作取得新成效，连续16年实现“三零”和“三无”工作目标。③抓反恐工作。制订反恐工作预案，健全和完善反恐机制建设，重新调整和补充反恐成员单位及反恐处突队伍。加强反恐演练，切实提高防范和处置暴恐事件、个人极端事件的能力和水平。（3）维护社会稳定。①抓排查化解。平远县维稳部门围绕重点时期、重点领域、重点人群，开展矛盾纠纷排查化解活动。加强对涉农、涉环境、涉房地产、涉民办教师等行业和群体的矛盾排查化解工作。2016年，处置陈某疫苗案，优山美地、平城花园、金色华府业主上访案，时汇金属厂员工欠交社保上访案，宁江水泥厂员工欠薪、欠社保上访案等重大社会矛盾纠纷；化解丘某某、张某某等缠访、闹访人员和部分涉军退人员的上访工作；排查研判平远县百川资产管理有限公司系列案、平远三协稀土冶炼有限公司系列案等5宗涉利益群体涉法涉诉案件。全年县级中心受理群众来信来访1191宗，比上年下降15.23%；镇级中心受理各类信访和矛盾纠纷案件633宗，办结或成功调处593宗，调处率为93.68%。②推进社会稳定风险评估。2016年3月，制定下发《关于全面推进和深化我县重大决策社会稳定风险评估工作的实施意见》文件，推进全县社会稳定风险评估工作的开展。2016年，对县城粮所片区拆迁安置项目、兴隆路拆迁安置项目、南区市场拆迁安置项目、项山风能发电项目、麻楼铀矿开采项目等5宗建设项目开展社会稳定风险评估，从源头上预防和减少社会不稳定因素。③做好节会和敏感期的维稳工作。2016年，平远县把对重点群体、重点人群的稳控工作抓实抓细。完成全国和省、市、县党代会，G20杭州峰会，绿色中信银行杯第七届北京国际山地徒步活动等重大会议活动，以及“6·4”“8·1”等敏感日的稳控工作，各节会及敏感日期间均未发生维稳安全问题和事件。

【平安创建工作】 2016年，平远县认真抓好平安创建工作。（1）打造基层社会治理服务中心（站）升级版。围绕“防控违法犯罪、化解矛盾纠纷、排除公共安全隐患”三大工作重点，对各镇社会治理服务中心（站）进行改造提升，完善功能、充实人员，构建综治网格化管理机制。全县12个镇中心和143个村居服务站做到有机构、有牌子、有制度，镇村干部有分片挂户，每天工作有记录。全年各镇中心受理矛盾纠纷403宗，已办结385宗；为群众办理事务4568宗，已办结4539宗；为群众提供法律服务254宗；为群众代办事务5591宗，已办结5538宗；为群众提供法律服务449宗。（2）开展“平安细胞”创建活动。加大“平安平远”创建和宣传力度，提高群众知晓率和参与率，强化检查和督导，“平安细胞”创建取得新的成效。如全县教育系统100%的学校达到“平安校园”的标准，平安村（居）覆盖率100%。（3）做好治安工作。以“平远无制毒”“全市毒害最少的县”为目标，采取打击、整治、收戒、宣传等措施，2016年查处涉毒案件91宗，抓获涉毒人员116名。其中刑事拘留11人，提请逮捕9人，移送起诉7人，行政拘留105人，强制隔离戒毒35人，社区戒毒39人。开展禁赌专项行动，多部门联动协作，在网上网下同时开展打击涉赌违法犯罪活动，破获彭某某“六合彩”网络赌博案、张某某开设赌场案等一批案件；开展打击涉金融领域犯罪专项行动，破获2013年谢某某夫妇集资诈骗系列案件；开展危爆品寄递清理整顿工作，切实落实“三个100%”；做好严重精神障碍患者救治救助工作；抓好治安重点地区的挂牌整治工作，对社会治理问题突出的单位进行挂牌整治；加强对全县中小学校、幼儿园等校园周边治安秩序整治专项行动。通过派民警驻校制度，清理整顿校园及周边出租房屋和歌厅、电子游戏厅、网吧、小摊档等，净化校园及周边环境，维护校园安全。全年先后8次组织公安、交通、教育等职能部门开展专项整治行动，取得良好效果。（4）推进社会治安防控体系建设。县综治、公安等部门构建全覆盖、全时空、立体化现代治安防控网络。县公安机关整合50名巡辅警力量投入街面，推行弹性布警、“警灯闪烁”以及武警联勤等巡防模式，采取设卡查车和治安巡逻相结合的勤务模式，加强繁华街区、主干道、易发案重点区域的治安防控，对98个标清治安视频进行高清升级改造，保持185个治安视频和6个治安卡点的良好工作状态，新增80路高清治安视频。全年全县“110”受理刑事治安有效警情459起，较上年508宗同比下降10.6%。

2016年1月20日，县委常委、政法委书记姚永波（前左二）带领政法委机关干部，深入到石正镇周正村和东台村开展春节慰问活动

【严打整治工作】　2016年，平远县坚持把严厉整治违法犯罪行为作为维护社会稳定的重要措施，县委政法委加强对整治违法犯罪工作的组织协调，加强部门联动与协作。（1）公安机关融入平远县“项目攻坚年”活动，以“飓风2016”“安网2016”等专项行动为抓手，开展打击各种违法犯罪活动。全年立刑事案件327宗，破案率为65.8%，立案数同比上年382宗下降14.4%。（2）检察机关扎实履行批捕起诉职责，依法打击各类刑事犯罪。全年批准逮捕各类犯罪嫌疑人69人、提起公诉110人。（3）审判机关围绕“让人民群众在每一个司法案件中都感受到公平正义”目标，扎实推进司法为民,全力维护社会公平正义。全年受理各类案件972件，审结1130件（含旧存197件），解决争议标的2.78亿元。（4）司法行政机关深入实施育民、便民、和民、惠民和安民服务工程。全年全县各级调解组织调解各类纠纷912宗，调处成功908宗，成功率99.6%；全县在册安置帮教对象366人，无重新违法犯罪人员，帮教率、安置率均100%；承办各类法律援助案件72宗。

【创新乡镇综治工作】　2016年，平远县认真做好社会综合治理工作。全县12个镇巩固和完善“村民议事日”“义务护村队”“无缝警务合作”等社全治理模式，创新社会治理新路子。（1）建立省际联防协作机制。平远县公安、综治部门融合联动，与江西省寻乌县、福建省武平县接壤的行政村，构建省际边沿地区的村级治安联防协作防控网。全县11个省际边沿村与邻省的14个村实行联巡、联防、联调、联治、联谊的工作新机制，提升边界地区社会治安防控能力，营造和谐稳定的生产生活环境。（2）聘请人大代表担任戒毒宣传员。八尺镇根据人大代表自身素质较高的特点，聘请人大代表担任戒毒宣传员，取得良好成效。（3）村民理事会参与社会治理和服务民众。全县大部分镇建立、规范和完善村民理事会等民间自治组织，在社会治理中发挥重大作用。如大柘镇和长田镇村民理事会协助开展梅平高速征地拆迁工作；河头镇村民理事会宣传美丽乡村建设；上举镇村民理事会在打造生态旅游中发挥主人翁精神，开展城乡环境整治工作，实现包干包片；泗水镇村民理事会在应急救灾中快速反应，积极组织群众力量救灾抗灾，并在灾后复产复建中主动作为；八尺镇、热柘镇、东石镇和差干镇等镇村民理事会，积极引导广大群众共同参与社会治理方面。其中差干镇姓氏集中统一，宗族观念较强，谢氏理事会在社会治理和服务民众等方面发挥重要作用。

【政法队伍建设】　2016年，平远县委政法委做好队伍建设工作。（1）建立健全制度。发挥县委政法委牵头抓总作用，统筹协调职能，做好对政法工作的谋划和部署。抓好《县委政法委员会会议制度》《政法各部门重大事项报告制度》《政法委机关制度汇编》等制度的落实；建立和完善各项工作台账制度、情况报告制度、督查通报制度、信访维稳联席会议制度、平远县律师工作联席会议制度等。（2）加强组织领导。抓好政法委机关机构重组工作，按照“合理配备资源，优化人员结构”的原则，落实任务和要求，制定“三定”方案，并按照职责和任务设置8个办室，印发《县委政法机关各办室职责任务清单》，调整配置各办室人员，确保上下衔接顺畅，实行一体化运转。（3）强化理论学习。组织政法干警认真学习中共十八届五中、六中全会精神和习近平总书记重要指示精神，围绕“五个过硬”要求，突出加强新能力建设，提升政法干警自身素质。政法系统组织领导干部参加上级的视频报告会、集中培训班、专题辅导课等形式，组织副股级以上干警参加本系统十八届六中全会宣讲报告会，要求广大政法干警在政法工作的理论和实践上有新认识、新发展、新成效。开展党风廉政建设，以“忠诚、为民、公正、廉洁”为主要内容的政法干警核心价值观，以“两学一做”教育实践活动为抓手，创新教育学习方式解决政法干警在党性修养、理想信念、表率作用等方面存在的问题，增强政法干警的公仆意识和服务理念。（4）强化纪律作风。采取个人自学与集体学习相结合的形式，对《中国共产党章程》及党的系列理论进行学习；以营造风清气正、干净干事的工作学习环境为目的，组织党员干部学习上级关于党员干部违纪违法、违反中央“八项规定”等反面典型通报；组织参观反腐倡廉教育图片展等活动，落实机关作风明查暗访工作，各单位都制订切实可行的制度。（5）强化业务培训。政法各单位抓好政法干警的业务培训和学习工作。①公安机关推进“大轮训、大练兵、大比武”活动，以抓好“三个必训”为重点，深入开展警务技能、业务知识、科技应用等方面的教育培训，提高广大民警执法能力和水平。②县检察院、县法院和县司法行政部门鼓励青年干部参加全国司法考试。县检察院、县法院建立疑难案件研判制度，组织青年法官、检察官对复杂疑难和重大案件进行集体研判。平远县法院自2012年开始推行青年法官导师制度，由本院具有十年以上审判执行业务经验的资深法官担任导师，对拟任和在职青年法官进行“一对一”的“传、帮、带”，提升青年法官的实际工作能力。（6）强化团体意识。政法各单位以开展“两学一做”教育实践活动为载体，在“七一”建党日和“八一”建军节，组织广大政法干警到红色教育基地接受教育。同时，发挥政法各单位党、团组织作用，采取多种形式组织机关干部职工开展演讲比赛、体育竞赛等文娱活动，提高支部凝聚力、战斗力，增强政法干警的团体意识和集体荣誉感，激发他们的工作的热情。

（谢沐军）

2016 年度中共平远县委政法委员会负责人名录

书　记：姚永波

副书记：黄钧震（任至1月）

张善波（1月起任）

刘鹏飞　周福香（任至10月）

李培军（10月起任）

黎崇阳　刘梅峰　谢烈原　谢烈辉

2016 年度平远县社会治安综合治理委员会办公室负责人名录

主　任：谢烈辉

副主任：陈胜斌

2016 年度中共平远县委维护社会稳定工作领导小组办公室负责人名录

主　任：刘梅峰

副主任：肖创泰

2016年度中共平远县委防范和处理邪教问题领导小组办公室负责人名录

主　任：黎崇阳

副主任：王志锋

法治政府建设

【概况】 2016年，平远县人民政府贯彻落实中共十八大及十八届历次全会精神和广东省委、省政府《法治政府建设实施纲要（2016—2020）》，以推进依法科学决策，规范行政执法行为为主线，不断创新工作机制，推进依法行政工作，加快法治政府建设。

【法治平远建设】 2016年，平远县做好法治建设工作。（1）抓领导责任。发挥县依法治县办在法治县建设中牵头抓总和统筹协调作用，抓好《中共平远县委关于全面推进依法治县的实施意见》和《平远县2016年全面依法治县工作要点》的落实，将法治县建设纳入各镇各单位年度工作规划中，建立实施领导班子和领导干部述职述廉述法“三位一体”的考核制度。根据法治广东建设评价指标体系、考核标准和实施办法，开展年度法治平远建设工作评价，按照指标体系对全县进行法治建设工作评估，确保组织领导到位、目标责任明确、工作成效明显。（2）打造“大普法”格局。贯彻落实修订后《广东省法制宣传教育条例》，出台实施平远县“七五”普法规划，以全面提升全民法治意识为目标，全力打造“大普法”格局。①推进领导干部学法用法制度化、规范化、常态化建设。组织开展领导干部法治讲座、重大事项决策法律咨询等活动。②抓好青少年法治教育。完善中小学法治知识课程建设，完善县城南中学青少年法治教育基地，开展形式多样的学校法治宣传教育活动。③开展法治文化公园建设。在平远县城程畋公园，长田镇长安村、官仁村等美丽乡村建设中注入法治文化元素，与公园景点、景观生态有机相融。④开展法治广场舞活动，将法律知识编成广场舞曲，让法治文化与娱乐活动相得益彰。⑤开展丰富多样的法制宣传活动。加强综治、司法、县法学会、县普法办等部门的联动与协作，先后组织举办“知法守法·爱我梅州”法治文艺晚会，以“3·15”消费者权益保护日、“6·26”国际禁毒日、“12·4”全国法制宣传日等重要时间节点开展宣传活动。⑥组建“南粤春雨”法律服务志愿者队伍。通过集中宣传、以案说法、解答法律咨询、赠送印有法制宣传标语的环保袋、雨伞等小礼品和法制宣传小册子等形式进行普法宣传。（3）提高社会治理法治化水平。①深入开展法治县、法治镇和民主法治示范村（社区）创建工作，抓好梅州市确定平远县仁居、东石、石正、大柘4个镇的法治创建活动工作，按照创建标准和要求，强化检查与督导，并顺利通过广东省、梅州市对平远县法治镇创建工作的评估验收。②提供良好法治保障，服务“一城两区”建设。加强公共法律服务工作，以“互联网+公共法律服务”形式，构建公共法律服务网络，开通运行全省统一的“12348”公共法律服务热线、网上公共法律服务大厅。③开展律师团专业性法律服务。组织律师与企业结对，担任企业法律顾问，通过开展免费法律体检、法律专题讲座、投资决策事前咨询、法律疑难问题解答等方式，提供一对一的法律风险评估。④健全和完善一村（社区）一法律顾问制度。建立律师服务基层治理法治化的长效机制，建立驻村律师联席会议制度。至2016年12月，村居法律顾问出具法律专业意见45份，接受群众法律咨询1824人次，参与调解纠纷83宗，法律援助

25宗，其他法律服务261件，开展法制宣传466多场次。⑤推进公共法律服务实体平台建设。县综治、司法部门密切配合，在县、镇综治信访维稳中心（社会治理服务中心）加挂公共法律服务中心竖式标牌，设置法律服务窗口。在全县143个村（居）设置公共法律服务站，加挂公共法律服务站格式标牌。县镇村三级公共法律服务平台标识明显，硬件设施齐备，相关制度进行上墙公布。（4）提升司法公信力。抓好执法办案，强化执法监督工作，注重创新司法为民措施。推进司法体制改革试点工作，落实司法警察警员职务套改工作，推进员额制改革工作，完成法官、检察官职务序列套改及首批法官、检察官入额选任工作。落实领导干部干预司法活动、插手具体案件处理的记录、通报和责任追究制度，确保法院、检察院依法独立公正行使职权。构建开放、动态、透明、便民的阳光司法机制。推进以审判为中心的诉讼制度改革。制定防范虚假诉讼、恶意诉讼、无理缠诉行为的相关措施，维护正常诉讼秩序，完善民商事案件级别管辖制度、规范。强化对司法活动的监督，制定关于健全司法机关内部监督制约机制的意见。完善主审法官、合议庭、检察官办案责任制，推进主办侦查员制度试点工作。（5）县法学会建设取得新成效。贯彻落实《中国法学会章程》，适应法学工作新常态，加强融合联动、内外协调，切实抓好各项机制、制度的落实，在全市各县率先实现机构、经费、办公场所、人员编制“四落实”。组织开展法律服务、法治宣传及各项专题调研、研讨等活动。加强部门融合联动，强化信息材料报送，规范台账资料，完善“软”“硬”件设施，做好市对县检查考核，各项工作取得显著成效。

【依法行政考评工作】　2016年，平远法制局推进全县依法行政的各项工作。组成3个考评组深入到12个镇及40个县直单位进行实地考评，成效明显，得到市考评组的高度好评。在梅州市对各县2015年度依法行政工作考评中，平远县位列全市第一，评为优秀。

【行政执法监督】　2016年，平远法制局抓好行政执法监督工作，组织承办县政府行政复议案件2件，应诉案件1件。（1）积极推行行政机关负责人出庭应诉工作。在2016年发生的工伤认定行政应诉案中，分管副县长姚小玲到庭应诉，社会反响良好，维护法律的尊严和县政府的形象，同时保护公民的合法权益。（2）全面完成12个镇、16个县直具有行政职能事业单位权责清单和平远县2016年版的行政许可事项目录法制审核工作。（3）完成行政执法人员的清理工作。对全县47个执法单位698名行政执法人员认真审查清理，为全县220 名行政执法人员新办或换发“行政执法证”，杜绝合同工、临时工等无执法资格人员上岗执法。

2016年9月28日，平远法院公开开庭审理2016年发生的某宗工伤认定行政应诉案，县政府副县长姚小玲（左二）及平远县人社局局长韩世敬（左三）出庭应诉

【规范性文件审查、备案】　2016年，平远法制局认真执行规范性文件制定程序，确保规范性文件的审查质量。审查规范性文件5件，并送县人大常委会及梅州市政府备案。

【推进依法民主决策】　2016年，平远法制局贯彻落实《梅州市重大行政决策和行政规范性文件合法性审查工作规则》，明确将公众参与、专家论证、风险评估、合法性审查和集体讨论决定作为该县重大行政决策的必经程序。（1）严格执行重大行政决策合法性审查和听证制度。2016年，指导和参与烟草制品零售点布局；对城镇粮所片区、兴隆路建设、南区市场片区改造以及水费调整等项目进行听证工作。（2）推进政府法律顾问制度。提请县政府转发梅州市政府《关于进一步加快建立政府法律顾问制度的实施意见》，各镇和县直各单位建立完善法律顾问制度，规范完善县政府法律顾问室。在广州等地外聘4名律师担任县政府法律顾问，积极参与政府重大合同的审议，及时向县政府提出相关的法律意见，并全程跟踪和给予法律指导。全年审查县政府、县府办出台的规范性文件5件；其他政策措施和招商引资合同163件；办复上级政府交办的法规性草案征求意见稿175件。

【强化法制机构职能】　2016年，平远法制局进一步强化法制机构职能。（1）协助政府及部门解决施政中涉及的法律问题。想办法出主张，做到善于说“不”，从法律政策角度为县领导提供决策解答突发性问题和久拖不决的有关民事、行政纠纷。派员参与梅平高速公路、县城南区市场改造、五指石旅游景区等县重点项目征地拆迁的涉法事务。（2）做好信、访工作，为机关、企事业单位和公民全面提供法律咨询等服务。（3）派员对财政局、东石镇等单位进行依法行政专题培训。

（王　超）

2016年度平远县人民政府法制局负责人名录

局　长：刘广海

副局长：杨亮书　涂　欢

公　安

【概况】　2016年，平远县公安局紧紧围绕“项目攻坚年”工作部署，以“平安平远”“法治平远”创建为载体，扎实推进基础信息化、警务实战化、执法规范化和队伍正规化“四项建设”，全面开展“飓风2016”“治爆缉枪”“夏季整治”“冬日风暴”等四大行动，主动将公安工作重心融入到全县经济社会发展总体布局中，不断加强对危害政治社会稳定、阻碍重点项目建设和破坏经济秩序等违法犯罪的打击力度，加强对县域经济发展和社会建设的司法保障，为平远加快振兴发展创造和谐稳定的社会环境，全力确保“十三五”的顺利开局。

【维稳工作】　2016年，平远县公安局始终坚持把政治安定和社会稳定作为第一责任，积极融入平远“项目攻坚年”活动，坚持主动进攻、主动出击，强化源头防范和应对处置，维护国家安全和社会稳定。及时妥善处置5月下旬出租车司机停驶，“五一”、国庆期间优山美地和平城花园部分业主聚集维权，时汇厂、宁江水泥厂工人集体上访等群体性事件。同时按照警务实战化的要求，加强反恐怖线索侦查，有效预防暴恐事件、个人极端事件发生。公安信访部门准确把握政策法律，积极受理涉法涉诉信访案件，全年受理信访案件86起，处理86起，办结率为100%。全年未发生影响大局稳定的政治事件、重大群众性事件和影响公安机关形象的负面事件，全县社会和谐稳定。

【治安工作】　2016年，平远县公安局把严打整治作为贯穿全年工作的主线，扎实开展“飓风2016”“治爆缉枪”“夏季整治”“冬日风暴”等专项打击行动和集中整治行动，采取超常规手段，强硬的工作措施，严打各类违法犯罪。2016年，全县破刑事案件

215宗，占立案327宗的65.8%，立案数比上年382宗下降14.4%，破案数上升0.9%；刑事拘留134人，提请逮捕76人，移送起诉134人，抓获网逃人员31人；查处涉毒案件91宗116人、涉赌案件69宗491人、涉黄案件6宗23人；查处行政案件801起1211人。（1）快侦快破重大案件。对命案、“八类”暴力性案件及其他影响社会稳定的重大案件，强化快速反应，第一时间处置，第一时间勘查，第一时间侦破。先后破获丘某某刮车系列案、“5·31”涉枪故意伤害致死案、“12·20”钟某某飞车抢夺系列案等一批影响大的案件。破获重大案件13宗，占立案15宗的86.7%。（2）专项打击硕果累累。开展以打击涉盗抢、涉毒品、涉电诈、涉金融领域犯罪为主要内容的“飓风2016”专项行动。侦破入室盗窃案73宗、盗窃机动车案件82宗。全年查处涉毒案件91宗，抓获涉毒人员116名，其中刑事拘留11人，提请逮捕9人，移送起诉7人，行政拘留105人，强制隔离戒毒35人，社区戒毒39人；缴获毒品冰毒170多克、麻古12粒、K粉18.5克。破获以充话费为幌子进行诈骗的系列案件，捣毁以左某、王某某、曾某某为首的涉电信诈骗犯罪团伙。组织开展整治涉金融领域犯罪专项行动，挖掘集资诈骗案件线索，收集、固定、完善证据，破获2013年谢某某集资诈骗系列案件。（3）集中整治效果明显。2016年，结合不同时期的社会治安特点和群众关注的问题，有步骤、有节奏、有针对性地开展集中整治行动。①以“夏季攻势”为抓手，有力整治夏季治安问题。“夏季攻势”整治期间，破获各类刑事案件161宗，刑拘60人，提请逮捕37人，起诉68人。②以“治爆缉枪”为抓手，消除治安隐患。全年抓获7名涉枪涉爆违法犯罪人员，收缴非法枪支107支。③以网上网下相结合，全面开展禁赌整治行动。全年查处赌博案件69起491人，端掉一批赌窝，抓获一批赌头、庄家，铲除社会毒瘤，有效净化社会风气。

【防控工作】　2016年，平远县公安局坚持“打防结合、预防为主”的原则，强化治安防控、基础管理、安全监管、便民服务等工作，提升服务管理水平，创建平安平远。（1）推进治安防控措施，优化治安视频和治安卡口建设，新增80路高清治安视频，完善八尺省际公安检查站的工作机制，新建湍溪点县际公路治安查控网。（2）在县城区采取“两点三线”的方式，形成点线结合的立体巡防格局，构建省际村级治安联防协作防控网，全县11个省际边沿村与邻省的14个村实行联巡、联防、联调、联治、联谊的工作新机制。（3）在居民集中居住区实施“门禁+视频”技防系统建设，由人网、天网、物网、路网构建的立体式、信息化的治安防控体系增强社会防控能力，有效挤压犯罪空间。2016年刑事治安警情较上年下降33.5%。加大交通秩序的整治工作，有效预防和减少交通事故的发生。全年受理交通事故2183起，一般程序道路交通事故23宗死25人、伤9人，与上年同比分别下降23.33%、上升25%、下降30.77%。加强枪支弹药、危爆物品、管制刀具等重点物品管理，全力消除涉枪涉爆涉刀隐患。做好消防安全管理工作，全年受理火灾警情27起，与上年同比下降15.2%，深入推进梅州市挂牌督办河头镇火灾隐患重点整治工作，严格按照标准，采取有力措施，逐条逐项整改，顺利通过梅州市检查组的验收。加强监管场所的安全管理，确保监所无安全事故发生。深入推进公安管理服务“微改革、微创新”，推行“预约服务”“绿色通道”和“一站式”“一门式”等服务模式，解决群众办事的“最后一公里”问题。全年办理申领、换发二代居民身份证2.4万多张，制作临时身份证5600多个。出入境大队受理各类出入境申请1.7万多份，“110”报警服务台接受警情9000多起、服务群众1500多人次。

【执法工作】　2016年，平远县公安局抓住深化执法规范化建设巩固提高年的机遇，以擦亮执法品牌、争当执法规范化建设排头兵为目标，分析执法中存在的不足和差距，健全执法制度、改进执法管理、强化执法监督，着力完善执法权力运行机制。通过执法资格考试、岗位练兵、“传帮带”等形式，提高办案民警的执法办案水平。完善执法质量考评和执法过错责任追究制度，建立健全有权必有责、用权受监督、失职要问责、违法要追究的执法责任机制，确保执法权力规范运行。认真落实“谁主管，谁负责”“谁审批、谁负责”案件逐级审核把关制度，及时发现纠正执法偏差；积极落实刑事案件统一审核、统一出口工作，规范与检法机关对口配合，提高公安机关刑事执法水平和办案质量。实现全年无行政复议案件，案件准确率100%，确保严格规范公正文明执法，提升执法公信力。

【队伍建设】　2016年，平远县公安局把握“五个过硬”的总要求，坚持政治建警、从严治警的工作方针，健全制度、完善机制、强化监督，推进公安队伍思想政治建设、纪律作风建设和反腐倡廉建设。（1）坚持制度管人管事，严格遵守执行中央“八项规定”、公安部“五条禁令”要求，坚决执行《中国共产党廉洁自律准则》《中国共产党纪律处分条例》，主动接受群众监督，着力解决不担当、不负责任，不作为、慢作为等问题，确保民警违法违纪问题“零”发生。（2）开展“两学一做”“鞭策庸懒散、提升执行力”“顺民意严治警”谈心帮扶和纪律作风建设等各项主题教育活动，以及“大轮训、大练兵、大比武”活动，以抓好“三个必训”为重点，开展警务技能、业务知识、科技应用等各个方面的教育培训，提高广大民警执法水平。（3）加大从优待警力度，开展“五小工程”建设，完善基层单位办公和生活设施，落实警衔津贴政策。（4）组织文化活动。开展“解警困，暖警心”活动，活跃警营文化，认真培育树立先进典型，鼓励先进，鼓舞斗志。全年有13名民警荣立三等功，48名民警受到嘉奖（其中市级嘉奖20名，县级嘉奖28名），3个单位荣立集体三等功，7个单位受到通报嘉奖。

（丘欣黎　陈　芳　韩　超）

2016年10月12日，副市长陈俊钦（右三）到平远调研公安工作　（陈芳　摄）

2016 年度平远县公安局负责人名录

局　长：黄钧震（任至1月）
　　　　张善波（1月起任）
政　委：林达宏
副局长：肖昭峰　谢杰俊　谢县奎　姚建军
　　　　陈伟锋（挂任）

检　察

【概况】　2016年，平远县人民检察院坚持以执法办案为中心，牢牢把握维护社会大局稳定、促进社会公平正义、保障人民安居乐业的总任务，全面履行法律监督职能，深入推进司法体制改革，加强队伍建设，各项工作取得新进展。全年审查批捕各类刑事犯罪嫌疑人69人,提起公诉110人，立案侦查各类职务犯罪案件6件9人。

【刑事检察】 2016年，平远县人民检察院以平安需求为导向，严惩各类刑事犯罪，全力维护社会和谐稳定。（1）认真履行批捕起诉职能，全年批准逮捕各类犯罪嫌疑人69人，提起公诉110人。坚持惩治犯罪和保障人权并重，贯彻宽严相济刑事政策，依法对不符合捕、诉条件的犯罪嫌疑人决定不捕38人、不诉9人。（2）加强侦查监督，全年追诉漏犯3人、追诉漏罪1人，依法监督侦查机关撤案2件，纠正公安机关少定罪1件1人，改变定性2件8人，退回公安机关补充侦查案件13件25人，发出不捕理由说明书17份，补充侦查提纲11份，侦查活动监督通知书5份。（3）加强审判监督，全年出庭支持公诉72次，简易程序案件49件60人，向法院提出量刑建议25件26人，法院审理后采纳率100%。（4）挂牌成立“未成年人检察工作办公室”，加强对未成年人的司法保护，审查批捕涉未成年人案件5件7人，提起公诉3件3人。（5）完善行政执法与刑事司法“两法衔接”平台，有效整合执法信息资源，确保涉嫌犯罪案件及时进入司法程序，录入案件131件，移送涉嫌犯罪案件6件。

【职务犯罪侦防】 2016年，平远县人民检察院紧抓重点领域、关键环节的突出问题和人民群众普遍关注的热点问题，积极开展职务犯罪侦防工作。（1）重点打击涉农领域和司法领域的贪污贿赂、失职渎职犯罪。全年立案侦查各类职务犯罪案件6件9人。其中，涉农领域3件6人，司法领域2件2人，其他领域1件1人。通过办案，为国家挽回经济损失20万多元。（2）坚持标本兼治，惩防并举，落实侦防一体化建设。开展预防调查5件、案例分析4件，发出预防检察建议4件。开展预防警示教育29次，其中开展警示教育讲座5场次，受教育人数400人。开展重点工程专项预防2项。受理行贿犯罪档案查询492次。

【控告申诉检察】 2016年，平远县人民检察院依法保障公民的申诉控告权利，妥善解决涉及群众利益的信访问题。（1）接待群众来访20批36人次，其中检察长接访8次15人；受理群众控告申诉14件，其中控告类7件，申诉类7件。均及时答复并作妥善处理。（2）受理群众举报线索10件，移送侦查部门立案4件7人。（3）开展刑事司法救助工作，救助刑事被害人及其家属3人，发放救助金9000元。

【监所检察】 2016年，平远县人民检察院加强监所检察执法监督，扎实开展羁押必要性审查工作。全年检察收押136人、检察出所140人，教育引导在押人员80人次。口头纠正刑罚执行和社区矫正等各类违法行为14件。办理羁押必要性审查案件5件5人，提出变更强制措施5件5人，办案机关均采纳建议变更强制措施。

【民事行政检察】 2016年，平远县人民检察院统筹推进对诉讼程序、诉讼结果、执行活动及其行政违法行为的监督，积极开展“基层民事行政检察工作推进年”专项活动。全年办理申请法院执行监督案件1件，发出检察建议1份，受理来信来访28人次。落实最高两院《关于开展执行案款集中清理工作的通知》，开展执行案款集中清理工作。积极查找公益诉讼案件线索，妥善处理群众反映强烈的农村、土地、环保、劳资等问题，及时化解社会矛盾。

【司法体制改革】 2016年，平远县人民检察院扎实推进各项检察改革工作。（1）落实司法责任制，制订完善司法责任制改革方案及相关配套制度。相继出台《平远县人民检察院检察官办案组织组建及运行实施办法（试行）》《平远县人民检察院落实司法责任制明确检察官职责权限划分的暂行规定（试行）》等重要改革文件。根据《平远县人民检察院关于组建检察官办案组的通知》要求，组建检察官办案组20个，其中临时主任检察官办案组11个、固定检察官办案组9个。（2）完成检察官职务序列套改工作。推进员额制改革，严格按照遴选标准，完成9名检察官入额选任工作。

2016年10月11日，按照省检察院的统一安排部署，平远检察院举行首批入额检察官宣誓仪式

【检务公开】　2016年，平远县人民检察院全面深化检务公开，自觉接受党的领导及人大监督。坚持全面工作定期报告、重大部署主动报告、重要事项及时报告等制度，定期向政协及社会各界通报检察工作，广泛听取意见建议，及时主动回应社会关切。完善检察内网、门户网站和“两微一端”新媒体建设，定期开展“检察长接待日”和“检察开放日”活动。大力推进案件信息公开，全年发布案件程序性信息99件，公开法律文书31份，发布重要案件信息7件，受理律师阅卷7次，受理辩护与代理网上预约申请2件，切实增强检察工作的透明度。

【存在问题】　2016年，平远县人民检察院存在的主要问题有：（1）法律监督职能的发挥还不够充分，与经济社会发展的要求和人民群众的期待仍有差距。（2）创新意识有待加强，服务县域经济社会科学发展的举措有待进一步深化。（3）检察队伍的整体素质与新形势、新任务的要求还不完全适应，做好新形势下群众工作、化解社会矛盾的能力需要进一步提高。（4）科技强检和信息化建设滞后。

（检察院办公室）

2016 年度平远县人民检察院负责人名录

检 察 长：周福香（任至9月）
　　　　　李培军（9—12月任代理检察长，12月起任检察长）
副检察长：郭频辉　黄　珍　肖兴安

2016 年度平远县人民检察院反贪污贿赂局负责人名录

局　长：肖兴安

2016 年度平远县人民检察院反渎职侵权局负责人名录

局　长：谢敬东

法　　院

【概况】　2016年，平远县人民法院坚守司法为民公正司法主线，准确把握司法导向，改革创新，扎实推进司法为民、审判管理、司法公开、队伍建设、党风廉政建设等重要工作,全力维护社会公平正义，维护社会和谐稳定。全年受理各类案件972件，审结1130件（含旧存197件），解决争议标的2.78亿元。

【刑事审判】　2016年，平远县人民法院依法惩处各类犯罪，保障社会安全稳定。全年审结一审刑事案件84件125人。严厉从快打击多发性犯罪，审结故意伤害、盗窃等严重危害群众人身财产安全犯罪案件28件47人。切实维护社会秩序，审结涉赌涉毒等妨害社会管理秩序犯罪案件28件46人。依法惩治腐败，审结贪污、受贿、玩忽职守等职务犯罪案件9件11人。坚持宽严相济，在发生法律效力的70案101名被告人中，给予刑事处罚91人，其中判处三年以上有期徒刑8人，对犯罪情节较轻、社会危害性较小的以及未成年被告人32人适用非监禁刑，发挥教育感化功能。

【民事审判】 2016年，平远县人民法院妥善调处民事纠纷，促进社会和谐发展。全年审结一审民商事案件756件，标的金额2.63亿元。坚持调解优先、调判结合原则，努力做到案结事了，全年调解、撤诉民商事案件362件，占民商事案件的47.82%。注重和睦家庭在平安建设中的作用，妥善审理婚姻家庭、继承等民生案件249件。注重社会诚实守信的构建，稳妥审结涉买卖、运输、房地产、建设工程等合同纠纷案件253件。注重和谐劳动关系的维护，审结追索劳动报酬、福利待遇纠纷等劳动争议案件23件。加强与相关部门沟通协调，稳妥审理15件涉国有企业转制引发的系列案件和29件涉房地产开发商房屋买卖纠纷系列案件，有效预防、化解群体性诉讼引发的社会不稳定因素。

【行政审判】 2016年，平远县人民法院受理行政案件1件，审结1件；受理行政非诉审查案件1件，结案1件。积极推动施行行政首长出庭应诉制度，促进行政首长出庭应诉常态化。

【执行工作】 2016年，平远县人民法院大力加强执行力度，维护胜诉当事人权益。全年受理各类执行案件179件，执结273件（含旧存105件），执行到位金额1500多万元。大力推进执行信息化建设，投入资金10多万元，开通运行“总对总”全国法院网络执行查控系统，实现网上快速查控，有效提高执行效率。按照最高院提出的用“两到三年基本解决执行难”的工作部署，扎实开展“夏季执行大会战”活动。严厉打击拒执行为，加大拒执制裁力度，全年将10名逃避或抗拒执行的被执行人予以司法拘留。大力开展失信联合惩戒工作，累计将132名被执行人列入全国法院失信被执行人“黑名单”，并在县电视台、法院门户网站及闹市区户外电子屏持续曝光，23名失信被执行人慑于信用惩戒而主动履行或与申请人达成和解，涉案标的额达102.38万元。

【司法改革】 2016年，平远县人民法院根据中央、省委关于司法体制改革工作的部署，稳步推进司法体制改革进程。（1）制订司法改革“1+2”方案。按照上级法院部署，制订1个总方案（《平远县人民法院司法体制改革试点工作实施方案》）、2个子方案（《平远法院人民法院完善司法责任制改革试点实施方案》和《平远县人民法院人员分类管理改革试点实施方案》）。（2）稳步推进各项改革试点任务。根据上级法院有关部署，严格按照程序完成该院13名员额法官的选任工作。完善司法责任制，明确审判组织权限和审判人员职责，严格落实办案责任；院领导回归法官角色带头办案，全年办结各类案件28件。推进司法改革财物省级统管工作，按照上级法院要求做好资产清查和预算决算等相关工作。（3）做好司法改革配套工作。全面实行立案登记制，做到有案必立、有诉必理，切实保障当事人诉权；建立领导干部干预插手司法活动、插手具体案件处理和司法人员过问案件登记报告制度，保障法院和法官依法独立公正行使审判权。

【司法服务】 2016年，平远县人民法院深

2016年8月17日，市人大常委会到平远开展推进司法体制改革试点工作调研　(凌瑜　摄)

入践行司法为民，以满足人民群众日益增长的司法需求。（1）创新司法便民利民举措。完善诉讼服务功能，免费赠阅各类诉讼指南手册及相关法律书籍。积极开展司法救助工作，为15名无法通过诉讼获得有效赔偿、符合司法救助条件的困难当事人发放救助金8.8万元，彰显司法人文关怀。（2）深入推进司法公开工作。不断完善审判流程、裁判文书、执行信息三大司法公开平台运行机制，及时公开法院审务和政务。推进生效裁判文书上网工作，全年上网公开生效裁判文书456份，文书上网率100%。完善主动公开渠道，加强官方微博、微信日常维护管理，及时发布平远法院各项工作动态、典型案例、最新司法资讯等信息。全年开展法院公众开放日活动3次，让人民群众零距离接触和了解法院工作。加强新闻宣传工作，发挥司法裁判引领社会风尚、普及法治理念作用。全年制作“民生820法庭内外”“梅州法苑”等电视新闻或专题节目16期。在市级以上报刊发表宣传稿件55篇（次），其中在《人民法院报》等中央级媒体发表6篇。（3）大力推进司法民主建设。自觉接受人大及其常委会的监督，加强与人大代表、政协委员的联络工作，邀请人大代表、政协委员观摩庭审、见证执行、视察法院工作2次18人次，并认真听取代表、委员的意见建议。加大人民陪审员陪审力度，全县人民陪审员总数24名，全年参审案件133件260人次，陪审率91.72%，拓宽司法吸纳民意新途径。完善特约监督员制度，通过座谈会等形式认真收集加强法院建设的意见、建议，拓宽社会各界对法院工作的监督渠道。（4）完善法院基础建设。投入建设资金100多万元，严格按照最高法院标准完善刑事审判“四专两室”设施设备建设，优化刑事审判安全保障系统，实现对刑事被告人的规范化和人性化监管。升级改造综合审判大楼安全监控系统等，提升法院安保水平，不断优化当事人的诉讼环境。

【队伍建设】　2016年，平远县人民法院坚持以党建带队建，以党建保廉洁，深入整治“六难三案”和“四风”问题。（1）完善党廉报告制度。继续开展年终部门负责人向全院干警进行“述责、述廉、述德”活动，接受民主评议，落实党风廉政建设主体责任和监督责任。严格执行外出办案呈报审批、休请假呈报审批、公车派遣与使用申请等制度。扎实开展审务督察工作，2016年对各部门进行不定期督察50余次，有记录督察19次，督察事项11个方面，发现并纠正问题5个。扎实开展谈话提醒构建抓早抓小工作机制；开展党员随身微信教育活动，做到不漏掉一个党组织，不遗忘一个党员。（2）全力推进队伍“正规化、专业化、职业化”建设，加强人才培养应用。继续实行青年法官导师制度，由资深法官“一对一”帮助青年法官克服庭审驾驭、调解沟通等审判实践能力及经验不足等问题。推进学习型法院建设，联合国内高校举办业务骨干培训班，组织干警分批到厦门大学法学院参加学习。定期开展案件质量和裁判文书评查评比活动，并邀请梅州市中院资深法官进行点评授课，提高业务培训的针对性和实效性。

【存在问题】　2016年，平远县人民法院存在的主要问题是：（1）有些干警安于“慢生活”节奏，工作效率不高、部分案件审限过长。（2）法官业务综合素质有待提高，有些案件存在质量不佳问题。（3）因被执行人难寻、可执行财产难查、应执行财产难变现等困难造成的“执行难”问题尚未根本破解。（4）少数干警的大局意识、服务意识、廉洁意识有待增强。（5）招人难、留人难，具有现代司法素能的人才缺乏，难以满足人民群众日趋增长和多元化的司法需求等。

（刘翠红）

2016年度平远县人民法院负责人名录

院　长：刘鹏飞

副院长：谢　强　曾梅麟

司法行政

【概况】　2016年，平远县司法局认真做好法治宣传教育、法律服务、人民调解和社矫安帮、队伍建设等各项工作，充分发挥司法行政各项职能优势服务平远加快振兴发展。平远县司法局被梅州市、平远县普法领导小组评为“‘六五’普法先进集体”，被中共平远县委评为“平安建设暨社会治安综合治理先进单位”。

【法治宣传教育工作】　2016年，平远县司法局做好法治宣传教育工作。召开平远县“六五”普法总结表彰暨“七五”普法动员会议，回顾总结“六五”普法，部署“七五”普法。以县委、县政府名义印发《转发〈县委宣传部、县司法局关于在全县公民中开展法治宣传教育的第七个五年规划（2016—2020年）〉的通知》，全面推开“七五”普法工作。（1）抓好重点群体学法。推进领导干部学法用法制度化、规范化、常态化建设，组织开展领导干部法治讲座、重大事项决策法律咨询等活动。（2）推动青少年学法用法工作。建成有规范的青少年法治教育基地10个，聘请法治副校长的中小学校覆盖率达100%。继续推进“关爱明天、普法先行”青少年普法教育活动，举办学校法治讲座36场，参加学生3万多人次。（3）开展“法律进企业”工作。抓好民主法治示范企业试点建设，组织律师与县内企业签订企业工会法律顾问合同等，抓好企业经营者的普法宣传工作，促进企业诚信守法经营。（4）推进法治社区建设。开展法治县、镇、村（社区）创建活动，法治文化公园建设，在县城程旼公园、石龙寨景区、长田镇长安村和官仁村等美丽乡村建设中注入法治文化元素。开展法治广场舞活动，将法律知识编成广场舞曲，让法治文化与娱乐活动相得益彰。（5）开展法治宣传活动。举办“知法守法·爱我梅州”法治文艺晚会。在“3·15”消费者权益保护日、“6·26”国际禁毒日、“12·4”全国法制宣传日等重要时间节点开展系列宣传活动。组建“南粤春雨”法律服务志愿者队伍，通过集中宣传、以案说法、解答法律咨询、赠送印有法制宣传标语的环保袋及雨伞等法制宣传小礼品和小册子进行普法宣传。通过悬挂横幅标语、开设法制宣传专栏、印发宣传资料、出动法制宣传车等方式开展宣传活动，营造浓厚的法治氛围。

【法律服务工作】 2016年，平远县司法局认真做好法律服务工作。（1）推进公共法律服务网络建设。线上以构建“互联网+公共法律服务”的形式，发挥“12348”广东省公共法律服务网络平台、平远县司法局网站法律咨询栏目的作用，为群众提供法律援助申请、村（社区）顾问律师咨询、矛盾纠纷调解等服务。线下以公共法律服务实体平台建设为重点，为群众提供“一站式”法律服务。（2）推进一村（社区）一法律顾问工作。全县21名村（社区）挂村律师认真履行职责，采取每月到镇进村现场办公和接收电话、网络等线上线下相结合的方式，为群众提供法律服务，推动基层依法治理。2016年，村居法律顾问出具法律意见25份，接受群众法律咨询1301人次，参与调解纠纷39宗，法律援助16宗，其他法律服务378件，开展法制宣传466多场次。公共法律服务网络平台、实体平台与一村（社区）一法律顾问工作三者相互联动、互相补充、有机结合，构成服务群众、便民利民的全方位、立体型的公共法律服务体系。（3）推进法律援助工作。①在临街一楼设立法律援助服务大厅，设置等候区、咨询服务区、案件受理区，有指引路牌、无障碍卫生间，为群众创造良好的办事环境。②建立法律援助工作站和法律援助联系点，在全县143个村（居）建立法律援助工作站，在律师事务所、看守所、残联、妇联、武装部、老龄委、共青团等部门设立法律援助联系点。③在平远县司法局门户网站开设法律援助咨询专栏，开通“12348”法律服务热线等措施，畅通法律援助绿色通道。④扩大法律援助范围，把法律援助的对象从低保群体拓展到低收入群体，将刑事法律应当援助扩大到侦查、起诉和审判三个阶段，对困难职工援助从工伤、欠薪扩展到家庭婚姻保障方面。2016年，法援处接待来访群众398人次，来电咨询138人，代书155份，承办各类法律援助案件72宗，其中民事案件68宗（诉讼类25宗、非诉讼43宗）、刑事案件3宗、行政案件1宗。（4）提升公证服务。公证处办公设施完善，服务承诺、办证流程、收费标准、投诉方式、公证员基本资料等上墙公布，接受群众监督。坚持依法依规办理公证业务，公证质量好，档案管理规范，无投诉和复查案件。坚持提供上门服务、延时下班、预约办证、节假日办证等服务，便民利民。2016年，全县办理公证467件。为平远县梅平高速、五指石景区、南区市场改造等重点工程项目提供法律服务。2016年，平远司法局律师共担任县、镇人民政府、政府工作部门、事业单位等常年法律顾问52家，代理刑事、民事、行政等各类诉讼案件39件，办理非诉讼法律事务69件。

【人民调解和社矫安帮工作】 2016年，平远县司法局做好人民调解和社矫安帮工作。（1）密织调解网络。全县村（社区）调委会有143个，镇级调委会12个，县交通、医疗事故调委会各1个，规模以上企业调委会8个，调解员874人。组织人民调解员培训，提高调解员法律知识水平和调解工作能力，人民调解员全年培训1317人次。建立以镇为单位的调解工作微信群，及时掌握和依法依规化解各类矛盾纠纷。2016年，全县各级调解组织调解各类纠纷912宗，调处成功908宗，成功率99.6%。（2）完善社区矫正工作。健全和完善社矫人员评估、建档、教育、考核、奖惩、解除等机制。做好社矫人员的电子定位监控和监督考察工作。从2009年开始，平远县累计接收社区矫正人员436名，累计解除矫正350名，社区矫正人员接收率100%、建档率100%，未出现脱管、漏管和重新犯罪事件。（3）做好安置帮教工作。规范安置帮教信息化管理，刑满释放人员信息核查率和反馈率均达到100%。做好刑满释放人员衔接工作，对有明显犯罪倾向人员、“三假”人员、“三无”人员、危害国家安全罪犯等重点帮教对象进行必接必送。落实过渡性安置帮教基地，与7家县内企业签订安置帮教实体协议，协助刑释人员就业。落实救助帮扶，对有家庭困难的刑释解教人员通过落实低保、临时救助等帮助他们解决一些实际困难。全县在册安置帮教对象366人，无重新违法犯罪人员，帮教率、安置率均达100%。

【队伍建设】 2016年，平远县司法局认真抓好队伍建设。（1）加强学习培训。组织实施单位年度学法计划，提高依法行政能力、依法办事水平。组织参加广东省司法厅举办的视频讲座，组织开展社区矫正、人民调解工作培训等，全面提高干部职工的业务知识水平。（2）加强党风廉政建设和机关作风建设。组织学习《中国共产党廉洁自律准则》《中国共产党纪律处分条例》，参加警示教育图片展、收看廉洁警示教育片、发送廉洁宣传短信等。坚决执行中央“八项规定”和治理“四风”，无违反“八项规定”情况，机关作风进一步得到转变。（3）加强机关党建工作。开展服务型党组织建设活动，提高司法行政服务平远振兴发展的能力。建立党员活动室和图书阅览室，丰富党员精神文化生活。开展走访和慰问困难党员和老党员活动。开展乒乓球、羽毛球等文体活动，强身健体，增进团结。（马育芳）

2016年度平远县司法局负责人名录

局　长：谢婷章

副局长：谢　彤　余均权　曾伟红（女）

平远县人民武装部

指导思想

【概况】 2016年，平远县人民武装部围绕强化军事能力建设，以依法从严治军为重点，聚神聚力、主业主抓，推进人武建设全面发展的工作思路，聚焦应战和应急能力建设，狠抓正规化建设，各项工作均有明显提升，被广东省军区评为“先进人武部”，被梅州军分区政治部评为“新闻报道先进单位”。2016年，平远县人民武装部全年上稿17篇，轻舟分队训练照片被《广东武装》杂志第6期选为封面刊发。“两学一做”教育到叶剑英纪念园学习通讯在中央人民广播电台《你好台湾网》和《广东武装》刊发。

政治工作

【概况】 2016年，平远县人民武装部以“两学一做”教育和改革强军主题教育为主线，加强思想政治建设。每个季度抓好专题学习讨论，每个月抓好党课辅导。（1）抓实理论学习。党委中心组带干部职工专题理论学习。每名干部拟制个人学习计划，开展学习讨论活动，使党的创新理论进入思想、指导实践、推动工作。组织干部职工学习《十八届六中全会精神传达提纲》《省军区党委十一届八次全会精神传达提纲》《全面彻底肃清郭伯雄徐才厚流毒影响凝聚起强军兴军强大正能量》，制作十八届六中全会和《关于新形势下党内生活若干准则》《中国共产党党内监督条例》专题板报，加强干部职工的思想认识。（2）突出支部教育。开展“两学一做”专题教育、党课辅导、专题教育讨论、配合活动等。通过互动式教育促进普通党员的教育效果。（3）加强作风建设。每名党员填写承诺践诺书并张榜公示，对照合格党员的“四讲四有”标准，建立整改台账，支部定期进行检查，在专题组织生活会进行对照检查、汇报反思。党支部按照个人自评、党员互评、民主测评、组织评定的程序，确定每名党员的评议等次。突出党委的核心作用和机关党支部的战斗堡垒作用。

2016年12月20日，省军区副政委储茂华（右四）到县人武部考察工作

军事工作

【战备工作】 2016年，平远县人民武装部在省军区系统转隶军委国防动员部后，党委充分领会“五部”职能，搞好任务对接，抓实工作。（1）3月底，组织1期专武干部集训，同时，组织专武干部参加军分区组织的专武干部集训2期，系统学习民兵动员业务技能。（2）5月，组织为期半月的民兵轻舟分

队训练，扎实提高轻舟队员的操舟技能和遂行抗洪抢险的能力。（3）8月，组织平远中学、梅青中学、实验中学高一学生军训，教练员以良好的作风、过硬的技能赢得学校师生和家长的肯定。（4）10月，组织为期10天的民兵消防大队训练，民兵队员系统学习扑火常识理论和灭火装备器材使用，提高遂行森林灭火的能力。

2016年，平远县人武部组织民兵应急连点验

【国防动员准备】 2016年，平远县人民武装部抓实国防动员准备工作。2月18日，下发《关于开展年度兵役登记工作的通知》和《关于开展年度后备力量组织整顿的通知》，统一制作兵役登记制度牌和兵役证下发到基层武装部。部领导采取分片负责的形式对各基层武装部民兵整组和兵役登记工作进行检查指导，对检查出的问题先后下发情况通报2次，明确整改时限和要求。全面完成基干民兵整组任务。10月下旬，按照分区通知要求，完成2016年年满18周岁男性公民网上兵役登记工作。9月至11月，按照省军区《关于开展国防动员潜力数据统计采集的通知》要求，召开国动委会议，部署数据统计采集工作，各成员单位依据《国防动员潜力统计调查目录》和《国防动员潜力指标体系》，完成包括综合、人民武装、经济动员、人民防空、交通战备、信息动员、政治动员等7大类潜力资源。10月至11月，按照军分区《关于上报作战数据相关资料的通知》要求，指定专人完成作战力量、战场环境相关信息采集，提供精准、规范、时效的数据信息，为上级指挥决策提供支援。

【安全管理】 2016年，平远县人民武装部认真抓好安全管理工作。（1）2月，收到军分区《转发军委国防动员部〈关于开展条令条例学习月活动的通知〉》后，召开党委会部署“条令月”活动。组织条令条例和规章制度学习教育，进行队列训练和军容风纪检查，集中精力对人、车、枪弹、密、网等重点内容进行清查，查找安全隐患，制定整改措施。通过教育整改，增强全体干部职工和应急分队条令意识，规范“四个秩序”，收到良好效果。（2）4月，收到军分区《转发省军区〈关于组织安全工作大检查的通知〉》后，对照省军区明确的内容，列出计划，把检查内容具体化，制定整改措施，责任到人，进行全面检查整改。（3）7月，接到省军区《关于学习贯彻中央军委国防动员部新颁部队管理规范性文件的通知》后，组织干部职工学习《中央军委国防动员部安全管理暂行规定》《中央军委国防动员部安全管理工作检查督导暂行办法》《中央军委国防动员部安全管理检查考评暂行细则》3个部队管理规范性文件，及时调整补充安全委员会和安全小组成员。按照迎检准备要求，对照《中央军委国防动员部安全管理检查考评暂行细则》逐项进行清理，纠治问题，补全缺项，堵塞漏洞。（4）8月，收到军分区《梅州军分区装备清查实施方案》的通知后，按照“突出重点、查帮结合、以查促管、确保效果”的原则，重点核实查清平远县人民武装部所属的武器装备、器材设备、装备财经和档案资料的调整变化情况，梳理矛盾问题并制定整改措施。

【征兵工作】　2016年，平远县人民武装部通过宣传发动、体格检查、落实优惠政策，完成征兵工作。（1）加大宣传力度。为动员和争取更多的高校新生和大学生报名参军，县征兵办组织2期“征兵宣传进校园”活动，采取动员讲话、政策咨询、悬挂横幅、发放宣传手册、关注微信公众号等形式，到平远中学、梅青中学进行宣传发动。协调县教育局汇总所有平远籍大学在校生和毕业名单以及2016年参加高考考生名单，下发至各镇，要求逐人进行联系做好宣传发动工作。协调平远中学和梅青中学以“校讯通”短信方式对高考考生进行宣传发动。东石镇创新征兵工作宣传，举行1期以征兵宣传为主题的下村直联活动，将5个村的大学生及家长召集起来开展座谈会，调动大学生参军积极性。（2）严把质量关。在体格检查上，把思想好、作风实、业务精、责任心强的医生抽调到征兵体检工作中去，落实“封闭式一条龙”体检管理模式。在政治考核上，组织相关人员认真学习《征兵政治考核规定释义》，特别是案例分析，扎实做好政治考核工作。征兵工作领导小组联合县公安局、乡镇武装部、派出所、村干部和民兵连长，扎实做好政审走访工作，特别是驻港部队兵政治条件，做到不留疑点、不留隐患、不留盲区。（3）落实优惠政策。落实高学历青年和应届毕业生优先批准入伍，建立健全学历越高优惠越大的政策，落实报名应征、体检政治考核、审批定兵、安排使用“四优先”制度。征兵办为入伍大学生统一办理学籍保留、学费补偿手续，接待家属各种咨询和业务办理。

后勤工作

【基础设施建设】　2016年，平远县人民武装部推进后装保障建设，加强基础设施建设。（1）业余文化设施建设。平远县人民武装部在上年正规化建设的基础上，投入30多万元，对营区训练场进行整治，重新建设一个篮球场和两个羽毛球场，丰富干部、职工和应急队员业余文化生活。（2）组建后勤综合保障队。3月，平远县人民武装部对照省军区后勤综合保障队建设标准，结合实际，制定《平远县后勤综合保障队组建方案》，协调全县19个单位，召开后勤综合保障队组建协调会议，科学编制编组方案。全县基本队伍和应急队伍人员全部编细编实。下半年，对照广东省军区后勤部《人武部后勤战备建设标准规范》，投入95万元改造后勤综合保障队战备库房、配齐战备物资、被装及办公设备。（3）推进有偿服务项目回收工作。4月，平远县人民武装部完成军官公寓楼底层门店的全部收回工作。协调成立由县府办牵头，住建、司法、工商、国资等部门参加的扬光酒店回收领导小组。领导小组先后学习习近平主席和中央军委及省、市各级指示精神，先后召开6次小组办公会，专题研究扬光酒店回收事宜，与承租方开展谈判协商，组织评估公司对固定资产进行资产评估。由于与承租方谈判未取得一致，通过走司法程序。12月1日，法院进行开庭审理；12月7日进行宣判，收回扬光酒店。

党管武装工作

【组织建设】 2016年4月7日，县委议军会研究人武部提出的轻武器射击训练场建设、基层武装部规范化建设、出租房产回收、出台拒服兵役处理政策和规范专武干部交流使用等重大事项。认真落实中组部、人社部、财政部、总参谋部、总政治部联合下发的《专职人民武装干部工作规定》，组织新上任乡镇、街道党（工）委书记兼任同级人民武装部政治教导员任职会议，促进党管武装工作在基层终端落实。

【退役士兵安置】 2016年，平远县人民武装部认真做好退役士兵安置工作。全年安置随军家属1名，转业士官7名，提高义务兵家庭优待金标准767元，发放义务兵家庭205户优待金183.28万元。全年有45名退役士兵参加汽车驾驶培训，每人补助1200元，总额5.4万元；有58名退役士兵参加中等职业学校培训。2015年冬季退役士兵一次性经济补助120.71万元，发放在乡伤残军人门诊补助6.02万元。开展“关爱功臣”免费送医送药活动，医疗补助143人共12.05万元。

【救灾救济】 2016年，平远县人民武装部抓好民兵轻舟分队和民兵消防大队训练，提高民兵应急分队遂行抢险救灾能力，做好随时应对灾情的准备。6月22日晚，1名群众落水，经请示上级批准，应急分队连夜组织搜救打捞。6月23日上午，又组织应急分队进行打捞，中午将遇难群众尸体打捞上岸。广东省“扶贫济困日”，部领导带头组织干部职工捐款3700元，部领导带领干部职工先后4次走访慰问扶贫村贫困群众，为贫困群众送上慰问金和慰问物资。（县人武部）

2016年度平远县人民武装部负责人名录

部　长：王士刚

政　委：周玉奎

副部长：王正义（任至4月）

农业·农村工作

农业·农村工作

【概况】 2016年，平远县农业主管部门坚持以提高平远县农业综合生产能力，增加农民收入为核心，明确工作思路，强化措施落实，农业现代化水平不断提升，农业农村经济稳步向前发展。2016年全县农业总产值19.92亿元，比增3.8%；全县农业增加值12.73亿元，比增4.2%。

【特色产业】 2016年，平远县农业局继续围绕慈橙、南药、油茶、优质稻、茶叶等五大特色产业为重点，推进耕山致富，助推特色产业再上一个新台阶。（1）落实领导挂钩制度。每位局领导班子成员带领两组农业技术人员负责挂钩2个镇，重点指导各镇做好特色产业的发展。（2）发动企业积极参与。平远县威大地有限公司在长田、中行等镇发展葛根标准化种植基地2500亩（166.67公顷），平远园山湖农业开发有限公司在石正利用煤矿区废弃区发展茶叶种植基地3000亩（200公顷），转型升级成为绿色茶园。（3）加快土地有序流转。协助金宝树蔬菜种植专业合作社在东石镇发展蔬菜种植基地200亩（13.33公顷），有效把土地集中起来，真正实行集约化、规模化经营，提高土地的产出率与经营效益。

【农业科技推广】 2016年，平远县农业局认真开展科技下乡、进村入户活动，做好新技术、新品种的推广应用，加大农业科技创新力度，促进农业提质增效。（1）加强技术培训。全年组织各类培训班20多场，参加培训群众2000多人次。发放技术资料50000多份，让全县广大农户普遍熟练掌握两门以上农作物栽培技术。（2）加大良种良法推广力度。综合推广超级稻高产栽培技术、水稻三控技术、水稻抛秧技术、水稻测土配方施肥技术、甜玉米无公害栽培技术、甜玉米育苗移栽培技术和病虫害综防技术等；推广以超级稻为主的高产优质良种品种；推广土壤调理剂和绿肥紫云英种植。（3）增加农业企业科技含量。协助飞龙公司引进一个20万吨慈橙精深加工及附属产品综合利用开发项目，该项目已正式投产；协助金穗公司建立一个年产5万吨优质稻米的生产加工基地；协助威大地公司引进一条年加工能力2万吨葛粉系列产品生产线。

【品牌建设】 2016年，平远县农业局按照“品牌兴农、品牌富农”的思路，以品牌建设促进产业发展，农业特色品牌建设取得成效。（1）加大宣传推介。组织源丰、威大地等有代表性的企业参加国际农交会和广东现代农业博览会等活动，在平远县第十二届慈橙文化旅游节期间组织当地32家企业开展为期2天的农特产品展销活动，使该县农特产品得到更好的宣传推介。（2）加大新型农业经营主体建设。2016年新注册18家家庭农场，新增5家各级农业龙头企业、27家农民专业合作社。至年底，共有在册家庭农场52家，农民专业合作社371家，农业龙头企业55家。（3）加大农产品“三品”认证力度。2016年，共推荐7个产品进行无公害认证。至年底，经国家认证的无公害农产品42个、绿色食品9个、有机食品7个。石正金红红茶、辰曲黑香米、辰曲香米（晚籼米）、石正云雾绿茶、锅𥐟水仙绿茶等5个产品获得省级名牌产品。

【依法行政】 2016年，平远县农业局切实把好农产品质量安全关，不断提高该县农产品质量。（1）完善县镇农产品安全监管体系。通过积极向上争取，平远县成功列入国家级农产品质量安全检验检测体系建设项目县，至年底，县级农产品检测站建成，在各镇设立农产品质量检测站，购置农残速测设备，配备专门速测人员，并进行业务培训，进一步提升该县的农产品质量安全监管公共服务水平和检测检验水平。（2）加强农业执法力度。全年出动执法人员1690多人次，检查农资经营门店及农（水）产品生产经营企业（基地）等1050多家次，查处案件18宗。全年共抽取农药样品120个，肥料样品20个。（3）抓好农药专项整治行动。对全县所有农药经营门店进行摸底排查，登记造册，纳入日常管理。对登记造册农药使用336家单位和3万多户农药使用种植户签订不使用高毒农药承诺书。对全县90多家农资经营门店统一制作高毒、限用农药销售警示牌和高毒、限用农药销售登记本，把高毒和限用农药统一放在警示牌下面的专柜存放，并把每次销售的高毒农药进行实名制登记，做到高毒农药专柜经营，实名购买、溯源管理，高毒、限用农药100%信息可查、流向可跟踪、质量有保证，有效规范农资经营秩序。

【农业面源污染治理】 2016年，平远县农业局从两方面做好农业面源污染治理工作。（1）积极推进农业面源污染治理示范县项目建设。通过积极争取，平远县于2016年6月被确定为省级农业面源污染治理示范县。为保护县城饮用水源水质安全，确定河头、中行、八尺、仁居等镇为农业面源污染治理项目区，重点推广测土配方施肥、水稻三控、病虫害综合防治等绿色技术。该局从7月开始对河头、中行镇进行农业面源污染治理宣传，引导农民积极参与项目实施，至年底，共有1914户农户参与。（2）加强农村能源建设。加大农村沼气普及力度，全年新建户用沼气50户、大型沼气2户；认真做好重金属污染普查。转变发展方式，调优产业结构，积极发展生态农业、循环农业等绿色农业经济，实现农业增效、农民增收和环境友好的目标。

【黄龙病防控】 2016年，为保护慈橙品牌，促进慈橙产业健康发展，平远县农业局多措并举，全力抓好柑橘黄龙病防控工作，打好慈橙“保卫战”。（1）落实领导责任。采取一名领导带一队技术人员挂一个镇的办法，对全县柑橘黄龙病防控工作进行指导协调。（2）抓好统防统治。在春、夏、秋梢期组织工作组深入到各镇各村各片区指导统防统治工作，严格按照统防统治方案，做到“三统一”（即统一时间、统一用药、统一防治），有效遏止柑橘黄龙病的蔓延。（3）建立无病毒苗木基地。利用该县列入省级柑橘黄龙病防控示范县的契机，在金穗生态园内选址建设一个3300多平方米的无病毒慈橙苗圃场，至年底共引进无病毒苗木1.5万多株，无偿提供给慈橙种植户种植。（4）抓好示范点建设。该局在上举、仁居、中行等一些基础好、农户防控意识较强的慈橙种植基地建立黄龙病防控示范点，示范面积3000多亩（200多公顷），主要抓好柑橘木虱统防统治工作；同时选择仁居白泥径慈橙基地180亩（12公顷）作为黄龙病改种示范点，2016年已完成备耕。

【农旅融合】 2016年，平远县农业局以农业示范基地为依托，以观光体验为核心，狠抓一批农业休闲综合体的建设。

（1）抓好幸福村居示范片建设。投入1000万元打造八尺—上举幸福村居示范片建设，建设2个名村，5个示范村，项目包括客家特色民居改造、污水处理、饮水安全、文化广场、环境整治、河堤建设等，改善农村基础设施条件、人居环境和村容村貌。（2）串珠成线建设农业大公园。按国家农业公园的标准，围绕重点旅游线路及国、省道沿线，做好总体规划，重点在长田发展四季花海观赏园、县城大佛寺、中行金穗等发展种植油菜花、向日葵等观赏景点，建设观景台，供旅客休闲观赏，将全县各景区串联起来，形成平远农业大公园。（3）成功创建全国休闲农业和乡村旅游示范县。大力发展休闲农业与乡村旅游，建设美丽乡村，做好农旅规划，捕捉典型材料，同时做好总结，向上级沟通联系，做好全国休闲农业与乡村旅游示范县创建工作。11月，该县被农业部评为“全国休闲农业与乡村旅游示范县”，使平远县优美的田园风光再次得到宣传推介。

【茶叶和慈橙节会】　2016年，平远县农业局积极做好茶叶和慈橙节会工作。（1）为进一步提高该县单枞茶的知名度，提升平远茶叶的市场竞争力，4月，该局组织指导成立平远县茶叶协会。（2）该局组织做好茶叶和慈橙节会工作。4月29—30日成功举办平远县首届千人禅茶会暨客家炒绿发展研讨等系列活动；11月26—27日成功举办第十二届慈橙文化旅游节暨农特产品展销等系列活动，达到小节会、大宣传、花小钱、办大事的效果，不断擦亮“平远茶叶”“平远慈橙”品牌，提高平远农特产品的知名度。

【农村土地确权登记】　2016年平远县农业局按照省、市统一部署，积极做好农村土地确权登记工作。至年底，已完成全县12个镇136个村，1448个经济合作社，275190地块的实测，面积136395.51亩（9093.03公顷）。

2016年12月15日，省农业厅副厅长牛宝俊（中）到长田曼佗山庄考察　（肖艳芳　摄）

种植业

【粮食生产】　2016年，平远县粮食生产保持平稳发展态势，全年完成粮食播种面积24.25万亩（16166.67公顷），总产8.76万吨。（1）落实农业支持保护补贴和参保。2016年是全面推行“三项补贴”的第一年，往年的农作物良种补贴、种粮农民直接补贴和农资综合补贴调整合并为农业支持保护补贴，政策目标调整为支持耕地地力保护和粮食适度规模经营。2016年共发放补贴资金2000多万元，全年水稻参保面积16.85万亩（11.23万公顷）。（2）加强良种良法推广和技术指导。推广以超级稻为主的高产优质的良种品种，使全县主要粮食作物良种覆盖率达90%以上。大力推广土壤调理剂和绿肥紫云英种植，不断提升耕地质量，全年共推广土壤调理剂718吨，绿肥紫云英种植面积0.8万亩（533.33公顷）。（3）积极做好灾后复产工作。因多次受台风影响，农业生产不同程度受灾，农作物受损严重。为做好灾后复产工作，使农业生产损失降到最低限度，在每次灾情发生后，迅速成立工作组分赴各受灾镇开展救灾复产工作。积极筹措资金，及时向省厅调运救灾种子，指导受灾群众及时做好改种工作，确保粮食生产不受影响。（4）加强基础设施建设。共投入2080.5万元，完成5个镇、14个行政村13870亩（924.67公顷）的高标准基本农田建设任务。

水产养殖

【概况】 2016年，平远县水产养殖面积1.827万亩（1218公顷），总产量1.002万吨，产值1.2亿元，特色水产养殖有白玉蜗牛、先科巨鲫等。（1）特种水产不断壮大。重点培育白玉蜗牛产业，发展大田养殖试验，室外养殖面积100多亩（6.67公顷），年产蜗牛130多吨，产值208万元，积极打造白玉蜗牛健康养殖示范园；大力推广先科巨鲫养殖，全年养殖面积0.8万亩（533.33公顷），年增优质鲫鱼250多吨，增收500多万元。（2）建设健康养殖示范基地。平远县富然生态养殖场继绿盛源农业发展有限公司、平远县盛鑫农业发展有限公司、平远县春兴白玉蜗牛养殖专业合作社、梅州市南台温泉水产养殖有限公司后被农业部授予“健康养殖示范场”称号。（3）积极开展水产品质量安全监测。全年共抽取该县水产品样品22个，经检测合格率达100%。建立无公害水产品追溯制度，与县内各大超市实行农超对接，促进平远县水产品养殖业健康发展。（4）认真完成水产项目。积极开展渔业科技入户工程工作，大力推广优质鲫鱼和白玉蜗牛的无公害养殖技术。完成并验收“平远县优质鲫鱼的无公害养殖技术示范推广”和“创建农业部水产健康养殖示范场”项目；完成“重大水生动物疫病监测”和柚树河斑鳢国家级水产种质资源保护区建设项目；指导协助平远县盛鑫农业发展有限公司通过“水产品质量安全示范点”项目。

（平远县农业局）

2016年度平远县农业局负责人名录

局　长：林　波

副局长：杨劲松　李小林　韩垂文　张文萍（女）

畜牧兽医

【概况】 2016年,平远县肉类总产量2.92万吨，畜牧业总产值6.4亿元，畜牧业总产值占农业总产值的35%。全年生猪出栏20.1万头，家禽出栏262万羽，牛、羊出栏1.4万头，蜂蜜产量580.69吨。

【养殖管理】 2016年，平远县畜牧兽医局从四方面入手做好养殖管理工作。（1）适时调整产业结构，推广生态健康养殖技术，促进平远县畜牧业稳定发展。近十年来，平远县大力发展养猪业，造成畜牧业结构失衡，环境压力加大。为规范养殖户养殖行为，发展生态健康养殖业，消除养殖业一直以来给公众“脏、乱、差”的不良形象，该局提出调整畜牧业结构，推广生态健康养殖技术。（2）大力发展草食型节粮型畜牧业。落实《平远县继续实施畜牧品种改良促进畜牧业发展议案（五年）总体实施方案》，大力推广实用饲养技术等措施，促进肉牛、肉羊、肉兔等草食动物的生产发展。至年底，平远县牛羊出栏量 0.81万头，规模养殖户35户。（3）推广生态健康养殖模式。生猪养殖主推畜—沼—果或温氏模式（即配套完善发酵床、病死猪无害化处理池、发酵塔等设施设备，确保污水污物基本“零排放”）。2016年，应用该模式生产的养猪场有127家。肉鸡养殖主推山地、林下或果园放养模式，适当延长养殖周期，提高肉鸡品质。至年底，应用该模式生产的养鸡场有21家。梅州和信达农牧有限公司应用牧草加青贮玉米技术饲养肉牛的半放牧养殖模式已基本成熟，对改变平远县草食动物饲养完全依赖天然草原、全放牧管理模式有指导示范作用。（4）治污减排，实现清洁生产。重新对全县规模养殖场（户）的养殖情况和环保设施情况进行全面统计，对全县的畜牧养殖现状和如何更好地改善该县畜牧业养殖环境提供更清晰的思路。2016年，平远温氏公司大力推广规模养猪场基本“零排放“技术，应用该技术的合作养殖户有87户，猪粪猪尿等污物得到有效处理，缓和长久以来养猪业污染带来的社会矛盾。

【防疫检疫管理】 2016年，平远县畜牧兽医局全力做好防疫检疫管理。（1）抓好动物防疫工作。①做好春秋两季重大动物疫病防控工作。认真做好疫苗调拨工作，保证应免尽免，免疫率达到100%；在疫苗的保管和运输环节中，做到全程冷链、专人保管，不使用过期和包装破损的疫苗，确保疫苗质量；免疫过程中，严格遵守操作规程，做到一畜一针，不打飞针，确保免疫效果。②加强动物检疫工作。根据《中华人民共和国动物防疫法》《动物检疫管理办法》等法律法规，该局严把检疫关，做好动物检疫工作。严格按照检疫规程的规定，产地检疫做到有报必检，2016年，共检疫生猪18万头、牛170头。每天派官方兽医对县屠宰场和石正、仁居屠宰场实施屠宰检疫，三个屠宰场共检疫生猪4.1万头，未发生肉食品安全事件。③严格动物防疫条件审核。加强对全县屠宰场点、种畜禽场、规模养殖场（养殖小区）等的监督管理，严格规范动物防疫条件的审核，经现场勘验，符合条件的核发“动物防疫合格证”准予经营，不符合动物防疫条件的责令其限期整改。截至11月底，发放“动物防疫条件合格证”101份（新办6份、换证95份），依法注销“动物防疫条件合格证”23份。（2）做好动物疫病监测工作。通过送检和自检，对禽流感、O型口蹄疫、小反刍兽疫等动物疫病进行抗体水平检测及病原学监测，检测和监测结果均合格。7月，开展猪O型口蹄疫非结构蛋白抗体、布鲁氏病抗体、新城疫抗体3个项目的比对检测，比对结果正确率100%。

【屠宰管理】 2016年，平远县畜牧兽医局加强屠宰管理。为规范平远县肉食品市场秩序，确保全县人民肉食品安全，2016年，该局出动联合执法人员1464人次，屠宰环节“瘦肉精”抽捡量0.203万份，查获未经检疫私宰猪肉共500多公斤、全部进行拍照取证、记录、出具查扣通知书并进行无害化处理，严厉打击私屠滥宰等违法行为。3个生猪定点屠宰场全年约屠宰生猪47000头,全县生猪定点屠宰肉品市场占有率为98.5%。

【动物产品监管】 2016年，平远县畜牧兽医局全力抓好动物产品监管。（1）建立肉食品安全承诺制度，健全肉食品安全追溯体系。为全县辖区内畜禽养殖场、兽药经营单位和屠宰场（点）建立信息档案，要求各生产经营单位签订《动物及动物产品质量安全承诺书》和《生猪屠宰场肉品质量安全承诺书》。同时做好畜禽产品溯源制度，做到一畜一标识，严禁未佩戴相关动物标识的畜禽流通及屠宰。（2）加大动物及动物产品违禁药物抽查。认真做好日常屠宰环节“瘦肉精”抽检监督。全年抽检生猪尿样4050份，检测结果全部合格，保障全县畜产品质量安全。

【执法监督】 2016年，平远县畜牧兽医局加强对整个畜牧养殖产业的监督管理。（1）加强动物卫生监督执法工作。全年出动执法人员600人次，加强对全县110家规模畜禽养殖场的防疫、畜牧业投入品使用（主要是兽药、饲料使用）、养殖生产档案、消毒制度、“瘦肉精”监测、病死畜（禽）无害化处理等监督检查，未发现违规使用兽药以及出售病死畜（禽）等违法行为。对县内3个屠宰场（点），重点检查待宰生猪健康状况、动物检疫合格证明、病害动物和动物产品无害化处理等情况。未发现屠宰场（点）有私屠滥宰、制假售假病害肉等违法行为。（2）加强畜牧业投入品安全监管。全年出动执法人员538人次，检查县内兽药店（公司）18家，重点检查兽药店环境卫生，兽药进、销、存记录台账等项目。各兽药店均能规范经营，做好相关经营台账，未发现销售假劣、违禁兽药等违法行为。（3）加强生鲜乳违禁物质专项整治。全年共出动执法人员88人次，对平远县凤溪生态奶羊场、康平奶牛场进行检查。被检查点均做好了防疫、饲料兽药使用、无害化处理等养殖记录，未发现添加违禁药等违法行为。

【惠农政策落实和养殖技术推广】 2016年，平远县畜牧兽医局做好惠农政策落实和大力推广先进养殖技术。（1）贯彻落实各项惠农政策。①落实县农业产业化奖励政策。2016年，获得产业化奖励的养殖户有11户，获得奖励资金12.3万元。②做好能繁母猪保险工作。2016年，参保能繁母猪9377头，出险157头，为养殖户挽回损失15.7万元。（2）大力推广实用饲养技术。①推广类玉米草栽培技术、玉米青贮技术。②与平远温氏公司合作，推广规模养猪场基本“零排放“技术。③结合农村劳动力培训，在差干、仁居等乡镇开展养殖技术培训班三期，共培训110人次。④做好送技术下乡工作，并答复养殖户技术咨询，全年答复来人、来电60人次。⑤编写发送生猪、肉鸡、肉鸭、肉牛、肉羊、肉兔技术资料，提高养殖户技术水平。全年印发资料320份。⑥举办新型职业农民培养班。与梅州农校合作，举办2期新型职业农民培养班。培训内容以畜牧兽医技术为主，培训对象为村级防治员、养殖大户，共61人参培。

【执法队伍建设】 2016年，平远县畜牧兽医局始终把相关法律法规的学习和法律培训作为执法队伍建设的一项重要工作来抓，有组织、有计划、分层次地对行政执法人员进行行业法律法规和专业知识的培训。（1）严格执法资格认证，规范执法行为。狠抓执法人员的资格认证，执法人员必须参加畜牧业法律法规和专业技能培训，考试合格后，方能上岗。（2）加强培训，提高执法素质。2016年，先后3次派员参加广东省农业厅举办的农业执法培训班，重点学习新修订的《中华人民共和国动物防疫法》《中华人民共和国食品安全法》《中华人民共和国行政许可法》《中华人民共和国行政处罚法》等法律法规及法律文书的制作，提高执法人员的理论水平和业务素质，提升依法行政水平。

（盛　富　姚雪军）

2016年度平远县畜牧兽医局负责人名录

局　长：刘永安

副局长：林志强　盛　富

农业机械管理

【概况】 2016年，平远县农机化保持较好的发展势头，全县拥有各种农业机械23109台（套），折合总动力113568千瓦，各类拖拉机1511台（其中大型拖拉机2台），联合收割机291台，拖拉机配套农机具978台，耕整机2393台，农用排灌机械3984台，田园管理机193台，机动脱粒机12505台，农产品初加工机械1575台，畜牧养殖机械811台，渔业机械1394台，基本建设机械137台。机耕面积19.479万亩（12986公顷），机耕率95.7%。

机收面积13.952万亩（9301.33公顷），机收率68.54%。机插面积1155亩（77公顷）。机灌面积9.69万亩（6460公顷）。水稻机械化综合水平达59%。农机经营服务总收入1820.60万元。

【农机购置补贴落实】 2016年，平远县农业机械管理局购置补贴强农惠农政策落到实处。2016年中央财政下达平远县农机购置补贴资金110万元，全县补贴各类农机具361台（套），落实补贴资金共59.88万元，360户农民直接受益，带动农民直接增加对农机化的投入300多万元，有力地推动现代农业发展项目的建设。在具体操作上，该局严格按照有关要求，坚持公开、公平、公正、阳光透明的原则,确保农民直接受益。全年组织开展3次农机购置补贴核查工作，有效地防范违规违纪现象的出现，提高农民的满意度。

【服务体系完善】 2016年，平远县农业机械管理局建立健全新型农机社会化服务体系。该局加强合作社建设的宣传和引导，建立健全全县农机合作社档案；并通过成立合作社的方式，整合农机资源，利用现有机械和吸收外来机械等方式，实行耕、耙、播、收、全程机械服务，解决一家一户干不了的事情，发挥良好的示范带头作用，实现经济效益和社会效益。全县全年发展农机合作社5个。（1）加强农机推广体系改革与建设。按照《国务院关于深化改革加强基层农机推广体系建设的意见》要求，加强基层农机推广机构建设，积极探索适应新形势要求的农机推广新模式，逐步建立完善分工协作，服务到位，充满活力的多元化基层农机技术推广服务体系，做好农机推广运行机制创新。（2）做好农机职业技能鉴定工作。2016年，平远县12个乡镇全面开展农机职业技能鉴定工作，培训鉴定农机修理工12人。开展对农机维修网点及其从业人员资质的整顿检查，促进全县农机维修业的发展。（3）抓好农机培训工作，通过培训促使平远县农业生产水平的提高和农机现代化的推进。全年举办培训班2 期，培训农机驾驶员22 人 。其中，手扶拖拉机驾驶员7人；变形拖拉机驾驶员15人。全年集中培训和现场指导8 场次，培训各类农机操作手60 人。 （农业机械管理局）

2016 年度平远县农业机械管理局负责人名录

局　长：韩小荣

副局长：王亚平　卓衍龙

林　　业

【概况】 2016年，平远县林业局坚持以“树养人丁水养财”理念为引导，以新一轮绿满平远大行动为抓手，加快推进生态林业、民生林业建设，林业改革发展取得新成效，荣获“全国绿化模范县”“全国森林旅游示范县”称号。至年底，全县林业用地面积163.27万亩（10.88万公顷），森林面积161.89万亩（10.79万公顷），森林蓄积824万立方米，森林覆盖率78.35%。

【造林绿化】 2016年，平远县林业局以扩绿提质为目标，持续推进造林绿化工程。深入实施森林碳汇、生态景观林带、森林进城围城、乡村绿化美化四大重点林业生态工程建设，完成森林碳汇重点生态工程项目建设10247亩（683.13公顷），其中碳汇造林5247亩（349.8公顷），封山育林5000亩（333.33公顷）；建设生态景观林带60公里，完善提升生态景观林带60公里；新建2个县镇级森林公园，总面积2582.7亩（172.18公顷）；建设乡村绿化美化示范点16个，其中省级示范点3个、市级示范点3个。此外，完成中央财政森林抚育补贴项目48100亩（3206.67公顷），省级森林碳汇林抚育项目

37266亩（2484.4公顷），发动社会造林2900亩（193.33公顷），全民义务植树70多万株。

“全国绿化模范县”奖牌

【资源管护】 2016年，平远县林业局以生态安全为根本，全面加强森林资源管护。（1）加强林木采伐管理，核发放林木采伐许可证387份、采伐蓄积26848.8立方米。（2）完成林业生态红线划定工作，严格执行林地定额管理，办理征占用林地手续12宗，面积136.12公顷，临时征占用3宗，面积2.68公顷。（3）组织开展“红线行动”“清网行动”和“严厉打击非法占用林地等涉林违法犯罪专项行动”等专项行动，受理涉林案件117起，其中刑事案件2起。（4）狠抓森林防火工作，组织300多名县镇级扑火队员进行业务技能培训，完成梅州西片森林重点火险区综合治理三期工程建设项目，建成林火远程监控系统2套及购置防火物资一批，建设生物防火林带25公里和沿山脚防火线20公里，森林火灾综合防控能力进一步增强，全年无重特大森林火灾发生。（5）加强林业有害生物防治，完成第三次全国林业有害生物普查，实施林业有害生物监测面积237.6万亩（15.84万公顷），防治作业面积0.42万亩（280公顷），检疫木材及其制品1.52万立方米，松材线虫病防控面积200亩（13.33公顷）。

【林业产业发展】 2016年，平远县林业局以生态惠民为宗旨，大力推进林业产业发展。（1）大力发展林下经济。通过“公司+基地+农户”模式，大力发展梅片树、铁皮石斛等特色林下经济，有力地推动林业产业扶贫，被认定为2016年广东省林下经济扶贫示范县。广东华清园生物科技有限公司建立梅片树基地8674亩（578.27公顷），并开发精深加工产品，其是一家规模较大、辐射带动作用明显的企业，被认定为2016年广东省林下经济示范基地。梅州绿盛林业科技有限公司在原有100亩（6.67公顷）温室大棚铁皮石斛基地的基础上，建成铁皮石斛林下仿野生栽培基地20亩（13.33公顷）。（2）森林旅游蓬勃兴起。全县以森林公园、自然保护区为主体的各类森林旅游景区协同发展的森林旅游开发体系已经基本形成并日趋完善，平远县被授予“全国森林旅游示范县”荣誉称号，成为广东省唯一获此殊荣的县。南台山国家森林公园被评为广东省“四星级森林公园”。上举镇被评为全省首批“森林小镇”。

【林业发展创新】 2016年，平远县林业局以深化改革为统领，创新林业发展体制机制。（1）继续深化集体林权制度改革。做好深化林权改革特别是明晰产权的查缺补漏工作，办理林权流转3宗，面积59.5亩（3.97公顷）。办理林权抵押登记4宗，面积59.5亩（3.97公顷），抵押贷款1665万元。（2）积极推进政府服务模式改革。结合开展“一门式、一网式”政府服务模式改革，编制完成19项行政许可事项。（3）积极推动国家公园试点建设。协助完成《广东平远国家公园试点方案》和《广东平远国家公园总体规划》的编制，积极开展国家公园专题调研，探索建立平远国家公园体制，为衔接建立国家层面的平远国家公园试点建设打牢基础。（4）健全涉林矛盾纠纷调处机制。开展《广东省林木林地权属争议调解处理条例》（以下简称新《条例》）宣讲培训活动，充分运用新《条例》开展山林纠纷调解工作，共调处山林权属纠纷案67宗，解决争议面积4478.2亩（298.55公顷）。　（林伟强）

2016年9月28日，省林业厅厅长陈俊光（中）率参会人员参观广东华清园科技有限公司梅片树基地

2016年度平远林业局负责人名录

局　长：罗益新

副局长：韩垂辉　余新荣　丘宝平　韩垂尚

广东平远龙文—黄田省级自然保护区

【概况】　2016年，广东平远龙文—黄田省级自然保护区管理处（以下简称“保护区管理处”）坚持以生态保护为核心，全面加强自身能力建设，积极探索与创新自然保护区管理机制，实现自然保护区和谐发展，保护区内以亚热带常绿阔叶林森林生态系统、国家和省重点保护物种为代表的主要保护对象保护成效显著。

【资源管护】　2016年，保护区管理处深入推进生态资源保护工作。（1）加强自然保护区专职护林员队伍建设，建立健全管护责任制，加强巡山护林，及时发现、制止、报告破坏自然资源的行为。（2）组织开展突发事件风险隐患排查整改和森林火险隐患排查整改工作，切实维护林区社会稳定，确保森林资源和人民群众生命财产安全。（3）配合县林业局开展严厉打击非法占用林地等涉林违法犯罪专项行动，严厉打击非法占用林地、非法猎捕买卖候鸟等野生动物、野外违规用火等涉林违法犯罪活动，依法管理保护区资源。（4）开展野生动物救护。11月，保护区管理处人员先后将救助的2条巨蟒（国家一级重点保护动物）送到龙文—黄田省级自然保护区进行放生。

【项目建设】　2016年，保护区管理处继续推动能力建设项目的实施。（1）申报2014年森林植被恢复费省统筹资金实施的自然保护区森林资源保护与管理项目，购置风力灭火机、水泵、无人机等森林防火物资一批，印制森林防火宣传册8000份，设置宣传牌20块，其他宣传品3300把（箱），修缮和新建管护站房2个。（2）申报2015年广东省自然保护区建设专项资金实施的自然保护区科普教育径项目，在黄田水库沿湖步道设置科普宣传牌、标识标牌121块，观察样地和观察场5处，野外避险安全屋2个，人工鸟巢10个，生态垃圾桶20个，仿木长椅10张，二维码植物标识牌320个。（3）申报2016年中央预算内林业基本建设专项资金实施的极小种群野生植物拯救保护建设项目，主要用于购置野外监测巡护设备，管护、存储及办公配套设备，印制宣传手册等。

【科普宣教】　2016年，保护区管理处进一步加强科普宣教工作。（1）加强野生动植物监测。在保护区内新记录到黑背白环蛇、泽陆蛙、白唇竹叶青、白眉腹链蛇、崇安草蜥、莽山异角蟾、金翅雀、福建华珊瑚蛇、黑翅长脚鹬等物种9种，进一步丰富野生动植物资源数据。（2）加强自然保护区科普宣传教育。完成自然保护区宣教中心布展工作，解说和标识系统进一步完善。联合梅州市林业局、梅州市野生动植物保护协会和嘉应学院动物保护协会开展志愿者活动，深入到龙文—黄田省级自然保护区宣传野生动植物保护的法律法规以及相关知识，进一步提高社区居民的保护意识。

【其他工作】 2016年，保护区管理处统筹兼顾协调推进各项工作。（1）保护区内生态公益林激励性补助资金实行差异化补偿。2016年，龙文—黄田省级自然保护区内的生态公益林补偿标准为23.8元/亩（357元/公顷），比其他生态公益林多3.4元/亩（51元/公顷）。（2）寻求自然保护区与社区发展矛盾的破解途径。针对当地群众采伐人工杉林意愿强烈，而尚无法律和政策依据批准采伐的实际，采取资金补偿的办法解决群众的实际问题。（3）大力推进平远国家公园试点的前期探索实践工作。配合开展国家公园试点的前期调研、《试点方案》编制及专家论证、《总体规划》编制及专家咨询等工作，结合平远实际探索国家公园体制建设，力争在推进国家公园体制改革试点中走在全省前列。

（林伟强）

2016年度广东平远龙文—黄田省级自然保护区管理处负责人名录

主　任：罗益新

副主任：饶耀辉

水　　务

【概况】 2016年，平远县水务局坚持以促进农民增收、保障供水安全、生态安全为核心，以改善农业基础设施条件、建立长效机制为重点，加快推进中央财政小型农田水利重点县、山区中小河流治理、病险水库除险加固改造、村村通自来水等7项14宗工程，累计工程总投资2.23亿元，不断提高水务保障发展、服务民生、促进和谐的能力和水平。山区中小河流治理项目，在2016年两次强降雨中为全县减少直接经济损失约0.74亿元，取得明显的防灾减灾效益。

【水利建设】 2016年，平远县水务局积极做好水利建设工作。（1）中小河流治理项目。2016年实施的山区中小河流治理项目有下举河、泗水河、大柘河、中行河治理工程，治理河长共计59.21公里，规划投资10501万元，项目采用EPC设计施工总承包模式建设。下举河于3月6日开工建设，大柘河、中行河、泗水河于5月23日开工建设。至年底，已完成主体工程建设任务，完成治理河长56.8公里，完成投资1.1亿元。（2）中央财政小型农田水利重点县建设。项目分布在石正镇、长田镇、大柘镇和热柘镇4个镇36个行政村，主要建设任务是对项目区内的29宗水陂、12宗山塘、32座渠系建筑物及85.74公里渠道进行加固改造。工程投资概算2473万元，资金来源为中央补助1200万元，省级补助800万元，其余由地方和群众投资投劳等方式进行自筹。工程采用设计、施工、采购（EPC）模式实施，于2016年4月8日开工建设，至12月已完成渠道改造71公里，山塘加固10宗，加固水陂18宗，已全面完工。（3）富石灌区加固改造。该工程总投资2340万元，7月下旬动工建设，至12月底基本完成主体工程建设。加固改造渠道总长25.36公里。其中，总干渠0.811公里；西干渠长8.342公里；东干渠长6.722公里；中干渠6.51公里；棉羊支渠2.979公里。加固、重建、新建各类系建筑物157座。其中，维修加固29座（隧洞4条、渡槽15座、倒虹吸管4座、溢流侧堰6处）；重建88座（分水闸33座、泄洪闸36座、溢流侧堰8处、排洪渡槽9座、节制闸2座）；新建农桥20座。该工程将明显提高灌区水利用系数，可恢复灌溉面积0.37万亩（246.67公顷），有效改善灌溉面积0.45万亩

（300公顷），促进当地经济社会的可持续发展。（4）村村通自来水工程。2016年，村村通自来水工程主要是差干镇圩镇供水工程及热柘镇村村通自来水工程，2宗工程总投资2331万元，其中差干镇1388万元，热柘镇943万元。2宗工程于2015年12月开工建设，至2016年12月，两宗工程已完成主体工程建设任务，完成输配水管57公里，新建2座制水厂，完成投资2331万元。（5）“五沿”崩岗治理工程。工程投资160.58万元，其中仁居佛子岗崩岗治理工程，主要是对黄畲村佛子岗的7处活动型崩岗采取综合治理措施，工程总投资50万元，该工程于2016年3月动工建设，至5月已完成工程建设任务；另一宗为大柘镇西河村牛拦坑1处，石正镇安仁村富石水库2处，共建设截水沟875米，排水沟216米、谷坊3座、溢洪道3座，并植被防护，工程总投资110.58万元，已完成工程建设任务。（6）新增病险水库除险加固工程。平远县实施的新增病险水库除险加固工程有石正镇川隆水库、东石镇刁坑水库、锅笃水库。3宗工程总投资652.32万元（其中川隆水库195.84万元、刁坑水库141.87万元、锅笃水库314.61万元），主要实施坝前坡砼护坡、坝体灌浆、溢洪道加固、反滤体加固、库内清淤、新建管养房、防汛路维修等。工程于2015年12月开工建设，到2016年4月底完成主体工程建设任务。（7）平远县城沟渠改造工程。该局主要对桃源居侧、市政中心背、新建路（盟生楼）侧、园林管理所侧等城区四条重点排污水明渠进行加盖板改造，全长263米；新建三面光排水暗渠45米，工程总投资47.83万元。（8）工业园区供水工程。工业园生活供水工程于2016年上半年全面完工并投入运行，工程建设二次加压设施一座，敷设公称直径250~400毫米供水管道12公里，工程总投资1633万元。广州南沙（平远）产业转移工业园工业供水工程已于11月24日正式动工建设，工程在富石水库主干渠设置山上取水构筑物一座，敷设公称直径300~500毫米供水管道14.3公里，总投资2020万元，工程建成后可提供最大日供工业用水2.3万吨。（9）凤池水库。2016年4月28日成立平远县凤池水库工程建设领导小组；可行性研究报告于5月初报送县发改局；5月19日确立13个单位开展实物调查；16个专题报告编制同时开展；5月31日，经省人民政府授权，梅州市人民政府发布《关于禁止在凤池水库工程占地及淹没区范围内新增建设项目和迁入人口的通告》；6月6日，凤池水库实物调查开始；10月21日省水利厅已组织可研技术审查。

中小河流治理中行河—中心坝河心洲

【“三防”工作】 2016年，平远县水务局扎实开展“三防”工作。2016年，受特强厄尔尼诺现象影响，平远县汛情较往年异常，1月低温雨雪冰冻天气、“3·19”“4·30”强降雨云系影响、22号台风“海马”环流影响，出现不同程度的强降雨，全县各镇不同程度受灾。全年降雨量累计达2838.9毫米，较往年同期（1606.2毫米）偏多77%，2016年降雨量是自1961年有气象资料记录以来最多的。该局始终坚持以人为本的方针，积极加强防汛抗旱救灾工作督导检查，各镇各成员单位认真履行各自职责并密切配合，抓好汛期各项安全检查、落实防汛物资储备和抢险应急分队建设、认真落实防汛责任制，最大限度减少灾害损失，有效保护人民群众生命财产安全，确保全年安全度汛，保障平远县社会和经济的稳定发展。

【水利管理】 2016年，平远县水务局持续强化水利管理。（1）水利体制改革新突破。根据省水利厅的工作安排，按照先行试点、典型引路、分类实施、全面推进的总体要求，平远县积极开展深化小型水利工程管理体制改革试点工作。根据全县小型水利工程2816宗实际管理运行情况，完成摸底调查，分类定性和管养经费测算工作，出台《平远县深化小型水利工程管理体制改革实施方案》《平远县农田水利设施维修养护资金使用管理办法（试行）》，10月底全面完成该县水利工程的权属登记。（2）依法行政能力有新提高。依法加强全县水资源管理，水土流失治理和水行政执法力度。认真做好“世界水日”“中国水周”的水法规宣传，全县张贴标语260多张、悬挂横幅26条，电视宣传一周。全年出动巡查执法255人次，查处涉水利工程、河道采砂、水土保持等违规案件11宗，发出《责令停止违法行为》通知书11份，立案拆除违建山塘1宗，制止违规案件8宗，发出部门协调处理函1件，调处各部门转来群众来信来电及来访举报案件6宗。（3）水资源管理再上新台阶。全年受理水土保持审批材料217件，完成23宗崩岗治理工程普查并上报统筹规划，审批开发建设项目水土保持方案审批7宗，依法征收水土保持补偿费2.14万元;取水许可延续（法人变更）申请12宗，依法征收水资源费62.16万元。为进一步优化办事流程，便民、惠民、亲民办理涉水审批，在完成182项权责清单的基础上对原有的21项行政许可事项进行调整，同时梳理8项公共服务事项，完成水务局行政许可和公共服务事项目录及标准化编制工作，促使平远县水务局21项行政许可审批事项全部实现可网约在线申办，主动接受公民、法人和其他组织的监督。（4）水环境管理进一步深化。投入110多万元，对富石水库水源水质进行生态修复，水源水质得到有效治理和改善提升。继续采取生物操纵技术、湿地技术和清除库面垃圾等措施，对黄田水库实行治理和保护。通过采取各种措施进行治理保护，黄田水库水质达到接近I类水质标准，水源保护取得明显成效。（5）农电管理得到进一步发展。与全县157宗电站签订安全生产责任书，落实安全生产责任，加强隐患排查治理，全年发出安全整改通知书6份，督办通知1份，整治小水电站3宗；召开全县小水电行业安全工作会，通过以会代培，提高从业人员安全生产意识，增强业主安全生产责任感；12宗增效扩容的项目全面完成并通过完工验收，发电量增420万千瓦时，启动黄田三级、五级电站安全生产标准化达标建设试点，农电行业得到有效生态持续发展。（6）供排水管理进一步提高。投入资金46.52万元，对环北路、高新路、平兴路共51套消防设施进行升级改造。结合创建省级卫生县城的要求，投入资金28万元，对县城建成区主次干道的607座下水道进水口进行安装防蚊闸改造，工程于9月底全面完工，县城居民居住环境和市容市貌得到提升。强化高峰清流制水公司水质检测，加强县城供水管道和排污设施的维护和管理力度。全年制水量为628万立方米，供水销售总量为500多万立方米，保障县城用水需求。（7）水务基层持续稳定发展。深入贯彻落实国务院和省政府关于水管体制改革要求，按照“改革有序、规范管理、安全稳定”的工作目标，完成管养分离工作，成立平远县碧水水利工程维护中心和黄田水库生态产业园，进一步规范基层水利管理。同时，进一步完善管理制度，积极加强基层单位班子和队伍建设、安全生产管理、经济管理、项目建设管理，合理调配利用水资源，保障水利工程、机电设备安全运行，保持职工队伍的稳定。1—12月共销售电量6052.8万千瓦时，完成年度计划任务的177.5%，销售收入2643.72万元，总收入2784.53万元。（8）水利工程建设管理持续强化。对全县41宗水库和82宗万方山塘加强监督管理，进行86次监督检查，发现11宗水利工程存在管理上问题，及时下达整改通知，管理单位按要求及时完成整改。加强对16宗在建水利工程的监督管理，抓好农村饮水安全工作，认真开展水利工程建设领域突出问题专项治理和安全生产隐患排查治理，完成深化小型水利工程管理体制改革工作。为保障工程建设的施工质量，按照《水利工程质量管理规定》和《水利工程质量检测管理规定》等相关规定，对工程建设实行傍站管理，抽调具有中、高职称的工程技术人员担任技术负责人，加强工程的质量监管和指导；100%第三方检测单位驻站人员对每宗已建成工程实行检测，确保工程施工质量。

（平远县水务局）

2016 年度平远县水务局负责人名录

局　长：林志鹏

副局长：林福平　刘栢盛　张小坚　刘志中

省属水库移民管理

【概况】　2016年3月，平远县省属水库与平远县水库移民工作办公室合并，保留平远县省属水库移民管理办公室，撤销平远县水库移民工作办公室，平远县水库移民工作办公室承担的主要职责划入平远县省属水库移民管理办公室。平远县省属水库移民管理办公室主要职责：负责全县水利水电工程移民安置管理工作；开展全县新建、扩建、除险加固水利工程建设的移民安置规划管理工作；编制全县水库库区和移民安置区基础设施和经济规划；编制全县水库移民后期扶持项目年度计划；组织实施全县水库移民后期扶持工作及有关移民遗留问题的处理。

2016年，平远县省属水库移民管理办公室围绕帮助水库移民“解决困难、促进发展、保持稳定”的近期目标和“融入社会、同步发展、建设小康”的长远目标，全面落实水库移民后期扶持政策，加大移民区基础设施建设力度，扶持移民发展生产增加收入。

【水库移民后期扶持政策落实】　2016年，平远县省属水库移民管理办公室根据国务院《关于完善大中型水库移民后期扶持政策的意见》和《广东省移民后期扶持政策实施方案》及相关配套政策，确保移民后期扶持政策的落实。2016年实际完成项目扶持资金709.17万元。其中，直补到人44.94万元，受益移民749人；项目扶持资金664.23万元，受益人口12458人。主要用于基本口粮田建设及水利配套项目160.3万元；基础设施交通道路项目建设459.93万元；其他项目工程建设44万元。

【库区移民医保投保】　2016年，平远县省属水库移民管理办公室继续为库区移民购买农村合作医疗保险。全年投资5.96万元，帮助库区移民加入农村合作医疗保险。

【移民维稳】　2016年，平远县水库移民管理办公室健全移民接访日制度，转变工作作风，改移民“上访”为移民干部“下访”，及时解答移民群众来信、来访反应的问题，及时化解矛盾。全年该办接访9宗41人次，做到接访热心、解读政策细心、让移民放心，帮助群众解决实际问题，保证移民区社会稳定。

（平远县省属水库移民管理办公室）

2016年度省属水库移民管理办公室负责人名录

主　任：林伟峰

中小企业管理

【中小企业、创业协会发展概况】 2016年，平远县中小企业数达1862家，其中合作社355家，与上年同比增长23%。平远县中小企业局引导成立梅州市创业协会平远分会和平远创业创新协会，培养创业辅导师5名，另有工信部认定的赛飞创业辅导师3名；搭建3个平台（服务平台、交流平台和“1+1帮扶辅导平台”），现有45家会员。全年为192家初创企业和250名创业青年提供创业辅导及其他管理咨询服务，全年实现新增创新型小微企业32家。

【企业人才培训】 2016年，平远县中小企业局积极做好企业人才培训工作。1月30日，组织全县创业创新交流培训会，邀请多名企业家分享各自宝贵的创业经验、讨论交流创业过程中遇到的问题，互相借鉴学习。另外，开展3场与电商创业有关的培训班，包括3月31日的电子商务学习培训班、5月20日的中小企业低成本打造移动电商培训班以及5月31日的“互联网+”法律专题讲座，参加培训150多人次。

【创新创业比赛】 2016年，平远县中小企业局为鼓励企业参加梅州市首届创新创业大赛，专门举办创业交流会暨市创新创业大赛培训班。该培训班为100多名企业代表讲解大赛的各项政策红利、参赛要求等，鼓励符合条件的企业积极参与。全县有7家企业参加初赛，4家企业晋级复赛，最终梅州市强企管理咨询有限公司的中小微企业创业创新公共服务平台项目获得创新组三等奖。

【助企融资】 2016年，平远县中小企业局从三方面做好助企融资工作。（1）用好信贷风险补偿基金政策。2016年年底，平远县中小微企业信贷风险补偿基金规模达2345万元（包括县财政2000万元和省财政345万元），有25家入池企业。2016年通过市、县信贷风险补偿基金帮助5家企业获得贷款4400万元。其中，通过市信贷风险补偿基金帮助2家企业贷款2000万元；通过县信贷风险补偿基金帮助4家企业贷款2400万元。（2）推荐企业通过担保公司进行融资。2016年，平远县中小企业局推荐7家企业通过梅州市企信融资担保投资有限公司解决贷款5600多万元。（3）大力支持多层次资本市场融资。2016年帮助2家企业在“新四板”上市，4月19日梅州市八珍娘股份有限公司在深圳前海股权交易中心上市；5月17日梅州市鑫盛建材经营有限公司在深圳市前海股权交易中心正式挂牌上市。2016年年底，全县已有6家企业成功在“新四板”上市（其中3家在深圳前海股权市场上市，另外3家在广州股权交易中心上市）。

【服务平台建设】 2016年，平远县中小企业局积极做好服务平台建设工作。（1）加强硬件投入。继续加大对中小企业服务中心硬件投入，新购置电脑30台，购买技术创新电脑软件12套；扩建装修服务大厅办公室，新建创业指导窗口平台，扩充创业服务队伍，健全中小企业服务中心与企业联络人员组织体系；新建创业创新综合窗口服务平台为县域中小微企业、广大创业者、大学生、农民工及其他有意向创业的人士提供全方位的创业服务。（2）开展服务活动。2016年，平远县中小企业局通过中小企业服务中心举办13场活动，服务企业765家，参加培训人数1103人，客户满度达98.5%。其中较大型的企业服务活动有9场，包括“创业创新交流培训会”“电子商务学习交流培训会”“中小企业低成本打造移动电商培训会”“互联网+法律专题讲座”“中小企业如何讲好品牌故事专题培训”“企业知识产权知识普及讲座”

“创业交流暨创新创业大赛培训班”“平远县酒业创新发展研讨会”和“企业安全知识培训”。

【招商引资工作】 2016年，平远县中小企业局引进的招商项目共3个，投资总额为3.548亿元。其中，广东粤安航运（平远）有限公司投资1.5亿元；梅州美耐新材料有限公司投资7680万元；广东广深新材料有限公司投资1.28亿元。超额完成2016年3亿元的招商引资任务。 （中小企业局政秘股）

2016年度平远县中小企业局负责人名录

局　长：陈平南

副局长：吴英辉　张天华　张利梅（女）

扶贫开发

【概况】 2016年，平远县扶贫开发领导小组办公室（以下简称“平远县扶贫办”）认真贯彻落实中央、省、市新时期精准扶贫精准脱贫工作方略，精准脱贫工作开局良好，有序推进。全县有相对贫困户1700户4511人，2016年有1613贫困人口实现脱贫，脱贫率35.8%。

【扶贫成效】 2016年，平远县扶贫办扶贫工作成效显著。（1）平远县新时期精准扶贫精准脱贫有20个省定相对贫困村，其中广州市南沙区10个单位结对帮扶18个相对贫困村，梅州市市直单位帮扶2个相对贫困村，面上村116个由县直帮扶单位挂钩帮扶。截至年底，全县有相对贫困户1700户4511人，其中20个相对贫困村有相对贫困户714户2242人。（2）2016年，平远县新时期精准扶贫精准脱贫工作到年底共筹集扶贫开发资金5815.8万元，其中20个相对贫困村筹集帮扶资金2218.9万元。完成200人以上自然村道路硬底化7.4公里，完成农田水利基础设施项目16个，解决贫困村饮水安全125户，完善文体活动场所13个；组建农民专业合作社13个，帮助215户贫困户参加发展种养项目28个；落实对贫困户子女就读小学、初中、高中、中职（含技校）、全日制高等院校（大专）实行生活费补助615人；贫困人口全部参加医疗保险，60周岁以上贫困户老人均参加城乡养老保险；符合低保条件的无劳动能力贫困人口得到县民政部门的高度重视，按照程序加入低保。通过帮扶，2016年度实现贫困人口脱贫率35.8%。

【扶贫措施】 2016年，平远县扶贫开发工作主要采取九项措施：（1）压实主体责任，落实一把手抓扶贫。①落实县、镇、村三级党政一把手抓扶贫责任，层层签订脱贫攻坚责任书，逐级落实脱贫攻坚任务。②建立工作会议制度，定期召开专题会议，及时研究新时期精准扶贫精准脱贫工作，解决问题。③县党政领导班子成员分别联系镇、挂钩到贫困村，指导脱贫攻坚工作。④县委、县政府把脱贫工作纳入各级领导班子述职和科学发展观考核内容。2016年，全县认真贯彻落实省市扶贫工作会议，其中县召开5场次，525人参会，县扶贫办召开6场次，292人参会，镇级召开51场次，933人参会。（2）强化帮扶机制，搭建驻镇驻村工作班子。①成立驻镇工作组。全县成立驻镇帮扶工作组12个，成员共460人，其中县直116个单位，派出127名联系帮扶干部参与镇帮扶工作组，全县分散贫困户实现帮扶全覆盖。②成立驻村工作队。全县组建20个驻村工作队，成员共120人，派驻第一书记及工作队长38人。③建立健全相关制度：健全工作制度，各镇驻镇工作组做到“六有”（户有卡、村有册、乡有簿、县有档、市有卷、省有库）；建立工作汇报制度，驻镇工作组每月向县扶贫开发领导小组书面汇报工作进展情况；强化帮扶工作制度，建立帮扶干部工作考勤制度，落实分组包片或每位干部直接联系帮扶若干分散贫困户责任，每位帮扶干部有帮扶工作日志；健全业务指导培训制度，定期组织各时期各阶段工作业务指导，确保工作扎实开展。2016年，举办全县新时期精准扶贫精准脱贫业务培训会9场次，470人参会，镇政府组织53场次，845人参会。（3）加强沟通对接，有序推进帮扶工作。相对贫困村的帮扶单位主要领导或分管领导全部对接帮扶村。各镇、村主要负责人主动到帮扶单位开展相关对接活动。2016年5月前，各驻村工作队第一时间对接到位，迅速行动，进村入户，开展贫困人口核查确认。（4）严格对象识别，扎实做好建档立卡工作。2015年年底，平远县开展精准识别工作，并接受省级的核查，2016年5月，驻村工作队、驻镇工作组严格执行精准识别工作原则和“两评议、两公示、一公告”的程序，扎实开展精准识别建档立卡“回头看”活动。11月，驻村干部和驻镇工作组成员按照“四看、五优先、六进、七不进”的要求，进一步入户核查扶贫对象，经严格核查，对不符合贫困户标准的及时终止帮扶。同时严格按省、市的通知要求做好一户一档案的建立和数据录入工作。（5）突出脱贫思路，科学制订帮扶规划。①出台县级相关政策文件。出台《平远县新时期扶贫开发工作挂钩方案》《平远县新时期精准扶贫精准脱贫三年实施方案》及配套实施方案等一系列扶贫政策文件。②制订帮扶规划。各驻镇工作组、驻村工作队按照确保扶贫对象精细化管理，扶贫资源精确化配置，扶贫对象精准化扶持，实现精准脱贫的要求，结合村、户实际，制订贫困村和贫困户精准扶贫精准脱贫三年攻坚规划及年度工作计划。（6）积极筹措资金，加强资金监管，做到廉洁、阳光扶贫。①资金筹集。切实按要求落实县级配套资金326.9万元；积极争取南沙区帮扶单位的重视支持，每村下拨100万元，共下拨1800万元；2个市直帮扶单位也已筹集资金60万元；同时，充分发挥“广东扶贫济困日”和全国“扶贫日”的社会影响力，广泛动员社会力量参与扶贫开发，整合行业扶贫资金优先安排到20个相对贫困村。②加强资金项目监督落实。组织财政、扶贫等部门，审核确定镇村扶贫开发项目计划，按规定及时分配下达到镇村,指导督促镇村扶贫开发项目实施和监督管理等工作。（7）以“三保障”为重点，落实各项扶贫政策。①切实按照省配套方案要求，制订相应具体实施方案，做好相对贫困村和贫困人口的对接工作，增强工作针对性。②有效落实扶贫政策。落实社会保障政策，县民政部门将符合农村低保政策条件的贫困户全部纳入低保；同时实施医疗保险和医疗救助，将贫困人口全部纳入重特大疾病救助范围，对各项医保政策报销后的合规医疗费用按照不低于70%的比例给予补助；县人社部门将60周岁以上符合领取待遇的老人100%享受城乡居民社会养老保险；县教育部门有效落实贫困户子女教育政策，相对贫困户义务教育毛入学率达到100%以上；对贫困户子女就读小学、初中、高中、中职（含技校）、全日制高等院校（大专）实行生活费按标准落实补助到人；相对贫困户子女考上高中以上学校学生不因贫困而辍学；落实产业发展扶贫，县直行业单位制定吸纳贫困户务工、参股、带动增收效果好的农业经营主体的激励政策，支持创业致富带头人在相对贫困村创办各类企业，带动当地贫困人口就业，鼓励各类企业吸纳贫困劳动力，拓宽贫困户增收渠道。（8）加强党组织建设，夯实攻坚脱贫基石。按照“围绕扶贫抓党建，抓好党建促扶贫”的工作思路，市、县机关企事业单位共选派18名优秀副科级干部到广州市南沙区帮扶的18个相对贫困村担任村第一书记，全力配合广州市南沙区帮扶单位开展帮扶工作，为帮扶工作起到很好的推动作用。（9）强化督查指导，确保工作落实。2016年，平远县组织人员先后进行3次督导，在加强工作督导的同时，扶贫办人员还分成3个组分别挂钩到各镇，定期到驻镇工作组和相对贫困村开展业务指导。通过督查指导，有效推进帮扶工作落实和任务的完成。

【存在问题】 2016年，平远县扶贫工作存在一些问题：（1）个别驻镇工作组帮扶联系干部的工作积极性、主动性有待加强。（2）个别帮扶单位对产业帮扶规划研究不透，思路不清，行动滞后，规划方案还有待完善。（3）各驻镇工作组、驻村工作队对资金使用还不够明晰，须加强业务指导。（4）个别村扶贫项目推进相对滞后，有待加大督查推进力度。（张　芳、凌平征）

2016年度平远县扶贫开发领导小组办公室负责人名录

主　任：吴荣浩

副主任：王　平　曾　戈

气　　象

【气候评价】 2016年，受超强厄尔尼诺现象影响，平远县天气异常，极端天气事件频发，出现历史罕见的雨雪冰冻天气、冬季洪水和汛后台风等特殊天气。全年总雨量及1月、10月、11月的降雨量均破自1961年有气象资料以来历史同期最多纪录，年平均气温为历史次高。2016年总体气候特征是：雨量偏多、气温偏高，开汛早、暴雨多，台风生成迟、强度强，气候年景偏差。

降水：2016年全县降雨偏多，县城年降水量2858.2毫米，比历年平均偏多七成，其中1月、10月和11月降水分别比历史同期偏多6倍、7.4倍和3倍。全年有雨日177天，暴雨日（日降水量≥50毫米）14天，1月5日县城出现92.6毫米的冬季暴雨降水，为历史同期罕见。

前汛期（4—6月）县城降水958.6毫米，比历年同期均值偏多28%。4月、5月、6月降水分别比历史同期偏多68%、15%、8%。前汛期出现10天暴雨，最大日雨量为111.7毫米，出现在5月21日。

后汛期（7—9月）县城降水670.9毫米，比历年同期均值偏多31%。其中7月降水比历史同期偏少50%，8月和9月降水则分别偏多69%和82%。后汛期出现4天暴雨，最大降水为106.0毫米，出现在10月22日。

气温：县城2016年平均气温21.6℃，比历年平均值高0.8℃，打破2015年（21.4℃）的历史次高纪录，仅次于1998年的21.7℃。1月25日，县城录得年极端最低温度-1.6℃，仁居镇大畲坳和东石镇锅叾录得全县极端最低气温-7.2℃；县城年极端最高温度38.4℃，出现在7月28日。全年高温日（日最高温度≥35℃）有46天，低温日（日最低温度≤5℃）12天，有霜日5天，结冰日4天，无霜期326天。

日照：年日照时数1525.5小时，比历年均值偏少19%。

热带气旋：2016年，西北太平洋和南海海域共有26个热带风暴或台风生成，较常年正常。2016年台风生成迟，强度偏强。第1号热带气旋“尼伯特”（超强台风级）生成于7月3日，最后一个热带气旋“洛坦”（超强台风级）生成于12月22日。其中，第22号超强台风“海马”给平远县带来明显风雨影响。

雷暴：年内有雷暴日58天，其中1月1天、3月7天、4月11天、5月6天、6月11天、7月6天、8月9天、9月5天、10月2天。

大风：6月4日长田镇出现23.0米/秒（9级）的极大风速，其次为差干镇5月6日出现的22.7米/秒（9级）和仁居镇7月5日出现的22.2米/秒（9级）。

【气象服务】 2016年，平远县先后遭遇寒潮、雷雨大风、局地强对流、台风、暴雨等灾害性天气过程。如：1月19—24日，受近年最强寒潮影响，平远县出现明显大风、降温、降水和大范围低温冰冻天气，北部高寒山区出现雨夹雪，是月25日仁居镇大畲坳与东石镇锅叾录得极端最低气温-7.2℃；1月26—29日，寒涝急转，转为多雨水天气，全县平均降水139.6毫米；10月，受超强台风“海马”影响，全县出现明显风雨天气。

为应对愈来愈频发的极端气象灾害，平远县气象局积极开展各镇精细化预报，提高预报时效性，由原来24小时预报提高至72小时预报。按照“每一个过程不放过”原则，做好灾害性、关键性、转折性天气的气象服务，特别是1月寒潮和冬季暴雨天气、开汛期强降水、龙舟水以及台风“海马”等天气过程的气象预警预报服务，以及做好春运、春节、国庆、脐橙节等重大节会活动的气象服务保障。全年共报送《重大气象信息快报》67期，《重大气象信息专报》9期，发布各类气象灾害预警信号147次，发送预警短信和决策服务短信77万余人次，启动气象灾害应急响应14次，传真3500多次，发布天气微博1500多条、天气微信360多条。

【气象业务与气象现代化】 2016年，平远气象现代化和气象防灾减灾救灾能力、公共气象服务水平得到提升。（1）现代化气象业务体系进一步健全。建立政府主导的突发事件预警发布系统运行保障机制，健全突发事件预警信息发布体系；发展和完善基于SWIFT和GIFT的综合业务平台，配合上级开发和应用应急指挥决策辅助系统，共同织好全省短时格点预报一张网；完善省、市、县一体化实时监测和临近预警业务，开展短时临近精细化网格预报，建立高频次制作的气象灾害监测、灾害性天气短临预警业务流程，做好台风、暴雨、强对流等灾害性天气的滚动预警预报服务；建立气象灾害预警信号质量检验业务，制定和实施强雷电监测和预报预警业务流程。（2）新观测场正式启用。平远县新观测场从2016年1月1日开始对比观测，并于年底正式投入业务运行，新的观测场视野开阔，面积宽广，既满足现有的观测条件又具备较好的发展空间，气象探测环境评分从74.9分提升到99分。（3）深化部门联动合作。平远县气象、教育部门联合印发《关于完善应对极端天气停课安排工作机制的通知》，构建以预警信号为先导的防灾减灾机制，共同完善极端天气停课机制。10月21日受台风“海马”影响，全县所有托儿所、幼儿园、中小学校、中等职业学校首次实施停课机制，该机制在应对极端天气中发挥积极作用。县气象、安监部门签订《应急联动工作协议》，建立气象灾害安全监管和应急联动工作机制，共同做好因气象灾害引发生产安全事故的预警与应对工作，提高灾害事故防范和处置能力。与水利、“三防”、国土、农业等部门建立合作关系，进一步完善防风防汛机制、防山洪地质灾害机制、直通式气象为农服务机制，强化资源共享、信息共享，共同推进平远防灾减灾工作。（4）强化业务人才的培养，业务水平明显提升。县气象局高度重视人才队伍建设，特别是科技人才的培养，鼓励干部职工积极参加各种学习和各项业务培训，特制订气象科技奖励办法。在梅州市气象局第三届防雷知识竞赛中，平远县气象局参赛队伍获得团体竞赛第三名；在梅州市气象局举办的2016年公共气象服务技能竞赛中，平远县气象局共派出30名参赛选手，6人获奖，有两名选手分别获得二等奖和三等奖；在2016年广东省气象行业职业技能竞赛中，平远县气象局派一名选手代表市气象局参赛并获得个人全能优秀奖。（5）进一步规范应急响应流程。平远县气象局组织编制《平远县气象灾害应急预案操作手册》，进一步健全气象灾害应急响应机制，规范应急响应流程和处置程序，有效提升气象灾害防范和应急处置能力。

【深化气象改革】 2016年，平远县气象局全面深化气象改革，推进气象法治建设，逐步实现气象工作法治化。（1）落实行政审批制度改革。全面贯彻落实国务院决定，切实做好取消中央指定地方实施行政审批事项和清理规范行政审批中介服务事项的衔接和落实工作，做好建设工程防雷许可整合后的工作衔接，确保气象行政审批制度改革和防雷减灾体制改革。规范和完善行政审批流程，对行政服务窗口办事流程进行检查，完善更新服务事项的办事指南、业务手册和工作流程，提高行政审批质量和效率，提升防雷减灾服务能力和水平。（2）制定和公布权责清单。编制《平远县气象局权力清单和责任清单目录》，强化公共服务能力建设，促进依法全面正确履行职责。（3）推进防雷减灾体制改革。切实转变观念，转变发展方式，健全防雷公共安全事中、事后监管机制，强化防雷安全监管。建立健全气象灾害防御技术服务机构，成立平远县气象公共安全技术服务中心，承担防雷减灾行政审批和市场监管过程中的技术支撑。（4）抓好行业安全生产监管。建立健全雷电灾害预防控制体系，严格落实防雷安全设施和建（构）筑物主体“同时设计、同时施工、同时投入使用”的监管机制。组织建立健全雷电灾害隐患排查和风险治理机制，及时发现和消除雷电灾害安全隐患。联合县安监、经信等部门，对危化品、易燃易爆场所进行气象灾害防御暨防雷安全生产执法检查。抓好以易燃易爆危险品为重点的安全生产大检查和专项整治工作。（肖达承）

2016年度平远县气象局负责人名录

局　长：姚建春

副局长：何新雄

2016年年底，省气象局副局长邹建军（右二）到平远检查现用观测场运行情况

工　业

工业综述

【概况】 2016年，平远县大力扶持家具建材、机械制造、电子信息等产业发展，强化节能降耗及资源电力工作，促进工业经济稳健发展。全县全年完成工业总产值84亿元，同比增长9.5%。其中，规模以上工业总产值53.5亿元，同比增长5.6%；规模以上工业增加值12.53亿元，同比增长12.4%。工业投资总额21亿元，比增36%，其中，技改投资2.6亿元，比降60.5%。

【主导企业培育】 2016年，平远县抓好主导企业培育工作。（1）培育壮大机械制造、家具制造、电子信息等主导优势产业发展，鼓励龙头企业增效扩产，形成带动效应。全年机械制造规上企业产值实现9.15亿元，比增53.42%；家具制造规上企业产值18.69亿元，比增24.57%；电子信息产业规上企业产值5.01亿元，比增54.84%。（2）实施新一轮“中小微企业成长计划”，成功培育鑫荣达挂车、横龙吉祥家具、南台酒业等10家企业新上规模，并被省经信委评为促进小微企业上规模工作示范县。

【优质服务】 2016年，平远县尽力为企业提供优质服务。（1）政策扶持。认真落实《平远县鼓励工业企业做大做强的扶持奖励实施办法》《平远县工业企业专项扶持资金申报办法》《平远县中小微企业信贷风险补偿基金管理办法（试行）》《平远县省级产业园扩能增效专项扶持资金实施股权投资方案》等惠企政策，其中，31家企业获工业企业做强做大扶持奖励资金，5家企业获工业专项扶持奖励资金。（2）鼓励技改。深入开展“暖企”行动，引导帮助企业进行技术改造和技术创新，提升产品质量，增强发展后劲。2016年新增26个技改备案项目，其中11个项目进库纳统。

【节能降耗】 2016年，平远县做好工业节能降耗工作。（1）加强对重点耗能企业和公共机构节能监管工作，2016年度单位GDP能耗下降15.97%，超额完成市下达单位GDP能耗下降3.6%的目标任务。（2）完成改造低效电机146.2千瓦，进一步推进低效电机改造工作任务。（3）顺利完成全县公共机构和省万家企业能源消费利用状况网上申报工作。（4）开展节能减排财政政策综合示范项目申报工作，4家获得市审核通过。

【成品油管理和电力宏观调控】 2016年，平远县加强成品油管理和电力宏观调控工作。（1）牵头做好2016年平远县专项整治非法运输经营储存成品油工作，对全县25家加油站进行安全生产检查，共开展整治行动9次，查获非法成品油储存设施2处，扣押涉嫌非法运输成品油车辆1辆，拆除施工单位储油点1个，清查无证照储存经营柴油点1处（查获柴油15.8吨，扣押油罐车3辆和加油机2台）。（2）加强成品油零售经营企业的日常管理和监督工作，做好全县加油站规划。（3）鼓励企业清洁生产，指导富远稀土、华企稀土等企业做好清洁生产证书复审换证工作。（4）抓好电力宏观调控，保证电网安全供应。

【存在问题】 2016年，平远县工业企业存在如下问题。（1）受大环境影响，市场疲软，工业经济承受较大下行压力。企业缺乏投资信心、投资回报率低、融资困难等原因制约企业加大投资。（2）部分企业用工仍呈结构性偏紧。平远县地处山区，难于引进工程技术、管理类人才，人才流失现象较为突出，高级技工、中高级工程技术及管理类人才尤为紧缺。（林媛媛）

2016年平远县经信局负责人名录

局　长：黎志勇

副局长：凌旺珍　吴小兵　李利明　张远新

广州南沙（平远）产业转移工业园

【概况】 2016年，广州南沙（平远）产业转移工业园（以下简称“平远县工业园”）加大园区基础设施建设和招商引资力度，以承接产业转移为契机，以产业项目建设为支撑，大力实施园区经济倍增计划，把园区建设成为全县重要的经济增长极。2016年度获得省产业园扩能增效专项资金招商选资项目奖励资金4000万元。2016年，园区共有入园企业59家。其中，投产47家（规模以上企业19家）；在建企业12家。另有协议投资企业18家。园区完成固定资产投资额22.63亿元，其中设备投资额7.9亿元；工业总产值22.7亿元，比增28.16%；规模以上工业增加值5.24亿元，比增31.47%；实现税收1.44亿元，比增26.05%。

【基础设施建设】 2016年，平远县工业园基础设施建设累计投入2.1亿元，新征土地76.5亩（5.1公顷），平整850亩（56.67公顷），建成区面积6500亩（433.33公顷）。至2016年底，按规划设计已完成园区道路建设17.8公里；规划建成排水沟23公里；建成提供园区用电的220千伏富远变电站，架设供电线路12.6千米，企业用电线路已架设到各企业门口；架通工业用水工程管道13.4千米、生活用水管道15.3千米，污水处理厂已建成一期工程，规划建设721米的污水出水管网，日处理达5000立方米，并投入运营，园区内工业废水和生活用水废水规划100%集中处理；建设公共消防栓32个；架设路灯430盏，建成绿化带8000米；已完成工业园道路命名和园区路段标牌、标识、标线等交通附属设施工程；园区开通天然气6.2公里；邮政、电信、移动、联通和宽带、有线电视已覆盖全园区。园区配套服务能力不断提升，项目承载能力不断增强。

【园区企业生产发展】 2016年，平远县工业园加大项目跟踪服务力度，解决项目建设中的问题，力促项目“快落户、快建设、早见效”。2016年新引进落户企业16家，共有32家属于稀土新材料、机械制造、家具制造三大主导产业企业，占入园企业的55.2%。当年新动工建设企业有广东南台水业股份有限公司、梅州佰利友实业有限公司、梅州天鸿伟业实业有限公司、平远金绿果业有限公司、平远县鹏鑫电子科技有限公司、平远县兴盛伟业实业有限公司、梅州市新光明家具制造有限公司、平远雅玛西新能源科技有限公司、广东汇亿基科技有限公司9家；新建成投产企业有广东广益游乐设备制造有限公司、平远中燃城市燃气发展有限公司、梅州富莱利家居制造有限公司、梅州市新光明家具制造有限公司、广东宇时代电子有限公司、广东天路新材料科技有限公司、梅州天鸿伟业实业有限公司、平远县兴盛伟业实业有限公司、平远县健跃稀有金属有限公司、梅州市洪裕汽车配件制造有限公司、平远县洪福家具有限公司11家；重点培育广东北斗星航科技有限公司、平远县申阳家具有限公司、梅州市海通静电科技有限公司和平远雅玛西科技有限公司4家企业实现新上规模。

【工业园党委挂牌成立】　2016年12月26日上午，平远县举行中共广州南沙（平远）产业转移工业园委员会挂牌揭幕以及广州南沙（平远）产业转移工业园党群服务中心授牌仪式，这是梅州市成立的首个县级工业园区党委，平远县工业园党委隶属于中共平远县非公有制经济组织系统委员会管理，属二级党委，在县非公有系统党委的领导下开展工作。新成立的园区党委建立党支部10个，共有党员54人。

2016年12月26日，中共广州南沙（平远）产业转移工业园委员会挂牌成立

【存在问题】　2016年，平远县工业园存在的主要问题是：征地难度大，进展缓慢，且开发后续用地指标不足；园区配套设施水平仍滞后于园区发展速度；受相关审批制度影响，制约项目建设速度。　（王彩婷）

2016年度广州南沙（平远）产业转移工业园管理委员会负责人名录

主　任：黄新生

副主任：罗源祥　钟旭东

电力工业

【概况】　2016年，平远供电局内设9个职能部门、3个二级机构和12个供电所；在册职工446人，离退休职工163人。其中，中级及以上职称27人；初级职称99人。35千伏及以上变电站12座。其中，220千伏变电站1座，主变1台，主变容量180兆伏安；110千伏变电站6座，主变9台，总容量为351.5兆伏安；110千伏用户站1座，主变1台，总容量为25兆伏安；35千伏变电站5座，主变9台，容量共41.7兆伏安；220千伏线路长95.5千米/2回；110千伏线路14回共206.5千米；35千伏线路11回共126.57千米；10千伏线路103回共1456.168千米。全年全社会用电量3.64亿千瓦时；购电量3.5997亿千瓦时，售电量3.3809亿千瓦时；综合线损率6.08%，同比上升0.44个百分点；县最高负荷76.3兆瓦；综合电压合格率为99.98%，比增0.08%；当年电费回收率100%。截至12月31日，实现连续安全生产1461天，未发生责任考核事故。企业2016年组织绩效被梅州供电局评定为A档，并先后荣获广东省“2013—2015年度扶贫开发‘双到’工作先进单位”、广东电网公司“2013—2015年度扶贫开发‘双到’工作先进集体”、广东电网公司“2016年度农电工作先进集体”、梅州市“2015—2016年度文明窗口”和“2015年度消防工作先进单位”等荣誉称号。此外，平远供电局东石供电所荣获“广东电网有限责任公司2016年度模范职工小家”荣誉称号。

【安全生产】　2016年，平远供电局切实抓好安全生产。（1）有力管控电网、人身风险。组织编制14项风险42项管控措施。开展电网、人身、防风防汛及消防处置等21项应急演练，有效检验各部门、各业务线的应急联动能力。持续开展动态作业督查,全年督查371处1037次，查处违章行为13起。（2）有效提升设备运维水平。完成5座110千伏和2座35千伏变电站接入地调监控中心自动化“四遥”信息等调试工作，实现35千伏以上主网和10千伏分支线、台变调度权全面移交地调。严格落实安全生产“123”的管理体系，提升运检水平。加强无功电压管理，保持A类电压高质量运行，综合电压合格率99.98%。（3）持续推进安风体系建设。2015年外审发现的47个问题全部整改完毕；2016年，将省公司13个专业的日常评价标准结合职能分布，梳理整合成9个专业的日常评价标准，全面完成2016年度推进体系建设的重点工作23项，并顺利通过省公司专组家外部审核。

【电网建设】 2016年，平远供电局加快电网建设步伐。（1）凸显规划龙头作用。加强与城乡总体规划的有机衔接，完成“十三五”县级配电网规划基础数据的收集和项目库的修编工作，汇编成《平远县农网改造升级方案》；修编完善2016年“一所一册”“24个中心村电网改造升级方案”和“一村一方案”。（2）电网建设安全快速推进。有序推进220千伏梅县电厂至畲江线路解口入富远站重点工程建设；完成35千伏八尺至仁居线路建设；完成年度新建配网工程，建成投产10千伏线路36.975千米，低压线路1126千米，配变容量13480千伏安/76台；完成电能表轮换6.55万只，实现低压集抄台区548台，智能电能表和低压集抄覆盖率分别为67.8%、96.1%，在全市8个县区局中均排在第一。此外，投入修理、技改资金共2400多万元，对重过载配变、低压台区进行升级改造。

【优质服务】 2016年，平远供电局强化优质服务。（1）电力供应稳定可靠。加强综合停电管理，强化转供电以及带电作业等技术和管理措施，切实提高供电可靠率。（2）供电服务有内涵。成功应对防配变烧毁、山火、低温雨雪、台风暴雨等应急抢修保供电工作；圆满完成第七届北京国际徒步大会平远站活动、中国共产党建党95周年、高考、中考等重大保供电工作。持续开展业扩专项治理，提升用电业务服务水平。丰富用电缴费渠道，新增115个金穗惠农通代收电费村镇服务点，实现农村用户“家门口”缴费。

【存在问题】 2016年，平远供电局存在的主要问题是：（1）安全管理仍较为粗放，在生产、基建、用电安全方面均存在较大风险。主要表现为：员工“我要安全”的意识还不够强；风险辨识防控能力有待加强，风险体系建设没有真正与日常工作充分融合起来，存在“两张皮”现象；作业现场督察力度不够，习惯性违章者没有切肤之痛；运维也不是很到位，质量不是很高，安全隐患处理有时也不够及时，跳闸频率比较高，平均停电时间长，可靠性差，急修抢修比较被动。（2）配网规划缺乏前瞻性，目标网架概念不清晰。“一所一册”基本满足于问题整改，没有很好与城乡规划、土地规划等有机结合起来，设计深度也不够，造成一些网架不是很清晰，台区布点有些混乱，线路走向不够合理的现象，导致重复、无效投资，达不到应有效果。 （余伟略）

2016年度广东电网梅州平远供电局负责人名录

局　　长：庄苑忠
党委书记：谢烈阳
副 局 长：谢烈阳　朱心铭
　　　　　卓建丰（任至11月）
　　　　　徐显蒲（11月起任）
　　　　　王海亮（11月起任）

2016年6月30日，平远县人民政府组织召开全县电力工作会议。会上，县政府与各镇政府、供电局三方签订“2016年推进电网建设目标责任书”　（谢婉莹　供）

二轻工业

【概况】　2015年，平远县二轻工业公司继续加强企业管理和联社资产经营管理，抓好安全生产，落实综治、维稳责任，搞好制度建设，圆满完成上级下达的各项工作任务。（1）抓好转制企业留守管理责任制的落实，增强为职工服务的意识；健全企业管理，建立监督机制，加强基层企业厂房和公司产权门店的出租和合同管理，确保联社资产的保值、增值；切实改变机关作风，严格执行各项规章制度，控制“三公”经费支出，做好党务、政务、财务公开工作。（2）签订安全生产责任书8份、安全生产承诺书12份，开展定期与不定期的安全生产大检查7次，发出整改通知书2份，认真排查安全隐患，做到全年无重大事故发生。（3）做好落户县机械厂的招商引资企业——深圳市侨亿德电子科技有限公司的协调服务工作，营造优良环境，使其能在平远安心投资经营，扩大规模，拓展经营领域。（4）落实综治、信访、维稳责任，确保平安稳定。调整领导机构，明确工作职责，落实工作责任，年初公司与股室负责人、下属企业厂长签订责任书，把责任层层分解、量化到人，严格执行责任追究制度，将综治、信访维稳工作与经济工作同安排、同检查、同考核、同奖惩，确保二轻系统的平安稳定 。　（陈亚平）

2016 年度平远县二轻工业公司负责人名录

经　理：姚　雄

副经理：杨志良　凌　桐

信息产业

政务信息化建设

【概况】　2016年，平远县经济和信息化局加快推进信息基础设施建设，完善企业信息数据的采集，推动政务平台、企业运营等方面实现信息化管理。（1）组织实施平远县信息基础设施三年建设（2015—2017年）行动计划，2016年新开通48个行政村光纤入户（住户）业务，城市及乡镇中心区域光纤宽带普及率提升至85%,新增公共移动基站135座，公共区域无线局域网热点30个，无线AP点280个。（2）落实“一门式一网式”政府服务改革工作，完成东石、长田两个镇的试点工作。（3）组织全县229家企业完成综合数据采集工作和2017年两化融合贯标试点企业申报工作，其中梅州市绿鹰高尔夫园林设备有限公司获得2016年省级两化融合管理体系贯标试点资格。（4）加快农村超高速无线局域网应用试点建设工作，完成石正镇坪湖村的基站终端建设，其他各行政村试点工作以镇或按区域陆续开展。（5）2016年8月，平远县人民政府与中国移动梅州分公司、中国联通梅州分公司签署《推进平远县“宽带中国”示范县建设与4G产业发展，提升平远“互联网+”信息化服务水平战略合作框架协议》。（林媛媛）

平远邮政

【概况】　2016年，平远邮政分公司贯彻落实省、市分公司邮政工作会议的决策部署，主动适应经济发展新常态、全面深化改革、加快转型升级，牢牢把握平远邮政实现“市场化”发展战略不放松，企业整体发展平稳健康，改革创新取得新进展，企业经营实力得到增强，企业管理水平不断提升。

【业务发展】　2016年，平远县邮政分公司调优结构、转变方式，努力做大经营规模、提高经营质量和效益。全年企业累计实现业务收入2514.06万元，同比增长12.68%。其中代理金融收入1967.20万元，同比增长7.3%；广告传媒业务创收74.05万元，同比增长53.7万元，增幅264%；集邮累计实现收入53.98万元，完成年计划的101.85%，同比增幅32.31%；报刊累计实现收入92.06万元，完成年计划的94.9%。

【教育培训】　2016年，平远邮政分公司根据年度教育计划与工作实际需求，制订符合全县邮政年度培训计划，对报考人员、业务骨干、储汇从业人员以及管理人员重点进行培训。（1）加强与各部室、中心沟通合作，做好规范办好培训班工作，同时做好各远程培训班的督导工作。（2）落实集团公司人才规划，通过各种渠道宣传人才选拔流程、规定，符合人才规定的员工多数报名参加了人才选拔评价。（3）配合梅州邮政分公司人力资源部做好代理金融从业人员银行业职业资格考前培训工作，促进从业人员尽快持证，2016年新增加双科持证人员10人。（4）做好支局长岗位资格认证考试的考前动员、报名组织、考前培训工作，全县所在在岗支局长均顺利考取支局长岗位资格证书。2016年，平远县邮政分公司单位管理人员、营业人员、投递人员占全体从业人员比例分别为5.5%、49.50%、15%。

【企业管理】 2016年，平远县邮政分公司抓好企业管理。（1）内控管理落实到位。一是与各单位网点签订《2016年邮政金融案件防控责任书》等，切实把案防责任落实到基层网点、落实到个人。二是组织参加合规检查人员和网点负责人培训，加强内控主要问题、反洗钱学习情况检查。三是不断完善资金安全各项管理制度，进一步完善合规经理绩效考核办法、制订代理金融风险合规管理评价方案、健全网点负责人与合规经理季度履职考核机制等。（2）安全工作重视到位。一是开展元旦春节邮件收寄专项检查，确保企业“三个100%”制度能够认真落实。二是组织签订安全责任书，加强各级领导和员工安全责任，约束其执行安全制度。三是重视节日安全管理，加强节日期间的安全管理工作，确保节日平安。四是加强消防安全管理，通过组织对办公楼专项消防检查、组织消防安全普查、及时更新消防安全台账、完备消防安全新配备要求、组织开展网点线路整治等多方面确保消防安全。五是拟制各类突发事件应急预案。建立健全邮政各类应急工作机制，提高应对突发事件的组织指挥能力和应急处置能力，保证各类应急指挥调度工作迅速、高效、有序进行。六是开展平远邮政开展2016“安全履职达标年”活动。让企业各级层面的员工清楚各自的安全职责，做到明白履职内容标准、自觉履行安全职责，明白安全管理要求的真实意义，更好地落实“四个更加”（制度设施更加完善、职能职责更加明确、过程管控更加深入、责任追究更加到位）的要求。七是开展2016年安全生产月活动。围绕“强化安全发展观念，提升全员安全素质”活动主题，开展切合实际、贴近员工的安全教育活动，普及安全生产法律法规知识和常识，提高邮政企业全体员工的安全素质和能力，提升事故（案件）防范及应急处置能力，确保平远邮政企业持续健康发展。（3）质监工作推动到位。一是加强节日期间窗口服务质量监管。确保节日期间的窗口服务质量，以服务质量全力支撑业务发展，平远分公司加强对各营业窗口的管理，对各支局的营业窗口服务进行监督抽查。二是严格管控邮件的及时妥投。加强邮件及时妥投率的管理，要求县分公司相关部门及时跟踪妥投达标情况，发现不及时的现象时迅速进行查究原因，并迅速采取措施，为生产一线解决问题。三是落实星级窗口服务质量检查。通过组织对口业务检查，检查中针对不同的业务种类，帮支局发现问题，分析问题和指导解决问题，发挥双岗履职的效能作用，规范操作要求，减少违规现象，确保窗口的服务质量不降低。四是高度重视2016年度机要通信工作。深入贯彻落实“2016年全市机要通信工作会议”精神，进一步加强机要通信管理，按照新形势下确保党和国家秘密载体传递绝对安全和时效的要求，以强化“网络覆盖全面、安防能力先进、运行服务高效”的机要通信独立作业系统建设为工作主线，突出能力建设。进一步加强机要通信管理，确保机要通信质量安全，提升机要服务水平。

2016年6月16日，梅州市邮政公司副总经理林远荣（右）和平远县委常委、政法委书记姚永波（左）为平远县电商运营服务中心揭幕

【服务理念】　2016年，平远县邮政分公司充分发挥实物流、资金流、信息流“三流合一”优势，不断提升服务地方经济社会发展的能力和水平。（1）继续推进网点整治提升发展实力，对营业网点制订专业化、标准化管理标准，提升网点的硬环境和软实力，为当地群众创造更好的服务环境。（2）持续开展“三个一”服务。在客户进门时，送上一个自然的微笑；在客户等待时间，送上一杯解渴的茶水；在客户办理业务时，送上一个温情的问候。坚持客户来有迎声、问有答声、去有送声的服务理念。（3）建设职工小家。农村支局职工小家均配备“五个一”标准生活用具、电冰箱、抽油烟机、煤气灶、太阳能热水器供员工使用，并对支局员工每月发放小伙食补助，为基层员工创造较好的生活条件。（4）协助落实县政府十项民生实事，加快推动快递下乡，增加快递末端服务网点，覆盖全县12个镇，解决快递服务“最后一公里”的问题，促进农村快递末端服务水平的提升。

（王　坚）

2016 年度平远邮政分公司负责人名录

总 经 理：钟小明

副总经理：冯军福　温永梅

中国电信

【概况】　2016年，中国电信平远分公司敏行实干，全面坚持党建引领，企业改革及发展取得里程碑式突破。全年向税务部门缴纳税金243.15万元。

【基础设施建设】　2016年，中国电信平远分公司全年投入450万元，完成90个4G基站建设，县城、镇区和重要景区4G信号实现全覆盖，4G用户在移动用户中的占比超过50%；通过超常规投资建设，全年投入860万元，实现城区全光覆盖、行政村全面到达。

【业务发展】　2016年，中国电信平远分公司在市场经营工作中，不断强化经营管理，创新实施营销活动，积极拓展市场份额，实现4G规模发展，同比增长103%，天翼高清（网络电视）规模发展，同比增长51%，光宽规模发展，同比增长51%。全县光宽用户大幅度提升，渗透率77%，城区光宽渗透率86%。

2016年9月22日，平远县人民政府副县长马劲轲（左），市分公司副总经理林敏（右）分别代表平远县人民政府与中国电信梅州分公司在平远分公司签署推进“互联网+”战略合作框架协议　（张敏良　摄）

【社会责任】　2016年，中国电信梅州分公司与平远县人民政府签署推进“互联网+”战略合作框架协议，深入推进移动互联网、物联网、云计算、大数据等互联网技术和资源在平远县经济社会各领域的全面应用。2016年，实现平远县搭建教育OA办公自动化系统、教育视频网、教育云三通两平台，大大提升平远县教育信息化及现代化水平；建成平安项目，实现城市的综合管理和对“两违三抢”的有效监管，提升城市管理水平；积极开展并配合政府防范打击通信信息诈骗工作；严格落实实名制工作要求，实现所有在网用户100%实名。

（卓萍华）

2016年度中国电信股份有限公司平远分公司负责人名录

总 经 理：林新云（任至6月）
　　　　　卓　广（6月起任）
副总经理：卢庆丰（任至5月）
　　　　　范华荣（5月起任）
　　　　　卓　广（任至6月）
　　　　　张　兵（6月起任）

中国移动

【概况】 中国移动通信集团广东有限公司平远分公司（以下简称“中国移动平远分公司”）全面负责中国移动通信集团广东有限公司数字移动电话网在平远县经营与建设，负责中国移动通信在平远县范围内的移动通信业务（包括语音、数据、多媒体），包括IP电话及互联网接入服务；从事移动通信、IP电话和互联网等网络的设计、投资、建设；经营与移动通信、IP电话和互联网业务相关的系统集成、计算、技术开发、技术服务、设备销售；出售、出租移动电话终端设备、IP电话设备、互联网设备及零配件，并提供售后服务。2016年，该公司下设有综合部、市场部、政企客户部、网络部4个部门，另设有环北路营业厅、平城南路营业厅、东石营业厅、石正营业厅、仁居营业厅5个营业厅。

2016年，中国移动平远分公司以“一张光缆网为基础，推动4G极致发展、政企突破发展、宽带规模发展，强化融合发展，实现企业创新转型，促进员工全面成长”为主线，加大资源投入，巩固网络优势，提升服务水平，全力推进信息基础设施建设。至2016年年底，全县136个行政村100%实现光纤覆盖，无线网络综合覆盖率超过99.5%，光纤宽带市场份额接近50%，移动电话市场份额超过84%。全年上缴税收260万元。2016年，中国移动平远分公司荣获2016年度梅州移动先进基层党组织和2016年度梅州移动经营考核一等奖、宽带运营先锋奖、全业务建设先锋奖等荣誉。并连续十二年（2010—2016年）获“广东省守合同重信用企业”称号。

【网络建设】 2016年，中国移动平远分公司加大4G网络建设，推动4G网络的广度和深度覆盖，打造网络核心优势。全年总投入网络建设资金7000多万元，用于传输机房、无线网络和光纤建设和宽带建设。新建11个传输机房，新建192个4G站点，4G网络综合覆盖率超过98.8%，已实现县城优质覆盖、镇村连续覆盖、旅游景区和高速、国省道干线覆盖，基本实现全县所有行政村4G覆盖到达和村村通光纤。实施“电信普遍服务”试点项目，全年新建光纤宽带预覆盖超过1.5万户，全县行政村、自然村全部到达，为平远县“互联网+”发展打下坚实的网络基础，缓解了农村上网难、看电视难的问题，助推农村电子商务发展。

【网络安全保障】 2016年，中国移动平远分公司抓好基础维护工作，确保网络安全稳定运行，配合县委、县政府确保重大节假日、重大活动（客家炒绿、慈橙节、国际徒步节等）和重要会议期间网络通信畅通，全力参与抗洪抢险，圆满完成通信保障任务。配合做好全域旅游道路改造、美丽乡村建设、中小河流整治和工业园区建设，共投入200多万元完成17段传输管线迁改工作。

【业务发展】 2016年，中国移动平远分公司全力提升聚焦数字化服务的大市场能力，开展“互联网+行动”，夯实市场主导优势，业务得到持续发展。（1）互联网+网络。持续打造以卓越网络为核心的平远县“互联网+”基础网络枢纽设施及服务，进一步完善各级政府、企事业单位办公场所及工业园区光纤网络覆盖，光纤覆盖率达到100%，可为各单位提供质优价廉的光纤网络接入服务，助力“互联网+”行动的落实。2016年为平远县“教育创现”提供高达100M的教育物理专网和公共基层服务平台100M光纤网络。（2）互联网+政务。免费为县委、县政府政务OA系统提供升级扩容服务，实现政务OA市—县—镇—村的无缝连接；提供政务OA手机APP应用，实现随时随地通过手机处理公文，着实通过信息化手段提高政务办公的效率。（3）互联网+家庭。落实“宽带中国”发展战略，积极响应宽带“提速降费”号召，充分发挥中国移动光纤宽带“高起点、高技术、低资费、低门槛”的特点，大力开展光纤入村到户建设，行政村光纤100%到达。（4）互联网+4G。发挥移动通信领域的绝对领先优势，完善“移动互联网+”基础网络服务，实施4G+网络升级，网络速率峰值高达300Mbps；持续开展免费更换4G卡、免费升级4G、用4G送流量、买4G手机送话费、新办4G套餐送购机补贴等优惠措施，超过60%移动客户享受4G、4G+畅快服务。（5）互联网+电子商务。参与“农村电商示范县”建设，搭建县中心—镇的视频会议系统、培训和孵化平台，提供专项优惠，助推移动电子商务发展，开展存赠和包积分券优惠，培育农村淘宝、手机京东等农村电商发展。到2016年底，平远移动4G用户的数量首次超过2G和3G客户，占比达到60%。

2016年5月5日，中国移动广东公司梅州分公司副总经理张文泉（右二）到平远开展市场工作调研

【企业管理】　2016年，中国移动平远分公司以创新驱转型，全面深化企业管理。（1）创新管理模式，全面落实基础管理提升工作。（2）创新流程机制，激发协作效率。（3）创新渠道、服务优势，激发发展活力。（4）加强大安全管理，确保全年无火灾事故、通信事故、伤亡事故、违法犯罪和治安事故的发生。（5）推动员工全面成长，建立激励机制、发展机制和培养机制，提升员工综合素质和能力，营造内和外顺的企业氛围。

（姚新红）

2016年度中国移动通信集团广东有限公司平远分公司负责人名录

总　经　理：罗辉君
副总经理：宋文欢
总经理助理：凌　通

中国联通

【概况】　2016年，中国联通平远县分公司网络建设成效明显，全年新增4G网络基站60个，实现全县4G网络人口覆盖率80%；全年新增光宽带端口5000个，实现光宽带接入覆盖率40%；全年累计收入预算完成率102%，列全市第2名，同比增长5.67%，列全市第3名；全年集客通服收入同比增幅35%，集客通服收入占大盘比为30%；全年员工平均薪酬增幅高达60%。县公司团支部获得共青团梅州市委和梅州联通团委“五四红旗团支部”荣誉称号；县公司总经理被共青团平远县委推荐为梅州市第四届“青年委员”。

（黄明贤）

2016年中国联通平远县分公司负责人名录

总 经 理：郭礼威
副总经理：刘伯强（任至5月）

公路与汽车运输

【概况】 2016年，平远县牢固树立“实干铺筑致富路，服务架造富民桥”的理念，按照省委、市委提出“建设潮汕平原北上开拓腹地枢纽”的定位，抢抓原中央苏区和粤东西北振兴发展“两大政策”机遇，持续扭紧交通基础设施建设这一重要抓手，深入实施“项目攻坚年”活动，凝心聚力打好交通建设大会战，同时着力抓好公路养护管理、综合执法、运政管理、安全监管等工作，有效促进全县经济社会快速发展。

公路建设

【公路行政等级提升和公路路网加密】 2016年，平远县交通运输局主动作为，积极向上级争取，全力推进公路行政等级升级和公路路网加密工作。（1）抓好县乡公路升省道工程。省交通运输厅同意将X967线、X039线、X037线、X036 线4条县道和Y269线等10多条乡道共140多公里升格为省道并已报省政府待批复，为今后提升平远县公路通行能力夯实基础。（2）抓好高速公路规划工作。至年底，梅州市已将连平武、平蕉大高速列入《梅州市交通运输体系发展“十三五”规划》。

【高速公路建设】 2016年，平远县倾尽全力，加快推进梅平高速平远段建设。（1）领导重视，保障有力。县委书记曾尚忠、县长刘许川、分管副县长李远林高度重视梅平高速平远段的征地拆迁工作，通过召开会议或现场指导等形式，研究部署征地拆迁工作，对征地拆迁遗留的“硬骨头”问题，采取先易后难、逐个击破的方法，及时加以解决。县人大、政协通过组织视察、调研等活动，加强对梅平高速平远段征地拆迁工作的监督指导。沿线两镇形成镇党政主要领导带领班子、班子带领站（所）长、站（所）长组织村干部、村干部动员群众的“四位一体”工作局面，做到上下分工、层层把关、级级负责，逐级深入，为征地拆迁工作提供强有力的组织保障。2016年，相继出台《关于梅平高速公路平远段工程建设项目征地拆迁公告》《关于印发梅平高速公路平远段征地拆迁补偿安置方案的通知》《关于梅平高速公路平远段住宅房屋拆迁奖励的通知》《关于梅平高速公路平远段住宅房屋拆迁奖励的补充通知》等政策文件，确保征地拆迁工作有据可依、有章可循，为进一步加大征地拆迁工作力度提供强有力的政策制度保障。（2）大力宣传，合力造势。通过发放征地预公告、征地拆迁公告、张贴征地拆迁标准、县镇村干部上门讲解、电视媒体宣传等形式反复向沿线群众宣传征地拆迁有关政策，并组织沿线村两委干部、村民小组长、村民代表进行集中培训、政策宣传和问题解答，让群众“吃透政策，安心征拆”，确保群众的知情权和参与权。（3）以人为本，阳光征拆。平远县严格按照政策界限和标准,遵循公平、公正、公开的原则，以维护村民合法权益为前提，做到征地拆迁“三见面”（征地拆迁规定时间、要求，与征拆户见面；征地拆迁范围、数量，与征拆户见面；补偿标准、额度，与征拆户见面）、“四公开”（公开征地拆迁数量、公开补偿标准、公开补偿总额、公开分配方式），公示无异议后签订征地补偿协议，及时将征地拆迁补偿金存入户主账号。同时认真听取征拆户反映的困难和问题,深入现场调查核实,及时解决群众的合理诉求。做到不回避矛盾、不激化矛盾、不出现上访事件，确保施工顺利和社会稳定。（4）主动对接，加强沟通。平远县与业主单位保持良好的沟通和协作，主动对接，进一步明确任务、落实责任。根据业主单位的用地计划和标段的首开工程、难点工程、预制梁场等，平远县主动配合，重点突击，先行交地，确保标段单项工程依期动工。

梅平高速公路平远段线路起于平远县长田镇长庆村，经长田镇长田村、禾磜村、官仁村、长安村，大柘镇超南村、超竹村、西河村，终于大柘镇田兴村，与济广高速公路平远段相接。全长17.5公里，匝道长5.6公里，总投资约18.85亿元。全线采用双向四车道高速公路标准建设，设计速度100公里/小时，路基宽度为26米，平远段设2座互通立交，长田互通立交连接国道206线和田兴枢纽立交连接济广高速公路平远段。需征收土地面积约1986.8亩（132.45公顷），拆迁房屋42座，拆迁面积14102.1平方米。项目先行工程于2015年9月29日在大柘镇田兴村动工建设，计划于2018年年底建成通车。在大柘和长田两镇及有关部门的共同努力下，梅平高速平远段已于8月16日全线开工建设。至2016年年底，完成投资2亿元，完成征地1970.3亩（131.35公顷），占总征地面积的99.2%。主线和匝道用地全部交给业主单位施工；已签订房屋拆迁协议41户；按施工节点要求拆除房屋33座12300平方米，占总拆迁数量的87.2%；平远段完成路基清表工程15公里，占总里程的85.7%；7座桥梁正在实施桩基工程。

2016年11月17日，市交通运输局局长谢胜扬（前排右二）陪同副市长陈建青（前排右三）到梅平高速公路平远段施工现场调研

【国、省道建设】　2016年，平远县公路局紧紧扭住“交通基础设施建设”这一抓手，全力推进国、省干线公路升级改造。（1）系统谋划“十三五”项目。积极对接原中央苏区和粤东西北两大振兴政策，争取国道358线湍溪至八尺段改建、国道206线田螺纽至超竹段改线、省道332线程西至岭下段路面改造、省道332线十二排至茅坪段路面改造等项目列入“十三五”规划，为实现公路可持续发展奠定基础。（2）稳步推进项目前期工作。国道G358线湍溪至八尺段改建项目“工可”已报省交通运输厅审查，文物考古工作已获省文物局审批，用地预审已获省国土厅审批，项目社会风险评估报告已获市政府审批，其他审批手续正按程序稳步推进；省道S332线程西至岭下段路面改造项目建设方案已获市交通运输局审批，进入施工图设计阶段。（3）全力推进重点工程建设，完成公路建设投资1.15亿元。其中，新开工项目1个，为国道206线八尺至大柘段路面改造工程，全长29.8公里，总投资9964万元。该工程于3月动工，12月底前全面完工。续建工程2个。一是平远县差干至八尺路基扩宽工程，全长27.38公里，总投资为9721万元，其中2016年完成投资1458万元。该工程于11月底全面完成建设任

务。二是平远县工业园区大道工程，全长1.119公里，总投资949万元。受石正段征地遗留问题的影响，至年底累计已完成投资470万元，占总投资的49.5%，其中2016年完成投资70万元。

2016年5月30日，市公路局局长谢钦文（中）在副县长李远林（右二）的陪同下到国道206线八尺至大柘段路面改造施工现场调研 （卓鹏 摄）

【县乡公路建设】 2016年，平远县交通运输局全力抓好县内公路建设，促进对内全面畅通。全年完成投资4500多万元，推进超竹至坪湖公路(含石正连接线) 路基和路面工程完成98%，附属工程完成98%；中行环镇路完成路基和桥涵工程，路面工程完成90%；仁居北环路完成路基和桥涵工程，路面工程完成20%；东石麻园岗至工人镇公路完成路基和路面工程，一座小桥正在实施中；新农村公路路面硬化改造工程完成38公里，占年度计划的100%；X967线平远段已完成施工、监理招投标工作。 （刘伟东　王足荣）

公路养护管理

【国、省道养护】 2016年，平远县公路局认真抓好经常性、预防性和及时性养护，至年末，管养国道MQI（公路技术状况指数）和优良路率为87%，省道MQI和优良路率为89%，国省道干线公路技术状况稳中有升。（1）加强养护管理。按照科学化、精细化、标准化要求，做好路面保洁、路肩整修、水沟清理等工作，同时及时处治早期路面病害，加强路面沥青灌缝、坑槽修补等工作，确保行车安全顺畅。（2）抓好公路绿化工作。完成国道206线超南至长庆、省道S225线大柘至石正、省道332线茅坪至太阳段等新改造路段的绿化完善和提升工作。全年共完成绿化里程67.22公里，投入绿化资金220万元。（3）做好汛期应急抢险工作。全年出动各类型机械386台次、人员581人次，清理塌方、路障2.7万立方米、修复边沟护墙1.5公里，投入应急抢险及修复资金249万元。（4）全力推进示范工程建设。其中国道206线超南至长庆段示范工程全长14.6公里，预算总投资1029万元，于6月底前全面完成；国道206线八尺至大柘段示范工程全长29.78公里，预算总投资2140万元，已完成工程招投标等前期工作。

【县乡公路养护管理】 2016年，平远县地方公路管理站坚持建设是发展，养护是持续发展的理念，以“四好农村路”（建好、管好、护好、运营好）为目标，全力以赴做好地养公路养护管理工作，确保全县地养公路“畅安舒美”。（1）扎实做好公路日常养护工作。共清扫路面220万平方米、清理水沟850公里、整修边坡53.5万平方米、清除塌方38000立方米，清理涵洞3580延米/263座，处治各类路面病害17500平方米。（2）积极实施公路安全生命防护工程。投入624万元，实施X965线、普滩至湍溪等公路混凝土护栏工程，X020线、Y270线等公路波形钢护栏工程共32.65公里，全面提升公路安全水平。（3）全力推进公路绿色廊道建设。投入290多万元，推进X041线、X039线热柘至坝头段、Y136线、普滩至湍溪旅游公路、平城花园至大佛寺公路共30多公里的绿色廊道建设。（4）及时做好路面挖补和危桥改造工作。投入110多万元，对X967线、X039线、X040线、Y134线、Y262线、Y150线等公路破损路面进行挖补建设；投入60多万元对X965线田螺纽桥进行拆除改建。（5）全力做好公路水毁抢（修）复工作。2016年，受台风、热带扰动云团等影响，平远县多次出现大到暴雨、局部大暴雨的降雨过程，造成平远县22条农村公路出现交通中断。水毁发生后，按照“先抢通，后修复”的原则，投入各类抢险保通资金86万元，及时组织人力和机械抢通受损公路，保障车辆和行人安全通行。同时，投入水毁修复资金230万元，完成X040线、X036线、Y109线等公路一般水毁共38处。（6）加大公路路政管理力度。全年上路巡查500多人次，巡查里程3868公里，拆除违章构造物230平方米/5处，清理路面障碍物2080立方米/126处，发出路政违法行为告知书、整改通知书共20份，收回占用（利用）、损坏公路及附属设施赔（补）偿款17.9万元。（刘伟东　王足荣）

综合执法与管理

【综合执法】　2016年，平远县交通运输局综合行政执法局加大力度，着力提高综合执法水平。（1）开展道路水路运输市场专项整治工作，加强“两客一危”重点运输车辆的动态监管，严厉打击途经平远县客运班车不按规定线路行驶，不按站点停靠和随意上落客的行为，以及车辆船舶非法营运行为，联合相关部门集中开展非法运输成品油整治工作和打击走私专项行动。全年共出动执法人员1298人次，查处道路运输32宗违法行为，切实维护道路水路运输市场秩序。（2）开展出租汽车不打表和异地营运专项治理工作，重点打击异地违法驻点营运行为，维护出租车行业稳定。（3）认真贯彻落实《交通运输部 工业和信息化部 公安部 工商总局 质检总局关于进一步做好货车非法改装和超限超载治理工作的意见》和《交通运输部办公厅 公安部办公厅关于印发整治公路货车违法超限超载违法行为专项行动方案的通知》精神，强化源头治超与路面治超相结合，加大执法力度，健全完善与公安交警部门治超执法联动机制。全年共出动交通执法人员2513人次，公安交警123人次，检查车辆682辆次，查处违法超限超载车辆119辆次，有力打击车辆超限超载违法行为。

【运政管理】　2016年，平远县交通运输局加强管理，着力提升运输市场监管水平。（1）加强旅客（货物）运输市场管理。派出6个工作人员常驻客运站，督促客运站场严格执行制度，加强“三品”查堵工作，全面做好安检工作和规范客运站场管理。在春运、“五一”、国庆等重大节假日期间，没有发生旅客滞留现象，确保旅客走得安全、走得及时、走得有序、走得满意。以及多次深入货运企业督促其落实安全生产主体责任和执行“一岗双责”，规范其经营行为。同时，做好出租汽车行业监管工作，切实维护合法经营者的权益和出租汽车市场秩序。（2）加大维修行业的监管力度。加强车辆二级维护的管理，从源头入手，杜绝虚开、买卖“二维”合格证行为；认真做好质量信誉考核工作，做到诚信经营、依法经营，杜绝非法改装车辆行为。（3）加大驾校的检查力度。不定期深入驾培学校，对每期培训学员档案作规范化指导，对教练员理论和实际操作课的授课情况及车辆性能进行检查。积极做好IC卡计时系统的应用，更加有效地管理驾校、教练员和学员。

【安全监管】　2016年，平远县交通运输局安全生产工作紧扣“安全第一、预防为主、综合治理”方针，按照“党政同责、一岗双责、齐抓共管”的要求，坚持“管行业必须管安全、管业务必须管安全、管生产经营必须管安全”和“谁主管、谁负责，谁审批、谁负责”的原则，强化安全生产“底线”思维、“红线”意识和“首位”要求，加大监管和执法力度，积极开展工程建设、交通运输、非法营运、超限超载和“打非治违”等专项检查督查活动，深化交通运输行业安全隐患治理，有针对性地督促企业落实事故防范措施，扎实推进“平安交通”建设，促进全县交通运输行业安全生产形势持续稳定向好。全年共组织开展各种安全生产检查督查29次，出动检查人员139人次，检查单位、场所60家次，发现并整改问题（隐患）28个，整改率100%。

【路政管理】 2016年，平远县公路局坚持以保护路产、维护路权、保障畅通为中心，不断强化路政管理，为群众出行创造良好的公路交通环境。（1）强化公路法制宣传。大力宣传《中华人民共和国公路法》《公路安全保护条例》《广东省公路条例》等公路法律法规，扎实开展以“爱护桥梁，保障安全”为主题的路政宣传月活动，共发放宣传资料1200余份，悬挂横幅标语10条，设置宣传牌10块。通过强化宣传，增强群众的爱路护路意识。（2）强化路域环境整治。加强与交通综合行政执法局、沿线镇政府及相关职能部门的协调沟通，及时发现和制止公路建筑控制区范围内乱搭乱建、乱拉乱挂、乱堆乱放等各类违法违章行为，营造“畅、安、舒、美”的路域环境。（3）扎实推进行政审批标准化工作。按照要求对公路行政许可事项目录进行调整和完善，报县编办批准保留了6项行政许可审批事项，同时完成《平远县公路局权责清单》编制报批工作。全年路政人员共上路巡查305天2543人次，整治违规占道乱摆乱卖行为13宗，查处撒漏污染公路车辆137台，清理违章广告条幅86条/193平方米，签订各项协议书12份，发出违法行为告知书23份。全年共收取修复赔、补偿费17万元，维护路产路权。

【平安建设】 2016年，平远县公路局深入推进“平安公路”和“平安工地”建设，全年未发生安全生产责任事故。（1）严格落实安全生产责任制度。层层签订《安全生产责任书》，强化在建工程安全监管责任，在签订施工合同的同时签订安全合同，明确施工单位安全管理职责。严格落实公路桥梁安全监管责任，认真执行桥梁养护工程师制度，确保桥梁通行安全。（2）加强安全隐患排查和整治。积极开展“安全生产月”、安全生产“打非治违”、“城市风险点、危险源排查整治专项行动”等活动，狠抓日常安全隐患排查，加强施工地段、危险路段以及事故多发路段的检查，发现问题及时组织整改，确保生产安全和公路通行安全。（3）积极完善公路安全防护设施。完成S332线中村至茅坪段13公里公路安全生命防护工程建设，在危险路段增设钢筋混凝土防撞墙和钢护栏，在G206线、S225线等相关路段增设减速线、警告标志、导向标等安全警示标志一批。全力推进危桥加固工程。投入503万元，对G206线盐布潭桥、G358线祠堂桥及S332线汶水桥3座四类危桥进行加固改造。（4）建立健全应急管理体系。对各类应急预案进行修订完善，汛期加强应急物资、抢险机械的储备和应急抢险队伍的培训演练，提升公路应急管理水平。（5）抓好综治维稳工作，妥善化解矛盾纠纷，及时解决群众合理诉求，维护和谐稳定的大局。全年共办理人大议案 3件、政协提案 1件，信访案件 5件，回复梅州民声网上群众来信 12件。

【存在问题】 2016年，平远公路建设、养护管理和行业管理中存在的主要问题是：（1）公路建设（改造）和管养资金缺口大，筹措缺口资金非常困难。（2）征地拆迁难度加大。征地拆迁涉及面广，利益均衡难，部分群众因不合理诉求无法被满足而阻碍施工，造成有些项目推进较慢。（3）公路建设（改造）项目立项难度大。公路建设（改造）除受资金制约外，土地、环境等资源因素对公路建设（改造）的刚性约束不断增强，立项难度进一步加大。（4）县乡公路改造任务重。除X967线属新建公路外，其余路面破损严重的公路基本上都是“九五”期间就地爬低标准实施水泥硬底化的，后续改造任务重，压力大。（5）新建公路列入公路行政等级难，县内按等级标准已建好的南台山至大河背、普滩至湍溪、热柘热水至石扇嘉庄、超竹至坪湖等公路，目前还未列入乡道等级，造成养护和安保等项目资金无法落实，尤其是遇水灾等自然灾害损毁，更无法向上级有关部门争取水毁修复资金。（6）上级安排新农村公路路面硬化改造工程计划指标少，而群众需求大。2016年无计划已建好的新农村公路约80公里。（7）行业监管执法难度大。开展车辆超限超载、非法营运、驾培市场、出租车行业等专项整治执法难，工作任务繁重。 （刘伟东　王足荣）

汽车运输

【概况】 平远汽车运输有限公司位于平远县大柘镇平远大道南48号，站场占地2.36公顷,是平远县旅客公路运输的集散地。2016年，平远汽车客运总站被评定为二级汽车客运站，截至2016年底经营线路32条，线路牌76块，营运车辆78台。其中，自营车30台；承包车48台。客运线路覆盖全县各镇行政村、珠三角、潮汕地区以及毗邻江西、福建省等区域。

【生产指标任务及经营效益】 2016年，平远汽车运输有限公司总营收2908.59万元。全年客运量45.79 万人次，旅客周转量1.24亿人公里。自营车全年共发20610班次，运送旅客37.2万人次，营收2598.35万元，其中2016年春运40天，自营车共发班2634班次，安全运送旅客4.85万人次，实现较好的经济效益。2016年安全行驶里程982.7万公里，安全间隔里程982.7万公里。截至12月31日，发生交通安全事故0宗。四项安全考核指标：责任事故频率0、责任事故死亡率0、责任事故受伤率0、经济损失率0，达到既定目标。

【运输“互联网+”】 2016年，利用互联网的普及性和便利性，平远汽车运输有限公司积极探索“运输互联网+”业务，开通梅州城区学生周末班和五指石一日游的网上预约定制班线。做好广州至五指石旅运产品的开发，建立“广州大学生”“梅州学校专线”等微信群。做好APP悦行旅运产品的上线及线下工作。完成“网上飞”小件快运平台的对接和使用，小件快运收入27.38万元。大力推广“梅州粤运”的关注及微信售票工作，全年实现微信售票1.2万张，营收201.5万元。

【安全管理】 2016年，平远汽车运输有限公司切实抓好安全生产。（1）完善安全生产管理机构，成立公司安全生产领导小组。认真组织和开展安全生产大检查工作，查隐患、促整改，积极倡导安全生产理念，确保安全生产大检查取得实实在在的成效。（2）扎实抓好“春运”“清明”“五一”“端午”“中秋”“十一黄金周”“元旦”等节日运输生产的安全工作，加强节日期间领导带班24 小时值班值守，确保节日的运输生产安全。（3）各安全督查分队坚持每天执行问询告知工作制度，做到全面了解掌握车辆运行情况，驾驶员身体状况，及时解决和处理当天出现的各类安全问题，安全工作做到时时有了解，处处有掌握，不断提高工作效率，确保平远公司运输生产正常开展。（4）及时跟踪平远气象台预警信息，针对在台风、暴雨等重大自然灾害时期，加强对车辆状态和路况的实时监控，在不宜行车的天气状况下果断停运班线并及时告知旅客相关情况。（5）针对营运车技术状况参差不齐，实行不定时的排查车辆，重点做好方向、刹车及整车性能的综合检查，做到自检和路试相结合。为防止建制车辆发生自燃，严格按上级要求对公司营运车辆的发动机、变速箱进行外部清洁排污，对检查中发现有问题的车辆及时下发整改通知书共38份，要求做好车辆发动机的外部清洗及安全隐患排除工作。（6）组织安全生产大检查18次，隐患大排查20次，整改一般隐患14宗，整改合格率100%。2016年全年共处罚违法超速及各类违规行为8人次。开展1次安全生产应急预案演练和消防演练，达到预期的效果。（7）加强驾驶员安全教育培训工作，组织自营车驾驶员安全业务学习42次，承包车驾驶员和承包人安全学习38次，召开安全工作例会21次，组织司乘人员156人进行为期2天的春运安全学习培训。（8）加强安全宣传，全年共悬挂横额标语40幅，开设安全宣传栏15期，努力倡导企业安全文化建设，认真宣扬安全发展观念，实实在在地营造安全生产氛围。

【存在问题】 2016年，平远汽车运输有限公司主要存在如下问题：（1）生产安全和经营管理还存在着薄弱环节，有待加强。（2）从业人员的守法意识、服务意识有待提高。（3）班线经营效益同比下降，客源分流，成本增加，经营压力大。（4）随着“互联网+运输”业务的不断扩展，专业人才缺乏。

（吴兴华）

2016年2月4日，县长刘许川（前右一）等县领导到平远汽车运输有限公司进行春运安全工作检查

（肖承成 摄）

2016 年度平远县交通运输局负责人名录

局　长：王云飞

副局长：钟兴平　陈雪梅（女）

　　　　韩明松（2月起任）

平远县地方公路管理站

站　长：姚力强

平远县交通运输局综合行政执法局

局　长：姚森平

2016 年度平远县公路局负责人名录

局　长：刘森祥

副局长：杨　亮　林永友　赖向阳　罗　斌

2016 年度平远汽车运输有限公司负责人名录

董事长、总经理：吴卫忠

副　总　经　理：钟荣浩　刘海清

工会主席、监事会主席：姚远平

商业·贸易

商　　业

【概况】　2016年，平远县商业总公司围绕国有资产保值增值、全系统和谐稳定的工作目标，全面贯彻落实新发展理念，加强企业内部管理，提高企业经济效益，取得较好的成绩：（1）收入大幅增长。全年全系统经营收入396万元，同比增长84万元，增幅27%。特别是两间电站全年发电收入570万元，同比增长260万元，增幅84 %。（2）非生产性支出得到有效控制。全年全系统“三公经费”支出4.7万元，同比减少2.6万元，降幅35.8%，其他各项费用支出大幅下降。

【公司管理】　2016年，平远县商业总公司针对下属平远县饮食服务公司、平远县四海通商贸有限公司和平远县食品公司都是物业型企业的实际，做好人、财、物等各项管理工作。（1）抓资产管理。加强对闲置资产的巡查，发现问题及时纠正，防止资产被侵占。对饮服公司新旅社遗留问题，采用法律的手段，维护企业的合法权益不受侵犯。（2）抓门店管理。特别注重电商对实体店的影响，加强门店租金行情调研，租金随行就市，总公司门店新一轮租赁提高租金10%，同时老办公楼三、四楼实行竞价出租，提高租金。下属公司门店租金也有不同程度的增收。（3）抓安全管理。落实安全生产责任制，层层签订安全生产责任书，每季度召开一次安全生产会，进行一次安全生产大检查，对服装城、新芽幼儿园、危旧房屋等做到重点防患，全年开展安全检查26次，对检查中发现的租赁门店及仓库照明线路老化、屋顶铁皮瓦漏水、灭火器过期等安全隐患进行整改。针对总公司老办公楼外墙石米脱落、木窗破旧等安全隐患，筹资16万元对外墙进行全面修缮，消除安全隐患，同时达到美化外观、提高物业价值的效果。（4）抓财务管理。严格执行财务内部审计制度，对下属公司财务收支情况进行内部审计，对内部审计中发现的问题及时指出，及时纠正，堵塞漏洞，控制不必要的支出。

2016年11月15日，平远县商业总公司“互学互比”现场会　（陈霖　摄）

【电站管理】　2016年，平远县商业总公司不断加强对平远县龙湖坪水电站、平远县观音宫水电站2间电站的管理，向管理要安全，向管理要效益。（1）抓安全保障。扎实开展安全教育，做好日常的安全检查和维护。龙湖坪水电站妥善解决机组冷却水、机组轴瓦、避雷针、瓷瓶暴裂及贤关村岭下村民小组水田淹浸历史遗留等问题，增设库区围栏和线杆等安全警示牌。观音宫水电站妥善处理圳道泄漏、山体滑石、输变电线路等10多宗安全隐患。观音宫水电站在机房、圳道安装监控，实现机组运行、水位调控和库区圳道安全全程监控。（2）抓制度建设。制定《平远县观音宫水电站管理制度》和《平远县观音宫水电站员工工资福利待遇》，采用电度带工资方式改革观音宫电站薪酬制度，调动员工的工作主动性和创造性。龙湖坪水电站制定《平远县龙湖坪水电站管理制度》和《平远县龙湖坪水电站员工工资福利待遇》，实行奖励机制，调动电站员工的工作积极性。特别是对参加清除杂物人员给予适当的补助，有效解决清杂派工难的问题。（3）抓技改挖潜。重视龙湖坪水电站扩容增效项目，了解掌握相关政策，主动对接国家原中央苏区振兴发展政策，申报扩容增效项目，寻求项目资金支持，争取到中央补助资金90万元。

【其他工作】 2016年，平远县商业总公司全力服务于主攻“一城两区”工作，做好旧城改造、国有资产改革、信访维稳、安全生产等各项工作，全面完成各项工作任务。

（陈　霖）

2016 年度平远县商业总公司负责人名录

总 经 理：赖钦宏

副总经理：卓衍平　谢梅青　周朝阳

贸易市场

【概况】 2016年，平远县经济和信息化局积极推进平远县国家电子商务进农村综合示范县建设，加强对食盐、民爆物品、典当行、二手车等特种行业管理，贸易市场建设取得明显成效。

【电子商务进农村】 2016年，平远县电子商务进农村项目累计投入3029万元，建成1个县级电商运营服务中心（含物流配送中心）、8个镇级电商服务中心和50个村级电商驿站，开展村干部、跨境电商等各类形式培训2000人次，在带动农村青年创业、增加农民收入的同时，促进勇瑞和自行车有限公司、围龙屋自行车有限公司、飞龙果业等一批电商企业逐步崛起。

【商贸流通市场建设】 2016年，平远县经济和信息化局抓好商贸流通市场建设。（1）广东华泰农产品交易中心于2016年11月26日正式上线运营， 丰富农产品交易种类和模式。（2）加大对大宗商品、食盐、民爆物品、典当行、二手车市场的监管力度，联合各部门组织开展“安全生产月”和“安全生产万里行”活动，认真落实好县集中开展城市风险点危险源排查整治专项行动，有效防范商贸领域各类生产安全事故的发生。

（林媛媛）

涉外经济

【概况】 2016年，平远县经济和信息化局坚持稳中求进的总基调，通过落实责任、优化服务，外经贸发展呈现良好态势。全年贸易进出口总额2.7亿美元，同比增长25.0%，增速居全市第一。其中，进口总额398万美元，同比增长73.5%；出口总额2.66亿美元，同比增长24.5%。

【服务外向型企业】 2016年，平远县经济和信息化局加大服务外向型企业力度。（1）认真宣传各级各项外经贸扶持政策，落实2015年度平远县促进外贸转型升级奖励资金。（2）组织15家企业参加俄罗斯国际家具展，借助境外展销会平台，加大对木制家具产品的营销力度，促进家具出口的挖潜增量。（3）培育外贸新增长点，2016年新增横龙吉祥家具、唐雕生态文化、新光明、恒盛宇科技电子等9家外贸进出口企业。（4）抓好落户企业的跟踪服务，优化招商和创业环境，提高外资履约率，合同利用外资实现3485万美元。

【存在问题】 2016年，平远县涉外经济存在的主要问题是外贸出口产业结构单一。家具制造企业占全县进出口企业的95%，且大部分企业产能已达上限，挖掘潜力有限，而机电产品、优质建材等其他产品出口业务基数小，还难以形成规模化出口。（林媛媛）

供　　销

【概况】 2016年，平远县供销系统实现销售总额44217万元，比增3195万元，增幅7.8%。其中，农业生产资料销售11570万元，比增1460万元，增幅14.4%；农产品销售31007万元，比增1487万元，增幅5%；日用消费品销售1640万元，比增248万元，增幅17.8%。实现利润147.7万元，比增9.4万元，增幅6.8%。

【农民合作社发展】 2016年，平远县供销社新组建农民专业合作社5家，分别是五指石灵芝专业合作社、新鸿果业专业合作社、达诚种养专业合作社、枫树堂种养专业合作社和金宝树蔬菜种植专业合作社。至年底，全系统累计发展农民专业合作社83家、农产品流通经纪人协会1个，入社农户2249户。平远县龙湖缘果业专业合作社及金宝树蔬菜种植专业合作社新认定为省社示范社。全系统获得省级、省社以上示范社称号的专业合作社累计63家。其中，国家示范社4家；总社示范社5家；省级示范社11家；省社示范社43家。

【农资流通服务体系建设】 2016年，平远县供销社采取参股和开放办社的形式，吸纳社会资金合作建设供销社海山农资批发部，推进海山农资配送中心升级改造，创新农资服务方式，推动农资销售与技术服务有机结合，建设农资经营服务网点300多个，形成以海山农资配送中心为龙头，海山、绿大地、长远3个农资专业合作社为依托的新型农资流通服务体系，成为全县农资服务的主力军。全年共供应各种化肥25993吨、农药1864吨。

【经营服务领域拓展】 2016年，平远县供销社不断拓展经营服务领域。（1）实施“菜篮子”工程建设。重点培育发展惠众、金宝树、佳香、绿梅等四家以蔬菜种植为主的专业合作社，建立常年蔬菜基地面积3000多亩。推动惠众果蔬合作社开展有机蔬菜“天鲜配”直销配送业务，专业为学校、企业单位、机关食堂、酒店、社会餐饮等提供蔬菜、家禽配送，配送网络逐步完善。（2）创办农产品示范基地。通过扶持引导，创办八尺九香慈橙标准化种植示范园、差干五指石农旅结合慈橙园、金穗种业优质稻示范基地、双悦蛋鸡养殖基地等标准化种养基地，助推农业产业化发展和特色农产品品质提升。指导帮助八尺九香合作社新进无菌苗木15万株，整改黄龙病感染园区500亩（33.33公顷）。引导橙之香等专业合作社开展精深加工，发展供销一体化发展模式，延长产业链条，增加产品附加值，促进精致高效农业纵深发展。（3）推动产业融合发展。借助全省供销系统资源网络优势及经营服务平台，引导合作社与县内外的龙头企业开展生产、加工、流通合作，促成九香、益民、惠众、橙之香等专业合作社与深圳、广州等地龙头企业建立稳定的合作关系。推动金穗公司利用合作社种养基地开发休闲旅游功能，形成集生产、消费、游乐、休闲、观光于一体的农业综合产业，取得明显效益。扶持帮助五指石果业合作社利用五指石AAAA级景区优势，打造集生态农业与休闲观光于一体的现代农业生态慈橙产业园，促进农旅结合，提高农业产业效益。（4）加强电商平台产销对接。发动农业龙头企业、特色产品生产经营企业、专业合作社及各类商家扩展服务领域，发展电商业务和微商微店，推进农产品经营企业和专业合作社入驻“供销e家”，对接全国总社电子商务平台，共享优势资源。选送本县特色农产品在市社电商平台线下实体店上架销售，拓展农产品销售渠道，解决农产品“卖难”问题。年底，已与各类电商平台实现对接的合作社和商业经营主体共有150多家，入驻实体店的商家30多家。

【现代农业服务项目建设】 2016年，平远县供销社加强项目培育包装，筛选后备项目入录全国总社项目库及振兴原中央苏区县发展项目库。围绕慈橙、优质稻、油茶等农业主导产业和“新网工程”、农综开发及合作经济组织建设等重点，积极向上争取扶持项目，协助促成省新供销农产品投资公司在平远建设农产品电商产业园的投资意向。积极开展涉农项目资金专项整治工作，对近年来供销系统20多个涉农项目专项资金使用进行全面清查，及时终止益民水稻专业合作社计划实施的国家农综开发项目—4000亩（266.67公顷）优质水稻种植扩建项目，该项目由于建设内容与县小农水治理工程建设项目出现重叠，且农机设备配置选型不合理，无法按计划实施项目建设。

【社有资产管理】 2016年，平远县供销社建立健全一系列社有资产管理制度，强化原社有资产（已移交国资）运营管理，所属门店、仓库及出租屋租金年收益达30多万元，提高经济效益。筹措10多万元资金对县社办公场所进行整修，完善办公设施建设，提高供销社对外形象；筹集30多万元对振兴街老社址、果菜公司门店及原氮肥厂农资仓库等老旧资产的供电线路、桁桷瓦面进行安全整改，提高资产质量，确保资产安全运营。

【存在问题】 2016年，平远县供销系统存在的主要问题是：（1）全县供销合作社综合改革的基础薄弱，省县业务对接、产权对接渠道不够畅通，联合合作受到较大制约。（2）所属基层组织大多属于松散型企业，经营服务能力不够强，尚未形成良性循环的发展机制。（3）专业合作社发展规模偏小，辐射带动能力仍然偏弱，对接惠农政策能力不足。（4）重建网络资金缺乏，“新网工程”建设主导能力弱，新的组织构架、经营格局暂未明显形成。 （李君文）

2016年度平远县供销合作联社负责人名录

主　任：姚若园

副主任：杨增书　马百元　刘菊珍（女）

粮食管理

【概况】 2016年，平远县粮食局有在职人员25人（其中县聘3人），离退休人员32人，下属平远县粮食收储公司有职工43人。2016年，平远县粮食局紧紧围绕“广积粮、积好粮、好积粮”的理念开展工作，保证全县粮食供需平衡、粮食市场价格稳定，确保全县军需民食、社会和谐稳定，顺利完成新增县储计划和县储轮换任务。1.5万吨坝头粮仓建成并投入使用。

【粮食安全责任制落实】 2016年，平远县粮食局贯彻执行国家、省、市、县的各项粮食法规政策，落实粮食工作政府责任制，进一步树立粮食安全“首要意识”“守责意识”，做好粮食工作各项业务。（1）制定《平远县县级储备粮食管理办法》和《平远县粮食安全责任考核实施意见》。（2）完善县级粮食安全责任考核工作机制。（3）落实新增县级储备粮计划和完成县级储备粮轮换任务。

【储备粮油管理】　2016年，平远县粮食局坚持“以防为主，综合防治”的保粮工作方针，贯彻落实国家《粮油仓储管理办法》《广东省储备粮管理办法》和县粮食局制定的《粮油仓储管理办法》，健全仓储管理制度，适时开展“春、秋”两季粮油储存安全普查，抓好仓储规范化管理，强化储粮安全生产，总结储粮技术经验，推广应用科学保粮，确保在库粮油储存安全。

【粮食收购】　2016年，平远县粮食局严格执行国务院《粮食流通管理条例》，贯彻国家粮食收购政策，充分发挥粮食部门主渠道作用。夏收时，平远县粮食收储公司根据新增县储、县储轮换计划提早安排仓容、资金，以每50公斤136元的价格公开挂牌收购，解决县内农户早稻出路问题，保证农民的种粮积极性。同时为县储轮换工作和粮食安全打下物质基础。

【依法治粮】　2016年，平远县粮食局贯彻落实国家、省、市粮食流通监督检查会议精神，进一步增强监督检查工作的责任感和使命感，强化法治思维，坚守粮食监管底线，加强执法队伍建设，完善监管制度，强化市场监管，推动依法治粮工作再上新台阶。（1）做好全国粮食库存检查工作。按照“有仓必到、有粮必查、有账必核、查必彻底”的原则，对下属各粮库粮食库存数量、质量、储备粮轮换、仓储管理等进行全面检查，通过检查，县内库存粮食“账实相符、质量良好、储存安全、管理规范”。（2）开展夏粮收购专项监督检查工作，为保护粮农利益和种粮积极性，在夏粮收购期间，在全县范围内开展夏粮收购专项监督检查工作，严肃查处“打白条”及扰乱市场秩序的行为，防止“转圈粮”等违规问题发生，维护良好的粮食流通市场秩序。（3）加强粮食质量安全监管工作。坚持数量、质量并重原则，严把入库质量关，不合格粮食一律不予入库，2016年新入库储备粮，经质量检验，合格率100%，确保全县储备粮质量安全。

【军粮供应】　2016年，平远县粮食局严格贯彻执行中央和省军粮供应政策，紧紧围绕“保障供给、规范管理、优质服务”的指导思想，抓好制度落实，提高服务质量，克服一切困难，全力保障驻地部队的粮油供应。（1）结合“粮安工程”军供网点应急供应仓储设施维修改造工作要求，对军供站办公室、军人接待室、军人休息室等各功能室按照新标准、新要求进行维修改造。（2）完成军供恒温仓库建设。确保军供粮食质量安全。（3）积极开展“双拥”模范县活动，认真宣传有关“双拥”的政策法规，落实“双拥”各项工作。（4）严格执行国家军供粮油质量标准和食品卫生标准，军供粮油实行“五统一”（统一定点、统一质量、统一包装、统一定价、统一配送），有效保证军供粮油质量。经上级巡查、定期抽查、季度检查等形式，军供粮油质量合格率达100%，部队满意率达100%。

【粮食经济管理】　2016年，平远县粮食局积极开展行政事业单位内部控制基础性评价工作，进一步完善财务管理制度，切实抓好粮食经济管理工作。落实县级储备粮油费用及时足额拨付；积极争取省级储备粮粮库维修改造及功能提升项目资金、军供恒温仓库配套建设资金；做好坝头粮食仓库建设项目资金拨款工作，保证粮食仓库和军粮供应站建设资金的需要。积极筹措资金，有效解决企业资金紧缺矛盾，解决县级储备粮轮换差价由政府兜底拨付工作。

【粮食仓储设施建设】　2016年，平远县粮食局下属平远县粮食收储公司在坝头新建成1.5万吨标准化“四合一”粮食仓库并投入使用，进一步提高平远县粮食管理现代化水平。

（蓝林青）

平远县粮食收储公司坝头1.5万吨标准化“四合一”粮食仓库全景图 （牛牛 摄）

2016年度平远县粮食局负责人名录

局　长：肖明曦

副局长：姚　勇　林映明　林挺锋

物资经营

【概况】　2016年，平远县物资总公司以“保稳定、谋发展、求增值，树形象”为工作目标，实现物资系统和谐稳定，队伍有战斗力，国有资产保值增值，经营减亏增效，无安全生产事故，各项工作有序开展，圆满完成县委、县政府交办的各项工作任务。全年总公司增加物业收入13.6万元，“三公经费”同比下降10%。

【主要工作情况】　2016年，平远县物资总公司主要做好如下工作：（1）完善管理，确保稳定发展。一是进一步完善考核制度，规范公司管理。修订《平远县物资总公司管理制度》，印发《平远县物资总公司绩效考核办法》，将公司各项管理制度进行量化考核，并与绩效工资相挂钩，充分调动干部职工的工作积极性。二是扎实有效地开展“两学一做”学习教育和“讲担当、比奉献”主题活动，增强干部职工素质，营造积极向上的好风气，提高物资队伍的凝聚力、战斗力。三是细化财务管理，建立定期监管制度。按照“保证运转、履行节约”的原则，实行重大财务开支集体研究制度和财务公开制度，严格控制业务接待费用和办公经费等开支，成立内部控制领导小组，定期监管财务收支情况，有效减少公共经费支出。四是重视保障职工的合法权益，保证物资系统和谐稳定。筹措资金，全面落实干部职工和离退休职工的工资津贴套改；抓好信访维稳，尽力解决一些下岗职工的合理诉求，把维稳隐患全部化解在萌芽状态。（2）管好物业，确保稳定增值。一是筹措资金，对部分仓库和公司大楼前的空地进行修缮整合后统一租赁给鸿达公司，优化物业资源，增加稳定的收益；二是加强对公司门店和仓库等的租赁管理，保证承租户依法经营，依时上缴租金。对一些由于历史原因造成的远远低于市场价格且合同到期物业进行清理，想尽办法，排除阻力，将这些物业恢复到市场正常价格进行租赁。2016年新增物业收入13.6万元。（3）抓好企业，确保安全增收。加强对下属公司和企业的安全生产管理，认真落实安全生产责任，强化安全生产教育，完善安全生产制度，层层签订安全生产及综治平安建设责任书。特别是对危化品企业远旺液化气库和燃料加油站进行重点防范，建立一套“月检查、季督查、半年复查、年终盘查”的“四查”责任防控机制，发现问题，立即整改。并通过抓早抓小谈话提醒制度，每季度与企业负责人开展谈话提醒，实现在无事故隐患的基础上发展增收。

（物资总公司办公室）

2016 年度平远县物资总公司负责人名录

经　理：凌来泉

副经理：陈旺宏　刘伟东

烟草专卖

【概况】　2016年，平远县烟草专卖局（分公司）坚持“稳中求进”总基调，以“卷烟上水平”基本方针和战略任务为统领，按照市局（公司）“11234”工作思路和“比学赶帮超”活动方案，以“两烟”经营为重点，扎实开展各项工作，达到年初制定的各项工作目标。实现烟叶销售收入8029.61 万元，卷烟销售收入23113.79万元，其他业务收入379.2万元；实现利润总额6380.12万元，税收19423.61万元，税利25803.73万元。

【主要工作指标】　2016年，平远县烟草专卖局（分公司）的主要业务是烟叶收购调拨、卷烟营销和专卖管理。（1）烟叶收购调拨。全县烟叶种植面积791.4公顷，共收购烟叶1610206.4公斤，收购均价25.81元/公斤，完成调拨1609300公斤；全县规划建设烤房45座，烤房维修更换9座，购置履带式旋耕机4台、起垄机6台。（2）卷烟营销。全年销售卷烟9052.781箱，同比增加341.776箱，增幅3.92%；实现毛利6863.05万元，同比增加722.21万元，增幅11.76%；实现总单箱收入29872.73元/箱，同比增加555.59元/箱，增幅1.9%。（3）专卖管理。始终保持卷烟打假打私高压态势，综合整治“假、私、非”三烟活动，全年共查获涉烟违法案件245宗（其中非烟案件230宗、制假窝点案件1宗，无证运输案件 7宗），案值511.546949万元，查处各类违法卷烟380.342万支（其中假烟210.08万支、上缴财政罚没款5.26518万元）。

【主要措施】　2016年，平远县烟草专卖局（分公司）牢牢把握“稳中求进”总基调，扎实开展“两烟”生产经营、大力净化市场的工作重心，与平远县当地实际情况相结合，因地制宜做好全年工作。（1）开展现代化烟草农业建设。平远县烟草专卖局（分公司）坚持贯彻科学发展观，把加快现代化烟草农业建设作为年度烟叶生产重点工作之一。一是合理规划。勘察划定7个镇39个种烟村，全县签订合同1201份，种植面积791.4公顷。二是技术革新。全面推行标准化生产和精益管理，漂浮育苗、平衡施肥、大田标准化管理等技术措施比例达到100%。三是大田管理。全县核实移栽面积791.4公顷，实际移栽面积与计划及合同签订面积相符。在移栽后，严格按标准化生产技术规范，有序开展中耕培土、水肥调控、病虫害防治、打顶抹杈、不适用烟叶清理等大田管理工作。四是烟基建设。全县规划建设烤房45座，烤房维修更换9座，购置履带式旋耕机4台、起垄机6台。五是烟叶优化。围绕上级工作部署，稳步推进优化烟叶结构工作，依次开展政策宣传、举办培训、田间管理、指导烘烤等工作，并按不适用烟叶田间处理工作要求，优化结构比例100%。六是地膜回收。2016年度全县地膜使用面积791公顷，田间清除面积791公顷，实现100%地膜清除；其中第三方回收面积425.67公顷，回收重量累计达到25926公斤。七是精益烟叶生产。全县全面开展育苗、烘烤、分级3个工场和耕整地、起垄施肥、移栽、植保4个环节工序化作业的精益生产试点工作。开展以上7个环节试点面积累计315.53公顷，累计亩均减工1.499个，精益试点工作初现成效。（2）构架现代卷烟网络零售终端建设。平远县烟草专卖局（分公司）坚持与时俱进，致力提升卷烟销售能力，致力于构架现代卷烟网络终端建设。一是聚焦现代零售终端建设，注重形象提升。全县共发展现代终端签约户174户，占总客户的24.23%；174户现代终端均有扫码上传数据。二是聚焦网络建设，突出信息应用。2016年电子结算客户有694户，占总客户的98.58%；电子结算成功率为93.74%，电子结算金额25883.68万元，占总金额的95.72%，结算金额占比全市排名第二。三是聚焦现代物流，保证到位及时。以“6S”现场管理为指导，加大物流配送力度，实现送货到户率100%，送货准确率100%。（3）净化市场，为“两烟”经营保驾护航。平远县烟草专卖局（分公司）坚持整治“假、私、非”高压姿态，大力开展卷烟打假宣传等方式，构建起联防联治，群防群治的打假工作体系。一是狠抓市场管理。截至12月31日，共出动专卖执法检查人数2436人次，组织开展各种联合打假执法专项行动28次，出动联合执法人员2826人次，各环节查处涉烟违法案件245起，其中假烟窝点案件1宗，非烟案件232起，无证运输7宗，案值511.55万元。查获各类违法卷烟380.34万元，其中假烟210.08万支、非烟168.24万支，移送公安机关案件5起，上缴财政缴没款5.27万元。公安机关刑拘涉案嫌疑人2人（转逮捕），刑拘转取保候审1人。查获制假烟机1套、烟丝13.90吨、烟叶38.55吨、滤嘴棒94万支、卷烟纸0.039吨。辖区卷烟经营市场净化率99.22%以上。二是狠抓市场宣传。在“3·15”和“12·4”期间，开展专卖法律法规宣传活动，出动宣传人员320人次，宣传车80台次，发放宣传单5500余份，接受群众咨询500人次，悬挂横幅225次，为卷烟市场管理营造了良好的氛围。三是狠抓证件管理。有序推进零售点合理布局，依法推进行政许可，全县持证零售户719户；受理烟草专卖零售许可证审领事项335件，办结率100%，未发生行政复议和行政诉讼案件。四是狠抓非烟治理。平远县烟草专卖局（分公司）专门成立规范“两烟”生产经营工作领导小组，把“非烟”治理列为2016年规范经营的重点，严格落实“一案双查”，对内部违法违规行为从严追责。每月召开月度联席会议并且联合专卖、营销部门对其进行持续跟踪、重点走访。全年查处非烟168.24万支，较上年增加137%；梅州市局反馈卷烟外流数量8.56万支，查获非烟数量是外流量的

19.65倍，非烟防控工作取得一定成效。

2016 年平远县烟草专卖局（分公司）负责人名录

局长、经理：胡爱红（女，任至9月）
　　　　　　姚玉平（9月起任）

副　局　长：卓流平（任至7月）
　　　　　　涂　勇（7月起任）

副　经　理：涂　勇（任至7月）
　　　　　　卓流平（7月起任）
　　　　　　余永安

2016年春，平远县局（分公司）举办植保技能竞赛　　（林勇　摄）

石油经营

【主要业绩】　2016年，中石化梅州平远公司紧紧围绕“提质增效、转型发展、网络建设”三大主线，创新经营，精细管理，企业平稳运行，各项工作都取得新的突破。（1）零售经营方面。全年零售总量实现43173吨，完成年度任务的113%，全市第一。其中，汽油完成年度计划113%；机出柴油完成年度计划115.5%；库出配送完成年度计划114.1%。总量日均销售118.28吨，日均同比增44.08吨，增幅59%，全市第一。机出零售量日均销售114.53吨，日均同比增44.42吨，增幅63%，全市第一。汽油日均销售31.72吨，日均同比增8吨，增幅34%，全市第一。机出柴油日均销售82.81吨，日均同比增36.38吨，增幅78%，全市第一。（2）非油品经营方面。全年实现非油品营业额793.8万元，完成任务126%全市排名第一，同比实现130%，全市第一。其中基础品类完成639万元，完成136%，全市排名第三；毛利实现91万元，完成任务141%，排名全市第一。

【安全工作】　2016年，中石化梅州平远公司采用“网络+现场”安全巡查方式，有效监管加油站日常安全工作。每月月初制订手机监控计划，主要对重点时段各加油站的油场、财务室、油罐区进行监控。监管员每天定时对各加油站的云平台账表等基础工作进行检查，发现问题立即通知站长整改，提高问题整改时效性。同时，充分利用到站巡查的机会，对油站设备设施，现场安全，潜在隐患等进行全面排查。特别加强夜间巡查力度，一方面检查夜间员工的警惕性，油站的灯光开启情况，红外线报警器运行情况等；一方面严格要求站长落实好值班制度，凡是检查到应值未值班的站长，一律在月底进行考核。全年实现安全无事故。

（石油公司办公室）

2016 年度中石化梅州平远分公司负责人名录

经　理：丘伟明

旅游开发

平远县旅游局

【概况】 2016年，平远县旅游局围绕“一城两区”部署，主动融入梅江韩江绿色健康文化旅游产业带建设，积极创建“国家全域旅游示范县”，全力推进生态休闲文化旅游发展，加快平远旅游产业转型升级，全年接待游客402.7万人次，比增21.6%，旅游综合收入20.14亿元，比增18.9%。

【项目建设】 2016年，平远县旅游局通过把建设项目列入市、县政府重点项目督查督办等方式，全力抓好项目建设工作。（1）科学编制规划。编制《平远全域旅游规划》，完成长布半岛景区修建性详细规划编制工作，并经县规委会、政府常务会研究通过，编制《南台卧佛山旅游度假区总体规划及近期实施项目详细规划》等景区规划。（2）将五指石景区、长布半岛休闲度假区（含相思河景区）、客家相思谷景区、南台卧佛山旅游度假区、热柘温泉旅游度假区5个建设项目列入市旅游重点项目，金穗休闲旅游区、曼佗山庄2个建设项目列入县重点项目，通过市、县政府重点项目督查督办推动项目建设。2016年，五指石景区完成商业街、岭东大酒店建设及天道二期、贵妃湖环湖景观带项目规划编制工作。长布半岛休闲度假区（含相思河景区）完成相思河景区形象升级改造工程，购置3艘新型仿古游船。金穗休闲旅游区完成花田景观、开心农场、旅游厕所等项目建设。曼佗山庄完成旅游厕所、广场购物点、驿站泛舟赏花等项目建设，成功创建国家AAA级景区。全县全年新建旅游厕所15座，改建旅游厕所7座。

【品牌打造】 2016年，平远县旅游局全力抓好平远旅游品牌打造，不断提升平远旅游美誉度、知名度。（1）荣誉满满。2016年，平远县获授“全国十佳生态休闲旅游城市”“中国候鸟旅居县”称号，差干镇加丰村、五指石景区成功申报梅州市旅游特色村、梅州市优秀旅游企业。11月，平远县被列入广东省首批“省级全域旅游示范区”创建单位名单。为全力推进“国家全域旅游示范县”创建工作，平远县旅游局制订《平远县创建“国家全域旅游示范县”实施方案》，明确52家相关单位工作任务并召开全域旅游工作会。（2）多维宣传。平远旅游微信平台发布微信软文329篇，阅读量达到240万次；举办“中华旅游名博平远行”活动，活动宣传片收看人数超1262万人，活动总影响人数超过9921万人次；与全球婚尚资讯领袖品牌北京爱结公司合作，通过婚纱摄影、微电影摄制等活动，打造平远浪漫爱情地形象，宣传平远相思红豆文化；聘请何日胜教授撰写出版《胜游梅州·平远篇》，编辑出版平远县首本中英文宣传资料《醉美山城·平远》。

【行业管理】 2016年，平远县旅游局做好行业管理工作。（1）制定《平远县旅游突发事件应急预案》并与19家景区和旅游企业签订《2016年平远县旅游安全管理工作责任书》《平远县旅游行业2016年消防安全工作责任书》。全年开展安全生产检查21次，检查旅游企业75家次，排查整改旅游安全隐患（问题）109起，实现全县旅游安全生产零事故。（2）全年受理有效旅游投诉8件，处理率100%，反馈率100%。（3）对外公开招募旅游志愿者30名，成立平远县旅游志愿者服务队——梅州市首个县级旅游志愿者服务队。

（屈　洁）

2016年11月18日，平远县旅游志愿者服务队授旗仪式

（肖海心　摄）

2016 年度平远县旅游局负责人名录

局　长：刘冬梅（女）

副局长：丘慧娟（女）　林南京　张任锋

平远县五指石省级风景名胜区管理处

【概况】　2016年，平远县五指石省级风景名胜区管理处（以下简称“五指石管理处”）围绕创建“国家全域旅游示范县”的目标，全面贯彻落实创新、协调、绿色、开放、共享五大发展理念，转变工作角色，按照五指石景区规范化管理工作实施方案，协助广东山水漫画旅游发展股份有限公司做好日常经营管理，督促公司做好安全生产工作，把五指石景区打造成为具有影响力的景区。2016年，景区营业收入4212万元，其中，景区门票收入2327万元，同比增长86.46%；接待游客48.49万人次，同比增长76.2%。景区全年平安有序。

【规范管理】　2016年，五指石管理处从六方面做好规范管理工作。（1）督促山水漫画公司做好安全生产工作。五指石管理处负责安全的工作人员每天对景区进行巡查，发现安全隐患立即发函给山水漫画公司要求整改。全年共发函38次，要求山水漫画公司对巡查中发现的库区安全、极端气候、森林防火、游客人身安全等方面存在的安全隐患进行整改；并彻底拆除景区山门侧的燃油存放点，为游客提供安全的游览环境。（2）加强景观资源、生态资源保护。景区资源分景观资源和森林资源，其中景观资源是不可再生资源，五指石管理处全力做好景区资源的日常保护管理工作。安排专门人员定期对景区资源进行巡护，树立资源保护和森林防火标牌标识，把景区的可持续发展放在首位。（3）整治景区内非法营运问题。8月和11月游客高峰期间，出现过有多部车辆在景区内进行非法营运活动的情况，该情况造成景区秩序混乱并给游客的安全带来隐患。为保障游客安全和景区的良好秩序，五指石管理处多次发函给山水漫画公司责令整改并派出工作人员协助解决相关问题，此后景区内没有再出现非法营运情况。（4）环境综合整治。①依法拆除违法违规建筑，4—7月，景区内多处出现违规搭建经营场所现象，五指石管理处发现问题后，立即向户主发出停建通知书并责令山水漫画公司加强管理，但效果不明显。10月，五指石管理处与差干镇政府、山水漫画公司成立工作组进行依法强制拆违工作，全面清理违章乱搭乱建。②整治乱摆乱卖摊贩，随着景区游客量的增长，当地村民在景区景点、大门随处摆摊经营，影响景区秩序，存在脏、乱、差现象。11月，差干镇政府和五指石管理处成立联合整治工作组，并在景区内张贴《五指石景区内店铺摊点搬迁公告》，随后按照制订的《五指石景区商业街搬迁及临时摊贩专项整治工作方案》，召集景区内所有商户集中开会，通过抓阄的方式选择商铺或摊档，再协助商户完成搬迁及原有摊点的拆除工作，所有商户都在统一规划的商铺和摊档经营，秩序良好。

（5）做好春节、国庆黄金周接待工作。在黄金周前，积极协调差干镇、山水漫画公司召开多场协调会，制订春节、国庆黄金周接待工作方案；黄金周期间，与差干镇、县公安、交警、县旅游局等相关单位全力配合山水漫画公司做好游客接待工作，为游客营造安全和谐舒适的游览环境。（6）抓平安发展环境。①为有效保障游客平安游览，落实安全责任，五指石管理处与山水漫画公司签订《安全生产责任书》，定期检查安全生产情况；强化安全隐患排查，每逢节假日期间均组织相关人员加强隐患排查，督促公司建立安全生产台账，切实排查安全隐患，营造良好的创建平安景区发展环境。②认真创建景区安全文明小区。配合公安消防部门定期对景区的消防安全设施进行检查，消除火灾隐患、提高防火意识，全年未发生火灾事故和车辆、财物被盗的案件。制定门禁值班制度，为进一步加强值班管理，门禁24小时有人值班，有效地保证景区的治安安全，全年未发生大的治安事件。③加强对干部职工的管理，制定《平远县五指石省级风景名胜区管理处管理制度》，要求干部职工严格按照管理制度开展工作，同时加强干部职工“八小时外”的行为管理，全体干部职工没有参与“黄、赌、毒”活动和其他违法犯罪活动的行为。

【项目建设】 2016年，五指石管理处从六方面做好规划项目建设工作。（1）开展风景名胜区详细规划编制工作。五指石风景名胜区总体规划已于2012年编制，详细规划还未编制。2016年，五指石管理处向县政府请示组织启动详细规划编制工作，县政府已委托省城市规划设计院对总体规划进行修改和实施控制性详细规划编制的工作。（2）完善新建项目报建呈批手续。针对2016年动工建设的贵妃湖环湖步道项目，联合县旅游局、差干镇政府和广东山水漫画旅游发展股份有限公司召开协调会，加快办理报建手续。（3）贵妃湖环湖景观带11月底已动工建设。对沿贵妃湖步道及绿化环境进行提升改造，进一步提升五指石景区的门面形象。（4）商业街和临时摊档于11月底建成并投入使用。景区游客中心门口、石林寺、天道口的所有摊贩都搬迁到统一规划的商业街和临时摊档进行经营活动。（5）地质博物馆的建成，该项目为五指石地质地貌科普宣传提供良好的平台与环境，推动五指石广东省青少年科普教育基地的发展。（6）开展科普申报工作。五指石风景区自2005年被省批准为“广东省青少年科技教育基地”后，利用科普教育基地，在上级科技和旅游部门的支持下，已投入10多万元用于科普平台及设施设备建设。2016年在地质博物馆建成的前提下，五指石管理处申报“广东省青少年科技教育基地条件能力建设”项目，进一步开展科普教育工作。印制文明旅游小册子20000份，免费发放给来参观学习的广大中小学生、青少年游客，普及五指石景区的丹霞地质地貌和文明旅游宣传知识。

【存在问题】 2016年，五指石管理处以及五指石景区存在的主要问题是：（1）山水漫画公司对安全生产不够重视，对管理处发现和提出整改的安全隐患问题没有很好落实整改。（2）公司管理人员工作不到位，崖壁植物常被游客、当地村民采摘。（3）进入景区道路窄小，公交车、旅游大巴双向行驶会车不便。（4）缆车、观光车和天道口等候设施简易，天道口场地窄小，大多数游客只能在露天环境下日晒雨淋等候坐车。

（五指石管理处）

2016 年度平远县五指石省级风景名胜区管理处负责人名录

主　任：刘剑辉

副主任：谢菊传　陈　华

财税·金融·保险

财　　政

【概况】　2016年，平远县财政局机关内设19个股室，下属10个股级事业单位。另外，平远县国有资产管理办公室下辖平远县岭南工业投资发展有限公司、平远县国有资产运营公司和平远县绿洲旅游投资开发有限公司3个国有企业。2016年年末，县财政局编制数为94人（机关46人，下属事业48人），实有干部职工97人（含局临聘9人）。2016年，地方一般公共预算收入73804万元，对比上年增收8209万元，增长12.5%，完成年度预算计划的100.4%；地方一般公共预算支出230951万元，同比上年减支2262万元，减幅0.1 %，完成年度调整预算计划的103.45%。

【财政收支情况】　2016年，平远县全年一般公共预算总收入为252550万元，对比上年减少15990万元，减幅5.9%，完成年度预算计划的104%。其中，地方一般公共预算收入73804万元；返还性收入6194万元；一般性转移支付收入61975万元；专项转移支付收入80022万元；市级财力补助300万元；政府性债券转贷收入15922万元；调入资金10123万元（财政周转基金调入3684万元、预算稳定调节基金调入6372万元、政府性基金调入67万元）；上年结余4210万元。全年一般公共预算总支出为250955万元，对比上年减支13375万元，减幅5.1%，完成年度预算计划的103.4%。其中，地方一般公共预算支出230951万元；上解支出3778万元；增设预算稳定调节资金 304万元；债券还本支出15922万元。年终一般公共预算结余1595万元，实现预算收支平衡。

全年政府性基金预算总收入47454万元，对比上年增收27883万元，增长142.5%，完成年度预算计划的108.3%。其中，县级基金收入15551万元；省、市基金补助4669万元；新增债券收入27000万元；上年结余234万元。全年政府性基金预算总支出47314万元，对比上年增支27883万元，增长142.5%，完成年度预算计划的108.3%。其中，政府性基金预算支出47247万元；调出资金67万元。年终基金结余140万元。

全年城乡居民基本养老保险基金总收入12867万元，（2016年收入8169万元，上年结余4698万元），对比上年增收3460万元，增长36.8%，完成年度预算计划的136.9%。全年城乡居民基本养老保险基金总支出4962万元，对比上年增支254万元，增长5.4%，完成年度预算计划的99.2%。年末滚存结余7905万元。

全年城乡居民基本医疗保险基金总收入22773万元（2016年收入13174万元，上年结余9599万元），对比上年增收4785万元，增长26.6%，完成年度预算计划的102.9%。全年城乡居民基本医疗保险基金总支出12285万元，对比上年增支3896万元，增长46.4%，完成年度预算计划的102%。年末滚存结余10488万元。

【财源培植】　2016年，平远县财政部门从三方面做好财源培植工作。（1）加强协调，积极督导。平远县财政局由局长负总责，专门指定一名副局长协调收入工作，积极与国、地税部门协调，明确目标任务，制订入库计划，经常性督导入库进度。（2）围绕重点，狠抓落实。围绕县政府2016年年初提出的“八大主攻”收入举措，制定一系列细化措施，狠抓项目达产达效，加大招商引资工作力度，加快重点项目建设步伐，推动总部经济、重点行业企业发展，加大税收征管力度，确保税收实现。（3）立足自身，抓好非税。组织开展非税收入征缴工作专项检查，加强票据管理，加快非税收入缴库进度。

【服务地方经济】 2016年，平远县财政部门始终把优化支出结构、强化支出管理、推进经济发展和民生改善作为财政工作的首要任务，加快支出进度，在强管理、保民生和促发展方面取得成效。（1）优先保民生。在财政收支矛盾突出的情况下，通过大力压减一般性财政支出，真正把有限的资金和资源用在发展经济、改善民生上，涉及民生方面支出增幅较高。2016年全县教育、社会保障与就业、医疗卫生等民生支出达18.1亿元，占当年地方一般公共预算支出的78.3%，同比增支1.63亿元，增幅为9.9%（其中投入5.57亿元，完成年度十件民生实事），为全县重点项目、民生实事的顺利实施提供坚实的财力保障。完成教育投入5.72亿元；完成农林水事务支出2.69亿元；全力支持医改、低保和就业工作，安排医改资金3.95亿元；努力提高社会保障水平，全县社会保障和就业支出完成3.07亿元，同比增长36.6%；城镇居民基本医疗保险财政补助标准提高到420元，参保率稳定在90%以上；健全基层医疗卫生服务体系，人均补助经费标准提高到4500元。（2）大力促发展。支持经济发展方式转变，整合资金重点支持新兴产业和园区经济发展、支持基础设施和基础产业发展、支持企业做好上市准备工作、支持淘汰落后产能和节能减排等。落实各类产业扶持政策，整合资金支持中小企业发展，整合支农资金促进现代农业示范园建设。2016年，争取发展性资金9.13亿元；通过政府购买服务等方式筹集建设资金5.8亿元。全年共计安排重点项目支出4.47亿元（一般公共预算支出1.48亿元，基金支出1亿元，置换债券支出1.19亿元，专项资金0.8亿元）；落实股权投资资金866万元，落实专项扶持资金、鼓励工业企业做大做强、信贷风险补偿基金等各项政策资金2415万元，支持工业企业发展壮大。

【财政改革发展】 2016年，平远财政部门加大财政改革发展力度。（1）全面推进县镇两级国库集中支付制度改革。加强预算单位零余额账户的管理，明确资金划拨的相关操作细则。（2）加快财税体制改革。全面推进“营改增”，进一步减轻企业税负，调动各方发展积极性。（3）全面推进预算信息公开。继续扩大公开范围和内容，进一步明晰公开要求和工作流程，促进财政信息公开工作落到实处。2016年财政预算、“三公”经费支出总预算、部门预算、部门“三公”经费预算和2015年财政总决算、“三公”经费支出总决算、部门决算以及部门“三公”经费决算已经按照要求全部公开。（4）强化管理提升理财水平。扎实开展会计信息质量、预算执行及财务管理检查，加强会计基础管理工作；规范使用债券置换资金，对于已入库的公开发行置换债券资金，加快置换出库，提高公开发行置换债券资金置换完成率；稳步推进预算绩效管理，提升财政管理绩效。全面推进基层公共服务综合平台建设和农业综合开发工作，强化农村“三资”监督管理。

【存在问题】 2016年，平远县财政存在的问题是：（1）税收收入缺口较大。平远县税源缺乏，大宗税源严重不足，税源结构单一，对资源型企业税源依赖过大，缺乏支撑转型发展的特色产业和新增长点，财政收入保持连续增幅难度大。由于资源型税源的不持续性，主要税源增长乏力，新增项目税收见效慢，可弥补的税源没有呈现。（2）财政体制调整造成税收增收达不到预期。自2016年5月起全面实行“营改增”改革后，建筑业、房地产业、金融业、生活服务业等纳入“营改增”试点范围，由缴纳营业税改为缴纳增值税，“营改增”实现全面覆盖。“营改增”后因税收抵扣项目增加、抵扣链条延长，企业税赋将减轻，税收收入则相应减少。同时，中央、省对税收分成体制进行调整，“营改增”增值税（即营业税）由原来省、县5∶5分成，调整为中央、省、县5∶2.5∶2.5分成，县级库减收5700万元，造成税收（自然口径）未达到增收预期。（3）收支矛盾仍然突出。平远县县级财政收支结构不合理，可统筹财力有限，财政基础薄弱问题在短期内无法解决，在保工资、保运转的基础上，随着公共财政覆盖面的扩大，教育、农业、社会保障和就业、医疗卫生等民生方面刚性投入增加，财政要保证的重点支出项目越来越多，公共服务支出需求也大幅增长，财政支出压力有增无减。2016年，上级转移支付月均5000万元，但由于本级预算收入质量不高，收入来源和可支配财力规模小，仅能保证工资发放，重点项目建设等资金支出缺口较大，部分已列预算的项目支出存在滞后，造成收支矛盾突出。　（谢李崧）

2016 年度平远县财政局负责人名录

局　　长：韩　旭

副 局 长：曾　平　黄永华　余永灵　谢　锐

总会计师：郭大忠

国　　税

【概况】　2016年，平远县国家税务局负责全县4989户纳税户的税收征管服务工作，其中一般纳税人441户、小规模纳税人4548户。主管税源结构较单一，以木材行业为主。平远县国家税务局以率先基本实现税收现代化为主题，大力组织税收收入，努力促进依法治税，着力落实税制改革，致力优化纳税服务，全力服务经济发展，各项税收工作成效明显，被评为2015—2016年度梅州市“文明单位”。

【组织收入】　2016年，平远县国家税务局坚持组织收入原则，紧密结合县域经济特点和税源结构状况，抓实税源调查和监控，抓实日常税收检查和纳税评估工作，不断堵塞征管漏洞，税收收入保持均衡增长，质量并举。全年累计组织税收收入49101万元，同比增收11872万元，增长31.89%。其中，增值税收入27394万元，同比增收10469万元，增长61.86%；消费税16297万元，同比增收340万元，增长2.13%；企业所得税4128万元，同比增收987万元，增长31.42%；车辆购置税1282万元，同比增收76万元，增长6.3%。

【税收征管】　2016年，平远县国家税务局从三个方面做好税收征管工作。（1）征管规范深入落实。全力推进《全国税收征管规范（1.2版）》的试行工作，继续优化“规模+行业+职能+区域”的税源分类管理模式，依照征管实际完善相关制度，进一步实现税收风险管理和纳税评估职能的专业化和实体化。（2）简政放权持续推进。继续巩固和扩大“三证合一、一照一码”改革成果，顺利实施“两证整合”等制度改革，为辖区内实行“两证整合”的121户个体工商户办理各项涉税事项业务。（3）税种管理有效加强。增值税管理方面:认真开展增值税发票使用管理情况专项检查，重点检查纳税人84户，对问题户责令限期改正；落实日常管理，全年共对117户企业进行日常巡查，对发现问题提出管理建议；通过“抵扣凭证审核检查管理信息系统”加强风险防控，对违规进项抵扣项目转出进项税额135.33万元。企业所得税管理方面:加强面向纳税人的日常政策宣传和业务辅导，提高企业所得税纳税申报和汇算清缴质量；坚持疑点导向，强化企业所得税风险管理，完成39户企业的所得税风险检查，实际有问题28户，问题率71.8%，查补税款175.17万元，入库滞纳金0.66万元，调整应纳所得额1071万元，调减亏损额416万元，取得较好的风险应对成效。出口退（免）税管理方面:认真执行《出口退（免）税管理工作规范1.1版》，加强函调，加快审核，加速税款退抵，全年办理免抵退税合计27612万元，同比增长65%。其中，退税额17912万元，同比增长49%；免抵额9700万元，同比增长106%。积极做好出口退（免）税的纳税评估核查，全年开展出口退税纳税评估（实地核查）22户，占总正常户27户的81.48%，共补缴税款150.79万元，进项税额转出42.98万元。

【依法治税】 2016年，平远县国家税务局从三个方面做好依法治税工作。（1）税收风险管理着力加强。①全面对接风险应对任务。全年完成国家税务总局下达的风控评估任务15批共18户，完成率100%，实现税收收入95.07万元，其中入库税款72.89万元，核减留抵22.11万元。②规范木材行业税收秩序。结合平远县税情实际，主动作为，防范风险，开展全县木材行业专项整治工作，选取72户木制品企业，对其2015年的生产经营能力与销售收入是否相匹配，增值税税负情况、木材占销售额的比例等指标进行全面评估，经清理核查有38户企业评估指标存在异常，查补税款280万元。通过大力加强木材行业税收征管，全县木材加工行业全年实现税收10353万元，同比增收5797万元，增长78.59%，实现以评促管、以评促收的良好成效。③加强大企业税收风险管理。借助梅州市国地税大企业税收风险管理工作启动现场会在平远县召开的机遇，加强对梅州市国税局列名大企业辅导规范财务核算和纳税处理，引导帮助企业从整体上、制度上健全完善税务风险内控机制，增强企业税务风险防范。（2）稽查职能作用有效发挥。①严抓各类检查。通过严密选案、严谨取证，严肃定性、严格处罚，全年实现稽查收入698.29万元（其中立案检查9户，查补税款50.69万元，督导企业自查41户，自查税款647.59万元）。确定2户企业为2016年的专项检查对象，开展打击虚开增值税专用发票违法犯罪活动工作和打击骗取出口退税和虚开增值税专用发票专项工作，共查补税款20.18万元，有效维护税法刚性。②落实执法督查。进一步强化税收执法责任制、执法责任追究制。依照上级规定的督察重点，对代开发票管理等事项进行税收执法督察，整改存在问题，提高执法正确率，堵塞执法漏洞；扎实用好“税收执法信息管理系统”“税收执法风险防御系统”等信息监控系统，推进执法规范化水平的提高；全年开展2宗“一案双查”工作，协助梅州市国税局对平远县5户木材加工企业实施“一案双查”，进一步防范税收执法风险。（3）税收优惠政策积极落实。做好小微企业、研发费加计扣除、固定资产加速折旧、高新技术企业优惠政策和各项所得税优惠政策的贯彻落实。通过广泛宣传、上门辅导，让企业知悉政策规定，明白优惠流程，熟悉申报表填写，使符合条件的纳税人的受惠面达100%。

【税收改革】 2016年，平远县国家税务局从两个方面做好税收改革工作。（1）营改增试点全面推开。2016年5月1日，营改增试点全面推开，全县新纳入营改增试点纳税人789户，其中建筑安装业149户、房地产业40户、金融保险业16户、生活性服务业584

户。平远县国家税务局全力帮助营改增企业用好增值税抵扣机制，做到进项税额应抵尽抵、税收优惠应享尽享。①数据梳理。逐户确认试点纳税人数据的完整、真实、准确，将摸底调研情况与国地税共享征管数据进行比对，分析预测企业税负指标变化情况和税源规模。②征管衔接。做好对征管系统、网上申报、增值税发票管理系统、税库银横向联网电子缴税等信息系统的联调联试；与平远县地方税务局密切配合，加强税收征管工作衔接，开展互相委托代征税收工作。③宣传服务。科学调整办税资源，增设营改增服务窗口，开辟营改增绿色通道、营改增专区；积极回应纳税人诉求，落实好服务营改增八项承诺；组织平远县国家税务局40多名青年志愿者，利用节假日分赴全县12个乡镇80余家试点企业开展入户宣传，帮助纳税人尽快适应新税制的要求。④教育培训。对内，组织税务人员进行系统业务培训，确保熟悉政策、熟练操作。对外，与平远县地方税务局联合召开营改增纳税人座谈会，邀请全县新纳入试点的24家重点企业和相关行业主管部门60名代表参加会议，增进社会各界对营改增政策的理解和支持；借助社会中介机构等资源，有针对性地举办2场试点纳税人培训班，内容涵盖政策解读、业务知识、增值税防伪税控开票系统和纳税申报系统的操作技能等，240余人次参加培训。⑤后续管理。持续提高纳税人身份界定的准确性，根据纳税人的生产经营变化情况及时修正身份界定结果；抓好纳税人申报质量，对《税负分析测算表》的填报进行再检查、再梳理、再重申；对数据进行准确性、合理性进行检查，对异常数据进行逐户排查。（2）国地税合作全面推进。按照上级局的统一部署，平远县国家税务局和地方税务局采取互商互动，互派互驻，互融互通，互利互信的合作模式，稳妥推进《国地税合作工作规范》（2.0版和3.0版），推动《深化国税、地税征管体制改革方案》在基层落地。双方按照合作计划时间表、路线图，逐步细化、有序开展各个合作项目。纳税服务方面：通过互设服务窗口、互派人员进驻大厅（地税派驻2人，国税派驻1人），搭建联合办税服务平台；联合对380户纳税人开展信用等级评定工作；共同召开纳税信用建设座谈会，共促良好税收环境。税收征管方面：协同开展3938户定期定额户的定额核定工作，共同认定非正常户，联合开展欠税清缴；共同开展税收分析和税收调查，共同撰写专题税收分析报告。税收宣传方面：共同开展逾60次税收宣传活动，合力助攻营改增政策宣传。信息共享方面：累计共享涉税信息7395条，联合从17个部门采集第三方涉税信息432条，共享外出经营建筑服务企业信息260条。

2016年4月19日，平远县国家税务局 平远县地方税务局联合召开营改增纳税人座谈会　　（吴学晓 摄）

【纳税服务】　2016年，平远县国家税务局从两个方面做好纳税服务工作。（1）办税服务模式持续优化。①服务标准化。以争创“五星级”办税服务厅和“青年文明号”为契机，对办税服务厅按照标准化建设要求进行升级改造。重新科学布局功能区域，降低办税柜台高度，实行开放式办税。②办税电子化。扎实推广应用广东省电子税务局，举办3场税务人员和纳税人培训班，辅导全县纳税人进行实名制注册，享受“互联网+税务”带来的便捷、高效服务。积极推广电子（网络）发票新系统854户，向186户纳税人发行电子发票，进一步实现信息化办税；认真落实取消增值税专用发票认证工作，及时将政策通知到纳税信用为A、B和C级增值税一般纳税人和新纳入营改增试点的增值税一般纳税人，详细讲解发票查询平台操作方法。③责任透明化。启动税务行政许可和税务行政处罚信息“双公示”工作，全年通过国税门户网站向地方政府门户网站公示行政许可20条信息，行政处罚5条信息，进一步加强社会监督，推动社会信用体系建设。（2）税收宣传模式持续优化。结合“聚焦营改增试点，助力供给侧改革”主题，精心组织全国第25个税收宣传月活动。①“互联网+”项目。除传统宣传项目外，积极开拓“互联网+”思维，印制发放3000份“二维码”（扫一扫“码”上知道营改增）宣传资料，让纳税人轻松使用移动终端扫描二维码获取营改增相关政策信息。②国地税合作项目。与平远县地方税务局共同以“平远税宣”的名义开展系列活动，包括举办营改增纳税人座谈会、营改增纳税人培训班、“税宣杯”球类邀请赛、“税法进校园”活动等，实现税法遵从度和公众满意度的双提升。③创新合作项目。与平远县文联合作，将“讲好税收故事”纳入税宣要点，共同举办名家文学讲座和“闽粤赣”三省九县税收专题采风活动。

【存在问题】 2016年，平远县国家税务局存在的主要问题是：（1）经济税源基础薄弱，新增税源不多，在税收收入基数越来越高的情况下，保持收入持续增长的压力较大。（2）税收征管工作还存在薄弱环节，内部管理制度仍不够完善，征管工作的质量和效率还有待进一步提高，征管改革力度需要加大。（3）创新工作的意识和能力还有待加强，在完成各项工作任务的过程中，改革创新、干事创业、创先争优的热情不足，需要调动积极因素，鼓劲升温。（刘蔚琳）

2016 年度平远县国家税务局负责人名录

局　长：刘　舫

副局长：朱柳平（任至3月）　韩世机

　　　　赖建平（任至11月）　韩远贵

地　　税

【概况】 2016年,平远县地方税务局有机关股室6个、直属单位1个、基层分局5个。至年底，共有正式干部职工98人、协税员11人、临时工15人、新招录公务员7 人。2016年，平远县地方税务局认真抓好组织收入，依法进行税费征管，认真进行税政建设，不断提升纳税服务水平，各项工作取得预期效果。

【组织收入】 2016年，平远县地方税务局全年累计组织税费收入106503万元，对比上年同期87350万元，增收19153万元，增长21.93%，首次突破10亿元大关，创历史新高。其中，地方各级税收收入70614万元，首次突破7亿元大关，同比增收6299万元，增长9.79%，完成梅州市地方税务局下达税收预期目标68610万元的102.92%；社保费及其他规费收入35889万元，同比增收12854万元，增长55.80%。针对2016年严峻的税收收入形势，平远县地方税务局始终把组织收入工作作为主线，加大税收执法力度，加强辖区税源调查分析，加强重点行业和重点税源的监控，扎实开展纳税评估和征管督查，加强日常税收检查，加强国地税合作，结合地方税源、征管资源配置及信息化建设实际情况，派员进驻国税大厅征收地方税费，堵塞地方税收征管漏洞。

【税费征管】 2016年，平远县地方税务局从五方面做好税费征管工作。（1）全面完成“营改增”工作。①配合国税部门，核实确认“营改增”业户，完成对全县793户营业税纳税人的基础信息核实。②加大营改增行业的营业税清理，重点清理生产周期较长的房地产、建筑安装行业营业税2983.65万元。③稳妥移交普通发票、冠名发票，保证与国税在发票管理中的顺利衔接。④积极开展国、地税工作协作，组织召开3次“营改增”联席会，在互设办税窗口、派驻工作人员、办税厅标识设置等软、硬件方面达成共识。⑤制定应急机制，加强舆情监控。对“营改增”过程中可能出现的问题，制定应急机制，防止出现重大事故和不良舆情。⑥抽调大量业务能手、技术骨干进行“两代”工作系统测试及房地产税费一体化管理系统的测试，保证两个系统的数据无缝连接。5月1日0时16分成功开具全市地税系统第一张增值税发票，标志着“营改增”工作全面推开，新旧税制圆满转换。（2）深入开展纳税评估工作。该局积极做好房地产等重点行业纳税评估工作，利用国土、房管、金融等第三方涉税信息，确保相关税收及时、足额征收，有效堵塞征收漏洞。全年实施日常评估和专项评估117户，实现税收 5261 万元, 占税收收入比重7.45 %。①利用获取的第三方涉税信息敦促管理分局及时开展日常评估，发现47户纳税人存在涉税问题，及时分析情况并进行催报催缴。②完成梅州市地税局布置的增值税纳税大户专项评估任务。对114户纳税大户实施纳税评估，发现有27户纳税人存在不申报或少申报缴纳城建税、教育费附加、地方教育附加及其他地方税费的问题。经过质疑约谈、下户调查核实，实现入库税款25万元。③按计划开展企业所得专项评估。选定11户企业作为重点评估对象，完成结论11户，累计调增所得额73万元，补缴各税和滞纳金0.8万余元。截至2016年年底，累计完成纳税评估收入 4939.76万元，占已完成税收收入比例8.20%,累计完成日常评估收入3008.60万元。（3）不断完善信息管税机制。①在全县办税服务厅推行税费业务“同城通办”，在此基础上及时推行税收业务“全市通办”。12月1日起正式实行办税事项“全省通办”，可开展的全省通办事项共4大类48项，进一步打破对区域和税收管辖权的限制，把选择办税场所的权利交给纳税人，降低办税成本。②积极推行电子办税，联合国税部门制定推行方案，拟定可行措施，全面推广应用广东省电子税务局。（4）全面落实资源税改革工作。完成资源税测算工作。充分听取企业、财政以及国土等相关各方的意见，选取8户具有代表性的企业进行税负调研，完成铁矿石、石灰石、钾长石等5类资源的资源税测算工作；做好资源税全面改革上线的工作。采取多种方式向纳税人宣传、解读资源税改革政策，指导纳税人正确试填、准确核算、规范申报。全力保障资源税征收系统正常使用、平稳运行。（5）切实抓好规费管理工作。完成社保费征管系统免参保资格管理、非正常户认定、单位应征冲账等文书审批流程定义，提高社会保险费征管水平；切实加强规费申报审核管理，加强与社保、水务、残联、工会等部门的配合，深入宣传规费政策，认真落实税费“同征同管同查同服务”工作机制，扩大规费征收覆盖面，挖掘规费征收潜能，各项规费收入保持平稳增长。

【税政建设】 2016年，平远县地方税务局从四方面做好税政建设工作。（1）规范企业所得税管理。①完成2015年度企业所得税汇缴工作。依照省局要求，该局大力提高纳税人自核自缴能力，主动引导、辅导企业通过电子办税服务厅完成优惠事项备案，截至5月

31日，全县有202户企业进行2015年度企业所得税申报，汇算清缴面100%，汇缴应补企业所得税113.4万元，汇缴应退税额468.6万元。②开展2016年企业所得税重点税源与高风险事项管理工作，选拔业务骨干组建企业所得税风险管理专业团队，对10家重点企业进行核查，对捐赠支出扣除、业务招待费支出扣除等进行调整，累计调增企业所得额200万元。③采取有力措施，不折不扣落实居民企业所得税预缴申报期限工作，将251家应调整预缴申报期限的居民企业调整到位。（2）切实做好个人所得税管理。①完成2015年度年所得12万元以上个人所得税自行申报工作，受理300位纳税人自行纳税申报，同比增加157人，增幅109.8%。已申报个人所得税应税所得额8285.15万元，减免税35.59万元，申报补缴个人所得税3.37 万元。②制定强有力措施，实现个人所得税电子明细申报覆盖面和申报率达到95%以上。该局应进行个人所得税明细申报总数为1687户，除11户不需要申报工资薪金个人所得税的单位外，其余已全部进行电子明细申报，实现个人所得税电子明细申报覆盖面和申报率均达到99%以上。③成立风险管理团队，组织开展个人所得税风险管理工作。以已申报年所得12万元以上的纳税人为重点，抽查其2015年度扣缴明细申报数据，发现问题予以及时补录或更正。（3）积极落实税收优惠政策。①依托网络媒体资源、发放宣传资料、下户到企业等方式，多途径、多渠道向纳税人宣传税收优惠政策及办税流程，扩大税收优惠政策社会知晓度、认知度，对符合条件的企业告知率达100%。②依法依规，保证税收优惠政策落实到位。尽量简化办理优惠政策的工作流程，让纳税人少走弯路，少花精力，节省办税成本，调动纳税人主动申报享受的积极性、主动性。全县2016年度小型微利企业共155家，享受小型微利企业税收优惠政策的企业有155家，减免企业所得税20.8万元,户均享受减免企业所得税0.43万元,税收优惠实际受惠面100%。（4）加大稽查工作力度。①完结上年未结案件两宗,查补入库税款321.77万元。②认真开展行业和区域税收秩序专项整治。认真落实随机抽查制度和案源管理制度，重点查处房地产和建筑安装等行业以及高收入个人的涉税违法行为，通过检查发现行业性、区域性、趋势性的偷逃税违法规律，以点带面开展整治，促进税收秩序不断规范和好转。③认真做好2016年打击发票违法犯罪活动工作，做到“查账必查票”“查案必查票”“查税必查票”。对6个重点行业的发票进行全面清理检查，合计清理检查发票用户 153户，查处违规使用发票企业3户，违规发票12份，罚款1.43万元。

【纳税服务】 2016年，平远县地方税务局从两方面做好纳税服务工作。（1）认真落实纳税人需求管理工作。①依托和扩大服务渠道，健全和落实限时办结、及时反馈、跟踪回访、互动交流工作机制，切实做好“民声热线”来件的转办、跟进、回复等处理工作，协同相关部门研究解决纳税人反映的诉求与问题，积极维护纳税人合法权益。②开展纳税满意度问卷需求调查，以解决纳税人实际问题为导向，了解掌握纳税人诉求，完善纳税人需求分类归集，建立纳税人需求响应机制。（2）继续加大税收宣传力度。①以“聚焦营改增试点 助力供给侧改革”为主题，联合国税局深入推进第25个税收宣传月活动。利用微信公众号、电视台等媒体做好税收政策法规宣传工作。开展税法进校园活动，开设税收知识宣传专栏、举办税收知识手抄报有奖比赛等。开展包括篮球、乒乓球邀请赛在内的“税宣杯”系列体育活动。②集中声势宣传《深化国税、地税征管体制改革方案》，突出重点，强化宣传广东国地税联合推进电子税务局建设、纳税人分类分级和税收风险管理、深化拓展银税互动、提升大企业税收管理层级等创新纳税服务机制及税收征管亮点工程。（陈均山）

2016年8月30日，平远县地税局举办全县地税系统党员领导干部“三纪”教育培训会议　（陈均山　摄）

2016年度平远县地方税务局负责人名录

局　　长：连丹强

副 局 长：张建河　张仕平

总经济师：池运军

中国人民银行平远县支行

【金融服务】　2016年，中国人民银行平远县支行从五方面做好金融服务工作。（1）开展金融知识宣传活动。2016年，该行先后组织各金融机构开展金融知识进社区、学校、农村等宣传活动，悬挂各类宣传横幅36条，组织开展各类大型宣传活动21次，参加活动人数5629人次，发放宣传资料13420余份。（2）做好信用信息查询工作。为个人和企业信用报告查询提供服务，其中，柜台查询890笔，客户自助查询2230笔，企业查询88户。（3）做好跨境贸易人民币结算业务工作。加强银企协调，推进跨境人民币结算业务，主动为重点企业提供优质服务。至12月底，平远辖区发生跨境人民币结算业务55笔，金额8544万元。（4）加强国库会计管理。加强各种原始凭证审核，协助财税部门做好税款入库工作，准确及时办理各级预算收入的收纳、划分、调拨。至12月底，国库收入业务发生350613笔，金额1807370万元；支出业务10424笔，金额308313万元；退库业务464笔，金额30587万元。（5）加强人民币银行结算账户行政许可和业务管理工作。至12月底，办理核准类账户813户，销户1025户，变更336户，为平远县农商行迁移核准类账户1020户。

【金融管理】　2016年，中国人民银行平远县支行从五方面做好金融管理工作。（1）加强农村信用体系建设。至12月底，全县有信用村129个，金融服务示范村28个，评定示范信用户488户、示范信用村35个、示范信用镇2个，录入梅州市农户诚信信息服务系统评级农户数44837户，录入广东省企业非银行信用信息共享系统相关信息350条。（2）做好反假货币工作。2016年，该行与江西省寻乌县人行共同建立跨地区反假货币协作制度，将2县4个镇的8个行政村反假工作站作为协作共建点，并实现挂牌，为边界群众收到机制假币、变造假币，以及残损币兑换等提供指导和服务。（3）发挥信贷政策作用，支持地方产业发展和特定群体创业。至年底，全县金融机构房屋按揭贷款余额106738万元，同比增长42.43%，向3家生态休闲旅游企业发放贷款4969万元，发放南药、脐橙、油茶、有机稻等特色农业支农再贷款5000万元，发放特定人群创业政策性小额担保贴息贷款1336.5万元，向3家中小微企业发放信贷风险补偿贷款2145万元。（4）金融消费者权益保护工作稳步推进。该行与平远县消委会签订《金融消费纠纷联合解决机制合作协议》，关注新消费领域和群众诉求热点，收集和整理消费者意见建议。至年底，调解金融消费纠纷案达10宗。（5）加强辖区金融风险监测，维护金融稳定。认真落实重大事项报告制度，指导地方性法人金融机构完善流动性风险应急处置预案，并加强法人机构存款保险指标的日常监测和小贷公司数据监测，确保金融稳定。

【金融发展】 2016年，中国人民银行平远县支行从四方面做好金融发展工作。（1）存贷款稳步增长。至年底，全县金融机构各项存款余额78.29亿元，增长17.97%；各项贷款余额35.51亿元，增长15.08%。（2）开展乡村金融服务站建设，加大农户信贷支持力度。至年底，全县涉农金融机构发放的农户贷款户数7521户，贷款余额85263万元。2016年累计授信的农户2921户，累计授信金额45892万元。（3）借助互联网金融，做强做大特色农业。①借助互联网金融支持农业种养项目，通过众筹方式筹得资金5万元，2016年产值超过15万元。②依托金融机构互联网平台，将茶油、粮油、橙汁等系列产品依托工行“融e购”平台销售特色农产品。③银企合作共同推进粤东首家农产品交易中心——广东华泰农兴农产品交易中心上线，搭建起连接生产、加工、销售三个环节的电子商务平台。（4）发挥证券类金融机构作用，协助政府部门做好企业挂牌上市、股份减持等工作。至年底，协助县政府出台推动企业上市工作方案，并建立涵盖稀土、木业、酒业、铸造等产业的20多家上市后备企业资源库；同时引荐4家上市公司在平远减持股份，增加地方税收14102万元。（肖春辉）

2016年度中国人民银行平远县支行负责人名录

行　长：邹和平

副行长：陈竹宏　林　军

中国工商银行股份有限公司平远支行

【业务数据】 2016年，中国工商银行平远支行紧紧围绕“争创第三个一千亿”的主题和“深化转型发展”的主线，以发展带转型，以转型促发展，在新常态下贯彻落实“行稳致远、稳中有为”的经营理念，以同业领先为目标，不断夯实客户基础,实现经营发展新跨越。（1）各项存款时点余额62955万元，比年初增加5666万元；其中，储蓄存款余额34345万元，比年初增加2451万元；公司存款余额9307万元，比年初增加1715万元；机构存款余额18513万元，比年初增加1201万元；保证金存款余额791万元，比年初增加298万元；外币储蓄存款余额11.39万美元，比年初增加5.78万美元；从存款结构来看，活期存款余额47402万元，占全部存款的75.30%；定期存款余额15553万元，占全部存款的24.70%；各项存款结构优化力度不断加大，付息成本不断降低。（2）全年中间业务收入487万元，同比少收28万元，中间业务收入同业占比排第2位。（3）继续做好拓户工作，不断夯实客户基础工作。对公客户数449个，比年初新增34户；个人客户数57054户，比年初新增2258户；小企业信贷客户14户，比年初新增1户；信用卡发卡量1661张，净增288张；新增二维码商户63户。（4）各项贷款余额35416万元，比年初减少1077万元。其中，公司贷款余额11629万元，比年初减少4541万元；个人贷款余额23797万元，比年初增加3464万元。个人类贷款占比67.19%，其中个人住房按揭贷款余额15661万元，比年初增加5137万元，个人住房贷款占个人类贷款的比例为65.81%，占全部贷款的比例为44.22%，分别比年初上升14.05%和19.42%，信贷结构调整力度不断加大。（5）贷款利息收入2276万元，利息净收入1758万元，分别比同期少收492万元和295万元；利息支出518万元，比上年同期减少197万元；拨备前利润比上年同期少218万元，人均利润继续保持同业第一。

【工作措施】　2016年，中国工商银行平远支行紧紧咬住市场和目标，顺势而上做好全年各项经营工作。（1）抓好利润持续增长核心工作。牢牢把握经济效益这个中心，进一步增强责任担当意识，多策并举实现经营利润稳定增长。（2）抓好拓户工作。加强与政府等职能部门联系，结合县域经济特点和经济发展热点，切实做好县重点建设项目、招商引资项目、新落户项目的拓户工作；以业务转型促发展，加大个人住房按揭业务的拓户工作；以代发工资、三方存管、“薪金溢号”和“存管通”、私人银行等产品为抓手，巩固存量客户，营销新客户；加大互联网金融的营销力度，全力推进电子银行4E产品、二维码商户的拓户工作。（3）抓存款基础工作。以“功在平时、贵在坚持”的理念抓好存款营销工作，着力把拓户与存款增长紧密结合起来，把日均存款增长和关键时点的市场份额统筹起来，不断提高各项存款的总量。（4）抓业务转型，促业务发展。加大力度推动个人住房按揭业务、不断提高个人住房按揭贷款品种在个人类贷款占比，积极稳妥做好消费类、经营性等个人贷款的营销工作，在风险可控的前提下做大个人信用贷款、普通消费信用卡分期付款业务，大力拓展购车分期付款业务。加大重点项目及中小企业信贷拓户力度，把资产业务做大做强，为利润持续增长夯实基础。（5）抓好风险管理工作。以“三铁”手段严守资产质量生命线，坚持“用好增量、盘活存量、优化结构、改善质量”，以“固本、清源、活血、化瘀”工作思路做好信贷业务工作。认真开展“信贷管理基础强化年”活动，进一步强化各级信贷从业人员信贷文化建设，牢固树立正确的信贷经营观和全面风险观，增强忧患意识、风险意识和责任意识，强化精细化管理，保持资产质量稳定，全面落实剪刀差管控目标责任，确保实现资产质量零不良。

【内控案防】　2016年，中国工商银行平远支行从四个方面抓好内控案防和安全管理工作，积极开展社会治安综合管理及平安金融创建工作，实现安全运营。（1）加强内控案防管理和安全保卫工作，持续深入推进内控管理长效机制建设，认真开展员工思想动态分析，组织开展消防安全及防抢劫等应急预案演练，全员签订内控案防工作责任书、消防安全责任书、党廉案防责任书。（2）不断深化“树立三种意识，筑牢三道防线”，进一步增强全行依法合规经营理念、案防风险意识。（3）认真开展“内控合规基础强化年”及“重塑合规年”主题活动，积极开展员工参与非法集资与民间融资等异常行为专项排查工作、“十大重点领域和关键环节”、“两个加强、两个遏制”回头看等各项专项治理活动，培育合规文化，树立合规意识，防范各种风险隐患，确保安全运营。（4）认真落实金融系统社会管理综合治理暨平安金融创建目标管理工作，切实维护金融稳定，构建良好的金融生态环境，积极防范金融风险。

【反洗钱和反假货币】　2016年，中国工商银行平远支行认真执行监管机构的各项反洗钱规定，加强反洗钱组织机构及制度建设，继续加大支行反洗钱工作力度，积极推动反洗钱工作的进一步贯彻落实，完成反洗钱各项工作任务。扎实开展反洗钱和反假货币的各项宣传培训活动。另外，按照平远县金融行业协会的统一部署，积极开展以“权利·责任·风险”为主题的“3·15”金融消费者权益主题宣传教育活动、“防范网络诈骗、电信诈骗”等宣传教育活动。进一步做好金融知识进校园活动。

【服务管理工作】　2016年，中国工商银行平远支行加强服务管理工作，深入推进服务体验建设年主题活动和“服务面貌专项整治季”活动各项工作，全面开展窗口服务争先创优活动，加强窗口服务标准的培训教育，提升窗口服务水平。以服务创新，服务效率为抓手，内强素质，外塑形象，改进窗口服务工作，不断加强支行服务管理工作，为客户提供卓越的金融服务，努力提升客户满意度和市场赞誉度。

【存在问题】 2016年，中国工商银行平远支行存在的问题是：（1）主要业务经营指标发展未达到预期目标，储蓄存款基础不夯实，存款持续增长乏力，与同业差距较大，而且解决办法不多。（2）客户基础仍然薄弱，拓户与客户维护工作有待加强，中高端个人客户增长乏力，客户结构仍需进一步优化，互联网金融拓户意识有待提高，机构客户受历史板块分割影响严重。（3）网点区位劣势，影响网点核心竞争力进一步提升。

（曹广先）

2016 年度中国工商银行股份有限公司平远支行负责人名录

行　　长：李发亮

副 行 长：袁红云

行长助理：徐腾斌

中国建设银行股份有限公司平远县支行

【主要指标】 至2016年年底，中国建设银行股份有限公司平远县支行一般性存款余额8.24亿元，比年初新增2.34亿元，增幅39.79%。新增计划完成率256.57%。年新增存款突破2亿元，均创支行存款历史新高。其中，企业存款余额3.91亿元，比年初新增1.91亿元，完成全年计划376.16%，全市分行排第四位；个人存款余额4.33亿元，比年初新增4290万元，完成年度计划109.95%。各项贷款余额2.08亿元，比年初减少138万元；不良贷款余额76.38万元，比年初增加68.75万元，完成上半年计划的26.18 %；不良贷款率0.43 %。

【工作措施】 2016年，中国建设银行股份有限公司平远县支行从三方面做好工作。（1）继续实施大零售业务、公司业务并重战略，扎实抓好各项业务发展。①开展“深一透五、两会两圈”活动，组织营销团队主动出击，走进企业单位，走进社区、走访客户，密切银企、政企关系，促进支行对公存款业务发展。到年底，企业存款比年初新增1.91亿元，完成全年计划376.16%，全市分行排第四位。新增市场占比36.37%，新增三大行排名第二位。②抓好重点产品营销。举全行之力进行营销，加大宣传力度营销粤通卡业务，到年底，粤通龙卡发卡安装电子标签1765张，完成任务率140.8 %，全分行排第一位。③继续推进资产业务下沉业务。在中小企业信贷业务资源欠缺的情况下，加强原有贷款管理维护，着重抓好个人信贷业务。截至年底，个人贷款余额1.16亿元，比年初增加1800万元；推荐发放公司类贷款5笔3250万元，公积金贷款89笔1526万元。（2）巩固“三综合”建设成果，继续推进网点转型配套建设。着重完善“三综合”建设相关制度，完善工作目标任务，从里到外认真抓好物理环境整治工作；继续优化劳动组合，实行前后台分离，弹性排班，调整人员充实大堂经理岗位，每个员工轮流充当大堂经理角色，保持每天中午都有大堂经理值班，就岗率达到100%。根据季节性业务发展状况，适时调整激励措施，提升员工主观能动性、积极性。积极开展“三走进”活动，服务基层抓服务，走近客户，宣传营销金融产品。走近员工，倾听员工心声，解决实际工作中的问题和困难。（3）强化内控合规工作，积极开展“合规平安年”活动。①细化开展主题教育活动的计划，深化“一班一讲一主题”教育内容。组织员工认真学习188条规定、2个红线手册，定期组织员工进行合规知识考试，鼓励员工撰写学习心得体会。②每月召开一次案件防控工作分析会，认真开展自查自纠工作，做到有检查，有登记、有整改、有记录。③继续开展领导与员工“一对一”谈话，了解员工工作、学习、生活情况，了解员工心声，广泛征求员工对支行工作建议和意见。加强员工日常行为排查工作，关注员工八小时以外动态，每月由支行行长对全行员工进行行为排查。④切实落实岗位职责，根据不相容岗位的管理要求，对各个柜员进行定岗定职，对印章保管、单证管理、汇划核算、票据交换等重要岗位进行合理分工。对重要岗位人员进行定期轮换，2016年，轮岗人员有4人。⑤认真做好反洗钱工作，开展客户身份识别，及时报送大额和可疑交易报告，按要求进行客户风险等级分类，切实履行各项反洗钱法律义务和社会责任。⑥加强办公场所值班检查力度，强化自助设备安全巡查和监控录像管理，加强营业场所用应急预案演练工作，认真组织员工每月进行一次应急预案演练，共组织员工进行12场应急预案演练，参加人数180人次，提高员工应对突发事件处置能力。　　（建设银行平远县支行）

2016年度中国建设银行股份有限公司平远县支行负责人名录

行　　长：刘康平

行长助理：刘奎贤

中国邮政储蓄银行平远县支行

【概况】　2016年，中国邮政储蓄银行平远县支行以“转型保市场，合规促发展”为主题，坚持“稳健经营、科学发展”的总基调，坚持“稳中求进、提质增效”的主方向，推动全年经营目标的圆满完成。至年底，平远县邮政金融各类存款余额20.46亿元，各类贷款结余额13.1亿元，并被中国邮政储蓄银行梅州市分行评为优秀职工小家，平城中路支行（网点）被中国邮政储蓄银行梅州市分行评为先进集体。

【做好上市配套工作】　2016年9月28日，中国邮政储蓄银行在香港上市，净募资566亿港元，成为年内全球最大IPO。邮储银行将一如既往地坚守战略定位，并顺应中国经济转型发展的需要，以上市为契机，不断提升客户服务水平，增强综合竞争实力，着力打造成为具有高成长性和独特竞争力的优秀上市公司。为严格贯彻上市新要求，邮储银行平远县支行以“三个对标”（“与上市规范对标，与监管要求对标，与内控评价对标”）为新标准，开展2016年“内控达标年”活动，通过学习《内控达标年学习手册》开展警示教育、对照自查排查、落实整改问责，要求全行员工合规履职。此外，该行结合省市分行总体战略部署和工作要求，提出抓转型、保优质客户；抓市场，保稳步增长；抓合规，保质量安全；抓党建，保团队能力。推动平远邮储银行工作再上新台阶。

【业务宣传】　2016年，中国邮政储蓄银行平远县支行积极做好业务宣传工作。（1）“邮行日”主题活动。为创新营销模式，加强产品集中宣传，有效提高邮储银行品牌形象和推动业务发展。在中国邮政储蓄银行成立9周年之际，邮储银行平远县支行极力打造“邮行日”主题活动，全面贯彻“营销转型”战略。3月20日，“邮行日”活动全面启动，该行邀请约惠商家参与钜惠活动，并举办“客户升级会”“网点沙龙”“产品推介会”“路演”等推广该行各类金融服务。（2）金融知识宣传。为全面推进银行业金融知识宣传教育和普及工作，提高广大金融消费者维护资金和信息安全的意识和能力，依法保护自身权益，严厉打击新型电信诈骗犯罪活动，该行积极开展“金融知识进校园”“打击电信网络新型违法犯罪专项宣传活动”“消费者权益日主题宣传活动”等。以PPT授课、发放宣传折页、接受咨询、悬挂放宣传横幅、网点LED显示屏等形式，推动平远县实现金融知识宣传教育常态化。

2016年3月20日，邮储银行平远县支行举办“邮行日”活动暨引战上市

【服务“三农”】 2016年，中国邮政储蓄银行平远县支行做好服务“三农”工作。（1）为进一步打造专业化的农村服务体系，更好地践行普惠金融，根据中央1号文件（《关于落实发展新理念加快农业现代化实现全面小康目标的若干意见》）以及省市分行的统一部署，12月9日，中国邮政储蓄银行平远县支行三农金融事业部平远县支行营业部正式挂牌成立。全面负责小额贷款（含个人商务贷款）经营管理，涉农公司金融业务、农业农村项目贷款及涉农非贷类金融业务的营销组织工作。2016年，该行涉农贷款余额4亿元，较年初增加7000万元。（2）为坚持面向“三农”、服务大众的战略定位，做好国家惠农政策资金发放渠道服务。邮储银行平远县支行依托通达城乡的金融服务大网，借力植根城乡的基层服务优势，为平远县征收“职业养老保险”“被征地农民养老保险”和代发“居民医保”“农村养老保险”等工作做出巨大的贡献。2016年，该行代收农村养老保险2393万元，代发职业养老保险约2.8亿元，其中跨行代发约2.1亿元。（3）为扎根农村、服务农业、贴近农民，努力打通农村金融服务“最后一公里”，邮储银行平远县支行积极响应县金融办和人民银行的号召，全面落实普惠金融“村村通”建设工作。①打造乡村金融服务站以及助农取款服务点，该行共布放自助取款存取款一体机19台，助农取款服务机具71台，2016年全年累计办理查询、存取款及转账业务12400笔，合计金额为1304万元。②完善信用村建设，对该行挂点的36个乡村金融服务站及时做好农户、新型专业合作社等信息录入、更新信贷信息工作。③助力涉农贷款，该行安排信贷客户经理挂点各乡镇，着力解决涉农融资问题。

【商业、企业项目支持】 2016年，中国邮政储蓄银行平远县支行极力支持商业、企业项目发展。（1）该行项目攻关小组成功为梅平高速项目授信10个亿，并为项目下的5个标段及标段下属5个中队提供代发工资服务。至12月底，账户资金结余达1.1亿元，梅平高速项目的建成，将大大促进平远县及周边地区的经济发展。（2）为解决县域企业的融资难题，邮储银行召开“阳光送贷520行动第三季，贷款‘入园区·进村镇’”和“小水电行业推介会”等大型宣传活动，促进银企深入交流，深化融资服务，为企业的发展提供良好的机遇。并结合县域支柱行业情况，该行重点开发小水电行业，通过产品要素的调整，取得行业协会的认可，小水电行业开发取得实质性突破。2016年，该行全年着力在农业、木业、电子行业等方面加大贷款投放力度，累计发放小企业法人贷款1.1亿元。

【创业帮扶】　2016年，中国邮政储蓄银行平远县支行积极响应国家关于“大众创业、万众创新”的战略部署，平远县支行成为县域内发放再就业贴息贷款唯一指定合作的商业银行。2016年，平远县支行发放创业贴息担保贷款83笔，858万元，累计结余178笔，1420.74万元，带动当地人员就业，进一步激发当地群众的创业热情。（张子龙）

2016年中国邮政储蓄银行平远县支行负责人名录

行　长：连志烽

副行长：邓　燕（女，6月起任）

中国农业银行股份有限公司平远县支行

【资产业务】　2016年年末，中国农业银行股份有限公司平远县支行（以下简称“县农行”）本外币各项贷款余额8.21亿元，比年初增1.60亿元，其中个人住房贷款比年初增加1.74亿元，各项贷款在当地国有商业银行中存量占比位列第一。

【负债业务】　2016年年末，县农行本外币各项存款余额13.33亿元，比年初增2.94亿元，其中对公存款、个人存款分别增2.04亿元和0.90亿元，增量市场份额占三家国有商业银行的50.1%。

【中间业务】　2016年，县农行中间业务收入850万元，完成分行下达收入计划105.46%。

【国际业务】　2016年，县农行完成国际业务结算量18000万美元，完成分行下达全年计划的150%，列全市第二；完成结售汇量16449万美元，完成分行下达全年计划的182.77%，列全市第二。

【财务经营指标】　2016年，县农行实现拨备后利润3079万元，完成分行计划的104.03%；实现拨备前利润3246万元，完成全年拨备前利润计划的108.19%；列全市第二，经营利润逐年增长，成果显现。

【内部控制】　2016年，县农行全年实现安全运营无事故、无案件，内控综合评价继续保持一类行。

【工作措施】　2016年，县农行从四个方面做好工作。（1）比学赶超，稳步提升存款市场份额。加大考核激励和督导力度，对标同业、对标先进，做到紧盯目标任务，紧跟目标客户，紧抓落实措施，加大全行营销力度，积极拓展储源。（2）利润统领，促进业务经营转型发展。努力做强中收基础，2016年以来部分业务受市场和政策因素影响较大，特别是代销基金和分期业务，为确保中收可持续稳定增长，该行将电子银行、代理保险业务作为重点，向客户灌输资产配置理念，提高保险业务营销效率，利用掌上银行特色功能和转账手续费减免优惠措施，组织开展专项营销活动，努力做大市场份额。（3）紧盯目标，促进贷款业务稳健发展。面对有效信贷需求不足和风险管理难度上升的双重压力，坚持“一大一小一优”投放重点。该行加大个人贷款业务市场营销拓展；抓好法人优质资产业务稳健发展；同时坚持常态化信贷风险排查；做好委托资产清零工作，紧盯目标、落实责任，按照分行要求的时间进度全面完成处置目标。（4）坚守底线，严抓案件风险防控。①全面落实“案防排雷”工作。②抓好“两加强、两遏制”回头看自查工作，强化合规经营意识。③开展合规文化宣传教育，组织开展“合规文化建设暨案例巡回宣讲”和“知法·守法·敬法”案例警示教育活动。

【服务“三农”】　2016年，县农行着力践行服务县域“三农”，为改善金融服务环境、满足金融服务需求和提升金融服务水平。9月28日，在大柘镇平远大道中新开设离行式自助银行对外营业；安装自助存取款一体机2台、自助营销终端1台，为客户提供包括银行卡查询、存取款及转账业务、自助理财等24小时的自助服务。（余 忠）

2016年度中国农业银行股份有限公司平远县支行负责人名录

行 长：黄军梁

副行长：杨伟安 李小华

广东平远农村商业银行股份有限公司

【概况】 2016年，广东平远农村商业银行股份有限公司（以下简称“平远农商行”）全面落实从严治党、从严治贷、从严治军，有序推进存、贷款和中间业务快速发展，实现资产负债规模不断扩张，支农支小成效显著，电子银行平台建设快速推进，企业效益与社会效益双丰收。至年底，全行总资产33.21亿元，比年初增长20.96%，总负债30.48亿元，比年初增长22.61%。存款总余额28.17亿元，比年初净增4.81亿元，增长20.57%，占全县金融机构的36.83%；贷款总余额17.88亿元，比年初净增2.44亿元，增长15.8%，占全县金融机构的50.35%。全年实现经营利润0.68亿元，交纳各项税费2921万元。在2016年度全省97家农合机构综合业务考核中排名第四位，并获得B类农商行一等奖；被梅州市公安局评为金融单位内部安全保卫工作先进单位。

【服务“三农”与实体经济】 2016年，平远农商行深入贯彻落实支持“供给侧”结构性改革工作要求，以支持“三农”和服务实体经济为主线，发挥农村金融主力军的作用。（1）深耕农村市场，大力推进农户小额信用贷款、特色农产品大额授信贷款，主动服务农产品精深加工企业，最大限度满足“三农”资金需求。至2016年年底，涉农贷款余额16.79亿元，比年初净增2.78亿元，增长19.88%，增幅和增量均高于各项贷款，实现“两个不低于”目标。（2）积极支微支小，大力推进应收账款质押贷款、企业信贷风险补偿基金贷款等优势产品，创新推出客家特色民居贷款，助推实体经济发展。至2016年年底，中小微企业贷款余额达到9.51亿元，比年初净增1.4亿元，增幅17.26%，增幅增量均高于各项贷款，实现“三个高于”目标。

【业务发展】 2016年，平远农商行针对存贷利差收窄现状，深入推进多元化发展战略，做好各项业务发展工作。（1）存款实现新突破。该行立足市场发展定位，采用总行领导班子和市场部“总对总”营销模式，发挥各支行负责人和客户经理具体负责营销联动作用，以行政企事业单位存款抓手，通过完善考核机制和计价方式，狠抓管理、营销、维护、考核四大环节，实现存款业务创历史新高。至年底，各项存款比年初增长20.57%，其中单位存款增长73.36%，占各项存款的26.87%，比年初上升8.18个百分点。存款总量、增量、市场份额稳居全县金融机构首位。（2）加强硬件设施建设。在实现自助设备服务全覆盖的基础上，成功完成对大柘、差干和长田等3个网点ATM升级CRS以及超竹分理处营业厅的改造升级工作。（3）做好资产质量优化。该行积极落实省联社和梅州办事处提出的“从严治贷”工作要求，结合贯彻落实供给侧结构性改革实施方案的具体要求，顺势调整信贷投向，精准投放贷款，合理确定贷款期限；认真落实贷后管理例会制度，狠抓存量不良贷款清收盘活，促进贷款期限结构不断优化、信贷资产质量优化。至年底，中长期贷款比例由年初的

88.05%下降至78.63%，不良贷款实现“双降”目标。（4）加强中间业务产品的营销推广。通过绩效考核系统上线和计价方式调整，进一步推进金融社保卡、网上银行、手机银行客户端和代理保险等中间业务的营销推广。（5）推进电子平台建设。代理乡镇财政集中支付系统和国税“双代”业务的上线，微信银行正式开通，“鲜特汇”和“悦享商圈”商户群的不断壮大。至年底，实现中间业务收入241万元，同比增长7.11%。

【队伍建设】 2016年，平远农商行积极做好队伍建设工作。（1）以建立科学的选人用人机制为主线，规范干部管理。制定《中共广东平远农村商业银行股份有限公司委员会干部管理办法》，规范干部的日常管理，推进干部队伍年轻化、知识化、专业化。（2）人力资源管理系统上线运行。9月上线试运行全市绩效考核系统，11月运行全省人力资本管理系统（HCM），将人力资源管理和考核方式从手工管理模式升级为“线上”管理、考核模式。（3）推进员工持证上岗。组织金融市场、财务、科技等条线90多人参加上岗考试，考试通过率达到99%。（4）全面落实“四项制度”。年内轮岗换岗54人，强制休假48人，落实“四项制度”达到100%。（5）完善党建工作。有序推进“两学一做”教育学习工作，增强全行员工的凝聚力、号召力和战斗力。调整机关支部建置，顺利完成党委的换届选举工作；建立党委重大问题决策的工作机制，重大问题决策采取联席会议或党委扩大会的形式进行研究审议，充分发挥党委在“党管大事、党管战略、党管干部”核心作用。

【内控案防】 2016年，平远农商行按照省联社“防风险、促发展”的总体要求，结合“法治农信”建设，狠抓干部员工法纪教育，深入推进“五位一体”案件防控机制建设。（1）积极开展各类日常稽核检查24场次，开展涉及信贷、会计运营、人事行政、案防、合规和安保等条线专项检查20多项，有效堵塞各类风险漏洞，提升依法经营管理水平。（2）全面加强安防硬件设施建设。通过对运钞车加装移动视频监控系统，监控中心的改造升级，异地值守项目的落地建成，有效提升安防管理信息化水平。（张　淮）

2016年度广东平远农村商业银行股份有限公司负责人名录

董事长：张桂凤（女）

行　长：王　清

监事长：谢小光

副行长：黄尚文　郭晓丁

财　　险

【经营情况】 2016年，人保财险平远支公司承保金额166亿元，实现保费收入3411万元，保费规模创历史新高，对比上年同期3279万元，增加132万元，增长4%；赔款总支出1358万元，综合赔付率40%，全年实现表结利润674万元。

【工作措施】 2016年，人保财险平远支公司从三方面做好工作。（1）提升业务质量和品质。坚持在发展中调整结构，在业务规模上保持平稳的增长速度。大力发展责任险、意外险、企业财产险、学平险等效益型险种，使其在规模上不断扩大，创造出更高的效益。2016年10月底完成阶段性任务学平险约25万元，12月15日完成“随车行”任务4万元，按时完成梅州市公司下达的肉猪保险任务50万元，并超额完成梅州市分公司下达的阶段性任务。（2）响应梅州市分公司促销活动，不断掀起展业高潮。“双11”（11月11日）期间，人保财险平远支公司全体员工利用团购促销活动的机会，2天承保100多辆车，收取保险费50多万元；“双12”（12月12日）期间，3天承保200多辆车，收取保险费80多万元。（3）开展政策性农业保险工作。平远县支公司作为政策性农业保险的承保人，负责能繁母猪、农房统保、水稻种植保险和生态公益林业保险业务的承保、理赔以及相关工作。10月21—22日，受超强台风“海马”影响，平远县大部分地区降大暴雨或特大暴雨，造成各乡镇的水稻出现大面积倒伏。平远县支公司经过近一周详细查勘，核定全县水稻受损约3万亩（2000公顷），损失金额约260万元。公司对受灾户逐一核损，在每村公示后进行赔付。（张新城）

2016年度人保财险平远支公司负责人名录

经　理：陈焕新

副经理：曹坤鹏　张伟中（11月起任）

寿　　险

【经营情况】 2016年，中国人寿保险股份有限公司平远县支公司（以下简称“平远人寿”）实现总保费5340多万元。长险首年保费1874.7万元，首年期交764.5万元，10年期以上首年期交569.8万元。短险保费487.5万元。个险渠道实现首年期交1210.34万元，10年期以上首年期交986.21万元，短期业务268.7万元。银保渠道完成趸交890万元，首年期交85万元。团险渠道完成短险保费304万元。2016年团险渠道与政府联合继续推广农村小额人身保险项目，有效提高平远县低保家庭的社会保障水平，缓解低保家庭看病贵、风险保障低问题。全年达成营销员持证人力380人，全年处理人身险赔付、满期给付5100多宗，给付金额1900多万元，为平远县的经济发展和人民群众的生活安定起到了良好的保险保障作用。

【工作措施】 2016年，平远人寿从三方面做好工作。（1）抓业务发展。公司紧紧围绕上级公司下达的目标，求真务实，加强风险防范，保持管理阵型稳定，提升服务质量。①扎实落实人力作战指挥部，将管理动作和指标层层分解到岗、到人，配套考核机制压实压紧责任。②持续营造企业家氛围，激励人人做主管、人人做企业家。③个险、教培加强联动，做好新人育成、主管培育的分工协作。④锁定重点晋升人群，加速内部人才培育、外部人才引进，推动主管队伍的升级“迭代”。⑤充分借助总公司、省公司战投资源，做好各机构、各团队的规划面谈，激励机构大型化和团队企业化。（2）抓制度建设。业务管理继续按照分组管理办法。一人负责一个或多个服务部，进行一条龙全方面管理，各营销服务部配备专职内勤人员。继续实行市公司一级的财务中心、业务处理中心、客户服务中心“三个中心”管理。在承保工作上按照寿险实务手册进行初级核保；在理赔工作上公司把“忠诚服务，笃守信誉”作为企业的服务准则，坚持“及时、快速、准确、合理”的理赔原则。代理人队伍全面实施基本法，积极落实保险管理制度，保证合法合规展业。（王志江）

2016年度中国人寿保险股份有限公司平远县支公司负责人名录

总 经 理：余学平（任至11月）

　　　　　林　斌（11月起任）

副总经理：曾庆宏（任至4月）

城建·市政管理

城乡规划建设

【城乡规划】　2016年，平远县住房和城乡规划建设局（以下简称“平远县住建局”）从两方面做好城乡规划工作。（1）投入183万元完成7.2平方公里范围、总长295千米的县城区地下管线普查和建立地下管线信息系统项目；投入200万元，完成覆盖4个镇39个村488.1平方公里平远县新型城镇化示范区概念规划编制；投入112万元，完成平远县生态控制线划定规划编制。申报14个第二批历史建筑保护普查工作，通过专家评审的有上举镇畲脑村养庐等7个。此外，投入150万元，组织开展县城各片区（五区一体）概念规划及河岭嶂片区2.14平方公里范围的城市设计、南区市场片区约2.6平方公里改造规划及平远县“十三五”城市近期建设规划，已完成初步方案。做好各镇村庄规划编制工作，至2016年年底，需提升完善美丽乡村扩新修编的村庄规划共94个，编制单位已提交规划成果的有24个村，完成任务的25%，编制中的有41个村，约占任务的44%。剩余汶水村等29个村安排在第二批进行编制。（2）严格“一书三证”的核发。共办理“建设项目选址意见书”14宗，办理“建设用地规划许可证”194宗（单位30宗、个人164宗），办理“建设工程规划许可证”106宗（单位48宗、个人58宗），办理“乡村建设规划许可证”451宗（单位2宗、个人449宗）。

【重点民生工程】　2016年，平远县住建局从三方面做好重点民生工作。（1）加快推进重点工程项目建设。把加快推进重点项目建设作为推进城区扩容提质的重要抓手，专门召开会议研究安排重点项目建设工作，对每一项重点建设项目明确责任领导、责任股室和责任人，层层分解任务，定期分析研究项目推进中遇到的困难问题，促进各项重点项目顺利推进。其中平远县凯旋商业中心、金绿新城、城南商业物流中心、优山美地国际社区等项目完成年度投资计划的90%以上。（2）推进民生工程项目建设。2016年，省、市下达平远县保障性住房建设目标任务是90户（套），包含新增公共租赁住房50套、棚户区改造住房30户、新增发放廉租住房租赁补贴10户。实际该县2016年度保障性住房建设完成107套(户)，新增公共租赁住房66套、棚户区改造住房30户、新增发放廉租住房租赁补贴11户。平远县保障房建设（含租赁补贴）完成率118%，位居梅州市前列。（3）切实做好农村危房改造工作。认真做好全县农村低收入住房困难住户危房改造工作。全年任务共1250户，全面动工兴建，大部分已竣工。

【行业管理】　2016年，平远县住建局积极做好行业管理工作。（1）规范建设项目招投标管理。全年共完成招标投标建设项目85项，投资金额17707.32万元。其中公开招标38项，投资金额14368.71万元；邀请招标47项，投资金额3338.61万元；房建市政70项，投资金额15976.20万元；专业工程项目建设15项，投资金额1731.12万元。实现公开招标率100%。（2）加强施工许可审批管理。共核发“建设工程施工许可证”28宗，建筑面积60.64万平方米，工程造价8.08亿元；个人建房施工许可证12宗（含补办），建筑面积1.24万平方米，工程造价965.5万元。（3）加强建设工程质量监管。共办理受监工程35项总面积70.46万平方米，其中单位集体建筑受监24项面积61.02万平方米，私人建房受监11项面积0.94万平方米。竣工验收监督26项面积36.7万平方米，出具私人建房质量检查报告26份面积2.5万平方米。全年无质量安全事故。（4）加强安全生产监督管理。组织开展6次全县建筑工程质量、安全生产检查，下发隐患整改通知27份，扣分通知书60份，并将扣分相关信息录入建筑工程安全生产动态管理系统；接受市、县政府督查4次，市局检查5次；同时结合工程质量、安全生产检查开展打击建筑施工非法违法行为专项联合行动，下发责令停止违法行为通知书5份。此外，配合县市政中心、城管大队对燃气企业进行2次安全大检查。（5）加强竣工验收备案管理。从2016年开始，对工程竣工验收备案前，要求施工单位提交五方责任主体实行质量终身承诺书、永久标牌设置等创新工作，全年完成工程备案13项，备案面积31.93万平方米。（6）做好欠薪和建筑质量投诉调处工作。切实做好欠薪问题和建筑质量投诉的调处，会同县人社局开展欠薪问题专项行动，协调处理平城花园、优山美地2起民工工资纠纷的问题。参与组织处理金色华府、翠拥华庭业主关于建筑质量缺陷信访件案件10多起，确保平远县的社会稳定及人民生命财产安全。（7）抓好建设工程造价管理。根据《广东省房屋建筑和市政基础设施工程施工招标投标设立最高报价值办法的规定》，实施招投标最高投标限价备案制度，全年备案项目78宗，备案金额1.17亿元。组织有关单位加强对平城镇建筑材料价格调查，及时发布各季度的建筑工地（指导）价格；针对5月1日后“营改增”工作及时组织有关人员参加上级部门的培训和宣贯工作。（8）加强建筑节能推广应用。积极推广新型墙体材料的使用，开展节能检查，积极发展绿色建筑，城东医疗中心已获得设计阶段绿色建筑标识。加强新型墙体材料专项基金及散装水泥专项资金的征收和返拨审核。已征收新型墙体材料专项基金28宗113.24万元。（9）组织建筑从业人员培训。积极组织平远县建筑业各类管理人员参加省、市培训，组织企业三类人员130多人参加继续教育培训，组织施工、监理单位90多人参加混凝土试块唯一性标识见证取样培训。同时鼓励支持企业改制升级，2016年3家企业改制成功，其中平远县裕达建筑工程有限公司改制后升为二级施工企业。（10）规范房地产市场监督管理。指导全县住宅与房地产业和物业管理工作,根据有关政策法规规范房地市场和物业管理市场。认真做好商品房预售管理,并按有关规定核发“商品房预售许可证”31份，预售面积242448.44平方米。（11）加强房地产交易与权属登记管理。全年办理房屋登记2967宗（办理确权登记1747宗、房地产交易1220宗），办理房地产评估业务2068宗，办理白蚁防治业务270宗。房地产登记、交易、评估业务均比上年有所下降。

【美丽城乡建设】 2016年，平远县住建局从三方面做好美丽城乡建设工作。（1）进一步优化人居环境质量，配合创建省级卫生县城。抓好城区建筑施工管理工作，加强城区建筑施工工地管理，重点检查建筑工地围墙、临时设施是否按要求搭设，厨房、厕所及施工场地是否符合卫生要求，对达不到文明卫生要求的工地坚决不予开工。推行施工现场进出口道路硬化、渣土车辆封闭运行、进出工地通过洗车台冲洗干净、围档封闭规范、扬尘污染控制、材料堆放有序、围墙彩色喷绘等一系列规范管理。完善小区物业管理，对有一定规模但还没有物业管理的居住小区，指导小区完善物业管理服务。强化物业小区环境卫生管理，督促物业公司完善垃圾收集容器，及时清理花坛、绿化带内垃圾，垃圾做到日产日清。（2）着力改善农村人居环境。认真做好农村生活垃圾收运处理工作,修订完善管理规定及检查考核标准，指导各镇做好农村生活垃圾分类工作及有关资金申报工作，2016年，平远县农村生活垃圾分类减量达50%。继续做好暗访检查考核，每月明查暗访一次，全年明查暗访12次，不定期检查多次。按照市委、市政府的要求，做好全县各镇村环境综合整治工作测评，95%以上农村生活垃圾得到有效处理。（3）抓好美丽镇村建设。继续推进各镇村特别是国省道沿线及旅游区的客家民居外立面改造工作，凸显客家特色风貌。认真做好传统村落、宜居示范镇村的申报工作。继上举镇畲脑村、东石镇凉庭村获评传统村落后，石正镇南台村，泗水镇梅畲村成功获评第四批传统村落。

【依法行政和法制建设】 2016年，平远县住建局加强依法行政和法制建设工作。平远县住建局驻政务中心窗口，按上级部门公布的审批事项和权责清单要求，做到规范化建设和操作，不断提高依法行政和依法办事的规范化和能力水平。法规部门按上级有关部门部署进行建设领域的普法考试和法律、法规宣传，完善执法人员行政执法证的审核工作。加大对违建案件的清查。全年审核行政处罚案件21宗，处罚单位1个，人数23人，罚金140多万元。处罚案件未有行政诉讼和错案发生，维护规划的权威性和严肃性。同时以规范各项制度为切入点，按中央“八项规定”要求，结合建设系统实际，制定《局机关制度汇编》，把权力关进制度笼子里，实现权力运行制度化，规范各项办事制度，做到有章可依，切实用制度管人、管事，提高工作效率，提升建设系统形象。此外，抓好综治信访工作。根据县委、县政府创建“平安平远”工作部署，抓好“平安单位”创建工作，开展经常性的矛盾隐患排查工作。坚持住建局局领导到县信访大厅陪访县领导接访制度，共办理信访答复13宗，市政协答复4宗，县政协答复4宗，县人大答复1宗。妥善处理平城花园住户要求办理房产权证及完善商业B区的配套设施问题以及金色华府、优山美地住户反映关于小区建筑存在质量问题和所购买的商品房面积不足等问题，全年全系统未发生非法上访、缠访和闹访等现象。 （肖国强）

2016 年度平远县住房和城乡规划建设局负责人名录

局　长：凌坤珍

副局长：林崧冠　黎崇发　马小俞　陈健平

平远县房地产管理局局长：林金辉

市政公用事业管理

【概况】 2016年，平远县市政公用事业管理中心以改善县城市容环境为目标，以市政基础设施建设为核心，以县城区净化、绿化、亮化、美化建设为重点，严格按照创建“广东省卫生县城”标准要求，积极完成各项目标任务。县城区生活垃圾无害化处理率100%，县城路灯亮灯率98%，县城绿化覆盖率35.53%，绿地率29.23%，人均公园绿地面积18.04平方米。中心市场、北区市场改造完成，平城临时市场正常经营。

【市政建设】 2016年，平远县市政公用事业管理中心不断推进县城市政基础设施建设，完成县城北区市场改造工程、餐厨垃圾处理项目一期建设、平远县城南国、省道连接线工程等项目建设。

【环境卫生】 2016年，平远县市政公用事业管理中心抓好环境卫生工作，不断完善县城环卫设施和环卫设备。（1）县城公厕方面。新建4间二类标准公厕，分别为宜华水体公厕、山体公厕、翠拥公园公厕、南湖中转站公厕。改造3间公厕使其达到二类标准，其中包括投诉最多、困难最大的老车站公厕。（2）垃圾中转站方面。原吊斗模式转运的国道中转站改造为密封压缩模式；南湖中转站、国道中转站污水排水管道工程完成改造，中转站、公厕产生的污水纳入县城污水管网；新建城北垃圾中转站。（3）全年采购800只垃圾桶、200对果皮箱，分别安装、置放在城区各大街小巷和休闲场地及生活小区。（4）山布惊生活垃圾填埋场正常处理县城及各乡镇每天约150吨的生活垃圾，县城区生活垃圾无害化处理率100%。（5）为更好地做好“创卫”工作，清理城区内的卫生死角和沿街遗留的建筑垃圾，该中心安排71天早勤、出动1188人次，清理垃圾891吨。（6）从2016年9月起，城区上门收运生活垃圾服务费全部列入水费代征。

【综合管理】 2016年，平远县市政公用事业管理中心加大县城综合管理力度，改善市容市貌。（1）专项整治行动与日常管理相结合，坚持网格管理责任到人，推行“路段长制”管理模式，做到疏堵结合、规范有序，营造优美舒适的市容环境。全年集中整治42次，累计出动1600人次，出动宣传车辆1500余次，教育、劝导、整治乱摆摊点27847个，清理出店经营14600余次，清理乱牵乱挂9200余处、乱晾乱晒3502处、乱贴乱画7630处。县城内占道经营、乱设摊点、乱堆乱放现象得到有效控制。（2）加强建筑渣土管理。成立建筑垃圾清运队，从2016年7月底开始，清理无主建筑垃圾1800多立方米。同时，加强城区临街门店装修管理，督促店主及时申报和清运占道装修垃圾。（3）按照“严格控制增量，逐步消除存量”的打击违法建设工作机制，不断加强违法建设监管力度。全年发现违反土地利用城乡规划违法建设57宗（违法建房51宗，违法搭建6宗）。其中，“四无”户38宗，已责令停工并完善手续20宗，仍继续施工18宗；有用地规划和批准书未报建11宗，已责令完善手续7宗，正报建中4宗；未按规划许可建设2宗；搭建铁棚6宗，不听制止已抢建完工3宗，停止施工3宗。全年发出《责令停止违法行为通知书》52份、《责令改正违法行为通知书》48份，拆除违法违章建筑2宗190平方米，暂扣建筑材料及工具42批次，行政处罚16户，罚款金额合计约105万元。（4）强化户外广告规范管理和提升公益广告覆盖率。积极对沿街商铺招牌进行升级改造，逐步实现户外广告设置规范化。全年拆除违规户外广告32处、更换1362处、新建公益广告267处、设置大型党建广告牌388平方米。

【路灯亮化】 2016年，平远县市政公用事业管理中心抓好路灯亮化工作。（1）加强路灯设施维护和巡查制度，确保路灯设施完好率达98%以上。对群众反映的路灯故障，实行限时抢修，及时反馈。全年完成抢修50次、维护更换线路8000米、更换控制器件85件/次、处理车辆撞毁路灯杆5杆。（2）抓好县城美化亮化建设。恢复年久失修的南湖段和人民广场线路，更换南湖、人民广场、戏院岗段球罩290个、LED灯300盏。接管工业园三期路灯169杆，修复线路600米。2016年，新装路灯136杆。其中，平城花园至大佛寺段82杆；济广高速平远出口至南药厂段40杆；城南商业城国省道连接线14杆。

【园林绿化】 2016年，平远县市政公用事业管理中心不断提升园林绿化品质，巩固绿化成果。（1）加强日常养护如除草、培土、施肥、修剪、保洁以及病虫害防治等绿化工作。对进城大道、平远大道和车上桥等地方建绿、增绿,对原有花木重新规划布置，对缺株、少株及老树、死树补植更新。2016年，病虫防治6次；高空修剪和截枝56株；补植种植乔木125株；补植灌木436株；时花栽植养护7800平方米。县城绿化覆盖率35.53%，绿地率29.23%，人均公园绿地面积18.04平方米。（2）依据《城市绿地养护质量标准》和《广东省城市园林绿化规范汇编》规范养护品质，提高职工的日常管理能力和业务技术水平。制定《绩效管理制度》《绩效考核实施方案》《绿化养护责任人管理制度》，做到任务到地，责任到人，提高工作效率。绿化养护工作逐步走上规范化、制度化管理，巩固绿化养护成效。

【市场管理】　2016年，平远县市政公用事业管理中心加大市场管理力度，不断提升服务水平。（1）坚持市场门口等重点地段实行定点、定人、定时管理，市场内归行划市，按线规范摆卖，较圆满地完成全县市场的摊位安排工作。（2）加强市场清扫保洁和设施维护，改善市场经营环境。（3）着力加强市场基础设施建设。中心市场、北区市场改造完成，完善平城临时市场内的公厕、排水、水电、摊位架等设施， 9月1日前，南区市场内所有经营户和官田广场周边水果摊经营户迁入平城临时市场。

【存在问题】　2016年，平远县市政公用事业管理中心存在的主要问题是：（1）中心职能多、人员少，办公条件差，下属单位人员老化、历史欠账较多。（2）单位职能与审批权属尚未理顺。中心不是执法主体，没有行政许可审批权，造成县城管理行政执法和行政许可审批受限制，县城综合管理水平难于提高。（3）市政规划缺乏前瞻性、市政配套设施亟须完善。　（林　颖）

2016 年度平远县市政公用事业管理中心负责人名录

主　任：马志军

副主任：李绿华　姚绪通

城管大队整治“脏乱差”行动场景

综合经济管理

工商和质量技术监督

【概况】 2016年，平远县工商和质量技术监督局以深化商事制度改革为主线，积极推进落实“放管服”改革各项工作，加强事中事后监管，强化消费维权，提升干部队伍整体素质，较好地完成全年各项工作任务。2016年，平远县工商和质量技术监督局被县委、县政府授予“创建广东省卫生县城先进单位”和“精神文明建设工作先进单位”荣誉称号；落实科学发展观工作在A类单位中综合考评位列第八名；2015年度市场主体综合年报率96.8%，位居梅州市首位；全年安全生产监管工作不断夯实，安全生产形势持续稳定，未发生重要工业产品质量和特种设备安全事故。

【商事制度改革】 2016年，平远县工商和质量技术监督局持续深化商事制度改革，市场准入环境不断优化。（1）贯彻实施《广东省商事登记条例》（以下简称《条例》）。加强全体干部职工对《条例》的学习培训，充分理解《条例》内容并严格贯彻执行，同时结合《广东省工商登记前置审批事项目录》和《广东省工商登记前置改后置审批事项目录》规定，实行规范统一的市场准入制度。（2）深化“多证合一”改革。在2015年实施工商营业执照、组织机构代码证、税务登记证“三证合一、一照一码”改革的基础上，与全市同步于10月1日再整合社会保险登记证和统计登记证实施企业“五证合一、一照一码”登记改革，并于11月1日起全面实施个体工商户营业执照和税务登记证“两证整合”登记制度，至年底，全县共核发企业“一照一码”营业执照596份，核发加载统一社会信用代码的个体工商户营业执照976份，改革措施高质量高效率“落地”。（3）积极推进登记便利化关联改革。放宽企业住所登记，全面落实《梅州市商事登记住所（经营场所）登记管理规定》，简化住所（经营场所）登记手续，继续推进“住改商”，允许“一址多照”等，鼓励新业态发展。狠抓办事提速，登记窗口为创业者提供开业指导、政策咨询、登记注册“一站式”服务，对资料齐全、手续齐备的，做到即时即办，推动工商登记再提速。商事制度改革进一步简化市场准入手续，降低投资创业成本，直接促进大众创业、万众创新。至年底，全县期末实有市场主体总数11662户，同比增长20.1%，其中企业1827户，个体工商户9479户，农民合作社356户；全县新登记各类市场主体1869户，同比增长34.8%。

2016年9月14日，平远县工商和质监局牵头组织召开全县“五证合一、一照一码”等商事制度改革工作会议
（刘喜双 摄）

【服务实体经济】 2016年，平远县工商和

质量技术监督局着力强化工商特色服务，促进平远企业做强做大。（1）强化品牌战略服务。大力实施商标战略，增强企业商标品牌意识，引导企业争创驰名商标、著名商标，提升商标品牌价值，指导“绿鹰”商标成功认定为“广东省著名商标”，引导市场主体注册登记“圆山湖”“古丁人家”“良成福稻”“丙子畲”等15件商标。至年底，全县有注册商标575件，其中省著名商标5件，国家地理标志证明商标1件。大力实施标准化战略，帮助平远源丰农业发展有限公司成功申报“广东省有机绿茶标准化示范区”建设项目，帮助平远县新春农业发展有限公司顺利通过“广东省可口柚农业标准化示范区”建设项目考核验收。至年底，全县成功建设农业标准化示范区4个（南药、脐橙、油茶、可口柚），在建项目1个（有机绿茶），正在申报项目1个（岗梅）。同时，引导企业加强标准化建设，指导企业采用国外先进标准1个，帮助企业创建“标准化良好行为企业”1个。大力实施质量品牌战略，以“质量强县”工作为契机，以品牌扶持、培育、宣传、保护等工作为抓手，在帮助广东富远稀土新材料股份有限公司成功获得首届梅州市政府质量奖后，继续申报广东省政府质量奖。鼓励和指导企业积极申请“ISO质量管理体系”和“有机产品”等各类认证，至年底，全县已获得绿色食品认证1个，有机食品认证8个，管理体系认证企业19家，其中ISO 9000质量管理体系认证10家。（2）优化暖企服务。充分发挥工商质监职能，通过股权质押登记、动产抵押登记、“阳光送贷520”活动等渠道，多举措为企业解决融资难题。2016年，共办理企业股权质押登记12件，出质股权9700万元，被担保债权2.24亿元；办理企业动产抵押设立和变更登记35份，抵押担保主债权金额1.19亿元；“阳光送贷520”活动为13家企业、个体户融资2100万元，有效为企业解决“融资难”和“融资贵”等难题，帮扶企业不断发展壮大。（3）抓好党建强企工作。认真指导各工商和质量技术监督所和个私协会以小微企业、个体工商户和专业市场“小个专”领域党建为立足点，统筹推进全县个体私营企业党建工作。至年底，全县非公有制企业党建组织共有党支部64个，党员443人；个体工商户党支部3个，党员26人。（4）提高贴身扶企成效。抓好企业从诞生到发展壮大的“全流程”服务，对初创企业“扶上马”，与县人社局、县财政局共同落实小微企业扶持政策，全力支持去产能转岗人员创业就业；对重点企业“送一程”，对市工商局挂扶的13家重点企业做好走访跟踪服务，了解企业的融资需求,主动提供信息,帮助做好产能提升，解决现实难题。至年底，全县个体工商户发展到9479户，从业人员近2万人，同比分别增长38.4%、40.9%；私营企业发展到1535户，从业人员近2万人，同比分别增长32%、23.3%。（5）提升队伍工作效能。2016年先后制定出台工商质监所、稽查大队、机关各股室年度绩效考核办法和考核评分标准、细则，积极探索奖惩结合的绩效管理考核新模式，抓实抓细队伍建设，倒逼干部实干争先，提升工作效能。

【规范市场经济秩序】 2016年，平远县工商和质量技术监督局不断完善事中事后监管，公平竞争市场秩序继续巩固。（1）加强事中事后监管。年报公示工作走在全市前列，通过多种形式加大宣传力度，督促企业落实年报公示制度，平远县2015年度企业、个体工商户、农民专业合作社年报公示率分别为94.47%、98.1%、80.39%，均位居全市前列，综合年报率达96.8%，排全市第一。牵头推进“双随机、一公开”监管制度，开展信息抽查和推进信用监管，严格执行经营异常名录管理制度，2016年共有84户企业、169户个体工商户、65户农民专业合作社列入经营异常名录。开展守合同重信用企业公示活动，全县共有72家被公示为2015年度广东省“守合同重信用”企业。做好无照经营整治，共开展查处无照经营整治专项行动18次，查处无照经营案件32宗。（2）继续强化执法监管。2016年，该局出动执法人员1610人次，检查各类经营户2802家次，查处案件110宗，查获案值78.57万元，罚没入库39.89万元。强化流通领域商品质量监测，扎实开展“红盾护农”和“质检利剑”行动，共抽检生产领域商品5批次、农资经营户15家34批次商品，查处农资不合格商品案件7宗。打击网络违法交易行为，扎实开展“红盾网剑”行动，共检查网站、网店128个次，查处网络交易违法案件11宗。加大消费维权力度，紧紧围绕“新消费，我做主”主题于3月15日在官田广场隆重举办“3·15”国际消费者权益日纪念活动，活动发放各类宣传资料1万多份，接受消费者咨询300多人次，取得良好的社会效果。认真受理每宗消费投诉，牢固树立为消费者服务的意识，强化内部机制，提高调解技巧和水平，妥善解决消费纠纷，做到消费者投诉件件有着落、事事有答复。全年接到投诉举报461个，处理“12345”转办工单14件，受理消费者申诉案件20件，为消费者挽回经济损失4.79万元，办结率100%，调解成功率100%。积极参与社会治理，开展打假、“双打”、打私、打传、扫黄打非等系列专项行动，促进平安平远创建。（3）加强安全生产监管。认真抓好烟花爆竹、加油站、水洗选矿、非煤矿山、娱乐场所等重点行业、重点单位的安全整治工作，并借助“打非治违”和“安全生产月”等专项统一行动，查处无照经营、超范围经营等违法行为，及时消除安全隐患。认真履行特种设备安全监管职责，全年出动特种设备监察人员500多人次，检查特种设备安装、维保、使用企业186家次，特种设备700多台件，发现并消除安全隐患86处，发出特种设备安全监察指令书52份，移交执法部门立案查处2宗。全县全年159家特种设备使用单位486台件在用特种设备未发生安全事故。切实做好禽流感防控工作，严格落实活禽经营市场“1110”防控措施，至年底，对全县家禽经营限制区内113户家禽经营户进行登记造册，向全县经营户发放防护包113份。（4）做好量值传递监管。以计量惠民为宗旨，规范开展计量监管工作，指导组织检测所为集贸市场、计生服务单位和乡镇以下农村卫生站免费检定强检计量器具3075台件，对使用不合格强检计量器具的乡镇卫生院发出整改通知书3份，检查眼镜店、餐饮业、集贸市场、加油站、液化石油气充装站及经销点、获证实验室、机动车安检机构等重点领域企业29家次75台件计量器具，发出整改通知书2份，并全部完成整改，确保市场量值传递准确。

【服务地方发展】 2016年，平远县工商和质量技术监督局树立大局观念和全县一盘棋意识，落实县委、县政府的决策部署精准到位。（1）打假重点区域整治。以卷烟、服装皮具、通信器材、汽车零配件、农资等商品为重点检查对象，重点查处市打假重点区域大柘镇辖区内假冒伪劣和侵权仿冒等违法行为，出动检查人员965人次，车辆60台次，检查食品经营户860户次，查处制售假冒伪劣商品案件16宗，查获案值8.86万元。（2）城乡环境整治。积极落实工商质监部门职责范畴的“创卫”工作，抽调精兵强将配合全县开展城乡环境整治，专门成立市场活禽宰杀摊档整治工作领导小组，拨付工作经费，规范市场活禽宰杀经营行为，做好县城市场活禽宰杀摊档整治工作；同时结合创建广东省卫生县城的有利时机，勇于担当，巧借力量，加大力度整治集贸市场脏、乱、差问题，整治活动取得阶段性显著成效，初步达到市场内划行归市、环境整洁、秩序规范等良好效果。（3）成品油市场综合整治。通过规范经营主体资格、开展油品质量抽检和部门联合执法“三管齐下”的措施，加大成品油市场监管力度，有力遏制销售不合格成品油及无照经营成品油等违法行为。出动执法人员84人次，检查各类成品油经营户28户次，抽检成品油15批次，查处销售不合格成品油、无照经营等案件5宗。（4）完成各项工作考核。认真履行打假办、质量强县办、两建办的组织、协调职能，牵头做好打假责任制、政府质量工作、“两建”工作等市对县的各项考核检查。在2016年首次市对县的政府质量工作考核中，平远县取得全市5县2区1市第五名的成绩，承担并通过省对市考核中的实地核查工作。

【存在问题】　2016年，平远县工商和质量技术监督局存在的主要问题是：（1）工作主动性不够。由于人员结构不均衡，老龄化较为严重，年龄大的不愿主动作为，年轻的缺乏经验不敢主动作为，很大程度影响工作的主动性。（2）现代化监管能力不够。针对体制改革后的市场监管，尤其是法律法规的不断完善、网络市场的快速发展、违法行为的高尖隐蔽，对如何规范市场、提高监管效能思考不多，能力不够。（3）系统整体优势发挥得不够充分。分级管理后由于市、县工商部门机构不一致，工作衔接不够顺畅。

（刘喜双　潘娜玲）

2016 年度平远县工商和质量技术监督局负责人名录

局　长：张锡洪

副局长：颜群标　陈以明　李伟胜　张　友　姚碧健

发展和改革工作

【发展规划】　2016年，平远县发展和改革局做好发展规划。该局通过总结“十二五”实施情况，制定《平远县“十三五”规划纲要》，对平远县今后五年发展提出总体方向。同时，认真总结2015年经济和社会发展计划执行情况，提出《2016年国民经济和社会发展计划》，为该县2016年的经济发展提供发展目标。分析提出《平远县国民经济和社会发展计划执行情况的报告》，确保经济稳步运行。

【投资体制改革】　2016年，平远县发展和改革局按照国家和省关于“非禁即可行”的原则，认真规范市场准入，积极推进投资便利化建设。（1）依据省的《通用目录》，结合实际，全面梳理形成平远县发展和改革局权责清单，制订完善各项办事指南和流程图，并依时对社会进行公开。（2）认真贯彻执行《广东省企业投资管理体制改革方案》，进一步转变政府职能，优化审批流程，压缩审批时限，为企业投资提供优质高效服务。（3）结合平远县实际，修改完善《广东省平远县国家重点生态功能区产业准入负面清单》，制定明确的准入门槛，清理各种隐性壁垒，不断提高企业投资的自主权，同时切实加强事中、事后监管，促进各类营商主体的公平竞争机制。2016年，该局共依法依规立项审批政府投资项目238项、受理企业投资备案37项。

【重点项目推进】　2016年，平远县发展和改革局从三方面做好重点项目推进工作。（1）加快推进瑞梅铁路前期各项工作。瑞梅铁路是粤东西地区北上内陆腹地和东南沿海地区联系的重要通道，建成后形成贯通南北连接东西的铁路网络，将最大限度地发挥带动作用。该局通过加强与铁路设计单位（中铁第四勘察设计院）和梅州市铁办的沟通衔接，按照中国铁路总公司的优化方案，加强对站场选址及规划沿线土地控制，特别是站场周边地区规划，严控一切建设报批，谋划好粤赣物流集散区，积极协调配合做好项目前期推进工作。（2）推进凤池水库项目建设。凤池水库是一宗以防洪、供水、灌溉为主，结合发电等综合利用的水库工程。水库建成后，可以确保平远县城防洪标准达到50年一遇以上。该项目承担着平远县城（含生态工业园）生产生活用水2543万立方米供水任务和保障下游（含周边）3450亩（230公顷）农业灌溉任务。项目总投资3.15亿元。2016年，项目建议书已通过省水利厅、珠江水利委员会审查，可行性研究报告已基本完成。（3）深入推进“三大抓手”，做好促进平远社会经济发展各项工作。加强交通路网和城镇基础设施建设，重点抓好“外联内畅”工程和供排水、污水垃圾卫生处理设施建设。加快发展实体经济，抓好广州南沙（平远）产业转移工业园建设，依托园区培育发展稀土新材料、新医药、光伏风电新能源、精致机械等新兴产业。全面开展“国家全域旅游示范县”创建工作。加强民生保障，重点抓好“广东省推进教育现代化先进县”和“卫生强县”创建工作。

【项目资金争取】 2016年，平远县发展和改革局结合国家产业政策的调整，围绕工业产业、农业农村、社会事业和基础设施等项目，加强国家产业政策研究，抓好项目申报工作。2016年，共争取中央和省级资金支持的建设项目12宗，合计1.2亿多元，其中，社会类中央资金实验中学西教学楼和运动场建设项目，单项争取中央资金3000万元，为历年来单项争取中央资金最多项目。该局在努力争取上级资金扶持的基础上，认真做好项目建设的跟踪管理工作，建立项目建设的月报告、旬报告制度，并经常到现场检查，加强对各项目的进度、资金使用和工程质量监管，确保项目建设的顺利进展。

【物价工作】 2016年，平远县发展和改革局从四方面做好物价工作。（1）加强价格管理监测调控，确保市场价格稳定。抓好平价商店、蔬菜大棚和冷藏设施管理，加强平价商店管理。全县13家平价商店实现“明码标价”“明码实价”和及时上墙公布。平价商店销售的粮油、肉、蔬菜等40多种品种的价格均比市场价格低于5%~15%销售。“三项建设”项目资金及时到位，使用规范合理。强化价格监测预警，确保市场价格稳定。及时掌握价格变化动态，做到预警预报，全年共上报监测数据260份。加强价格走势的分析预测工作，撰写价格分析预测专题材料，为上级政府及价格主管部门的价格决策提供参谋作用。广泛宣传价格政策、提醒告诫、联合巡查等工作，有效遏制乱涨价行为。（2）加强价格和收费监管工作，营造良好的价费环境。继续清理行政事业性收费，根据省、市政府的统一部署，对各类资格类准入收费进行清理，重点清理资格类的工本费、考试费、培训费等收费。规范收费行为，实行集中收费制度，落实票款分离、罚缴分离。禁止强行服务收费、搭车收费。严格查处单位和个人利用职权实行强制服务收费、搭车收费和以保证金、抵押金、储蓄金、保险、赞助等形式变相收费，以及在公务活动中通过中介组织收费的行为。依法开展2015年收费年审工作，对平远县32个行政事业性收费单位和28个经营服务性收费单位进行综合年审。2015年全县行政事业性收费总额3281.971万元，比上年减少1016.429万元，减幅76.35%。2016年10月1日起，平远县全面落实执行省定涉企行政事业性“零收费”的政策。2015年度经营服务性收费总额4082.71万元。（3）开展价格监督检查，规范市场价格秩序。开展各类价格监督专项检查，按照省、市物价局的统一部署，对平远县春运客运票价、殡葬服务、汽车驾驶培训、旅游、医疗服务和药品价格进行专项检查。在检查中发现有个别单位不按规定公示收费项目和收费标准，或不按规定明码标价的问题，采取警告、责令其立即改正等措施进行处理。通过专项检查，有效地遏制各种乱收费行为，规范市场价格秩序，优化经济发展环境。加强节假日市场价格检查，每逢节假日，组织人员对县内各大农贸市场、超市、商场、景点进行巡查，重点关注粮油和肉禽蛋菜奶等副食品价格、商品明码标价的执行情况以及与人民群众生产生活密切相关的商品和服务价格秩序情况，确保节假日期间市场价格秩序稳定。（4）强化服务意识，依法进行价格认证工作。2016年共为公、检、法及部门机关办理价格鉴定62件，涉案金额153.83万元。为稳定社会治安、改善平远县投资环境做出积极的贡献。

【其他工作】 2016年，平远县发展和改革局在抓好主要业务工作的同时，也大力抓好国民经济动员、粮食管理、公务用车改革、社会信用体系建设等工作。（姚　强）

2016年度平远县发展和改革局负责人名录

局　长：姚　涌

副局长：林忠健　严伟荣　韩垂访　林远辉

审　　计

【概况】 2016年，平远县审计局围绕“稳增长、促发展”这条主线，实现“五个加强”，即加强国家重大政策措施落实情况审计、加强财政预算执行情况审计、加强经济责任审计、加强民生项目审计、加强审计队伍建设。全年累计完成审计项目21个，审计查出主要问题金额36683万元，其中违规金额298万元。管理不规范金额36372万元。

【重大政策跟踪审计】 2016年，平远县审计局把“稳增长、促发展”作为审计机关的首要任务，扎实组织对稳增长等政策措施落实情况的跟踪审计，密切关注财政、资源环境等方面存在的薄弱环节和潜在风险，及时反映苗头性倾向性问题，提出对策与建议。2016年，开展2015年政府性债务及PPP投融资模式推进情况、商事制度改革政策落实情况、新时期精准扶贫工作情况、中小河流治理（大柘河）情况、贯彻供给侧结构性改革降成本行动计划情况等跟踪审计，对发现的存在问题提出整改意见，确保国家重大政策措施落实到位。

【预算执行审计】 2016年，平远县审计局以推动重大政策措施落实为主线，坚持依法审计、客观求实，及时揭示存在问题和风险隐患的原则，对2015年度县级预算执行和其他财政收支情况进行审计。主要审计县级财政管理、预算执行、地方政府债务、重大政策措施落实等方面情况。2015年公共财政预算总收入268540万元，公共财政预算总支出264330万元，收支相抵，滚存结余4210万元。通过审计，审计发现问题资金33971万元，对存在问题提出整改意见，进一步规范财政管理行为。

【经济责任审计】 2016年，平远县审计局认真贯彻落实《党政主要领导干部和国有企业领导人员经济责任审计规定》，不断加大经济责任审计力度，不断充实经济责任审计内容，按照审计业务一体化思路，将政府性债务管理、机构编制、自然资源资产开发利用和保护纳入领导干部经济责任审计内容。

科学整合审计资源，对全局财务、计算机、工程等各专业审计人员进行科学安排，统一组织开展审计项目，克服审计力量与审计任务不匹配的现状。全年开展经济责任审计项目19个，查出违规金额298万元，管理不规范金额1068万元，促进各级领导干部履职尽责。

【民生资金审计】 2016年，平远县审计局重点开展高标准农田基本建设项目、精准扶贫脱贫项目、城镇保障性安居工程等项目审计，加大社保、医疗、农业、扶贫等民生资金和项目的审计力度。（1）坚持项目实施情况和资金审计全覆盖，纵向到底，循着资金流向，从政策要求、项目规划、预算安排、资金拨付一直追踪到项目、追踪到个人，确保审计质量。（2）坚持问题导向，突出对项目申报、项目推进、资金使用的审计监督，重点查处不作为、假作为、乱作为等行为以及违规审批、损失浪费、损害群众利益的问题。（3）创新审计方法，加大计算机审计力度，针对目标人群广、资金使用分散、业务数据量大的特点，运用计算机方法进行数据采集转换、比对分析、重点核查等，有效发现业务管理和资金管理中存在的问题，确保专项资金的使用效益和各项惠民政策落到实处。 （余　伟）

2016年度平远县审计局负责人名录

局　　长：冯　浪（任至10月）

副 局 长：陈运桢　曾祥源　温海强

总审计师：李百良

统 计 工 作

【概况】 2016年，平远县统计局认真履行国家统计调查和地方统计调查职责，扎实开展各项常规统计调查和重点调查、普查，围绕提高统计能力、提高统计数据质量、提高政府统计公信力的目标，改革创新，打造现代化服务型统计，提高统计服务科学发展的能力和水平，发挥统计信息、咨询和监督的职能作用。

【统计基础建设】 2016年，平远县统计局认真做好统计基础建设工作。（1）镇、村和网报企业统计基础建设。按乡镇统计规范化建设和网报单位工作规范要求，印发《乡镇统计工作手册》《广东省一套表联网直报单位统计工作规范》，向每镇下拨5000元统计基础建设专项经费，督促指导镇、村、网报单位完善统计主要指标的统计台账，做好统计报表及原始记录等统计资料归集保管存档工作，做到统计上报准确、及时、连续、完整的同时，保证数据来源清晰，查询方便。（2）统计队伍能力建设。制定《关于开展统计人员能力提升建设活动的意见》，开展统计人员能力提升建设活动，组织局机关专业人员和乡镇、企业统计员全员参加统计业务和统计法规培训，每人全年学习培训2次以上， 强化拓展统计人员统计调查、统计分析、统计研究能力。（3）统计信息化建设。投入30多万元，邀请梅州市统计局计算机信息化专业人员指导，对平远县统计局计算机网络进行标准化改造，升级完善视频会议系统；为专业人员配发500G移动硬盘，做好统计数据资源管理、安全和保管、保密工作；投入15万元购置第三次全国农业普查数据处理高低端设备；建立有效的统计信息联接和共享平台，指导各镇和网报单位利用网络平台直接报送数据；及时更新和丰富平远统计网站统计信息，提高信息服务水平。

【统计法制建设】 2016年，平远县统计局从三方面做好统计法制建设工作。（1）开展企业“四查”工作。开展网报企业清查自查并接受市统计局检查，查企业是否存在、生产经营是否正常、是否建立电子台账、是否存在代填代报现象。发现问题及时整改，确保网报工作不碰“红线”。（2）清理违反统计法精神的文件和做法。按照《国家统计局关于全面清理纠正违反统计法精神文件和做法的通知》要求，全面清理纠正把统计机构作为地方目标完成责任单位的文件和做法。（3）加强统计普法执法。向各级领导和统计人员印发《统计法规条例学习手册》，在平远统计网站设立统计法规学习宣传专栏，组织统计人员学习宣传统计法律法规，开展“七五”统计普法教育。将统计执法检查和统计数据质量检查常态化，分别于3月、7月、10月开展统计执法检查与数据质量专项检查工作，并接受梅州市统计局抽查检查，重点检查联网直报企业和乡镇，未发现统计违法行为。

【统计业务调查和统计服务】　2016年，平远县统计局从五方面做好统计业务调查和统计服务工作。（1）名录库建设工作。按“先有库后有数”的统计原则，建设基本单位名录库。执行新修订的《广东省基本单位名录库更新制度》，顺应“五证合一”登记改革要求，加强与县工商质监、编办、民政、国地税等部门沟通和信息共享，做好基本单位调查，定期对名录库中的基本信息进行完善更新，真实准确反映各类法人、产业活动单位的数量及基本情况。2016年，全县有基本单位3693个（其中法人单位2454个、产业活动单位1239个），新增180个。做好新培育上规模企业统计跟踪调研和新上“四上企业”（规模以上工业企业，限额以上批发零售住宿餐饮企业，有总承包、专业承包或劳务分包资质的建筑业企业和重点服务业）标准单位摸底调查，做好达“四上”规模企业申报审批入库工作，2016年新入库规模以上工业10家，重点服务业1家。2016年年底，全县“四上”企业83家。其中，规模以上工业53家；限上批零住餐业11家；资质等级以上建筑5家；房地产业12家；重点服务业2家。（2）“四上企业”联网直报工作。通过挂钩联系服务重点企业，坚持工作重心下移，质量控制关口前移，坚持事前提醒、事中督导、事后检查，不碰“红线”的基础上，指导“四上企业”做好企业“一套表”的月报、季报、年报联网直报工作，及时答复国家、省、市统计局的查询。（3）“城乡一体化”住户调查工作。2016年是开展“城乡一体化”住户定点调查的第三年，全县有大柘镇城东居委、大柘镇城西城南居委、仁居镇仁居居委、泗水镇泗水村、石正镇石正居委等5个城镇点和仁居镇飞龙村、石正镇周正村、石正镇安仁村、上举镇畲脑村、上举镇八社村、长田镇官仁村、中行镇儒地村等7个农村点共12个点120户调查住户。2016年，平远县城乡居民人均可支配收入为16972元，其中，城镇居民为20308元，农村居民为13915元。（4）固定资产投资统计工作。固定资产投资统计由形象进度核算转为财务结算核算，投资规模达到5000万元以上实行联网直报，至12月底，申报23家工业企业、公路、旅游和12家房地产项目投资数据入库。全年完成固定资产投资43.6亿元，其中工业投资21亿元。（5）其他常规专业统计调查和有关考核统计调查工作。继续做好农村、农业、社会科技、劳动工资、交通运输、综合、能源监测调查等专业统计工作。做好人口变动抽样调查，实施妇女儿童发展规划监测。围绕落实科学发展观实绩考核、促进粤东西北振兴发展考核、广州南沙（平远）产业转移工业园建设考核，做好部门项目有关指标的综合研判、预测、调查核实上报工作。配合做好平远县人口卫生目标综合管理、粮食产量安全考核、节能减排考核等工作。

2016年11月28日，平远县第三次全国农业普查动员暨业务培训会议在县迎宾馆召开

【统计改革】 2016年，平远县统计局顺应新形势、新业态，推进统计调查内容和方法制度改革。继续做好小微服务业抽样调查、规模以下及个体工业抽样调查、畜禽监测定点调查、企业景气调查统计工作。推进现代农业、旅游发展调查、电商企业调查等统计改革。探索开展“三新”统计调查、企业创新调查和服务业统计改革等工作。

【统计数据质量管理】 2016年，平远县统计局完善数据质量控制办法，规范上报数据审核流程，增强数据匹配性，提高统计数据质量。（1）完善各专业数据质量控制办法。落实《国家统计质量保证框架》和统计业务流程管理规范，准确领会和掌握上级统计部门对GDP、农业、工业、固定资产投资、社会消费零售总额、城镇化率、单位GDP能耗等重要指标数据审核评估及核算办法，科学全面统准统实基础性指标数据。（2）理顺统计数据报送、审核和反馈流程，加大数据审核力度。按照“专业人员提出初步数据的评审意见，分管领导评估审核初步数据，该局主要负责人认定”的三级流程做好评估审核工作，对敏感性、综合性、大局性的和涉及考核的重要数据由该局主要负责人会同分管领导和专业人员最终评估确定。在数据评估中，做好数据与企业利润、工资、用电、应交增值税等指标的协调性、匹配性审查，确保数据的科学性、准确性。（3）加强与县经信、财政、发改、交通、税务、卫生、教育、农林水等部门的联系与沟通，做好对部门统计工作的指导，加强与部门统计数据信息的互通与共享，提高部门统计数据与平远县综合统计数据的匹配性。

【国家重点调查普查】 2016年，平远县统计局扎实推进第三次全国农业普查阶段性工作，确保第三次全国农业普查工作顺利开展。做好县、镇、村三级普查工作的机构、人员、经费的“三落实”工作，做好动员宣传、人员选调、区域划分、地图绘制、普查方案学习培训和PDA操作技术培训、普查摸底等各阶段工作，为正式普查登记打好基础，确保按方案要求依法开展普查，提高普查质量。

【统计服务】 2016年，平远县统计局积极开展“统计优质服务年”活动，提供统计信息、咨询、监督优质服务。通过平远统计信息网站和《平远统计月报》《平远统计》等平台，利用掌握的统计数据信息资源进行分析研究，及时发布统计相关数据分析和工作动态，提供统计服务。在县经济工作联席会议上提供及时有效的统计数据信息，分析经济运行态势。2016年，撰写统计分析31篇，发布统计信息63期。为来人来电来函提供统计信息咨询服务88人次,向县委县政府和县有关部门提供专项统计分析报告5篇。

【存在问题】 2016年，平远县统计工作存在的主要问题是：（1）镇级统计办属无编制的“临时”机构，从事统计工作的多为兼职人员，人员变动频繁，对统计工作开展带来不利影响。（2）“四上企业”统计人员变动大，统计联网直报工作专业性要求较高，统计员的工作主动性、积极性和能力与统计工作要求不适应。（3）随着新时期统计工作方法改革和对统计信息需求的变化，统计工作量加大而平远县统计局人员编制不足，亟待增加人员编制和提高统计人员的计算机、财会、统计、数学等方面专业知识水平。

（沈芹秀）

2016 年度平远县统计局负责人名录

局　长：肖维江

副局长：李　明　杜金兰（女）　张兆河

食品药品监管

【概况】　2016年，平远县食品药品监督管理局多措并举，全面履行食品、药品、医疗器械、化妆品安全监管职责，全年未发生食品药品安全事故。

【食品药品宣传】　2016年，平远县食品药品监督管理局从三方面做好食品药品安全宣传工作。（1）进一步贯彻落实2015年修订的《中华人民共和国食品安全法》和《广东省食品生产加工小作坊和食品摊贩管理条例》。印发宣传小册，组织全县食品药品企业负责人进行法律法规培训，组织相关执法人员参加省、市举办的培训贯彻会议。（2）加强新闻媒体宣传。为普及食品药品安全宣传科普知识，制作食品药品安全系列公益广告，在平远一台、平远二台循环播放，每天播出4次。在城区人口流动量大、明显的路段设立食品药品安全户外宣传广告牌2个。（3）开展食品安全宣传周活动。制订下发《2016年平远县食品安全宣传周主要活动及分工方案》，6月13日，组织各相关职能部门在县城官田广场隆重举行宣传周启动仪式和现场宣传咨询活动。宣传周期间，各相关职能部门围绕“尚德守法，共治共享食品安全”活动主题，开展形式多样、内容丰富的宣传周系列活动。全县发放宣传资料 2万多份，制作、张贴海报/标语3500张，制作专题展板150块，进行广播、电视等媒体报道50次，制作大型食品安全公益广告牌2块，播放食品安全公益宣传广告60次，宣传、咨询、服务群众近2万人。

2016年6月，平远县食品安全宣传周启动仪式　　（杨志　摄）

【食品药品安全监管】 2016年，平远县食品药品监督管理局全方位抓好食品药品监管工作。（1）开展农贸市场食用农产品快检工作。开展农贸市场食用农产品快速检测工作是省、市、县2016年实施的十项惠民实事之一。为贯彻落实惠民工作，平远县结合本地实际积极推进相关工作。3月，平远县食品药品监督管理局成立专项工作小组，研究制订实施方案，明确工作任务，细化工作措施。4月建成食品快筛快检工作室，5—6月，食用农产品快检试运行。7月正式开始在经营规模较大和消费较为集中的县城中心市场和南区市场开展食用农产品快速检测工作，快速并直接反应蔬菜瓜果农药残留是否超标、鲜猪肉是否添加瘦肉精、水产品是否添加氯霉素、孔雀石绿等。每天（包括周六、日）早上7时前完成两个农贸市场20批次食用农产品的抽样，12时前完成快检工作，并第一时间通过电子显示屏和张贴的方式向社会公布，对不合格农产品采取封存、销毁措施，构建起一道食用农产品安全保障线。（2）严格规范审批，把关许可准入。按照《中华人民共和国行政许可法》《中华人民共和国食品安全法》等法规和标准的要求，进一步严格食品药品生产经营许可制度，规范许可程序，核定许可项目，对新开办及换发食品经营许可证的单位，进行认真现场监督检查和整改工作，对不符合许可重要条件的责令限期整改，对拒不整改或整改后仍达不到要求的食品药品生产经营单位一律不予许可。对新建的食品药品生产经营单位选址、设计、布局进行严格核查，严把准入门槛。2016年共换发和新办许可证1004家，注销37家，全部在规定期限内办理。（3）集体食堂食品安全监管。为确保学校师生餐饮安全，3月和9月该局与教育局、盐务局等部门对全县65家学校、托幼机构食堂进行全面检查。重点检查厨房操作规范、“三防”设施、明厨亮灶工程、从业人员健康证、台账登记、制度落实等方面，对检查中发现的存在问题分别提出限期整改，定期与教育部门通报相关情况，并对存在问题的单位进行回头查。平远县食品药品监督管理局还出动执法人员100多人次，对全县机关、企事业集体食堂进行专项整治，有效解决部分企业食品卫生安全意识不强、集体食堂基础薄弱、责任落实与管理不到位等突出问题。（4）抓好药品医疗器械不良反应（事件）监测上报工作。为确保多部门之间的良好协作，建立健全长效工作机制，保证监测工作的顺利进行，平远县食品药品监督管理局与县卫生和计划生育局，联合印发《关于进一步加强药品不良反应、医疗器械不良事件报告和监测工作的通知》，成立药品不良反应、医疗器械不良事件报告和监测工作领导小组。是年6月，平远县食品药品监督管理局与平远县卫计局联合召开全县药品不良反应、医疗器械不良事件报告和监测培训工作会议，全县各级各类医疗机构和药械经营企业的43名药械从业人员参加培训。会议总结2015年度全县药械不良反应报告监测工作，部署2016年的工作任务，要求各监测点要按照规定，扎实开展药械不良反应报告工作，确保全县人民使用药械的安全。2016年，全县监测上报药品不良反应报告案例82例，医疗器械不良事件报告案例32例。（5）开展保健食品等三类食品非法添加非法声称问题专项治理工作。为贯彻落实新修订《中华人民共和国食品安全法》，有效打击保健食品、配制酒、玛咖制品等食品中非法添加药物、非法宣传功效等违法违规行为，切实保障消费者合法权益和消费安全，平远县食品药品监督管理局制订《平远县保健食品等三类食品非法添加非法声称问题专项治理工作方案》，按照工作部署，要求各相关股室、餐饮监管所及基层监管所按各自职责，立即督促辖区内保健食品、配制酒、玛咖制品生产经营企业，按照法律规定和《关于监督食品生产经营者严格落实食品安全主体责任的通告》文件要求，认真组织开展自查。以重点产品、重点企业、重点区域、重点案件为突破口，积极配合稽查股开展“蓝剑行动”，至11月底，未发现有保健食品经营企业存在违法添加的违法行为。（6）开展化妆品安全专项整治工作。为切实加强平远县化妆品质量安全监管工作，针对化妆品市场存在的突出问题和关键风险，该局继续在全县范围内扎实开展化妆品“四打击一规范”（严厉打击化妆品非法生产、非法添加、非法标签和非法经营等违法违规行为，规范化妆品注册备案秩序）专项整治工作。重点整治辖区内化妆品主流经营企业(化妆品专卖店、药店、连锁美容美发机构、大型连锁超市和商场）、妇婴专营店等所经营的宣称美白、染发、祛斑、祛痘/抗粉刺4类易违法使用禁、限用物质的化妆品以及包装、标签、说明书中宣称具有功能主治、适应症或者明示预防疾病、治疗功能或药用疗效的化妆品。全年未发现有化妆品违法违规经营行为。（7）抓好县食安委成员单位协调联动。在春节等传统节日期间，平远县府办、平远县食安办积极协调旅游、农业、畜牧、工商质监、公安等部门组成执法检查组，深入到辖区食品生产企业、大型超市、餐饮店、酒楼、学校食堂等场所进行食品安全检查，对存在的问题当即督促整改；在旅游节会期间，加大旅游景区及公路沿线餐饮单位监督检查力度，有效净化食品市场环境，确保游客饮食安全。

【稽查执法专项工作】　2016年，平远县食品药品监督管理局扎实开展食品药品稽查执法等专项工作。全年出动执法车600余台次，执法人员2000余人次，查处食品药品违法案件37起，总罚没款13万余元，结案率100%，没有发生行政诉讼和行政复议案件。扎实开展农村食品安全“扫雷”“秋风行动”和打击食品非法添加“清源行动”、药品违法犯罪“雷霆行动”、保健食品“蓝剑行动”等专项行动，针对当前农村地区仍然存在生产经营假冒伪劣、“两超一非”（超范围、超限量使用食品添加剂和违法添加非食用物质）、“五无”（无生产厂家、无生产日期、无保质期、无食品生产许可、无食品标签）食品、抽检合格率低等突出问题。全年出动执法人员1800人次，检查食品药品单位约2600家，切实解决和消除大部分农村食品安全存在的问题和风险隐患，进一步净化农村食品生产经营环境，提升农村食品安全保障水平。

【食品药品安全示范创建】　2016年，平远县食品药品监督管理局全力抓好食品药品安全示范创建工作。（1）推进“智慧食药监”网格化监管建设工作。根据上级开展食品药品网格化监管试点的指导意见精神，结合平远县的实际情况，平远县食品药品监督管理局将“智慧食药监”信息化监管工作列为年度重点工作。10月8日，平远县食品药品监督管理局局长组织班子成员及各股长召开网格化监管工作研讨会，制订《平远县“智慧食药监”网格化监管工作方案》。根据工作方案的要求，平远县食品药品监督管理局召开“智慧食药监”网格化监管工作动员会、“智慧食药监”平台操作培训、“智慧协管”应用操作培训等一系列培训会议，确保平远县所有监管人员及协管员都能够熟悉操作“智慧食药监”平台，使信息化监管常态化。2016年，平远县完成三级、四级网格划分，网格覆盖率100%，通过“智慧食药监”平台监管企业覆盖率59.3%，协管员上线协管率84.9%，各业务股室均已使用移动终端机和“智慧食药监”平台进行日常监管工作，平远县食品药品监督管理局监管人员已全部注册登录蓝信即时通讯。（2）餐饮安全示范街创建工作。为进一步推进全县餐饮服务食品安全监管，根据政府的要求和部署，平远县食品药品监督管理局积极推进餐饮服务食品安全示范街创建活动。①明确目标，在创建餐饮服务食品安全示范工程中，制订具体的工作实施方案。②经过实地调研，确定在河滨西路街区创建餐饮服务食品安全示范街，发挥餐饮服务食品安全示范街的引领、带动、辐射作用，促进平远县餐饮服务行业健康有序发展。③为促进该项工作扎实有序推进，多次召开专题会议，听取工作汇报，分析情况，解决工作中存在的问题。2016年，在县电信（县国税）后方三角区（岭下河唇路至平远大道沿街）地段顺利完成食品经营食品安全示范街创建工作。（3）开展化妆品市场安全治理示范区建设工作。为进一步加强事中事后监管，完善化妆品安全风险监管模式，通过实施示范街建设共治风险，提升化妆品市场安全治理水平，保障化妆品质量安全，平远县食品药品监督管理局制订《化妆品市场安全治理示范区建设实施方案》，按照省局开展化妆品市场安全治理示范区“一街多点”的建设要求，经现场调研，决定以平远县大柘镇平城中路作为“一街”，建设路选定为“多点”，开展平远县市级化妆品市场安全治理示范区创建工作。6月23日，平远县食品药品监督管理局举办化妆品市场安全治理示范区建设工作动员大会，并组织示范街所有化妆品经营企业负责人共12人进行化妆品业务培训。培训采取理论讲解、现场示范、疑难问题解答等方式进行化妆品业务指导，强化化妆品经营企业的主体责任意识，明确示范区建设标准要求，掌握网上查询产品合法性的方法，有效提升化妆品经营质量管理能力，为更好地建设市级化妆品市场安全治理示范区打下扎实的基础。2016年，示范区内各化妆品企业经营行为均达到要求，并通过市局验收。（4）抓好广东省卫生县城创建工作。平远县食品药品监督管理局结合本职工作，按照广东省卫生县城创建标准，集中力量对餐饮店的“三防”设施、“开放式”厨房、“开放式”经营等突出问题进行整治，要求餐饮店厨房必须独立设置。2016年，平远县已通过“广东省卫生县城”验收，其中食品安全高分通过。

（杨　志）

2016 年度平远县食品药品监督管理局负责人名录

局　长：黄庆明

副局长：何远航　谢永兴　沈福坚　杨建华

行政管理

人力资源管理

【公共就业服务】 2016年，平远县人力资源和社会保障局从五方面做好公共就业服务工作。（1）完善公共就业服务体系。按照“统一设施配备”的要求，统筹配备平远县各村（居）必要的服务设备设施，提升村（居）人社服务平台建设水平；充分发挥县人力资源市场主渠道作用，不断加强基层公共就业服务信息化建设，实现就业信息三级联网，就业岗位信息每月在政府网、人社网定时更新。（2）实现更高质量的就业服务。开展劳动力资源、企业用工情况调查摸底及收集企业岗位空缺信息，搭建劳动者与用人单位供需见面服务平台，举办“就业援助月”“春暖平远”“广东通驿高速公路服务区有限公司专场招聘”“送岗下乡”等专场招聘活动42场，全年成功介绍就业3128人，全县城镇新增就业2042人，城镇失业人员再就业2041人，就业困难人员再就业267人。培训各类劳动力3284人，其中劳动力技能晋升培训1956人，创业培训321人。新增转移就业2813人。（3）提高就业失业动态监测水平。建立平远县“一网五点”就业失业监测企业与行政村农村劳动力转移就业情况监测点65家，开展人力资源市场“一站式”就业服务，为356人办理“就业失业登记证”，为全县企事业单位失业人员202人办理档案托管，至12月，城镇登记失业率2.4%，全年控制在3.5%以内。（4）做好推动就业创业工作。积极营造“大众创业、万众创新”的创业氛围，对县级创业孵化基地鑫盛建材城有限公司进行认定。2016年，两个孵化基地进驻企业、商户85家（其中县产业转移工业园区58家、鑫盛建材城27家），带动就业4436人（其中，县产业转移工业园4400人，鑫盛建材城36人）。充分发挥小额担保贷款对创业促就业工作的作用，规范工作程序，建立小额担保贷款目标责任制、限时办结制等制度。全年举办创业培训班9期共321人；发放创业资助76人共38万元；发放租金补贴90人共43.6万元；发放创业带动就业补贴17人共6.8万元； 2016年平远县新增发放创业担保贷款89户，贷款金额892万元，累计为302户企业商户发放贷款2016.5万元，累计贴息282.5万元，本年度贴息151.1万元。创业带动就业1532人，创业带动就业倍增效应明显。（5）高度重视就业援助工作。按照《平远县就业困难人员认定申请流程》及《就业困难人员灵活就业社会保险补贴申报流程》要求，规范就业困难人员认定、建立台账和享受社会保险补贴审核、申报等工作。2016年，平远县有575人享受就业困难人员灵活就业社保补贴60.2万元。

【职业技能培训】 2016年，平远县人力资源和社会保障局做好职业技能培训工作。创新劳动力技能培训方式方法，充分利用平远县综合培训基地，采取合作培训的方式，加强技能型人才的培养，提高大家的就业创业能力。2016年，举办汽车修理工、维修电工、农艺工、应用办公软件、车工、艺术化妆师及美容师等各类技能培训班33期，共

1956人参加技能晋升培训；网上个人申请劳动力技能晋升培训补贴149人共40.16万元。

【社会保险】 2016年，平远县人力资源和社会保障局从四方面做好社会保险工作。（1）明确目标，强化措施，有力推进扩面征缴工作。紧紧围绕梅州市政府下达的扩面征缴任务目标，加强部门联动，建立完善地税征缴、社保稽核及劳动监察等环节的联动机制，加强社保政策宣传工作和信息公开，及时解答群众关心的社保热点难点问题，特别是做好灵活就业人员参加职工养老保险新政策的宣传。2016年全年累计征缴社会保险费总额39710万元。其中，征收企业职工基本养老保险费6427万元；征收职工基本医疗保险费5256万元；征收失业保险费344万元；征收工伤保险费274万元；征收生育保险费248万元。21.4万人参加2017年度城乡居民基本医疗保险；10.74万多人参加城乡居民基本养老保险，全年征收保费3412万元。（2）关注民生，以人为本，待遇保障水平显著提高。按国家和省的要求提高企业退休人员基本养老金水平，惠及1.56万名企业退休人员，人均调增106元，增幅超6.5%，9月底全面补发到账。2016年1月起，将全县近3万人的城乡居民基础养老金从100元/月提高到110元/月，进一步提升城乡居民生活保障水平和城乡居民保障制度的吸引力；2016年城乡居民医保每人每年各级财政的补助标准从380元提高到420元，基金保障水平和抗风险能力进一步提升；提高居民医保的补偿比例和封顶线，提高基金最高支付限额和住院报销比例；2016年1月，将平远县65名工伤伤残职工的伤残津贴提高至277元，人均调增127元，增幅达85%，有效保障工伤职工和工亡职工供养亲属的基本生活。（3）突出重点，有序推进。助力供给侧结构性改革，根据市相关文件要求，下调生育保险费率下调至0.5%、工伤保险费率下调至0.2%、0.4%、0.5%（分行业）、失业保险费率下调至0.8%，为企业减轻社保负担。推进机关事业单位养老保险改革，积极与编办、财政等部门密切配合，协同全县各单位人事干部，做好单位基础信息数据采集及核对工作。严格执行省市有关文件精神，做好该县被征地农民养老保障有关工作，指导镇村做好参保对象的确定工作，及时落实被征地农民的利益。（4）规范业务，创新管理。根据广东省人社局《关于完善灵活就业人员参加企业职工基本养老保险有关规定的通知》精神，做好灵活就业人员参加养老保险工作，至12月底，全县有1964人办理首次参保，2721人办理一次性补缴，42人办理一次性趸缴。（5）加强监管，强化稽核，按时足额支付社保待遇。全年共支付社保待遇5.04亿元。其中，按时足额支付企业职工养老保险待遇2.88亿元；支付城乡居民养老保险待遇4972万元；审核支付职工医保待遇3148万元；支付城乡居民医保待遇1.23亿元；支付职工生育保险待遇133万元；支付失业保险待遇286万元；支付工伤保险待遇417万元。按照法律法规要求，加强日常巡查，加大对全县定点医疗机构的检查力度，督促定点医疗机构遵守基本医疗保险政策和医疗服务协议，不断健全稽核内部控制制度，从源头上制止违规现象的发生，确保社保基金的安全运行。

【劳动维权】 2016年，平远县人力资源和社会保障局从四方面做好劳动维权工作。（1）强化劳动保障监察，查处违法用工行为。开展“清理整顿人力资源市场秩序专项行动”“用人单位遵守劳动用工和社会保险法律法规情况专项检查”“农民工工资支付情况专项检查”等专项检查，检查用人单位136家，涉及职工人数15600多人，督促企业与2760名劳动者补签劳动合同，追发劳动者工资780多万元，督促企业补缴社会保险105万多元。严格执行建筑工程项目工人工资支付保证金制度，全年共15个工程项目缴交600多万元。（2）开辟绿色通道，及时调处劳资纠纷。及时高效处理劳动人事争议案件和群众来信来访，全年受理群众申诉案件81宗，涉及230人，申诉案件已全部结案，结案率达100%；为127名劳动者追回克扣、拖欠工资116.63万元，工伤保险待遇及经济补偿金57.51万元。（3）妥善处置群体上访，维护劳动关系和谐稳定。（4）认真落实人大议案、政协提案，狠抓信访投诉案件。2016年受理投诉举报76件，结案率100%，全年落实涉及民生问题的提案议案5宗，调处信访案件140宗（其中县政府督办、县信访局交办案件94宗），结案率100%，劳动关系持续和谐稳定。另外，该局加强与企业军转干部的沟通，主动为企业军转干部排忧解难，保持“零上访”的良好局面。

【公共人事管理】　2016年，平远县人力资源和社会保障局从两方面做好公共人事管理工作。（1）扎实开展机关事业单位公开招聘及管理工作。协助做好公务员“阳光招考”工作，2016年招考公务员计划数64人（含检察法院）；完成2016年粤东西北地区乡镇事业单位专项公开招聘及平远县事业单位公开招聘事业单位工作人员工作，共招聘230人；严格按照《干部任免条例》做好全县政府系统34名股级干部的任免工作，其中提拔股级干部9人；完成机关事业单位工作人员和中小学、幼儿园教师2292人年度考核工作任务；落实2016年度新招录公务员和机关事业单位聘任工作人员初任培训计划和以“创新、协调、绿色、开放、共享”五大发展理念为主题的行政机关公务员全员培训计划；做好平远县16名“三支一扶”大学生的接收管理工作；完成2015年机关事业单位年度考核优秀奖金核发工作，做好机关事业单位在职人员工资正常晋升工作，下发《关于印发平远县全面治理机关事业单位违规发放津贴补贴问题实施方案的通知》，规范津贴补贴项目和标准，切实加强津贴补贴工作监督检查；对乡镇机关事业单位工作人员实施乡镇工作补贴，对机关事业单位财政全额拨款退休人员代调代发养老金；继续做好干部人事档案“三龄二历一身份”的审核工作，审核整理股级以下干部档案1100多份；落实“扬帆计划”，鼓励企业积极争取“引进紧缺人才”“培养高层次和高技能人才”等人才帮扶项目的资金扶持。（2）认真做好专业技术人员培训和管理工作。创新专业技术人员继续教育培训方法，采取远程电教的形式，切实解决该县专业技术人员的工学矛盾问题。做好农业、卫生、工程、经济等各类专业技术人员职称申报的资历条件、业绩条件、学历条件等方面审核工作，审核副高职称申报材料21份、中级职称57份、初级职称11份；做好全县中小学教师职称制度改革工作，组建中级、初级职称各5个学科2个评委库，完成职称过渡人员2366人，审核上送中小学高级教师职称申报材料17份，审核评审中小学一级教师职称30人、初级教师职称15人，实现新老制度的顺利衔接；做好人才交流服务工作，为140多名高校毕业生办理人事代理服务。

2016年8月9日，县人大常委会副主任赖家琳（正面中）带领调研组到县人社局调研2016年上半年社会保险基金预算执行和2015年度基金决算情况

【存在问题】　2016年，平远县人力资源和

社会保障工作存在的主要问题：园区企业招工难，急需短缺专业人才引进难，社会保险扩面征缴难，劳动保障监察执法难，工作举措创新不够，对影响制约人社工作科学发展的困难和问题研究不深不透，破解难题的办法不多，缺特色、少亮点。

（平远县人力资源和社会保障局）

2016 年度平远县人力资源和社会保障局负责人名录

局　长：韩世敬

副局长：刘荣国　刘文钫　张小英（女）　杨志强

人才交流服务中心主任：陈宗敏

民政工作

【概况】 2016年，平远县民政局认真落实“以民为本、为民解困、为民服务”的工作宗旨，社会保障和社会救助工作齐头并进，双拥优抚安置工作水平不断提高，基层民主政治建设扎实推进，民政公共事务管理服务工作得到较好的发挥，民政基础设施建设稳步推进。同时存在一些亟待解决的问题。如社会救助工作对重残、重病、老年人和未成年人等困难家庭的救助力度不够，医疗救助范围有待扩大；养老服务体系建设滞后、资金投入不足、扶持力度不够；镇村公益性骨灰存放设施建设选址难，阻力大，建设用地审批难，不到位。

【社会救助】 2016年，平远县民政局从三方面做好社会救助工作。（1）提高低保、“五保”救助水平。印发《关于提高农村五保供养、城乡低保标准和城乡低保月救助水平的通知》，从2016年1月起，平远县城镇低保标准从每人每月430元提高到485元；城镇低保月补助水平从375元提高到419元；农村低保标准从每人每月265元提高到335元；农村低保月补助水平从175元提高到191元。低保标准和低保月补助水平均略高于省、市实施方案的要求，低保覆盖面达4%。全县城乡低保共4719户10478人，共发放低保金2630.87万元。农村“五保”供养按上年度农村居民纯收入的60%确定标准，达到每人每月632元，比上年577元增加55元。全县共有“五保”户595户，共发放“五保”供养经费438.82万元。（2）完善医疗救助体系。医疗救助“一站式”结算服务水平进一步提升，农村“五保”对象、城市“三无”人员在定点医院住院治疗的，经城乡居民基本医疗保险或城镇职工基本医疗保险报销后，从2016年10月起由原来可享受年累计18000元提高到可享受年累计50000元以下的救助；低保对象经城乡居民基本医疗保险或城镇职工基本医疗保险报销后，剩余个人自付医疗费用（含起付标准）可享受70%的救助，每人由原来的5000元提高到年累计救助金额30000元；低收入救助对象因病致贫家庭重病患者患重特大疾病，其住院费用经居民医保、新农合、大病医疗保险或补充医疗保险报销补偿后，自付医疗费达到12000元以上，综合全年度医疗救助资金总量，按自付医疗费的适度比例给予救助。年度限额不得超过20000元。2016年，医疗救助“一站式”结算服务共1337人次计66.14万元；“非一站式”结算服务共219人次计90.53万元。实施基本医疗救助2199例，发放医疗救助金489.54万元，人均救助金额2226元；重特大疾病医疗救助全年共372人次计177.6万元。（3）社会救助资金规范管理。完善社会救助对象信息档案，强化保障对象动态管理机制，建立社会救助对象主动发现机制和定期核查制度，切实做到应保尽保、该退则退的救助政策，坚持阳光操作，实现“阳光救助”。全县低保、“五保”、医疗救助等民政资金实行社会化发放，由县财政局统一发放，所有资金都能够足额、及时、直接拨付到救助对象账户。

【双拥、优抚安置】　2016年，平远县民政局从三方面做好双拥、优抚安置工作。（1）全面落实优抚政策。①从2015年10月起，调整提高部分优抚对象抚恤补助标准，全县抚恤补助标准高于省规定的标准，做到每月足额发放抚恤补助金，全年总额488.48万元。对存在生活难的444人补助共23.2万元。在乡一至六级残疾军人、孤老复员军人纳入县特定医保对象，农村七至十级残疾军人共14人参加职工基本医疗保险和城镇职工补充医疗保险，其他重点优抚对象参加农村居民合作医疗保险，发放门诊补助6.02万元。在大柘镇、八尺镇积极开展“关爱功臣”免费送医送药活动，医疗补助143人共12.05万元。全面完成优抚对象数据核查工作，全县核查指标188人，实核查836人，其中80周岁以上95人，70~79岁136人，60~69岁323人，60岁以下282人。②兑现全县义务兵家庭205户优待金共183.28万元，标准比上年提高767元，同时发放重点优抚对象的优待金和1名进藏女兵给予一次性经济补助50000元，对部队立功受奖7人进行奖励，为2015年秋季入伍的106名新兵家属挂光荣军属牌。（2）做好退役士兵安置工作。2015年平远县接收退役士兵66人，2016年秋冬共接收退役士兵71人。2016年对上年45名退役士兵参加汽车驾驶培训的给予每人补助1200元，总额5.4万元，并组织58人参加中等职业学校培训。发给2015年冬季退役士兵59人一次性经济补助120.71万元，安排工作7人，100%完成安置任务。促进退役士兵就业，开发使用率98%；同时100%落实好军休干部“两个待遇”。（3）扎实开展双拥创建活动。“八一”、春节期间，组织走访慰问梅州军分区、96169部队、其他驻平远部队，召开座谈会，赠送慰问金和慰问品；走访慰问孤老复员军人、在乡六级以上伤残军人、军队离退休干部等，分别赠送慰问金和慰问品，并印发慰问信和“光荣之家”对联各1400份，以村（居）委会为单位召开优抚对象座谈会，切实为优抚对象办好事、实事，构建和谐军政军民关系。清明和烈士纪念日，分别在县革命烈士陵园和县革命烈士南山纪念园召开祭奠革命先烈大会，500多人参加祭拜活动。全县军民共建单位13个结合各自优势开展共建活动，支持驻平远部队解决实际困难。

2016年5月19日下午，由全国双拥办副主任马飞雄率调研组一行9人到平远县调研复退军人服务管理和拥军优属工作时与市、县领导合影　（冯锡权　摄）

【救灾救济】　2016年，平远县民政局从五方面做好救灾救济工作。（1）救灾应急及时有效。1月17日发生低温冰冻灾害，4月18日发生风雹灾害，3月20日、5月2日、10月21日因强降雨和台风的影响，县内多地发生洪涝灾害。全县12个镇共16651人受灾，因灾死亡2人，紧急转移安置1423人，需紧急生活救助822人。农作物受灾面积2044.05公顷，其中绝收453.92公顷，全县倒塌房屋70户121间，严重损坏房屋14户28间，一般损坏房屋187户431间，全倒户4户，直接经济损失5903.12万元。灾情发生后，按照《平远县自然灾害救助应急预案》要求，平远县迅速启动Ⅲ级应急响应、Ⅳ级应急响应各3次，全力以赴做好紧急转移安置、安抚受灾群众等工作。2016年，共下拨省级自然灾害资金153万元，其中，洪灾应急生活救助资金83万元，严损户房屋维修补助1.4万元，因灾死亡家属抚慰金40000元。重建家园补助9万元，冬春生活救助资金55.6万元。同时，下拨洪灾全倒户重建市级补助4.5万元，县级配套补助4.9万元，4户全倒户在年底前全部搬进了新居。（2）镇级应急避难场所建设。2016年，河头、上举两个镇的应急避难场所建设得到广东省福利彩票公益金的资助，每个镇30万元，两个镇的应急避难场所建设已完成选址设计，正在进行项目施工。大柘、泗水、东石、石正、中行、仁居6个镇的应急避难场所建设列入2017年度申报项目，申报材料已报省、市。（3）防灾减灾工作深入推进。继续开展“全国综合减灾示范社区”创建活动，2016年申报石正镇石正社区居民委员会、仁居镇仁居社区居民委员会（补报2015年度）两个全国综合减灾示范社区。组织各镇、村（社区）、中小学等，开展防灾减灾宣传、咨询、演练活动。“5·12”防灾减灾日悬挂宣传横幅、张贴宣传标语5000多条，发放防灾减灾宣传小册子3.5万本，播放宣教片25场次。（4）规范管理救灾物资筹备仓库。完善物资进出库管理和人员职责等相关管理制度和消防设施，对救灾物资进行全面清理，补充棉被等部分物资。与两家供销商签订应急物资合同，确保大米、食用油等生活物资质量并及时调运发放。（5）发动公益慈善捐款。平远县民政局积极有序开展扶贫济困日活动，制订方案，出台资金管理办法。全年接收扶贫济困日活动资金共223.14万元，接收日常性捐款15万元。

【基层政权和社区建设】 2016年，平远县民政局从四方面做好基层政权和社区建设工作。（1）村（居）务公开“五化”创建活动。平远县民政局制订《平远县村（居）务公开“五化”创建活动工作方案》，采取示范引导、逐步推进、全面覆盖的方法步骤，围绕“设施建设标准化，公开内容规范化，公开时间经常化，公开形式多样化，公开地点公众化”要求有序推进创建活动，全县确定村（居）务公开“五化”创建试点村16个，其中县试点村4个、镇试点村12个。（2）基层组织经费保障。提高村（社区）干部补贴，建立村（社区）干部补贴增长机制。提高村级组织办公经费，并逐步提高村级办公经费。（3）村务监督委员会建设。①健全工作制度，规范运行机制。加强村务监督委员会建设，继续开展以“有人员、有场所、有牌子、有章子、有经费、有制度、有奖惩、有培训、有作为”等“九有”为重点内容的规范化建设，明确村务监督委员会监督农村经济社会事务民主决策等6项工作职责，制定集体议事决策等8项工作制度，全面规范运行机制。②提高工作补贴，调动工作积极性。由平远县委组织部、县财政局、县民政局联合印发文件《关于加大农村干部基层组织工作经费保障力度的实施意见》。落实村务监督委员会成员补贴标准为村干部补贴的1/4，补助范围及发放渠道参照村干部补贴。建立健全村务监督委员会成员补贴增长机制，逐年提高工作补贴并列入县级财政统筹，通过“一卡（折）通”方式直接发放到村务监督委员会成员。③制定考核办法，充分发挥监督作用。平远县民政局汇同县监察局、县财政局联合印发《平远县村务监督委员会工作考核方案（试行）的通知》，建立村务监督委员会成员考核评价体系，考核结果与绩效补贴挂钩。对村务监督委员会及其成员实行百分制考核，其中基础工作80分、民主测评20分。将工作补贴分为基本补贴和绩效补贴，其中70%为基本补贴按月发放到个人账户，30%为绩效补贴年终统一划拨到各镇，由各镇按考核办法考核后根据考核结果发放。（4）社区服务设施建设。①积极开展农村社区建设试点工作，由中共平远县委、县政府印发《关于印发〈平远县深入推进农村社区建设试点工作实施方案〉的通知》。明确社区治理、社区服务等7大工作任务，并按单位职能将工作任务分派到11个牵头单位和26个配合单位。建立“镇实施、村落实”的工作机制。确定16个试点村，其中县试点村4个、镇试点村12个。②社区公共服务站有序推进。参照梅县区的做法，社区公共服务站设在村、社区办公楼一层，建成钢结构骨架、铝塑板饰面、大理石台面的服务平台，配备电脑、电话、传真机、复印机等基本办公设备，适当配置接待群众的桌椅板凳等，社区工作人员岗位职责、工作制度、办事程序等上墙公示。至2016年建成楼前村等16个社区公共服务站，投入建设资金120多万元。③推进家庭服务中心建设。按省、市关于家庭服务中心建设的标准要求，借鉴梅江区江南街道家庭综合服务中心的做法，结合本地实际，主要围绕长者服务、青少年服务、社区发展服务进行规划建设。投入省资助资金180万元，对东石、上举、长田、石正、热柘5个镇建设家庭服务中心，2016年已完成东石、上举家庭服务中心建设。④推进城乡社区基石计划示范工程建设。东石镇凉庭村“基石计划”示范工程项目扩建村委会办公楼，建设社区公共服务站，设置会议室、阅览室等工作有序推进。⑤规范使用管理项目资金。一是进行专项督查。8月，平远县民政局组织检查组，到8个镇8个村（社区），对2014—2015年涉及基层政权和社区建设类省级福彩公益金资助项目进行专项督查。二是加强对项目资金的监管。项目实施后严格履行统一报批程序和手续，按镇政府申请、平远县民政局核实、县财政局审核程序进行资金拨付，采取分期分批方式，实施期间加强督促检查，确保项目有序进行，按时按要求完成建设任务。

【社会事务和社会福利】　2016年，平远县民政局从四个方面做好社会事务和社会福利工作。（1）社会养老服务体系建设。①加快民办养老机构发展。通过公建（办）民营、民办公助、政府购买服务等方式，支持各类市场主体、社会主体参与社会养老服务事业发展。建立运营补贴制度和落实税费、土地、医疗、培训、运营等优惠政策。2016年公建民营的县托老中心取得市财政运营补贴3万多元，与民间资本合作兴办的清福堂养老服务中心建设已完成立项，进入其他手续报批之中。2016年全县养老床位共有1248张，每千名老人拥有床位30张，完成市下达任务。②推广城乡社区居家养老服务。通过建立县级居家养老服务指导中心、镇级居家养老服务中心、村（居）居家养老服务站点的三级服务网络体系，推动城乡社区居家养老服务在城镇普遍展开，在农村逐步发展。2016年兴建和改造的镇、村居家养老服务中心（站）19个。③启动农村养老服务建设“幸福计划”。依托村民自治和集体经济及乡镇现有的公共服务场所，利用农村闲置房屋、空置学校等设施资源改造建设一批村级主办、互助服务、群众参与、政府支持的养老服务设施，为农村老年人提供精神慰藉、娱乐活动、日间照料及托养服务。实施省级项目扶持资金，2016年着手改造建设八尺、长田、东石、热柘、大柘“幸福计划”农村居家养老服务站。（2）全面落实孤儿保障政策。根据《梅州市民政局印发关于提高底线民生保障水平的实施方案的通知》要求，从2016年1月1日起，社会散居孤儿从每人每月760元提高到820元，集中供养孤儿从每人每月1240元提高到1340元。2016年，全县孤儿、困难儿童共有118人，其中社会散居98人，集中供养20人，全年共发放133.758万元。（3）全面实施事实无人抚养儿童补助制度。根据广东省民政厅、广东省财政厅《关于建立事实无人抚养儿童基本生活保障制度的通知》精神，平远县从2016年1月1日起发放事实无人抚养儿童基本生活保障金，标准为每人每月500元，是低保对象的采取补差办法进行发放。2016年，平远县在册困境儿童人数104人，全年共发放44.58万元。（4）殡葬管理工作。①加大骨灰存放设施建设力度。通过抓宣传和政府资金扶持，全力推进骨灰设施建设。2016年，平远县财政扶持35万元，完成石正镇马山村公益性公墓园建设；对长田镇长田村、上举镇文裕村各扶持10万元以上建设骨灰存放楼设施各1座。差干镇、热柘镇、仁居镇等公墓建设正在征地申报阶段，其余的镇在选址规划。至2016年，平远县有公益生态树葬园1座，公益性公墓园2座，骨灰存放楼（堂）6座。②开展各种形式殡葬宣传活动。平远县各镇、各部门采取定期宣传和长期宣传相结合的办法，加大殡葬管理工作的宣传力度。由平远县委宣传部、县民政局联合印发《关于做好2016年殡葬改革宣传月活动工作的通知》，结合开展殡仪馆开放日活动，积极组织干部、群众参加殡葬宣传活动，引导党员干部带头自觉抵制封建迷信和文化糟粕，文明祭祀，并印刷县政府通告2500份、标语4000份、横幅60条，派发各镇大街小巷宣传，有力地促进殡葬管理工作。③提高殡葬基本公共服务水平。为贯彻落实省政府《关于强化全省殡葬基本公共服务的意见》，提高殡葬基本公共服务水平。由政府免费提供殡葬基本服务，免除全县户籍人口7项殡葬基本公共服务费，执行标准为1480元/具，全年共免收殡葬基本服务费237.1万元。2016年1月，民政厅授予平远县殡仪馆“广东省二级殡仪馆”称号，实现梅州市等级殡仪馆“零”的突破。④抓好占地毁林建坟工作。为抓好以“三道两区”和“五沿”为主的占地毁林建坟专项整治工作，县政府召开全县开展占地毁林建坟专项整治工作会议，调整县占地毁林建坟专项整治工作领导小组，制订《平远县进一步开展占地毁林建坟专项整治工作实施方案》，2016年依法处理违规建坟11宗。⑤为抓好工作落实，县政府明确把殡葬管理工作列入对各镇各部门领导干部考核的重要内容。以责任书落实责任制，县镇村逐级签订殡葬管理目标责任书，一级抓一级，层层抓落实，确保殡葬管理工作责任制和工作措施落到实处。

【其他工作】 2016年，平远县民政局努力做好其他服务工作。（1）第二次全国地名普查工作稳步推进。2016年，在省、市普查办的指导下，共调查收集11个大类地名信息5480条，完成填写并整理录入2996张居民点的登记表，采集地名经纬度5480条，照片7820张，收集一地多名、一名多写地名180条，已标绘工作图63张，设置安装地名标志牌150块。经专家第一轮审核并提出具体修改意见，摸清全县30年来地名信息变化情况，顺利完成地名普查目录、登记表、外业采集及部分数据入库工作。（2）福利彩票发行任务顺利完成。全县共有26间投注站，全年福彩销售1805多万元，较好地完成梅州市下达的销售任务。（3）残疾人“两项补贴”工作调整。根据《广东省民政厅 广东省财政厅 广东省残疾人联合会关于健全困难残疾人生活补贴和重度残疾人护理补贴制度的通知》精神，要求2016年由民政部门负责跟进落实残疾人“两项补贴”工作，平远县民政局积极联络县残联，做好残疾人“两项补贴”工作的交接，2016年上半年以前残疾人“两项补贴”工作继续由县残联负责落实，2016年下半年新增人员“两项补贴”计划2017年2月前落实到位。（4）婚姻登记和社团登记规范有序。2016年全县共办理婚姻登记2416（宗）。2016年，全县已有150个社团，其中新登记成立6个，已注销4个，年检率85%；全县35个民办非企业单位，新登记成立8个，年检率92.6%。（5）老龄工作取得新成效。继续有序发放80~99岁高龄津贴和100岁老人长寿保健金，全年发放273.654万元；为全县80周岁以上的户籍人老年人以及60~79周岁的户籍困难群体老年人投保意外伤害综合保险每人每年20元，共投保21.92万元，有10959名老年人得到实惠。　（谢岳超）

2016年度平远县民政局负责人名录

局　长：肖洪海（任至5月）
　　　　刘立新（5月起任）
副局长：刘冬芳（女）　李剑文　林清忠
　　　　林依坚

国土资源管理

【土地总体规划调整】　2016年，平远县国土资源局积极做好土地利用总体规划（2010—2020年）中期调整完善工作。进一步优化规划的建设用地规模和空间布局，结合平远县发展实际，在原有建设用地规模的基础上，调整增加3010亩（200.67公顷）建设用地规模，为平远县后续发展预留充足空间。着眼项目需求，把上举、差干、热柘等镇五大景区旅游建设项目用地，县城周边建设用地（含市政建设和储备用地），公路、水利等基础设施用地和全年列入的重点项目全部纳入中期土地利用总体规划调整完善方案中。

【土地利用管理】　2016年，平远县国土资源局做好土地利用管理工作。（1）坚持对重点建设项目实行领导挂钩责任制度，努力解决项目遇到的相关用地困难和问题。全县列入梅州市2016年重点项目中的31个新增建设项目符合条件的都已实施供地。主动服务用地单位做好用地预审，完成梅平高速公路、八尺到差干G358项目、广东粤电平远茅坪风电场和梅州平远项山50兆瓦风电场项目等4宗用地预审工作。全力加快用地报批速度，完成含梅平高速公路在内的2053亩（136.87公顷）用地报批工作。（2）积极盘活存量建设用地资源，挖掘建设用地潜力，提高土地利用效率。重点开展城南新区、环北路两边和环东路周边存量土地和历年来批而未征、批而未供的清理调查工作，确保平远县城东医疗卫生中心、平远碧桂园、城南新区商业物流中心等项目用地需求。同时，实施土地储备，拓展用地空间，做好盘活杞园车上大桥下游、河岭嶂山脚周边、鸿禧中心城南侧、平远碧桂园等储备土地1500亩（100公顷）前期工作。同时，全力推进城镇粮所片区等“三旧”改造工作。

【耕地资源保护】　2016年，平远县国土资源局做好耕地资源保护工作。认真落实耕地保护政策措施，确保耕地面积不减少，质量不降低，用途不改变，完成全县耕地保有量20.14万亩（13426.67公顷），基本农田保护面积16.54万亩（11026.67公顷）。全力做好2014年度高标准农田的建设管理、2015年高标准农田的招投标和2016年高标准农田的建设规划工作。同时，落实“占优补优”“占水占补水”承诺，做好耕地后备资源调查及“旱改水”前期准备工作。持续加强补充耕地后续管理，确保种有所效。

【矿产资源开发监管】　2016年，平远县国土资源局做好矿产资源开发监管工作。严格矿业权审批管理。依照法律法规政策，办理采矿权延续登记3个，采矿权变更登记1个，注销采矿权2个。严格按照《广东省国土资源厅矿产资源开发利用年度检查工作实施办法》规定，累计出动200人次对全县44个矿山实施年检，发现问题及时发出整改通知。同时，根据各探矿权人的不同情况，采取实地检查和桌面检查相结合的方式，对27个探矿权项目实施年检，年检率均达100%。

【国土资源执法监察】 2016年，平远县国土资源局扎实开展年度卫片执法检查工作。对国土资源部下达的183个卫片监测图斑和3个矿产卫片图斑认真开展实地核查，对符合立案查处的34个涉嫌土地违法图斑予以立案查处，落实整改措施，并于是年6月顺利通过成都督察局的检查验收。坚持预防以主，全面落实每周两次的国土资源动态巡查制度，推行县、镇、村三级网络式巡查监管，对区域内违法用地和违法开采矿产资源行为做到发现一宗，制止一宗。全年遏制违法用地行为102起。其中，土地88起；矿产资源开发14起。

【群众权益维护】 2016年，平远县国土资源局从三方面做群众权益维护工作。（1）编制《平远县2016年度汛期地质灾害防治方案》；采取电视台播放地灾宣传片、县城街道设立咨询服务台和举办地质灾害培训班等形式，大力宣传地质灾害防范知识和避险措施；扎实开展地质灾害隐患点特别是削坡建房排查和录入工作，通过排查新增隐患点60户；汛期，严格落实群测群防责任制和汛期值班制度，加强地质灾害动态监测、险情巡查和地质信息预警预报，保障人民群众生命财产安全。（2）加快平远地质公园建设。完成《平远省级地质公园规划（2016—2035年）》规划编制，投入资金2000多万元，基本完成差干地质博物馆地质公园标识系统等设施建设。（3）切实抓好农村突出问题三项治理工作；开展被征地农民土地补偿款、征地留用地历史欠账的清理调查工作；严肃查处农村乱占、乱卖、乱租土地行为；结合实际，调整提高征地补偿标准，进一步规范征地管理，依法保障被征地农民合法权益；严格按新修订的《信访条例》和《国土资源信访规定》，依法依规解决好群众合理诉求，切实维护好群众合法权益。全年共接待群众来访6起13人次，来信38封,全部已处理。

【基础业务】 2016年，平远县国土资源局从两方面做好基础业务工作。（1）加强基础图件测绘工作。扎实开展数字城市地理空间框架建设，为全县工业、农业、水利、城镇规划与建设、交通、资源开发与利用、环境保护等诸多领域提供宗地测图、定桩和其他测绘成果等基础测绘服务。扎实开展农村集体土地所有权登记发证数据库例行更新备案工作，对全县农村集体土地所有权数据库进行纠错补漏，完成图形、属性、档案和证书的更新。（2）全面完成不动产登记职责机构整合。设立平远县不动产登记局和平远县不动产登记中心，核定事业编制12名，经费按财政补助一类拨付，人员已到位。建立不动产统一登记信息平台，包含不动产登记业务管理子系统、不动产登记数据管理子系统、不动产登记数据共享子系统以及不动产登记信息查询子系统，实现不动产登记审批、数据管理、信息共享查询等功能。落实保障工作场所，设立专门档案管理场所，安装密集架，制定办事指南等。自6月30日实行不动产登记发证到年底，已发不动产证书和证明1714份，其中证书775份、证明939份。

【土地矿业权市场】 2016年，平远县国土资源局做好土地矿业权市场工作。大力发展国土资源要素市场，在公开公平评估土地的基础上，严格执行建设用地使用权及矿业权招标、拍卖、挂牌制度，全年公开招拍挂出让土地方面共10宗，出让面积17.3万平方米，成交总额14331万元；协议出让采矿权1宗，出让价款51万元。

【地质灾害环境治理】 2016年，平远县国土资源局积极做好地质灾害环境治理工作。统筹省级地灾专项资金，认真做好泗水学校和河头樟杭村崩塌地质灾害隐患治理。严格落实矿山地质环境治理恢复保证金制度，与持证矿山签订缴交保证金合同37份，缴交保证金4653万元。重点做好黄畲稀土矿三坝塘矿区复绿试点。督促华企稀土实业公司投入资金200多万元，按绿色矿山的建设标准，对已完成生产不再使用的矿区进行复绿治理，面积达35万平方米。

【存在问题】 2016年，平远县国土资源工作存在的主要问题：（1）城乡建设用地规模依然还有缺口。（2）受建设用地规模和用地指标有限的制约，纵然通过调整规划，但仍无法满足一些土地量大的重点项目用地需求。（3）地质灾害防治任务重。平远县地质结构条件复杂，地质环境脆弱，在册地质灾害隐患点534个，农民依山削坡建房户2252户，因人员、资金、设备和技术等条件较滞后，监测防治任务重。（4）国土资源执法监管难。特别是农村私人建房因受部分镇村建设规划滞后的影响，农民建房规划前置无法审批，从而造成未批先建的现象依然存在；受强制执行政策的制约，对违章建筑拆除难。（5）矿农纠纷矛盾依然严重。矿产资源开发的行政审批机关涉及多个部门，涉及矿产资源开发所引发衍生的如水土流失、环境污染等一系列问题难于调处；矿区周边群众在补偿或置换土地时出现要求过高的现象。

（杨群辉）

2016 年度平远县国土资源局负责人名录

局　长：刘　胜

副 局 长：林立全　王瑞荣　杜　斌　陈　宏

执法监察队队长：刘振忠

安全生产监督

【概况】 2016年，平远县安全生产监督管理局（以下简称“县安监局”）以落实“党政同责、一岗双责、失职追责”为抓手，以非煤矿山、危险化学品和烟花爆竹、职业卫生及工贸企业安全监管为重点，全面落实安全生产责任，加强基层基础工作，常态化开展事故隐患排查整治，强化日常安全生产监管和执法检查；加强安全监管队伍建设,不断提升工作执行力和服务基层群众的能力。2016年度工矿商贸企业发生生产安全责任事故4起，死亡3人，受伤4人；道路交通、消防等重点行业领域安全生产状况平稳，未发生较大及以上安全事故。2016年度平远县被梅州市委、市政府评为安全生产先进县。

【安全生产氛围】 2016年，平远县安监局利用网络、宣传栏、宣传标语等形式，广泛宣传《中华人民共和国安全生产法》《五落实五到位规定》等安全生产法律法规和安全生产知识，在平远县广播电视台设立安全生产专栏，努力增强社会公众安全意识。结合6月第15个全国“安全生产月”活动，会同相关部门在平远县官田广场联合举办“安全生产宣传咨询日” 活动，发放安全宣传资料1000多份，接受100多名市民的咨询。并举办镇和安委会重点监管单位分管领导、生产经营单位主要负责人和管理人员以及烟花爆竹、职业卫生等安全管理知识培训班共13期，培训人员1845人。

【专职监管队伍建设】 2016年，平远县安监局做好安全生产监管队伍建设工作。2月，各镇（含工业园区管委会）安全生产专职监管人员45人正式上岗，其中工业园区管委会、大柘镇各6人，其余镇各3人。专职安全员队伍采用政府雇员等政府购买服务的形式组建，不占用或增加各镇和工业园区管委会的行政或事业编制。专职安全员由各镇（工业园区管委会）管理和使用，按《平远县专职安全生产监督检查员队伍组建工作实施方案》执行。

【安全生产许可】 2016年，平远县安监局对6家非煤矿山企业和4家加油站许可证颁发、延期办证和变更手续，组织2家非煤矿山企业建设项目安全设施设计评审，颁发烟花爆竹经营（零售）许可证103个。

【事故隐患排查治理】 2016年，平远县安监局积极做好事故隐患排查治理工作。（1）非煤矿山方面。以专家“会诊”监管、风险分级监管和微信助力监管“三项监管”为抓手，做好春节后复工验收、防汛度汛、地下矿山企业采空区专项治理、职业卫生及日常监管等工作。尖山铁矿实业公司投入253万元整治，保证尖山铁矿东、西采坑积水矿区安全度汛。2016年对非煤矿山企业检查157家次，排查安全隐患242项，发出责令整改指令书7份，行政处罚强制决定书16份，整改率100%；经济处罚3家，罚款32200元。（2）危险化学品、烟花爆竹及规模以上工贸企业方面。2016年度对27家加油站、1家危化品生产企业、103个家烟花爆竹经营单位及27家工贸企业实行定期或不定期巡查，检查企业236家次，下发整改指令54份，排查安全隐患174项，隐患整改率达100%。通过政府购买服务的形式，投入16万元聘请广州市万保职业事务有限公司对全县27家工贸企业进行较大危险因素辨识和隐患排查，共排查出各类问题及安全隐患223处，并形成《较大危险因素辨识与防范报告》，制定防范措施。春节、元宵节等特殊时期开展烟花爆竹安全专项整治，对6家经营点存在无证经营、与证不符等违法违规行为进行查处，现场查获非法经营的烟花爆竹一批，价值约2万元。（3）职业卫生方面。县安监局2016年度对易造成急性中毒或群体性中毒的粘胶剂、有机溶剂企业为重点，开展职业病危害专项治理和职业卫生监察联合行动，检查企业103家次，下达执法文书103份，发现安全隐患146项，整改率达100%。

【安全执法监察】 2016年，平远县安监局抓好安全执法监察工作。（1）安全生产执法监察标准化建设，配备各类执法装配，完善案审室、装备存放室、档案室和各项管理制度，规范行政处罚案卷和执法行为。（2）按“一办法、四制度”（联合检查实施办法、联合检查工作制度、联席会议制度、信息通报制度、考评制度）联合执法，推动联合执法常态化、法治化。全年联合执法行动18次， 210多人次，检查生产经营单位100多家，排除安全隐患278项。（3）开展执法年活动与非煤矿山、危险化学品、烟花爆竹、冶金、有色、建材、机械等重点行业领域的执法相结合，执法检查962家次，排除各类隐患312项。（4）依法依规，查处安全生产违法违规行为案件15宗，其中违法经营烟花爆竹案件12宗、行政处罚案件2宗、事故处理案件1宗，处罚金额24.44万元。2016年度县安监局被梅州市安监局评为安全生产执法监察标准化建设达标单位（一级）。

【安全生产保障】 2016年，平远县安监局做好企业安全生产保障。抓好企业安全生产标准化建设，督促企业加大安全生产投入，健全安全生产应急救援体系，建立风险隐患排查和整改制度，抓好非煤矿山、危险化学品等生产经营单位的应急预案备案工作，制定和修订生产安全事故应急预案，完成修订和备案应急预案企业6家，组织安全生产综合应急演练1次，开展重点行业企业应急演练60多家次。

【存在问题】　2016年平远县安全生产存在的主要问题是：（1）“安全红线”意识不强。镇、行业部门对安全生产工作重视不够、安全生产执法不严、事故隐患排查不细等。（2）企业主体责任不到位。生产经营单位存在“重生产、轻安全”思想，安全培训教育不力，安全技能和安全意识偏低，员工违法违章现象突出，特别是识别危险源能力差，且从业人员流动性大。（3）安全基础不扎实。镇、行业部门存在对上级部门的工作部署、措施执行不到位，对辖区和行业内出现的问题不清，底子不明，行业安全职责不明确，“打非治违”（打击非法、违法生产；治理违规、违章作业）和隐患排查治理工作力度不够等现象。（4）安全监管队伍素质还有待增强。平远县安全监管力量不足，特别是各镇和县工业园区管委会专职安全员兼职多，素质参差不齐。　（涂作才）

2016年度平远县安全生产监督管理局负责人名录

局　长：徐国平

副局长：姚志勇　丘铭安

环境保护

【概况】　2016年，平远县环境保护局坚持环保为民的宗旨，坚守底线，突出重点，扎实开展环境保护工作，打造山青、水绿、天蓝的绿色平远。全县范围内无重大环境污染事故和环境突发事故，区域生态环境稳定良好。2016年被省财政厅、环保厅评为“广东省农村环境连片整治示范县”；被中国国土经济学会评为“全国百佳深呼吸小城”。

【环境保护】　2016年，平远县环境保护局从五方面做好环境保护工作。（1）生态文明创建工作。①做好“十三五”环保规划，编制完成《平远县“十三五”环境保护规划（2016—2020年）》，扎实推进生态严控区调整编制工作。②做好国家重点生态功能区县域生态环境质量考核工作，顺利完成2017年国家重点生态功能区县域生态环境质量考核工作。③推进国家环保模范城市创建工作，涉及县级17项指标基本达标。④夯实生态文明建设细胞工程。2016年，全县建立1个省级自然保护区、4个市级自然保护区、1个省级生态示范镇、2个省级生态示范村、13个市级生态示范村、5间省级绿色学校、17家市级绿化达标企业。（2）水污染防治工作。认真落实南粤水更清行动计划，突出重点抓好水环境保护。①定期对县城集中式饮用水水源保护开展专项检查，全面加强巡查监管和监测力度。②推进农村饮用水水源保护工作。做好集中式饮用水源保护区规范建设，编制全县22个集中式乡镇饮用水源保护区规范建设可研报告。③推进农村环境综合整治，打造清洁乡村，建设美好家园。5月，平远县农村环境连片整治示范点建设项目被省环保厅、财政厅评为“广东省农村环境连片整治示范县”。同时，经省环保厅批准同意，选点大柘镇投入2000多万元开展新一轮农村环境连片整治工作。④开展养猪业污染整治，改善水环境。制订《平远县2015—2017年养猪业污染防治工作方案》和《平远县养猪业污染问题专项整治工作方案》，对全县范围的养猪场（户）按禁养区、限养区和适养区三类区域分类整治。⑤开展中小河流域治理,改善河流水质。完成8条河流治理，共111公里。（3）加强垃圾填埋场建设和乡镇污水处理厂建设。2016年，县域内地表水符合国家标准，全县集中式饮用水水质稳定保持在Ⅱ类标准以上，确保全县群众饮水安全。（4）大气污染防治工作。①引导企业开展清洁生产工作。2016年，广东获赛尔机械铸造股份有限公司、平远县污水处理厂2家企业通过市清洁生产审核。②开展燃煤锅炉污染综合整治，鼓励企业使用清洁能源，完成整治27座燃煤锅炉，其中淘汰关停拆除24座，技术改造锅炉3座。③加强工业企业除尘设施及日常监管，推进工业粉尘治理。④抓好机动车污染防治。全年，注销、强制注销“黄标车”、老旧车共655辆，拆解报废车辆57辆，注销营运黄标车37辆，发放环保标志7501个。⑤开展饮食行业油烟废气环境污染整治，责令有关业主按环保规范要求做好油烟污染防治工作。⑥开展秸秆禁烧工作，查处和禁止焚烧行为。印发《平远县秸秆禁烧工作实施方案》，坚持“政府领导、部门联动”，突出重点，落实措施，确保不着火不冒烟。⑦实时监控空气质量。平远县空气自动监测站2016年1月通过市验收并与市平台联网运行。（5）推进县城机动车限行和加强机动车排气检测工作。平远县机动车检测站简易工况法检测升级改造全面完成，检测机动车3329辆。通过部门联动、齐抓共管，取得较好的成效，2016年县城区空气质量优良率达99.73%。

【环境执法】 2016年，平远县环境保护局从六方面做好环境执法工作。该局出动执法人员1286人次，检查企业或个体工商户322家，发出《责令改正违法行为决定书》13份，立案查处3宗，有效地打击环境违法行为。（1）开展环境保护大检查、执法大练兵、整治违法排污企业保障群众健康、城市风险点危险源排查、绿色护考等专项执法行动。按照《平远县环境保护网格化监管工作实施方案》《平远县污染源日常环境监管随机抽查制度落实方案》实行网格化与双随机管理，全面加强企业监管。（2）清理环保违规建设项目。按照《平远县清理整顿环境违法违规建设项目工作方案的通知》，针对工业、畜禽养殖、医疗、水电等行业的违规建设项目进行清理，清理违规建设项目296个。（3）重点环境问题整治。2016年，对城区周边区域红砖厂环境治理、南湖水质油污治理、养猪业污染问题整治和横水水库库尾周边区域环境治理等4宗重点环境问题开展专项整治，环境质量得到全面改善。（4）中央环保督察工作。2016年11月至12月，中央环保督察组进驻广东开展为期1个月的环保督察工作。平远县高度重视，成立案件落实工作组，每宗案件分管领导包案，责任落实到部门、落实到人。坚持问题为导向，认真研判抓症结；做到迅速出击，全面细实核查；依法依规，重拳出击，切实维护人民群众利益和环境质量安全。督察期间，平远县接到市转交办案件14批次15宗（其中全市性案件2宗，重点案件5宗，重复案件2宗）。办结案件15宗，责令整改5家、立案处罚2家，处罚或拟处罚金额1.1万元，限期整改3家，停产整改1家，拆除9家，查封1家，约谈涉案人9人。（5）危险废物和放射源监管。对全县工矿企业、医疗机构危险废物均实行登记管理、跟踪监管，并建立“一企一档”。联合县公安局开展废弃危险化学品专项治理行动，监督持有单位将废弃危险化学品交由有资质的单位处理处置。同时，规范放射(辐射)源安全监管，开展不定期的专项执法检查，确保环境安全。（6）开展“绿色护考”专项行动，营造一个安静的学习、考试和休息环境。

【污染减排】 2016年，平远县环境保护局从两方面做好污染减排工作。（1）工程减排。县城生活污水处理厂二期工程运行正常，日处理量达到19838吨/天（设计能力20000吨/天），形成有效的减排效益。仁居镇、石正镇2个中心镇污水处理厂建成运行，污水日处理量达1000吨/天，可以提升中心镇污水处理能力，达到保护河流水质，保护下游用水安全的目的。（2）农业源减排。开展规模化畜禽养殖粪便污染治理。对全县年养殖量1000头以上规模化畜禽养殖场（区）进行环境影响评价，要求配套建设固体废物和废水贮存处理设施，污染物处理实现雨污分流+干清粪+废弃物综合利用。做好减排台账，挖掘减排潜力，2016年上报500头以上规模化畜禽养殖场（区）减排项目10个（8家猪1家鸡1家牛），涉及生猪养殖总量达1.6万多头、肉鸡12万羽，肉牛0.1万头，完成2016年农业源畜禽养殖业减排目标任务。

【环境项目管理】　2016年，平远县环境保护局积极做好环境项目管理工作。按照主体功能区划定位，严格遵守国家《建设项目环境影响评价分类管理名录》审批规定，从严从紧环保准入，维护生态发展区域生态安全。进一步简化审批流程，对于新建重点项目，提前接触、超前服务，从项目论证到选址等方面号好脉、把好关，保证项目顺利落地。全年审批建设项目60个。其中，环境影响报告书1个；环境影响报告表28个；环境影响登记表31个。建设项目环评把关率、“三同时”执行率均达100%。加强“三同时”项目建设跟踪管理，发现问题及时整改，严把竣工验收关。并对7个建设项目进行“三同时”环保竣工验收。同时，规范排污许可证申领程序和强化环评机构监管。全年核发排污许可证39个（含新发证、到期换证、变更），对县内7家环评机构进行考核，重点对其环评文件编制质量、服务质量等方面进行评价。

【环境监测】　2016年，平远县环境保护局从三方面做好环境监测工作。（1）加强环境监测能力建设。环境监测站通过广东省环境监测中心举办的2016年环境监测能力考核；环境监测站实验室升级改造工程项目完成招投标，并进场施工；新空气自动站通过市局验收与市平台联网，运行稳定，可实时监测PM10、PM2.5 、SO_2等6个空气污染因子，为空气环境监测提供有力保障。（2）做好环境状况评估工作。2016年，汇总编制平远县集中式饮用水水源2015年度环境状况评估报告。同时对东石、仁居2个土壤污染监测点开展土壤污染防控调查。（3）全方位开展监测工作，全年取得各项有效数据1万多个。①对全县3条主要河流7个监测断面，26个主要监测项目，全年监测12次。②对饮用水源地黄田水库每月监测，开展酸雨、降尘的监测。③空气监测天数为365天，优良天数为364天，达标率99.73％。④国控、省控和县重点企业监督性监测。对平远县污水处理厂每季度进行监督性监测和对比监测1次；对平远利天新能源等100家重点企业一年监督性监测一次。同时配合有关部门做好污染事故的调查处理工作。⑤开展农村环境质量试点监测工作。选定差干镇湖洋村、仁居镇麻楼村、上举镇畲脑村开展空气质量、饮用水源地，每季度监测一次。

【环境信访】　2016年，平远县环境保护局工作积极做好环境信访工作，畅通“12369”热线、网络、信访接待等信访渠道，认真解决人民群众的环保诉求。全年处理各类信访108件。其中，来访15件；反映大气污染问题的51件；水污染问题的30件；噪声污染问题的10件；建设项目2宗。涉及生猪养殖污染问题占比逾6成，调处率为100％。

【环保宣传】　2016年，平远县环境保护局结合创建国家环保模范城市活动，以宣传生态文明理念、倡导绿色生活方式为目的，积极开展各类宣教活动。（1）利用“六五”世界环境日、节能宣传周等，组织开展“环保六进”等系列活动。发放新《中华人民共和国环境保护法》宣传手册3000余份，环保宣传品1000余套、宣传袋1000余个。（2）拓宽渠道，挖掘宣传阵地。在县城人群密集地段、学校、企业等场所设置环境保护大型宣传专栏18块。（3）制作《坚守环保底线，守护平远蓝天青山绿水》新闻专题片和环保公益宣传片，利用平远县环保网站、平远县电视台等主要媒体进行滚动宣传。（4）环保教育进课堂。全县37间中小学校环境教育学时均达12课时以上，普及率100%。举办环保法律学习培训班，全面学习宣传环保法律法规，形成全方位、多角度、常态化的大环保宣教工作格局。

【存在问题】　2016年，平远县环境保护存在的主要问题是：（1）环境监测能力基础薄弱，监测设备与监测扩项有差距，不利于环境监测全面开展。（2）环保监管工作量大面广，监管人员少，存在监管盲区和不到位现象。（3）水环境污染防治工作有待加强。生态环境的破坏及垃圾、生活污水任意排放，特别是养猪畜牧业对农村饮用水源地构成威胁。（4）环境监察执法水平有待提高，与各部门协调配合有待加强。（姚兆波）

2016 年度平远县环境保护局负责人名录

局　长：姚春尹

副局长：姚建国　林宜金　陈广林

平远县环境保护局执法人员到广东富远稀土新材料股份有限公司检查场景

教育·科技

教　育

【概况】 2016年，平远县有学校37所。其中，普通高中3所；职业学校、进修学校1所；初中13所；小学19所；九年一贯制学校1所。在校生25356人。其中，普通高中4497人；职高754人；初中5740人；小学14365人。在职教职工2259人，其中高中教师510人，初中732人，小学907人。公办幼儿园3所，幼儿1597人，幼儿园教师110人；民办幼儿园32所，幼儿6239人，幼儿园教师464人。

【教育教学工作】 2016年，平远教育局扎实做好教育教学工作。（1）2016年，平远县高考入重本线52人，入围率与上年持平；二本以上641人，比上年增加36人，本科入围率49.3%，比增12%，居全市第二名；三B以上1217人，专科入围率93.7%，比增5.3%，专科入围率居全市第三名。平远县中考平均分居全市第三，达到东山中学录取线的有225人，达到宪梓中学录取线的有297人。（2）深入贯彻落实《平远县中小学素质教育细则》，积极开展区域教研活动及优质课评比活动，同时加强以“推门听课”为主要形式的日常下校教研，努力打造高效课堂。（3）以加强体育艺术为载体，进一步促进学生素质全面提高。组织开展学生各类学科竞赛、文艺活动、体育运动系列活动，优化素质教育展示平台，将书法、美术、足球、体操、阅读能力、演讲等展示活动常态开展。（4）以振兴足球为契机，进一步推动校园足球全面发展。2016年，铁民中学等6所中学和县一小等8所小学被评为梅州市校园足球特色学校。2016年11月，平远组建队伍参加梅州市“市长杯”足球赛，石正中学代表队获得全市第四的好成绩。

【教师队伍建设】 2016年，平远县教育局抓好教师队伍建设。（1）充实学校领导班子。2016年共调整、交流中小学（幼儿园）校（园）长12位，补充调整中小学（幼儿园）副股级干部15人，补充调整5间中小学股级以下中层管理干部15人。（2）壮大师资力量。2016年共招聘教师70名（其中高中教师19名、初中教师9名、小学教师22名、特殊学校教师2名、幼儿教师18名），校医3名。为解决小学教师年龄老化问题，面向社会公开招聘的22名本科毕业生全部补充到乡镇小学任教。（3）加强教师队伍的继续教育。切实做好校长、教师培训的规划、组织、协调等管理工作。全年共投入资金113万元，组织95位校长参加任职资格培训、提高培训、跟岗培训等校长培训，组织教师参加专业科全员培训 2315人次，“公需科”培训2357人次，各级骨干教师、“名师”等培养85人次，各类培训率达99.9%。（4）评优评先。2016年，平远县有两位老师被评为广东省“特级教师”，11位老师获2016年梅州市“叶剑英基金优秀教师奖”，2位校长获梅州市“叶剑英基金优秀校长奖”；有7人评为市优秀教师，4人评为市优秀德育工作者，4人评为市优秀班主任，7人评为市教学工作先进个人；评选县优秀教师、优秀教育工作者100名。2016年教师节颁发刘宪奖教奖学金

282万元，对获得高考奖、教学工作先进单位奖、刘宪奖学金、县优秀教师、教育工作者奖的先进集体和个人进行表彰。

【教育督导工作】 2016年5月,泗水、差干2个镇顺利通过广东省强镇复评督导验收，截至年底，全县12个镇全部通过省教育强镇复评督导验收，实现创强复评全覆盖。

【办学条件完善】 2016年，平远县教育局努力完善办学条件。（1）扎实开展广东省推进教育现代化先进县工作。投入3866万元推动教育信息现代化，完善县域教育专网和校园网，提升网络带宽，推进全县各级各类学校实现“四有”（班班有平台，师师有电脑，校校有网络，人人有学习空间），全面推进教育信息化进程，完成全县中小学校班班通建设任务；完成安装教学触摸式一体机555台，并初步建成教育资源应用系统。（2）第二幼儿园建设全面完成。县幼儿园杞园分园升格为平远县第二幼儿园，投入717万元新建活动用房，已投入使用。（3）实验中学教学楼建设项目已获中央预算内资金3000万元，已拆除原西教学楼，进入招标阶段。

2016年6月29日下午，广东省教育厅巡视员赵康（中）一行到实验小学调研

【安全工作】 2016年，平远县教育局牢固树立“安全第一”的责任意识，积极预防、依法管理、以落实学校安全责任制为总揽，以坚持安全教育与隐患排查相结合为抓手，扎实做好学校安全综治管理工作。全力抓好学生交通安全、消防安全、游泳安全、食堂食品卫生、校园安保、防地质灾害和安全隐患排查整治工作。2016年，全县中小学幼儿园师生平安、校园平安，安全态势良好。

（姚怡雯）

2016 年度平远县教育系统负责人名录

县教育局

局　长：王志平（任至5月）

　　　　肖洪海（5月起任）

副局长：潘昌洪　吴文汉　刘兰娇（女）

　　　　凌征善

平远中学

校　长：余　平

副校长：张　友　朱文安　刘映红（女）

梅青中学

校　长：杨　平

副校长：姚　伟　王汝辉　刘禄清

实验中学

校　长：刘　洪

副校长：凌育浩　林淦东　沈春梅（女）

县职业技术学校、教师进修学校

校　长：李育青

副校长：刘正荣　姚万兴　陈宏智

田家炳中学

校　长：黄志东

城南中学

校　长：凌育双

石正中学

校　长：张彩洪

铁民中学

校　长：曾令平

科学技术

【概况】 2016年，平远县科技局认真贯彻实施“创新、协调、绿色、开放、共享”发展理念，围绕振兴发展主题，主攻“一城两区”，扭紧“三大抓手”，狠抓责任落实，积极实施创新驱动发展战略，以促进企业自主创新为主线，以实施科技项目为重点，着力在科技推广应用、产学研合作上下功夫，加快科技成果推广、转化，推进科技进步，促进经济社会发展。

【科技管理】　2016年，平远县科技局扎实做好科技管理工作。（1）认真做好省级科技计划项目的组织申报工作。2016年，该局组织梅州市绿鹰机械设备有限公司、梅州元芯科技有限公司、梅州市汇胜木制品有限公司、上举镇、仁居镇等16家企事业单位申报各类省科技计划项目36项，获得立项项目15项，立项资金达893.73万元。（2）做好未结题项目的日常监管工作，及时指导项目承担单位做好项目实施各项工作，在项目实施期间进行跟踪和检查，在项目实施末期督促并指导其做好结题验收各项工作。2016年完成2个项目的结题，分别是上举镇的“平远县上举镇南药种植产业升级与中药材规范化种植科技成果转化”项目和平远县科技局的“平远县科技创新环境建设”项目。（3）做好科技成果管理及县级科技奖、科技创新奖的评审认定工作，2016年，该局组织专家进行县级科技成果鉴定9项，组织申报市级科技成果鉴定4项；获得2016年市级科学技术奖4项，其中一等奖1项，三等奖3项；获得2014—2015年度县级科学技术奖12项，其中一等奖3项、二等奖5项、三等奖4项，奖励金额达19.7万元。同时，对获得2014—2015年度县科技创新奖的单位和个人进行奖励，奖励金额70.98万元。2016年度，科技奖和科技创新奖的奖励金额90.68万元，对比上一评审年度的24.18万元有较大幅度提高。

【科技创新】　2016年，平远县科技局积极引导扶持有条件的企业组建科技创新平台。至年底，全县共有博士后科研工作站1家，省级工程研发中心4家、市级工程研发中心4家，市级农业科技创新中心1家。该局积极抓住国家高新技术企业认定政策调整和省高新技术企业入库培育政策的大好机遇，及早筹谋，主动对接，靠前服务，及时引导相关企业做好准备工作，积极创造条件申报国家高新技术企业和省高新技术企业入库培育。12月，梅州元芯电子有限公司被确认为国家高新技术企业，为平远县第三家国家高新技术企业。同时，广东获赛尔机械铸造股份有限公司、广东华清园生物科技有限公司、梅州市洪裕汽车配件制造有限公司、梅州亚力盛电子有限公司等4家企业被认定为2016年省高新技术企业培育入库企业，获得补助资金155.64万元。广东富远稀土新材料股份有限公司、梅州市绿鹰机械设备有限公司、梅州元芯科技有限公司、梅州市汇胜木制品有限公司等4家企业申报的2016年广东省省级企业研究开发财政补助资金项目被评审认定通过，获得补助资金308.09万元。

【科技合作】　2016年，平远县科技局主动为企业牵线搭桥，促成院校、科研机构与平远县企业合作，建立产学研合作平台。2016年平远县企业和专业镇分别与广东省工业技术研究院（广州有色金属研究院）金属加工与成型技术研究所 、广州中医药大学、中国科学院华南植物园、嘉应学院等院校建立产学研合作关系。派驻企业科技特派员5人，开展技术攻关活动，为企业解决技术难题。同时建立产学研平台3个、科技特派员工作站2个。

【专业镇建设】　2016年，平远县科技局围绕县委、县政府提出的加快特色产业发展的战略，充分发挥科技部门的作用。鼓励和引导专业镇与有关大学、科研机构合作，共建技术创新平台，开展产业关键技术攻关，把专业镇建设成大学院校、科研机构的科技成果转化基地。在抓好原有7个省级专业镇建设的同时，结合平远县产业特色，鼓励八尺镇申报市级专业镇。在该局的具体指导下，八尺镇于10月顺利通过市级创新专业镇认定。到年底，平远县共有8个市级专业镇，7个省级专业镇。2016年组织 3家专业镇申报省级专业镇建设项目共 4项，其中已立项 2项，获得项目资金80万元。7个省级专业镇均组建专业镇生产力促进中心。

【科技服务】 2016年，平远县科技局积极做好科技服务工作。（1）积极开展科技宣传活动，推广各类实用科普知识和技术。①联合县农业局举办水产健康养殖暨农技推广技术培训班，为东石镇100多名水产科技示范户、养殖户、贫困户传经送宝。②联合科协、农业、卫计部门深入到仁居镇和中行镇开展“送科技下乡”活动。活动共发放各类科技资料3000多份，接受群众咨询500多人次，为群众义诊100多人次。（2）重视对骨干和新兴企业的调研和指导工作，重点了解和掌握企业科技创新情况，宣传中央、省、市、县有关鼓励、扶持企业科技创新的政策，积极为符合条件企业申报科技计划项目、市级工程研发中心、高新企业培育入库等项目。（3）加强科技政策的宣传和解读，为更好地贯彻落实省、市、县出台的科技扶持激励政策，该局有针对性地对相关企业进行政策宣传和解读。

【知识产权工作】 2016年，平远县科技局重视做好知识产权工作。全县专利申请量141件。其中，发明专利7件；实用新型专利94件；外观设计专利40件。同比增长62.07%。专利授权量62件。其中，发明专利4件；实用新型专利28件；外观设计专利30件。同比增长–8.82%。积极推进《知识产权战略纲要》实施，大力宣传知识产权法律法规和专利保护知识，开展各类执法专项行动，组织业务人员到超市、药店、商场进行专利检查，未发现有假冒专利产品及假冒专利违法行为。继续推进“正版正货”承诺销售活动，至年底，平远县有7家企业被梅州市知识产权局、梅州市文化广电新闻出版局、梅州市工商行政管理局授牌“正版正货”。

2016年6月2日，县科技局、县知识产权局、县科学技术协会在平远县冬青实验学校举办平远县知识产权进校园宣传教育活动 （肖达富 摄）

【防震减灾】 2016年，平远县科技局广泛宣传防震减灾法知识，提高公民的应急避险自救能力和防震减灾意识，进一步做好地震安全性评价工作和地震观测点的管理工作。

（平远县科学技术局）

2016 年度平远县科技局负责人名录

局 长：林志坚

副局长：沈意中 钟玉惠（女） 叶振华

社会科学

平远县社会科学界联合会

【概况】　平远县社会科学界联合会（以下简称“平远县社科联”）成立于1992年8月，在县民政局登记为民间社会组织，同时召开第一次代表大会，由县委常委、宣传部长兼任社科联主席，日常工作由县委宣传部理论科负责。2015年1月，平远县机构编制委员会根据梅州市机构编制委员会《关于县级社会科学界联合会机构设置的通知》精神，印发《关于设立平远县社会科学界联合会的通知》，平远县社科联在县委宣传部挂牌，配主席、专职副主席各1名。2015年12月29日，平远县社科联召开第二次代表大会,依法选举产生县社科联第二届委员会委员39人，县社科联主席1人、专职副主席1人和兼职副主席2人。

2016年，平远县社科联围绕县委、县政府中心工作，结合平远经济社会发展实际，按照繁荣发展哲学社会科学的总体要求，推动社团建设和管理、学术研究与交流、社科知识普及、政策咨询服务等公共平台建设，各项工作取得成效。10月，县社科联主席陈瑞金被评为全国社科工作先进个人。

【理论研究与宣传教育】　2016年，平远县社科联做好理论研究与宣传教育工作，担起学习宣传和研究创新理论的重大使命，明确社科理论工作方向。（1）加强理论学习。2016年5月底，平远县社科联召开由各镇党委宣传委员、宣传文化系统各单位负责同志、社科类组织负责人共30多人参加的专题学习会，学习习近平总书记在2016年5月17日哲学社会科学工作座谈会上的重要讲话精神。围绕习近平总书记“5·17”重要讲话的重大意义、主要内容、精神实质，以及如何结合平远实际抓好学习贯彻等主题积极研讨，提高社科理论工作者的思想认识，增强做好哲学社会科学工作的责任感和使命感。（2）做好党的政策理论的宣传阐释。联合县委宣传部、县委党校等单位，以学习宣传贯彻中共十八大，十八届五中、六中全会，习近平总书记系列重要讲话精神，社会主义核心价值观，“两学一做”教育为重点，积极开展“送课下乡”“巡回宣讲”等理论宣讲辅导活动。全年送课下基层50多场次，推进社科理论工作，筑牢推进平远振兴发展的思想政治基础。（3）开展“关爱明天、普法先行”宣传教育活动。联合县法学会、县教育学会在全县16间中学（初中和高中）开展平远县“关爱明天、普法先行”宣传教育活动，以发放《青少年法律读本》和开展法律讲座等形式，教育引导青少年遵守法律法规，保护未成年合法权益，预防青少年违法犯罪，保障青少年健康成长。（4）组织开展征文活动。与县委宣传部联合组织开展梅州市“建设‘一区两带’，加快振兴发展”征文活动，平远县荣获一等奖1人、三等奖3人、优秀奖多人。与县文明办组织开展“我们的价值观”征文活动，推进社会主义核心价值体系建设。

2016年5月底，平远县社科联召开专题学习会，认真学习习近平总书记在5月17日哲学社会科学工作座谈会上的重要讲话精神

【规划课题申报与研究】 2016年，平远县社科联认真做好规划课题申报与研究工作。组织参与梅州市社科规划课题研究。组织人力研究平远县百年历史文化，以平远近百年历史照片和文字说明，成果指向为结集出版《百年平远》，全书使用历史照片300多幅，解读文字6.2万字，完成印刷稿样。积极向梅州市申报优秀社科研究成果。平远县有多人作品列入梅州市第十一次哲学社会科学课题研究成果。组织做好梅州市文化名片评选活动工作，平远县“五指石”入选梅州市候选文化名片。

【社科知识普及工作】 2016年，平远县社科联做好社科知识普及工作，学习宣传《广东省社会科学普及条例》，组织开展社科普及周活动。（1）下基层送知识活动。12月，平远县社科联联合法学会、农学会、医学会、环境学会、林学会等10多家单位举办一周的送政策、送科技、送书籍、送服务“四送活动”。同时各会员单位利用乡镇农村圩期，深入大柘、河头、热柘等圩镇摆摊设点，现场向群众宣传有关禁赌禁毒、养生保健、医疗保险、科学防火、防范电信诈骗等知识，并派发有关书籍和各类社科知识宣传手册，接受群众咨询6000多人次，发放宣传书籍等资料2.5万份。配合团县委、县金融学会，在县城官田广场、各镇圩镇、大型企业、3间高中开展金融知识进基层暨诚信文化教育宣传咨询活动，面向农村居民、产业工人、个体经商户、高中学生宣传消费者拥有的各项法定权利，加强对金融消费者风险责任意识的教育，构建和谐的金融消费环境。（2）开设社科流动课堂。在梅州市社科示范基地——龙湖景区通过举办水生态文明知识宣传图片展、流动课堂等形式，向干部群众、青少年及游客宣传普及水生态文明知识，教育引导广大干部群众爱护环境，保护良好的水生态，使生态文明理念深入人心。（3）开展社科普及基地创建活动。指导各镇村各单位积极创造条件，完善软、硬件设施，认真开展社科知识的宣传活动，促进基层人文社科示范基地建设。指导平远县五指石景区抓好地质博物馆、科普长廊和社会主义核心价值观宣传栏建设；印制科普知识小册5万份，文明旅游小册2万份，免费向到五指石景区参观的游客和中小学生发放，满足群众的科普知识需求。平远县五指石景区被市委宣传部、市社科联授予市级社科示范基地荣誉。平远县有全国社科示范基地1个，梅州市社科示范基地5个，县级社科示范基地4个。

【行业服务与管理】 2016年，平远县社科联充分履行业务管理和服务职能，在抓好县社科联自身建设的同时，坚持以人为本，寓管理于服务之中，做到既严格按章管理，又积极热情服务，促进全县社科类学会的发展。专题研究部署做好形势报告会和哲学社会科学报告会、研讨会、论坛、讲座报备管理工作，落实严格把关和审批管理责任，切实维护意识形态安全。办好《平远宣传》双月刊社科之窗栏目。发布最新的社科研究成果，宣传社科人文知识。

2016年度平远县社会科学界联合会负责人名录

主　　席：陈瑞金
专职副主席：罗远兰（女）
兼职副主席：陈倩兰（女）　刘森平

党史研究

【概况】　2016年，中共平远县委党史研究室（简称“平远县党史室”）重点做好党史编写、宣传和研究工作，牢牢把握“党史姓党”的政治方向，充分发挥党史资政、育人、存史作用，弘扬苏区精神。

【党史资料的征集、编辑出版和研讨】　2016年，平远县党史室认真做好党史资料的征集、编辑出版和研讨工作。（1）认真挖掘、梳理、研究平远县申报中央苏区县时的资料文献，上报省委党史研究室和省委党校，以充实和完善省委党校的广东中央苏区史料文献信息资源库和省委党史研究室图书资料库建设。（2）开展平远参加抗日战争的主要人物事迹征研工作，先后到南京、上海、云南等地收集资料，为市党史研究室增补平远籍抗战烈士传略文章和照片。（3）查阅相关历史资料，走访红军后代，编写和整理参加长征的平远籍人物——林钦才、林盛绪、林昭鼎、林辉士4人的传略和人物肖像、故居照片等，并上报市党史研究室。（4）梳理平远县革命旧址、遗址，填写《广东省红色军事文化遗产登记表》，上报市党史研究室。（5）编辑出版《平远红色地标》，该书经送中央党史研究室王新生研究员审核，计划在2017年由中央党史出版社出版发行。（6）对《广东中央苏区历史（平远卷）》进行修改完善，计划在2017年由广东人民出版社出版发行。（7）继续做好《中国共产党平远县地方历史》（第二卷）编研工作，至年底，已整理200多万文字资料，撰写20多篇专题研究文章，按编写目录写出近30万字初稿。（8）整理老同志对土地革命战争时期、解放战争时期、社会主义革命和建设时期的回忆材料、口述材料、采访笔录共60多篇，为编辑《亲历者口述史》做准备。（9）积极参与省、市党史研究室党史研讨和党史课题申报的工作，上送论文，在12月参加的广东原中央苏区历史文献研讨活动中，该室有4篇论文入选。平远党史室主任王远明还在广东原中央苏区历史研讨会上作“红四军进军东江（梅州）和三进平远的历史及其影响”的交流发言。

【党史宣传教育】　2016年，平远县党史室认真撰写党史专稿，投放到多种媒体平台宣传平远，并做好党史教育工作。（1）配合广东省老促会和中国教育台《走进老区》广东摄影组一行，到平远县红军纪念园和革命旧址群及深入镇村考察录像，宣传苏区革命历史故事和老区近年来的发展变化。（2）投稿在《平远学刊》上登载。（3）向梅州党史网提供有关平远党史动态、党史人物、革命遗址等方面的宣传资料，2016年被采用稿件6篇。（4）抓好党史宣讲。参与县委“两学一做”学习教育党课巡回宣讲；10月，党史室主任王远明代表广东省党史宣讲团梅州分团成员到平兴高速公路有限公司进行党史知识宣讲；继续在各类培训班上作平远苏区历史专题辅导课。

【党史遗址保护】　2016年，平远县党史室认真做好党史遗址保护工作。开展革命遗址普查，将普查成果上报给省、市党史部门，使该县的一批重要遗址列入省、市保护修缮规划。对修建革命旧址、纪念设施工作提出建议意见并做好方案草拟。

2016年12月16日，县委党史研究室主任王远明（右一）在红四军第1纵队司令部旧址前为嘉应学院马克思主义学院与梅州市委党史研究室嘉宾讲解红四军三进平远的历史

【党史纪念活动】 2016年，平远县党史室认真做好党史纪念活动。10月，该室在仁居红四军纪念馆举办“纪念中国工农红军长征胜利80周年”展览，展出的内容包括党对军队的领导、长征前准备（罗塘谈判内容）、长征路上的重要战役事件、红四军在平远仁居的重要遗址和平远成为中央苏区的主要依据等50多张图片。（王建华）

2016年度中共平远县委党史研究室负责人名录

主　任：王远明

副主任：叶俊新

地方志工作

【概况】 2016年，平远县人民政府地方志办公室（以下简称“平远县方志办”）精益求精，进一步提高年鉴编纂质量，投入大量人力、物力、财力，继续开展地方志资料年报、地方志资源开发利用、地方志理论研究和自然村落历史人文普查工作。7月，中国地方志指导小组通报表扬全国地方志优秀成果（年鉴类），《平远年鉴（2014）》获得三等奖。

【《平远年鉴（2016）》编纂出版】 2016年，平远县方志办扎实推进综合年鉴编纂工作，打造精品年鉴。（1）精心收集原稿资料。按照年鉴篇目、内容的要求，研究制订年鉴编纂计划，印发收集年鉴图文资料的通知。同时实行岗位责任编辑制，将年鉴资料的收集、编纂任务落实到人，由责任编辑人员按要求做好资料的收集汇总。（2）加强编辑队伍建设。组织全办人员全面系统学习《地方志工作条例》《地方志鉴编辑与校对》《标点符号用法》《广东省地方综合年鉴编纂规范》等文件和书籍；派员参加中国出版协会年鉴工作委员会举办的全国年鉴编纂高级培训班；对该单位新进人员和3名特约编辑开展年鉴业务强化培训；召开年鉴组稿工作会议，向供稿单位布置年鉴编写任务，对供稿单位年鉴通讯员进行业务培训，提高年鉴原稿质量。（3）认真审校，反复修改。严格执行审校评议制度，统稿完成后，交付印刷厂打出样稿，召开审稿评议工作会，采取交叉审稿和集中评议的方式，多次对稿件进行审核、评议、修改。还将稿件送广东人民出版社审定，年鉴出版后又开展审读工作。（4）创新年鉴内容设计。对年鉴的整体框架、内容安排、版式设计等进行细节调整，使其内容框架更加科学、合理，版面更加美观。对条目内容的选材、编写提出更规范、细致的要求，提升条目内容质量。

【自然村落普查工作启动】 2016年5月，平远县全面启动自然村落历史人文普查工作。按照省《广东省自然村落历史人文普查工作方案》的要求，平远县成立自然村落历史人文普查工作领导小组，办公室下设在县方志办，以方志办为牵头单位、以镇为实施主体、以全县136个行政村（不含居委会）划分出的400多个自然村为普查对象，调查、搜集、整理乡村风土人情、主要人物、历史事件等方面的信息。县普查办积极争取县财政预算保障，通过聘请、抽调等方式充实人才队伍，指导、督促各镇建立普查队伍实地调

查、填写表格并撰写文稿。该工作被写入2016年度县政府工作报告并列为县委、县政府督查督办项目之一。至2016年年底，全县400多个自然村的普查表第一稿已经完成，部分村已修改到第二、第三稿。

【地方志资料年报】　2016年，平远县方志办继续做好地方志资料年报工作。在向全县印发《平远县地方志资料年报制度实施细则》和《平远县地方志资料年报编写要求》的基础上，通过召开全县地方志资料年报工作会议，对116个单位的相关人员进行业务培训，布置年度年报资料征集工作任务，全力推进资料年报工作。至12月底，已收到各单位交来2015年度的年报资料68份，验收合格68份；收到2001—2011年的年报资料60份，验收合格50多份。

【地方志资源开发利用】　2016年，平远县方志办继续抓好地方志资源的开发利用。（1）该办策划、编剧的《志说平远》系列视频摄制完成，计划于2017年春节期间在平远电视台“橙乡纪事”栏目播出。该系列视频共12集，从《平远县志》角度出发，按照生态慢城、小城大事、革命志士、抗日将士等不同专题介绍平远地情，做法为省内首创。（2）做好地情网站“平远地情网”的建设。（3）协助办好广东省地方志成就展，按要求提供照片、视频、文件、普查表手稿等素材。

【方志室建成】　2016年，平远县方志办所属的县方志资料室建成并全面对外开放。方志室内收藏平远县编纂的所有志鉴、地情书籍，广东省志鉴，其他各县市交流的志鉴，部分平远籍作家著述等，分门别类归档存放，另配有办公桌椅，方便来客查阅资料。

【地方志理论研究和地情调研】　2016年，平远县方志办积极开展理论研究和地情调研。全年全办干部在省级以上刊物（网站）发表文章3篇，在市级以上报刊（网站）发表文章2篇。同时，结合工作实际，组织全办人员有针对性地开展地情调研活动，熟悉研究县情，撰写地情研究文章。

【其他工作】　2016年，平远县方志办在抓好主要工作的同时，统筹兼顾，做好其他各项工作。（1）向省志办、市志办提供2016年卷《广东年鉴》《梅州年鉴》“平远概况”部分。（2）做好《平远县政协志（1982—2015）》编修的业务指导和审稿工作。（3）密切联系群众，广泛听取群众意见，制订地方志事业“十三五”发展规划。　　（县方志办）

2016年度平远县人民政府地方志办公室负责人名录

主　任：韩园德

副主任：林绪远

2016年11月23日，平远县方志办召开省立项目《志说平远》视频样稿评审会

档案工作

【概况】 2016年，平远县档案局（馆）深化落实《关于加强和改进新形势下档案工作的意见》和省、市的实施意见，加强档案资源、档案利用和档案安全“三个体系”建设，突出馆库建设、档案信息化和档案抢救“三项重点工作”，档案服务经济社会发展的能力和水平进一步提高。

【档案馆室建设】 2016年，平远县档案局（馆）突破档案事业发展的瓶颈，推进档案馆室建设。（1）县档案馆馆库建设有新进展。落实《梅州市2015—2017年县级国家综合档案馆建设工作方案》，落实部门责任，推动新馆建设的前期工作有序开展。至年底，项目的规划、选址、论证、初步设计等工作已完成。（2）镇机关档案室建设上新高度。平远县档案局（馆）在年初深入全县各镇调研的基础上，筹措投入资金20多万元购买铁橱、电脑、管理软件、消防器材、温湿度测量仪等设备及统一制作上墙制度牌，协助各镇完善机关档案室硬件，推动各镇提供符合要求的房间作为独立档案室并投入资金进行修缮。至年底，建设完善镇机关档案室12间。

【档案业务监督指导】 2016年，平远县档案局（馆）做好档案业务监督指导工作。（1）依法治档。开展机关档案管理达标复查和档案行政执法检查，将“两查”有机结合、同步进行，对检查发现个别单位档案管理工作存在的问题限期整改，并提供建档服务。全年检查19个县直单位和12个镇，达标保级合格率90.5%，限期整改当年完成率77.8%。（2）加强档案工作宏观指导。协助26个单位整理档案600多卷又1.2万多件；跟踪指导11个重点建设项目单位和3家民营企业的档案工作；加强镇村档案工作，提升镇机关档案管理规范化水平，不断完善农村档案信息资源共享网络，进一步提高档案服务“三农”的能力。

【档案信息化建设】 2016年，平远县档案局（馆）做好档案信息化建设工作。（1）加快推进数字档案馆建设。平远县档案局（馆）于年初提出档案信息化建设工作思路，制订《平远县数字档案馆项目实施方案》，县人民政府批准该方案并拨给专项经费30多万元，7月起组织实施项目首期建设。至年底，数字档案馆基础平台已搭建，馆藏纸质档案全文数字化3529卷（247030页），其中，本年度完成3486卷（250240页）。（2）全面实现馆藏档案目录微机检索。完成馆藏档案目录微机录入，全年著录文件级目录24322条，至10月，累计录入577167条，占全部馆藏档案目录的100%。（3）档案信息网站运行良好。通过业界动态、政务公开、政策法规、服务指南等网站栏目提供档案法律法规宣传、档案业务指导、档案目录网上查询等服务，把门户网站建成档案信息服务平台。网站全年发布信息33条、IP访问4284次，自2007年11月创建以来累计访问量达到35273次。

【档案“三个体系”建设】 2016年，平远县档案局（馆）把档案资源体系、利用体系和安全体系建设作为提升档案服务能力的基础性工作，切实把档案完整收集好、充分利用好、安全保管好。（1）档案资源体系建设加强。贯彻落实《平远县档案馆收集档案范围实施细则》，做好档案的收集、接收工作，做到应进馆尽进馆，夯实档案馆藏基础；重视民生档案工作，馆藏民生档案占比提高，档案服务大局、社会、民生的能力增强。2016年，平远县档案馆接收文书档案129卷又5362件、专门档案187卷、照片93张、实物档案3件、资料102册。馆藏总量达到55848卷又31479件。其中，文书档案

33141卷又27603件；专门档案21种22662卷又1148件；照片档案2611张；声像档案（光盘）169张；胶片档案81张；实物档案126件；资料7574册。民生档案比增91卷又3753件，总量达到36388卷又21071件，占馆藏档案总量的65.4%。（2）档案利用体系建设加强。平远县档案局（馆）不断提升服务能力，做好全方位档案服务工作，最大限度满足各方面利用需求。加强日常档案利用，做到主动、热情、优质服务，推行来电、来函查档等便民措施，平远县档案馆本年度接待服务2156人次，查阅利用档案5697卷812件，利用资料339卷册，受理来电、来函查档213人次。加强现行文件查阅服务，提供现行文件查阅利用324件252人次。加强爱国主义教育基地建设，充实完善基本陈列，全年接待各界参观者531人次。加强档案编研工作，完成专题编研材料2个，其中，参与协助编写的《忠烈平远》是梅州市哲学社会科学科研课题、平远抗战史实调研成果。（3）档案安全体系建设加强。坚持预防为主，确保馆藏档案实体和档案信息安全，强化安全防范意识，克服麻痹松懈思想；落实档案安全工作责任制，健全各项制度，加强安全设施；加强档案利用安全工作，防止利用环节失泄密和档案损毁丢失；加强档案信息安全工作，严格档案信息挂网发布前的审查；做好电子数据备份、检查，防止数据丢失和失泄密；健全网络安全制度和措施，防范网络安全风险；加强重点档案抢救保护工作，2016年度裱糊抢救150卷,完成本馆待抢救国家重点档案任务423卷的35.46%，已抢救档案总数5296卷，占应抢救数5634卷的94%；加强档案安全工作检查，定期排查安全保密隐患，保持全年无档案安全保密事故发生。

【档案宣传工作】　2016年，平远县档案局（馆）以档案信息网站为主要平台，宣传档案部门全面深化改革、开展依法治档、提升服务能力的新举措、新亮点。全年向国家及省、市档案刊物和网站投稿12篇，被《粤档信息》采用1篇、《梅档信息》及“梅州档案”网站采用3篇。以“档案与民生”为主题，在第四届全国性档案宣传活动日（6月9日）前后开展一系列内容丰富、形式多样的宣传活动，活动期间发放有关宣传资料300多份。

【档案业务培训】　2016年，平远县档案局（馆）加强对各级、各单位档案人员的思想政治和业务培训，提高档案队伍综合素质，新任档案人员、需接受复查单位的档案人员及各镇档案人员等共37人次接受培训。

【存在问题】　2016年，平远县档案工作存在的主要问题是：（1）馆舍建筑未达到国家标准要求，新馆建设虽已启动但尚未动工，粤东西北地区和原中央苏区振兴发展两大扶持政策的资金未落实。（2）档案信息化建设依然比较滞后，数字档案馆首期项目尚未全面完成。（3）档案工作人员保健津贴没有得到落实。

（杨菊良）

2016年度平远县档案局（馆）负责人名录

局　长：陈东英

副局长：徐百渊　王佐明

文化·传媒

文　　化

【概况】　2016年，平远县文化广电新闻出版局（以下简称“平远县文广新局”）紧紧围绕县委十二届六次全会提出的“实施文化惠民工程，保护弘扬客家文化”重要工作部署，推进文化惠民一系列工作，做到文化遗产有效保护，群众活动富有特色，县、镇、村三级公共文化设施不断完善，文化市场管理规范。

【公共文化服务均等化】　2016年，平远县文广新局抓好公共文化服务均等化建设工作。（1）实现县、镇、村三级公共文化设施全覆盖。①实施图书馆改、扩建工程。该工程与老干部大学合并建设综合楼，列入县重点工程建设项目，总投资1043万元，至年底已完成项目立项及老楼拆除工作，进入新楼绘图阶段。②完成2015年度广东省基层公共文化设施建设工程。对文化馆、图书馆、12个乡镇文化站和35个村级文化室的设施设备进行补充更新，全面完成12个镇级公共电子阅览室和143个村（社区）文化室建设。③全面开展县、镇、村三级公共电子阅览室管理信息系统注册、安装工作，组织县、镇、村业务人员进行专门培训，切实提高公共电子阅览室整体服务水平和运行质量。④支持镇村文化广场建设。通过争取建设经费、指导活动开展等形式，帮助镇村提升文化广场内涵，提高文化广场利用率。农村公共文化设施建设得到进一步完善。其中，石正镇文体广场示范点建设工作通过市级验收。⑤以“三多三促”（即多形态文化、多功能利用、多元化投资、促进古民居保护、促进文化旅游、促进社会建设）模式建设农村文化俱乐部。2014年、2015年建成的10个农村文化俱乐部免费开放使用两年后，促进古民居保护和乡村文化旅游，丰富农村文化活动，推动了乡村和谐和农村文化建设。2016年平远县文广新局继续建设10个农村文化俱乐部，年底全面完成建设，待市检查组验收后投入使用。（2）实现县、镇、村三级文化场所免费开放。全面实现县图书馆、文化馆、博物馆、程旼纪念馆、红四军纪念馆，12个乡镇综合文化站和143个村（社区）文化室、农家书屋面向社会免费开放，实现覆盖全县的公益性文化设施无障碍、零门槛进入，公共空间设施场地全部免费开放，所提供的基本服务项目、文化设施设备全部免费，保障所有群众享受均等化基本服务。

【群众文化活动开展】　2016年，平远县文广新局积极开展群众文化活动。（1）广泛开展公益性群众文化活动。利用节庆日、纪念日等时间节点，组织开展春节群众文艺表演、“5·12”国际护士节文艺晚会、“文化遗产日”“非遗”展演、平远县文化志愿者服务活动暨纪念建党95周年文艺晚会、庆祝中国共产党成立95周年合唱大赛、“八一”军民联欢晚会、“中秋月·鸿禧情”文化志愿服务基层行群众文艺晚会、庆祝国庆暨老年人学校建校十周年社区群众文艺晚会、纪念红军长征胜利80周年文艺晚会等。（2）积极开展地方特色文化活动。①将“非遗”活动与程旼文化相结合，开展福祖公王节系列活动。农历六月初六当天，程旼纪念馆汇同大柘镇党委、政府举办福祖公王节活动，在祭拜活动后进行大柘镇“非遗”文化展演，宣传程旼文化，增进人们对非物质文化遗产的认识，也让众多的“非遗”项目融入群众的日常生活。②积极选送文艺作品参加省市赛事。成功选送文化馆洪树湘作曲、编导的客家童谣《劝孝顺》参加梅州市首届客家童谣节，荣获梅州市首届客家童谣作品征集优秀作品及展演“十佳童谣奖”；选送黄裕亮及宣教卫系统党委合唱队参加“永远跟党走·梅州市第十二届百歌颂中华”歌手大赛，分获个人银奖和合唱队铜奖。③特色主题活动全面铺开。图书馆重点开展“廉洁读书月”“最是书香能致远”等主题读书活动，全年进馆人次达18.95万人次，阅览书籍达19.8万册次，开展少儿诵读活动12场次；文化馆重点开展美术、书法、摄影等主题展览活动，结合免费开放工作，坚持常年开设美术、书法培训班，全年共培训学员120多人次；博物馆充分强化和拓展文化传播及历史教育功能，先后举办《纪念中国人民抗日战争胜利70周年主题展览》《中国期刊图片展览》《东江纵队史实图片展》《孙中山与中华民族的伟大复兴》等展览活动；程旼纪念馆积极配合梅州日报社《寻访客都文化地标》栏目做好“客都十大文化地标”评选活动，提供大量关于程旼文化的资料，该栏目所编写的内容《程旼故里》于2016年9月16日在《梅州日报》A6版整版刊登。④文化志愿活动服务效能提升。平远县的文化志愿者队伍不断壮大，目前共有文化志愿者100多名（含文化系统干部），分为文艺、美术书法摄影、图书、文博等4个文化志愿服务小分队，文化志愿活动从最初的在文艺晚会中帮忙转变为更多地参与到文化活动中来。

【群众文艺创作】　2016年，平远县文广新局抓好群众文艺创作工作。全年召开5次重点作者和辅导干部参加的作品研讨座谈会，组织业余作者参加各种创作培训班、开展采风活动。全年共收到小戏、小品、曲艺、歌曲等作品共31件，其中15件作品送市参评。9月23日，组织重点作者和辅导干部参加梅州市2016年群文创作研讨会，平远县在2015年梅州市群众文化作品评选活动中获组织奖第二名。有6人获2015年度省、市级群文创作奖，省奖作品创历年之最，其中凌铭创作的小品《砍一棵树有多难》获省一等奖、市一等奖；姚利梅创作的小戏《典型》获省二等奖、市一等奖；冯国伟、姚利梅创作的小戏《何处是家》获省三等奖、市二等奖。

【文化惠民工程完善提升】　2016年，平远县文广新局抓好文化惠民工程完善提升工作。（1）送戏下乡。组织县内较高水平的群众文艺团体，在文化馆指导下创作排演一批文艺节目，深入各镇、村开展“送欢乐，下基层”送戏下乡活动和戏曲进校园、进农村活动等，送到学校、走进农村，全年完成60多场。（2）继续实施广播影视惠民工程。全年完成农村公益电影放映1632场，农民工广场电影48场，充分利用GPS监控平台，不定时进行巡查，发现问题及时跟市平台和放映中心沟通解决。加强“户户通”维护人员的管理及教育，落实区域维护包干制，确保用户能清晰收看电视。做好农村广播电视无线覆盖（省节目）工程的完善收尾工作，同时沟通协调做好（中央节目）前期准备工作。（3）实施农家书屋提升工程，开展全民读书活动。为解决农村看书难问题，进一步提高农家书屋的质量和服务能力，平远县文广新局2016年投入资金12.2万元，订购各类书籍5260册，为20家农家书屋补充出版物；认真组织全县农家书屋在暑假期间做好2016年

“我的书屋·我的梦”主题农村少儿阅读实践活动和征文活动，并选送优秀作品6篇送市参评。

【文物保护】 2016年，平远县文广新局扎实推进文物保护工作。（1）全面加强文物安全管理工作，截至12月底，馆藏文物无安全事故发生，野外文物安全形势基本平稳，零星偷盗文物现象得到有效遏制。主要做法为：强化属地管理原则，实施文物安全责任制，与各镇文体中心签订《2016年平远县文物安全目标责任书》，逐级落实文物安全责任；完善文物安全防范设施建设，为全县46处文保单位重新配置消防灭火器材；加大文物单位安全防范执法督查力度，不定时对文保单位和野外文物进行安全巡查，对出现安全隐患的典型案例进行通报，对相关单位进行督促整改。（2）加大对重点文保单位的申报力度。2016年，成功申报中行石拱桥、仁居万五韩公祠、凤头进士第、仁居官塘唇李屋和恩世居等五处梅州市文物保护单位；公布仁居官塘唇李屋、万五韩公祠、石下韩屋、坝头奎文阁、宝猷楼、黎海如故居等六处平远县文物保护单位；及时完善各级文保单位的“四有”工作，第八批广东省文物保护单位记录档案备案工作进展顺利，省、市、县各级文保单位保护性标志牌制作完成。（3）重点文物维修工作取得新进展。全面完成红四军第一纵队司令部旧址修缮工程；顺利进行红四军纵队后勤处旧址修缮工程招投标工作，等待下一阶段施工队进场修缮；推进石正凌风塔修缮工程立项工作和宝善居申报2017年度省重点文物保护专项资金工作，并向省文物局上报宝善居修缮方案。（4）文博事业有序发展。100%完成全县收藏单位的藏品登录、验收和审核工作，顺利完成第一次全国可移动文物普查验收汇总工作，博物馆、程旼纪念馆、红四军纪念馆顺利通过上级年检、备案工作。

【非物质文化遗产保护和传承】 2016年，平远县文广新局多措并举加强非物质文化遗产保护和传承工作。（1）加强“非遗”项目申报，促进“非遗”保护。成功申报石正煲钵制作技艺和祭江2个县级“非遗”项目；成功申报八尺娘酒酿造技艺1个市级“非遗”项目；平远船灯成功入选“广东省民间文化艺术之乡”项目名单；申报广东省非物质文化遗产（平远船灯）传承基地项目，申报张珍兰为省级“非遗”项目《平远船灯》代表性传承人，待省专家组验收。（2）继续整理“非遗”目录，完善“非遗”数据库。结合开展地方戏曲、剧种普查活动，组织民俗专家、梅州电视台、梅州日报、平远电视台等媒体对平远县传统“非遗”项目进行专题采写、跟踪拍摄，建立并完善数据库。（3）举办“非遗活动周”系列活动。举办平远县庆祝“第十一个文化遗产日”文艺汇演；开展“非遗”进校园活动，把平远船灯、落地金钱等“非遗”实物道具送进校园，选派“非遗”传承人到中小学校传承“非遗”技艺。（4）举办“非遗”传承人座谈会。掌握和了解“非遗”项目与其传承工作的现状，共同探讨“非遗”项目的传承与发展，营造关心、帮助传承人、服务传承人的良好社会氛围，促进“非遗”保护、传承和发展。

2016年6月12日，平远县庆祝“第十一个文化遗产日”文艺汇演在县政府招待所大礼堂举行 （黎锴 摄）

【文化市场监管】 2016年，平远县文广新局抓好文化市场监管工作。（1）严把入口关,做好审批和换证工作。2016年审批设立文艺表演团体许可1宗，互联网上网服务经营许可1宗，互联网上网服务名称变更事项1宗，印刷业年审6宗，娱乐场所年审事项1宗，出版物零售经营年审事项29宗，互联网上网服务年审事项13宗，申请审核非宗教类一次性内部资料印刷17宗，互联网上网服务经营场所和出版物零售经营单位换证20宗；对不符合换证条件和逾期换证的7家互联网上网服务经营场所的“网络文化经营许可证”和5家出版物零售经营单位的“出版物经营许可证”，决定给予注销；进一步完善文化市场网上办理许可、变更、延续、注销申办系统。（2）加强文化市场监督管理，加大执法检查力度。重点做好以下几个方面：①抓网吧监管，从严查处各类违规行为。对网吧实行高压监管，切实执行实名制上网，加大检查力度；加强宣传教育和引导，完善执法记录；建立社会监督和联系制度，加强与学校、家长的联系，接受社会监督；建立网吧监管平台，发挥网吧协会的作用，加强行业自律；对违法违规经营、屡教不改或群众意见大、投诉多的重点违规网吧实行严管重罚。②抓娱乐场所管理，维护正常经营秩序。采取实地执法检查和视频监控相结合的方法，与公安、工商、消防等相关部门紧密配合，强化执法检查，重点检查控制超时经营行为、涉黄赌毒行为，严处超范围或无证经营行为。加强消防安全监管和整改落实，加强禁毒宣传，发放禁毒宣传资料200多份，签订禁毒责任承诺书17份，100%完成禁毒责任承诺任务。③抓“扫黄打非”工作开展。加强对经营业主保护知识产权的宣传教育，鼓励大家树立维护版权诚信经营的服务意识；全面推进国有企业使用正版软件，开展网吧经营场所安装正版软件专项治理行动，加大非法政治性出版物和淫秽出版物及有害卡通书的查处、打击力度，加大对音像市场的管理和稽查力度，重点打击盗版音像制品。

至11月，平远县文广新局共出动检查人员486人次，检查车辆112驾次，检查文化经营场所1103家次。其中，网吧318家次；音像制品店76家次；印刷复制业93家次；书报刊经营点241家次；娱乐场所206家次。行政处罚违规经营场所4家。其中，网吧违规经营案件1宗；音像店销售盗版光碟案件2宗；无证经营网络游戏案1宗。

【文化产业】 2016年，平远县文广新局大力支持当地文化产业发展。（1）组织文化企业参加第十二届深圳文博会和第四届客家文化产品博览交易会，培育优势企业，激发企业创新意识；推进广东华清园生物科技有限公司依托大众文化新潮流研发具有平远特色的文化旅游产品，推介平远地方文化、旅游文化。（2）完善财政、金融扶持政策。认真开展文化产业专项资金申报工作，争取扶持资金推动文化产业发展，深入了解本地文化企业金融合作需求，积极报送具有融资需求的文化产业项目。2016年上报平远县相思红豆发展有限公司、梅州市五指石文化传媒有限公司、梅州市瑞祥雕刻工艺有限公司等3家企业，其中瑞祥雕刻工艺有限公司已获得文化产业专项扶持资金。

【存在问题】 2016年，平远县文化工作存在的主要问题是：（1）与梅江区、梅县区、大埔县等较大县（区）相比，平远县的公共文化场所设施设备仍然较落后，没有形成具有标志性的场馆。（2）镇村文化广场的文化内涵不足，真正利用率不高。（3）在文化遗产保护传承方面存在人员队伍青黄不接、文化人才紧缺、文化遗产保护经费短缺的情况。（4）文化产业规模较小，基础较薄弱，尚未出台鼓励扶持文化产业发展的政策。

2016 年度平远县文化广电新闻出版局负责人名录

局　长：刘立新（任至5月）
　　　　陈超光（5月起任）
副局长：谢广传　陈斌扬　陈倩兰（女）

2016 年度平远县文化市场综合执法队负责人名录

队　长：谢广传

广播电视

【中心、重点工作宣传报道】　2016年，平远县广播电视台在完整转播好中央、省、市必转节目的基础上，继续办好《平远新闻》《橙乡纪事》《生活汇》等自办节目，做好梅平高速建设、产业园区建设、县城扩容提质以及依法治县、创卫、招商引资等重点项目、活动、节会方面的广播电视宣传报道的组织、策划工作，到年底，《平远新闻》共播出新闻1415条，“平远发布”推送发布平远新闻信息1415条、平远视听（包括专题、歌曲MV、书画等）91条，市台、市电台播出新闻506条，制作播出《橙乡纪事》《生活汇》等各类专题节目104期。

【体育赛事报道】　2016年，平远县广播电视台做好重要体育赛事的宣传报道工作。平远县第二届足球联赛期间，利用周末假日拍摄制作新闻报道、足球专题节目、专题短片等，通过电视、微信公众号对足球联赛进行全方位、多角度宣传，为该县加快足球振兴发展营造良好的舆论氛围；绿地·中信银行杯第七届北京国际山地徒步大会梅州·平远站活动期间，组织办公室、新闻部、专题部、总编室等人员制作宣传短片、采写新闻、拍摄专题，通过电视、微信公众号向外界展示平远优美的自然风光，深厚的人文历史底蕴和区域发展的崭新形象，其中徒步大会开幕当天的新闻在中央电视台体育频道《体育晨报》和北京卫视体育频道《体坛资讯》中播出。

【传播设备强化】　2016年以来，平远县广播电视台继续关注传播设备的强化。多方筹措资金，投入20多万元购置机房播出设备、无人机航拍设备等摄像设备及非编系统，投入20多万元修缮录音声学室及差转台办公室，改善广播电视节目从采编、制播、发射、传输到储存的全业务流程的数字化应用，切实提高平远广播电视数字化水平，让广大群众能看到更清晰，更稳定，高质量的有线数字电视。积极配合平远县重点项目工程建设，完成对平远碧桂园、平城花园二期等新建小区有线电视光纤的架设、科学布局，确保群众能看到高质量的数字有线电视。

【部门增设】　2016年，平远县广播电视台在两室七部的基础上，增设新媒体中心部门，全力打造以微信公众号“平远发布”为代表的新媒体公众平台，传递最新权威资讯，更好地推进平远传统媒体和新媒体的融合及平远县广播电视事业的发展。

【人才引进】　2016年，平远县广播电视台公开招聘新闻主持2名、新闻记者2名、新媒体中心人员1名、网络技术人员1名。

（饶　翔）

2016 年度平远县广播电视台负责人名录

台　长：王斌豪
副台长：张文良　谢岳芳　朱晓晖（女）

新闻报道

【概况】 2016年，中共平远县委办新闻组（简称“县委办新闻组”）紧紧围绕县委、县政府的各项中心工作，认真贯彻落实中央、省、市、县宣传思想工作会议精神，找准载体，突出重点，在《梅州日报》、《南方日报》、《广州日报》、《南方农村报》、梅州电视台、广东卫视、南方卫视、新华网、人民网、南方网、中新社等20多家市级以上主流媒体上刊播1300多条反映平远县经济社会发展的新闻作品，为该县主攻“一城两区”、加快振兴发展营造良好的舆论氛围。新闻组的2位同志均获得“2015年度梅州市优秀新闻秘书”称号。

【常规宣传】 2016年，县委办新闻组继续做好平远县建设发展的常规宣传工作。紧紧围绕平远县建设“精致休闲山水城镇、生态工业园区、生态休闲文化旅游区”和“交通基础设施建设、产业园区扩能增效、中心城区扩容提质”三大抓手，在《梅州日报》完成24期半个版面的平远县域新闻，在《梅州日报》《南方日报梅州观察》刊登“经济驶入快车道，城乡面貌大变样”“主攻‘一城两区’，打造最美山城”“传承红色基因，助力平远崛起”“对接一带一路，加快振兴发展”“平远船灯”等11个专版。同时选准新闻宣传的切入点和突破点，逐渐改变以往传统思路和做法，加强与各级媒体记者的沟通联系，主动向上级媒体投稿和邀请记者前来采访，做好记者到平的接待、引导等服务工作，开展形式多样的宣传活动，为全县经济发展建设“鼓”与“呼”，对外树立形象，聚集人气，提升平远县的知名度和美誉度。

【年度重点工作宣传】 2016年，县委办新闻组围绕市、县重点工作和群众关心的热点问题，积极进行宣传报道。

梅州市召开创模暨城乡环境综合整治和美丽乡村建设工作会议后，新闻组及时组织采写平远县在该方面的做法和成效，先后推出“平远城乡环境整治‘再亮剑’全域整治助推全域旅游”“平远以创模为契机着力打造生态环保县”“平远开展县城环境卫生清洁行动推进创卫”等新闻，宣传平远县主动作为、效果明显的做法和结果，为该县整治环境、建设美丽乡村营造良好舆论氛围。

【主题活动宣传】 2016年，县委办秘书组把握重要节日和主题活动日的机会，邀请媒体记者宣传推介平远。在平远县首届千人禅茶会暨客家炒绿发展研讨会、第七届北京国际山地徒步大会梅州平远站、平远脐橙旅游节等重要活动期间，邀请中央电视台、中新社、中国经济周刊、中央人民广播电台等中央、省、市媒体宣传推介平远的经济社会发展情况、良好的生态和营商环境等，让全国各地人民和海外华侨等认识平远、了解平远、喜欢平远。

【核心价值观弘扬】 2016年，县委办新闻组注重挖掘、报道正能量典型事件，弘扬社会主义核心价值观。深入各乡镇各单位400多次，围绕群众关心的热点问题，关注社会弱势群体，搜集鲜活素材、培树先进典型，大力宣传“助人为乐、见义勇为、诚实守信、敬业奉献”等道德模范的先进典型，传播正能量。成功采写“平远一客家妇女的创业困境——紫玉淮山滞销盼找婆家”“平远成立留守儿童之家”“平远八尺卫生院获评全国群众满意乡镇卫生院”“平远连续五年被誉为广东省最具安全感山区县”等新闻。

（朱双玲）

2016 年度中共平远县委办新闻组负责人名录

新闻秘书：朱双玲（女）

卫生·计划生育·体育

卫生和计划生育

【概况】 2016年，全县各类医疗卫生机构195间（含村卫生站136间）。床位数640张，每千常住人口占有床位2.74张。卫生专业人员数1069人，副高职称50人，中级职称186人，初级职称672人。每千人执业（助理）医师1.62人、注册护士1.54人。全县固定资产14025.36万元，业务用房面积5.20万平方米。2016年，卫生财政补助28939万元，年增长36.50%。全县医疗机构总诊疗人次数41.46万人次、出院2.26万人次，比增分别为7.13%、20.21%。全县病床数增加110张，病床使用率54.61%。平均住院日5.3天。2016年县域住院率全省增幅第一。

2016年，平远人口计生报表显示，平远县常住人口246181人，年内户籍人口出生3427人，政策生育率97.52%，人口出生率12.31‰，人口自然增长率6.80‰。出生人口性别比106：100。免费孕前优生健康检查2375人，项目目标人群覆盖率102.37%。2016年度计划生育目标管理责任制考核达标，成绩显著,被省政府评为优秀等次。

【公立医院改革】 2016年，平远县全面铺开公立医院综合改革。（1）优化公立医院规划布局，县人民医院规划建设综合大楼；县中医医院和妇幼保健计划生育服务中心在县医疗养生保健中心建成后实行整体搬迁。（2）优化卫生资源配置。县人民医院制订完善内科、外科、重症医学科、眼科、检验科、病理科、医学影像科等专科所需的76种基本设备的三年采购计划，2016年投入2000多万元，购置核磁共振、三维彩色B超等一批高端医疗设备，完善内科、大外科等科室建设。投入400多万元用于中医医院设备购置和特色专科建设，创新建设“老中医诊室”、中医体检中心、康复理疗中心三大平台。妇幼保健计划生育服务中心新增先进检验设备，新增盆底康复等服务。（3）实行绩效考核，将公立医院绩效考核与计划生育工作同布置，同考核。

【医联体建设】 2016年，平远县卫生和计划生育局（以下简称“平远县卫计局”）主要从三方面推进医联体（即区域医疗联合体）建设。（1）加快基础设施建设。中医医院建设“老中医诊室”、中医体检中心、康复理疗中心三大平台，同时在12间基层卫生院建成“一院一馆一诊室”的中医框架体系。（2）安排专家下沉。由县直医院选派具有中级以上职称医护人员到基层卫生院进行临床带教，实施技术帮扶和业务共建。至12月，共派出帮扶医生300余批554人次、诊疗人数3200人次。开展全员培训20多期280多人次，专业技术人员业务培训20期150多人次，组织进修学习60多人次。（3）探索建立分级诊疗、远程会诊制度。县级医院和基层卫生院之间实现管理和业务信息互联互通，县、镇、村三级机构实行双向转诊，根据各级机构的诊疗范围，及时上转和下转患者。县人民医院放射科交由中山二院托管，石正、长田、差干镇卫生院启动“互联网+医疗”等模式，让群众在家门口直接得到三甲、二甲医院专家的诊治和服务。

【医政管理】　2016年，平远县卫计局扎实做好医政管理工作。（1）开展专科特设岗位计划，有针对性地提升县级公立医院医疗服务能力，切实解决薄弱科室人才紧缺、能力不强的问题。平远县设置5个特设岗位，其中县人民医院3名，县中医医院1名，县妇幼保健计划生育服务中心1名。（2）持续推进卫生院标准化建设。继八尺、石正卫生院后，差干、中行、河头、上举、东石5家卫生院建成“三区一体”的标准化卫生院。（3）优化医疗卫生服务流程。推行导诊、咨询、检验结果查询、大型设备检查结果互认等便民服务，提供免费茶水、轮椅、雨伞等便民措施。缩短候诊时间，缩短平均住院日。完善患者投诉处理机制，加大出院患者的回访力度。（4）强化医疗质量管理，规范诊疗行为。严格依法行医，建立健全医疗质量管理和控制体系，严格落实执行《病历书写规范》。大力推进临床路径管理和单病种付费，做到合理检查、合理用药、合理治疗。在全省基层岗位练兵技能比赛中，石正镇中心卫生院团队荣获全市第二名、全省第三名的好成绩。（5）强化优质护理服务，规范护理操作，提升护理质量。强化护理人员日常训练与考核，建立符合护理专业特点的护士岗位管理和绩效考核制度。

【中医药服务】　2016年，平远县卫计局全力做好中医药服务工作。（1）扎实推进中医治未病平台建设。县中医医院投资100万元优化院内资源，成立针灸康复科，购进更新一批康复医疗设备。完善中医骨伤科优势病种的诊疗方案，开展辨证施护和中医特色专科护理，探索单病种的中医护理路径。至12月，提供中医治未病服务8360人次，为7万人次进行中医药养生保健文化知识宣教。（2）加快创建全国基层中医药工作先进单位步伐。建立以县级中医院为骨干，以乡镇、村中医药服务网点为基础，涵盖预防、治疗、康复、保健、养生的中医药服务体系。加强县中医医院建设，借助广州市中西医结合医院对口帮扶契机，重点提升针灸康复、骨伤科治疗等技术水平。发展乡镇卫生院中医事业，建成“一院一馆一诊室”。加强村卫生站中医药应用。（3）发挥中医药适宜技术推广基地作用。2016年举办网络视频培训16场，接受培训人员600余人次。医护人员学习运用一些简便易学、疗效确切的中医药适宜技术治疗常见病、多发病，提升诊疗水平。

2016年7月8日，平远县老中医诊室、平远县养生保健体检中心、中医特色康复治疗区举行挂牌揭幕仪式

【公共卫生】　2016年，平远县卫计局做好公共卫生服务。（1）做好疾病预防控制。加强夏秋季传染病防控知识宣传，加强各类传染病监测、防治、中（终）期评估等各项工作，做好信息报送工作。全县“六苗”基础接种率达99%以上。全年该县重大传染病疫情形势总体平稳，未发生人感染H7N9禽流感病例，登革热、手足口病等疫情得到有效控制。（2）落实国家基本公共卫生服务项目。累计下拨基本公共卫生服务项目经费1048.95万元，做好12类国家基本公共卫生服务项目。其中，建立城乡居民电子健康档案20.05万份，电子建档率86.69%；中医药健康管理人数约有18500人，覆盖率52.45%；规范管理高血压人数7769人，规范管理率

91.36%；登记管理65岁以上老年人20721人，管理率99.43%；规范管理糖尿病患者人数2311人，规范管理率91.28%；0～6岁儿童健康管理18548人，系统管理率保持在90%以上；孕产妇管理2825人，系统管理率100%；重性精神病管理患者1154人，规范管理率达95.26%；农村孕产妇住院分娩补助1335人，补助金额141.22万元。平远县在2016年度全市基本公共卫生服务均等化考核中成绩排名第三。

【计划生育管理】　2016年，平远县卫计局继续做好计划生育管理。（1）党政重视。坚持计划生育基本国策不变，坚持计划生育党政一把手负总责不变，坚持“一票否决”制度不变，把人口计生工作纳入全县经济社会发展总体规划。（2）全面落实好挂钩帮扶机制，实行县领导和县有关单位挂钩镇、村制度，明确兼职单位职责。（3）落实领导责任。修订县级人口计生工作目标管理责任制考评方案，严格实行目标管理责任制，责任到人、奖惩到位，把各级党政领导落实人口发展目标纳入科学发展综合考评体系。（4）抓信息建设。重点围绕出生人口、孕环情监测、人口信息等基础工作开展清理清查行动，进一步提高全员人口信息系统数据的准确性。信息采集完整率、准确率、更新及时率均达到98%。（5）抓流动人口管理。①总结试点经验，全面铺开流动人口网格化管理、流动人口双向服务管理、流动人口卫生计生基本公共服务均等化三项试点工作。②抓住重点，开展好流动人口集中服务活动和专项活动。③以信息技术为依托，做实常态化工作。及时通报反馈流动育龄妇女婚姻、生育、生殖健康检查、持证等相关信息。④扎实开展好流动人口健康教育和促进行动。

【计划生育优质服务】　2016年，平远县卫计局不断提升优质服务能力。（1）进一步优化全县计生服务平台，将县妇幼保健院和计划生育服务站实行资源整合，成立县妇幼保健计划生育服务中心。（2）积极开展免费孕前优生健康检查项目，完成目标人群检查2375人，占年度目标任务102.37%。建立和规范镇级免费孕前优生健康登记制度及早孕、妊娠结局随访制度。（3）扎实推进地中海贫血（简称地贫）防控工作。把地贫筛查纳入常规婚检、孕前检查及孕期检查、新生儿筛查的项目内容；开展“防控地贫，从孕前开始”为主题的宣传活动。（4）优化初级生殖保健服务。采取专家义诊、技术指导方式帮扶基层卫生院，惠及全县85%以上妇女。在县人民医院建立平远县危急重症孕产妇和新生儿救治中心，开通绿色救治通道，施行有效救治。（5）创新建立“一站式”服务模式，筑牢出生缺陷“三道防线”。建立出生缺陷防控追踪责任制和县、镇、村三级联动工作机制。（6）做好贫困对象“两癌”（即宫颈癌和乳腺癌）筛查。对全县共1080人进行“两癌”筛查，完成市下达的筛查任务。

【计划生育扶助奖励】　2016年，平远县坚持落实对计生特殊家庭的扶助奖励。（1）加强对计划生育特殊家庭的精神关怀和经济扶助、养老保险、大病治疗等扶助保障。全县共扶助计划生育特殊家庭成员26人，按每人每月1000元发放补助。（2）继续实行政策调整前的独生子女家庭奖励和农村计划生育双女户奖扶政策。全县共实施计划生育家庭奖励5755人。（3）实施县、镇、村三级联合的“关怀政策”。发挥基层计生协会作用，深入开展青春健康教育、计生“三结合”项目和计划生育家庭意外伤害保险等“生育关怀”行动。

【省级卫生县城创建成功】　2016年，平远县通过深入开展爱国卫生运动，扎实推进省、市卫生镇、村创建，成功创建省级卫生县城。全年创建18个省级卫生村、9个市级卫生村。该县共有1个省级卫生先进镇、2个市级卫生镇、51个省级卫生村、106个市级卫生村。农村改厕和城乡病媒生物防制等工作均得到落实。

【卫生强县建设】　从2016年起，平远县将利用3年时间（2016—2018年）建设卫生强县。出台《中共平远县委 平远县人民政府关于建设卫生强县的意见》《平远县医疗卫生强基创优三年行动计划（2016—2018年）》《关于开展创建平远县“基本医疗和基本公共卫生服务”示范镇活动的实施方案》。全县统筹安排4亿元，重点抓好卫生基础设施建设，推动医疗卫生中心下移。至12月，第一批创建“卫生两基示范镇”单位（差干、八尺、中行、河头、上举、东石、石正）基本完成创建工作，准备接受市级考核验收。

【无偿献血】　2016年，平远县献血办加强无偿献血和临床用血规范管理，加强无偿献血知识宣传，开展互助献血工作，严禁非法自行采集血液，严格掌握临床输血适应症，积极开展成分输血和临床用血质量评价。全县有1116人次参加无偿献血，献血总量22.8万毫升。

【健康宣教】　2016年，平远县卫计局采用多种方式，利用新闻媒体、官方网站和微信等平台开展健康宣教工作。（1）围绕推进健康平远建设、调整完善生育政策、深化医改等中心任务开展宣传。（2）及时做好新修订的《广东省人口与计划生育条例》宣传，深入宣传全面两孩政策。（3）利用人口学校、健康家庭指导站对卫生计生政策法规进行宣传。（4）结合妇联文明家庭、五好家庭等评选活动弘扬新的道德风尚，开展幸福文明家庭创建活动。（5）利用现有的人口计划生育“三栏两室一校”宣传阵地，把卫生医疗、健康科普知识融合进去，继续沿用文化书屋、人口文化园、人口宣传长廊等宣传方式。（6）发挥计生协会和社会团体的组织优势，结合卫生计生重要主题日，全方位、广覆盖、多角度地开展宣传服务活动。5月12日举办“5·12”国际护士节文艺晚会，大力弘扬“积极进取、乐于奉献”的主旋律，继承和发扬南丁格尔忠于职守、科学严谨、乐于奉献精神，充分展示“白衣天使”形象；6月14日，为庆祝世界无偿献血者日，开展“热血青春·闪耀苏区”——平远县无偿献血勇争先志愿行动；9月8日，与体育局、县直机关工委和团县委联合主办“健康中国行”平远县主题宣传周活动；11月7日，与妇幼保健计划生育服务中心联合举办“有爱，有未来”主题的“世界早产儿日”宣传活动。

2016年5月12日，“5·12”国际护士节文艺晚会场景

【平安医院创建】　2016年，平远县全面开展“平安医院”创建活动，借助民生热线、网上信访、来信来访等渠道，及时妥善做好信访回复工作，全年共处理卫生计生来电、来信、来访案件467例，办结率100%。全年无不良舆情发生。

【卫生计生监督执法】　2016年，平远县卫计局以医疗机构、传染病监管和出生人口性别比综合治理、社会抚养费征收为重点，加强卫生计生监督执法。（1）加强卫生执法。突出打击非法行医行为，全年查处案件10宗（黑诊所4宗、药店4家、其他类2家）。其中，行政处罚9宗；移送公安机关1宗。司法机关已对该宗案件作非法行医罪判决。至12月，结案9宗，罚款金额3.9万元，没收非法药品及器械15箱，折合人民币价值约8千元。同时将2015年依法没收的药物和器械统一运至垃圾填埋场进行集中销毁。（2）不断加强卫生监督机构效能建设。卫生监督协管服务实现全覆盖。进一步提高公共场所量化分级管理率，居民生活饮用水安全得到有力保障，全年未发生饮用水污染引起的突发健康危害事件。（3）加强出生人口性别比综合治理。开展打击“两非”（非医学需要的胎儿性别鉴定、非医学需要的人工终止妊娠）专项行动，共出动执法人员68人次，检查医院、卫生院、药店和妇幼保健机构26家。（4）加大社会抚养费依法征缴力度，对政策外多孩者实行依法征收，提高一次性足额征缴率和首期缴纳数。通过申请法院强制征收，有效引导群众依法生育。

【医疗队伍建设】 2016年，平远县卫计局进一步加强医疗队伍建设。（1）招聘专业人才。面向社会公开招聘95名卫生专业技术人员。（2）借助帮扶引进人才。中山大学孙逸仙纪念医院派出彭永排教授到该县人民医院挂职帮扶，重点带领开展腹腔镜下全子宫切除术加双侧输卵管切除术、腹腔镜下输卵管切开取胚术、腹腔镜下输卵管整形术等妇科微创手术，填补该县妇科微创技术的空白。广州市花都区中西医结合医院派出罗志恩、白艳甫医师到该县中医医院挂职，亲自带教开展多例重大手术、多种骨科手术和中医康复等新技术、新项目。（3）加大人才培养力度，提高人才素质。①鼓励医务人员积极参加卫生专业技术资格考试，不断提高医务人员持证上岗比例。2016年，19人通过国家医师资格考试，3人通过广东省中医确有专长人员考试，东石卫生院2名医师通过全国卫生高级职称评审，填补农村副高职称的空白。②抓好继续医学教育工作，抓好基层医疗机构全科医生转岗培训、乡村医生在岗培训，进一步强化住院医师规范化培训，组织实施卫生适宜技术推广工作。2016年安排3人参加广东省全科医师转岗培训，安排2人参加梅州市全科医师能力再提升培训；县中医医院上送7名业务骨干到广州市花都区中西医结合医院进修培训。（4）大力支持科研工作。该县人民医院科研工作再创佳绩，4项课题获得县科学技术奖。

（县卫计局办公室）

2016年度平远县卫计系统负责人名录

平远县卫生和计划生育局

局　长：凌征新

副局长：谢传生　谢增扬　王梅芳（女）　姚玉红（女）　陈任先

平远县人民医院

院　长：卢　斌

平远县中医医院

院　长：张学良

平远县妇幼保健计划生育服务中心

院　长：林　通

平远县卫生监督所

所　长：黄剑军

平远县疾病预防控制中心

主　任：陈汉奕

体　　育

【概况】 2016年，平远县体育局认真贯彻落实《中华人民共和国体育法》和《全民健身计划纲要》的要求，编制《平远县全民健身实施计划（2016—2020）》，创造性地开展工作，推动全县体育事业发展。

【体育基础设施建设】 2016年，平远县体育局继续推进体育基础设施建设。（1）积极推动社区体育公园建设。省、市、县共支持镇村两级和社区体育公园健身器材219件，篮球架18副，户外乒乓球桌58张，其中翠拥华庭社区新建成的社区体育公园占地1000平方米，拥有13件健身器材和4张户外乒乓球桌。（2）加快各镇各学校足球场地建设。2016年新建1块11人制、4块7人制、1块5人制足球场地，其中1块11人制和1块7人制足球场还在进一步建设中。到年底，全县共有24块足球场地。其中，11人制3块；7人制17块；5人制4块。

【群众体育】　2016年，平远县体育局积极推进群众体育工作发展。全年共举办大型活动17次，其中群众体育活动11次，约18500人次参与体育健身活动。（1）全力打造平远县徒步赛事品牌，组织举办一系列徒步活动。①6月17日，在位于仁居镇的平远县红军纪念园承办全国2016年“发展体育运动、增强人民体质，同心共筑中国梦”全民健身活动广东省启动仪式，上千人以徒步行走的方式重走当年红军路。②9月25日，在上举镇举行以“苏区橙乡、平步致远”为主题的梅州·平远穿越相思谷徒步活动，吸引2000多名徒步爱好者参与。③11月26—27日，举办第七届北京国际山地徒步大会梅州·平远站徒步活动，吸引来自国内外的万名徒步爱好者参加。（2）大力组织举办足球赛事。全年共举办182场次足球赛，近千人次参与。其中3—6月期间开展的平远县2016“天华阳光”足球联赛共举办132场比赛。（3）8月8日，组织平远县第十七届体育节暨“全民健身日”系列活动，举行篮球、羽毛球、乒乓球等项目的比赛，县城范围内2000多人参与比赛或交流展示。（4）开展国民体质监测工作，2016年共完成946名干部职工的体质检测任务。（5）做好社会体育指导员服务站建设暨社会体育指导员的培训输送工作。大柘、石正、八尺、仁居、河头、中行、上举、泗水、热柘等9个镇的社会体育指导员服务站通过省、市评估工作组检查验收。新培训8名三级社会体育指导员，申报晋级国家级1人，一级6人，二级25人。

【体育类协会】　2016年，平远县体育局继续做好体育类协会的组织工作。至年底，平远县有体育协会、老年人体育协会、篮球协会、乒乓球协会、羽毛球协会、棋类协会、钓鱼协会、自行车运动协会、足球协会、游泳协会等10个体育类协会组织。体育局不定期对各协会进行调研、指导，使协会组织能按照职能开展各自健康的体育活动，推动平远县群众体育工作发展。

【竞技体育】　2016年，平远县体育局继续紧抓竞技体育。结合该县实际，以业余体校为依托，抓好乒乓球、羽毛球、篮球、跆拳道等传统主项目的训练。广东省第二届百街千镇乒乓球梅州市选拔赛，大柘镇女子乒乓球队代表平远参加，夺得女团冠军；梅州市青少年羽毛球调赛，平远县小将获得06—07年龄组女子单打第一名；梅州市“体彩杯”跆拳道比赛，平远县代表队获得4块金牌、3块银牌、6块铜牌，团体总分位列全市第三名；梅州市第二届跆拳道锦标赛，平远县获得6块金牌、1块银牌、4块铜牌，并获得“体育道德风尚奖”；平远县首次组队参加全市青少年女子丙组足球锦标赛。

【振兴足球工作】　2016年，平远县体育局继续做好振兴足球工作。（1）进一步健全机构。新增县民政局、县经信局、县地税局、县直属机关工作委员会、县工商和质量技术监督局、县市政公用管理事业中心等6个单位为平远县振兴足球工作领导小组成员单位。至年底，平远县振兴足球工作领导小组成员单位达到42个。（2）机制体制保障发展。①制订《平远县振兴足球工作领导小组成员单位第二阶段职责分工》和《2016年足办主要工作计划》。②业余体校增加事业编3名，调入足球教练1人，公开招考足球教练2人。③县政府将振兴足球工作经费列入财政预算，确保振兴足球工作经费的落实。④加强振兴足球的宣传力度。要求县振兴足球工作领导小组各成员单位把振兴足球工作列入重要议事日程，充分发挥新闻媒体作用，设立专题专栏，加强对振兴足球工作进展情况的宣传报道，全县上下形成良好的氛围。（3）打造平远县足球品牌赛事，政企联手搭建足球舞台。打造“足协杯”“青春杯”“贺岁杯”足球比赛和平远足球联赛四大赛事，切实推进社会足球水平提高、足球运动普及、足球人口增加，满足社会各界对足球运动参与、观赏、投资、消费的多种需求。（4）抓好校园足球工作。①进一步做好足球传统项目学校建立工作。2016年新增3所市传统足球项目学校。②进一步完善校园足球赛事系统，做好在训运动员的注册登记和训练工作。③坚持教练员下校制度，每一位教练员挂钩联系一间学校，从校园足球抓起，推动该县足球运动开展。

【体育产业】 2016年，平远县体育局不断推进体育产业建设。（1）做好2016年的体育产业调查工作。主要从法人单位的基本属性、从业人员、财务状况、生产经营情况等方面着手，对目录库90家企业进行筛选，建立30家企业的名录库。调查显示，平远县的体育产业主要集中在体育产品销售业，占整个产业的50%，体育服务业占整个产业的37%，其他占13%，制造业占比为零。（2）体育彩票发展。平远县现有体育彩票网点33个，2016年全年体彩销量1671万元。其中，电脑型销售1434万元；即开型销售237万元。总销量比上年增幅250万元，增长17.6%。

2016年度平远体育局负责人名录

局　长：谢志平

副局长：徐东虹（女）　吴　跃

2016年11月26日，绿地·中信银行杯第七届北京国际山地徒步大会梅州·平远站在上举客家相思谷景区顺利开走。图为开幕盛况 （冯锡权 摄）

各镇概况

差　干　镇

【概况】　差干镇位于平远县北部，距县城54公里，东邻福建省武平县下坝乡，西接江西省寻乌县项山乡，南与该县仁居、上举接壤，北靠福建省武平县民主乡，镇政府驻该镇加丰村差干圩，位于北纬24° 89'、东经115° 95'。差干镇界域面积94.6平方公里，辖新岭、湖洋、三达、差干、文丰、加丰、湍溪7个村民委员会，42个村民小组，旅游资源丰富，有五指石、相思河等知名景区。2016年年末，差干镇户籍人口2276户8511人。其中，农业人口7201人；非农人口1310人。2016年，差干镇生产总值16501万元，同比增长8.4%；农业总产值7126万元，同比增长2.8%；工业总产值18430万元，同比增长1.5%；镇级财政收入220万元，全面完成各项税收任务；农村居民人均可支配收入14303元，同比增长11.9%；各项经济指标持续稳步增长。2016年度，该镇获得“市县法制先进镇”荣誉称号。

【旅游发展】　2016年，差干镇紧扣“一引擎两重点”的发展主线，推动从“景点旅游”向“全域旅游”转变，推进“处处是风景、人人是旅游形象”的全域旅游建设。（1）主抓五指石龙头景区建设，包括五指石栈道二期工程建设、贵妃湖环湖景观带项目建设、西山林场服务点建设及岭东大酒店建设等。其中，完成五指石栈道二期工程建设；完成贵妃湖环湖景观带项目征地，并开始建设；岭东大酒店的餐饮、娱乐厅与客房投入使用，办公楼主体工程、民工宿舍及接待厅工程基本完成，开始内部装修。（2）抓好长布半岛旅游休闲度假区的开发建设，包括半岛入口形象展示区、商业区、度假酒店养生区、养心内湖漫步区、户外拓展体验区及相思河游客服务中心、生态停车场、码头、游船升级改造等主要节点建设。第一期征地工作进入收尾阶段。（3）开展其他旅游重点项目建设。①五指石休闲度假山庄、红豆休闲山庄，完成首期主体工程建设。②盛世中联在伯公坳建设新厂，完成打桩阶段工作，进入车间吊装阶段。③差干旅游工艺品加工展示项目在改造原中联石材车间。④五指石横龙大酒店完成主体工程，进入装修阶段。以上四项，完成投资1.7亿元。（4）打造省级连片新农村。配合棕榈园林设计院完成差干村新围老围、加丰村金星村及三达村老屋一片的规划设计，发展文化游、乡村游和生态游。以辐射带动新岭、湖洋、文丰等村的发展，推动全镇7村全面发展。

2016年6月22日，省政协副主席温兰子（中）一行到差干镇开展“关于提高林业四大重点生态工程建设质量”提案督办调研

【农业】 2016年，差干镇结合精致高效农业发展和打造生态景区，促进旅游业与农业的融合，鼓励农户种植慈橙、玉米、灵芝等一系列效益较好、游客喜爱的特色经济作物，全镇全年的产值2000多万元。推广塔子里、邓头坑等农旅庄园的自摘活动，发展具有传统民居特色的家庭客栈、民宿、农家庄等，启动建立“互联网+”模式，鼓励农民积极对接，最终实现助农致富。

【交通设施】 2016年，差干镇加大交通基础设施建设力度。（1）推进G358线（原S331线）差干至八尺段28公里路面改造工程。完成97%路基平整工作。（2）完成普滩至湍溪旅游公路差干段路面硬底化工程。（3）完成塔子里至福建、新村、八斗里、南楼、罗车、坪八、车陂的村道硬底化工程。

【水利设施】 2016年，差干镇做好农田水利工作。（1）投资2800多万元，完成差干河堤建设工程。有效提高该镇防洪能力，美化环境。（2）投入160多万元，完成改造7个村11公里圳道。（3）投入1400万元，日产2000立方米的圩镇自来水厂迁建工程，进入厂址建设、管道铺设及坝址征地收尾工作。

【镇村建设】 2016年，差干镇坚持高起点、高标准，科学规划镇村的发展。（1）促进省级新农村连片示范工程建设。该镇将差干村新围老围、加丰村金星、三达村（含南皇子家庭农庄）等片区列入省级新农村连片示范工程建设。聘请棕榈园林设计院进行规划设计，召开差干村新围老围、加丰村金星这两个片区的户长会议，得到当地群众的支持，签订《自然村自愿参加省级新农村连片示范工程建设申请和承诺书》。已出规划图初稿，进入修改阶段。（2）扎实推进外立面改造。以加丰村为示范点，通过对圩镇外立面进行改造，打造客家风情小镇。加丰圩镇愿意接受改造的农户120多户，完成特色民居改造80多户，发放客家特色民居示范点建设奖励金180多万元。其中，在建13户，有序推进20多户民居改造工作。（3）改善圩镇和农村生产生活条件，继续做好垃圾收运处理及污水处理厂建设工作。投入600万元的镇级污水处理厂正在施工，筑围堰。

【精准扶贫】 2016年，差干镇在南沙区城市管理局的帮助下以及村干部的积极配合协助下，经前期精准识别贫困户和多次“进村入户”等具体工作，坚持直接面对群众积极宣传党的“精准扶贫”政策。（1）指导帮助“平远县南皇子家庭农庄”筑路，工程投入资金35万元，新筑1.4公里长、3.5米宽生产道路1条。（2）取得乡贤出资帮助，争取公路部门出资20万元，拟对自然村南楼2.3公里道路完善路肩和边沟等工程。（3）采取资金自筹和自投自劳的办法拟对好田村民小组0.8公里道路进行新建。

【强农惠农工作】 2016年，差干镇抓好抓细社会事业，提升人民幸福指数。（1）土地确权工作积极推进。完成第一轮公示，进入第二轮公示阶段前的收集补充材料和修改工作。（2）做好第三次全国农业普查工作，确保普查数据的真实可靠，PDA数据上传完成95%，进入查缺补漏阶段。（3）社会保障取得实效。进一步扩大农村低保范围，到12月底，纳入低保范围的有156户342人，发放低保资金76.1万元；7000多人参加城乡居民基本医疗保险；4297人参加城乡居民基本养老保险；种粮直补、农资综合直补、能繁母猪补贴等全部兑现到位。（4）基层公共服务综合平台建设全面启动，全镇7个村的建设进入收尾阶段，建成后将提高村级服务水平。

【教科文卫体工作】 2016年，差干镇抓好教科文卫体工作。（1）通过教育强镇复评验收工作。不断加大教育经费投入，在抓好教育强镇的基础上提升教育教学水平。（2）农村义务教育“两免一补”政策得到落实。（3）文体事业不断进步。开展成人文化科技培训，完善镇村文化室建设，以镇人民广场、差干文化广场、湖洋文化广场以及村级文化活动室为平台，开展节庆活动、送戏下乡等文化活动。配合县体育局做好第八届北京国际山地徒步大会梅州·平远站工作。（4）大力提升镇级医疗水平。在蓝韵集团的支持下，引进深圳市云影医疗科技有限公司的DR（高清数字化X线机），患者所拍的X光片通过互联网传输到深圳的专家诊断中心，由专家出具诊断报告，使诊断报告更加准确，已装机调试成功。

【平安建设】　2016年，差干镇维护社会稳定，营造平安祥和氛围。（1）综治信访维稳中心受理信访案件20宗，调处19宗，1宗正在调处，调处成功率95%。其中上级交办信访案件13宗，调处13宗，调处率100%；受理民间纠纷案件7宗，调处6宗，1宗正在调处。（2）因旅游大开发客流量大幅增加的情况下，该镇做到旅游安全事故“零发生”，信访维稳工作多次得到县委、县政府的充分肯定和好评。（3）推进驻点联系群众工作。坚持每星期二进村入户，主动入户征求群众意见，详细记录于民情日志。建立问题研判机制，全部落实责任人进行限时整改。2016年，全镇入户率100%，收集问题和意见建议141条，已全部落实整改。

【党建工作】　2016年，差干镇抓严抓实基层党建工作，全面从严治党。（1）思想建设。深入开展“两学一做”学习教育。制订切实可行的党员干部培训计划，通过开展书记讲党课、领导带学活动，利用远程教育、微信等工作平台，组织全镇党员干部开展学习教育。（2）组织建设。①开展党组织关系排查，排查出失联党员1名，调查出外出半年以上的党员，建立各党支部微信群，流动党员得到有效管理。②完成2008年至2015年补收党费工作，补收党费24290元，提高党员缴交党费意识。③做好村级换届工作，各挂村指导工作组由挂村领导带队，采取进村入户走访的形式，对现任村“两委”班子、村干部和后备干部的情况进行摸底调查，掌握各村党员、干部和群众的思想动态。（3）作风建设。对三达村党支部开展整顿软弱涣散党组织工作，整理收集三达村“两委”干部在党员干部队伍建设和民生建设方面存在的问题，分别设立问题台账，限时整改，增强村“两委”班子的凝聚力和战斗力。（4）制度建设。①完善两个例会制度。全镇7个村全部建立健全“班子联席会议制度”和“党群联席会议制度”，落实重要事项决定权、管理监督权等。②全部建立村务监督委员会，按相关规定配齐人员，明确定位、职责，完善村务监督机制。③以《村“两委”干部绩效考核实施意见》为指导，完善《镇村干部管理规定》制度，每月对各村进行计划生育、安全生产等六个方面进行考核。经考核，否决2条村，约谈村书记2名，考核结果将作为镇村干部绩效补贴、评优评先的依据。（5）反腐倡廉建设。①落实农村集体“三资”监管制度，巩固村集体“三资”清产核资成果。②加强纪检监察工作，2016年全镇排查农村基层党员干部违纪违法线索11条，立案3宗、结案3宗，党纪政纪处分3人。（6）开展党员“三带富”活动（在岗党员示范带富、无职党员设岗带富、外出党员回乡创业带富）。党员创业带富产业以三达村党员谢可清建立的“平远县南皇子家庭农庄”企业为主，采取以主导企业带动，走联合养殖的路子，与7户因残致贫贫困户达成合作关系，解决7名残疾人的就业问题，助贫困户脱贫、贫困村摘帽。

（差干镇党政办）

2016年度差干镇领导班子成员名录

党委书记：李　胜

党委副书记：谢沐雄　姚志坚（任至7月）

王永光（7月起任）

杨　毅（7月起任）

党委委员：李　胜　谢沐雄

姚志坚（任至7月）

王永光（7月起任）

杨　毅（7月起任）

杨志强（7月起任）　罗　曦

陈慧平（女，任至7月）

张伟添（任至7月）

谢伟杰　李国礼（7月起任）

张　兰（女，7月起任）

人大主席：李　胜（任至7月）

姚志坚（10月起任）

人大副主席：谢权扬（任至7月）

曾令权（10月起任）

镇　　长：谢沐雄

副镇长：杨　毅（任至7月）

刘益斌（任至7月）

王永光（任至7月）

杨志强（10月起任）

张伟添（10月起任）

陈慧平（女，10月起任）

仁居镇

【概况】 仁居镇位于平远县西北部，东邻差干镇、上举镇，西接八尺镇，南连东石镇、河头镇，北毗江西省吉潭镇项山乡，距平远县城36公里。仁居镇界域面积191平方公里，辖1个社区居民委员会、15个村民委员会、192个村民小组。2016年年末，仁居镇户籍人口7166户23915。其中，农业人口20007人；非农业人口3908人。2016年，仁居镇生产总值34954万元，同比增长7.1%；农业总产值39151万元，同比增长2.8%；工业总产值3.46亿元，同比增长1.8%；固定资产投资6118万元，同比增长10%，超额完成县下达的税收包干任务。农村居民人均可支配收入12560元，同比增长12.2%。

【农业】 2016年，仁居镇大力发展高效农业。（1）抓好脐橙黄龙病防控工作，脐橙黄化区复种示范点建设、塘头映1000亩（66.67公顷）脐橙种植改扩建项目顺利实施，完成黄龙病统防统治7845亩（523公顷），有效地巩固该镇脐橙产业规模。（2）新增百香果规模化种植农户6户，引导农户采用优质栽培技术种植烤烟、脐橙、优质稻、甜玉米，实现高效高产。

【交通设施】 2016年，仁居镇抓好交通设施建设。（1）北环路硬底化工程已完成路面平整和石坎、水沟等工程建设，正在实施路面水泥硬底化。（2）G358线仁居段征地拆迁工作基本完成，路基平整实现无障碍施工。（3）投入150多万元，完成村道硬底化6.5公里，交通路网不断完善。

【水利设施】 2016年，仁居镇完成自来水村村通扩容工程项目征地；完成污水处理设施一期工程管网铺设，污水处理设施建设趋于完善；争取4000万元山区中小河流域治理项目中央资金；完成小型水利工程确权登记；中央小农水和农综项目建设全面铺开实施；启动实施碗石径山塘修复加固工程。

【镇村建设】 2016年，仁居镇抓好镇村建设。（1）重点项目有序推进。投资955万元的民国风情街建设项目，完成用地规划许可证、工程规划许可证的办理，补办不动产登记，已进场施工。（2）规范建房管理。初步完成圩镇总体规划修编的文稿起草；完成15个村村庄规划编制工作，并按照“三张图”（规划红线图、建筑设计图、整体环境提升效果图）建设要求，引导村民以客家民居方案实施建房；重点督促G358沿线110户民居按客家元素实施外立面改造。（3）投入60多万元，完成红军纪念园AA级旅游厕所改建和鸿泰生态农庄2间A级旅游厕所新建工程，旅游配套服务设施进一步完善。（4）投入60多万元，重新划定圩镇的交通标识、标线，启动实施圩镇空中管线整改工程。消防设施也一并配套。

【生态环境建设】　2016年，仁居镇抓好生态环境建设。（1）开展养猪业污染整治工作，关闭拆除14户养猪场。（2）镇级垃圾中转站已选定新建位置，正开展施工前期准备。（3）落实“户投放、村收集、镇转运、县处理”的常态化管理模式，全镇各村环境卫生日益改善。

【强农惠农工作】　2016年，仁居镇抓好强农惠农工作，社会保障水平稳步提高。（1）核减低保16户48人，发放抚恤金、现役军人优待金、高龄老人生活津贴等50多万元。（2）举办就业招聘会2次；城乡居民基本医疗保险缴费人数20580人，60周岁以上老人养老保险实现全覆盖。（3）农村土地承包经营确权登记完成全镇指界，落实政策性水稻保险20433亩（1362.2公顷），帮助群众理赔水稻保险2000多亩（133.33公顷）。

【精准扶贫】　2016年，仁居镇全面启动新一轮精准扶贫精准脱贫工作，精准识别相对贫困人口222户554人，主动与帮扶单位对接，制订切实可行的扶贫三年规划和2016年帮扶计划，推动各项帮扶措施落实。筹集资金213万元，完成相对贫困村6公里村道路灯安装、3.8公里村道硬底化和1公里“三面光”圳道。全年实现脱贫人口213人，脱贫率38.45%，全面完成县级下达的扶贫工作任务。

【教科文卫体工作】　2016年，仁居镇抓好教科文卫体工作。（1）做好教育工作。筹集资金48万元改造仁居中学操场，铺设塑胶草地和塑胶跑道；全面完成代课民办教师资格认定工作，送审229人。科技等工作取得新成绩。（2）广泛开展文化活动。协助平远县政府举办主题为“发展体育运动，增强人民体质，同心共筑中国梦”全民健身活动广东省启动仪式，组织近2000人以徒步行走的方式重走红军路；投资46万元改造镇文体中心，建设室内羽毛球馆；组织退休干部、教师、镇工作人员全力做好50个自然村落历史人文普查工作。（3）卫生和计划生育工作措施得力。完善计划生育目标、管理考核机制，宣传二孩政策，年度出生人口296人，落实孕前健康检查202例，人口出生率、人口自然增长率、政策生育率、出生人口性别比均实现县下达的控制指标。顺利完成社南市卫生村、仁居、飞龙、黄畲等11个省卫生村申报工作，卫生强镇创建前期各项工作准备就绪。总投资276万元的卫生院住院大楼项目，完成建设资金筹集、旧房拆除、土地平整和项目招投标，正在进行地基建设。

2016年6月16日，副省长许瑞生到仁居镇调研2016全民健身系列活动广东省分会场筹备工作情况（黄冠杰　摄）

【平安建设】　2016年，仁居镇做好平安建设工作。（1）做好信访隐患排查，定期开展专题研判，全年化解矛盾纠纷信访案件35宗，办结上级转办信访案件39宗，办结率100%，无非正常到市赴省进京案件，全镇社会局面保持稳定良好。（2）严格落实安全生产“一岗双责”工作制度，重点抓好稀土、石场矿山的监管工作，全年未发生安全生产事故。武装、食品安全等工作取得新成绩。

【党建工作】 2016年，仁居镇狠抓党建工作。（1）组织建设。①有序推进直联工作。完善网格化联系、首问责任、两级研判例会、信息定期报送和驻点督查五项制度，接访群众410人，走访3320户，收集群众反映问题148条，筹集资金60多万元解决140条，解决率94.6%。②完成县、镇“两代表”换届选举工作。严格执行“九严禁”“十不准”等工作禁令，确保镇级换届选举风清气正。③健全在册党员档案，完成党员关系排查；完成党费核查和补缴党费2.94万元；坚持党员发展标准，新发展党员10名；“七一”期间慰问老党员43名，特困党员3名。（2）作风建设。完成上远、凤仪两个软弱涣散党组织整顿工作；严格执行中央“八项规定”和省、市、县各项规定，进一步规范“三公”经费支出、办公用房使用。（3）反腐倡廉建设。①认真落实党风廉政建设党委主体责任和纪委监督责任，切实履行“一岗双责”工作制度。②深化农村集体“三资”清理监管工作，发挥村监委会民主监管作用，实现党员干部廉洁履职。③结合直联制开展线索排查，排查线索20条，其中属于“七类”问题线索18条，其他问题线索2条，立案3宗，结案3宗，开除党员2人，党内警告1人。

（黄冠杰）

2016年度仁居镇领导班子成员名录

党委书记：陈超光（任至4月）
姚文顺（4月起任）

党委副书记：王　敏　李超贤（任至7月）
陈俊平（7月起任）
曾繁寿（7月起任）

党委委员：陈超光（任至4月）　姚文顺
王　敏　李超贤（任至7月）
陈志珍（任至7月）
陈俊平（7月起任）
曾繁寿　林晓玉（女）　钟云强
何海桂（任至11月）　卓文峰
陈志雄　韩　建
郭意杰（7月起任）

人大主席：陈超光（任至4月份）
姚文顺（4月起任，任至7月）
李超贤（7月起任人大主席人选，10月起任）

人大副主席：陈永源（任至10月）
黄金运（7月起任人大副主席人选，10月起任）

镇　　长：王　敏

副 镇 长：曾繁寿（任至7月）
林晓玉（女，7月起任副镇长人选，10月起任）
卢雄昌（任至7月）　潘伟华
王锦洲（7月起任副镇长人选，10月起任）
刘文辉（挂职，任至4月）

八尺镇

【概况】 八尺镇地处平远县西北部，东邻仁居镇、河头镇，南连中行镇，西北分别与江西省寻乌县留车镇、南桥镇接壤，G206、G358线及济广高速公路贯穿其间，是平远县的北大门。八尺镇界域面积108平方公里，辖1个社区居民委员会、11个村民委员会、118个村民小组。2016年年末，八尺镇户籍人口4600户15343人。其中，农业人口11920人；非农业人口3423人。2016年，八尺镇生产总值2.81亿元，同比增长6.1%；农业总产值1.72亿元，同比增长2.8%；工业总产值2.20亿元，同比增长2.9%；农村居民人均可支配收入12187元，同比增长13.4%。随着旅游业的兴起，八尺镇主导产业从农业、酒业两大产业逐渐扩展到农业、酒业、旅游业三大支柱产业，三大产业相互促进，相互补充，整体呈现多元化发展趋势。

【酒业】 2016年，八尺镇生产米香型白酒6000多吨，娘酒2000多吨，产值约2.2亿元，酒业发展形势良好，成功申报梅州市技术创新酒业专业镇，与口子窖酒业达成合作意向，为八尺酒业走出去迈出重要一步。（1）禾米香酒业和梅州日报社达成战略合作伙伴关系，在珠三角和梅州周边地区开设连锁店，扩大销路，打响品牌，同时也发动群众种植禾米，打造禾米种植基地，发展“农业+酒业”的模式，达到双赢的局面。（2）八珍娘酒业挂牌上市“新四板”，申请的“平远八尺娘酒酿造技艺”成为梅州市非物质文化遗产保护项目，开启“酒业+旅游业”的经营模式，完成客栈建设，完成客房、餐饮、休闲等设施建设，打造集餐饮、娱乐为一体的农家庄园。（3）大客丰酒业突破传统客家酒酿制理念，开发出低糖、醇香的新型客家娘酒，提高客家娘酒的健康营养品质，启动酒业配套城前期准备工作。（4）好八方酒业新上年产300吨的山棯子红酒技术改造项目和野葛根酒生产项目，为平远县配置酒生产再添新品种。

【农业】 2016年，八尺镇积极推广发展现代农业。（1）壮大传统农业。推广以烤烟、制种、优质稻、甜玉米和脐橙为农业支柱产业的发展模式，其中种植烟草3895亩（259.67公顷），产10800担（540吨），产值1566万元。（2）创新发展特色农业。①引导绿盛铁皮石斛基地投入1000万元，在八尺村罗塘搭建大棚100亩（6.67公顷）规范化种植铁皮石斛，被省农业厅评为“省农业龙头企业”。②引导春兴白玉蜗牛养殖基地投入1000万元，完成第一期白玉蜗牛1500吨扩建项目。③鼓励扶持大学生回乡创业，创办养殖场，发展山鸡、面包虫等特色养殖。（3）丰富农业经营模式。鼓励家庭农场、合作社、“公司+农户”等的现代经营模式，依托老牌农业龙头企业桂之源果业、春兴食品、九香果业等，带动产业发展和农户有效增收致富；支持引导“互联网+农业”的发展模式，通过邮政电商驿站、淘宝网店等线上经营模式，打开农产品电商销售渠道。

【交通设施】 2016年，八尺镇争取项目资金，加快基础设施建设。跟进解决济广高速公路八尺段建设的后续遗留问题；配合上级单位做好G206线八尺段的升级改造工作，完成S331线升级改造约6公里征地拆迁工作；推进村道硬底化工程，做好配套的绿化、亮化工程。

【水利设施】 2016年，八尺镇做好水利设施建设。投入700多万元，新建角坑、排下、南塘、石峰、凤头、笙竹、樟田、肥田、黄沙、楼前等村“三面光”、机耕路、工作桥等农业综合开发项目；投入122万元实施水库移民后期扶持项目工程；投入40多万元清理各村“三面光”水圳、山塘等水利设施；完成凤头、笙竹等村饮水安全工程建设；完成八尺、角坑、樟田、楼前、肥田、凤头、南塘、石峰等8个村19.1公里的中小河流域治理工程。

【镇村建设】 2016年，八尺镇美丽镇村建设坚持绿色生态发展道路，精致规划、精心建设、精细管理，打造绿色宜居小城镇。镇村计划先行，启动广东省新农村规划。完成乡镇“三个一”工程，完成圩镇河堤建设，完善绿化、亮化等配套设施。投入100多万元用于矿山复绿、抚育山林、植树造林、道路绿化，完成角山嶂及凤头村约4公里的林业公路建设。

【生态环境建设】 2016年，八尺镇做好城乡环境整治工作。开展“六乱”整治大行动，完善“户分类、村收集、镇转运、县处理”的生活垃圾处理机制，建成垃圾中转站，购置垃圾压缩车等一批专业设备，组建专业环卫队，有效运营平远县环境连片整治示范项目。

【强农惠农工作】 2016年，八尺镇坚持做好社会民生事业，改善民生福祉。全面推动农村普惠金融工作，建立覆盖全部行政村的乡村金融服务站和助农取款点，打通乡村金融“最后一公里”；举办创业培训会、专场招聘会等；落实优抚、优待“五保”、低保、救灾救济政策；全面做好种粮直补和生态林的发放工作。开展卫生院规范化建设工作和村级卫生站规范化建设工作，医疗质量持续改进。

【精准扶贫】 2016年，八尺镇开展精准扶贫工作。2016年有54户104人脱贫。黄沙村、排下村两个重点帮扶村在市经信局和市政法委的帮扶下，谋划黄沙村居家养老服务站、黄沙村驿站、蔬菜种植、超高速无线局域网工程以及排下村烟草种植、烤烟房建设等项目，改变贫困村贫困落后面貌。

【教科文工作】 2016年，八尺镇成立教育发展协会，通过募捐社会资金来实行奖学奖教助学，推动八尺镇教育事业发展。重视发展文化体育事业，完善进士公园和文体中心，各村基本配备文体广场和阅览室，丰富群众精神文化生活。

2016年6月15日，市委常委、统战部部长张丽霞（右一）到八尺卫生院参观医联体建设

【党建工作】 2016年，八尺镇认真开展党建工作。（1）思想建设。开展“两学一做”学习教育，抓好中心组理论学习和专题民主生活会，健全党委会议和党政联席会议等集体议事决策规则。（2）组织建设。依法依规完成党委、人大、政府、纪委班子换届工作，做好村（居）“两委”班子换届离任审计和前期准备工作。继续开展“直联制”工作，切实解决群众反映的合理合法问题。（3）作风建设。强化干部效能作风建设，进一步严明考勤、会议、住镇、午间禁酒等工作纪律，全面推行情况通报、责任捆绑、绩效挂钩等工作机制。（4）反腐倡廉建设。全面加强党风廉政建设和反腐工作，认真抓好警示教育、问题整改等工作，从严查处各类违规违纪案件，全面从严治党。

（李　颖　张　辉　古慧君）

2016年度八尺镇领导班子成员名录

党委书记：林　松
党委副书记：卓　巩　沈燎原（任至7月）
　钟佛招（女，7月起任）
　吴雨华（7月起任）
党委委员：林　松　卓　巩
　沈燎原（任至7月）
　钟佛招（女，7月起任）
　张　天（任至7月）
　吴雨华（7月起任）　吴钦福
　余　赞　陈　毅　韩芳明
　张文让
人大主席：林　松（任至7月）
　沈燎原（10月起任）
人大副主席：韩芳丁
镇　长：卓　巩
副镇长：张　天（任至7月）
　王传麟（任至7月）
　古秋珍（女，任至7月）
　吴钦福（10月起任）
　朱炯辉（10月起任）
　林东亮（10月起任）

河　头　镇

【概况】　河头镇位于平远县中部，东邻东石镇，西接八尺镇、中行镇，北靠仁居镇，南连大柘镇，济广高速公路连接线直达圩镇。地形呈长形块状，界域面积82.42平方公里，辖9个村民委员会、80个村民小组。2016年年末，河头镇户籍人口2872户11073人。其中，农业人口9548人；非农业人口1525人。2016年，河头镇生产总值1.79亿元，同比增长6.3%；农业总产值1.07亿元，同比增长2.9%；工业总产值7606万元，同比增长2.9%；农村居民人均可支配收入13223元，同比增长11.8%；镇级财政收入190万元，同比增长8%。

【生态经济】　2016年，河头镇主抓生态经济建设。（1）特色种植业有新发展。以培育三华李、名贵苗木种植等优势特色种植业为抓手，重点扶持一批带动农户能力强的合作社，基地辐射带动能力不断增强，农民持续增收。（2）生态养殖业有新路子。坚持走挖掘和利用良好的森林自然资源与发展农业经济紧密结合的新路子。传统蜜蜂养殖“甜蜜产业”年产值120万元。（3）生态旅游业有新突破。樟坑、黄田、田心、向阳和双溪村上榜全国首批绿色村庄。十里水乡李花美名远播，被中国旅游、《太行日报》、平远旅游等媒体竞相转载宣传，美丽河头正成为乡村旅游的热点，吸引大批游客参观游览，带旺河头经济。

【水利设施】　2016年，河头镇生态保护力度持续加大，全面落实县城饮用水水源水质管护措施。完成9个村小型农田水利23公里的渠圳工程、铁甲陂西灌圳森工站坝下0.3公里圳道、治修象牙河。由于降雨量偏大，台风“莫兰蒂”“海马”影响严重，维修损毁渠道0.5公里及象牙村陂头、东西灌圳、河堤等。

【镇村建设】　2016年，河头镇抓好镇村建设工作。（1）镇村环境大为改善。结合济广高速公路河头连接线建设，投入30万元打通河头中学至卫生院沿河绿道、圩镇公园至文成广场绿道。筹集50多万元完善高速公路连接线沿线绿化、亮化等配套工程，方便群众出行。筹集48万多元新建向阳杞树大桥。（2）借力山区中小河流治理，通过示范带动，实施一系列沿河节点休闲景观工程建设，投入80万元建成大元头湿地公园，投入100万元完成樟坑、黄田、河头、田心、向阳村等6个文化休闲小公园建设。（3）基础设施不断完善。先后投入10多万元购置消防办公设备和修缮办公场所；投入70万元进行市政消防设施建设；投入30万元整治6家单位消防及60家“三小”场所；村级微型消防站已全部投入使用，确保摘牌销案。

【生态环境建设】　2016年，河头镇环境整治扎实推进。（1）实施美丽乡村综合巡查制度，每天进行巡查打分监管，排查1050个问题，整改1008个问题，整改率96%；镇机关实行每周五卫生大扫除制度，圩镇、各村充分利用直联、志愿者活动等开展“六乱”整治、清洁家园行动100多场次。（2）投入15万多元对镇域内的卫生死角等安装护栏、警示牌、责任牌，新增80对可回收和不可回收的垃圾棚；新增镇级建筑垃圾消纳点1个，稳步推进各村消纳点的选址工作；养猪业污染问题专项整治工作和“三张图”规划设计工作有序推进。

【强农惠农工作】　2016年，河头镇抓好强农惠农工作。（1）惠民政策全面落实。城乡居民基本养老保险参保6000人，实现60周岁以上人员100%参保，新增输送农村劳动力186人，促进城镇新增就业50人，城镇失业人员再就业42人，就业困难人员再就业5人。（2）各项惠民资金保证及时到户。发放低保保障金108万多元、80周岁以上老人津贴13多万元、大病救助款13.81万元、救灾款5万多元、医疗困难救助1万多元、优待金7万多元，并提高“五保”

老人的供养标准。（3）水稻保险投保面积2778.72亩（185.25公顷），土地确权基本完成测绘丈量，农业普查、“三项补贴”工作有序开展，高标准基本农田建设稳步推进。

【精准扶贫】 2016年，河头镇精准扶贫工作有序推进。精准识别贫困户95户281人，其中相对贫困村向阳村贫困户39户112人，其余各村分散贫困户56户169人。2016年完成23户45人脱贫任务。其中，有劳动能力6户23人；无劳动能力17户22人（政策性兜底）。贫困户中70人购买了城乡居民基本养老保险，273人购买了城乡居民基本医疗保险，33户危房改造户列入住改规划。自筹资金40万元用于贫困村向阳村基础设施建设，进一步提升一河两岸环境。

【教科文卫体工作】 2016年，河头镇教科文卫体工作扎实开展。完成9个村的农家书屋建设，实现村村有休闲娱乐广场。广泛开展群众喜闻乐见的文化活动，举办春节文艺晚会、重阳老人节文艺演出、送戏下乡等文艺活动，丰富群众业余文化生活，倡导良好社会风尚，评为市级文明镇。做好自然村落历史人文普查工作，完成代课民办教师资格认定工作。9000多人参加城乡居民基本医疗保险，参保率96%。努力创建“卫生两基示范镇”，完善镇村医疗设施，投入90万元完善9个村级卫生站，投入30万元新增彩超等医疗设备，并新招录5名医务人员，缓解人才不足问题。人口和计划生育工作整体水平不断提高，人口自然增长率8.2‰。

【平安建设】 2016年，河头镇社会保持和谐稳定。（1）综治信访维稳中心受理各类矛盾纠纷及上级交办信访案件18宗，调处及答复18宗，同比下降5.3%，安置帮教对象13人，社区矫正人员3人，有效杜绝重大群体性事件的发生。（2）充分发挥一村一法律顾问的作用，全面开展各项法律援助业务，打造良好的法治环境。（3）安全生产常抓不懈。强化安全生产责任意识，落实“一岗双责”制，深入开展企业安全生产、烟花爆竹经营、非煤矿山巡查监管等专项整治行动，建立健全食品药品、道路交通、校园等安全监管机制。吸取江西丰城电厂“11·24”特别重大坍塌事故的经验教训，对建筑行业深入开展地毯式排查，并责令限期整改，实现全年无安全生产事故的责任目标。

【党建工作】 2016年，河头镇做好党建工作。（1）组织建设。①圆满完成镇级换届。依法依规依程序选举产生镇党代表103名、镇人大代表48名，县党代表8名、县人大代表10名。产生新一届镇党委、人大、政府、纪委班子，优化班子结构。②创新直联工作制度。制订《河头镇领导干部驻点普遍联系群众网格化管理工作方案》，落实包片包户责任制，形成横向到边、纵向到底全覆盖的网格体系。创新成立党员巡回服务队、志愿者服务队、美丽乡村综合巡查队，创新建立“一卡一志五台账”“党员+贫困户结对”“服务之星评比”“流水线式处理诉求”等制度。全镇驻点团队入户率100%，收集群众反映问题144个，办结率97.9%。选好用好干部，坚持看德才配干部、凭实绩用干部、靠公论选干部的选人用人导向，打造忠诚、干净、敢担当的干部队伍。（2）作风建设。着力整顿软弱涣散党支部。坚持问题导向，从严从实推进河清村软弱涣散党支部整顿工作，凝聚党委书记、村第一书记、驻村工作组和村党支部抓党建合力，严格执行“四议两公开”“三会一课”等制度，抓好班子建设，增强村“两委”战斗力。多方筹集资金94.4万元实施党建阵地、村卫生站、农田水圳、文化广场等一系列民生工程。狠抓工作责任、上下班、值班、请销假、驻点直联等制度落实，达到用制度管人的目的。（3）反腐倡廉建设。重点做好党规党纪“每周一学”、机关作风“每周一查”和村级财务“每月一审”“三个一”制度的创新与执行。加强班子建设，严格执行民主集中制，注重班子成员之间的优势互补、配合协调，领导干部靠前指挥、率先垂范，在全镇形成良好的干事创业氛围。（河头镇党政办）

2016 年度河头镇领导班子成员名录

党委书记：姚　蓝
党委副书记：陈瑞平　杨健书（任至7月）
　　郭　亿（7月起任）
　　凌宏文（7月起任）
党委委员：姚　蓝　陈瑞平
　　林　岳（任至7月）
　　张广寿（任至7月）
　　李惠霞（女，任至7月）
　　姚国强（任至7月）
　　郭　亿（7月起任）
　　凌宏文（7月起任）
　　林　晓（女，7月起任）
　　李冬利（女，7月起任）
　　凌远强
　　张全华（7月起任）
　　刘国贤（7月起任）
人大主席：姚　蓝（任至7月）
　　杨健书（10月起任）
人大副主席：陈洪华（4月起任）
镇　　长：陈瑞平
副 镇 长：张广寿（任至7月）
　　凌宏文（任至7月）
　　王贵昌（任至7月）
　　李冬利（女，10月起任）
　　黎志斌（10月起任）
　　肖　鸣（7月起任）

中　行　镇

【概况】　中行镇位于平远县西部，距县城14公里，国道206线贯穿其间，东邻河头镇，西接江西省寻乌县丹溪乡，北靠八尺镇，南连大柘镇，界域面积74平方公里，辖良畲、仲石、儒地、中行、官坑、快湖6个村民委员会、51个村民小组。2016年年末，中行镇户籍人口2743户9105人。其中，农业人口6674人；非农业人口2431人。2016年，中行镇生产总值16567万元，同比增长6.6%；农业总产值7947万元，同比增长2.8%；工业总产值16363万元，同比增长2.9%；社会固定资产投资2664万元，同比增长10.2%；农村居民人均可支配收入16301元，同比增长10.5%。

【农业】　2016年，中行镇引导八乡情、金穗山庄采取“企业+基地+农户”模式，鼓励群众种植黑糯米2500亩（166.67公顷）。抢抓机遇调整农业产业结构，充分利用资源优势，与“三九”药业有限公司深化合作，开发种植1000多亩（66.67公顷）岗梅种植基地。优质稻、烟叶、油茶、南药、葛根、岗梅等农作物产值有新突破。

【工业】　2016年，中行镇加强镇属水电企业的内部经营管理，科学规范水电企业运作和发展，提升电站效益。支持梅州市八乡情酒业有限公司实施技术改造，建设现代化多功能酒窖，扩大生产线和丰富产品种类。通过认真打造有利企业发展的良好环境，扶持企业发展壮大。

2016年8月3日，县委书记曾尚忠（右五）陪同团省委书记池志雄（右三）到梅州市八乡情酒业调研（彭晓琼　摄）

【生态旅游】 2016年，中行镇推进金穗有机生态园景区建设，开发有机种植园、科普示范园、亲情体验园、休闲养生园、浪漫田园、客家民俗文化等园区，着力打造成粤东地区有机种植、生态旅游、休闲养生、文化交流及科普示范基地，营造“生态休闲旅游”品牌效应。为全面提高特色农业与生态旅游业的综合效益，在G206线快湖村称勾水路段两旁种植油菜花、向日葵，打造“春赏油菜花、秋赏向日葵”连片花海，吸引更多的游客到中行踏青赏花。

【交通设施】 2016年，中行镇投入400多万元，完成3.5公里环镇公路硬底化及大士宫至中行圩路面改造工程。积极协调处理济广高速公路中行段农田水土流失遗留问题和“三改”工程建设。完成G206线中行段路面改造工程。完成快湖村务子地500米村道水泥硬底化和维修仲石村村道石坎。

【水利设施】 2016年，中行镇完成20公里长的水圳三面光建设，切实解决农民的耕种问题，完成高标准农田建设项目验收。投入2400多万元，完成全长12.9公里的中小河流治理和1.5公里圩镇亲水步道建设。投入16万多元完成仲石塘背、良畲芳村、中行黄坑三宗水塘水库的维护及加固工程建设。

【镇村建设】 2016年，中行镇抓好镇村建设。（1）坚持规划引领，投入资金14万多元，完成规划红线图、建筑设计图、整体环境提升效果图“三张图”的设计工作，完成6个行政村的村庄规划。（2）积极推广客家特色民居建筑风格，抓好农村无序建房和违规建房整治，规范农村建房报批管理。（3）推进环境综合整治行动，投入4万多元完善垃圾中转站顶棚，按照“户投放、村收集、镇转运、县处理”模式，抓好源头控制、过程管理和资源化利用，实现农村生活垃圾动态保洁、日产日清，村庄保洁覆盖率100%，垃圾分类减量率54%。（4）组织镇村干部180多人次对国道沿线及圩镇“六乱”行为进行整治，城乡环境得到有效改善。（5）完成横水水库尾矿山复绿100多亩（6.67公顷），完成镇森林公园规划区及快湖村沿206国道2000亩（133.33公顷）森林抚育，无偿提供3000多株苗木和种植技术给村民。

【强农惠农工作】 2016年，中行镇抓好强农惠农工作。（1）坚持以“惠民生，聚人才，促发展”为工作主线，深化社保扩面征缴，维护城乡居民参加基本养老保险和享受基本养老保险待遇的合法权益，积极落实城乡居民基本医疗保险和60周岁以上公民参保。（2）举办2场就业招聘服务活动，通过悬挂宣传横幅、标语、发放宣传手册等方法，累计发放各类宣传资料2200多份。联合县人社局，于6月开办“创业培训班”，培训27人，100%完成全年任务。结合市场和新农村建设人才需求，输送农村劳动力就近就地就业51人，珠三角地区就业80人。

【精准扶贫】 2016年，中行镇精准扶贫工作扎实推进，全镇贫困户86户242人，各级帮扶资金到位230多万元。（1）贫困村快湖村投入15万多元，完成务子地村道硬底化。（2）投入60多万元，完成社上、社下、务子地、杉树坳、称勾水和青招角6个村民小组的饮水安全工程。（3）开展广东扶贫济困日暨教育资金募捐活动与主题宣传，积极发动社会各界爱心人士及镇村干部参与捐款，捐助扶贫款8300元，各村、各企事业单位的捐款7470元，合计15770元。

【教科文卫体工作】 2016年，中行镇坚持把教育工作摆在优先发展的位置，通过植基奖教奖学基金，发放第三届奖教奖学金11.65万元，奖励106名优秀师生。举办贺新春游园活动、春节篮球赛和“迎中秋庆国庆”“下基层、送欢乐”文艺晚会。积极创建

“卫生两基示范镇”，投入140多万元进行卫生院标准化和村卫生站规范化建设，联合上级医院专家组到各村举行免费义诊、体检、送医送药活动。全年出生131人，性别比107.94∶100，人口出生率14.12‰，人口自增率7.76‰，参加免费孕前优生健康检查82人，完成计划生育工作的各项任务。

【平安建设】　2016年，中行镇抓好平安建设工作。（1）落实领导包案责任，明确领导接访制度，深入开展平安建设活动，认真开展矛盾纠纷大排查。在各村完善村法律服务站和治安联防队，推进法律服务进社区工作。全年受理信访案件和矛盾纠纷25宗，成功办结25宗，办结率100%。（2）组织成立“两省五村”省际村级治安联防队，该联防队以中行镇仲石村为主，覆盖面积包括中行镇儒地村、江西省丹溪乡丹溪村、双溪村、留车镇贵石村。投入7万多元完善仲石村治安联防设施，包括视频监控器4只、电脑1台、警械器材等。（3）社会治理服务中心为全镇广大群众办理计生类服务150余件，民政类80余件，综合类200余件，接待电话咨询60余次，为群众急事急办各类服务150多次。

【党建工作】　2016年，中行镇做好组织建设。完成镇级党委、政府、人大换届选举，优化班子成员结构，完成机关、卫生、中学、小学、企业5个党支部换届选举。排查清理党员组织关系，完成党费补交工作，累计补交党费25240元。推进“直联制”工作，各驻点团队接访群众431人，联系走访群众2161户8695人次，召开群众座谈会23场次，投入资金12.3万元，受理群众反映的高速公路遗留问题、养老保险、合作医疗、农田水利、土地纠纷等问题244个。　（杨裕良）

2016年度中行镇领导班子成员名录

党委书记：韩洵轩
副书记：钟伟锋（任至4月）
　杨炳伟（4月起任）
　杨　志（任至7月）
　陈运广（7月起任）
　谢　翔（7月起任）
党委委员：韩洵轩　钟伟锋（任至4月）
　杨炳伟（4月起任）
　杨　志（任至7月）
　陈运广（7月起任）
　谢　翔（7月起任）
　凌伟强（7月起任）
　林　晓（女，任至7月）
　饶宏恩　张捷峰
　张全华（任至7月）
　陈华南（7月起任）
　谢春红（女，任至7月）
　张国权（7月起任）
　凌育松（任至7月）
人大主席：韩洵轩（任至7月）
　杨　志（7月起任人大主席人选，10月起任人大主席）
人大副主席：张添珍
镇长：钟伟锋（任至5月）
　杨炳伟（5月起任）
副镇长：陈运广（任至7月）
　饶宏恩（5月起任）
　杨志强（任至7月）
　刘益斌（7月起任副镇长人选，10月起任副镇长）
　谢春红（女，7月起任副镇长人选，10月起任副镇长）

上　举　镇

【概况】　上举镇地处闽粤交界处，位于平远县东北部，东临泗水镇，南接东石镇，西与差干镇、仁居镇相连，北与差干镇、福建省武平县下坝乡交界，距平远县城33公里。

上举镇界域面积98.6平方公里，耕地面积约6000亩（400公顷），山林面积约12万亩（8000公顷），辖畲脑、上举、文裕、龙文、八社、符坑等6个村民委员会，53个村民小组。2016年年末，上举镇户籍人口1973户7534人。其中，农业人口6058人；非农人口1476人。2016年，上举镇生产总值1.73亿元，同比增长6.6%；农业总产值8413万元，同比增长2.8%；工业总产值9575万元，同比增长2.9%；农村居民人均可支配收入16530元，同比增长8.3%，全镇呈现经济发展、财政税收、农民收入等均稳中有增的良好态势。

【生态旅游】 2016年，上举镇打响生态旅游品牌，旅游产业硕果累累。（1）重点协办好第七届北京国际山地徒步大会梅州·平远站赛事，规划和完善了相思谷旅游景区13公里红豆林峡谷和20公里林海古村两条徒步线路，吸引国际徒步联盟官员以及国内外5000多名徒步爱好者参与。（2）推进景观化建设，选定48亩（3.2公顷）龙文梯田种植紫云英，相思谷景区入口及峡谷沿线14亩（0.93公顷）农田种植格桑花，组织上举、龙文沿线群众种植大菜，着力打造农业景观。（3）组织畲脑下村等20户农户到差干镇、泗水镇参观民宿发展，为加快民宿“吃住”配套功能建设提供经验参考。（4）相思谷景区顺利通过国家AAA级旅游景区复评，全年接待游客6万人次，旅游收入104万元，其中门票收入80万元。

【农业】 2016年，上举镇以农业示范点建设为抓手，以新品种、新技术的推广和应用为支撑，推动特色生态农业发展，促进农业增效农民增收。（1）充分利用烤烟、水稻轮作优势，调整农田种植结构。重点抓好文裕村高产优质稻和上举村沿河两岸复垦农田冬种梅菜示范点建设。种植水稻8244亩（549.6公顷），产量2981吨，产值804.87万元；种植烤烟（订单农业）3435亩（229公顷），产量474吨，产值1137.6万元；种植冬种蔬菜1539亩（102.6公顷），产量235吨，产值235万元。（2）打造平远脐橙品牌，提高橙农效益。继续推广“畜—沼—果”农村新能源模式，以沼气有机肥为主培植脐橙，以生态方法防治病虫害。至年底，该镇投入使用沼气池5个，容积110立方米。执行黄龙病防控技术指导农户，进行黄龙病统防统治2次，推广“以螨治螨”技术的全面应用。脐橙投产面积3000亩（200公顷），产量1000吨，产值460万元。（3）积极推动特色农业发展。促进八社村山茶种植耕山致富点建设，种植连片规模生态山茶30亩（2公顷）。八社村种植占地规模20亩（1.33公顷）的香菇大棚，打造八社村特色农业，带领村民积极致富。

【交通设施】 2016年，上举镇做好道路硬底化建设。筹集资金110多万元完成圩镇河滨公路1公里、文裕红亮村小组1.6公里、符坑下屋和沙禾坪村小组0.4公里、文裕志成桥至翡绿岩3.2公里道路硬底化建设。河滨公路沿线开始实施绿化等配套工程，环镇景观带效果初显；完成八社塘里至虎踞1公里道路路基工程。

【水利设施】 2016年，上举镇抓好农田水利基本建设。（1）推进山区中小河流域治理工程。抓好工程用地保障，协助县水务局督促施工班组，确保工程的进度和质量。2015年3月动工建设，长11.9公里，投资2209万元，已完成主体工程的90%，上举河道防洪减灾能力得到进一步提升，滨水景观带效果初显。（2）完成上举镇深化小型水利工程管理体制改革工作。开展小型水利工程调查摸底，完成147宗小型水利工程登记造册工作，12月底完成验收。（3）完善山洪灾害警报系统。协助县“三防”办在上举村、文裕村安装5个洪灾报警器，设置1个水位观测站，沿河村山洪灾害预警能力进一步提高。

【镇村建设】　2016年，上举镇抓好镇村建设。（1）做好客家特色民居外立面改造工作。利用“幸福村居”项目和该县相关政策，以广场及圩镇周边32户民居改造为示范，广泛发动上举村群众主动做好客家特色民居外立面改造，完成改造户100多户，上举圩镇独具客家特色风貌建筑群初步形成。（2）开展城乡环境综合整治工作。抓实抓好村庄整治规划、“三张图”编制和实施工作，完善中转站和垃圾桶等基础设施建设，合理优化资源配置，建成并运行可回收垃圾分类处理点，推动农村垃圾分类减量。（3）建设上举农民新村，结合村民意愿科学合理规划连片集中建房点，引导村民建设新村。（4）建设圩镇河滨公路。有序推进环镇道路建设，完成水泥硬底化、周边花木种植等工作，进一步优化圩镇布局。

新落成的上举文体广场

【强农惠农工作】　2016年，上举镇扎实推进社会保障工作。优抚、“五保”、“7·22”“10·22”救灾、低保、殡改、老龄等工作均取得一定成绩，切实保障民生，解决民困。6302人参加城乡居民基本医疗保险，参合率99.99%，完成该县下达任务的96.62%，不断强化社会保障，实施“全民参保登记计划”，加大社保扩面征缴力度，实现城乡居民基本医疗保险制度100%覆盖至全镇各行政村。

【卫生、计生、体育】　2016年，上举镇做好卫生“两基”示范镇创建工作，基本完成镇卫生院、村卫生站升级改造工程，全镇公共卫生服务体系得到进一步完善。全镇户籍人口出生101人，政策生育率98.02%，人口出生率11.57‰，人口自然增长率5.84‰。加强“全面二孩”政策宣传。举办2次人口计生宣传咨询活动，悬挂横幅和标语300余幅（条），印发政策宣传资料1500余份。清理登记流出人口58人，100%办理“流动人口婚育证明”，完成上级下达的各项任务。投入使用上举文体广场。于11月完工，占地8000平方米，投资约350万元。由篮球场、休闲广场、七人制足球场和休闲草场组成，广场的落成并启用为群众休闲娱乐运动提供好去处。

【精准扶贫】　2016年，上举镇切实做好精准扶贫工作。（1）积极对接帮扶单位，扎实推进精准扶贫工作。开展精准扶贫调查摸底、建档立卡，协助帮扶单位落实一户一策工作，做到政策到户、脱贫到人，圆满完成年度扶贫考核任务。（2）做好八社村虎踞村小组搬迁安置工作。该村28户123人地质灾害整村搬迁安置顺利有序推进，完成安置点征地、“三通一平”和正负零工程。（3）推进危房改造工作。全镇农村低收入危房计划改造户90户，全面竣工，完成上级下达的各项任务，让住房困难群众真正得到实惠。

【平安建设】　2016年，上举镇维护社会稳定，营造平安祥和氛围。（1）落实安全生产责任制，开展安全生产检查。把“烟花爆竹整治”“安全生产月”“集中大检查”“八打八治”等专项行动与日常监管工作相结合，进一步强化安全生产隐患排查治理工作，全年出动110人次，累计检查企业86个次，排查出安全隐患28个，落实整改28个，整改率100%。（2）充分发挥部门联动和综合治理效能。通过约访、下访、接访的形式切实解决群众的热点难点问题。全年受理人民调解案件19宗，成功调解19宗，村级调委会受理人民调解案件24宗，成功调解24宗，调解成功率100%，未发生因处理不及时而导致矛盾激化的情况，未发生非正常上访案件和“民转刑”案件。（3）综治信访维稳工作顺利有效开展。实现全年无聚众闹事和群体性越级上访案件发生。受理网上信访11件，各类信、访工作都能在规定时间内优质办理，群众的诉求基本能得到满意答复，做到小事不出村、大事不出镇，有效推进“平安和谐上举”建设。

【“7·22”灾后重建工作】 2016年，上举镇结合中小河流域治理工程，做好“7·22”灾后重建及农田复垦工作。（1）道路修复工作。投入资金20多万元，完成畲脑仓子下五福松塌方路段修复工程；投入资金200多万元，实施Y120、Y121合计长约400米的水毁乡道砌结挡墙工程。（2）桥梁修复工作。投入资金100多万元，新建石角、新村、双门等5座桥梁；投入资金10多万元，修复志成桥等4座受损桥梁。基本修复全镇34座水毁和受损桥梁，切实解决群众出行难问题。（3）农田复垦工作。全镇水毁农田面积661.6亩（44.11公顷），已复垦农田面积约550亩（36.67公顷），完成率84%以上。

【党建工作】 2016年，上举镇党委落实全面从严治党主体责任。（1）组织建设。①有序开展镇级换届工作，加强换届纪律教育。依法依规选举产生出党代表和人大代表，总体素质有所提升、结构更加趋于合理。换届后，注重做好干部队伍新老成员之间的传帮带工作，镇领导班子更具活力。②全力抓好基层党建重点任务。完成10个支部10082元党费补缴工作，一些党员群众反映的突出问题得到有效解决。严把党员发展关，确定入党积极分子7名，吸收预备党员6名，按期转正党员7名。（2）制度建设。①坚持用制度管好用好干部，修订完善工程管理、财务管理、后勤管理、干部实绩考核等专项管理制度，加强对挂村工作组、镇聘人员的分类考核、阶梯式奖励，激发干部职工工作热情。②抓好村“两委”管理制度的贯彻执行，引导和督促村民代表正确履行自治权利，充分发挥农村党员在当地村风民风、生态保护和增收致富中的模范作用。（3）作风建设。坚持把镇领导干部工作团队到各村驻点联系群众工作作为转变机关作风、提高机关工作效能的重要载体来抓，全年全镇6个驻点团队累计接访群众412人次，全面走访群众1820户3741人次，收集群众反映问题106件，办结率100%。

（上举镇党政办）

2016年度上举镇领导班子成员名录

党委书记：张教东
党委副书记：王云峰（任至7月）
张小明（7月起任）
何东生（7月起任）
党委委员：张教东　吴益华
曾思平（任至7月）
张　桂（7月起任）　肖　三
曹锋玫（女，任至7月）
吴稀诺　吴中杰（7月起任）
人大主席：张教东（任至7月）
王云峰（10月起任）
人大副主席：廖晓阳
镇长：王平梅（女，任至4月）
钟伟锋（4月起任）
副镇长：谢长亮　张小明（任至7月）
曹锋玫（女，10月起任）

泗　水　镇

【概况】　泗水镇位于平远县东北部山区，东邻蕉岭县，西接上举镇，南连东石镇，北毗福建省武平县。泗水镇界域面积133.8平方公里，辖8个村民委员会、140个村民小组，耕地面积9106亩（607.1公顷）、山林面积17万亩（1.13万公顷），是平远县的重要林区。2016年末，泗水镇户籍人口3200户11045人。其中，农业人口8699人；非农业人口2346人。2016年，泗水镇生产总值为2.01亿元；工业总产值1.59亿元；农业总产值1.10亿元；税收收入135.58万元；农村居民人均可支配收入15604元。全镇经济持续平稳发展，实力稳步提升，人民生活水平不断提高。

【交通设施】　2016年，泗水镇交通网络覆盖延伸。（1）旅游公路全面完工。普滩至湍溪公路和普滩大桥建设工程完成建设。（2）村道硬底化工程延伸覆盖。投入资金，对水毁公路实施硬底化修复，实施大畲朱仔神村道、成文李坑至枧头村道硬底化工程、大畲高畲至梅畲哇子里路基工程和梅泗公路围岗段路肩修复工程，开始实施吊远山至汤子坳1.3公里村道硬底化工程。（3）积极实施亮化及防护工程。多方筹集资金，在泗水练坳、金田肩丰、大畲主村道安装路灯，使群众出行更加安全，逐步实现从有路行到行好路的转变。

【水利设施】　2016年，泗水镇农田水利建设有效推进。（1）针对灾毁农田，配合保险公司做好相关理赔工作。通过与上级部门项目对接、发动村民自救等方式，修复水利基础设施。（2）加快农田水利基础设施，基本完成山区中小河流治理项目，投入1761万元，河道清淤10.36公里，其中护岸长度6.78公里；配合实施农业综合开发项目，投入850万元，治理面积6500亩（433.33公顷），受益8个村。

【镇村建设】　2016年，泗水镇加大镇村建设力度。（1）出台《泗水镇农村建房管理办法》，加强农村建房的管控力度，进行各村新建房按客家民居设计建设的试点工作，农村生活垃圾处理实现市场化运作管理。（2）对泗水福利中心进行修缮改造，添加购置设施设备，整改配备好消防设施和安全通道，提升硬件环境和承载能力，加强福利中心管理和相关制度的完善，使其运行良好。（3）做好商住小区的前期筹备工作，通过县政府、国土、住建和镇的沟通协调，初步达成共识。（4）对千金窝圩镇自来水维修工程进行立项，完成邀标工作，开始施工建设。谋划在上寨子选址兴建供水工程，解决上寨、坳下等村民小组500多人和圩镇周边及小区住户近千人的用水问题。

【生态环境建设】　2016年，泗水镇扎实推进城乡环境综合整治工作。（1）成立工作领导小组，通过加强对各村整治工作的领导，对圩镇分组分路段由责任领导、责任人包办，负责路段清理整治情况及时通报和紧抓进度，确保全镇整治工作有序开展。（2）市场化运作垃圾治理，完善户集村收镇运模式，实现垃圾治理的常态化，扩充扩大垃圾收集覆盖面积及收集点。（3）重点抓好养猪业整顿工作，成立专项整治工作领导小组，实行挂村领导干部挂钩包片、干部包村包场的工作机制，层层落实责任制。2016年度该镇城乡环境整治在县综合考核考评中评为优秀等次。

【精准扶贫】　2016年，泗水镇精准扶贫工作不断深入。泗水镇健全工作机制、落实帮扶对接。全镇有7个面上村，贫困户25户43人，相对贫困村文贵村有贫困户30户75人，完成精准识别建档立卡工作。对有劳动能力贫困户制订第一批扶贫开发资金使用安排规划。7个面上贫困村和1个相对贫困村投入帮扶资金，支持各村开展各项民生工作等。完成全镇75户危房改造任务。制定和完善《平远县泗水镇扶贫资金项目管理制度》，确保扶贫开发资金、项目精准、安全、规范、有效。

2016年8月18日，广州市公安局南沙分局党委副书记、政委蔡育明（前排左二）一行到精准扶贫挂钩村进行考察慰问，泗水镇党委书记林岳胜、镇长蔡平等陪同

【计划生育】　2016年，泗水镇调整充实计生队伍，建章立制，加大经费投入，镇村联动，扎实开展计划生育工作。2016年度户籍人口出生165人，政策内161人，政策生育率97.58%，自然增长率7.47‰，政策外多孩率2.4‰，性别比106.25∶100。孕前检查完成432人，完成上级下达的各项指标。

【平安建设】　2016年，泗水镇积极推进平安建设。（1）严格落实安全生产“一岗双责”制，彻底排查和治理安全隐患，把专项行动与日常监管工作相结合，强化日常安全监管，深入开展交通安全、食品安全、消防安全、烟花爆竹等专项整治，安全生产形势持续向好。（2）落实信访工作新条例，接访群众18批35人次，接到上级交办信访案件8宗，组织矛盾纠纷排查22次，受理信访案件22宗，办结各类信访案件22宗，办结率100%，全镇没有发生一起民转刑案件，没有一起群体性械斗案件。

【党建工作】　2016年，泗水镇党建工作深入开展，基层组织不断夯实。（1）思想建设。“两学一做”学习教育深入开展，各级党组织、党员利用集中学习、自学、考学、远程教育平台学习等学习平台进行“两学一做”学习教育，邀请各级领导讲学5次，开展集中学习12次。（2）组织建设。①持续更新外出党员台账，与外出党员建立联系，严格发展党员6名；完成全镇498名党员的组织关系排查工作，为45名调出党员完善和提供党员档案；全面核查核对全镇498名党员2008年至2016年缴交的党费，形成清理清查台账。②完成基层党组织换届工作。完成镇级换届工作，5月启动换届程序，依法依规选出101名党代表，7月完成镇党委换届，选出9名党委委员和9名出席县党代会的党代表；开始村级换届工作，2017年村“两委”将进行换届。9月开始，该镇积极摸查各村党支部的班子情况，明确3个村党支部在换届时有变动，及时培养各村支部的后备干部，到村进行跟班学习。③直联工作有序开展。严格落实直联制要求，进行网格化直联；驻点团队、镇综治办、党政联席会三级研判回应、解决群众诉求；每月自评、督查直联工作台账，了解落实情况。2016年，完成47次驻点，接访群众267户，走访群众2227户，占总任务数的100%。接到群众反映的问题250个，其中解决225个。（3）反腐倡廉建设。党风廉政建设全力落实。及时调整充实党风廉政建设和反腐败工作领导小组，修订《镇党委、政府领导同志党风廉政建设岗位职责》，明确党政一把手担负廉政建设和反腐败工作第一责任人，负总责。深入开展纪律教育学习月活动，提高执行力和公信力。坚持改进机关作风，对上下班、值班住镇、工作进度、直联工作等实行全面督查，形成以制度管人、按制度办事的良好氛围。以“七类”问题为重点，深入推进违纪违法线索排查工作。排查13条，其中，“七类”线索10条，其他3条线索转立案并结案，完成上级下达的每村1条以

上线索、总数8条以上的任务。　（林　谦）

2016年度泗水镇领导班子成员名录

党委书记：林岳胜
副书记：杨炳伟（任至4月）　蔡　平
　　陈连祺（7月起任）
　　王传麟（7月起任）
党委委员：林岳胜　杨炳伟（任至4月）
　　蔡　平　陈连祺（7月起任）
　　王传麟（7月起任）
　　洪淦桂（任至7月）
　　张展奎　陈志广（任至7月）
　　陈可颂　余国运（任至7月）
　　涂鹏峰
　　李惠霞（女，7月起任）
　　陈文胜（7月起任）
人大主席：林岳胜（任至7月）
　　洪淦桂（7月起任）
人大副主席：邝才娇（女，任至7月）
　　余国运（7月起任）
镇长：杨炳伟（任至4月）
　　蔡　平（4月起任）
副镇长：洪淦桂（任至7月）
　　陈连祺（任至7月）
　　钟佛招（女，任至7月）
　　李惠霞（女，10月起任）
　　凌　峰（10月起任）
　　林　珊（女，10月起任）

东　石　镇

【**概况**】　东石镇位于平远县中部，东邻蕉岭县，西接河头镇，南与大柘镇、热柘镇接壤，北靠仁居、上举、泗水镇。界域面积163.1平方公里，耕地面积1.5万亩（1000公顷），森林覆盖率75.12%。辖1个居民委员会、17个村民委员会、223个村民小组，其中灵水、白岭、太阳村是革命老区。2016年年末，东石镇户籍人口8449户33933人。其中，农业人口28875人；非农业人口5058人。2016年，东石镇生产总值6.55亿元，同比增长6.5%；工业总产值7.30亿元，比增2.9%；农业总产值2.94亿元，同比增长2.8%；农村居民人均可支配收入15818元，同比增长7.1%。

【**工业**】　2016年，东石镇工业转型升级迈出坚实的一步。以工业集中区为基础，充分发挥乡贤资源优势，深入实施招商引资，开展暖企服务，促进企业项目早落地、早投产和早见效。鹏鑫电子项目土地审批程序办理顺利；金科汽车配件生产线技改项目建成一条技改生产线；雅玛西电子变压器研发项目顺利推进；茅坪风力发电项目工程地形图测量及各项建设前期工作顺利开展；利天新能源光伏发电项目完成场地平整，开始安装光伏发电设备；利用原东石铸造厂闲置土地，引进祥兴电子建厂试产。

2016年10月10日，县委副书记、县长刘许川（左二）到东石镇天华阳光新能源项目建设现场进行调研

【**农业**】　2016年，东石镇特色高效农业发展成效明显。稳妥有序推进农村土地承包经营权确权登记工作。全面完成灵水、明洋高标准农田整治项目。推广良种良法，全镇优质稻种植面积23000亩（1533.33公顷）。在梅州嘉山农林科技、广东茗丰茶业、平远锅叾土特产、鸿基生态园、金宝树蔬菜等农业龙头企业的辐射带动下，全镇农业产业化、规模化、品牌化经营不断加强，促进有机蔬菜、

东石花生、金柚、锅叾茶等特色农田各产品增产增效。至年底，全镇有县级农业龙头企业2家，各类合作社37个、家庭农场9个。

【镇村建设】 2016年，东石镇镇村环境面貌显著改观。村庄规划编制工作有序推进，完成对大屋、双石村的“三张图”（镇村规划红线图、建筑设计图、环境提升效果图）的整体提升。圩镇扩容提质取得新进展，基本完成“六福街”主体工程、东仁路公房改建公租房项目主体工程和幸福村居项目征地工作。

【生态环境建设】 2016年，东石镇积极推进绿化建设，完成681.5亩（45.43公顷）碳汇林造林工程，并通过上级验收；完成东汶村大坑头92亩（6.13公顷）义务植树点的植树造林工作；完成对省、县道沿线以及东石村东石公园、锡水村锡水广场绿化工程，全面提升周边景观效果。强化日常巡查监管，全年实现无山火。加大土地卫片执法力度，联合国土、林业、公安等部门开展打击私挖盗采耐火石整治行动，有效规范用地用矿秩序。强力推进城乡环境综合整治，累计投入90多万元，新建60多个垃圾池，新投放200多只垃圾桶，重新明确圩镇建成区和各村的卫生保洁区域和职责，城乡环境卫生大为改观。深入开展圩镇“六乱”整治，全面拆除遮阳棚、挡雨棚等乱搭乱建物，重新划定街道经营线、车辆停放线，落实门前“三包”责任，圩镇面貌焕然一新。

【交通设施】 2016年，东石镇交通基础设施进一步完善。投入400多万元，基本完成麻园岗至工人镇公路改造项目路基、桥涵、路面硬底化等主体工程；顺利拆除原交管站；新教育路征地拆迁、路基平整工作有序推进；投入130多万元，新建东汶、太阳、大屋等村8公里新农村公路水泥硬底化改造工程。推动明洋至汶水桥河堤公路升格为省道，东石至河头公路、中村至热柘下黄地村道、零公里经尖山矿区至白岭村道（原东泗公路矿山段）等3条道路升格为县道。

【水利设施】 2016年，东石镇规划建设的大坑头水库项目列为县重点项目；配合上级水利部门完成小型水利工程管理体制改革权属登记工作；累计发放资金118.8万元，完成3个村62户移民户297人申报的集体建设项目；圆满完成年度新扩网农村饮水安全工程，新铺管网5.2公里；投入850万元修复渠道、防洪坝、山塘、水库、水井等水利设施40处，维修加固陂头6宗、山塘3宗、河堤150米，清理河障、圳道10公里，全年实现安全度汛。

【强农惠农工作】 2016年，东石镇社会民生福祉持续改善。严格把关，落实社会保障救助，全年为1860名低保户发放低保金439万元，为74名“五保户”发放“五保金”56万元。为1100名80周岁以上老人发放高龄津贴39.6万元。完成农村危房改造155户和“两不具备”村庄搬迁安置任务28户，均通过上级考核验收。城乡居民基本医疗保险参保31174人，基本实现全覆盖。电商服务业平台建设有序推进，建成镇级电商综合服务中心1个和村级电商驿站14个。强化涉农金融服务，乡村金融服务站实现全覆盖，建成33个助农取款点。

【教科文卫工作】 2016年，东石镇教科文事业多方面发展。结合公共文化服务体系建设和古民居保护，建成凉庭村丰泰堂新屋下市级农村文化俱乐部示范点。发挥红色文物旅游景点文化资源优势，毓秀书院成功挂牌“梅州市爱国主义教育基地”。教学水平逐年提高，在2016年全县小升初、初中升高中统考中，教学成绩居全县前茅、乡镇第一；铁民中学被认定为2016年广东省依法治校示范校、体育教研组工会小组获评“省模范职工小家”称号。推进“基本医疗和基本公共卫生服务示范镇”创建工作，完成对明洋、大屋、汶水等6个村级卫生站的改建。认真落实人口计划生育工作新机制。通过集中宣传和分散走访方式，提高“全面二孩”新政策群众知晓率。强化生殖健康服务，全年有141对夫妻参加免费孕前优生健康检查项目。政策生育率97.6%，出生率12.38‰。

【精准扶贫】 2016年，东石镇新时期精准扶贫精准脱贫工作稳步推进。全镇汶水、茅坪、锡水3个相对贫困村和14个分散贫困村。汶水、茅坪村由广州市南沙区大岗镇人民政府对口帮扶，锡水村由广州市南沙区珠江街道办对口帮扶。核定相对贫困户305户865人。全年筹集扶贫开发资金795万元，启动教育、危房改造、医疗救助（含新农合、养老保险）、农村人居环境改善、产业发展、技能培训以及医疗卫生站建设等帮扶项目。至年底，全镇130户265人（含兜底脱贫79户104人）得到脱贫，脱贫率30.4%，实现县下达的年度脱贫任务。

【平安建设】 2016年，东石镇社会秩序和谐稳定。没有发生一宗越级上访案件、没有重大刑事案件和群体性事件，县镇换届及市县镇党代会、县镇人代会期间零上访，做到“小事不出村，大事不出镇”，全年信访案件43宗，办结案件41宗，化解成功率95.3%，是“平远县2016年度信访工作表扬单位”。严格落实安全生产责任制，做好隐患排查和整治工作，全年未发生安全生产责任事故。“一村（居）一律师”活动形成常态，村居法律顾问累计到村服务216次，接受群众法律咨询208人次。

【党建工作】 2016年，东石镇党建工作进一步夯实。（1）思想建设。扎实开展“两学一做”学习教育，切实增强“四种意识”，党员干部队伍素质进一步提升。（2）组织建设。①圆满完成县镇换届选举工作，胜利召开镇第十四次党代会和第十六届人代会，依法选举产生新一届东石镇党委、纪委、人大和政府班子。②严格把好党员发展质量关，全年发展党员13名。稳妥开展党费收缴工作专项检查，完成全镇30个支部2008—2015年党费清查补缴工作，累计补缴党费53308元。（3）作风建设。整顿提升锡水村、东石社区两个软弱涣散党组织，并通过上级考核验收。执行驻点联系群众制度，全年全镇入户率100%，收集群众意见建议772人，解决群众反映问题765个，化解矛盾纠纷147个。（4）反腐倡廉建设。强化镇级财务管理，确保机关正常运转。严格“三资”管理，扎实推进政务、村务和信息公开，促进权力公开透明运行。主动接受镇人大的监督，承办镇人大建议33件。深入开展农村基层党员干部违纪违法线索集中排查，全年排查出农村基层党员干部违纪违法线索20条，立案4宗；开除党籍3人，党内警告1人。

（东石镇党政办）

2016 年度东石镇领导班子成员名录

党 委 书 记：何维耀

党委副书记：赖家洪　李新兰（女，任至7月）
曹巨锋（7月起任）
王运奇（7月起任）

党 委 委 员：何维耀　赖家洪
李新兰（女，任至7月）
曹巨锋（7月起任）　危彬文
凌伟强（任至7月）　邝文兵
林　珊（女，任至7月）
古兰标　姚志广　王运奇
韩益平
刘维蓉（女，7月起任）
潘昌炎（7月起任）

人 大 主 席：何维耀（任至10月）
李新兰（10月起任）

人大副主席：刘宗泉
镇　　长：赖家洪
副 镇 长：危彬文　曹巨锋（任至7月）
王贵昌（10月起任）
赖婉红（女）
林　琳（女，挂职，任至3月）

大 柘 镇

【概况】　大柘镇为平远县城所在地，东邻东石镇和热柘镇，西接江西省寻乌县，南连石正镇和长田镇，北毗中行镇、河头镇。大柘镇界域面积154.41平方公里，耕地面积18093亩（1206.2公顷），山地面积10716.4亩（714.43公顷），辖3个社区居民委员会、25个村民委员会、266个村民小组。2016年年末，大柘镇户籍人口30779户88158人。其中，农业人口35788人；非农业人口57370人。2016年，大柘镇生产总值13.13亿元，同比增长7.2%；工业总产值13.11亿元，同比增长2.9%；农业总产值3.92亿元，同比增长2.8%；固定资产投资1.05亿元，同比增长16%；农村居民人均可支配收入为13989元，同比增长11.7%。

【重点项目】　2016年，大柘镇充分发挥服务“三大抓手”、主攻“一城两区”的主力军作用，依法依规依程序做好重点项目用地征收工作，完成1600多亩（106.67公顷）的土地征收任务。完成梅平高速公路（平远大柘段）900亩（60公顷）用地和4座房屋的征收工作，确保无障碍施工；完成河岭嶂山脚、鸿禧中心城南侧地块357亩（23.80公顷）的土地征收任务；投入4100多万元完成大柘河、超竹河23公里山区中小河流治理工程，打造雷公陂清水湾步道，实现“水清、河畅、岸绿、景美”的治理效果；推进兴隆路项目用地征收工作，县域道路互通能力得到进一步提升。有序推进南区市场改造、老粮所片区、佛文化产业园用地征收工作；做好瑞梅铁路和凤池水库的沿线范围前期监管；开展公安局侧地块、车上地块、荣源山庄地块的前期摸底调查工作；完善优山美地、平城花园和碧桂园等宜居小区建设，保障县重点项目的用地需求。

【农业】　2016年，大柘镇巩固提升慈橙、油茶、南药、优质稻四大特色农业优势产业，并在全镇范围内鼓励种植葛根、鸡血藤等中药材。开展农业综合开发土壤改良项目，建立起东兴、贤关示范基地，推广面积300亩（20公顷）。推进大佛寺周边农旅融合基地建设，成功打造油菜花、格桑花景观示范点。创新农业经营模式，全面推进农业产业化龙头企业和农民专业合作社发展，市级以上农业龙头企业12家，合作社67个，农民成员746人，带动2538户非成员户壮大种植规模。

【基础设施】　2016年，大柘镇坚持加大资金投入，基础设施建设不断完善。（1）交通建设方面。投入近300万元完成墩背、西河等村村道硬底化改造工程；配合县级做好国道G206线县城绕城段、八尺至大柘和省道S225线大柘至西河的提升改造以及大柘至蕉岭徐溪旅游干线建设。（2）水利建设方面。累计投入132万元完成中央小型农田水利工程建设、坝头片农综改造和高标准农田改造等水利工程242宗，其中解决镇人大议案提出的急需维修小水利工程14宗。以山区中小河流治理工程为契机，完成大柘河、超竹河的清淤和治理工作；通过实施水利工程建设，改善灌溉面积3500亩（233.33公顷），完成治涝面积50亩（3.33公顷）。（3）信息建设方面。抓好中央苏区县农村超高速无线局域网试点建设，逐步构建覆盖镇村光纤网络体系；推进普惠金融“村村通”工作，25个村均设立农村金融服务站，其中22个村被评定为信用村，更多的农户获得金融机构的贷款支持，支持有能力的党员、种植养殖户、专业合作社等获得创业资金；推进电子商务进农村综合示范工作，建立起1个镇级电商服务中心，13个村级电商驿站以及1个青年创业示范点。

【生态环境建设】 2016年，大柘镇坚持美化人居环境，城乡环境面貌焕然一新。不断统筹兼顾城乡发展，科学制订镇、村规划，多措并举改善人居环境，生活环境质量得到进一步提升。（1）生态环境方面。高标准完成河岭嶂森林公园山脚10公里生物防火林带工程，顺利完成凤池村和田兴村800多亩（50多公顷）的生态公益林补充界定工作，划定16万亩（1.07万公顷）林地生态红线。山林纠纷得到有效调解，成功调处涉及面较广的19宗山林纠纷案。做好护林防火工作，全年未发生重大火情。（2）生活环境方面。①投入110多万元添置垃圾运输设备，规范垃圾中转站和收集点建设；重点抓好"六乱"整治和城乡卫生环境保洁工作，落实门前"三包"制度，加强对大街小巷、城中村、城乡结合部、水塘和无物业管理小区等卫生环境死角的治理力度；重点抓好养猪业污染专项整治，完成整改13户，占比35%，推进整治工作由突击式整治向常态化治理转变，成功创建"广东省卫生县城"，被县委、县政府评为创卫先进单位。②坚持探索和完善农户建房"三会审""三到场"审批制度，加大对辖区内违法违章建设行为的巡查力度，为群众做好建房申请和规划许可证办理。推进规划红线图、建筑设计图、整体环境提升效果图三张图的编制工作，修订完善具有前瞻性、可行性的村庄规划体系，完成72%的村庄规划编制工作，城乡规划体系得到进一步完善。

【强农惠农工作】 2016年，大柘镇扎实做好城乡居民基本医疗保险和养老保险参保工作，城乡居民参保人数57881人；推进就业困难人员就业援助工作，完成428人次的就业困难认定。发放低保金、"五保"供养费、城乡救济金等各类救助金441万元，医疗救助636人次，实现应保尽保；开展"三留守"工作，为全镇1067名"三留守"人员送去关爱。农村土地承包经营权确权登记颁证工作顺利推进，完成外业测绘工作，实测面积15847.5亩（1056.50公顷），开始内业整理公示阶段。

【精准扶贫】 2016年，大柘镇扎实做好新一轮精准扶贫工作，完成贫困户和贫困人员增减调整及规划录入工作，公平公正精准核定贫困对象304户760人。联合挂钩帮扶单位实施保障性帮扶、智慧帮扶、产业帮扶、基础性帮贫等脱贫攻坚工程，完成各村第一批生产项目资金规划工作，帮扶相对贫困村贫困户88人、分散贫困村贫困户163人成功脱贫。加快农村危房改造，基本完成153户危房改造任务。

【教科文卫体工作】 2016年，大柘镇积极活跃农村文化生活，投入200多万元建设和完善西河、东兴、程北、杉坑等村文体广场；建设乔庄村农村文化俱乐部，新增10个村级电子阅览室，28个村（居）实现电子阅读全覆盖；积极推进自然村落历史人文普查工作；积极组织群众、干部、职工参加各级体育赛事，获得"天华阳光""足协杯"等足球比赛冠军；持续强化教育强镇成果，提升中小学教学质量，扩大"两基"教育覆盖面；做好原民办和代课教师的摸底调查工作，完成341人的认定评估，稳妥推进解决该群体的权益问题。主动适应全面实施两孩政策，强化计生优质服务，完成各项指标任务，优质服务到位率100%。农村部分家庭奖、特别扶助奖、城镇独生子女父母奖励金等兑现率100%，人口计划生育工作顺利通过年度省、市、县各级年度考核。

【平安建设】 2016年，大柘镇扎实推进“平安大柘”创建工程，不断提高群众安全满意度和生活幸福感。（1）落实信访案件领导包村包案责任制度，重点难点案件、历史积案直接挂钩至包案领导，做好排查化解工作，最大力度地缓解信访压力。2016年，受理各类信访案件172宗，同比下降6%，期限内办结率96%，成功化解医患纠纷、业主维权事件、民工意外身亡事件等多宗隐患较大的矛盾纠纷问题，确保全国、省、市、县重大活动和重要会议期间和谐稳定。（2）社会治安综合治理取得明显成效，顺利解决对该镇社会治安综合治理的重点治理。加强对精神病人、吸毒对象的管理力度，提前排查化解各类治安案件，并以开展“飓风行动2016”“夏季攻势”等专项行动为抓手，有效解决一批群众反映强烈的社会治安突出问题，进一步净化社会治安环境；加强对帮教对象的帮助、教育、监督和管理，有效防止重新犯罪，促进顺利融入社会。（3）重点加强对交通道路、非煤矿山、水洗选矿场、木材企业、“三小”场所、加油站、烟花爆竹经营点等重点场所、人口密集区的安全生产专项检查，发现安全生产隐患67处，对相关单位开出隐患整改通知书40多份，隐患整改率80%以上。完善应急处置机制体系，制订大柘镇总体应急预案及13个子预案，投入20多万元完善敬老院消防安全设施。

【党建工作】 2016年，大柘镇全面推进思想、组织、作风、制度和反腐倡廉“五位一体”建设。（1）组织建设。①完成镇级领导班子换届工作。积极营造风清气正的换届环境，将全镇28个村（社区）划分为三大片，实行纪委委员、“两代表一委员”包片责任制。突出抓好“一片一书一须知”的学习，由党委书记、镇长、副书记等组成工作组，对班子成员、部门负责人、村（居）书记主任开展“四必谈”。②严格落实基层党建重点工作任务。扎实开展党员组织关系排查工作，掌握“失联”原因，特别是针对3个社区党支部，细化举措，全镇排查“失联”党员26人。③稳妥开展党费收缴专项检查。全镇37个党支部补缴党费10万多元。④进一步规范“直联”工作。落实驻点团队每周汇总、镇联席会议每月研判制度。2016年接访、走访群众3.1万多户，入户率95.4%，收集群众反映的各类问题985件，已解决、答复938件，办决率95.2%。（2）作风建设。从严从实整顿软弱涣散党组织。筹集投入40多万元开展集中整顿，为群众办实事14件，落实整改措施18条，3个软弱涣散村党组织全部实现晋位升级。（3）反腐倡廉建设。①扎实开展党风廉政建设工作。严格履行党风廉政建设“两个责任”，加强党纪法规的学习教育，完善镇、村班子成员党风廉政建设岗位职责，推行阳光村务、党员承诺等制度，增强党员干部廉洁从政意识。②开展农村党员违法违纪线索排查活动，排查线索30条，转立案5条，结案5宗。对农村集体“三资”进行清理核查，有3宗村集体资产项目完成招投标交易，涉及资金75万元。③加强行政监察和审计监督，规范村务公开和财务管理，严格农村“三资”管理，完成3宗农村集体资产项目的交易、备案，涉及金额74.73万元。④主动接受镇人大的监督，承办镇人大建议27件，积极承办和协办县人大、县政协的议案、提案。（4）坚持规范政府行为，强化服务理念，以群众需求为出发点，切实增强政府的施政能力和服务水平。推进镇村两级公共服务中心平台建设，“一门式一网式”政府服务模式改革全面铺开；强化目标管理考核，加强督查督办，重点工作、重大项目、重点信访案件有推进、

有解决。　　　　（大柘镇党政办）

2016年7月1日，梅州市委常委、市纪委书记胡钛（右二）到大柘镇接访基层党代表

2016年度大柘镇领导班子成员名录

党委书记：赖光亮
党委副书记：颜德华　何志宏
　　肖爱兰（女，7月起任）
　　李菲丹（挂职至3月）
党委委员：赖光亮　颜德华　何志宏
　　肖爱兰（女）　杨玉平（女）
　　谢中伟　王淦宏　王波旋
　　姚亮平（任至7月）
　　凌征贤　钟　友　丘晓钦
　　杜楷辉（任至6月）
　　张智华（7月起任）
　　卓标廉（7月起任）
人大主席：赖光亮（任至7月）
　　李菲丹（7月任人大主席候选人，10月起任人大主席）
人大副主席：姚浩明
镇　　长：颜德华
副镇长：肖爱兰（女，任至7月）
　　王波旋（7月起任副镇长人选，10月起任常务副镇长）
　　凌礼宏（任至7月）
　　姚亮平（7月起任副镇长人选，10月起任副镇长）
　　王兴健（1月起任副镇长人选，4月起任副镇长）
　　姚国强（7月起任副镇长人选，10月起任副镇长）
　　何东生（任至7月）

石　正　镇

【概况】　石正镇位于平远县西南部，地处粤赣两省四县交界，与梅县区梅西镇、兴宁市黄槐镇、寻乌县丹溪乡接壤，济广高速公路、S225线横贯其中，距平远县城12公里。石正镇界域面积98平方公里，辖1个居委会、17个村委会。2016年，石正镇户籍人口9844户3.43万人，其中农业人口29105人；非农人口5208人。广州（南沙）省级产业转移园坐落该镇，是广东省首批重点发展的中心镇之一。2016年，石正镇生产总值5.77亿元，同比增长7.0%；工业总产值3.27亿元，同比增长2.9%；农业总产值1.90亿元，同比增长2.9%；固定资产投资6549万元，同比增长11.0%；农村居民人均可支配收入14175元，同比增长7.9%。上缴各项税收398.6万元，占县下达任务数的114%。

【重点项目】　2016年，石正镇重点抓好“一山一水两园四大产业工程”。（1）依托南台山国家森林公园开发契机，发展旅游经济。依托世界第一天然大佛南台山、南台山国家森林公园、中东温泉、富石水库等资源，以南台村为美丽乡村示范点，利用济广高速公路已经开通的便利交通优势，做活“乡村游”，提升旅游经济，成为该镇新的经济增长点。（2）推进石正河流域治理。修整出河道两边约9公里的城镇河堤路，部分实现硬底化。同时在沿岸种植景观树木花草，依托地形新建旅游驿站、河滨绿道、休闲小广场和凉亭，打造“一河两岸”景观长廊，成为石正圩镇一道靓丽的风景线。石正河治理工程成为“全省山区中小河流域治理五大典范工程”之一。（3）推动“两园”建设。①推动广州（南沙）省级产业转移园的提档升级。按照平远县委、县政府的工作部署，想方设法强力推进园区等县重点项目征地拆迁工作。基本完成园区用地、南台山开发安防工程、梅片树种植基地道路扩宽等土地495亩（33公顷）、迁坟45座的征地拆迁任务。并加强园区周边治安，引导周边群众支持工业园区建设，营造良好的发展环境，保证入园企业的正常建设和生产。②推动石正（广州）公园建设。按照“高标准规划、分步骤实施”的原则，积极争取乡贤、社会各界人士及广州市的大力支持，先后投入2800多万元推动2万平方米的核心大广场建设和水景观、盘山公路、山顶18个休闲节点建设，公园首期工程基本完成。（4）培育壮大四大富民产业。①做好一杯石正有机茶。该镇形成以云雾茶、南台茶、园山湖茶为代表的石正茶种植制造业，其中石正云雾茶是“广东省名牌新产品”，也是广东唯一可以出口日本的有机茶。推动有机茶的种植、加工和销售，提升茶叶品质，加强品牌建设，把石正有机茶的品牌擦亮。②酿好一瓶南台酒。打响“西有茅台，东有南台”的品牌，帮助企业扩大市场份额，解决周边剩余劳动力，结合南台山国家森林公园开发，做大做强南台酒工业旅游产业。③养好一条温泉鱼。依托中东村丰富的地下温泉资源，发展鳗鱼、淡水鲨鱼等特色水产养殖，增加农民收入。不断探索土地流转工作，发展中东南药、东台葡萄、石正大棚蔬菜等千亩精致高效农业示范点。④种好一棵梅片树。充分发挥华清园公司与嘉应制药合作的万亩梅片树基地的带动作用，不断扩展梅片树的种植面积，打造万亩梅片树基地，服务年产500吨精深加工生产线建设，形成5亿元富民产业。加强宣传，引导和发动农户参与梅片树的种植，带动农户耕山致富。

市政府副市长陈丽霞（前排右一）到石正镇调研中小河流域治理工作

【生态环境建设】 2016年，石正镇抓好美丽石正建设。（1）划定石正农村饮用水源保护区，确实加强对饮用水源保护区的水源保护工作，确保居民用水安全。（2）突出抓好“沿路（高速、省道）、沿河、沿水（水库）、沿乡、沿线（旅游景区景点）”可视范围造林绿化和生态景观林带建设，全年投入89.4万元实施4万亩（2666.67公顷）森林围城工程，完成8420.5万亩（561.3万公顷）森林碳汇重点生态工程林的种植任务。发放500斤格桑花和四季花草种子到各村，广泛发动群众在公路两旁、房前屋后种植，打造连片观光线。（3）大力发展名贵花木、梅片树、南药、有机茶等种植，做好耕山致富文章。（4）推动“户投放、自分类、村收集、镇转运、县填埋”的农村生活垃圾处理模式，全年完成农村生活垃圾群众交费42.5万元，收费率98%。实施“三清一消杀”，对老屋、池塘、圳道进行全面清理，聘请专业队伍对圩镇公共区域进行全面消杀。（5）加强农村建房管理，规范宅基地报批，逐步改变农村有新房无新村的面貌。充分利用和节约土地资源，重点整治违规建房、严厉打击违法用地、违章建筑等行为，全面规范国土资源和村镇建设管理秩序。

【精准扶贫】 2016年，石正镇抓好精准扶贫工作。整合扶贫、民政、社保、教育、住建等资源，深入实施“五个一批”脱贫工程，确保到2017年年底全镇相对贫困人口实现减贫目标。加强对专项扶贫资金、相关涉农资金和社会帮扶资金的监管，提高资金使用效率，确保资金使用安全。

【卫生、计生工作】 2016年，石正镇积极创建“卫生两基示范镇”工作，推动“家庭医生进村入户”工作，改善山区就医条件，让石正百姓在家门口享受优质廉价医疗服务。抓好计划生育工作。落实“全面二孩”政策，突出抓依法行政和抓流动人口管理，逐步转变群众婚育观念，提高流动人口管理服务水平。确保顺利通过省、市、县计划生育检查考核，完成县下达的各项目标和任务。

【平安建设】 2016年，石正镇抓好平安建设工作。（1）牢固树立“稳定压倒一切”的理念，切实加强和创新社会管理，促进社会大局和谐稳定。构建综治、司法、信访“三位一体”的社会排查化解机制，加强社会治安综合治理，积极处理东台村林权纠纷、上丰和下丰村矛盾纠纷历史遗留问题。深入开展“平安镇村”和“平安细胞”创建活动，不断加强平安石正建设的宣传力度，完善社会治安防控体系建设，促进社会治安稳定。（2）全面落实安全生产责任制，强化安全生产监管和队伍建设，重点做好煤矿矿区巡查监管和食品药品安全监管监督，防治重特大安全事故发生和突发公共事件发生。（3）做好防风、防汛、防火工作。开展形式多样的应急宣传和培训，通过学习培训增强工作人员对台风、暴雨、洪涝等各种自然灾害和森林防火的应急意识。制定防风、防汛、防火应急机制，做到信息及时、组织有序、分工明确、保障有力。

【党建工作】 2016年，石正镇擦亮“南台山下党旗红”的党建品牌，抓班子带队伍，扎实开展直联活动和“两学一做”学习教育，提高干部工作效能。（1）思想建设。开展“两学一做”学习教育。教育引导广大党员特别是各级领导干部不断改造自己，提高思想政治觉悟。扎实推进机关作风效能建设，严格执行中央“八项规定”，增强党员干部队伍的宗旨意识、遵规守纪意识。（2）组织建设。①提高班子的领导能力。按平远县委要求，该镇党委委员、副镇长为石正籍，本土化配备领导班子50%，石正镇籍干部45%，并充分发挥运用好本土籍领导干部的作用，妥善处理好社会矛盾，扎实推进征地拆迁工作。②积极开展直接联系群众活动。镇干部保证每周直联日走村入户，到群众中“拉一拉家常、讲一讲政策、听一听心声、解一解难题”，形成镇干部勤下乡、亲民众、解民困的良好氛围。有效化解信访案件、征地拆迁等疑难问题。③严格入党积极分子考察培养程序，不断优化党员队伍结构，发展党员13名。（3）制度建设。认真实施镇村干部绩效捆绑考核。加大对镇干部和村（居）“两委”干部的奖罚力度，继续实施《石正镇村“两委”干部绩效考核实施细则》，充分调动一线镇村干部的工作积极性，变“要我做”为“我要做”。（4）作风建设。机关作风建设不断加强。该镇党委严格贯彻落实中央“八项规定”，结合实际，出台《石正镇机关干部职工考评细则》，对值班制度、会议制度、请假制度、后勤管理制度、镇干部下乡挂钩村制度等进行细化、量化，并加强落实和督查，全面改进机关作风。 （石正镇党政办）

2016年度石正镇领导班子成员名录

党委书记：吴远平

副 书 记：黄小芬（女） 冯概福

谢展开（7月起任）
人大主席：王兴连（10月起任）
吴远平（任至10月）
人大副主席：凌云辉（10月起任）
王兴连（任至10月）
镇　　长：黄小芬（女）
副 镇 长：卢雄昌（10月起任）
谢远崧（10月起任）
谢伟生（10月起任）
谢展开（任至7月）
李冬利（女，任至7月）
谢岳远（任至7月）
党委委员：吴远平　黄小芬（女）
冯概福　谢展开
卢雄昌（7月起任）　刘达平
曾　泉　丘耀仁　张秋兰（女）
凌征聪　吴永伟（7月起任）
谢远崧（任至7月）
谢伟生（任至7月）

长　田　镇

【概况】 长田镇是平远县南大门，东、西、南与梅县的石扇、梅西及大坪镇接壤，北与本县热柘镇、大柘镇相连，G206线南北贯穿全镇，距梅州市区30公里，离平远县城14公里。长田镇界域面积69平方公里，辖7个村民委员会。2016年年末，长田镇户籍人口2922户9603人。其中，农业人口6447人；非农业人口3156人。2016年，长田镇生产总值1.68亿元，同比增长7.8%；工业总产值2.17亿元，同比增长1.3%；农业总产值8838万元，同比增长2.8%；社会固定资产投资0.33亿元，同比增长10.2%；农村居民人均可支配收入10519元，同比增长10.6%，全镇经济呈现稳步增长。

【农业】 2016年，长田镇抓好农业工作。（1）休闲农业。完成500亩（33.33公顷）四季花海和曼佗园的建设，世外桃源、馒头驿站、樱花谷等景观项目初具规模，曼佗山庄于2016年获评国家AAA级景区；筹资45万元进行曼佗山庄和南大门旅游驿站旅游厕所建设项目；和信达、新绿湖和枫树园等生态农庄通过挖掘整合农家乐、生态采摘等旅游资源打造农业休闲综合体，大力发展乡村旅游。（2）精致高效农业。积极推进农村土地承包经营权的确权登记颁证工作，充分盘活资源禀赋和产业优势；2016年和信达公司成功申报为梅州市海峡两岸农业示范基地；新大地等企业先后开发茶油、洗发水、沐浴露、化妆品、葛根冲剂和葛根酒等产品，解决农产品生鲜卖难问题，增加农民收入，脐橙、油茶、金柚、有机优质稻等产值共4000万多元。

【基础设施】 2016年，长田镇抓好农村公路建设工作，完成石角、高圩、坳背等乡村道路硬底化3.35公里；完成全镇7个村约12公里的县管小农水建设项目和圩镇自来水改造项目的各项筹备工作；按照时间节点要求，梅平高速公路长田段全线用地已交给施工方进场施工。

【镇村建设】 2016年，长田镇投资500多万元，完成健跃古桥公园扩容提质一期工程38间客家新民居商业街及200多米河堤治理建设工作；农民集中建房安置新区按规划报批8户，完成约400米安置新区的道路、绿化等基础设施，新建别墅1栋，商品房2000多平方米；筹措资金实施完成第二期国道沿线约70间门店、农户住房外立面改造工作；开展环境综合整治工作，健全绩效考核奖惩制度，形成常态化管理，完善“户分类、村收集、镇转运、县处理”的生活垃圾处理机制；基本完成全镇总体规划修编、7个村庄规划和“三张图纸”设计编制工作；推进养猪业污染整治工作，深入辖区内各养猪场全面排查、核实；深入实施乡村生态绿化，高标准营造长江村392亩（26.13公顷）碳汇林，抚育管理国道两边山林7300亩（486.67公顷），完成火石寨县级森林公园的规划设计并投入10万元，营造景观林26亩（1.73公顷）。

2016年6月15日，县政府副县长李远林（左二）深入长田镇长庆村调研

【精准扶贫】　2016年，长田镇与帮扶单位对接，积极推动各项帮扶措施落实，完成60户78人的分散贫困户的脱贫并继续开展帮扶工作；对“两不具备”工作进展情况进行全过程跟踪检查，对符合条件的21户“两不具备”搬迁户根据政策向上级申请建房补助，并取得建房补助。

【教科文卫体工作】　2016年，长田镇切实保护弘扬客家文化，针对《长田山歌》进行资料搜集，落实好第七批市级非物质文化遗产代表性项目推荐申报工作；全年组织和参与文体活动8次；全年开展就业活动2场，实现劳动力转移就业55人；医保低保“五保”实现全覆盖；依法征收社会抚养费，完成年度计生任务，稳定生育水平；扎实抓好振兴足球工作，推进长田足球事业发展，在2016年平远县第二届足球联赛中取得全县前5名的佳绩。

【平安建设】　2016年，长田镇积极推进“平安长田”建设，全力保障社会和谐稳定，累计为群众办事558多件，受理各类矛盾纠纷案件78宗。其中，派出所42宗，查处率100%；服务中心受理20宗，办结20宗，办结率100%；村级工作站16宗，办结率100%。营造依法行政、政务公开制度化的良好氛围，进一步完善社会治安防控体系。

【党建工作】　2016年，长田镇深入开展党建工作。（1）思想建设。认真组织好中共十八届六中全会精神学习宣传贯彻，深入推进“两学一做”学习教育。（2）组织建设。①积极开展党组织关系排查，经排查，该镇不存在组织关系“空挂”“失联”的党员。②全面完成补收2008—2015年党费工作，补收党费41339.2元。③完成镇级领导班子换届选举工作，并制订切实可行的工作方案，抓好高南村的整顿转化工作。④认真落实“五定四全联系法”，全面推进“直联制”工作，2016年全镇7个驻点团队直联群众5100多名，收集群众诉求362件，解决问题336多件，召开10次专题研判会，调解矛盾纠纷80多宗，落实民生实事120多件，代办群众事务120多件。（3）作风建设。推动党廉作风建设，严格遵守中央八项规定，坚决反对“四风”，全年摸排出14条线索，依法依规开展执纪审查，2016年立案结案2宗。　（叶田田）

2016年长田镇领导班子成员名录

党委书记：李文锋
党委副书记：王平梅（女，4月起任）
　　谢冠生（任至7月）
　　钟浩平（7月起任）
　　张　天（7月起任）
党委委员：李文锋
　　王平梅（女，4月起任）
　　钟浩平　张　天（7月起任）
　　谢冠生（任至7月）
　　王子发（任至7月）
　　林　岳（7月起任）
　　陈雄英（10月起任）
　　李志伟（任至7月）
　　颜奇真（任至7月）

林依娜　陈伟雄
王传文（7月起任）
人大主席：李文锋（任至10月）
谢冠生（10月起任）
人大副主席：王子发（10月起任）
镇　　长：王平梅（女，4月起任）
副 镇 长：陈雄英　李志伟（10月起任）
颜奇真（10月起任）

热柘镇

【概况】　热柘镇位于平远县东南部，东与蕉岭县新铺镇、梅县区石扇镇接壤，西与大柘镇为邻，南连长田镇，北接东石镇，距平远县城13.9公里。热柘镇界域面积108平方公里，山林面积13.1万亩（8733.33公顷），森林覆盖率约78%；耕地面积1.06万亩（706.67公顷），占全镇总面积的6.2%。辖8个村民委员会、74个村民小组。2016年年末，热柘镇户籍人口3543户13674人，其中农业人口10086人，非农业人口3588人。2016年，热柘镇生产总值15935万元，同比增长6.4%；工业总产值7239万元，同比增长2.9%；农业总产值9297万元，同比增长3.0%；固定资产投资1140万元，同比增长20%；农村居民人均可支配收入10468元，同比增长11.9%。热柘镇是革命老区、华侨之乡；柚树河是平远县境内最大的河流；柚树河小胆滩海拔89米，是全县最低点；矿产资源主要有丰富的耐火石和温泉；豆干是全县知名的农副特色产品。

【农业】　2016年，热柘镇全面推进农村土地承包经营权确权登记工作，规范农村土地管理，集约节约用地，发展现代农业。进一步宣传引导群众发展生态富民特色产业，发展仙人草、岗梅等南药种植规模1000多亩（60多公顷），发展优质稻2000多亩（130多公顷），冬种各类蔬菜、紫云英规模600亩（40公顷），群众增收渠道进一步扩宽。全年种植粮食13775亩（918.33公顷），产量4944吨；水果种植面积5053亩（336.87公顷），产量4805吨；生猪出栏11500头；家禽出栏164786羽；水产品产量480吨。

【重点项目】　2016年，热柘镇着力抓好重点项目。（1）热柘华侨学校建设。热柘华侨学校一期工程进展顺利，中小学教学楼、师生宿舍楼和幼儿园及配套设施全面完成工程建设并交付使用。（2）“村村通”饮水工程。投入1400多万元，实施“村村通”饮水工程。基本完成蓄水坝、输水管道铺设、制水厂等工程建设，末端供水工程正抓紧施工。（3）农村路网建设。投入150多万元完成下黄地、韩坑村道扩建，热柘村莲塘坳、热水村马山坪道路硬底化等工程，启动小柘至下黄地村道路建设。（4）医疗养生托老区建设。基本完成医疗养生托老区征地、规划设计、立项等前期准备工作。

【生态环境建设】　2016年，热柘镇加强植树造林，引导群众开展农村“四旁”绿化，不断提升村庄绿化水平，优化生态环境。抚育林地植树300多亩（20多公顷），“四旁”种植各类苗木2.2万多株。加强林业资源管护，全年无重特大山火灾情，强化林业执法，劝阻、责令停止林地违法违规行为8宗。

【强农惠农工作】　2016年，热柘镇始终把保障和改善民生放在突出位置，认真落实惠农政策，扎实做好财政补贴农民资金工作，各项涉农补贴资金及时、足额、安全发放到位。全年发放中央粮种补贴21万元，粮食直补95万元，受益农户3300多户。扎实做好社保征缴扩面工作，加大就业培训和创业扶持力度。城乡居民基本医疗保险参保11483人，农村居民参合率100%，发放城乡医保补助金200多万元，受益人数1万多人次。进一步加强社会保障和救助体系，逐步提升低保发放标准，保障低收入者和特殊困难人员的基本生活。全年发放各类民政资金221.50万元，1409人次受益。

【镇村建设】　2016年，热柘镇组建城乡环境综合管理办公室，加大整治力度，加强日常巡查，完善了村生活垃圾收运处理考核办法，基本实现常态化监管，确保镇村环境干净整洁。加快村庄规划编制工作，规范农村建房管理，扎实推进农村危房改造工作，深入开展养猪业污染整治，加强政策宣传，各村召开村民代表大会决议通过《热柘镇禁养区、限养区划分方案》，关停猪场3户，完成污染治理设施达标排放10户。加强矿山非法开采监管，全天候巡查，封堵出入交通路口，有效防止矿山非法开采死灰复燃。

2016年9月19日，县委常委、纪委书记徐万宝（右三）到热柘镇小柘村调研

【社会事业】　2016年，热柘镇加大计生新政策宣传力度，强化优生优育服务。民兵武装工作不断加强，全民国防教育和拥军优属工作扎实开展。积极发挥工会、共青团、妇联、残联、工商联等群团组织联系群众、服务大局的作用，统计、保密、档案、侨统、邮政、电信、农商行、供电等工作卓有成效。

【平安建设】　2016年，热柘镇推进社会治理“中心+网格化+信息化”建设，强化精神障碍患者管护，加强禁毒、反邪教工作，严厉打击赌博和其他违法犯罪活动。严格落实信访维稳工作包案领导责任制，及时解决群众合理诉求，努力把社会不和谐因素化解在萌芽状态，确保社会的和谐稳定。2016年全镇各类信访案件13件次，同比下降38.2%。进一步落实安全生产“一岗双责，党政同责，失职追责”工作责任，加强对重点场所、重点领域的安全大检查，安全生产形势稳定。

【党建工作】　2016年，热柘镇抓好党建工作。（1）思想建设。扎实开展“两学一做”学习教育，开展学习培训83场次，受教育党员达3100多人次。（2）组织建设。①扎实开展直联制工作，全镇各村驻点团队实现走访每户群众1次以上，为群众解决实际困难586件次。②高度重视党员组织关系集中排查、党费收缴工作专项检查等工作，基本完成全镇12个党支部党费清缴工作，补缴党费31700多元。　（刘柏鹏）

2016年度热柘镇领导班子成员名录

党委书记：林　欣
副书记：谢石海　陈俊平（任至7月）
凌礼宏（7月起任）
陈国忠（7月起任）
党委委员：张永光　张国栋　曹维颂
刘梓鏇（任至7月）
林　琳（7月起任）
林坤鹏（7月起任）
姚广海（任至7月）
人大主席：林　欣（任至7月）
黎崇赞（10月起任）
人大副主席：钟小平（任至7月）
陈均定（10月起任）
镇长：谢石海
副镇长：凌　峰（任至7月）
陈国忠（任至7月）
张永光（10月起任）
陈碧英（女）
姚广海（10月起任）

光 荣 榜

先进集体 先进个人名录

平远县荣获2016年度副厅级及以上单位表彰的先进集体一览表

表3

单位名称	授称时间	授予单位	荣誉称号
平远县总工会	2017.01	梅州市精神文明建设委员会	梅州市文明单位
中国电信平远分公司	2016.12	中国电信股份有限公司广东分公司、中国电信集团工会广东委员会	2016年光宽电视2.0劳动竞赛优秀区县分公司
平远县法院民二庭	2016.02	广东省梅州市中级人民法院	集体三等功
平远县体育局	2016.12	广东省体育局	2015年广东省第十六届体育节活动优秀组织奖
平远县广播电视大学	2016.12	广东开放大学	2016年度广东电大系统教材管理工作先进集体三等奖
平远县上举镇人民政府	2016.12	广东省林业厅	广东省森林小镇示范镇
平远县农业局	2017.01	梅州市精神文明建设委员会	2015—2016年度梅州市精神文明建设先进单位
平远县人民政府	2016.11	中华人民共和国农业部	全国休闲农业和乡村旅游示范县
梅州市金穗有机农业开发有限公司	2016.07	广东省妇女联合会 广东省农业厅	广东省巾帼创业示范基地
平远县人民政府	2016.02	全国绿化委员会	全国绿化模范县
平远县人民政府	2016.09	中国林业产业联合会	全国森林旅游示范县
平远县公安局森林分局	2017.02	广东省森林公安局	2016年度广东省森林公安机关执法质量考核优秀单位

续表3

单位名称	授称时间	授予单位	荣誉称号
平远县铁民中学体育教研组工会小组	2016.12	广东省总工会	广东省模范职工小家
平远县铁民中学	2017.02	广东省教育厅	广东省依法治校示范校
平远县汽车运输有限公司	2016.12	广东省总工会	广东省模范职工小家
广东电网梅州平远供电局	2016.03	中共广东省委员会 广东省人民政府	广东省“2013—2015年度扶贫开发‘双创’工作先进单位”
广东电网梅州平远供电局	2016.04	广东电网有限责任公司	广东电网公司“2013—2015年度扶贫开发‘双创’工作先进集体”
广东电网梅州平远供电局	2017.01	梅州市精神文明建设委员会	2015—2016年梅州市文明窗口
广东电网梅州平远供电局	2017.02	广东电网有限责任公司	广东电网公司“2016年度农电工作先进集体”
广东电网梅州平远供电局东石供电所	2017.03	广东电网有限责任公司	广东电网公司“2016年度模范职工小家”
平远县泗水镇人民政府	2017.01	梅州市精神文明建设委员会	文明镇
平远县人民政府	2016.05	广东省环境保护厅 广东省财政厅	广东省农村环境连片综合整治示范县
平远县大柘镇农业服务中心	2015.12	梅州市人民政府	秀珍菇反季节栽培技术研究与推广应用（三等奖）
平远县大柘镇人民政府	2016.03	中共梅州市委 梅州市人民政府	2015年度人口与计划生育工作先进单位
平远县信访局	2017.04	广东省信访工作联席会议	2016年广东省信访工作通报表扬单位
中国工商银行股份有限公司梅州分行平远支行	2017.02	中国工商银行广东省分行	2016年度信贷管理先进支行
平远县人大常委会办公室	2016.11	广东省人民代表大会常务委员会人民之声杂志社	一等奖
中共平远县委组织部	2016.12	人民网	2016年度“优秀党建云平台暨基层党建宣传示范单位”

续表3

单位名称	授称时间	授予单位	荣誉称号
平远县人民武装部	2016.12	中国人民解放军广东省军区	2016年度先进人武部
平远县人民武装部	2017.03	广东省梅州军分区政治部	2016年度新闻宣传工作先进单位
广东平远农村商业银行股份有限公司	2017.02	广东省农村信用社联合社	广东省农村合作金融机构2016年度综合考核B类农商行一等奖
广东平远农村商业银行股份有限公司	2017.03	广东省农村信用社联合社	2016年度优秀领导班子
平远县人民政府	2017.07	广东省人民政府	广东省2016年度计划生育目标管理责任制考评“优秀等次”
平远县人民政府地方志办公室	2017.03	中国出版协会年鉴工作委员会	《平远年鉴》（2015年卷）获2015—2016年度年鉴编校质量检查评比二等奖

平远县荣获2016年度副厅级及以上单位表彰的先进个人一览表

表4

姓名	授称时间	授予单位	荣誉称号	授称时所在单位职务
杜永灵	2017.03	广东省科学技术协会 广东省教育厅 广东省科学技术厅 广东省知识产权局 共青团广东省委员会	第32届广东省青少年科技创新大赛“全省十佳优秀组织工作者”	平远县科协主席
曾泳源	2016.02	广东省梅州市中级人民法院	个人三等功	平远县人民法院立案庭负责人
郑丽萍	2016.12	广东开放大学	2016年度广东电大系统教材管理工作先进个人	平远县广播电视大学
李忠明	2016.09	广东开放大学	广东电大系统2016年先进教育工作者	平远县广播电视大学副校长
凌　铭	2016.06	广东省文化厅	作品《砍一棵树有多难》获2015年度广东省群众文艺作品评选“戏剧类”一等奖	平远县文化馆
姚利梅	2016.06	广东省文化厅	作品《典型》获2015年度广东省群众文艺作品评选“戏剧类”二等奖	平远县八尺镇政府
冯国伟 姚利梅	2016.06	广东省文化厅	作品《何处是家》获2015年度广东省群众文艺作品评选“戏剧类”三等奖	平远县八尺镇政府
李侃权	2016.07	中共广东省委	优秀共产党员	平远县农业局水产股股长
黎军发	2017.01	梅州市精神文明建设委员会	2015—2016年度梅州市精神文明建设先进工作者	平远县农业局高级农艺师、科教股负责人
张　燕	2016.06	广东省委宣传部、广东省精神文明建设委员会办公室、广东省妇女联合会	2016年度广东省百户“最美家庭”	平远县委组织部副部长 县“两新”党工委书记
张　友	2016.07	中共广东省委	优秀党务工作者	平远县工商和质量技术监督局党组成员 副局长
黄惠娟	2016.03	广东省人民政府	广东省第九批中小学特级教师	平远县教育局教研室小学教研员

续表4

姓名	授称时间	授予单位	荣誉称号	授称时所在单位职务
黄志东	2016.03	广东省人民政府	广东省第九批中小学特级教师	田家炳中学校长
李　程	2016.12	广东省老区建设促进会	《源流》杂志优秀特约作者	中共平远县委组织部副部长、老干部局局长
洪瑞梅	2016.07	国土资源部办公厅	作品《夏收时节》获纪念第26个全国“土地日”“国土人拍土地日”摄影活动三等奖	中共平远县委老干局副主任科员、人秘股股长
刘宁贞	2016.10	梅州市人民检察院	个人嘉奖	平远县人民检察院反渎职侵权局副局长
姚远平	2017.04	广东省粤运交通股份有限公司工会委员会	2015—2016年度优秀工会工作者	平远汽车运输有限公司监事会主席、工会主席
姚世文	2017.02	广东电网有限责任公司	2016年营销优秀班长	平远供电局市场营销部班长
陈天禄	2017.02	广东电网有限责任公司	2016年度智能表和低压集抄表推广优秀个人	平远供电局市场营销部专责
吴伟华	2017.03	广东电网公司文学艺术联合会	2016年度公司文联工作积极分子	平远供电局人力资源部副主任
赖华兰	2017.04	广东电网有限责任公司	供电可靠性及电压质量管理先进个人	平远县供电局生产设备管理部专责
林岳胜	2016.03	广东省防汛防旱防风总指挥部	2014—2015年全省防汛防旱防风防冻先进工作者	泗水镇党委书记
林远征	2015.03（补录）	中华人民共和国环境保护部	国家环境监测“技术骨干”	平远县环境保护监测站站长
赖光亮	2015.07（补录）	中共广东省委组织部	广东省优秀乡镇党委书记	大柘镇党委书记
姚永才	2015.12（补录）	梅州市人民政府	秀珍菇反季节栽培技术研究与推广应用（三等奖）	大柘镇农业服务中心主任

续表4

姓名	授称时间	授予单位	荣誉称号	授称时所在单位职务
罗国荣	2015.12（补录）	梅州市人民政府	秀珍菇反季节栽培技术研究与推广应用（三等奖）	大柘镇农业服务中心干部
凌美兰	2014.12（补录）	广东省总工会	广东省优秀工会工作者	大柘镇工委副主任
丘春燕	2015.01（补录）	国家安全生产监督管理总局、国家煤矿安全监察局	安全生产监管监察先进个人	大柘镇文教体育服务中心主任
姚永才	2017.01	梅州市人民政府	梅州市科学技术奖三等奖（葛根栽培技术改良与推广应用）	大柘镇农业服务中心主任
丘春燕	2016.12	广东省人力资源和社会保障厅、广东省文化厅、广东省新闻出版广电局	广东省基层先进文化工作者	大柘镇文教体育服务中心主任
刘可宏	2017.03	广东省经济和信息化委员会	2016年产业共建主要指标动态监测工作表现突出人员	广州南沙（平远）产业转移工业园管理委员会经济运作部主任
陈远青	2016.11	广东省人民代表大会常务委员会人民之声杂志社	优秀发行员	平远县人大常委会办公室职工
李恩惠	2016.11	广东省人民代表大会常务委员会人民之声杂志社	优秀发行员	平远县人大常委会办公室职工
姚雁明	2016.10	广东省党的建设研究会	2013—2015年度《广东党建》杂志优秀通讯员	中共平远县委组织部
姚雁明	2016.12	人民网	2016年度“优秀通讯员”	中共平远县委组织部
陈瑞金	2016.01	全国大中城市社科联工作会议主席团	全国社科工作先进个人	平远县社会科学界联合会主席
汤　维	2016.12	中国人民解放军广东省军区	2016年度广东省军区“优秀政治机关干部”	平远县人武部政工科副营职干事

续表4

姓名	授称时间	授予单位	荣誉称号	授称时所在单位职务
汤　维	2017.03	广东省梅州军分区政治部	2016年度梅州军分区“先进个人”	平远县人武部政工科副营职干事
凌剑洪	2016.12	广东省梅州军分区	2016年度“优秀职工”	平远县人武部后勤科职工
林　军	2016.07	中国人民银行文联办公室	纪念建党95周年暨“两学一做”央行职工书法作品展览优秀奖	中国人民银行平远县支行副行长
林　旋	2016.03	广东省扶贫开发领导小组	广东省2013—2015年扶贫开发“双到”考核优秀个人	中国人民银行平远县支行副股长
张桂凤	2017.03	广东省农村信用社联合社	优秀领导班子成员	平远县农商银行党委书记、董事长
罗辉君	2017.01	中国移动广东公司	中国移动广东公司“先进个人”	中国移动广东公司平远分公司总经理
林艾明	2017.01	中国移动广东公司	中国移动广东公司“先进个人”	中国移动广东公司平远分公司市场部经理
黄　欢	2017.01	中国移动广东公司	中国移动广东公司“先进个人”	中国移动广东公司平远分公司环北厅店面经理
张碧兰	2017.01	中国移动广东公司	中国移动广东公司“先进个人”	中国移动广东公司平远分公司环北厅营销代表
姚新红	2017.01	中国移动广东公司	中国移动广东公司“先进个人”	中国移动广东公司平远分公司综合部经理
廖佐标	2017.01	中国移动广东公司	中国移动广东公司“先进个人”	中国移动广东公司平远分公司网络部支撑管理
韩映兰	2017.01	中国移动广东公司	中国移动广东公司“先进个人”	中国移动广东公司平远分公司政企部客户经理

表彰通报

中共平远县委员会　平远县人民政府
关于2016年度落实科学发展观
考评情况的通报

（2017年2月13日　平委〔2017〕1号）

各镇党委和人民政府，县直副局以上和省、市属驻平各单位：

2016年，全县各镇各部门认真贯彻省、市和县委、县政府的工作部署，围绕振兴发展主题，扭紧“三大抓手”，主攻“一城两区”，实现了全县经济社会的全面进步。

根据《平远县镇级领导班子和领导干部落实科学发展观评价指标考核评价办法》（平委办〔2011〕62号）和《平远县县直领导班子和领导干部落实科学发展观评价指标考核评价办法》（平委办发〔2014〕2号）的要求，通过县考核领导小组的综合考核评定并经县委、县政府同意，现将2016年度考评结果靠前的集体予以通报。

1. 综合考评靠前的乡镇（4个）：大柘镇、河头镇、上举镇、长田镇；

2. 综合考评靠前的A类单位（12个）：县政府办公室、县农业局、县林业局、县财政局、县卫计局、县司法局、县民政局、县工商质监局、县教育局、县旅游局、县审计局、县国土资源局；

3. 综合考评靠前的B类单位（10个）：县人大机关、县委办公室、县委组织部、县纪委监察局、县政协机关、县委政法委、县委宣传部、县工商联、县直机关工委、县委统战部；

4. 综合考评靠前的C类单位（3个）：城南中学、实验中学、梅青中学；

5. 综合考评靠前的D类单位（5个）：县地税局、县国税局、县烟草专卖局、县农村商业银行、广东电网梅州平远供电局。

希望各镇各部门切实按照县委、县政府的工作部署，弘扬中央苏区精神，坚定生态经济科学发展之路，发扬成绩，开拓创新，为与全省同步全面建成小康社会而努力奋斗。

中共平远县委　平远县人民政府
关于表彰2016年度社会治安综合治理工作（平安建设）先进单位和先进个人的通报

（2017年2月20日　平委〔2017〕2号）

各镇党委和人民政府，县直副局以上和省、市属驻平各单位：

2016年，全县各镇各部门认真贯彻落实县委、县政府工作部署，大力加强社会治安综合治理工作（平安建设），为"一城两区"建设创造了和谐稳定的社会环境。在社会治安综合治理工作（平安建设）中，涌现出一批先进单位和先进个人，为激励先进、树立典型，县委、县政府决定对2016年度社会治安综合治理工作（平安建设）先进单位和先进个人进行表彰通报。

一、先进单位（6个）

石正镇、仁居镇、长田镇、县公安局、县卫生和计划生育局、县交通运输局。

二、先进个人（6名）

刘志江（大柘镇综治信访维稳办公室主任）

姚岸良（仁居镇综治信访维稳办公室主任）

吴国鹏（东石镇综治信访维稳办公室主任）

姚碧健（县工商质监局副局长）

陈　祺（团县委副书记）

陈斌扬（县文广新局副局长）

希望受表彰的集体和个人发扬成绩，再接再厉，不断开拓创新，创造和谐稳定的社会环境，为加快平远振兴发展、与全省同步全面建成小康社会而努力奋斗。

关于2015—2016学年度优秀教师、优秀教育工作者及尊师重教先进单位的通报

（2016年9月 1日 平府发〔2016〕15号）

各镇人民政府，县府直属和省、市属驻平各单位：

2015－2016学年度，全县中小学教师和教育工作者在各级党委、政府的领导下，全面学习贯彻党的十八届四中、五中全会精神和习近平总书记系列讲话精神，全面落实党的教育方针，坚持社会主义办学方向，开拓进取、爱岗敬业、扎实工作、精心教书、勤于育人，为发展我县教育事业，提升我县教育水平，办好人民满意的教育，全力加快平远振兴发展做出了积极贡献，涌现了一大批优秀教师、优秀教育工作者。同时，全县各镇、各单位积极为争创教育现代化先进县办实事、办好事，涌现了一批尊师重教先进单位。

为进一步弘扬尊师重教的优良作风，激励全县教育工作者和广大干部、群众群策群力共同为我县教育事业做出更大贡献，县人民政府决定对下列优秀教师、优秀教育工作者及尊师重教先进单位（名单见附件）予以通报。

希望各先进单位和个人戒骄戒躁，发扬成绩，再接再厉，为开创我县教育新局面，加快推动平远振兴发展而努力奋斗。

附件：1.2015—2016学年度优秀教师、优秀教育工作者名单

　　　2.2015—2016学年度尊师重教先进单位名单

附件1

2015—2016学年度优秀教师、优秀教育工作者名单

平远中学：韩玉兰、黄才佛、张晓微、卓梓环、王淦彬、陈云冬、曾云花、凌群丰、陈　婷、高　欢

梅青中学：刘文浩、姚桂华、肖义平、刘　毅、刘美凤

实验中学：李碧清、刘小凤、凌　榕、黄湘萍

县职校、教师进修学校：张育琪、林　英

田家炳中学：姚乔生、沈富广、陈香君、冯依明、谢雪英

城南中学：李义福、张小惠、何英招、张千凡、钟新玉

石正中学：王云林、姚国平、钟建平

热柘华侨中学：刘步青

铁民中学：丘明健、龙冬桂、林冶陶、黄苑萍

泗水学校：朱　今、刘健臣

差干学校：凌苑春、谢文基、刘佛兰
仁居中学：曾永红、杨冬梅
八尺中学：黎旭日、韩星轩
河头中学：吴华栋
中行中学：冯　蓉、石丽娜
坝头学校：饶玉玲、黄裕娟、肖　鹏
长田学校：陈利梅、丘冬才、马亮华、谢　美
冬青实验学校：吴　苑、陈远尹
县第一小学：陈秋红、王　婉、卓巧灵、丘丽君
县第二小学：林红梅、韩秋霞、黄裕娥
县第三小学：刘双东、吴海燕、杨基兰
实验小学：李巧珍、姚　丽、陈　述
石正中心小学：张淼光、凌海泉、王　力、冯红花
热柘中心小学：刘志华
大柘中心小学：姚秀琼、谢小秋
东石中心小学：肖苑兰、林清平、李小苑
茅坪中心小学：马国栋
上举中心小学：廖舒婷
仁居中心小学：王瑞彪、肖桂红、卓　均
黄畲中心小学：赖梅兴
八尺中心小学：韩永红、韩冬兰
河头中心小学：林爱平
中行中心小学：何祖云
县幼儿园：肖春梅
县第二幼儿园：吴利琴
实验幼儿园：林青云
县广播电视大学：刘淼平
县教育局：张　华、肖承云、马　英

附件2

2015—2016学年度尊师重教先进单位名单

大柘镇人民政府
热柘镇人民政府
县国土资源局

关于颁发2014—2015年度平远县科学技术奖的通报

（2016年11月7日　平府发〔2016〕19号）

各镇人民政府，县府直属和省、市属驻平各单位：

根据《关于印发平远县科学技术奖励办法的通知》（平府发〔2016〕5号）规定，经平远县科学技术奖评审委员会评审，县科技局审核，县人民政府决定授予“基于实木封边的表面平整度调控与异型处理技术”等3个项目为县科学技术奖一等奖，授予“基于速生材单板的家具构件制造关键技术研究与应用”等5个项目为县科学技术奖二等奖，授予“吻合器痔切除闭合术加外痔切除治疗重度混合痔临床疗效观察”等4个项目为县科学技术奖三等奖（获奖名单见附件）。

希望全县广大科技工作者向获奖者学习，以奋发有为的精神和求真务实的作风，解放思想，锐意创新，攻坚克难，争创更多科研成果，促进科技成果向现实生产力转化,为加快平远的振兴发展做出积极贡献。

附件：2014—2015年度平远县科学技术奖获奖名单

附件

2014—2015年度平远县科学技术奖获奖名单

一等奖（3项）

1.成果名称：基于实木封边的表面平整度调控与异型处理技术

主要完成单位：梅州市汇胜木制品有限公司、南京林业大学

主要完成人：徐　伟、黄琼涛、关惠元、蔡　琦、张宇鹏、杨如娥、谢文昌、张碧莲

2.成果名称：草坪收草机的技术研发与应用

主要完成单位：梅州绿鹰机械设备有限公司

主要完成人：韩　欢、姚琼尹、韩梅招、姚秋文、储晓梅、潘其照、韩　鑫、韩　越

3.成果名称：地方稻种“禾子谷”保护、改良、利用的技术研究与应用

主要完成单位：梅州市金穗种业有限公司

主要完成人：王运章、黄建辉、黄玉芬、丁　宝、陈文胜、谢清传、张海新、钟春梅、凌宏青、张　琼

二等奖（5项）

1.成果名称：基于速生材单板的家具构件制造关键技术研究与应用

主要完成单位：梅州市汇胜木制品有限公司、南京林业大学

主要完成人：黄琼涛、吴智慧、顾颜婷、杨如娥、张宇鹏、蔡　琦、肖忠新

2.成果名称：秀珍菇反季节栽培技术研究与推广应用
主要完成单位：平远县大柘镇农业服务中心、梅州市家利农业开发有限公司
主要完成人：姚永才、赖俊清、黄玉芬、罗国荣、王冬梅、刘伴琴、卓雪兰
3.成果名称：葛根栽培技术改良与推广应用
完成单位：平远威大地有限公司
主要完成人：林捷新、卓明权、钟素娴、钟春梅、姚永才、谢清传、黄玉芬
4.成果名称：水环境修复技术在黄田水库应用及成效
主要完成单位：平远县黄田水库管养所
主要完成人：刘小英、马鑫平、朱旭亮
5.成果名称：输尿管镜钬激光碎石术治疗输尿管结石的临床应用
主要完成单位：平远县人民医院
主要完成人：吴志强、蓝弼文、凌　云、王国友、江　驰、汤生贵
三等奖（4项）
1.成果名称：吻合器痔切除闭合术加外痔切除治疗重度混合痔临床疗效观察
主要完成单位：平远县中医医院
主要完成人：张　龙、曾一强、卢　斌、卓秋华、谢满平
2.成果名称：腹腔镜下全子宫切除术临床应用分析
主要完成单位：平远县人民医院
主要完成人：林庭佳、谢　玲、赖文苑、谢　莉、温　艳
3.成果名称：重症哮喘并呼吸衰竭患者的无创呼吸机治疗研究
主要完成单位：平远县人民医院
主要完成人：刘军芬、林柏青、谢传洪、姚丽莎、冯　树
4.成果名称：锁定钢板内固定治疗肱骨近端骨折临床疗效分析
主要完成单位：平远县人民医院
主要完成人：张赐鑫、艾华军、黄亮兴、黄　冰、张辉英

政协平远县委员会
关于表彰2016年度优秀政协委员和
优秀提案及承办提案先进单位的决定

（2016 年 11 月 3 日 平协发〔2016〕12号 ）

政协第九届平远县委员会第六次会议以来，全体政协委员紧紧围绕县委、县政府中心工作和人民群众关注的社会热点难点问题，积极参与搞一次调查、献一个良策、写一份提案、反映一件社情民意、办一件实事（或引进一个项目）的“五个一”活动，展现了政协委员坚持履职为民、服务振兴发展、乐于回报社会的风采。提案承办单位对委员提案高度重视，攻坚克难，采取有效措施，积极抓好提案的办理落实，收到了明显实效。

为激励先进、推广典型，根据县政协《关于在县政协委员中开展“五个一”活动的通知》和《政协平远县委员会关于评选表彰优秀提案、承办提案先进单位的暂行办法》的规定，经县政协主席会议审议决定，对刘忠平等41位优秀政协委员，《关于加大力度整治县城违法违规建筑的建议》等10件优秀提案，县市政公用事业管理中心等6 个承办提案先进单位予以表彰，以资鼓励。

希望优秀政协委员和先进单位珍惜荣誉、戒骄戒躁、再接再厉，为加快平远振兴发展，确保实现与全省同步全面建成小康社会做出新的更大贡献！

附：2016年度优秀政协委员和优秀提案及承办提案先进单位名单

附件

2016年度优秀政协委员和优秀提案及承办提案先进单位名单

一、优秀政协委员（共41人）

刘忠平 刘 雄 刘立新 刘益求 许 珍 庄苑忠 陈干瑄 李 玲 杜永灵 余新荣
吴志雄 肖维江 肖明曦 张学理 张锡洪 林 坚 林 庄 林立全 林雪波 林菊莲
林益栋 林志坚 姚义华 姚 涌 姚国平 姚伟文 姚文瑾 姚东良 姚日升 姚映仿
姚宝华 钟雪芳 凌来泉 凌宏斌 凌育苑 曹 斌 黄 平 黄仕坤 谢志平 谢裕荣
廖国才

二、优秀提案（共10件）

1.《关于加大力度整治县城违法违规建筑的建议》（提案人：刘忠平）

2.《关于统筹协调推进凤池水库项目立项前各项工作，确保工程尽早立项并开工建设的建议》（提案人：凌育苑）

3.《在创建教育现代化先进县中要更加注重提升软实力》（提案人：林敦清）

4.《关于加强农村饮用水工程建后运行管理的提案》（提案人：林真）

5.《关于立足现状做大做强平远县电子信息产业的建议》（提案人：科技专委会）

6.《关于加快市场改造的建议》（提案人：姚日升）

7.《关于做好鹰梅铁路平远站场及配套物流产业园规划选址前期工作的建议》（提案人：港澳台侨外事专委会）

8.《关于运用手机短信平台开展农村村务信息公开的建议》（提案人：邱召云）

9.《关于加快推动平远电子商务发展的建议》（提案人：姚宝华）

10.《关于扶持义工协会开展志愿服务，促进我县民间慈善事业发展的建议》（提案人：凌来泉）

三、承办提案先进单位（共6个）

1.县市政公用事业管理中心

2.县旅游局

3.县交警大队

4.县民政局

5.县教育局

6.县水务局

中共平远县委办公室 平远县人民政府办公室关于2015年度全县重点项目建设考核情况的通报

（2016年2月1日 平委办〔2016〕3号）

各镇党委和人民政府，县直副局以上和省、市属驻平各单位：

根据《关于印发〈平远县县直单位领导班子和领导干部落实科学发展观评价指标考核评价办法〉的通知》（平委办发〔2014〕2号）和《平远县重点项目建设工作考核办法》的要求，县重点项目考核工作小组对全县2015年度的重点项目建设工作进行了综合考核评定，经县委、县政府同意，现将2015年度重点项目建设考核结果靠前的集体予以通报。

综合考核成绩靠前的集体（9个，按综合考核结果依次排序）：东莞塘厦(平远)产业转移工业园管委会、县住建局、县水务局、县农业局、县公路局、县交通运输局、县旅游局、县财政局、县房管局。

希望各单位切实按照县委、县政府的工作部署，发扬成绩，再接再厉，坚定生态经济发展之路，坚持主攻“一城两区”，为加快平远振兴发展、全面建成小康社会而努力奋斗。

中共平远县委办公室 平远县人民政府办公室
关于2016年度全县重点项目建设
考核情况的通报

（2017 年 2 月 13 日 平委办〔2017〕1号）

各镇党委和人民政府，县直副局以上和省、市属驻平各单位：

根据《关于印发〈平远县县直单位领导班子和领导干部落实科学发展观评价指标考核评价办法〉的通知》（平委办发〔2014〕2号）和《平远县重点项目建设工作考核办法》的要求，县重点项目考核工作小组对全县2016年度的重点项目建设工作进行了综合考核评定，经县委、县政府同意，现将2016年度重点项目建设考核结果靠前的集体予以通报。

综合考核成绩靠前的集体（9个，按综合考核结果依次排序）：广州南沙（平远）产业转移工业园管委会、县住建局、县旅游局、县国土资源局、县农业局、县交通运输局、县教育局、县卫计局、县招商局。

希望各单位切实按照县委、县政府的工作部署，发扬成绩，再接再厉，坚定生态经济发展之路，坚持主攻“一城两区”， 为与全省同步全面建成小康社会而努力奋斗。

文献法规选编

关于公布第六批平远县文物保护单位的通知

（2016年1月12日　平府发〔2016〕1号）

各镇人民政府，县府直属和省、市属驻平各单位：

县人民政府同意县文广新局提出的第六批平远县文物保护单位（共计6处），现予公布。希各镇、各单位严格按照《中华人民共和国文物保护法》等法律法规，认真贯彻“保护为主、抢救第一、合理利用、加强管理”的方针，切实做好文物的保护、利用和管理工作。

附件：第六批平远县文物保护单位名单

附件

第六批平远县文物保护单位名单

序号	文保单位名称	详细地址	年代	类别
1	官塘唇李屋	仁居镇仁居村	清代	古建筑
2	万五韩公祠	仁居镇仁居村	民国	近现代重要史迹及代表性建筑
3	石下韩屋	八尺镇南塘村	清代	古建筑
4	坝头奎文阁	大柘镇坝头村	清代	古建筑
5	宝猷楼	县城县委大院内	民国	近现代重要史迹及代表性建筑
6	黎海如故居	石正镇正和村	民国	近现代重要史迹及代表性建筑

关于批准并公布平远县第五批县级非物质文化遗产名录的通知

（2016年6月8日　平府发〔2016〕8号）

各镇人民政府，县府直属和省、市属驻平各单位：

为贯彻落实《中华人民共和国非物质文化遗产法》和《广东省非物质文化遗产条例》，进一步加强我县非物质文化遗产名录项目建设，经向社会公示，现批准将《石正煲钵制作技艺》和

《祭江》两个项目列入我县第五批县级非物质文化遗产名录，并予公布。

附件：平远县第五批县级非物质文化遗产名录

附件：

平远县第五批县级非物质文化遗产名录

序号	分类（代码）	项目名称	申报单位
1	传统技艺（Ⅷ）	石正煲钵制作技艺	平远县文化馆
2	民俗（Ⅹ）	祭江	平远县文化馆

附　　录

一、平远2017年中考、高考前十名学生名表

平远县2017年中考前十名学生情况一览表

表5

姓名	性别	毕业学校	总分	考入学校	名次
林乔慧	女	田家炳中学	968.5	东山中学	1
沈文汇	女	田家炳中学	963.5	东山中学	2
谢坤华	女	城南中学	956.5	东山中学	3
潘以晴	女	田家炳中学	956.0	东山中学	4
刘楷斌	男	城南中学	954.5	东山中学	5
涂芊芊	女	城南中学	954.0	东山中学	6
林家伊	女	城南中学	953.0	东山中学	7
陈慧琳	女	城南中学	953.0	东山中学	7
卓　仪	女	城南中学	951.0	东山中学	9
凌海泉	男	石正中学	950.0	东山中学	10

说明：1.平远县中考考生1578人，考生数比上年减少121人。据统计，进入平远中学正取录取分数线（796分）以上568人

2.资料来源于平远县教育局（下两表同源）

平远县2017年高考成绩理科前十名学生情况一览表

表6

姓名	性别	毕业学校	总分	考入学校	名次
林　鑫	男	平远中学	626	中山大学	1
陈嘉炜	男	平远中学	614	中山大学	2
林思华	女	平远中学	604	中山大学	3
刘　萌	男	平远中学	577	华南理工大学	4
谢文榆	男	平远中学	568	华南师范大学	5
范富山	男	平远中学	562	深圳大学	6
赖辉燕	女	平远中学	562	南方医科大学	6
刘庆春	男	平远中学	561	深圳大学	8
王志	男	平远中学	560	广东工业大学	9
肖志豪	男	平远中学	559	南方医科大学	10

说明：1. 全县普通高考报考1473人，其中平中592人、梅青379人、实验414人、社青88人；理科类689人，文科类491人，体育类144人，音乐类89人，美术类60人

2. 考入重点本科线以上154人，考入第二批本科分数线以上759人

3. 考入第三批专科分数线1418人

平远县2017年高考成绩文科前十名学生情况一览表

表7

姓名	性别	毕业学校	总分	考入学校	名次
丘苑妮	女	平远中学	583	华南理工大学	1
李　优	女	平远中学	579	华南师范大学	2
陈　圆	女	平远中学	578	暨南大学	3
王云枫	男	平远中学	577	华南师范大学	4
陈　瑛	女	平远中学	576	华南师范大学	5
吴以灵	女	平远中学	568	深圳大学	6
吴蔼玉	女	平远中学	558	华南师范大学	7
张佳明	男	平远中学	556	华南师范大学	8
何文锋	男	平远中学	554	华南农业大学	9
姚　嫣	女	平远中学	547	广东外语外贸大学	10

二、2016年平远县百岁老人一览表

表8

乡镇(街道)	行政村(居委)	性别	姓名	出生年月	身份证号码
大柘镇	凤池村	女	蔡大妹	1914年5月	441426191405050026
大柘镇	墩背村	女	姚六妹	1910年7月	441426191007083826
大柘镇	城西城南社区居委	女	宋玉英	1910年12月	441426191012180022
大柘镇	杞园村	男	姚良招	1911年3月	441426191103280010
大柘镇	城东社区居委	女	刘六妹	1915年1月	441426191501133040
大柘镇	棉二村	女	丘添贵	1915年9月	441426191509033044
大柘镇	超竹村	女	肖美云	1915年5月	441426191505010021
中行镇	仲石村	女	涂五妹	1911年10月	441426191110022044
东石镇	大屋村	女	万桂英	1916年7月	441426191607140628
东石镇	麻塘村	女	钟玉英	1916年2月	441426191602150624
东石镇	凉庭村	女	严亚银	1915年11月	441426191511050628
差干镇	文丰村	男	谢振彩	1916年2月	441426191602251433
长田镇	高南村	女	钟添秀	1916年4月	441426191604173248
泗水镇	梅畲村	女	龙大妹	1914年9月	441426191409292444
石正镇	中东村	女	饶二妹	1916年6月	441426191606130321
石正镇	正和村	女	黎三妹	1916年9月	441426191609020320
长田镇	官仁村	女	黄亚三	1916年11月	441426191611093246
热柘镇	热水村	女	丘月兰	1917年1月	441426191701043445

说明：1.该资料来源于平远县民政局

2.到2016年12月底，全县80周岁以上老人7687人。其中80–89周岁6300多人；90–99周岁1300多人；100周岁以上老人18人

三、平远县境内现有旅行社及门市部一览表

表9

旅行社名称	联系电话	地址	联系人
梅县中旅平远分公司	0753-8836666	平远大道海春大厦首层	谢荣扬
假日国际旅行社平远分公司	0753-8895898	羊子甸桥头沿河路	谢春祥
平远县五指石旅行社有限公司	0753-8895799	羊子甸桥头	谢球凤
平远县中国旅行社	0753-8824083	平城南路 42 号	刘　林
爱游国际旅行社平远分公司	0753-8831288	大柘镇广场路	谢碧芳
山水漫画国际旅行社有限公司	0753-8272828	优山美地御龙二街 2 号	舒　剑
梅州市五指石旅游服务有限公司平远分公司	0753-8273647	差干镇加丰村	谢汉林
中国国旅平远第一营业部	0753-8825888	平城南路	林建云
中国国旅（广东梅州）旅行社有限公司平远县五指石营业部	0753-8273123	差干镇加丰村金星	谢钰锋
广东省中国旅行社平远营业部	13751978955	大柘镇河滨路	张　稀
梅州市中国旅行社平远营业部	0753-8333689	大柘镇河滨路	黄玉兰
梅州客之旅旅行社有限公司平远营业部	0753-8831918	大柘镇平城中路官田广场 3 号	林　庄
中国国旅平远营业部	0753-8289898	和园商务宾馆内	谢欢云
梅州市五指石旅游服务有限公司平远营业部	0753-8273386	大柘镇沿河路陶然居南区	谢汉林

说明：1.该资料由平远县旅游局提供　2.统计时间截止于2017年6月

四、平远县文联各协会负责人一览表

表10

序号	姓名	出生时间	籍贯	职务	备注
1	陈耀宗	1963 年 9 月	广东丰顺	县作家协会主席	
2	杨继良	1964 年 9 月	平远仁居	县书法家协会主席	
3	姚伟文	1976 年 2 月	平远大柘	县美术家协会主席	
4	林　庄	1970 年 11 月	平远	县摄影家协会主席	
5	洪树湘	1971 年 9 月	广东省潮州市	县音乐家协会主席	
6	吴颖谦	1984年7月	广州	县舞蹈家协会主席	
7	赖标杨	1973 年 1 月	平远仁居	县曲艺家协会主席	
8	刘忠文	1962 年 6 月	平远县热柘	县戏剧家协会主席	
9	肖丁城	1967 年 10 月	广东平远	县民间文艺家协会主席	
10	韩世任	1947 年 12 月	平远仁居	县诗联协会主席	

五、平远县文联各协会省级以上文艺家协会会员情况一览表

表11　协会名称：平远县作家协会　　　　2017年10月

序号	姓名	出生时间	籍贯	协会名称　及　入会时间（年、月）				备注
				国家级协会	国家级入会时间	省级协会	省级入会时间	
1	陈耀宗	1963年9月	广东丰顺			中国作家协会广东分会	1990年12月	
2	肖剑梅	1956年12月	平远八尺			广东省作家协会	1994年8月	
3	吴伟华	1978年9月	平远河头	中国作协	2014年7月	广东省作家协会	2010年12月	
4	李　程	1961年11月	梅县隆文			广东省作家协会	2016年8月	
5								
6								
7								
8								
9								
10								

说明：该协会县级会员人数43人，市级会员人数12人，省级会员人数4人，国家级会员人数1人

表12　协会名称：平远县书法家协会　　2017年10月

序号	姓名	出生时间	籍贯	协会名称　及　入会时间（年、月）				备注
				国家级协会	国家级入会时间	省级协会	省级入会时间	
1	杨继良	1964年9月	平远仁居			广东省书协	1992年4月	
2	林铭升		平远热柘			广东省书协	1997年5月	
3	张会义		黑龙江巴彦			广东省书协	1992年4月	
4	林东升		平远热柘	中国书协	1997年12月	广东省书协	1997年12月	
5	杨　柳		平远仁居			广东省书协	2010年6月	
6	刘向东		平远石正			广东省书协	2008年9月	
7	林雪波		平远大柘			广东省书协	2011年6月	
8	张玉光		平远中行			广东省书协	2015年4月	
9	张宝寿		平远河头			广东省书协	2015年4月	
10	林沧海		平远东石			广东省书协	2016年3月	

续表 12

序号	姓名	出生时间	籍贯	协会名称 及 入会时间（年、月）				备注
				国家级协会	国家级入会时间	省级协会	省级入会时间	
11	林 晨		平远东石			广东省书协	2017年8月	
12	张 燕		平远中行			广东省书协	2017年8月	
13	李 容		平远仁居			广东省书协	2012年8月	
14	吴雨兰		平远上举			广东省书协	2012年8月	
15	谢超文		平远差干			广东省书协	2008年9月	2015年已故
16								
17								
18								
19								
20								

说明：该协会县级会员人数98人，市级会员人数42人，省级会员人数15人，国家级会员人数1人

表13　协会名称：平远县美术家协会　　2017年10月

序号	姓名	出生时间	籍贯	协会名称 及 入会时间（年、月）				备注
				国家级协会	国家级入会时间	省级协会	省级入会时间	
1	姚伟文	1976年2月	平远			广东省美术家协会	2016年2月	
2	谢广海	1923年5月	平远			广东省美术家协会	1992年2月	
3	谢　俊	1962年7月	平远			广东省美术家协会	2012年2月	
4	王少希	1942年2月	平远			广东省美术家协会	2013年1月	
5	吴宝平	1982年3月	平远	中国美术家协会	2017年6月	广东省美术家协会	2015年2月	
6								
7								
8								
9								
10								

说明：该协会县级会员人数46人，市级会员人数18人，省级会员人数5人，国家级会员人数1人

表14 协会名称：平远县摄影家协会

2017年10月

序号	姓名	出生时间	籍贯	协会名称及入会时间（年、月）				备注
				国家级协会	国家级入会时间	省级协会	省级入会时间	
1	林　庄	1970年11月	平远			广东省摄影家协会	2015年	
2	钟安源	1951年2月	平远	中国摄影家协会	2016年6月	广东省摄影家协会	2013年12月	
3	王瑞荣	1963年4月	平远	中国摄影家协会	2017年8月	广东省摄影家协会	2014年12月	
4	林向东	1975年7月	平远			广东省摄影家协会	2016年12月	
5	李　程	1961年11月	平远	中国摄影家协会	2014年5月	广东省摄影家协会	2007年6月	
6	姚秋兰	1966年6月	平远			广东省摄影家协会	2013年12月	
7	黎　锴	1971年10月	平远			广东省摄影家协会	2013年12月	
8	林　康	1973年9月	平远			广东省摄影家协会	2013年12月	
9	吴远松	1966年9月	平远			广东省摄影家协会	2009年1月	
10	廖国珠	1980年8月	平远			广东省摄影家协会	2002年	

续表14

序号	姓名	出生时间	籍贯	协会名称及入会时间（年、月）				备注
				国家级协会	国家级入会时间	省级协会	省级入会时间	
11	冯锡权	1975年6月	平远			广东省摄影家协会	1975年6月	
12	陈别佳	1957年10月	蕉岭			广东省摄影家协会	2014年12月	
13	李仁忠	1953年8月	平远			广东省摄影家协会	2016年11月	
14	韩　峻	1972年9月	平远			广东省摄影家协会	2014年7月	
15	林申绪	1957年3月	平远			广东省摄影家协会	2014年12月	
16	李显钦	1949年11月	广东			广东省摄影家协会	2007年6月	
17	谢巧萍	1979年1月	平远			广东省摄影家协会	2015年7月	
18	谢春祥	1971年2月	平远			广东省摄影家协会	2013年12月	
19	黎本廉		平远			广东省摄影家协会	1986年12月	已故
20								

说明：该协会县级会员人数91人，市级会员人数48人，省级会员人数19人，国家级会员人数3人

表15　协会名称：平远县音乐家协会　　2017年10月

序号	姓名	出生时间	籍贯	协会名称 及 入会时间（年、月）				备注
				国家级协会	国家级入会时间	省级协会	省级入会时间	
1	洪树湘	1971年9月	广东省潮州市			广东省音乐家协会	2002年2月17日	
2	林继如	1945年7月	平远县大柘镇			广东省音乐家协会	1994年1月	

说明：该协会县级会员人数29人，市级会员人数2人，省级会员人数2人，国家级会员人数0人

表16　协会名称：平远县舞蹈家协会　　2017年10月

序号	姓名	出生时间	籍贯	协会名称　及　入会时间（年、月）				备注
				国家级协会	国家级入会时间	省级协会	省级入会时间	
1	陈算珍	1944年11月	兴宁宁中			广东省舞蹈协会	1989年12月	

说明：该协会县级会员人数27人，市级会员人数2人，省级会员人数1人，国家级会员人数0人

表17　协会名称：平远县曲艺家协会　　2017年10月

序号	姓名	出生时间	籍贯	协会名称　及　入会时间（年、月）				备注
				国家级协会	国家级入会时间	省级协会	省级入会时间	
1	姚杏祥	1942年10月	平远县大柘			广东省曲艺家协会	1989年12月	退休
2	钟佐南	1939年12月	平远县石正			广东省曲艺家协会	1990年5月	退休
3	洪树湘	1971年9月	广东省潮州市			广东省曲艺家协会	2016年4月	
4	丘华然		平远县东石			广东省曲艺家协会	1989年12月	已故
5								
6								
7								
8								
9								
10								

说明：该协会县级会员人数12人，市级会员人数6人，省级会员人数4人，国家级会员人数0人

表18　协会名称：平远县戏剧家协会　　2017年10月

序号	姓名	出生时间	籍贯	协会名称　及　入会时间（年、月）				备注
				国家级协会	国家级入会时间	省级协会	省级入会时间	
1	姚杏祥	1942年10月	平远大柘			广东省戏剧家协会	1992年8月	退休
2	钟佐南	1939年12月	平远石正			广东省戏剧家协会	1989年12月	退休
3	林继如	1945年7月	平远超竹			广东省戏剧家协会	1989年12月	退休
4	谢添崧					广东省戏剧家协会	1989年12月	已故
5	凌双匡					广东省戏剧家协会	1989年12月	已故
6								
7								
8								
9								
10								

说明：该协会县级会员人数12人，市级会员人数7人，省级会员人数5人，国家级会员人数0人

表19　协会名称：平远县民间文艺家协会　　2017年10月

序号	姓名	出生时间	籍贯	协会名称 及 入会时间（年、月）				备注
				国家级协会	国家级入会时间	省级协会	省级入会时间	
1	肖丁城	1967年10月	广东平远			广东省民间文艺家协会	2016年6月	
2	朱其广	1956年11月	广东平远			广东省民间文艺家协会	2007年8月	退休
3	谢　健		广东平远			广东省民间文艺家协会	1989年12月	离休
4	林沧海	1939年11月	广东平远			广东省民间文艺家协会	1983年5月	退休
5	谢　平	1976年6月	广东平远			广东省民间文艺家协会	2009年8月	
6	李　梅	1967年8月	广东平远			广东省民间文艺家协会	2016年6月	
7	韩浩文	1984年4月	广东平远			广东省民间文艺家协会	2009年8月	
8	凌双匡		广东平远			广东省民间文艺家协会	1989年12月	已故
9	肖子军		广东平远			广东省民间文艺家协会	1989年12月	已故
10	李振环		广东平远			广东省民间文艺家协会	1984年6月	已故

说明：该协会县级会员人数87人，市级会员人数15人，省级会员人数10人，国家级会员人数0人

表20　协会名称：平远县诗联协会　　2017年10月

序号	姓名	出生时间	籍贯	协会名称　及　入会时间（年、月）				备注
				国家级协会	国家级入会时间	省级协会	省级入会时间	
1	韩世任	1947年12月	平远仁居	中国楹联学会	2012年3月	广东中华诗词学会 广东楹联学会	2013年6月 2011年3月	
2	刘福良	1949年6月	平远八尺	中国楹联学会	2012年3月	广东中华诗词学会 广东楹联学会	2013年6月 2011年3月	
3	王桂华	1949年3月	平远东石			广东中华诗词学会 广东楹联学会	2013年6月 2011年3月	
4	林　忠	1964年	平远东石	中国楹联学会	2012年2月	广东中华诗词学会 广东楹联学会	2013年6月 2011年3月	
5	肖剑梅	1957年	平远八尺			广东中华诗词学会	2013年4月	
6	韩德辉	1969年	平远仁居			广东中华诗词学会	2013年6月	
7	谢集标	1978年	平远上举			广东中华诗词学会	2013年6月	
8	谢集宛	1942年	平远上举			广东楹联学会	2011年3月	
9								
10								

说明：该协会县级会员人数53人，市级会员人数10人，省级会员人数8人，国家级会员人数3人

主题索引

☆☆☆

说明

一、本索引采用主题分析方法，款目按汉语拼音字母（同音字按声调）顺序排列。

二、索引款目后的数字表示内容所在的页码，数字后面的拉丁字母（a、b）表示栏别（即版面的左右栏）。

三、同一主题的内容在文中多次出现的,在其款目后用不同的页码标明。

四、本索引对特载、大事记、光荣榜、表彰通报及附录等篇不做内容主题分析。

☆☆☆

A

安全工作　220b　277a
安全管理　173b　210b
安全监管　208b
安全生产　197b
安全生产氛围　270b
安全执法监察　271b
安全生产监督　270b
安全生产许可　271a
安全生产保障　271b

B

八尺镇　305b
办文办会工作　79b
保密“三大管理”　96b
保密服务与监督　97a
保密工作　96a
保密工作责任强化　97a
保密工作法制建设　96b
保密精神贯彻落实　96a
闭会期间的代表活动　117a
编制工作　84b
帮扶工作　142a
办学条件完善　277a
部门增设　291b

C

财税·金融·保险　224
财务经营指标　238a
财险　240b
财源培植　224b
财政　224a
财政改革发展　225b
财政收支情况　224a
残疾人康复服务　151b
残疾人信访维权和办证　152a
差干镇　300a
长田镇　327a
常年气候特点　62b
城建·市政管理　242
常委会议　132b
常规宣传　292a
城乡规划　242a
城乡规划建设　242a
城乡环境规划建设　66b

储备粮油管理　216a
传播设备强化　291b
创业帮扶　238a
创新乡镇综治工作　158a
创新创业比赛　189a
慈善公益活动　129a
村民理事会建设　82b
茶叶和慈橙节会　178a
成品油管理和电力宏观调控　195b
陈开枝率队到平远考察　74a
陈开枝率队到平远调研　75a
参加第十七届世界华人学生作文大赛　149b
存在的困难和不足　68b
存在困难和问题　127a
存在的困难和问题　128a
存在问题　84b　152b　166a　169a　192a　196a　197a　198b　210a　211a　214a　215b　223b　225b　229a　235a　246b　250a　255b　262b　270a　272a　275b　286b　290b

D

大柘镇　321a
代表工作　117a
代表联系工作　117b
代表补选工作　117b
代表履职学习培训工作　117b
党管武装工作　175a
党建工作　98b　302a　305a　307a　309b　312a　315a　317a　320a　323a　326b　328b　330b
党建重点任务落实　109a
党群系统党委　101a
党史纪念活动　283a
党史宣传教育　282b
党史研究　282a
党史资料的征集、编辑出版和研讨　282a
党史遗址保护　282b
党外干部工作　87b
党校工作　97b
党员志愿者卫生联合行动　100b
档案“三个体系”建设　285b
档案工作　285a
档案馆室建设　285a
档案信息化建设　285b
档案宣传工作　286b
档案业务培训　286b
档案业务监督指导　285a
地方志工作　283a
地方志资料年报　284a
地方志资源开发利用　284a
地理位置　61a
地形地貌　61a
地质灾害环境治理　270a
地方志理论研究和地情调研　284b
地税　229b
电力工业　197b
电力、信息基础设施建设　66a
电网建设　198a
电站管理　212b
电子商务进农村　213a
调研视察　134a
调研信息工作　79a
调研工作　129b
东石镇　318a
动物产品监管　180b
督查工作　80a
督办工作　124b
对代表议案建议办理的督办工作　117b
队伍建设　164a　169a　171b　240a

E

二轻工业　199a

F

发展规划　250b

发展和改革工作 250b
法律服务工作 170a
法治 156
法治政府建设 160a
法治平远建设 160a
法治宣传教育工作 169b
法院 166b
反洗钱和反假货币 234b
防控工作 163b
防疫检疫管理 180a
防震减灾 279b
非公有制经济人士履行社会责任 154b
非公有制企业党建 155a
非公有制经济组织系统党委 110b
非物质文化遗产保护和传承 289b
扶贫措施 190b
扶贫成效 190a
扶贫开发 190a
服务“三农” 237a 238b
服务“三农”与实体经济 239a
服务地方发展 249b
服务地方经济 225a
服务实体经济 247b
服务青年创业 144b
服务水平提升 95a
服务台资企业、台胞工作 89a
服务外向型企业 213b
服务型政府建设 67b
服务管理工作 126a
服务队伍建设 126b
服务经济发展 149a
服务平台建设 151a 189b
服务民企 154a
服务体系完善 182a
服务理念 202a
服务管理工作 234b
负债业务 238a
妇女干部队伍建设 147a
妇女儿童合法权益维护 147a
方利旭到平远调研 75a
方志室建成 284b

G

概况 61 82b 83b 84b 85b 87a 88b 94a 95b 96a 99a 108b 116b 117a 117a 118a 118b 118b 118b 119a 125b 127a 128b 130a 142a 144a 146a 147b 149a 149b 151b 152b 153b 156a 160a 162b 164b 166b 169b 172a 172a 176a 179a 179b 181b 182b 184a 185a 188a 190a 195a 196a 197b 199a 200a 200a 202a 203a 204b 205a 210a 212a 213a 213b 214a 215b 217a 218a 221a 222a 224a 226a 229b 236a 239a 244b 247a 252a 253a 256a 263a 270b 272a 276a 277b 280a 282a 283a 285a 287a 292a 293a 297b 300a 303a 305b 308a 310a 312b 316a 318a 321a 324b 327a 329a
干部队伍建设 140b
干部培训和人才工作 82a
干部人事工作 81b
高速公路建设 205a
各镇概况 300
耕地资源保护 268b
工商和质量技术监督 247a
工业 195 310b 318b
工业综述 195a
工业产业结构调整 65a
工业园党委挂牌成立 197a
工作措施 234a 235b 238b 240b 241b
公立医院改革 293a

工作监督 115b
工作机构设置调整 119a
公安 162b
公共就业服务 260a
公共人事管理 262a
公共文化服务均等化 287a
公路建设 205a
公路与汽车运输 205
公路行政等级提升和公路路网加密 205a
公路养护管理 207a
公民道德建设 91a
公益活动举办 146b
公司管理 212a
供销 214a
共青团平远县委员会 144a
广播电视 291a
广东平远农村商业银行股份有限公司 239a
广东平远龙文—黄田省级自然保护区 184a
广州南沙(平远)产业转移工业园 196a
规范管理 222a
规范性文件审查、备案 161b
规范市场经济秩序 248b
规划课题申报与研究 281a
归侨扶助维权 149a
国、省道建设 206b
国、省道养护 207a
国防动员准备 173a
国际业务 238a
国家重点调查普查 255b
国税 226a
国土资源管理 268a
国土资源执法监察 269a
港澳联络工作 88a

H

海内外联谊 149b
河流 63a
河头镇 308a
后勤保障工作 125a
后勤工作 174b
后勤接待工作 79b
环保宣传 274b
环境保护 272a 272a
环境监测 274a
环境卫生 245a
环境项目管理 274a
环境信访 274b
环境执法 273a
黄强率队到平远检查 74b
黄龙病防控 177b
会议协商 133b
惠农政策落实和养殖技术推广 181a
核心价值观宣传 90a
核心价值观弘扬 292b
公共卫生 294b
活动交流 129a

J

机构编制管理 85a
机关党建工作 99b
机关工作 136a
机关建设 118b
机关武装工作 100b
机关作风建设 100a
机要工作 95b
基层党建工作 80b
基层政权和社区建设 265a
基层组织建设 153a
基础设施 321b 327b
基础设施建设 174b 196a 202a
基础业务 269b
计划生育 317a
计划生育管理 295a
计划生育优质服务 295a

计划生育扶助奖励 295b
纪律检查工作 139a
纪律教育学习大会 138a
监督工作 115b
监督司法 134b
监所检察 165b
检察 164b
检务公开 166a
建置沿革 61a
健康宣教 296a
交通设施 301a 303b 306b 311a 313b 316a 319a
交流活动 151a
交通基础设施建设 66a
教师队伍建设 276b
教学科研、调研工作 98b
教育 276a
教育·科技 276
教育督导工作 277a
教育教学工作 276a
教育培训 200b
教育文化事业 67a
教科文卫体工作 301b 304a 307a 309a 311b 319b 322b 328a
节能降耗 195b
界别协商 133b
金融发展 233a
金融服务 232a
金融管理 232b
经济发展概况 64b
经济社会发展情况 120a
经济责任审计 252b
经济监督 115b
经贸系统党委 106b
经费审查 143a
经营情况 240b 241a
经营服务领域拓展 214b
精神文明创建活动 92a
精神文明建设 67b 87a 90a
竞技体育 298b
精准扶贫 301b 304a 307a 309a 311b 314b 316b 320a 322b 326a 328a
九届六次会议 130a
酒业 306a
救灾救济 175b 264b
救灾救助工作 152b
军粮供应 216b
军事工作 172b
稽查执法专项工作 258a

K

科级正职述责述德述廉评议大会 138a
科技创新 278a
科技服务 279a
科技合作 278b
科技管理 278a
科普工作 147b
科普宣教 184b
科普示范项目培育 148b
科学技术 277b
库区移民医保投保 188b
矿产资源开发监管 268b
矿物资源 63a
控告申诉检察 165b

L

劳动维权 261b
劳模宣传 142a
老干部工作 94a
老干部生活待遇 95a
老干部政治待遇 94a
理论教育 85b
理论研究与宣传教育 280a
联谊交往 135b

廉政建设　136a
粮食安全责任制落实　215b
粮食仓储设施建设　216b
粮食管理　215b
粮食经济管理　216b
粮食生产　178b
粮食收购　216a
两岸经贸文化交流　88b
林业　182b
林业产业发展　183a
林业发展创新　183b
路政管理　209a
路灯亮化　245b
旅游开发　221
旅游发展　300a
旅游资源　63b
绿地·中信银行杯第七届北京国际山地徒步大会梅州·平远站活动成功举办　68b
绿地·中信银行杯第七届北京国际山地徒步大会梅州·平远站　77b
履职能力建设　135b
落实“两个责任”　140a
刘悦伦率队到平远调研　75a

M

贸易市场　213a
美丽城乡建设　243b
民情志愿服务　83a
民生事业　67a
民生资金审计　253a
民事审判　167a
民事行政检察　165b
民政工作　263a
民主监督　134a
民主评议　134a
民族　64a
民族宗教和外事侨务　128b
民族宗教工作　128b

N

纳税服务　228b　231b
内部控制　238b
内控案防　234b　240a
内联外引工作　148b
凝聚合力　135b
农村土地确权登记　178a
农机购置补贴落实　182a
农旅融合　177b
农资流通服务体系建设　214a
农民合作社发展　214a
农业·农村工作　176　176a
农业机械管理　181b
农业科技推广　176a
农业面源污染治理　177a
农业　301a　303b　306a　310b　313a　318b　321b　327a　329a
农业产业化发展　65a
农口系统党委　105b
年度重点工作宣传　292a

P

培训工作　97b
品牌建设　176b
品牌打造　221b
平安创建工作　157a
平安建设　209b　302a　304b　309a　312a　314b　317a　320a　323a　326a　328a　330a
平安医院创建　296b
平远邮政　200a
平远精神　64a
平远名片　64b
平远人文　64a
平远土特产　64b
平远县2016年社会各界人士迎春座谈会　74a

平远县残疾人联合会 151b
平远县妇女联合会 146a
平远县工商联 153b
平远县归国华侨联合会 149a
平远县红十字会 152b
平远县花 64a
平远县科学技术协会 147b
平远县旅游局 221a
平远县人民代表大会常务委员会 113
平远县人民武装部 172
平远县人民政府 120
平远县文学艺术界联合会 149b
平远县五指石省级风景名胜区管理处 222a
平远县总工会 142a
平远县社会科学界联合会 280a
平远中学110周年校庆庆典活动 77b

Q

气候评价 192a
气象服务 193a
气象业务与气象现代化 193a
气象 192a
企业管理 201a 204b
企业人才培训 189a
汽车运输 210a
强化责任意识 83b
强化督查督办 84a
强化业务水平 84a
强化法制机构职能 162a
强化防控结合 84a
强农惠农工作 301b 304a 307a 308b 311b 314a 319b 322a 329b
侨政工作 129b
青年志愿者服务 145a
青年交流交友 145a
青少年关爱工作 144b
青少年思想道德教育 144a
情系民生 135b
全域旅游示范县建设 66a
群众体育 298a
群众文艺创作 288b
群众文化活动开展 287b
群众权益维护 269a
其他工作 125a 185a 213a 252a 267b 284b

R

热柘镇 329a
人才引进 291b
人大制度宣传工作 118b
人口 64a
人力资源管理 260a
人民调解和社矫安帮工作 171a
人事任免 117a
人事监督 116a
仁居镇 303a

S

水力资源 63a
森林资源 63b
水利基础设施建设 65b
省、市领导到平远调研 74a
社会工作 82b
社会组织建设 83a
事业单位管理 85a
社会组织系统党委 111b
司法监督 116a
十届一次会议 130b
社情民意 135a
社会团体和工商联 142
社会保障工作 151b
司法体制改革 165b
司法改革 167b
司法服务 167b

司法行政 169b
水产养殖 179a
水务 185a
水利建设 185b
水利管理 187a
省属水库移民管理 188a
水库移民后期扶持政策落实 188b
深化气象改革 194a
社会责任 202b
生产指标任务及经营效益 210b
商业·贸易 212
商业 212a
商贸流通市场建设 213b
涉外经济 213b
社有资产管理 215a
石油经营 220a
税费征管 230a
税收改革 227b
税收征管 226b
税政建设 230b
商业、企业项目支持 237b
寿险 241a
市政公用事业管理 244b
市政建设 244b
市场管理 246a
商事制度改革 247a
审计 252a
食品药品监管 256a
食品药品宣传 256a
食品药品安全监管 257a
食品药品安全示范创建 258b
社会保险 261a
社会救助 263a
双拥、优抚安置 264a
社会事务和社会福利 266b
事故隐患排查治理 271a
社会科学 280
社科知识普及工作 281a
省级卫生县城创建成功 295b
水利设施 301a 303b 306b 308a 311a 313b 316a 319b
生态环境建设 304a 306b 308b 316b 319a 322a 325b 329b
生态经济 308a
生态旅游 311a 313a
上举镇 312b
泗水镇 316a
石正镇 324b
社会事业 330a

T

台湾事务工作 88b
台湾新生代认祖归宗 89a
特色产业 176a
提案督办 135a
提案工作 135a
提案征集和办理 135a
体育 297b
体育产业 299b
体育基础设施建设 297b
体育类协会 298b
体育赛事报道 291a
统计工作 253a
统计基础建设 253b
统计法制建设 253b
统计业务调查和统计服务 254a
统计改革 255a
统计数据质量管理 255a
统计服务 255b
统战工作 87a
投资体制改革 250b
屠宰管理 180b
土地资源 63a
土地总体规划调整 268a

土地利用管理 268a
土地矿业权市场 269b
团结联谊 135b
团组织自身建设 145b
推进依法民主决策 162a
推动“两个规划”建设 147a
体制机制改革 140a
退役士兵安置 175b

W

完善信息数据 152a
网络建设 203b
网络安全保障 203b
维稳工作 156a 162b
维权工作 142b
卫生·计划生育·体育 293
卫生和计划生育 293a
卫生、计生工作 326a
卫生计生监督执法 296b
卫生、计生、体育 314b
卫生强县建设 296a
卫生体育事业 67b
未成年人思想道德建设 93a
委员活动日活动 136a
文化 287a
文化·传媒 287
文化产业 290b
文化平远建设 86b
文化市场监管 290a
文化惠民工程完善提升 288b
文秘工作 124a
文史宣传 135a
文史编纂 135a
文艺作品创作 149b
文艺活动 150a
文艺人才培训 150b
文艺家风采 150b
文体活动 143b
文物保护 289a
物价工作 251b
物资经营 217a
污染减排 273b
温兰子率队到平远调研 74b
无偿献血 296a

X

县乡公路养护管理 207b
县乡公路建设 207a
县长办公会议 120a
县第十四届人民代表大会第七次会议 113a
县第十五届人民代表大会第一次会议 113a
县非公系统和社会组织系统党委工作 110b
县非公有制经济组织和社会组织工作委员会工作 108b
县纪委十二届六次全会 137a
县纪委十三届一次全会 138b
县情概貌 61a
县人大常委会会议 115a
县委办公室工作 79a
县委十三届一次全体会议 77a
县政府办公室工作 124a
县政府常务会议 120a
县镇人大换届选举工作 118a
县直系统党委工作 101a
县直属机关工作委员会工作 99a
现代农业服务项目建设 215a
项目建设 184b 221a 223a
项目资金争取 251a
项目视察 134a
效能建设 136a
协商议政 133b
协助台商在平远投资兴业 89b
新闻报道 292a
信访工作 83b

信息产业　200
信息工作　124b
刑事审判　166b
刑事检察　165a
行业管理　221b　242b
行政管理　260
行政执法监督　161b
行政审判　167a
行政后勤与管理工作　98b
行政区划　62a
行业服务与管理　281b
畜牧兽医　179b
宣传工作　85b　135b
宣传平远　86a
宣传教育工作　89b
宣传教育　140b
宣传活动　153a
宣教卫系统党委　101b
许瑞生率队到平远调研　74b
学雷锋志愿服务　93b

Y

烟草专卖　218a
严打整治工作　158a
养殖管理　179b
野生动物资源　63b
业务发展　200b　202b　203b　239b
业务数据　233a
业务宣传　236b
业务培训　143b
医联体建设　293b
医政管理　294a
医疗队伍建设　297a
依法治税　227a
依法治粮　216a
依法行政　177a
依法行政考评工作　161a
依法治县工作　117a
依法行使重大事项决定权　116b
依法行政和法制建设　244a
移民维稳　188b
因公出国（境）管理　129b
优质服务　195a　198a
语言　64a
预算执行审计　252b
园林绿化　245b
园区企业生产发展　196b
远程开放教育工作　98a
援建工作　153a
运政管理　208b
运输“互联网+”　210b

Z

中共平远县委员会　74
在台乡贤捐资助学联络工作　89a
造林绿化　182b
招商引资　127a　155b
招商引资工作　190a
振兴足球工作　298b
镇村建设　301a　303b　306b　308a　311a　314a　316b　319a　327b　330a
征兵工作　174a
正风肃纪　139b
政策宣传工作　87a
政法系统党委　103a
政法委及综治　156a
政法队伍建设　158b
政府系统党委　104b
政府职能转变　84b
政协平远县委员会　130
政协换届人事安排工作　88a
政务信息化建设　200a
政治工作　172a
执法工作　164a

执法监督 180b
执法队伍建设 181b
执行工作 167a
指导镇人大工作 118b
执纪审查工作 139a
职业技能培训 260b
职务犯罪侦防 165a
指导思想 172a
治安工作 162b
中共平远县纪律检查委员会 137
中共平远县委员会 74
中国电信 202a
中国工商银行股份有限公司平远支行 233a
中国共产党平远县第十二届委员会第六次全体会议 74a
中国建设银行股份有限公司平远县支行 235a
中国联通 204b
中国农业银行股份有限公司平远县支行 238a
中国人民银行平远县支行 232a
中国移动 203a
中国邮政储蓄银行平远县支行 236a
中间业务 238a
中小企业、创业协会发展概况 189a
中小企业管理 189a
中心、重点工作宣传报道 291a
中行镇 310a
中医药服务 294a
中国共产党平远县委员会第十三次代表大会 75a
中国共产党平远县第十三届纪律检查委员会第一次全体会议 77b
种植业 178b
重点民生工程 242a
重点项目 321a 324b 329b
重大政策跟踪审计 252b
重点项目推进 250b
重点宗教活动场所建设 129a
主导企业培育 195a
主题活动宣传 292b
主要会议和活动 74a
主要会议和经济社会发展情况 120a
主要会议 130a 137a
主要工作措施 127b
主要工作成效 127a
主要工作情况 217b
主要工作指标 218b
主要措施 218b
主要业绩 220a
主要指标 235a
主要会议和活动 113a
主席会议 131b
专题调研 134a
专题协商 133b
专题视察 134b
专题议政 133b
专业镇建设 278b
专职监管队伍建设 270b
资产业务 238a
资源管护 183a 184a
助企融资 189a
自身建设 143b
综合管理 245a
综合经济管理 247
综合执法与管理 208a
综合执法 208a
综合协调工作 124a
综合政务服务管理 125b
组织建设 143a 153b 175a
组织收入 226b 229b
组织的战斗堡垒筑牢 110a
组织工作 80a
组织部门自身建设 82a
做好上市配套工作 236b
做好妇女创业就业工作 147a

知识产权工作　279a
自然村落普查工作启动　283b
战备工作　172b

2016年气候情况　62b
2016年经济社会发展概况　64b
2016年平远县国民经济和社会发展统计公报　69a
2016年平远县国民经济主要统计指标一览表　72
"12345"政府服务热线建设　126b
"7·22"灾后重建工作　315a
"扶贫济困日"捐款活动　101a
"活力团队·和谐机关"活动　100b
"互联网+政务服务"改革　126a
"两学一做"学习教育　80a　136a
"两学一做"学习教育活动　109a
"两新"组织基础性工作　109b
《平远年鉴（2016）》编纂出版　283a
"三八"节系列活动　146a
"四援助"民生服务　146b
"三防"工作　186b